남애 안춘근의 생애와 학문

The Life and Study of Namae Ahn Chun-keun

지은이 이종국(李鍾國)

- 대전과학기술대학교 교수, 동 대학 중앙도서관장·한국어학원장 등을 역임했다. 사단법인 한국 출판학회 이사, 편집위원장과 이 학회 회장을 지냈다. 동 학회 고문
- 중국신문출판연구원 해외특약연구원 및 중국화중대학교 편집학연구센터 고문, *Publishing Journal* 자문위원
- 고려대학교 민족문화연구소 연구원, 중앙대·경희대·한양여대 강사
  대한교과서주식회사 기획출판부장, 한국언론학회 이사, 한국교육과정·교과서연구회 이사 역임
- 주요 논저로「교과서관과 교과서 연구」,「미 군정기 및 교수 요목기의 교육과정과 교과용 도서 편찬」,「출판학 연구의 진전과 그 과정적 이해」,「출판학과 편집 연구의 상관성」,「편집·출판학 전공 선발에 관한 논의」,「한국에서의 출판학 연구」,「남애 안춘근 연구」,「남애 안춘근의 출판 학」 등 다수의 논문과,『한국의 교과서』,『한국의 교과서 출판 변천 연구』,『한국의 교과서상』, 『출판연구와 출판평설』,『한국의 교과서 변천사』,『출판 컨텍스트』,『교과서·출판의 진실』,『한 국의 교과서 평설』,『편집 출판학 연구 총설』 등 여러 저서를 냈다.

대통령 표창장(제200432호)
국무총리 표창장(제105497호)
교육과학기술부장관 표창장(제9071호)
한국출판학술상 최우수상(한국출판연구소)
한국출판학회상(저술·연구 부문, 한국출판학회)

남애 안춘근의 생애와 학문
The Life and Study of Namae Ahn Chun-keun

ⓒ (사)한국출판학회, 2019

1판 1쇄 인쇄 __ 2019년 05월 27일
1판 1쇄 발행 __ 2019년 05월 31일

지은이 __ 이종국
펴낸이 __ 홍정표

펴낸곳 __ 글로벌콘텐츠
　　　　등록 __ 제 25100-2008-24호

공급처 __ (주)글로벌콘텐츠출판그룹
　　　　대표 __ 홍정표　디자인 __ 김미미　기획·마케팅 __ 노경민 이조은 이종훈
　　　　주소 __ 서울특별시 강동구 풍성로 87-6　전화 __ 02-488-3280　팩스 __ 02-488-3281
　　　　홈페이지 __ www.gcbook.co.kr

값 45,000원
ISBN 979-11-5852-242-1 03010

- 이 도서의 국립중앙도서관 출판예정도서목록(CIP)은 서지정보유통지원시스템 홈페이지(http://seoji.nl.go.kr)와 국가자료종합목록시스템(http://www.nl.go.kr/kolisnet)에서 이용하실 수 있습니다. (CIP제어번호 : CIP2019017935)

남애 안춘근의 생애와 학문

이종국 지음

글로벌콘텐츠

1.

남애(南涯) 안춘근(安春根, 1926.7.27.~1993.1.22.) 선생은 평생을 책과 함께 살아간 책의 학자였다. 선생이 타계한 지 어느덧 4반세기를 넘겼다.

오늘에 돌이켜보면 시대를 앞질러 미래를 내다본 인물이 남애였다. 인멸되어 가는 옛 책을 부활케 하여 우리 선조의 유업을 되살핌으로써 앞날에 대비하는 문화적 시야를 넓히도록 주창한 것도 그러한 미래안으로부터 터하고 있음을 알게 한다. 일찍이 그가 말했으되, "옛 책은 신간의 뿌리이다."라고 했다. 역사의 흐름과 그 순환 법칙이 기록으로부터 비롯된다는 사실을 강조한 말이다. 이제 남애는 과거의 인물로 기억되지만, 그가 남긴 발자취는 여전히 새롭다.

그런 남애 안춘근 선생으로 말하면 수많은 고전과 만나면서 그 책들이 끼친 내력과 역사적인 위상을 추적하는 일로 평생을 보냈다. 고단한 삶이었으나, 그와 같은 탐서 활동을 업연(業緣)으로 받아들인 치열한 연구자가 남애였다.

새삼스러운 되짚음이지만, 남애의 서실(書室)은 언제나 풍성한 책의 도열로 넘쳤다. 조상이 남긴 옛 문적과 시대와 공간의 경계를 뛰어넘은 문화의 증거들이 그의 책사 열남거(洌南居)에서 장엄한 위용을 드러낸 채 다시금 끊임없는 부활을 실현하고 있었다. 그것은 수서자(蒐書者)의 내세움보다는, 기록으로 전승된 문화·역사적 증거를 알아내기 위한 물증이었다.

오늘의 우리가 남애를 주목하는 이유도 책의 학자로서 미명(未明)을 열어 놓은 독보적인 연구·저술 업적과 함께 숨어 있는 고전을 캐내려 쉼 없었던 탐서 행적에서 찾는다. 강조해 말할 나위도 없지만, 그가 선택한 평생의 추구로 말하면 오로지 책과 더불어 어우름이며, 그 곳집 안에 영어(囹圄)됨을 소원함으로써 위대한 책 세상을 지향하고자 했다.

그런 남애는 출판이 끼치는 사회·문화적인 중요성에 대하여 힘써 강조해 마지않았다. 강단은 말할 것도 없거니와, 길에서도, 만남에서도, 국내외의 내왕에서도, 심지어 산길에서조차 출판의 소중함과 책에 관한 생각을 전하는 과업에 멈춤이 없었다. 뒷사람들이 그를 출판학의 선구자요, 서지학을 체계화한 책의 학자라 일컫는 것도 두루 그러한 노력과 닿아 있음을 본다. 이와 같은 남애에 대한 인식은 널리 익숙한 평설이기도 하다.

그럼에도 불구하고, '남애 안춘근에 대한 논의'는 저간의 4반세기를 거치면서도 이렇다 할 만한 성과를 보이지 않았다. 저작등신(著作等身)을 뛰어넘었던 남애의 생애와 학문 세계를 천착하려 노력한 내보임이 불모나 다름없었던 것이다. 단지 흔적이라면, 그저 남애를 회억하는 이런저런 비망들만 세상에 공개되고 있었던 것이나 아니었는지?

그의 서세 후 적지 않은 세월이 그렇게 흘렀다. 이제 저자로서는 그러한 뒤늦음을 감히 만용의 핑계로 빙자하면서 이 책으로써 '남애의 사적'을 보고하게 되었다.

저자가 남애의 학문 활동을 졸고로 꾸려 처음 발표한 것*은 1993년 12월이었다(*《말과 빛》 제2호, 경희대학교 언론대학원). 당시로 말하면 선생이 타계한 지 매우 일천한 시점이었을 뿐만 아니라, 여러 면으로 보아 자격에 이르지 못한 처지에서 위의 논문집 편집위원회 측에 극구 고사하지 않을 수 없었다. 하지만, 받아들여지지 않았다.

이후 나름대로 '남애 학습'을 이어갈 수 있었는데, 이는 어디까지나 여러 뜻 있는 분들로부터 격려와 성원에 힘입었기 때문이었다. 그러한 과정에서 일편 송구한 마음이었고, 또 한편으로는 큰 보람을 느꼈던 것이 솔직한 소회이기도 하다. 이 같은 일말의 사정은 '남애 학습'에서 얻을 수 있었던 감사한 기억으로 남아 있다.

감히 말하지만, 이 책은 그와 같은 학습 과정을 핑계 삼아 부족한 대로 세상에 선보인 하나의 보고서라 할 것이다. 부디 독자 제위의 기탄없는 질책과 비정을 바랄 따름이다.

2.

이 책은 '안춘근'이라는 특정한 인물을 대상으로 한 연구(biographical studies)로서, 그의 학문 활동과 사변(思辨)에 대한 살핌(movement & idea studies)에 중점을 두고자 했다.

유소년기에서 학창·청장년 시절, 지천명지계와 이순 그리고 생애 말에 이르기까지 그가 자각·자득·자활해 나간 삶의 노정과, 스스로 선택·추구한 저술·연구·수서 활동 등에 대하여 조사·서술한 내용이 이 책의 전반적인 틀을 형성하는 본줄기라 할 수 있다.

본문을 전개함에 있어 다소 중복되는 내용도 있는데, 이 문제는 이 책의 내용이 방대함에 비추어 독자들로 하여금 접근성이 쉽도록 안내하기 위한 불가피한 조처였다. 이에 대한 효율적인 파악을 위해 글줄 주를 넣어 앞뒤의 근거가 한눈으로 식별되도록 이끌었다.

그럼에 있어, 이 책 서술의 기본적인 방법은 되도록 쉬운 전개로 이어 나갔다는 점을 밝혀 두고자 한다. 이른바, 관념적인 어휘라든지 추상적인 의미를 내보인, 이해하기에 쉽지 않은 용어 사용을 지양하려 노력했다는 뜻이다. 그렇게 서술해 나간 대상의 인물인 남애 안춘근이 추구한 평소 생각과 그가 얻고자 한 생활의 즐거움이란 무엇인가?

남애는 '책 사랑'에 대한 특별한 생각을 내보인 학자였다. 일찍이 그는 책과 관련된 다섯 가지 희락(喜樂, 기쁘고 즐거움) 요건을 말한 바 있다.

우선, 제일 기쁜 일이 자신의 저서가 출판되는 일이라고 했다. 그 다음으로는 귀중본을 입수했을 때요, 이에 더하여 독서할 때의 기쁨을 꼽았다. 그리고 저술할 때 역시 기쁜 일이고, 그런가 하면 친한 벗과 맛있는 음식을 즐기는 일이라고 밝혔다.

덧붙여 말하기를, 저서가 출판될 때마다 자식을 낳는 기쁨을 맛보니 제일가는 기쁨이요, 자신의 유일한 취미가 고서 수집이므로 귀중한 서책을 구했을 때 마치 광산에서 금덩이를 캐낸 것만큼이나 기쁜 일이라고 말한다. 따라서 지식의 보고를 열어 보는 독서야말로 시공을 초월해서 많은 위대한 사람들과 만날 수 있으니 기쁜 일이라고 짚었다. 이와 아울러, 저술이란 자신의 정신적인 분신을 생산하는 작업이므로 기쁜 일이며, 친한 벗과 맛있는 음식을 나눈다는 것은 육신을 위한 섭취를 책 담론과 함께 즐길 수 있으니 그처럼 유쾌한 나눔도 드물 것이라고 일렀다. 이러한 생각은 그가 저술한 '듣고(聆)고 살핀(睹) 기록'이란 뜻을 가진 출판 평론집 『남애영도기』에 밝혀 있다.

이와 같이, 남애는 생활 속에서 누리는 즐거움의 종류를 모두 책에 관한 일—책의 출판, 수집, 읽기, 저술, 그리고 책 이야기로 상호 소통하며 음식을 나누는 일에 이르기까지, 이렇게 '5대 희락 요건'을 들었다. 그에게 있어 책의 존재는 인생의 더 없이 소중한 조건이었으며, 이 때문에 오로지 책과 체화(體化)된 삶을 살아갔음을 재확인할 수 있다.

3.

이제 이 책을 세상에 선보임으로써 '남애의 생애와 학문 세계'를 보고하게 되었다. 이를 통해 남애의 인생과 애서하는 삶, 또 그러한 연장선상에서 그가 보여 준 연구 활동 과정을 알아보려 노력했다. 그럼에 있어, 이 책의 전체적인 얽이는 다음과 같이 7개 대단원(부) 및 2편의 추록으로 나누어 그의 생애와 연구 활동에 관한 노정을 살폈다.

제1부는 안춘근의 유년 시절에서 청소년기에 이르는 내용이 그 중심이다. 그는 평범한 시골 소년으로 자랐다. 외지로부터 멀리 떨어진 금강산의 한 줄기인 외금강 자락에서 유년기를 보낸 '소년 안춘근'의 모습이 앞부분에 보고되어 있다. 이에 이어 그가 15세에 도회로 출향한 후 새롭게 경험한 선린학교에서의 학습 과정과, 그의 생애에 큰 영향을 끼친 선교사와 만나 눈을 떠가는 내용이 전개된다.

제2부는 안춘근의 청년 시절에 관한 살핌이다. 식민지 시대의 어두운 시국 속에서 고향을 벗어난 후 그가 어떻게 살아갔으며, 전시에 겪었던 병영 생활 등이 그 주된 내용이다. 그는 6·25 전쟁 중에 동부전선의 끝자락인 속초에서 당시 제1군단 제101부대 소속 통역장교로 복무한 이색적인 이력의 소유자였다. 전시 중이었음에도 문한(文翰) 활동의 기틀을 마련한 때가 그 시절이었다. 그는 병영에서 필력을 발휘한 젊은 장교이기도 했다.

제3부는 오랜 동안 을유문화사에서 출판·편집자로 일한 경험과, 이에 더하여 그가 선택한 출판 연구자로서의 길이 어떻게 진행되고 있었는지에 관한 되짚음이 이 단원의 중심을 이룬다. 특별히 책과 출판에 대한 그의 왕성한 학문적 추구로 빚어낸 과반의 성과를 주목하고자 한 내용이 그 주요 범위이다.

제4부에서는 안춘근의 독서 편력에 관한 과정을 알아보고자 했다. 그는 출판 기획자인 동시에 편집자였으므로 당연히 '읽은 지식을 책의 생산'으로 재창출하려 애썼다. 그런 그는 다독(多讀, 많이 읽음), 다작(多作, 많이 지어냄)하고, 수많은 고전을 탐서·구득하여 뒷날에 전수한 책의 전령사로 살았다.

제5부에서는 남애 안춘근이 추구한 출판학과 서지학 연구 및 그에 따른 학문적 결실인 저술 활동이 이행된 과정을 살펴보았다. 특히, 이 분야는 그의 생애 중에서 가장 방대한 범위를 점하는 대상이기도 하다. 그만큼 서술 내용도 되도록 구체적인 접근을 감안하지 않으면 안 되었다. 요컨대, 남애는 출판학을 일으켰고 또한 서지학을 개척하여, 체계화하는 등 많은 학문적 성과를 이루어 냈다는 사실에 유의하고자 했기 때문이다.

남애의 출판학과 서지학 연구는 광의의 출판학으로 통합되는 특징이 있다. 이로써 책의 창출과 그 존재의 규명, 전수 및 보전과 분배(이용)로 관류되는 학문적 맥락을 엿보게된다. 이러한 일련의 문제를 살핌으로써 '남애의 연구 활동'이 지향하는 의의를 알아보려 노력했다. 따라서 또 다른 면에서 새로운 실현인 교양·수필류 저술들에 관한 업적들

도 알아보았다

제6부에서는 한국출판학회와 남애와의 관계에 관한 사적을 알아보고자 했다. 한국출판학회의 창립 회장으로서 초창기 반석을 다진 그는 이 연구 공동체의 발전을 위해 진력 봉사한 공로자였다. 이제 학회 창립 50주년을 맞이하면서 다시금 남애를 통하여 지나간 뒤안을 되살피는 일이말로 매우 뜻 깊은 일이며 의미 있는 작업이라 사료된다.

제7부에서는 남애의 평생에 걸친 고서 수집 활동이 이행된 과정, 특징, 실적 등에 대하여 살펴보고, 애서 운동에 관한 문제도 아울러 짚어 보고자 했다. 그의 수서 업적으로 말하면 만 권 장서를 두 차례나 실현했을 정도로 전설적인 대기록을 남긴 것으로 유명하다. 그러한 과정에서 한국정신문화연구원(오늘의 한국학중앙연구원)에 1만여 권의 장서를 위양함으로써 자료의 수원지를 더욱 넉넉하게 터놓는 등 우리의 학문 발전을 위하여 크게 공헌한 바 있다.

이렇게, 본문은 모두 7개 대단원으로 나누어 '남애 안춘근의 생애와 학문 세계'를 보고 했다. 이에 뒤이어 두 편의 추록을 붙였는데, 이는 본문에서 다루지 못한 부분을 보완한다는 취지에서 다시금 되살핀 내용임을 밝힌다.

여기서, 「추록 1」은 남애가 수많은 옛 책들을 발굴하면서 경험했던 몇 가지 특별한 사연들과, 여러 귀한 전적들과 만나는 과정에서 우리의 출판문화사에 새로운 기록을 남기게 한 숨겨진 일화들이 공개되어 있다. 아울러, 그가 책의 학자로 살아가면서 인생에 대한 성찰과 소회, 생활 속에서 경험한 애환들 또 그로써 끼침 받은 좌우명 등도 취재해 넣었다. 물론, 이러한 살핌들은 지금껏 알려지지 않았거나 희귀한 증언들을 담아낸 것이므로 그 의의가 사뭇 크다.

「추록 2」에서는 주로 남애의 교우(交友)에 관한 내용이 중심이다. 남애는 사람을 응대하되 편벽됨을 저어했으나, 대체로 보면 '차가운 처세'가 그의 상징적인 모습으로 평설되기도 한다. 그러나 그의 주변에는 소통을 원하는 인사들로 끊일 사이가 없었으니 이 또한 넉넉한 이야깃거리가 아닐 수 없다. 이와 관련하여 본편에서는 문화계 인사들과의 만남과, 나아가 해외 학자들과의 교류 활동 등에서 보여 준 우정, 그들과의 학문적 담론을 통하여 얻은 이런저런 비망들이 그 주된 살핌임을 밝힌다.

이상의 내용들은 '책의 학자 안춘근'을 설명해 주는, 전부는 아니라 할지라도 중심적인 관건으로 접근한 것이라 할 수 있다. 결국, 이 같은 일련의 발자취로 점철된 노정이 남애의 생애사였다고 감히 말할 수 있기 때문이다. 그러한 의미에서, 이 책은 출판학자 안춘근에 대한 평설인 동시에 하나의 전기적인 서술이기도 하다. 요컨대, 남애 안춘근이 지향한 인생, 애서, 학문에 대한 보고서라 할 수 있다.

남애는 망고희(望古稀)를 3년여 앞둔 향년 67세로 세상을 떠났다. 그의 왕성한 연구와 치열한 수서 활동이 계속되는 과정에서 서둘러 이승을 버리고 말았다.

널리 회자되는 바와 같이, 그는 많은 저술과 방대한 수서 업적을 남겼다. 61책의 저서와 수 만권을 뛰어넘는 장서 실적이 그러한 사실을 증거한다.

저자는 특히 이 책을 서술하는 과정에서 남애가 남긴 각종 출판·서지학 분야의 연구와 출판 평론, 출판 칼럼 등 여러 유형으로 된 저작들의 끝이 어디까지이며, 그 양적 범위란 과연 어느 정도인가 하는 문제를 생각해 보곤 했다. 그런데 결과는 도무지 어림하기조차 어렵다는 무력함으로 되돌아왔을 따름이었다. 요컨대, 유고들에 대한 전수(全數) 조사가 불가능하다고 보았기 때문이다.

그러면서도 영역의 학문 분야로 말하면 우리 학계에서 처음으로 시도했거나 창안한 사례들이 풍부하다는 점 또한 남애의 업적을 말해 주는 부동의 증거들임을 거듭 확인할 수 있었다. 그가 추구한 수서 활동만 해도 세상에 다시없는 진귀한 문적들이 그의 서실에 넉넉히 들어앉아 있었다는 사실 또한 사계의 익숙한 징험이기도 하다. 이러한 실상에 관해서는 이 책에 보고된 관련 본문들에서 구체적으로 서술한 바와 같다.

이제 남애 안춘근에 관한 여러 다양한 평설은 다시금 뒷날의 몫으로 되돌려질 것이다. 그가 이뤄 낸 평생의 과업들은 진정 역사의 갈피에서 어떤 모습으로 남게 될 것인가?

4.

이 책이 이룩된 동인은 2013년 3월 졸저 『편집 출판학 연구 총서』(패러다임북, 2015)를 집필하면서 비롯되었다. 당시 위의 책 중에 넣은 한 논문이 「출판학자 남애 안춘근 연구」라 매긴 주제였다. 과분하게도 이 논의는 여러 독자들로부터 적지 않은 관심을 불러일으켜 저자를 크게 고무케 했다.

그런 가운데 예의 논의를 좀 더 확충하여 접근하는 것이 어떻겠느냐는 권고도 접하게 되었다. 이러한 과정에서, 저자로서는 기약 없는 일이라 생각하면서도, 일단 새로운 집필에 필요로 하는 자료를 다시금 살피는 한편으로, 이를 바탕삼아 그의 일대기와 학문 활동에 관한 조감을 재상정하고 그에 따른 정리 작업을 착수하게 되었다.

그러던 차 한국출판학회 측에서는 향후 4년 뒤이면 본학회 창립 50주년(2019년 6월)을 맞이하므로 그에 즈음하여 '남애 안춘근 연구서'를 내면 좋겠다는 의견이 제기된 것으로 안다. 이로 하여 마침내 이 책의 출판 기획이 모색될 수 있었다.

그 결과로 2017년 4월 17일 한국출판학회 50년사 편찬위원회에서 학회 50년사와는 별도로 '남애 안춘근 연구서'를 내기로 결의하기에 이르렀다. 이에 진작부터 남애 연구서를 준비해 온 저자로서는 이 과업에 동참함으로써 다시금 학습의 기회로 삼고자 했다. 돌이켜 보면, 이 책의 편찬 기획이 발생된 시점으로부터 마침내 만 6년 만에 출판이 완료된 셈이다.

저자는, 이 책을 집필하는 과정에서 많은 분들로부터 도움 받았는데, 차제에 이를 밝혀 오래 기념해 두고자 한다. 특히, 아르케아카데미의 안유섭(安裕燮) 원장은 그동안 자료 구득의 어려움을 이해하고 성의를 다하여 저자를 도와주었다. 안 박사는 가승되어 온 귀한 자료들을 열람케 하는 등 배려를 아끼지 않았다.

몇 해 전, 멀리 속초의 전상희(全商熙, 1925~2017) 선생은 망백(望百)의 연세이신데도 여러 귀중한 증언을 제공함으로써 저자를 감격케 했다. 선생은 남애의 '속초 시절', 그러니까 제1군단 제101부대의 '안춘근 중위'를 기억하고 있었던 유일한 생존 인사이셨다. 또한, 선생은 당시 지역 언론으로 큰 영향을 끼친 《동해일보》 창간과 함께 이 신문사에서 오랫동안 봉직했던 분이기도 했다. 아울러, 충정장학재단 설립 이사장인 김충호(金忠鎬) 선생 또한 여러 증언과 함께 옛 현장을 찾아 직접 안내해 주는 등 성의를 다한 이바지함이 적지 않았다. 설악닷컴 엄경선(嚴扃善) 대표의 도움도 잊을 수 없다. 그는 특히 전시하의 '군정 지구'였던 속초 일원에 관한 귀한 자료를 제공함으로써 그 무렵의 '안춘근 중위'와 관련된 사적들을 보완하는 데 기여했다.

박경하(朴京夏) 교수의 여러 차례에 걸친 도움 또한 저자를 감동케 했다. 사학자이며 우리 고서 연구에도 남다른 경지를 이룬 그는 뜬금없이 비장의 자료를 안내해 주었던 기억이 새롭다.

지식산업사의 김경희(金京熙) 대표와 도서출판그물의 변선웅(邊善雄) 대표는 '을유문화사 시절의 남애'에 관하여 귀한 증언들을 보태 주었다. 그런가 하면, 과거 '60년대 중반 이후 50년이 넘도록 을유문화사에서 직무해 온 조돈진(趙敦珍) 전무이사의 도움도 잊을 수 없다.

특별히, 정산(靜山) 민병덕(閔丙德) 교수께서 기회가 있을 때마다 글과 육성으로 남애 선생에 관한 회억을 전해 주신 배려를 잊을 수 없다. 그는 반세기 전 남애와 출판학회 활동을 함께 한 창립 회원이시기도 하다. 그런 정산 선생께서 2018년 9월 13일 별세하셨다는 비보를 듣게 되었다. 선생은 우리 출판학계의 1세대 학자이시며, 학회 창립 회원 중 생존해 계신 유일한 어른이셨는데, 세상을 버린 것이다.

돌이켜보면, 남애 안춘근 선생이 한국출판학회의 창립 회장으로서 초창기에 직면해야 했던 많은 어려움을 극복해 낸 뒤안을 재발견하게 된다. 아울러, 정산 민병덕 선생 등 뜻을 함께 한 개척자들이 학회 발전의 견인차임을 자긍하면서 만난을 무릅썼다는 사실 또한 강조해 말할 나위도 없을 것이다. 그러나 우리의 학문 연구사에서 처음으로 실현한 출판학회라서 그러했던가, 그만큼 감당해야 할 시련도 컸다는 내력을 반추하게 된다. 1980년대 초, 이 학회가 위기에 직면했던 정황이 그와 같은 사례였다. 그랬을 때 범우(汎友) 윤형두(尹炯斗) 선생이 힘써 이바지했던 바를 기억한다.

저자가 이 책 집필을 애써 마무리할 즈음, 한국출판학회에서는 그간의 학회 이력을 50년사로 보고하는 쾌거를 이루어 냈다. 이처럼 큰일을 추진해 온 윤세민(尹世珉) 명예회장과 이문학(李文學) 회장의 공로 또한 오래 기억될 것이다.

따라서 윤 명예회장과 이 회장은 이 책이 이룩되도록 두루 협력을 아끼지 않았고 시종 저자의 편의를 도우려 애썼다. 여러 모로 협조해 준 부길만(夫吉萬) 교수와 윤재준(尹在浚) 교수에게도 감사를 표한다. 또, 외국 자료의 조사 등 번거로운 일을 마다하지 않고 기꺼이 협력해 준 백원근(白源根)·이영호(李榮鎬) 동학의 공로를 잊을 수 없다. 멀리 있으면서도 저자를 진력 도와준 신붕섭(申鵬燮) 교수와, 권연숙(權績淑)·전연섭(全淵燮) 선생의 이바지함이 각별했는데, 이 또한 오래 기억할 것이다. 남석순(南奭純) 교수는 저자의 집필 작업 과정에서 변함없는 신뢰를 주었다. 그저 고마울 따름이다.

이렇듯, 이 책은 많은 분들의 도움에 힘입어 이룩되었다. 비록 위에 거명하지 못한 협력 사례들이 적지 않은 것도 사실이다. 당연한 일이지만, 그 하나하나의 이바지함이야말로 중요하기는 마찬가지일 따름이다. 이에 다시 한 번 감사를 표한다.

끝으로, 여러 어려운 환경 속에서도 이 책을 이처럼 아름답게 성책해 준 글로벌콘텐츠사의 홍정표(洪正杓) 대표에게 감사한다. 쉽지 않은 작업임에도 열정을 다한 김미미(金美美) 이사님과 편집진의 노고에 대하여 감사하며 또한 오래 기억할 것이다.

2019년 4월 11일 愚洋齋에서
이 종 국

차 례

제1부 남애리에서, 그리고 청년 시절

제2부 진중 생활과 기고 활동

제3부 출판·편집자의 길, 그리고 새로운 실현

제4부 책의 끼침과 책의 생산

제5부 남애의 연구 활동

제6부 한국출판학회와 남애 안춘근

제7부 남애 안춘근의 수서 활동

• 추록 1

여는 글

서설—남애 안춘근의 인생, 애서, 학문 활동을 되돌아보며

남애(南涯) 안춘근(安春根, 1926.7.27.~1993.1.22.)은 책의 학자이다. 남애가 타계한 지도 어느덧 4반세기를 넘겼다. 그는 지난 세기를 살아간 사람으로 역사의 뒤안에 넘어 서 있다. 그러나 시대를 앞질러 미래를 내다본 인물이 남애였다. 인멸되어 가는 옛 책을 부활케 한 것도 그러한 미래안으로부터 말미암음이 아니던가.

남애는 수많은 고전과 만나면서 그 책들이 끼친 내력과 역사적인 위상을 추적하는 일로 평생을 살았다. 고단한 선택이었지만, 오히려 그러한 생활을 더 없는 기쁨으로 받아들였다. 그는 늘 읽고 지으며, 지은 것을 널리 펴내는 가운데 숨어 있는 옛 책의 손짓을 감지해 오랜 은둔을 마감케 하고, 세상 밖으로 다시 새로운 부활을 인도하곤 했다. 이처럼 탐서에의 끊임없는 정진을 업연(業緣)으로 받아들인 애서가가 남애 안춘근이었다.

그런 안춘근의 서실(書室)은 언제나 풍성한 책의 도열로 넘쳤다. 장엄한 집적이었다. 그것은 수서자(蒐書者)의 내세움보다는, 기록으로 전승된 문화·역사적 증거를 알아내기 위해 최선을 다한 물증이었다(이종국, 2015, p.291). 흩어져 가는 옛 책을 보전하려 애쓴 끊임없는 정진 과정을 말해 주는 소리 없는 현장이었던 것이다.

오늘의 우리가 남애 안춘근을 주목하는 이유는 기록의 광맥을 캐는 쉼 없는 탐험가가 그이였다는 사실에서 찾는다. 강조해 말할 나위도 없지만, 안춘근이 선택한 평생의 추구로 말하면 오로지 책과 함께 어우름이며, 그 늪 안에 영어(囹圄)됨을 소원함으로써 그가 추구하는 위대한 책 세상을 지향하고자 했다는 사실이다.

새삼스레 짚어 말할 나위도 없겠으나, 그런 남애 안춘근은 출판이 끼치는 사회·문화적인 중요성에 대하여 힘써 강조해 마지않았다. 강단은 말할 것도 없거니와, 길에서도, 만남

에서도, 국내외의 내왕에서도, 심지어 산행 길에서조차도 출판의 소중함과 책에 관한 생각을 전하는 일에 멈춤이 없던 열정적인 전령사가 남애였다.

뒷사람들이 남애 안춘근을 말하되, 출판학의 선구자요, 서지학을 개척하여 체계화한 책의 학자라 일컫는 것도 두루 그러한 노력과 닿아 있음을 본다(이종국, 2015, p.291). 이와 같은 남애에 대한 인식은 널리 익숙한 언설로 회자되고 있다.

앞서 「책머리에」 밝혔듯이, 지금껏 남애 안춘근에 대한 논의는 이렇다 할 만한 성과가 보이지 않았다. 저작등신(著作等身)을 뛰어넘었던 남애를 대상으로 하여 그의 생애와 학문 세계를 천착하려 노력한 흔적이 불모나 다름없었다는 것은 사뭇 이상한 일이기조차 하다. 그의 서세 후 4반세기가 그렇게 흘렀다.

이제 오늘에 이르러 안춘근의 사적(事跡)을 되살피는바, 때늦은 감이 없지 않다. 특히, 하나의 단행본 형식을 빌려 그의 생애에 걸친 조명을 보인 것도 이 책이 첫 시도로 기록된다. 이로써 남애 안춘근의 인생과 애서하는 삶, 그가 보여 준 연구 활동에 대한 일련의 과정을 살필 것이다.

안춘근은 왜 책의 학자로 평생을 살아갔는가? 아니면, 책을 짓고 모으는 가운데 자기 극복을 거듭 넘어서려 한, 오로지 그만의 고집스러운 삶을 택했던가? 그러한 의문으로부터 이 서술은 시작된다.

책의 학자 남애 안춘근의 학문 세계는 출판학을 중심으로 하여 서지학과 상호 협력 내지는 의존적인 상관관계로 큰 테두리를 형성하고 있다. 출판학이 지식 수단으로서 저작물의 창조와 이용, 또 그것을 둘러싼 사회·문화적 영향 및 제반 제도와 역사적 변천 등을 연구 내용으로 삼는데 비추어, 서지학의 경우는 주로 기록물에 대한 정신적이고도 물리적인 됨됨이를 고찰·기술하는 것으로 큰 범주를 잡는다.

요컨대, 책(넓은 범위에서 '지식 인지 및 전달 수단')이라는 지식·정보 매개 수단을 존재케 하는 당초의 실현 행위가 '출판'이라 할 때, '서지' 쪽은 그로써 생성된 실물이 연구·분석 대상이라는 의미로 요약된다.

그런 점에서, 출판학과 서지학은 결과적으로 책(기록물)과 출판에 대한 연구를 응집한 학문 덩어리라 할 수 있다. 좁혀 말하면, 책에 관한 연구가 출판학이요 이것에 방법을 달리한 분야가 서지학 탐구라 할 것이다.

남애 안춘근이 평생 동안 끈을 놓지 않았던 것도 '책에 관한 연구'였다는 의미로 총화된다. 이러한 그의 연구가 출판학과 서지학 저술로 집성되었다. 그런가 하면, 교양·수필 분야들에서도 책과 출판에 관한 서술을 펴기는 마찬가지였다.

일찍이 남애는 저술을 말하되 "저자의 모든 것을 저술 당시로 표현하여 고정시키는 작업"이라고 했다. 다시 말하면, "저자가 보고한 현재의 사상과 감정을 촬영하는 것과 다름없다."는 것이다. "그러한 영상이 여러 과정을 거쳐 인화지로 구현된 것이 책"이라고 함축했다(안춘근, 1973.3., p.71).

남애는 또한 "학문적인 업적으로서의 연구서는 아무리 훌륭한 업적이라 하더라도 필연적으로 수정되는 운명을 피할 길이 없다."고 말한다. 그러면서 "저술 당시 저자의 지식이 고정되어 있는 저서가 전진하고 있는 다른 저자의 새로운 사실에 의해 벌써 한 꺼풀 허울을 뒤집어쓰게 되는 셈"이라는 것이다.

요컨대, 책이란 저자에 의해 저술될 때 이미 고정된 지식이라는 지적이다. 그는 성서(聖書)의 경우에서도 "신의 말씀에 대하여 신학자들 사이에 논쟁거리가 되기도 한다."는 점을 하나의 사례로 들었다. 절대적인 권위에 대한 해석이 그와 같은 것으로 보아, 인간의 저술에서 잘못이 없다고 한다면 이상한 일이라는 것이다(안춘근, 1973.3., pp.71~72).

이로 보아, 남애는 자신이 지은 한 권의 책이 완료될 때마다 큰 기쁨을 느끼면서도, 일편 스스로 애써 보고한 지식 내용이 이로써 고정되어 있다고 생각하면서 다시금 새로운 저술을 준비했을 것이다. 이 책은, 남애의 그와 같은 인식을 탐색하는 작업으로서 그의 애서, 학문, 인생 노정을 열어보려 노력한 하나의 과정적인 살핌이다.

이 책에서 전체의 얽이는 아래에 제시한 내역을 전반적인 서술 범위 및 연구 문제로 설정했음을 밝혀 둔다.

첫째는 안춘근의 유년 시절에 관한 부분이다. 그는 평범한 시골 소년으로 자랐다. 외지로부터의 영향이나 자극으로부터 멀리 떨어진 금강산의 한 줄기인 외금강 자락에서 자라면서 시류에 눈을 떠가던 '소년 안춘근'의 모습을 살피고자 했다.

둘째는 안춘근의 청년 시절에 관한 살핌이다. 식민지 시대의 어두운 시국 속에서 출향을 결심하고 고향을 벗어난 그가 어떻게 살아갔으며, 또한 학업 정진 과정과 전시에 겪은 군문에서의 경험 등이 그 주된 내용이다.

셋째는 안춘근이 출판·편집자로 열정을 기울였던 모습들, 그리고 그가 출판 연구자의 길로 들어선 과정이란 어떻게 진행되고 있었는지에 관하여 알아보는 일이다. 특별히 책과 출판에 대한 그의 왕성한 학문적 추구로 빚어낸 일련의 성과를 주목하고자 한 내용이 이 부분을 차지하는 주요 범위이다.

넷째는 안춘근의 독서력에 관한 과정을 알아보고자 했다. 그는 출판 기획자인 동시에 편집자였으므로 당연히 '읽은 지식을 책의 생산'으로 재창출하려 애쓴 인물이었다. 그런 남애 안춘근은 다독(多讀, 많이 읽음), 다작(多作, 많이 지어냄)하고, 수많은 고전을 탐서하여 뒷날에 전한 책의 사람으로 살았다.

다섯째는 남애 안춘근이 추구한 출판학 연구와 서지학 연구 및 그에 따른 학문적 결실인 저술 활동을 살펴보고자 했다. 따라서 남애가 이행한 주된 저술 활동과 함께 또 다른 갈래를 형성하는 분야들(교양, 수필, 컬럼 등)에 관한 업적도 알아봄으로써 그것이 지닌 의의를 다시금 되돌아보았다.

여섯째는 한국출판학회와 남애 안춘근과의 관계와 관련된 발자취를 살펴보고자 했다. 한국출판학회가 실현된 것은 남애의 생애사에서 대표적인 업적 중 하나이며, 그것이 지닌 학문·문화적 의의와 함께 매우 중요한 성과로 기록된다.

일곱째는 남애의 평생을 관류한 고서 수집 활동이 이행된 과정, 특징, 실적 등을 알아보고, 애서 운동에 관한 문제도 아울러 짚어 보고자 했다.

이상의 내역은 책의 학자 남애 안춘근을 말해 주는 중심적인 관건이라고 본다. 그의 생애야말로 이 같은 일련의 노력으로 점철된 노정이었기 때문이다.

그러므로 이 책은 출판학자 안춘근에 대한 평설인 동시에 하나의 전기적 서술이기도 하다. 요컨대, 남애 안춘근이 지향한 인생, 애서, 학문 활동에 대한 보고서라고 말할 수 있다.

제*1*부
남애리에서, 그리고 청년 시절

• 들어가는 글

남애 안춘근은 순흥안씨(順興安氏) 집안의 후예로 태어났다. 그의 선대는 남에서 북으로 삶의 터전을 옮겨 살아간 특수한 내력이 있다. 이는 15세기 중반에 겪었던 시대·정치사적인 수난과 관련된다. 그의 조상이 경상도 흥주(興州, 순흥현, 지금의 경상북도 영주시 풍기읍)에서 강원도 고성의 외금강으로 이주해 새 삶터를 마련*했던 것이다(* 이 책, pp.35~36 참조).

여기, 제1부는 우선 남애의 고향과 거기에서 낳고 자란 유년 시절을 살핀 내용으로 시작된다. 유년 시절이란, 그가 고향에서 초등학교를 나온 때까지를 말한다.

그럼에 있어, 우선 남애의 가계를 알아볼 필요가 있다. 따라서 그가 태어난 해인 1926년 무렵의 사회적 정황과 그의 부조(父祖)들이 겪은 시대적 수난, 그리고 이후 안춘근이 자라면서 새로운 세상과의 만남이 어떻게 이루어지고 있었는지를 살피고자 했다. 안춘근이 만난 새로운 세상이란 신식 교육을 받으면서 개안을 터득해 나간 청소년기의 성장 과정을 말한다.

이에 뒤이은 제1부 전개는 청년 시절의 남애에 관한 살핌이 중심을 이룬다. 선린상업학교를 거쳐 경기공립사범학교를 나온 후 초등학교 교사로 봉직한 일 등 격변의 시대 상황 속에서 경험한 여러 과정들이 그러한 대상들이다. 따라서 안정된 직장을 떠나 학부 진학을 실천한 과정도 살폈다.

남애는 가정 형편이 어려운 상태였지만, 정치학도로서 꿈을 지피게 된다. 그러한 과정에서 엄청난 시련이 그를 기다리고 있었다. 6·25 전쟁을 당하게 된 것이다.

이로 하여 안춘근은 성균관대학교 정치학과 3학년 재학 중 학업을 중단하고 급거 군에 입대하게 된다. 이와 관련하여, 안춘근은 6·25 전쟁 중 통역장교로 복무하는데, 이러한 경험은 뒷날 그의 인생에 큰 영향을 끼친다.

이와 같이, 제1부는 먼저 선대로부터 고향인 외금강면 남애리에서 오랫동안 생업을 꾸려 온 안춘근의 가계와, 유년 시절을 알아보면서 초등학교 졸업과 동시에 출향한 일, 이후 선린상업학교 진학을 거쳐 경기사범을 수료하고, 그런 끝에 우신학교 교사로, 또 대학에 입학하기까지의 노정을 살폈다. 그에 뒤이어 군 입대로 급변한 과정과, '전시'라는 특수한 시대적 상황을 걱정한 노모의 뜻에 따라 결혼하기까지 28년간의 청년 시절이 전반적인 서술 범위이다.

제1장 안춘근의 가계와 고향, 유년 시절

1. 1920년대 후반의 사회적 정황

1926년은 남애 안춘근이 태어난 해이다. 그는 이 해 음력 7월 27일(양력 9월 3일) 강원도 고성군 외금강면 남애리에서 안태현(安泰賢, 1891.4.8.~1957.3.16.)과 박계춘(朴桂春, 1893.7.5.~1962.9.4.) 사이에서 2대 독자로 태어났다.

남애의 고향집은 소규모로 농수산업을 겸업하고 있었다. 농업에 종사하면서 일면으로 수산업도 겸한 연안 마을 특유의 생업을 꾸렸던 것이다. 이러한 모습은 남애리 주민들이 대체로 비슷했다. 하지만, 형편이 영세하여 선대로부터 일궈온 산전답 몇 뙈기와 남애리 앞 바다에서 작은 연안어선* 한 척을 띄워 때때로 집안 살림에 보태는 정도였다(* '연안용 전마선'이었으며, 이것을 동네 주민에게 대여함.).

이렇듯, 남애의 고향인 외금강면 남애리 사람들은 소규모나마 농사와 동네 앞 바다에 나가 고기잡이를 겸업하는 주민이 대부분이었다. 그런데 1930년대 초부터 근근이 이어 온 바다 일은 남애가 초등학교를 졸업하던 1941년까지만 유지되었다. 가세가 기울어 어선과 어망을 타인에게 넘겼기 때문이다.

안춘근이 태어난 1926년은 안중근 의사의 하얼빈 의거(1909.10.) 이후 17년이 흐른 때이며, 경술국치(1910.8.)로부터 16년이 경과한 시점이 된다. 다른 어느 때보다도 일제에 의한 식민 수탈이 더욱 지능화되고 있던 시기가 그 무렵이기도 했다.

일제는 3·1운동의 영향이 여전하다는 사실을 직시하고 식민 책략에 정치적인 변환을 주고자 했다. 그러한 연장선상에서 1919년 8월에 제3대 조선총독으로 사이토 마코토(齋藤實)가 들어서자, 식민 정책을 '무단통치'에서 이른바 '문화통치'로 전환시킴으로써 나름대로 정황 변개를 시도하고자 했다. 그러나 실제로는 기존의 헌병을 경찰이라는 이름으로 바꾸는 등 침략의 족쇄를 폭력과 회유 양면책으로 구사하면서 경제 수탈을 강화해 나갔다. 그러한 정책은 사이토의 재임 기간(1919~1927)에 기반을 구축하여 이후 오랜 동안 식민 탄압의 구실로 삼았다. 그는 제5대 총독(1929~1931)으로 다시 이 땅에 부임하면서 자신이 이미 다져 놓았던 식민 정책을 더욱 견고화시켰다. 민족 시인 이상화(李相和)가《개벽》지에 「빼앗긴 들에도 봄은 오는가」를 발표한 것도 1926년 6월이었다.

1) 1926년 언저리

1926년에 일어난 역사적 사건으로 말하면 우선 6·10 만세 운동을 꼽게 된다. 순종황제의 국장일인 이날 청년 학생들이 서울에서 격문을 살포하고 만세를 외친 사건을 말한다. 이 만세 운동은 일반 국민들도 가세하여 전국 규모의 항일 투쟁으로 확대되었으며, 만주 지역의 민족 학교 학생들과 일본에 있는 유학생들까지 떨쳐나서는 도화선으로 번져났다.

이렇듯, 6·10 만세 운동은 우리 민족 사회에 새로운 활기를 불러일으켰고, 3·1운동과 1929년에 야기된 광주 학생 항일 운동의 교량적 구실까지 담당하게 되었다. 광주 학생 항일 운동은 약 5개월 동안 전국의 각급학교 학생 54,000여 명이 참여함으로써 3·1운동 이후 최대의 민족 운동으로 발전했다(이기백, 1997, pp.461~462).

참고로 1926년을 전후한 5년간(1924~1928)에 걸친 주요 사건일지를 보면 다음과 같다.

- **1924**
  - 1월 4일: 의열단원 김지섭, 일본 도쿄 궁성의 나주바시(二重橋)에 폭탄 투척
  - 2월 10일: 김좌진·김혁 등, 만주의 독립군을 규합하여 신민부(新民府) 조직
  - 5월 2일: 경성제국대학 예과 개교
  - 12월 27일: 임정 국무총리(대통령 대리)에 박은식(朴殷植) 선출
- **1925**
  - 3월 30일: 임정, 국무령 중심의 내각 책임제 채택
  - 4월 17일, 김재봉·조봉암 등, 서울에서 조선공산당 조직
  - 5월 7일: 치안유지법 제정·공포
  - 10월 13일: 기독교계 학교 학생 전원 신사 참배 거부
- **1926**
  - 6월 10일: 6·10 만세 운동
  - 10월 1일: 나운규의 「아리랑」 단성사에서 상영
  - 12월 14일: 김구, 임정 국무령에 취임
  - 12월 28일: 나석주, 식산은행과 동척(東拓)에 폭탄 투척
- **1927**
  - 2월 8일: 조선어연구회 월간 동인지 《한글》 창간

-2월 15일: 신간회, 서울 YMCA회관에서 창립 대회(회장 이상재)

-6월 6일: 최남선·정인보·이윤재 등 『조선어사전』 편찬 착수(동아일보 보도)

-12월 28일: 조선토지개량령 제정·공포

- **1928**

-1월 1일: 조선일보 필화 사건으로 안재홍·백관수 등 구속

-6월 5일: 최현배 저 『우리말본』(제1편) 등 간행

-11월 21일: 홍명희, 장편 「임거정전」 조선일보에 연재(~1939.3.11.)

-12월 27일: 치안유지법 개정·공포

이 무렵, 일제는 한국인 탄압 범위를 모든 영역으로 망라해 놓았다. 교육 정책 또한 민족정기를 말살하기 위한 전위적인 책략으로 중시했다. 그에 따른 직접적인 장치가 조선교육령이었다.

2) '조선교육령'에 의한 식민 전략

안춘근은 초등학교 입학 후 선린상업학교에서 8·15 광복을 맞이할 때까지 이른바 일제의 '조선교육령'에 의한 교육을 받았다. 조선총독부는 한국 병탄을 강행한 직후부터 그들이 패망할 때까지 모두 4차(1911.8.23~1945.8.15)에 걸친 조선교육령을 개정 시행함으로써 한국인으로서의 민족혼을 탈화(脫化)시키려 했다.

우선, 제1차 조선교육령은 1911년 8월 23일 공포(칙령 제229호)되었다. 그 제1조에서 보면, "조선인의 교육은 본령에 따른다."고 규정하여 교육 권력의 주체가 일본임을 선포했다.

제2차 조선교육령은 이 땅에서의 교육 수탈을 더욱 본격화하는 근거로 뒷받침되었으며, 보통 '개정교육령'이라 부르기도 한다. 이 교육령의 시행 시기(1922.2.4.~1938.3.2.)는 3·1 운동으로 일제가 이른바 문화 정치로 전환한 무렵부터 그들이 중국 침략(1937)을 감행한—한국을 아시아 병참 기지로 지목하고 전시 체제에 돌입했던 때까지를 말한다(이종국, 2008, p.81).

제2차 조선교육령기에는 일본과 비슷한 교육 제도로 개정한 것이 특기점이다. 그러나 한국민의 격화된 반일 감정을 무마하려는 유화책에 불과했다. 왜냐하면, 그들이 획책한 동화주의와 차별 철폐는 아무런 변화가 없었기 때문이다. 오히려, '일시동인(一視同仁)', '내

선일체(內鮮一體)’, ‘내선공학(內鮮共學)’, ‘일선융화(日鮮融化)’ 등의 기만적인 슬로건을 내걸면서, 한국민에 대한 동화 전략을 더욱 본격화해 나갔다(정재철, 1985, p.342 참조).

일제가 왜 동화주의 교육을 강화했던가는, 한국민의 마음속에 남아 있는 자주 독립 사상을 뿌리째 뽑아 버리고, 그들에 부응을 획책하는 예속 의식을 싹트게 하기 위해서였다. 그리하여 1922년에 결행한 이른바 “내선 공통의 정신에 기(基)하여 동일한 제도 하에 시설의 완정(完整)을 기한다.”(大野謙一, 1936, p.128)는 미명 아래 조선교육령을 개정(1922.2.4.)하고, 그들과 융합을 꾀하기 위한 동화 교육을 더욱 강화시켰다.

제2차 조선교육령 시행기에 적용된 주요 특징을 들면 다음과 같다. 이 시기는 특히 안춘근의 초등학교 시절과 걸쳐 있으므로 시대적인 정황을 참고할 수 있다.

첫째, 학제(학교 종류 및 수업 연한 등)에 있어 일본과 동일한 제도를 따르도록 했다. 즉, 종래 4년이던 보통학교 수업 연한을 6년으로 연장한 것(지역 사정에 따라 5년 또는 4년으로 단축)과, 수업 연한 2년의 고등과를 둘 수 있도록 한 것 등이다.

안춘근은 1936년 3월 고향 마을인 남애리에서 7km 떨어진 6년제의 공립 장전심상소학교(長箭尋常小學校)에 입학한다. 여기서, ‘심상소학교’란 일본이 1886(명치 19)년에 제정한 소학교령에 따라 설치한 초등학교의 제도적 명칭을 말한다. 이 제도는 1941년(소화 16)년 ‘국민학교령’이 제정될 때까지 의무 교육 기관으로 존속되었다. 따라서 안춘근이 입학(1936)한 장전심상소학교도 그가 6학년이던 1941년에 ‘국민학교’로 변경됨에 따라 그해 장전남공립국민학교(長箭南公立國民學校) 학생으로 이 학교를 졸업했다.

둘째, 이른바 ‘내선공학’ 정책을 추진했다. 이 정책은 제도상으로 6년제(조선교육령 제5조) 보통학교를 만들어 차별 대우에 대한 한국인의 비난을 막으려는 의도였다.

셋째, ‘일시동인’이라는 미명을 내세워 차별을 철폐한다는 정책을 펴고자 했다는 점이다. 그러나 이러한 제도 역시 언어 정책면에서도 거짓임이 드러났다. ‘국어 상용(일본어 상용)’이라는 말을 사용함으로써 일본인과 한국인을 차별 대우하지 않는다는 인상을 심어주기 위한 기만 장치에 지나지 않았던 것이다(이종국, 2008, pp.81~82).

이렇듯, 1920년대에는 ‘조선어’ 말살 음모가 집요하게 추진되었다. 요컨대, 『朝鮮語』 교과 또는 『朝鮮語及漢文』 교과라 할지라도 일제의 시정 및 일본 문화와 관련되는 내용을 집어넣어 한국인 학생들의 교육 과제로 다룬 것이 그러한 사례였다.

일제는 역사 및 지리 교과목에서도 식민 족쇄를 풀지 않았다. 그들은 보통학교의 고학년에 『국사』와 『지리』 교과를 신설하고, 중등학교에서도 여전히 『역사지리』 교과를 설정하여 주로 일본의 역사 지리에 관한 내용을 가르쳤다. 그러한 저의는 제2차 조선교육령 시행기에 적용된 보통학교 규정 제13조에서도 명백히 드러나 있다.

국사(일본사를 말함. 필자 주)는 국체의 대요를 가르치고, 겸해서 국민다운 지조를 양성함을 요지로 한다. 일본 역사는 아국(일본을 말함. 필자 주)의 국초부터 현시에 이르기까지의 중요한 사력을 교수하고 조선의 변천에 관한 사적(事跡)의 대요도 가르친다.

이와 같은 기조는 중등 교육 기관 등 각급학교에 두루 동일한 방침으로 적용되었다. 여기서, 국사는 곧 '일본역사'로 고정시켰고, '조선역사'의 경우는 '조선의 변천'이라는 개념으로 추락시켰다. 이러한 폄하 방침은 고등보통학교와 여자고등보통학교에서 이수하는 『역사』교과 규정(각 학교 규정 제13조)에서도 마찬가지였을 뿐이다. 여기에서는 '조선에 관한 사항'이라 하여 '조선역사'라는 개념을 전면적으로 부인해 버렸다.

도덕과 교육의 주된 교과목인 『수신』 또한 일제에 대한 충성심을 주입하기 위한 대표적인 교과 중 하나로 끌어올렸다. 이 교과에 대한 보통학교 규정 제9조를 보면,

수신은 교육에 관한 칙어(勅語)에 따라…국가·사회에 대한 책무가 일반에 미치는바 크므로 충량한 국민다운 성격을 함양하는 데 힘써야 한다.

라고 규정해 놓은 것을 보아도 그러한 실상이 드러나 있다. 그러면서, 일제는 수신 교과서들을 통해 일본식 신비주의와 전근대적인 정신주의를 학습 단원으로 설정하여 일제식 교육 방침을 주입하려 애썼다.

'일본식 신비주의와 전근대적인 정신주의'란, 이른바 천황, 일본의 국체, 신궁, 충군애국, 신도(神道), 무사도 등 증빙하기 곤란한 일본적인 전통을 내세운 일련의 식민 교육 소재들을 말한다. 이는 제3, 4차 조선교육령 시행기에도 변함없는 기조를 유지하면서 한국인 학생들의 민족혼을 탈색시키는 데 직접적인 영향을 끼쳤다(이종국, 2008, p.83).

안춘근은, 침략 세력이 패망하고 8·15 광복을 맞이할 때까지 식민 교육을 받으며 자랐다. 그리고는 전란을 당하여 군문에 들어가야 했고, 다시금 전쟁 통에 학업을 중단당해야 하는 등 여러 어려움을 겪었다. 그런 가운데 전역과 복학 그리고 대학을 마칠 때까지 무려 8년(1948.9.~1956.10.)이라는 긴 노정을 경험하게 된다.

이제 다음에 제시한 제재들을 통하여 남애 안춘근의 선대로부터 내림되어 온 가계에 관한 개관과 성장기의 발자취를 살펴보도록 한다.

2. 안춘근의 가계[1]

남애의 가문은 순흥안씨 시조인 무안군(武安君) 안자미(安子美) 공의 장자인 영유(永儒) 1파로, 중시조인 4세 안향(安珦)을 거쳐 9세손인 참판공(參判公) 안종신(安從信) 때 분파된 참판공파 후손이다.

남애의 조부 안봉길(安奉吉) 씨는 가문의 시조 무안군으로부터 28대손(안향으로부터는 24대손)이고, 그 아들이 29대손인 남애의 선친 안태현(安泰賢) 씨이다.

1) 순흥안씨 가문의 후예

안춘근은 무안군(武安君) 안자미(安子美)로부터 30대 후손이며, 중시조인 문성공(文成公) 안향[安珦, 초명은 유(裕), 호 회헌(晦軒), 1243~1306]의 26대손이다.

안향은 고려 말 원(元)에 건너가 남송(南宋)에서 주희[朱熹, 호 해암(晦庵), 1130~1200]가 일으킨 주자학의 주자서(朱子書)를 손수 베껴 처음으로 들여온(1289) 학자였다. 귀국 후 그는 유학 진흥을 위하여 후학 양성에 힘썼다. 그런 안향의 문하에서 뛰어난 학자가 잇따라 배출되었다. 초기만 해도 권부(權溥, 1262~1346), 백이정(白頤正, 1247~1323), 우탁(禹倬, 1262~1342) 등 걸출한 인물들을 들 수 있다.

안향이 세상을 떠난 지 235년 뒤인 1541년(중종 36) 그의 향리 순흥현(順興縣, 오늘의 경상북도 영주시 일원) 풍기에는 주세붕(周世鵬, 1495~1554)이 신임 군수로 부임했다. 그는 이듬해에 백운동서원(白雲洞書院, 紹修書院)을 세웠다. 이는 순흥현 백운동에 안향을 사묘(祠廟, 신주나 영정을 모셔 두고 제사하는 건물)하고 그의 학덕을 계승할 목적으로 건립한 사학이었

---

1) 이하 제1부 중 제1장 2, 3은; 이종국(『편집 출판학 연구 총설』, 2015, pp.293~300 참조).
　　남애의 가문과 가승 문화에 관한 것은 그의 아들 유섭(安裕燮, 아르케아카데미 원장)으로부터 도움 받았음을 밝힌다.

으며, 우리나라 서원의 효시이기도 하다.[2]

순흥안씨의 시조인 안자미는 고려 신종(神宗, 제20대 왕, 재위 1197~1204) 때 흥위위 보승별장(興威衛保勝別將, 군 벼슬: 정7품)을 지내고 신호위 상호군(神虎衛上護軍, 군 벼슬: 정3품)에 추증된 인물이다. 그의 세 아들 영유(永儒), 영린(永麟), 영화(永和)도 순흥안씨 3개 파 파조가 된다.

안향은 안자미의 큰 아들인 영유의 손자로 순흥안씨 4세이다. 순흥안씨 가문에서는, 중시조인 문성공 안향을 비롯하여 안문개(安文凱, 1273~1338), 안축(安軸, 1282~1348)과 안보(安輔, 1302~1357) 형제 등 여러 인물을 냈고, 조선 시대에도 120여 명의 문관 급제자를 배출했다. 근·현대 인물로 이토 히로부미(伊藤博文)를 처단한 안중근(安重根, 1879~1910), 독립운동가인 도산 안창호(安昌浩, 1878~1938) 등이 순흥안씨 집안의 후예이다.

2) 가문의 수난

원래 순흥안씨 집안은 고려 말엽에 본향인 흥주(興州, 순흥현, 지금의 경상북도 영주시 풍기읍)에서 번성했던 가문이다. 그러나 조선 세조 때 순흥으로 유배되어 온 금성대군(錦城大君, 1426~1457)의 역모 사건에 연루되면서 순흥안씨들이 무려 700여 명이나 처형당하는 참화를 겪었다. 이때 살아남은 순흥안씨들 중 일부가 강원도 금강산 언저리와 원주 일대로 도피했다. 따라서 고려 충목왕(忠穆王, 제29대 왕, 재위: 1344~1348) 때부터 부(府)로 격상되어 있었던 순흥부도 현으로 격하되고 말았다.

1453년, 수양대군의 권력 찬탈 사건인 계유정난(癸酉靖難)[3]으로 죽임을 당한 사람이 107명이었다. 이러한 과정에서 순흥안씨들의 수난도 거듭되었다.

그 후 순흥안씨 가문에서는 벼슬길이 막혀 이렇다 할 만한 인물을 내지 못했다. 그러던

---

2) 백운동서원은 1550년(명종 5) 퇴계(退溪) 이황(李滉)이 풍기군수로 부임하면서 이 서원에 대한 지원을 조정에 주청하자 '소수서원(紹修書院)'이란 이름으로 사액(賜額)했고 『사서오경(四書五經)』, 『성리대전(性理大全)』 등의 교재들도 함께 내렸다. 이로써 소수서원은 최초의 사액서원이자 공인된 사학(私學)이 되었다. 1871년(고종 8) 대원군에 의한 서원 폐지 정책이 진행되었으나, 철폐를 면하여 47개 존립 서원 중 한 곳으로 분류되어 오늘에 남아 있다.

3) 1453년(단종 1), 수양대군이 한명회(韓明澮), 권람(權覽) 등과 함께 김종서(金宗瑞), 황보인(皇甫仁) 등 여러 중신들을 죽이고 안평대군을 귀양보냈다가 사사(賜死)케 한 후 영의정이 되어 실권을 차지한 사건을 말한다.

중 안향의 12대손인 안당[安瑭, 서울 출신. 아호는 영모당(永慕堂), 1461~1521]이 성종 때 문과에 급제하여 문관으로 등용되면서 이 가문은 다시 중앙 정계로 진출할 기회를 얻게 된다.

안당은 뛰어난 정치인으로 중종 때 형조·공조·이조판서를 거쳐 우의정과 좌의정에 이르는 등 고위 관직을 두루 역임한 인물이었다. 그의 세 아들 처겸(處謙), 처함(處諴), 처근(處謹)도 과거에 급제하면서 뒤늦게나마 순흥안씨 가문의 부흥이 열리는 듯했다. 그러나 안당이 좌의정일 때 그의 아들 삼형제가 고종사촌인 송사련(宋祀連)의 고변(告變, 반역과 관련된 일을 고발함.) 사건으로 모함을 받아 처형당하면서, 그 자신도 사사(賜死)되고 말았다. 이른바, 신사무옥[辛巳誣獄(1521), 중종 16] 때의 일이었다.

이에 따라 안당 집안은 멸문의 화를 입었고, 순흥안씨들이 살던 원래 연고지(순흥)도 다시금 끔찍한 참화로 이어졌다. 안당이 복권된 것은 그의 사후 45년이 지난 1566년(명종 21)에 이르러서였다.

이와 같이, 순흥안씨들은 정변이 일어날 때마다 큰 변고를 겪었다. 이 때문에 탈향을 결심하게 된 것도 신사무옥을 겪은 직후의 일이었다. 절체절명의 처지에서 순흥에 살던 많은 안 씨들이 전국 각지로 피신하는 사태를 겪게 된다. 이 때문에 '순흥'이라는 안 씨 집안의 집성촌도 사라져 버렸다.

그나마 순흥에 살던 한 일족이 피난처로 택한 곳은 외금강과 동해바다가 맞닿은 외진 두메였다. 사람들의 발길이 닿지 않는 은둔의 땅을 찾아 경상도 순흥으로부터 험준한 태백 준령을 넘어 외금강까지 온 것이다. 그들은 지금껏 사람의 발길이 닿지 않은 이름 모를 준령들을 수없이 넘으면서 천리 길을 여행했다. 안춘근의 집안도 그렇게 한을 삭이며 외금강 기슭에 터 잡고 대를 이어 살아온 피난 가문의 후예였다.

외금강 기슭에 들어앉은 이 오지 마을에는 점차 순흥안씨 가문의 자손들이 불어나고, 그들에 의해 전답이 개간되면서 '남애리'라는 이름으로 부르게 되었다.[4] 깎아지른 듯한 바위벽들이 외금강의 벼랑과 바닷가로 이어진 산자락 해변촌 마을이 남애리였다.

그런 새 터 남켠(南)으로 큰물(涯)이 보이는(동해) 수려한 경관은 관군의 눈을 피해 쫓겨온 안 씨 일족들에게 더 없이 아름다운 신천지였다. 그들은 갯바람에 땀을 식히며 열심히

---

4) 남애리는 강원도 고성군의 1읍 7면 중 하나인 외금강면(23개리로 편제)에 소속된 동리이다. 외금강면은 6·25 전쟁 이후 북한으로 편입되었다. '남애리'라는 마을 이름은 지역(외금강)에서의 국지적인 지세를 형용한 데서 유래하며, 1896년 8월 4일 전국을 13도로 개편(칙령 제36호)할 때 공식화된 말단 행정 단위로 편제되었다.

땅을 일구고 씨를 뿌렸다.

남애의 조상은 몰락한 양반이었지만, 대대로 마을에서 서당을 열어 훈학했다. 남애의 조부와 선친 역시 남애리에서 차례로 사숙을 열고 인근의 소년과 청장년들을 가르쳤다. 안춘근도 5~6세 때부터 부친의 슬하에서 『천자문』과 『동몽선습』 등을 배웠다. 그렇게 기초 학습을 익힌 후 인근 서당과 야학에 다니며 배움을 이어 나갔다.

3. 외금강에서 유년기를 보내다

안춘근은 초등학교를 마친 15세(1941.3.)까지 남애리에서 자랐다. 그곳은 머나먼 오지였지만, 금강산 1만 2천봉 중에서도 내금강과 해금강이 어우러지면서 빼어난 절경을 이룬 천혜의 땅이었다. 외금강을 병풍삼은 남애리야말로 그 어느 곳보다도 아름다운 동네였다.

1) 남애리의 금강산

안춘근이 스스로의 호를 붙이되 '남애(南涯)'라 한 것도 고향에 대한 그리움 때문이었다. 뒷날 안춘근은 자신의 호를 남애라 지은 것에 대하여 다음과 같이 말한 바 있다.

나는 오랜 세월 동안 고향에 가보지 못하고 서러움을 참고 있다. 누가 나에게 고향이 어디냐고 물으면 나는 서슴지 않고 금강산이라고 대답한다. ……정확하게 내 고향은 뒷산이 바로 금강산이요 앞바다가 동해인 외금강면(外金剛面) 남애리(南涯里)이다. 나는 가볼 수 없는 고향이 그리워서 아호를 태어난 고장 이름을 그대로 따서 '남애'라고 했다.

〈안춘근(1993). 『언제 고향에 갈 수 있을까』(유고), p.202〉

안춘근은 자신의 호를 '남애'라고 짓기 이전에 아예 '남애리'라 사용(주로 필명으로)한 때도 있었다.[5] 안춘근에게 있어 남애리야말로 늘 '가슴의 땅'으로 사무쳐 있었던 까닭이

---

5) 안춘근은 1960년대 초반 《동아일보》에 「우리들의 사표」(1962~1963), 「위인의 모습」(1964~1965)이라는 주제로 동서양의 역사적 인물들이 남긴 사적을 연재한 바 있다. 이 글들에서 필자명을 '남애리'라 표시했다.

다. 여북해야 "나는 어머니라는 말과 아울러 고향이라거나 금강산이라는 말만 들어도 눈물이 난다."고 털어놓았을 정도였다(안춘근, 1989.3., p.88). 사람들은 남애를 가리켜 '차가운 사람'이라 말하기도 하지만, 정작 고향 이야기만 나오면 목울대가 저려온다면서 망연히 허공을 바라보곤 했다(이종국, 1995, S.27).

남애는 생전에 고향을 추억하며 금강산과 관련된 여러 자료들을 남겼다. 그 중에서 「금강산, 우리의 산수미」라는 글을 보면 옛 선비들이 남긴 예화와 육당과 춘원에 이르기까지 금강산을 예찬한 글을 뽑아 소개했다(안춘근, 1978, pp.28~51). 그러면서 '고향의 금강산'을 못 잊어 한다. 그는 뒷날 「나의 고향」이란 글에서 다음과 같이 추억한 일도 있다.

사람은 누구나 저 태어난 고향을 그리워한다. 고향이란 어머니의 품과 같은 것이기에 떨어져 있으면 자연 그럽게 마련이다. 그런 그리운 고향에 나는 벌써 40년이 넘도록 가보지 못하고 있다. 나는 8·15 광복 후에 단 한 번 1주일 동안 고향에 가보고*는 이날 이때까지 고향이 없는 이른바 실향민의 서러움을 뼈저리게 느끼면서 살고 있는, 무척 불행한 사람 중의 한 사람이다(* 1946년 9월 우신학교 교사 부임을 앞두고 잠시 고향 방문. 필자 주).

〈안춘근(1987.11.). 「나의 고향」, 《한국인》, p.73〉

라고 회고했다. 그러면서,

내 고향은 단순히 나만이 그리거나, 우리 고향 사람만이 애타게 가보고 싶어 하는 그런 고향이 아니다. 옛날 중국의 시인 소동파(蘇東坡)도 "한 번 고려에 태어나서 금강산을 보고 싶다(源生高麗國 一見金剛山)."고 했을 정도로 세계에 자랑할 수 있는 아름다운 금강산 기슭이 갈 수 없는 나의 고향이기 때문이다.

〈안춘근(1987.11.). 위의 글, pp.73~74〉

라고 말했다. 이렇듯, 남애는 고향을 사무치게 그리워하면서도 다음처럼 '고통의 대상'이라고 말하기도 한다.

내 고향은 뒷산이 바로 금강산이요, 앞은 동해의 파도가 넘실거리는 외금강면 남애리다. 가볼 수 없는 고향, 이것은 살아 계신 어머니를 만날 수 없는 것과 같은 고통일 수도 있다. 누구나 금강산은 가보기가 소원이라는 좋은 곳인데도, 나에게는 고통을 주는 것이 오늘의 현실이다.

〈안춘근(1989.3.). 「세계의 자랑 금강산」. 《월간 산》(통권 233), pp.87~88〉

이렇듯, 그의 고향을 그리는 글들이 미묘하게도 타계를 얼마 남겨 두지 않은 시점에 다수 노출되고 있다. 여기에서는 위의 두 가지 사례만 들었다.

남애는 가볼 수 없는 고향 땅 「고성(高城)」*(옛 杆城郡 지역)을 집중 조감한 5만분의 1 축척 지도를 구하여 간수하고 수시로 살펴보곤 했다〔* 1917년 측도(測圖), 1918년 1월 30일 조선총독부 발행〕.

2) 장전심상소학교에 입학

안춘근은 10세의 다소 늦은 나이로 장전심상소학교〔長箭尋常小學校, 나중에 장전남공립국민학교(長箭南公立國民學校)로 변경〕에 입학하게 된다. 이처럼 학령을 넘겨 소학교에 들어간 것은 부친이 일본식 학습을 허락하지 않았기 때문이다. 그러나 한문 공부는 계속했다.

당시 남애리에서 7km나 떨어진 장전읍내의 소학교에는 교장과 선생님들이 모두 일본인이었을 뿐만 아니라, 입학하려면 창씨개명에 응해야만 했다. 이 때문에 서당 훈장인 부친의 반대가 지엄했던 것이다.

장전남공립국민학교 졸업 즈음(오른쪽이 안춘근, 1941.3.)

부친의 완고함으로 자칫 신식 교육을 받지 못할 뻔했던 안춘근 소년이었지만, 소학교에 입학한 후에도 『명심보감』과 『통감강목』 그리고 사서(四書: 논어, 맹자, 대학, 중용) 등을 차례로 학습해 나갔다. 그는 이미 한문 공부에 나름의 문리를 깨우치고 있던 '조숙한 소학생'으로 자랐다(이종국, 2015, p.300).

안춘근은 학교가 있는 장전읍내까지 기차로 통학했다. 학생들의 상하학 시간에 맞춰 장전읍과 남애리를 거치는 동해북부선 철길이었다. 특히, 학교 공부가 끝났을 때 만일 기차를 놓치게라도 되면 철로를 따라 걸어야 했다. 그러다보면 계절 따라 길옆의 산기슭에 자라는 아름드리 잣나무들에서 잣송이가 지천으로 떨어져 있다든지, 산과일 등속이 많아 그것을 따먹으며 걸었다(안춘근, 1987.11., p.76).

그런데 당시 학교 측에서는 기차 통학생들을 보호하기 위해 통학단을 꾸렸다. 방향이 같은 두 세 마을 학생들로 조직한 통학단이었다. 대개는 6학년생이 인솔하는데, 안춘근의 경우는 5학년 때부터 단장으로 뽑혀 80명의 학생들을 데리고 다녔다.

안춘근 소년은 장전심상소학교에서 학예회 때 뽑혀 나가는 등 기량을 내보였을 뿐만 아니라, 학업 성적 또한 최우등을 내주는 일이 없었다(안춘근, 1993, p.197). 특히, 서당에서 익힌 한문 공부는 어린 그에게도 더 없이 좋은 수련이었다는 사실을 알게 되었다.

이전 시대에 살아간 한국인들 대부분이 서당 공부로 지식을 터득해 가는 경우가 일반적이긴 했으나, 남애로 말하면 특별한 데가 있었다. 그에게 있어 어릴 때의 한학 학습이 뒷날 수많은 전래 고전들을 탐험하는 자산으로 뒷받침되었기 때문이다(이종국, 2015, p.300).

4. 부친의 좌절과 집안의 시련

안춘근은 '근(根)'이 돌립자인바, 같은 순흥안씨인 안중근(安重根) 의사와 형제항렬이기도 하다. 뒷사람들의 회고에 의하면, 남애의 부조는 황해도 해주에 근거를 둔 안 의사 댁과 인척의 소통을 나누었다고 한다. 그런 집안 간의 내왕에 관해서는 남애가 어렸을 때 조부와 선친으로부터 익히 들었던 이야기이기도 했다(이종국, 2015, p.300).

1) 부친의 좌절

남애의 선친인 태현 씨는 1891년에 출생했으므로 1879년생인 안 의사보다 항렬이 높았음에도, 오히려 나이가 아래여서 띠동갑일 정도로 연배의 차이가 났다. 30세의 안중근 의사가 이토 히로부미를 저격했을 때(1909), 태현 씨는 18세였다.

당시 태현 씨는 안 의사의 쾌거 소식을 듣고 자신도 나라 위해 큰일을 하겠다는 꿈을 품게 되었다. 그러나 국권을 빼앗기고 세월이 흐르면서, 자신이 배운 한학은 아무 쓸모도 없다는 사실을 자각하고 크게 절망했다. 당시로서는 출세를 하려면 일제에 협력해야만 하

안춘근의 부모님(부친 안태현 선생과 모친 박계춘 여사)

는 현실이 존재할 따름이었다. 같은 한국인이면서도 일제 당국자들을 추종한 나머지 백주에 동포를 배반하는 일이 흔하게 목격되었으며, 침략 세력의 소굴인 관변을 기웃거리는 형세가 그러했다. 이러한 세상은 그에게 상실감과 좌절만을 가져다주었을 뿐이다(이종국, 2015, p.301).

이 때문에 태현 씨는 집안의 고난을 억울해 했고, 자신이 처한 시대적 환경을 비탄하며 암울한 세월을 보냈다. 그러면서 여러 해 동안 최선을 다했던 훈장노릇도 접어 버리고 말았다.

사정이 그만하므로 날이 갈수록 가세가 기울 수밖에 없었다. 이와 같은 어두운 사정은 너무 빠르게 진행되었다. 여북해야 태현 씨가 장전읍내에서 귀가할 때면 도무지 몸을 가누지 못할 정도로 만취하여 누군가의 등에 업혀 오는 일이 빈번했다.

2) 뒤이은 시련

남애 부친 태현 씨의 통음 습벽은 집안 형편을 점차 어렵게 만들어 갔다. 게다가 매사에 자포자기 상태인 것도 문제였다. 그럴 때 누군가에게 거액의 빚보증을 서주었다가 애써 마련해 두었던 어망과 작은 어선마저 포기당하는 사태로 이어졌다. 그러한 사정은 회복이 불가능한 처지로 기운 것을 의미했다. 이로 하여 모두 궁색하기만 한 시골 형편에 어디에다 하소연할 수도 없는 상황이 계속될 따름이었다. 그럼에도 남애 모친인 박계춘 여사의 생활욕은 대단했다. 어떻게든 자식들을 키우고 살아야겠다는 의욕으로 힘겨운 일을 마다하지 않았던 것이다.

이렇게 남애 모친의 노력에 힘입어 집안일이 가까스로 꾸려질 지경이었다. 그렇다고 해서 부친의 통음 습벽이 멈추어지는 것도 아니어서 전반적인 궁핍이 가속되기만 했다. 뒷날의 일이지만, 남애가 평생 음주를 모르고 살았던 것도 어릴 때의 고통스러웠던 기억 때문이었다(이종국, 2015, pp.301~302).

안춘근이 새로운 세상을 느끼게 된 것은 10세 때 장전심상소학교에 입학(1936.3.)하면서부터였다. 당시 이 학교의 선생님들은 대부분 일본인이었지만, 그중에는 바른 인성과 참지식을 전해 준 분들도 있었다(안춘근, 1965, pp.55~58 참조).

장전읍내의 신식 초등학교에 들어간 소년 안춘근은 열심히 공부했다. 그럼에도 집안 형편이 기운 탓으로 상급학교(중등학교 과정) 진학을 포기해야만 했다. 그렇지만 안춘근 소년의 향학 열정은 그 어떤 것으로도 식혀 낼 수 없었다. 집안 사정이 구차했지만, 꼭 신식 공부를 해 보고 싶었던 터였다. 이를테면, 새로운 세상을 향한 설렘이 그의 마음을 두드렸던 것이다.

제2장 출향, 청년 시절의 남애

1. 출향

서울로 가서 상급학교에 진학해야겠다는 결심을 굳히게 되자, 15세의 소년 안춘근은 1941년 3월 그믐 먼동이 틀 무렵, 남애리에서 원산역으로 향하는 기차에 오르게 된다. 고향 마을에서 원산과 양양 사이를 오가는 동해북부선 철길이었다.

사실은 딱히 찾아갈 곳을 정해 놓은 것도 아니었다. 단지 서울로 가야 한다는 생각뿐이었다. 소년 안춘근의 출향은 그렇게 이행되었다. 향학의 꿈이 소년의 마음을 움직였던 것이다.

1) 새로운 세상을 향하여

이로부터 약 다섯 시간 뒤 남애리에서 출발한 기차는 여러 간이역을 거쳐 원산역에 도착했다. 안춘근 소년은 부모님의 모습이 떠올라 목이 메었다. 물론 하직 인사를 드리긴 했지만, 고향을 떠나는 일이 잘못된 게 아닐까? 문득 그런 느낌에 휩싸여 무섭고 두려웠다.

불현듯 집으로 다시금 돌아갈까 하는 생각도 들어 안춘근 소년을 더욱 망설이게 했다. 하지만, 소년은 마지막 기적 소리를 내뿜으며 무쇠 바퀴를 움직이기 시작하는 열차를 향해 달려갔다. 가자! 넓고 넓은 대처로! 소년은 마음을 다질 요량으로 그렇게 부르짖으며,

열차 난간의 무쇠 손잡이를 힘차게 틀어잡고 냅다 뛰어올랐다. 어린 마음이었지만 다부진 결심 끝에 가슴 떨리는 도전을 선택한 것이다(이종국, 2015, p.303).

안춘근 소년을 태운 동해북부선 열차는 고향의 아름다운 산하를 휘돌고 가로지르며 상경 길을 재촉하고 있었다. 매일 기차 통학을 하던 잣나무 숲 속의 그 철길이 아니던가.

어느새 열차는 외금강역에 잠시 멈추는가 싶더니 곧 장전역도 벗어났다. 엊그제 졸업식을 마친 정든 장전학교도 멀리 시야 밖으로 사라지고 있었다.

안춘근 소년은 마침내 통천을 거쳐 원산역에 도착했다. 그리고는 원산역에서 몇 시간을 더 기다리다가 오후 2시 30분에 용산으로 떠나는 경원선 열차로 바꿔 탔다. 용산역에는 이튿날 새벽에나 도착할 모양이지만, 예까지 온 이상 달리 어떻게 하는 수도 없는 노릇이었다. 객실에는 원산역에서 승차한 승객들이 꽤 되는 듯했으나 모두 낯선 사람들뿐이었다.

차창 밖으로 고향의 금강산으로부터 뻗어온 아름다운 산봉우리들과 멀리 동해 바닷가로 비단폭 같은 백사장이 펼쳐 있었다. 철길 옆의 산등성이들에는 흰 눈이 뒤덮인 능선들 사이로 검록색의 잣나무 숲이 끊임없이 이어졌다.

소년 안춘근은 서울이야말로 새로운 세상을 열게 해 줄 것이라고 굳게 믿었다. 그와 같은 믿음은 소년의 마음을 안심시켜 주는 유일한 희망이었다. 안춘근 소년의 출향은 그렇게 하여 새로운 이정표를 기록하게 된다(이종국, 2015, p.303).

열차가 원산시 외곽을 벗어날 즈음, 안춘근은 학교 친구로부터 빌려 읽었던 『도산 안창호 전기』[6]에 담긴 이야기가 떠올랐다. 도산이 16세 때 평양을 떠나 단신으로 서울에 왔을 때 서양 선교사를 만났던 일화가 그것이다.[7]

안창호가 상경한 그해(1895) 연말, 덕수궁 옆 정동 거리를 지나다가 한 서양 신사를 만나게 된다. 뒷날 알게 되었지만, 그 서양 신사는 미국 장로교회에서 조선 선교를 목적으로

---

6) 뒷날에 알게 되었지만, 이 책은 민가에서 떠도는 금서였다. 일제 치하였기 때문이다. 안춘근은 뒷날 어릴 때의 기억을 더듬어 도산 전기(이른바 '가리방본'으로 추정)를 찾아내기 위해 무던히 애썼으나, 끝내 이 책을 구할 수 없어 안타까워했다. 그런데 거의 같은 무렵(안춘근 소년이 소학교 5, 6학년 때이던 1939~1940년)에 민가에서 번지고 있던 『하르빈 역두(哈爾賓驛頭)의 총성(銃聲)』을 밤새워 읽었다고 한다. 이 책은 1931년 6월 서재수(徐載壽, 1907~1978)가 삼중당을 창립한 직후로 출판한 안중근 의사의 이토 히로부미 저격을 다룬 희곡 형식으로 된 책이었다. 그런 이 책은 1937년 9월 21일 '활자방해(活字妨害)'라는 이유로 조선총독부로부터 판매 금지 처분을 받았다. 뒷날 안춘근은 이 책을 종로에서 구했다. 이 책은 1979년 6월 안춘근이 한국정신문화연구원(현 한국학중앙연구원)에 장서를 이양할 때 거기에 포함되었다.

7) 이 이야기는 남애가 그의 아들인 유섭에게 여러 차례에 걸쳐 들려준 실화이다(안유섭의 말, 2014.11.3.).

42

파견한 밀러(Miller, F. S.) 목사였다(김삼웅, 2013, p.32).

이 같은 우연한 만남으로 하여 안창호가 구세학당(언더우드학당) 보통부에 입학하는 행운을 얻게 된다. 물론, 밀러 목사의 인도로 이 학당에 들어오게 된 것이다. 도산이 신문물과 만나게 된 것은 이로부터 시작되었다.

2) 출향을 이끈 '도산 소년' 일화

그 무렵, 언더우드 목사와 밀러 목사가 정동에 구세학당을 세우고(1895), 학생들을 모집할 때였다. 소년 안춘근은 밀러 목사와 안창호 학동이 나누었다는 이야기가 떠올랐다.

안창호 소년은 밀러 목사님으로부터 영어와 선진 문명을 배우며 예수교 장로교회에 들어갔다. 그럴 때 밀러 목사님이 안창호 소년에게

"너는 어떻게 고향을 떠나 이처럼 먼 곳인 서울까지 왔느냐?"

하고 물었다. 그렇지 않아도 두뇌가 명석하고 빛나는 눈빛의 안창호 소년을 진작부터 눈여겨 보아온 밀러 목사님이었다. 소년은 대답 대신에 오히려 다음처럼 밀러 목사님에게 질문했다고 한다.

"저는 우리나라 안에 있는 평양으로부터 서울로 왔는데, 목사님은 멀고 먼 미국에서 어떻게 오셨어요?"

라고 말하면서 씩 웃었다. 소년 안창호로부터 이 말을 들은 밀러 목사는 크게 감탄했다.

일본강점기의 용산역 전경** 용산역사는 6·25 전쟁 때 소실되었다.

** http://www.google.co.kr/search?q=%EC%9A%A9%EC%82%B0%EC%97%AD

안춘근 소년이 『도산 안창호 전기』에서 읽었던 이야기는 그가 상경을 결심한 동기로 작용하게 되었다. 안춘근은 이 이야기를 평생 동안 기억하며 살았다(이종국, 2015, p.305).

안춘근 소년이 서울에 첫발을 디딘 곳은 경원선*의 종착지인 용산역이었다(* 1914년 9월 6일 개통된 용산과 원산을 잇는 철길. 원래의 경원선은 6·25 전쟁으로 운행이 중단되었으며, 2015년 8월 5일 강원도 철원군 백마고지역까지 남측 구간만을 연장 개통했다.).

당시 서울에 아무런 연고가 없던 안춘근으로서는 고향 사람들을 만날 수 있는 용산역 부근에서 부모님이 주신 용돈을 아껴 쓰면서 배회했다고 한다. 그러다가 고향에서 올라온 동네 형들이나 이웃 마을의 어른들을 더러 뵈면 가까운 친척이 따로 없을 정도로 반갑기만 했다.

이처럼 용산역은 경원선의 종착점이기도 해서 장전은 물론, 원산 지역 사람들을 쉽게 만날 수 있었던 곳이었다. 그러한 환경이 낯선 대도회에 들어온 소년 안춘근의 마음을 놓이게 했다.

2. 용산에서—새로운 지향과 실현

1) 선교회와의 인연 그리고 선린상업학교로

남애 안춘근이 기독교 신자였다는 사실은 별반 알려진 일이 아니다. 그런데 그는 50년 넘게 믿음 생활을 이어 온 신앙인이기도 했다. 부인 옥로헌(玉露軒) 박영희(朴永姬) 여사는 말할 것도 없거니와, 슬하가 모두 독실한 신앙 가족으로 이루어져 있다.

남애는 1941년 3월(15세) 서울로 올라왔던 때부터 기독교 신자로서 신앙 생활을 계속해 온 처지였다. 1993년 1월, 그가 소천해서 상도제일교회 묘역*에 묻힌 것도 그러한 배경이 터한다(* 경기도 김포시 대곶면 송마리 소재 '상도제일동산'을 말한다. 2015년 5월 1일, 정부는 국가 유공자인 안춘근의 유해를 동작동 국립현충원으로 옮겼다.).

그런 만큼 뒷날 출판계에 몸담아 강단 활동과 고서 수집, 기고가로 활약하는 등 분주다사하게 생활하면서도 기도와 묵상으로 하루를 여는 습관이 일과의 정해진 순서였다.[8]

---

8) 남애는 1947년 3월 노량진동(영등포구 노량진동 산30번지)에 이주한 이후 '노량진교회'에 출석했고, 1965년 8월 상도동(동작구 상도1동 118-4)으로 이사했을 때는 인근 '상도제일교회'로 나갔다. 남애는

따라서 수많은 교리서·성서류와 성가집류 등 오래된 종교 서적들을 정성을 다하여 수집하고, 이 책들이 지닌 가치와 원리적 끼침을 연구할 수 있도록 뒷받침한 사람이 또한 남애 안춘근이었다. 더구나, 남애는 서울로 올라왔을 때 기독교 선교 기관과 거기에 소속된 선교사로부터 많은 도움을 받았기 때문에, 성서류 수집 활동에도 남다른 애착을 보였다. 이렇게 그는 연구 활동을 위한 조달자이면서 능동적인 연구자의 길을 개척해 나가고 있었던 것이다.

선린상업학교 2학년 때, 교복을 착용한 모습

이로 하여 그는 평생에 걸쳐 많은 양서 출판을 기획하고 방대한 책 이야기를 다루면서도 당연히 『성서』와 관련된 역사적 사적을 중시했다. 이는 상경 후 기독교를 믿게 된 성장기와 연결되고 있다는 사실을 의미한다.[9]

아무 연고도 없이 서울로 올라온 안춘근 소년은 여러 우여곡절 끝에 장로교회 소속의 미국인 선교사가 운영하는 한 선교 기관을 찾아가게 된다. 안춘근도 도산 안창호의 행적을 떠올리며 선교사의 도움을 받아야겠다고 생각한 것이다.[10] 그러한 생각은 늘 안춘근 소년의 마음속에 들어앉아 있었던, 그리고 꼭 그렇게 되었으면 하는 바람이기도 했다.

그가 만난 선교사는 일본에서 여러 해 동안 선교 활동을 펴다가 서울에 들어온 장로교

이 교회에서 집사로 임명(1970)받았다. 상도제일교회는 주일 예배를 3부로 드렸는데, 1부는 7시부터 8시까지였다. 일요 행사 참여는 1부 예배 참례 후로 이행하곤 했다.

9) 남애 안춘근이 남긴 책에 관한 저서는 52책이다. 여기에 교양·수필집 9책을 합하면 모두 61책에 이른다. 신문·잡지 그리고 방송 등 각종 저널들에서 발표한 책 관련 칼럼, 서평 등은 집계가 불가능하다. 워낙 방대한 범위이기 때문이다. 그는 『성서』와 관련하여 11년간 99회를 연재한 「고서의 향기」 시리즈(《인천신문》, 1988. 11.10.~1999.11.12.) 중 제1회분 주제가 「문학으로서의 성서」일 정도로 중시했다. 그가 주도한 출판 기획에서도 성경 관련 도서들이 적지 않았다. 예컨대, 성인(聖人)과 위인들의 교훈을 소개한 『세계소년교양독본』(전 10권, 을유문화사, 1969.11.) 중 제1권도 『성서의 교훈』으로 편제되어 있다. 한 언론에서는 「크리스찬의 취미 생활」이란 기획 취재로 「안춘근 교수의 고서 수집」(《기독교신문》, 1989.4.9.)이란 주제로 다룬 바도 있다.

10) 남애는 자손들 앞에서 어릴 때의 추억을 말할 때면 미국인 선교사 데이비드 스미스(David Smith) 씨와 만난 일을 떠올렸다. 스미스 씨가 선교회에서 영어 복음서를 교재로 삼아 교리를 가르쳤노라고 회고했다는 것이다. 뒷날, 영어를 유창하게 구사한 안춘근은 대내외 교류와 학문 활동의 지평을 넓혀 나가면서, '용산 추억'을 늘 각별하게 생각했다고 한다.*(* 안유섭의 말. 2015.3.20.)

소속의 미국인 데이비드 스미스(David Smith) 씨였다. 그 선교사와의 만남은 안춘근의 일생에 큰 영향을 끼치게 된다.*(* 안유섭의 말, 2015.3.20.).

안춘근은 스미스 씨의 도움을 받아 용산 청파동에 있는 선린상업학교(지금의 선린인터넷고등학교 전신, 당시 5년제)로 진학*하게 된다(* 16세, 1942.4.). 이 학교는 1899년 6월 24일 '상공학교관제'가 제정·공포(칙령 제28호)*됨에 따라 서울 명동에서 관립상공학교로 개교(1906)를 본 최초의 상업계 학교였다(* 관보, 광무 3년 1899년 6월 28일자).

이렇듯, 안춘근에게 있어 용산이야말로 선교사와의 만남과, 더구나 선린학교로 진학까지 하게 되는 등 특별한 동기를 얻게 해 준 곳이기도 하다. 뒷날, 그가 용산과 전차역 한 정거장 사이인 노량진에서 새로운 삶터를 잡았던 것도 예삿일이 아니었다.

안춘근이 입학한 선린상업학교로 말하면, 일본인 학생들이 대부분이었고, 한국인 학생

〈표 1〉 　　　　　　　　　　　선린상업학교 교과목(1942, 1944)*

연 도	교 과 목
1942	수신, 공민과, 일어(강독, 문작, 습자, 한문), 수학(산술, 대수, 기하, 주산), 지리, 역사, 이과(박물, 물리, 화학), 영어〔독해, 문작, 상서, 습(習), 화(話)〕, 지나어(支那語)[1], 체조, 무도〔검(劍), 유(柔)〕, 교련, 도화, 음악, 농공대의, 상업과목(상업요항, 부기, 상품, 상업문, 상업산술, 상업법규, 상업미술), 실천, 작업, 근타(勤惰)[2]
1944	국민과: 수신, 일어〔강독(日·漢), 문법, 작화(作話)〕, 역사, 지리 실업과: 상업경제, 부기회계, 공업 급(及) 자재, 경제법규, 외국어〔화어(華語), 영어〕, 실습(주산) 이수과(理數科): 수학(1류, 2류), 물상, 생물 체련과: 교련, 체조, 무도(검도, 유도, 총검술) 예능과: 서도, 도화, 음악, 공작 수련

1) 중국어
2) '부지런함과 게으름', 즉 근태(勤怠) 정도를 평가함. 필자 주.
* 자료: 『선린백년사』(2000), p.259.

들은 극소수만 받아주는 정도였다. 그것도 이른바 '내선일체(內鮮一體)'라는 구실로 포장된 식민 책략 아래 구색을 맞추기 위한 의도적인 안배였다. 안춘근이 1학년생이던 1942년 현재 선린상업학교의 생도 정원은 750명이었다('선린상업학교 학칙' 제2조).[11] 이 학교

---

11) 선린학교 학생 정원에 관해서는 1942년도 『생도수첩』에 의거함. 자료: 선린100년사 편찬위원회 편

학칙에 규정되어 있는 학과목 현황을 보면 다음과 같다.

제9조: 본교의 학과목은 수신, 공민과, 국어,[1] 수학, 지리, 역사, 이과,[2] 외국어, 체조, 상업에 관한 학과목, 실천,[3] 도화,[4] 음악 및 농공대의로 한다. 상업에 관한 학과목은 상업요항, 부기, 상품, 상업문, 상업산술, 상업법규 및 상업미술로 한다.
　1) 일본어, 2) 박물, 물리, 화학, 3) 실무·실습, 4) 미술을 말함. 필자 주.

위와 같은 학칙 규정에 따라 선린상업학교에서 시행한 학과목 편성은 8·15 광복으로 일제 세력이 물러가면서 모든 학사 업무가 중단될 때까지 계속 유지되었다. 이 학교 교사(校史)인 『선린백년사』에서 보면 위 학칙 제9조를 요약한 1942년의 교과목과 이태 뒤인 1944년에 시행된 '선린학교 교과목'이 비교, 제시되어 있다. 〈표 1〉에 보인 내역이 그것인데, 안춘근이 선린상업학교 1학년(1942) 때와 전수과정 3학년(1944)으로 승급한 시기에 이수한 교과목*이다(* 1944년에 적용된 교과목은 8·15 광복 직전까지 유효).

학교 수업은 모든 교과목에 걸쳐 일본어로만 진행되었다. 학교에서의 일본어 전용은 이미 정해진 수순이기도 했다. 이른바, 제3차 조선교육령 적용 첫해인 1938년 4월 1일부터 '조선어교과'가 수의 과목(隨意科目)으로 격하당하면서 현실화되었던 것이다. 그러다가 1941년 4월 1일부터 제4차 조선교육령이 교육 현장에 적용되자 조선어교과를 전면 폐기해 버렸다.

선린상업학교 강원도 출신 재학생들(뒷줄 왼쪽 셋째 번이 안춘근)

특히, 1940년대로 말하면 일제에 의한 전시 총동원 체제가 시행되는 등 불안한 시국 기류와 제국주의적인 문교 풍습이 학교 환경을 지배하던 시기[12]가 그 무렵이었다. 감수

(2000). 『선린백년사』. 서울: 선린중·고등학교 총동문회 선린백년사 편찬위원회, p.240.

12) 1940년대는 이른바 일제에 의한 제3차 조선교육령 시행 시기(1938.4.1.~1943.3.31.)와 제4차 조선교육령 시행 시기(1943.4.1.~1945.8.15.)와 맞물려 있던 무렵이었다. 1937년 7월, 일제는 중국 침략을 감

성이 예민한 청소년기의 안춘근에게 있어, 그러한 상황은 조선인 학생으로서의 소외감과 갈등을 벗겨내기 어려웠다. 그럼에도 불구하고, 평생에 걸쳐 몇 가지 중요한 영향을 끼친 곳 또한 선린학교이기도 했다. 이를 요약하면 다음과 같은 세 가지로 간추려진다(이종국, 2015, pp. 308~309).

첫째는 안춘근 소년이 선린 학교의 입학 무렵에 처음으로 기독교와 만났으며, 이후 기독선교회의 도움을 받았다는 점이다. 그는 대대로 유학자 집안의 후손이면서도 개신교 신자로서 새로운 삶을 열게 되었다는 사실을 말해 준다. 뒷날 남애의 장남인 유섭(安裕燮, 1956~)이 목회자로 나아갔는데, 이는 섬김을 받아들인 부친의 인도가 작용한 결과였다.

둘째는 안춘근 소년이 영어를 공부하면서 발군의 학습 능력을 보였다는 점이다. 그러한 기량은 그가 상경 직후에 용산에서 만난 미국인 선교사(David Smith)로부터 지도를 받으면서 비롯되었다. 따라서 뒷날 군에 입대하여 통역장교로 복무하게 된 것도 우연한 일이 아니었다. 이미 선교회에서 익힌 영어 학습이 중요한 계기로 뒷받침되었기 때문이다. 남애가 영어권 국가로 유학한 경험이 없으면서도 연구 활동에 필요한 영문 원서들을 읽어 내는 능력을 갖출 수 있었던 것은 기회를 십분 활용한 결과라고 하겠다.

셋째는 신학문을 배움으로써 새로운 시야를 넓힐 수 있었다. 이 학교 선생님들은 대부분이 일본인이었으나, 그 중에는 한국인으로서 동경에 유학한 분들도 있었다고 한다. 비록 일본식 수업이었지만, 남애가 새로운 학문에 눈뜨도록 자극을 준 곳도 선린학교였다. 나중에 출판학자로 국제 교류를 거듭하면서, 그는 일본인 학자들을 놀라게 하는 뛰어난 일어 구사력을 보여 주곤 했다.

한편으로, 어린 나이에 고향을 떠난 처지에서 부모님을 그리는 안타까움 또한 이루 말할 수 없었지만, 그러한 모든 것들은 안춘근을 더욱 왕성한 정진으로 이끌었다.

2) 경기사범 속성과 졸업, 우신학교 교사로

1945년 4월, 안춘근은 선린상업학교 전수과 5학년에 올랐다. 어느덧 19세의 청년이 된 것이다. 이제 곧 졸업도 맞이하게 된다.

행했고, 마침내 진주만을 폭격(1941.12.8.)함으로써 태평양 전쟁으로 확전시켰다. 이후 전쟁이 깊어감에 따라, 조선총독부에서는 '전시에 관한 비상 조치령'(1943.10.13.) 등 여러 법령들을 공포하여 전시 조달 및 총동원 체제를 가속시켰다.

하지만, 그 무렵의 안춘근으로서는 매우 불안한 시국 정황 속에서 장래 문제를 놓고 큰 고민에 직면해 있었다. 당시만 해도 장안에 몇 안 되는 상급학교로 진학해 볼까 하고 생각해 보기도 했다.

그러면서 일단 진학을 결행하게 되면 어떻게든 학교 생활을 유지해 나갈 수 있겠다는 생각이었지만, 무엇보다도 그의 마음을 옥죄는 걸림돌이 있었다. 일단 학교에 들어갈 경우 학병으로 징집당할 게 불을 보는 듯했기 때문이다. 따라서 상업학교 출신이므로 취직이 좀 더 빠른 길이긴 하나, 이 또한 당시의 특수한 시대적 상황과 맞물려 도무지 쉽지 않은 일이라고 판단되었다. '징집'으로부터 자유로울 수 없기는 마찬가지였던 것이다. 안춘근의 19세 맞이는 그렇게 스산한 상황 속에서 흘러가는 듯했다.

광복을 맞이하다

1945년 8월 15일, 이 땅에 희망의 새 시대가 열렸다. 우리나라가 마침내 일제의 식민 족쇄로부터 벗어났다. 안춘근이 선린상업학교 전수과 5학년 1학기[13]를 거의 끝마칠 무렵이었다. 나라의 광복이 마침내 실현된 것이다. 거리마다 해방의 환희로 넘치는 광경을 목격하면서 그의 마음도 사뭇 들떴다.

뒤에 들은 이야기이지만, 8월 15일 정오 이 땅에서의 마지막 총독이던 아베 노부유키(阿部信行) 이하 총독부 전 직원이 조선총독부 회의실에 집합하여 일왕의 방송을 숨죽여 청취했다고 한다. 그런 후 아베 총독이 비상사태에 즈음한 이른바 유시를 낭독했다는 것이다. 서울시내 각 경찰서와 파출소에서 순경들이 자취를 감춘 것도 정오 방송 직후부터였다.

잡음 때문에 확실치는 않았으나 일왕의 떨리는 목소리는 분명 일제가 패전을 알리는 방송이었다. 이날 오전 서울 시내 여기저기에 '금일 정오 중대 방송, 1억 국민 필청(必聽)'이라 쓰인 벽보가 나붙을 때만 해도 반신반의하던 터였다. 그러나 서울거리는 삽시간에 흥분과 환호로 뒤덮여 인파의 파도가 넘쳤다.

그러한 정황은 선린상업학교 언저리에도 마찬가지였다. 심훈(沈熏)이 읊었던 "그날이 오

---

13) 일제강점기 후반인 1940년대의 학기 운영은 다음처럼 단위 학년당 3학기로 적용되었다. 1학기: 4월 1일 ~8월 31일, 2학기: 9월 1일~12월 31일, 3학기: 1월 1일~3월 31일이었다. 이러한 체제는 미군정기에 1학기: 9월 1일~2월 28일, 2학기: 3월 1일~8월 31일로 변경되었다. 1961년 교육법이 개정됨에 따라 학년 초를 3월로 변경하여 오늘에 이르고 있다.

면 삼각산이 일어나 더덩실 춤이라도 추고"라 노래한 그대로였다.

해방의 기쁨은 그렇듯 순식간에 장안을 뒤덮으며 모든 사람들을 흥분케 했다. 선린학교의 한국인 학생들은 물론, 청파동 주민들도 모두 거리로 뛰쳐나와 만세를 불렀고, 그 중의 많은 사람들이 태극기를 휘날리며 앞장서 행진하는 청년들을 뒤따라 종로로, 종로로 몰려갔다.

19세의 꿈 많은 청년! 안춘근의 가슴은 격정과 희망으로 부풀어 올랐다. 선린상업학교 졸업을 불과 7개월 정도 앞둔 상태였다.

당시 이 학교는 해방과 동시에 모든 학사 업무를 중단하고 만다. 사실상 장기 휴교에 들어간 것이다. 이 때문에 시노자키 도키히로(篠崎時廣) 교장을 비롯한 일본인 교직원들도 서둘러 철수해 버렸다. 일왕이 항복 성명을 발표한 직후로 거의 한순간에 일어난 상황이었다.

이로 하여 안춘근은 5년제의 선린상업학교를 4년 5개월 만으로 중단할 수밖에 없었다. 전수과 졸업 시한을 단지 7개월만 남겨 둔 상태였다.

경기사범 속성과에서 수학

학교가 장기 휴교에 들어가자, 안춘근은 선린학교 때 만난 입학 동기생들과 어울리며 서로 간의 근황과 시국에 관한 이야기를 나누는 일이 잦았다. 그러면서 다시금 개교할 날만을 기다리며 기약 없는 나날을 보낼 수밖에 없었다.

선린학교 재학 시절에 시간이 날 때마다 찾아가곤 했던 용산역 근처에서 고향 어른들을 자주 만난 것도 그 무렵이었다. 그러면서 짐을 운반한다든지, 대서소에서 '가리방 작업'도 거들었다. 그럴 때마다 고향 어른들의 인심이 여전히 푸근했다.

용산역 언저리는 남애의 고향인 고성군 외금강면에 소재한 남애리역을 거쳐 동해북부선으로 원산까지 연결된 경원선의 종착역이기도 했다. 이 때문에 1940년대 초부터 공산 정권의 준동이 노골화되면서 월남을 결행한 장전읍과 남애리에 살던 이웃 사람들이 용산역 부근에서 새 삶터를 꾸리는 경우가 적지 않았다. 이로 하여 용산역 언저리에 나가면 향리 어른들로부터 도움을 받는 경우가 왕왕 있었는데, 그럴 때마다 일한 만큼 품삯도 받아 생활비에 보탤 수 있었다. 더구나 용산은 선린학교 근처이기도 해서 여러 모로 유익을 얻게 해 주었다.

그렇게 대략 8개월 남짓 보내다가 때마침 교원 양성을 위해 새로 발족한다는 한 사범학

〈표 2〉 안춘근의 경기공립사범학교 학업성적증명서*

교 과	과 목	점 수	비 고**
교육학	교육학	90	
	교육사	75	
	심리학	80	
	논리철학	80	
국 어	강독	80	
	작문	80	
지 리	지리	80	
역 사	역사	85	
수 학	산술	95	각 단위 교과목당 25점, 총 100점을 만점으로 함.
	대수		
	기하		
	삼각		
이 과	물리	80	각 단위 교과목당 50점, 총 100점을 만점으로 함.
	화학		
	생물	90	
음 악	음악	98	
미술·공작	미술·공작	70	
체 조	체조	80	
합 계		1,173	
평 균		84	
품 행		甲	
석 차		12/73	

* 위 자료는 경기공립사범학교(교장 李德象)에서 발급(발급일: 1948년 1월 26일)한 안춘근의 '학업성적
  증명서'를 옮긴 것임.

** '비고'의 내용은 필자가 표시함.

교에서 관비로 단기 교육이 실시된다는 사실을 알게 되었다(안춘근, 1977, p.153). 용산역
사 한켠에 붙어 있는 벽보를 통해서였다. 이 교육 기관이 바로 경기공립사범학교(교장 김
용하(金容河))[14]였다.

---

14) 경기공립사범학교는 1946년 5월 22일 설립되었으며, 발족 준비 시점인 같은 해 4월부터 학생 모집에
   들어갔다. 설립 초기에는 공립수하동실업보습학교(1910년 4월 설립, 덕수고교의 전신) 터에 존재했다.

경기공립사범학교 시절(1946)

공고를 눈여겨 본 안춘근은 이 사범학교에서 4개월 과정으로 개설한 속성과에 입학원서를 낸다. 선린상업학교가 장기 휴교에 들어간 8개월 뒤인 1946년 4월의 일이었다.

경기공립사범학교는 오늘의 서울교육대학교 전신이며, 초등교원 양성을 목적으로 발족된 사범학교(이하 경기사범)였다. 경기사범은 맹아의 토대도 마련하지 못한 상태에서 어수선한 창립 초기를 보내던 처지였다.

당시 경기사범 속성과의 교과목 내역은 안춘근이 이수한 '학업성적증명서'에 나타난다. 이에 의하면, 4개월 과정인 속성과에서 모두 9개 교과에 19개 종속 과목을 이수하도록 편제했으며, 인성(人性)과 예절 등을 종합 평가 요건으로 삼는 '품행'을 포함하고 있다. 안춘근의 '학업성적증명서'에 나타난 교과 편제와 그에 따른 이수 내역을 보면 〈표 2〉와 같다.

이 증명서에서 보면, 1946년 5월에 입학한 경기공립사범학교 속성과 학생은 73명의 졸업생이 배출(1946.9.21.)된 것으로 나타난다. 이 중에서 안춘근의 석차는 12등이어서 상위 수준(평균 84점)을 유지하고 있었던 셈이다. '수학' 교과목의 성적 또한 우수한 평점을 받은 것으로 나타났다. 특히, 가장 높은 점수를 받은 과목이 총 18개 교과목 중에서 '음악'이라는 점도 흥미를 끈다.

그는 뒷날 책을 수집하는 과정에서 음악 고전 또한 관심의 대상이었다. 실제로 음악책을 수집한 사례는 『남애장서목록』뿐만 아니라 수서 과정을 밝힌 서술들에서도 예외 없이 포함되어 있음을 본다. 이와 관련하여 『남애영도기』에 소개된 한 사례를 보면,

……1972년 6월 23일 교문사로 가서 길선주(吉善宙) 목사가 서문을 쓴 『음악대해(音樂大海)』라는 고서를 찾았는데, 특히 옛날 중학교와 여학교의 교가들이 있어 흥미로웠다.
〈안춘근(1972.9.).『남애영도기』, p.83〉

"1962년 3월 서울대학교 병설 교육대학으로 승격 개편되었다. 이듬해 3월에 서울교육대학으로 재편되었고, 1977년 2월 서울 강남구 서초동 636번지〔뒤에 서초구 서초중앙로 96(서초동 1650번지로 지번 변경)〕에 교사를 신축 이전하여 오늘에 이르렀다. 1981년 3월에 2년제에서 4년제 서울교육대학으로 승격 개편되었다."

각주 내용 중 '따옴표' 부분은 http://www.snue.ac.kr/index.do에서 참고함.

라는 내용이 그와 같은 경우이다.

　안춘근은 1946년 9월 21일자로 경기공립사범학교 속성과를 졸업하게 된다. 이로써 경성부(京城府, 오늘의 서울특별시)에서 부여한 '교원 자격'도 취득했다. 하루 빨리 독립된 생활 기반을 마련해야겠다는 그의 노력이 마침내 실현된 것이다.

　당시 그러한 '속성 교육'은 사회적인 응급 대안이기도 했다. 광복을 맞이한 마당에 다른 무엇보다도 시급한 현안 중의 하나가 국민 기본 교육과정인 초등교육을 정상화하는 일이었다.

우신학교 교사로, 그리고 부모님의 출향

　안춘근은 시국 사정을 민감하게 받아들였다. 그래서 그는 경기사범을 나온 직후 서울 신길동에 있는 경성우신공립국민학교(京城又新公立國民學校, 현재의 서울우신초등학교) 교원으로 발령 받아(1946.9.30.) 1년 6개월여 동안 이 학교의 강단에 서게 된다.[15] 약관 20세 때였다.

　1946년 9월 중순, 안춘근은 우신학교 교사 부임을 앞두고 잠시 틈을 내어 고향에 내려갔다. 그동안 소식만 간간이 전했을 뿐인 부모님께 문안드리고 다시금 서울로 올라올 계획이었다. 또, 그간에 겪은 사정을 말씀드리면서, 고향의 그리운 얼굴들도 어서 보고 싶었다. 물론, 서울에서 학교 선생님이 된 이야기 또한 빼놓을 수 없었다(이종국, 2015, p.312).

　부모님은 그런 아들을 보고 크게 기뻐하셨다. 남애리 사람들도 마치 자신들이 얻은 경사처럼이

경성우신공립국민학교 교사 발령장

---

15) 안춘근의 우신초등학교 발령장을 보면, 발령 기관은 '경성부(京城府, 오늘의 서울특별시)'이며, "官職姓名 安春根 任京城府公立國民學校 訓導 給月 四百二十八圓七十五錢 京城又新公立初等學校 訓導를 命함"이라 되어 있다. 발령 날짜는 단기 4279년(1946) 9월 30일이다. 이 학교는 1915년 4월 16일에 개교100주년을 기념했다.

나 '새파란 안 선생'을 환영하며 뜨겁게 맞이해 주었다. 이집 저집의 어른들이 다투어 음식을 챙겨 주는 등 대단한 환대를 베풀었다. 동네 축제가 따로 없었던 셈이다.

예나 이제나 마찬가지이지만, 특별히 당시만 해도 학교 '훈도(교사)'라 하면 가장 선망 받는 직업으로 꼽혔다. 더구나, 직장을 구하기가 이루 말할 수 없이 어렵기만 했던 그 시절에 대처에서, 그것도 갓 스무 살에 선생님이 되었다는 사실이야말로 '대단한 사건'일 수밖에 없었다. 그래서 남애리 최초의 '서울 선생님'이 된 안춘근 청년을 위한 뜨거운 인심들이 온 동네, 나아가서는 장전읍내까지도 번져 칭송과 덕담들이 쏟아졌다(이종국, 2015, p.312).

그런 들뜬 분위기 속에서 한 주간을 보내려니, 청년 안춘근으로서는 애써 마련한 서울에서의 교원 생활을 열심히 적응해야 한다는 생각에서 다시금 상경 길을 재촉하게 된다. 우신학교 부임 준비 등으로 고향에 오래 머물 수도 없었던 것이다.

서둘러 상경한 안춘근 청년은 생애 최초의 직장 생활을 경험하게 된다. 그는 이때부터 틈만 나면 종로에 나가 책방들을 찾기 시작했고, 거기에서 동서양 고전들을 구득하여 왕성한 독서 섭렵을 이어 나간다.

이듬해 봄(1947.3.)이 되자, 고향에 잔류해 있던 부모님과 여동생이 남애가 사는 서울로 이주하게 된다. 특히, 남애의 고향이 북한 땅인 고성군 외곽이므로 평양으로부터 들려오는 여러 흉흉한 소식들과 38선에서의 남북 간 군사 충돌이 잦아지고 있다는 뜬금없는 풍문 등으로 하여 여간 불안하지 않았다. 그러한 상황은 조상 대대로 살아오던 고향을 떠나 월남을 서두르게 된 이유로 작용했다.

그런데 가세가 기울었다고는 하지만, 그저 빈손인 채 서울로 옮긴다는 것은 큰 모험이었다. 가옥과 전답을 남겨 두고 고향을 떠나야 했기 때문이다. 이로 하여 부친인 태현 씨가 서울로 이주하는 것을 별반 내켜 하지 않았다. 시국이 불안해도 일단 참아보자는 뜻에서였다.

그럼에도 모친의 바람은 다른 무엇보다 "아들 없이는 살기 어렵다."는 일관된 소원으로 나타났다. 어머니로서는 남애가 외아들이기도 하지만 홀로 객지 생활을 꾸리는 데 대한 연민이 특별했던 것이다.*(* 안유섭의 말, 2014.7.9.)

결국, 부친도 고향에서의 잔류 계획을 접고 출향 방침으로 선회하게 되었다. 이로부터 이미 인근 마을에 출가해 사는 딸(남애의 누이)만을 남긴 채 온 가족이 서울에서 새로운 생활*을 시작하게 된다[* 1947년 3월, 노량진동(영등포구 노량진동 산30번지)에서 부모님과 함께 생활]. 토담집과 다름없는 구차한 가옥이었지만, 가족이 도회에서 함께 모여 살게 된 새로운 노정이 시작된 것이다. 서울이라는 대도회에서의 생활은 여러 걱정거리들을 극복하지 않으면 안 되었다. 그렇지만, 가족이 함께 모여 살게 된 것만으로도 행복했다.

그런 과정에서 안춘근은 그동안 자신에게 일어난 기적과 같은 일들을 부모님께 말씀드렸다. 선교사와 선교 기관으로부터 받은 도움과 학교 생활에서 거둔 보람들, 그리고 우신학교 교사로 부임하게 된 저간의 일들이 그것이다. 이 모두 하나님에 대한 믿음에서 비롯되었다는 남애의 설명이었다.

이에 완고한 부친을 비롯하여 전 가족이 기독교를 믿는 '역사'가 이루어지게 된다. 우신학교와 멀지 않은 노량진교회에 나간 것도 그때부터였다.*(* 안유섭의 말, 위와 같은 날짜)

남애는 부모님을 모신 생활이었기 때문에 제반 사정이 녹록치 않았다. 그렇지만 초등학교 교사로서 그런대로 안정된 생활을 꾸릴 수 있었다. 또, 부모님이 고향을 떠날 때 얼마간 마련해 오신 가용비가 큰 격려로 뒷받침되었음은 물론이다.

뒷날 남애는 우신학교 교사로서 최선을 다했다고 회고한 일이 있었다. "오래 계속하지는 못하고 1년 남짓한 교사 생활에 열과 성을 다했던 것만은 자부할 수 있다."고 말한 내용이 그것이다. 그러면서 자신이 엄격한 교사였으므로 "아이들을 너무 심하게 다루었던 것이 후회된다."고 말하기도 했다(안춘근, 1965a, p.57). 이는 비록 짧은 '교사 생활'이긴 했으나, 그의 인생에서 우신학교 시절이 소중한 추억으로 남아 있다는 사실을 말해 준다.

남애가 우신학교 초임 교사로서 최선을 다할 때 봉직 학교에 대한 각별한 애정이 담긴 그의 운문 한 편(등사판)이 남아 있다. 이것은 「우신학교」라 이름 붙인 3연 시이며, 1947년 7월 1일에 지은 것으로 되어 있어 주의를 끈다.[16] 매우 귀한 작품이기도 하거니와, 현재까지 알려진 남애의 유작 중에서 가장 오래된 것으로 기록된다. 아래에 그 첫 연을 옮긴다.

우신학교

빛나는 우리 학교 한 사명 담뿍 싣고/고고히 소리하니 이 땅의 희소식/올려보아 광주 뫼 내려 보아 한강수/총명한 정기 받아 오늘에 이르니/금잔디로 모여드는 산새도 즐거운 듯 종종종/오-단군 자손이여 교문을 두드려라/아-이름과 함께 영원히 새로워라 우리의 우신

4280년 7월 초일 안춘근 작

---

16) 이 작품은 2017년 9월 12일 남애 관련 자료를 살피던 과정에서 발견되었다. 이로써 남애가 지은 시 「우신학교」는 무려 70년을 넘겨 세상에 선보이게 된 것이다.

우신학교 5학년 1반 담임을
맡고(둘째 줄 가운데 앉은 이가
담임인 '안춘근 선생')

위의 시가 프린트본(16절지)인 것으로 보아, 당시 우신학교 동료 교사들에게 전해 주는
한편, 남애의 담임 반 학생들(5학년 1반, 남학생반 78명)에게도 애교심을 배양하기 위해 나
누어 주었던 것으로 추측되기도 한다.

우신학교에 근무하던 무렵, 안춘근은 다시금 새로운 도전을 계획하고 있었다. 대학에
진학하여 정치학을 공부해야겠다는 결심이 그것이다. 일단 학교에 들어가면 생활이 어려
워지겠지만, 그렇다고 해서 진작부터 별러 온 꿈을 저버릴 수는 없었다.

3. 정치학과에 진학할 무렵

앞에서 말한 바와 같이, 안춘근은 경기공립사범학교 속성과를 졸업(1946.9.21.)함과 동
시에 이후 1년 6개월여 동안 우신초등학교 교사로 직무하면서 사회 초년 생활을 보냈다.

그 무렵, 대학 진학 결심을 놓지 않았던 그는 성균관대 정치학과에 입학(1948.9.1.)함으
로써 마침내 향학에의 꿈을 실현하게 된다. 만 22세 때의 일이었다.

1) 어지러운 시국 정황

뒤늦으나마 안춘근이 대학에 진학한 것은 백범(白凡) 김구(金九) 선생의 영향이 컸다. 당
시의 시대 상황은 중경(重慶)에서 돌아온 백범이 구세주와 같은 지도자로 전국민의 존경

을 받고 있었다. 사람들은 그분이야말로 해방 정국의 혼란을 바로잡아줄 인물이라고 굳게 믿었던 것이다.

남애의 회고에 의하면, 대학에서 정치학을 공부하게 된 것[17]은 백범 선생을 존경한 데서 정신적인 밑뿌리를 두었노라고 했다(안춘근, 1977, pp.154~155. 김용선, 「명사의 독서 편력」, 《중앙경제신문》, 1990.11.19.).

이로 보아 정치학도인 남애가 추구한 장래 진로[18]도 정치가 쪽으로 기울어 있었다. 뒤에 말하겠지만, 당시까지만 해도 어릴 때 『천자문』에서 익혔던 한 구절[19]이 바로 이 길을 암시한 것이 아닌가 싶었다(안춘근, 1993, p.36).

그런 안춘근은 대학생 시절에 감명 깊게 읽은 대표적인 책도 한스 켈젠(Hans Kelsen, 1881~1973)이 지은 『정치학, *General Theory on Politics*』과 『법과 평화, *Law and Peace*』였다고 술회한 일이 있다(김용선, 위의 글). 이 책들은 그의 독서 목록에서 바이블과 같은 존재였다는 것이다.

그러나 김구 선생이 안두희(安斗熙, 1917~1996)가 저격한 흉탄에 쓰러지자(1949.6.26.), 청년 안춘근의 희망도 순식간에 무너져 버리고 말았다. 그가 성균관대 2학년에 재학 중일 때였다. 당시 전국민이 다 같은 마음이었지만, 안춘근 청년도 형언할 수 없을 만큼 정신적인 충격이 컸다. 한 반역자의 총탄으로 절명한 김구 선생의 희생은 해방 정국에서 야기된 씻을 수 없는 상처로 온 강산을 비탄에 휩싸이게 했다.

이미 광복 직후부터 줄곧 그래왔던 터였지만, 서울은 연일 열탕과 같은 흥분 상태가 계속되고 있었다. 종로 한복판에서 이른바 '국대안' 관련 데모대들이 서로 충돌하는가 하면, '신탁'과 '반탁' 세력 간의 부딪침, 또는 '친일 매국노 축출'이니 '지주 척결'이니 하면

---

17) 안춘근이 청치학과에 들어간 동기를 다음과 같이 밝힌 바 있다. "8·15 조국 광복의 감격을 안고 한때 초등학교 훈도 생활을 하던 나는 오랜 전통을 지닌 대학이 성대(成大)라고 생각했다. 이 대학은 나의 가장 존경하던 임정 요인들이 관계하는 학교임을 알고, 장차 정치가가 되려는 대망을 품고 정치과라는 학과가 있는 성대의 문을 두드렸다. ……나는 강의실이던 명륜당과 은행나무를 볼 때마다 나의 선배를 멀리 퇴계나 율곡 선생을 비롯한 많은 선현 속에서 찾는다."[「동문초대석」(8), 《성대신문》, 1973.12.15.]

18) 대학 입학 무렵의 안춘근은 장래의 진로와 관련하여, 정신적 지주로 숭배하던 김구 선생이 서거하자 적지 않은 갈등이 있었던 모양으로 다음과 같이 술회했다. "……큰 좌절을 맛보고서는 뜻을(정치가로서의 뜻을) 바꿔서 변호사가 되려고 법률 공부를 했는데, 이것도 6·25 사변으로 군대에 들어가게 되어 뜻을 이루지 못하게 되었다. (하략)"〈안춘근(1998). 『책과 그리운 사람들』, p.117〉

19) 『천자문』에서 배웠던 '학우등사 섭직종정'(學優登仕 攝職從政: 배운 것이 넉넉하면 벼슬에 오를 수 있고, 직분을 맡아 나라의 정사에 참여한다.)이란 말이 늘 안춘근 청년의 머릿속에서 맴돌았다고 한다.

서 잇따라 이런저런 과격한 슬로건을 내건 시위꾼들이 거리를 메웠다. 해방의 환희로 넘치던 서울은 그렇게 과열된 투쟁과 충돌이 계속되는 등 극도로 혼란한 도시로 변해 갔다. 요컨대, 무정부 상태가 따로 없을 지경이었다.

이와 같은 사정은 출판물에서도 여과 없이 드러났다. 이른바, 해방 정국으로 세상이 들끓던 그 시절에 온통 정치 팸플릿들로 넘쳐나던 상황이 그러한 사례였다(최영해, 1949, p.6). 여북했으면, 한 정치 단체에서는 『이 혼돈을 어떻게 수습할까』(배술룡, 1945, 정치운동자후원회)라는 책을 냈고, 『레닌주의를 위한 투쟁』(노농사 역·발행, 1946), 『스탈린 연설집-투쟁과 승리』(서울정치교육사 역·발행, 1946), 『애국 삐라 전집』(이초, 1946, 조국문화사) 등과 같은 특수 시대의 정치·사회적 정황을 반영한 책들이 잇따라 쏟아져 나올 정도였다. 언론과 출판 활동에 이른바 자유의 물꼬가 트이면서 그야말로 출판사가 우후죽순처럼 '난립'되고, 그러한 환경 속에서 출판물의 홍수 사태가 폭발적으로 번져났다(오영식, 2009, p.9 참조).

그런 가운데 이 나라를 구원할 유일한 인물이야말로 오로지 자신 밖에 없다면서 감연히 대중 앞에 나서는 정치 지망생과 자칭 사상가들도 헤아리기 어려울 정도였다. 세상의 혼란함이란 바로 그와 같은 정황을 두고 말함일 것이다.

2) 6·25 전쟁의 발발과 선택의 갈림길

그렇게 격변이 연속되고 있던 1950년 3월, 남애는 부친이 타계(향년 53세)하는 변고를 당하게 된다. 당시 대학생인 안춘근이 배재고등학교 학생들에게 과외 수업을 지도하는 한편으로, 기고 활동을 하면서 근근이 생활을 꾸려 나갈 때였다. 이러한 형편을 잘 알고 있었던 노량진교회 교인들이 힘을 모아 부친의 장례를 치러주었다.[20]

부친을 여읜 지 석 달 후 6·25 전쟁이 일어났다. 대학 3학년생이던 안춘근은 학업을 중단해야만 했고, 가족들은 노량진동 집을 뒤로 한 채 피란길을 재촉할 수밖에 없었다. 가족들은 일단 연고가 있는 경기도 시흥으로 내려가 전화(戰禍)를 피하기로 했다.

그런데 전쟁이 발발되기 2개월 전인 1950년 4월에는 서울시에서 주관하는 '세무관리

---

20) 남애의 아들 유섭에 의하면, "어머니께서 말씀하시기를 '장례를 마치고 남애의 모친(박계춘 여사는 많은 교인들 앞에서 답례 인사를 했는데, 목소리가 우렁차고 조리가 있어 사람들이 놀랐다고 한다.'"(2015.1.31.)

(稅務官吏) 자격시험'에 응시하여 합격한 일도 있었다.[21] 당시 부친이 와병 중이어서 학생 신분인 안춘근이 일단 생업 전선을 모색하기 위한 고학의 대안으로 공무원 시험에 도전했던 것으로 보인다. 학생들을 대상으로 한 과외 수업만으로는 생활을 꾸려 나가기가 어렵다고 판단했던 것이다. 이 때문에 그는 학생 신분이었지만, 일단 새로운 진로를 찾아 나설 수밖에 없었다. 그렇다고 해서 학교 수

대학생 시절(우), 군 입대 전

업을 중단한다기보다는 일시적으로 휴학한다든지, 아니면 상위자와 상의하여 학업도 겸할 수 있는 방법을 찾아보려 했다.

흔한 사례는 아니었지만, 당시만 해도 학업과 생업을 아우른 재학생들이 더러 있었던 시절이었다. 그러나 6·25 전쟁이 일어나는 바람에 당국으로부터의 보직 부여가 불가능한 형편이었으므로 다른 어떤 방안도 무위화되고 말았다.

전쟁 직후에 있어 안춘근에게는 징집될 가능성이 지배적이었다. 일단 대기할 수밖에 없었다. 그해 10월 경찰청에서 경찰 간부 후보생〔'북진(北進)경찰간부후보', 경위〕을 선발한다는 소식도 들려왔다. 곧바로 응시했다. 합격이었다. 이로써 그는 서울 성동서로 배속 받는다.

1951년 1월, 성동서에서 직무 중이던 안춘근은 미 제1기갑사단으로 전속 명령을 받는다. 전시하여서 군경 간에 병력 차출이 이행된 것이다. 이 부대에서 8개월 남짓 근무하고 있을 때, 그에게는 '영어 통역장교 후보(제8기) 시험'에 응시(1951.11.)할 수 있는 또 다른 기회가 주어진다. 이 또한 우수한 성적으로 합격하는 영예를 얻었다. 이에 따라 지체 없이 후방 교육대인 제297부대에 입소하라는 통지를 받고 '장교 임관 후보생'을 대상으로 한 짧은 전선 투입 훈련을 받는다.[22]

---

21) 이에 관한 사항은 필자가 최근에 발견한 1953년 9월 5일자로 작성된 남애의 친필 이력서에 의거한 것이다. 이른바, '가리방'에 의한 등사 유인물인 것으로 보아 군에서 사용한 공문서용이었던 것으로 보인다. 이하 '북진경찰간부후보', '미 제1기갑사단 배속 근무' 등에 관한 내용도 위의 이력서에 나타나 있다.

22) 이에 관해서는 그의 수필집 『생각하는 인형』(정음사, 1965), 8쪽 참조. 후방 교육대란, '덕수궁' 내에 임시로 설치된 장교 임관 예정자를 대상으로 한 입영 훈련 부대(제297부대)를 말한다. 남애는 이 부대에서 4주간의 훈련을 마치고 속초의 제1군단 사령부로 배속 명령을 받고 급거 임지로 이동한다.

이렇게 안춘근 청년으로서는 전쟁이 발발한 직후에 거의 동시다발적으로 여러 갈래의 기회를 경험하면서 고민하지 않을 수 없었다. 희망의 갈림길이 그의 앞에서 손짓하고 있었기 때문이다.

머리가 명석한 사람이 노력을 배가한다면 보다 넉넉한 기회—보통의 상상을 뛰어넘는 행운을 얻어 내기 마련이지만, 선택의 기로 또한 버겁게 주어지는 모양이다. 특수한 시국 상황 하에서 안춘근 청년이 경험했던 일련의 신변 현안사들을 오늘에 생각해 보면 사뭇 역동적인 데가 있다.

4. 군 입대와 결혼

1) 통역장교로 임관되다

안춘근이 영어 통역장교 보직의 육군중위로 임관된 것은 제297부대에서 입소 훈련을 마친 직후인 1951년 12월 말경이었다. 이와 동시에 그는 임지인 속초에 주둔해 있는 제1군단 제101부대 정보처로 급거 배속 명령을 받는다.[23] 그의 나이 25세 때였다. 이로부터 4년간의 군 복무가 시작되었다.

서울 생활은 그처럼 빠른 변화 속에서 질주했다. 그런 가운데 멀리 동해안 끝자락에 위치해 있는 동부전선 속초에서 통역장교 안춘근 중위의 군 생활도 점차 안정되어 나갔다. 너무 빠른 변화와의 만남이었지만, 그로서는 국가의 부름에 의한 새로운 소명이 주어져 있을 따름이었다.

통역 장교 안춘근 중위(오른쪽 끝)와 전우들. 왼쪽 끝은 미군 군목 마샬 J. 대위(1953)

안춘근 중위는 임관 직후부터 한·미 양국군 지휘관들 사이에서 가교 역할을 맡았다. 물론, 각종 전통문 등을 번역하는 직무도 아울렀다. 그러한 과정에서 마샬(Marshall, J.) 대위* 등

---

23) 안춘근의 육군중위 임관이 1951년 10월이라는 설도 있으나, 그 2개월 뒤인 1951년 12월로 확인되었다. 이는 안춘근이 작성(1953년 9월 5일 현재)한 자필 이력서에 따른 것이다.

여러 미군 장교들과 빈번한 접촉이 이루어졌다(* 마샬 대
위는 미 제8군사령부 제10군단 소속 군목이었으며, 제1군단으로
파견된 자문관이기도 했다.).

　그럴 때, 안 중위는 멀리 태평양을 건너온 최정예 무기
와 군수물자들이 끊임없이 전선으로 투입되는 광경을
목격하면서 미국의 선진 문명과 과학 기술 발전상에 큰
자극을 받았다. 위장막으로 가려진 둔중한 포신이 장착
된 장갑차 수송 대열이 굉음을 토하며 이동하는 모습이
야말로 미국의 국력을 웅변하는 증거라고 생각되었다.

　당시 속초는 6·25 직후부터 동해 및 동부전선의 거점
으로서 전략적으로 매우 중요한 전진 기지였다. 이 때문
에 미 제8군사령부 제10군단을 비롯한 국군 제1군단 사
령부, 미군 HID부대 등 동부전선을 지키는 여러 유관

박영희 양과 약혼 직후(1953.10.)

부대들이 주둔하여 방어하고 있었다(이 책, p.69 참조). 따라서 점차 지상군 병력이 증강을
보면서, 속초 일원은 거대한 병영으로 구축되어 나갔다. 이에 따라 각종 중장비 및 최신
무기들, 대량의 군수물자들이 집결하는 기지도 속초일 수밖에 없었다.

　그러므로 불안하기 이를 데 없는 전시 상황 속에서 한·미 양국군 사이에 제반 소통이
원활하지 않으면 안 되었다. 특히, 동부전선을 장악한 제1군단은 아군의 보루로서 그 임
무가 더욱 특별하고 막중할 수밖에 없었다. 이 때문에 우리 군 수뇌부의 군단 시찰이 빈
번했고, 1951년 9월 하순에는 미 합참의장 브래들리(Omar Nelson Bradley, 1893~1981)
원수가 제1군단 사령부를 급거 방문한 일도 있었다(백선엽, 1988.12.19.). 그만큼 이 지역
의 방어가 전략적으로 매우 중요시되었던 것이다.

　1953년 가을, 안춘근 중위는 다시금 인생의 전환기를 맞이하게 된다. 고향인 장전 출신
동창생 중에서 경찰관으로 복무하는 친구가 있었는데, 그의 주선으로 인천에 사는 한 규
수를 소개받은 일이 그것이다. 그녀는 뒷날 남애의 평생 반려가 된 박영희(朴永姬, 1931~)[24]

---

24) 동양화가. 아호 옥로헌(玉露軒). 1931년 1월 25일 중국 요녕성(遼寧省) 무순(撫順)에서 출생했다. 1941
　년에 귀국하여 인천의 창녕소학교, 소화여자고등보통학교에 다녔다. 8·15 광복 직후 부모님을 따라 장
　전(長箭)으로(부친이 이곳에서 제재업 경영) 갔다가 월남(1948)했으며, 이후 결혼 전까지 인천에서 살았
　다. 남애의 고향이 장전읍과 멀지 않은 외금강면이지만, 둘 간에는 전혀 모르는 사이였다고 한다. 옥로헌

양이었다. 알고 보니 박 양은 장전 친구의 인척 아가씨였다고 한다.*(* 안유섭의 말. 2016.3.7.)

2) 결혼

결혼식(인천 도원동교회, 1954.4.24.)

이후로 남애는 선한 인상의 박영희 양을 보고 한눈에 반해 자주 편지를 보내며, 사랑을 키워 갔다고 한다. 마침내 1954년 4월 24일 그들은 심응섭(沈應燮) 목사의 주례로 결혼식(인천 도원동교회)을 올린다. 심 목사는 101부대의 군목(대위) 출신이기도 하다(이종국, 2015, p.319).

결혼식을 마친 며칠 후, 안춘근 중위는 속초로 귀대하게 된다. 이로 하여 안 중위와 서울 노량진 가족들*과는 '이산가족'이 될 수밖에 없었다(* 부모님과 부인, 여동생). 그런데 놀랍게도 이 무렵부터 남애의 책탐(冊貪)이 발휘되었던 모양이다.

안 중위는 틈틈이 그의 아내에게 편지를 통하여 책 수집의 중요성에 대하여 강조하면서, 후방이 안정되면 이러저러한 서적은 꼭 구해 놓으라고 당부하곤 했다. 남애의 수서 활동에 대한 부인의 내조가 이미 결혼 직후 무렵부터 시작되고 있었던 것이다.

부인에 따르면, 남애의 사랑 고백은 연애할 당시뿐이었다고 한다. 결혼 후에는 '오로지 책과 함께 살아간 사람'이 그였다는 것이다. 전시 상황임에도 책 사랑을 멈추지 않았던 특별한 주인공이 남애였다.

그의 몸은 전선에 있었지만, 우신학교 교사 시절 종로의 책방에 드나들던 추억을 잊을 수 없었다. 실제로 그는 후방 형편을 궁금하게 여긴 나머지 전란을 겪은 서울의 서점가 사정이 어떤지를 수소문하면서 크게 걱정했다는 것이다.

─────────────

이 남애와 결혼 후 방대한 고서 보전 과정에서 만난을 극복(가정 경제의 어려움 등)해 나간 일화는 유명하다. 남애는 옥로헌을 최고의 '사서(司書)'로 신뢰했으며, 평생 '책 밖에 모르는' 자신을 헌신적인 내조로 뒷바라지해 준 아내에게 늘 고마워했다.

뒷날의 일이지만, 여북해야 김원룡(金元龍, 서울대 교수)은 남애를 일컬어 "한국 서치(書癡)의 서치"라 했을 정도였다. 또, 백순재(白淳在, 서지학자)는 말하되, "삶보다도 그 사랑보다도 책, 책을 사랑한 그"라고 했다.[25] 이로 보아 남애는 특유한 '애서가'였음을 말해 준다.

• 나오는 글

이상과 같이, 제1부 서술을 마친다. 이로써 안춘근의 출생에서 유소년기 및 학창 시절을 거쳐 군문에 들어가 육군중위로 복무 중 박영희 양과 결혼에 이르기까지 28년간의 삶을 살폈다.

본문에서 서술했듯이, 안춘근은 순흥안씨 가문의 후손이었다. 이 집안은 조선 중기에 감당하기 어려운 정치적 탄압을 겪어 고향인 순흥으로부터 벗어나 이곳저곳으로 흩어져 살았다.

그와 같은 순흥안씨의 '실향' 사적은 결국 넘을 수 없는 망향의 벽으로 가로놓여 있었다. 그들 중 일부가 새 삶터를 마련해 정착한 곳이 금강산의 외금강 자락에 터 잡은 고성군 외금강면 남애리 일원이었다.

실향민 후예인 안춘근의 청년 시절은 한국인 남성이 겪어 온 일반적인 노정인 학창 시절과 군 생활 등으로 이어진 과정에서 보아 크게 비슷한 점이 있다. 그러나 몇 가지 면에서 차별적인 데가 있음을 짚어 보게 된다.

첫째, 안춘근이 일제 강점기에 태어났으므로 초등학교와 5년제 상업학교를 다닐 때까지 식민 교육을 받아야 했다는 사실을 말하게 된다. 원래 뿌리 깊은 유교 집안에서 태어난 안춘근은 오랫동안 내림되어 온 집안의 교육 풍습과 전혀 다른 경험을 하게 됨으로써 이른바 신식 교육을 습득하는 길로 들어선다.

둘째, 안춘근은 초등학교를 졸업(15세)한 직후 출향을 결심하고 실행에 옮겼다. 어린 시절이었지만, 새로운 세상으로 나아가 향학에의 꿈을 성취하려 한 야무진 모습이었다. 그의 그러한 사적을 통하여 지난 시절에 열심히 살아간 우리의 선배들이 보여 준 고난에 찬 선택의 한 측면을 엿보게 한다.

---

25) 남애의 『동양수진본(東洋袖珍本)』 편찬 축하회에서 각각 휘필한 축하문이다. 이 책, p.408~409 참조.

셋째, 광복 직후 사범학교를 마치는 것과 동시에 초등학교 교사 생활을 경험한 일 또한 특기점으로 기록된다. 시국이 어지럽던 시대에 어려운 생활 형편을 극복하기 위해 사범학교 속성과를 지망했으며, 그 결과로 일선 초등학교 교사 생활도 누릴 수 있었다. 그는 약관 20세에 서울우신국민학교 교사로 부임하여 1년 6개월여 동안 교단에 섰다.

넷째, 비교적 안정된 직업인 교원 생활을 접고 대학 진학으로 급선회했다는 사실을 눈여겨보게 된다. 지난날 우리 사회의 일반적인 인식이 그러했지만, 당시만 해도 교원(이른바, '훈도')의 경우로 말하면 선망받는 직업으로 꼽혔다. 그러나 안춘근은 다른 무엇보다도 정치가를 꿈꾸고 있었다. 그는 시국 정황에 관심을 보이면서, 식민 압제의 수렁으로부터 겨우 벗어난 이 나라의 운명이 장차 어떻게 될 것인가를 크게 걱정할 정도로 열정적인 정치과 학생으로 새로운 출발을 지향하고 있었던 것이다. 그런 그가 뒷날 출판학을 개척하고 서지학을 창도한 것을 보면 인생의 또 다른 대회전이 기다리고 있었음을 알게 한다.

다섯째, 그가 공부를 마쳐야 할 처지였으나 전쟁 통에 일단 학업을 중단하고(25세), 뒤늦은 나이였음에도 군문에 들어가야만 했던 일을 상기할 필요가 있다. 이 같은 변화는 하나의 반전을 의미하는 것이기도 했지만, 다시금 새로운 출발을 의미하고 있었다는 점에서 중요하다. 뒤에 자세히 서술하겠지만, 안춘근이 복무한 동부전선에서의 군 생활은 그의 인생 노정에 특별한 영향을 주었기 때문이다. 그는 특히 통역장교로서 군 이력을 쌓는 등 특수한 경험을 체득한 젊은이였다.

제2부
진중 생활과 기고 활동

• 들어가는 글

안춘근의 진중 생활은 6·25 전쟁의 와중 속에서 진행되었다. 그가 군에 입대할 무렵의 상황을 보면 1951년 1월의 1·4 후퇴, 그해 3월 14일에 감행된 서울 재수복, 그리고 3월 28일에는 우리 군과 유엔군이 38선을 돌파하는 등 격변의 연속이었다.

이듬해 10월 14~24일에는 '철의 삼각 지대'(철원, 김화, 평강을 삼각으로 잇는 지역) 전투가 치열하게 전개되어 연일 우리 국군과 중공군 간에 엄청난 사상자를 냈다. 특히, 이 지역은 나진, 성진, 원산항으로 들어오는 북한·중공군의 군수물자와 병력이 전선으로 투입되는 최대 전략 거점이었다. 그래서 '철의 삼각(Iron Triangle)'이라고 불렀다. 그러한 전략적 중요성 때문에 크고 작은 전투가 그칠 날이 없었다.

당시 안춘근 중위가 소속된 제1군단(군단장: 이형근 중장, 뒤에 김종오 중장)은 속초 일원을 방어하는 전진 부대로 그 소임이 막중했다. 그러한 전란의 와중 속에서 '기고 활동'이란 과연 무엇이며 또한 어떻게 이루어지고 있었는가?

안춘근 중위는 속초에서 매우 중요한 계기를 경험하게 된다. 청소년 시절부터 기독교 신자인 그가 신앙적 영성 활동을 이어 나가게 된 곳이 제1군단 제101부대의 진중교회를 통해서였다.

안 중위는 진중교회의 건설 과정에서 깊이 관여한 군 장교였을 뿐만 아니라, 이후로 이 교회에서 시행하는 여러 가지 신앙 사역도 감당하는 등 깊은 관련을 맺고 있었다. 또, 이 병영 내 신앙 공동체(진중교회)에서 발행하는 주보인 《주간혜성》을 통하여 기고 활동도 전개하게 된다.

설악권 최초의 일간지인 《동해일보》와 만나게 된 것도 특별한 사건이 아닐 수 없다. 그는 이 신문에 '단골 필자'로 참여했는데, 이는 비록 전장에서나마 문자 활동과 인연을 맺게 된 또 하나의 의미 있는 계기였다.

이후 속초 생활을 마감한 안춘근 중위가 대위로 진급함과 동시에 광주의 육군교육총본부로 전속되어 우리 군 역사상 최초로 『육군교육연감』을 편찬하게 된다. 이 일은 곧 '책의 업무'로 그의 향후 진로에 큰 영향을 끼친다.

이상과 같은 내용이 제2부의 서술 범위이다. 곧 안춘근이 육군중위로 임관되어 대위로 전역할 때까지 약 4년간(1951.12.~1955.10.)에 걸친 병영 생활을 총체적인 서술 범위로 설정한 것이다.

제1장 전선의 동북단 속초

　1952년 10월 말, 철의 삼각지대를 아군이 장악하게 되자, 동부전선의 거점항인 속초 방어야말로 매우 중차대한 문제로 부상되었다. 이 때문에 안춘근 중위가 소속된 육군 제1군단은 속초 일원의 수호를 포함하는 일선 부대로서 막중한 임무를 떠맡아야 했다.

　통역장교인 안 중위는 한·미 양국군은 말할 것도 없거니와 다른 유엔군 부대들과도 빈번한 소통 임무를 수행해야만 했다. 당시만 해도 영어를 구사하는 군 내부의 인적 자원이 희소한 실정이어서, 안 중위로서는 몸을 열 몫으로 쪼개도 모자랄 지경이었다.

　전쟁은 여전히 예측할 수 없는 상황으로 치달았다. 1951년 3월 이후 1953년 7월 휴전이 성립될 때까지 38선 주변에서는 치열한 전투가 그칠 날이 없었다. 그러던 무렵의 속초는 어떤 곳이었는가?

　1945년 광복이 되자, 속초는 북한 정권의 통치를 받다가 1951년 국군 진주로 수복되었다. 뒤이어 제1군단에 의한 군정이 실시되고, 1951년에는 고성군 일부를 편입하여 현재의 속초시와 동일한 행정구역이 형성되었다. 1954년에 민정으로 이양되었고, 1963년 1월에는 속초읍이 시로 승격, 양양군으로부터 분리되어 오늘에 이르렀다.

　이러한 정치·지리적 변환을 거친 속초는 설악권 동북부 동해안과 접해 있는 관광 및 수산업의 거점으로 발전했다. 1980~'90년대까지만 해도 양양 철광석을 일본에 수출하는 등 무역항으로서 역할한 곳도 속초였다. 최근에는 중국의 훈춘(琿春)과 러시아의 자르비노 항을 거쳐 블라디보스토크로 연결된 관광·물류 유통 기지로도 주목을 받고 있다.

　안춘근이 첫 군 생활을 한 곳도 속초였다. 그는 약 3년간(1951.12.~1954.10.) 이곳 육군 제1군단 제101부대 정보처에서 근무했다. 당시 전쟁이 치열한 와중이었고 휴전을 맞이한 곳도 여기였다. 안춘근의 군 생활과 관련하여 속초에 대한 정황을 알아볼 필요가 있다.

1. 속초의 전시 환경

　전쟁이 한창이던 1952년 6월 말 현재 속초읍의 인구는 3,367 가구에 14,473명이었다(양양문화원부설향토사연구소, 2015, p.7). 1가구당 4.3명이었던 셈이다. 속초읍은 1963년 1월 강원도에서 네 번째로 시 승격과 동시에 양양군으로부터 분리되었다.

1) 전시하 특별 전략 지구로서의 속초

 속초로 말하면, 6·25 전쟁 중에 이곳에서 원산을 잇는 동해전선(東海戰線)의 거점으로 매우 중대시되었다. 당시 동해전선에는 미 제8군 사령부 제10군단을 비롯한 우리 국군 제1군단 사령부, HID(육군 첩보부대) 동해사령부, 해병대, 커크랜드(Kirkland) 특수 임무 부대, 아벤리(Avanlee) 부대, 토치라이트(Torchlight) 부대, 켈로(KLO) 첩보부대 등과 같은 미군과 국군 유격대가 주둔해 있었다(양양문화원부설향토사연구소, 2015, pp.53~54). 한편, 미 군사 고문단 지휘소(KMAG, FDC)도 양양면 조산리(造山里)에 들어와 있었으며, HID의 경우 이미 1951년 묵호에 본부대를 설치한 상태였고, 1952년에는 고성군 청간정 리(淸澗亭里)로 사령부를 옮겨 속초리 4구〔오늘의 금호동(琴湖洞)〕 청초호(靑草湖)에 접안 시 설을 구축해 사람과 물자 수송용 선박대를 운영했다.

 이러한 환경은 속초 일원이 순전한 군사전략 지구이면서 그 전진기지였음을 말해 준다. 당시 육군 제1군단 제101부대 통역장교인 안춘근 중위는 속초에 주둔한 여러 미군 부대와 한국군 사이에서 당연히 소통 임무를 수행했다. 그러다보니 1급 군사 기밀 사항이 많았다.

 이렇듯, 주요 전략 기지였던 속초는 6·25 전쟁 중에 시행된 '미군정'을 빼놓을 수 없다. 미군정이라 하면, 우리 현대사에서 세 번 실시되었다는 사실을 상기하게 된다. 첫 번째 군 정은 1945년 9월 9일 미군이 진주하면서 대한민국 정부가 수립되기까지 시행된 점령 통 치였다. 두 번째 미군정은 6·25 전쟁기에 유엔군과 한국군이 북한 지역을 일시 점령한 시 기인 1950년 10월 중순부터 12월 초까지 대략 45일간이었다. 세 번째 미군정은 38선 이 북 지역 중 속초를 포함한 양양군(양양면, 서면, 손양면, 현북면, 강현면, 속초읍, 토성면, 죽 왕면)에서만 실시한 것을 말한다. 이때가 1951년 7월 4일부터 휴전 협정이 체결된 1953년 7월 27일까지였다. 실제는 한국 군이 민정 이양을 완료한 1954년 11월 17일까지 3년 4개월이 었다(양양문화원부설향토사연구소, 2015, p.50). 이에 대하여 개 관해 보기로 한다.

 6·25 이듬해인 1951년 7월 4일 미 제8군 사령부는 '행정명 령 제34호'를 포고하게 된다. 이는 양양 지역에서 군정을 실시 한다는 내용이 부칙에 포함된 행정명령이었다. 당시 수복지구 이던 양양 지역은 미 8군 민사처가 민사군정 수행을 위한 명

밴플리트 장군

령을 계획하고 준비하여 밴플리트(Van Fleet, J. A., 1892~1992, 1951년 4월 14일 미 8군사령관 취임) 미 8군사령관에게 조언했다. 이에 따라 미군단장들은 군정장관의 직책을 다시 한국 군단장에게 위임하게 되었다.

이 지역은 명목상 유엔군사령부의 민사행정보조팀(Civil Assistant Team, CAT)이 군정 통치권과 행정권을 행사하도록 되어 있었다. 그에 따른 구체적인 집행은 한국군 제1군단장 [이형근(李亨根)[1], 1920~2002] 중장을 통해 이루어졌다.[2] 이로 하여 안춘근 중위에게도 더 욱 많은 일이 주어지게 된다. 미군 측의 감사단이나 지휘부 장교들이 속초를 방문할 때면 그들에게 1군단의 직무 내역을 설명해야 하는 등 군정 관련 업무들이 뒤따랐기 때문이다.

2) 속초 지구에 실시된 군정

그렇다면 왜 유독 이 지역에만 군정을 실시했는가? 그 이유는 크게 두 가지로 요약된다. 첫째는 이 지역이 군사·전략적 거점으로서의 중요성이 크다는 점이며, 둘째는 과거 공산 주의 세력이 지배하던 지역에 침투해 있던 사회주의 요소 제거 및 재건 문제를 중대시했 다는 점이었다(양양문화원부설향토사연구소 편, 2015, p.53).

이와 관련하여, 1952년 속초와 양양군 중 38선 이북 지역(북양양군)을 방문했던 미국 첩보원 오스본(Osborne, J.)이 작성한 보고서[3](국무부로 보낸 주한미대사관의 입장)에 나타 난 내용 중에서 그 단초를 찾아볼 수 있다.

---

1) 이형근(李亨根, 1920~2002): 군인, 외교관. 충남 공주 출생. 1946년 5월 1일에 초대 조선경비사관학교 교장을 맡았고, 동년 9월에는 국방경비대 총사령관 겸 육군사관학교 교장, 1948년 2월에 통위부(統衛 部) 참모총장, 1949년 6월에는 제8사단장을 맡았다. 1950년 10월에는 육군 제3군단장, 1951년 8월에 육군본부 교육총장을 맡았으며, 1951년 9월에는 초대 휴전회담 대표로 참여했다. 한국군이 북진을 계 속하던 1952년 1월에는 육군 제1군단장으로 전선을 지휘했다. 이때부터 그는 동부전선에 진출했다. 그는 동부 휴전선을 38선 북쪽으로 훨씬 밀어 올리는 등 전공을 세웠다. 1954년 2월 초대 합참의장을 지냈으며, 1956년 6월에 제9대 육군참모총장이 되었다. 1959년 8월 대장으로 예편하면서 태극무공훈장을 받았다. 1962년에서 1967년까지 영국, 스웨덴, 노르웨이, 덴마크 대사를 역임했다.

2) 김귀옥(2001.12.). 「속초와 군정(1951.8.~1954.11.)의 인연과 현대적 의의」, 《속초문화》(제17호), 속초: 속초문화원.

3) J. Osborne(1951). *Field Report on Yangyang Gun, North Korea*, Liaison Officer, USIS, pp. 196~222. 김귀옥(2001.12.). 위의 논문에서 재인용.
  http://www.sokcho-culture.com/newebook/16_mh17/EBook.htm

나는 이 지역이 많은 정보 및 교육 실험이 수행될 수 있는 곳을 대표한다고 생각하며, 동시에 계속 공백 지역으로 내버려 두는 상태를 의문시한다. 물론, 그곳은 (철의) 장막이 몇 마일 뒤로 밀리게 될 러시아제국의 주변부에 속하는 유일한 장소이다. 따라서 공산주의 행정 연구와 공산주의 지역의 재건을 위한 절대적인 가치를 가지고 있다.

〈Osborne, J.(1951). *Field Report on Yangyang Gun, North Korea*, pp.196~222.
김귀옥(2001.12.), p.51에서 재인용〉

위의 내용에서, 미국이 이 지역에 관심을 보인 것은 향후 확대될 사회주의 점령 지역을 미국화, 자본주의화하기 위한 실험장으로 삼고자 한 의도를 짐작할 수 있다.

그렇다면 이 지역에서의 군정은 어떻게 운영되었는가. 6·25 전란기를 경험한 속초 사람들은 '군정'이라 하면 이형근 제1군단장이나 '이형근공화국'이라는 말을 떠올리기도 한다. 물론, 당시 군정 사령관이 이형근 제1군단장이었기 때문이다.

그렇다고 해서 군정이 대한민국의 관할은 아니었다(김귀옥, 2001.12., p.50). 이 때문에 1953년 7월 27일 정전협정이 체결되자 이승만 정권은 속초를 비롯한 수복 지역에 대한 행정권

이형근 장군

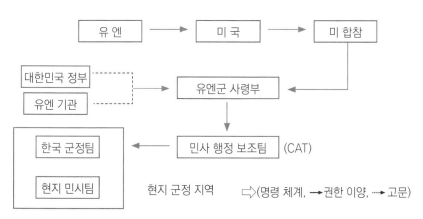

〈그림 2-1〉 속초 지역에서의 미군정 통치 구조*

* 출처: 김귀옥(2001.12.). 《속초문화》(제17호). 「속초와 군정(1951.8.~1954.11.)의 인연과 현대적 의미」, p.52.

이 대한민국에 이양되도록 미국과 협상을 벌이게 된다(김귀옥, 2001.12., p.50). 따라서 유엔군 사령부 내 조직인 민사행정보조팀(CAT)이 군정에 대한 통치권과 행정권을 행사했다.

다만, CAT는 현지 군정에서 정책을 입안하고 결정하되, 국군 군정팀에게 집행권을 부여하여, 형식적으로 고문역을 담당한 채 전면에 부상하지 않았다. 그래서 군정의 전면에 등장한 것은 제1군단 군정사령부였다(김귀옥, 2001.12., p.52).

그러한 와중에서도 속초에서는 놀라운 일이 나타났다. 설악권 최초의 일간지인《동해일보》가 창간된 일이 그것이다. 이는 단순히 전시 중에 탄생된 지역 언론이라는 국소적인 의미를 지양하여 매우 중요한 사건으로 기록된다. 안춘근 중위가 이 신문과 만난 것도 군 정보처에 소속된 직무자로서 조우하게 된 것만은 아니었다. 요컨대, 속초라는 외지고 특수한 지역에서 새로운 언론 매체와의 접촉이 이루진 것이다. 예기치 않은 일이었다.

2. 전시하에 창간된《동해일보》

1) 설악권 최초의 일간지

안춘근이 속초에서 3년간의 군 생활 중《동해일보》는 진중교회 간행물인《주간혜성》과 함께 중요한 의미가 있다. 이와 관련하여, 우선《동해일보》의 창간 전말을 살펴보도록 한다.

《동해일보》는 6·25 전쟁 중이던 1952년 4월 15일 수복지구인 속초에서 동해일보사를 창립, 이틀 후인 4월 17일 설악권 최초로 창간을 본 일간지이다. 창간호는 타블로이드 등사판으로 500부를 제작하여 속초시(당시 양양군 속초읍) 일원에 배포했다.

《동해일보》의 창간 당시 초대 사장은 김진익(金振翼, 당시 대포초등학교 교장)이었으며, 총무국장에 박천복(朴千福), 편집국장은 남상갑(南相甲)이 맡았다. 기자로는 이경수(李景洙), 윤상근(尹相根), 엄명덕(嚴命德), 손건호(孫健浩), 박찬규(朴燦圭), 나병하(羅炳夏), 조대길(趙大吉) 등 7인이었다.

창간 후 등사판(1952.4.17.~1953.6.17.)으로 낼 당시의 필사 작업은 조상준(趙相俊)이 담당했다(속초시지편찬위원회 편, 1991, pp.990~991 참조. 엄경선, 2017.1., p.15).

외부 '뉴스'는 손건호 기자가 텔렉스 수신으로 취재했다. 중앙권에 관한 기사 작성도 군

《동해일보》제333호(1953.4.17.,
등사판) 부분

용 차량이나 헬기편으로 어렵게 배달된 조선, 동아, 서울, 연합, 평화, 세계일보 등을 재인
용하는 경우가 적지 않았고, 서울방송과 도쿄라디오를 청취하여 《동해일보》에 반영하는
방식이었다(전상희 옹 증언, 2016.11.20.).

타블로이드판 양면(뒤에 4면으로 증면) 체제인 《동해일보》는, 온전한 것으로는 단 2부만
오늘에 전한다. 1953년 4월 17일자(제333호)로 발행된 등사판 1부(양면)와, 1954년 6월
25일자(제700호), 즉 '6·25 전쟁 4년 특집호'(총 4면, 활판 인쇄)가 그것이다.

이 중 등사판(제333호)의 경우 제자(題字) 밑에 밝혀 있는 '편집 발행 겸 인쇄인' 표시를
보면 조준(趙俊)이고, 편집국장은 추흔(秋欣)이라 되어 있다. 모두 한자로 표기되어 있다.
현존하는 가장 오래된 이 신문은 창간(1952.4.17.) 1주년 기념호(1953.4.17.)로 발행되었으
며, 등사판으로 제작, 보급되었다.

창간 1주년 기념호에 실린 「신문은 사회의 공기」라 붙인 '사설'이 눈길을 끈다. 내용을

편집 발행 겸 인쇄인
조 준
편 집 국 장
추 흔
발 행 소
양양군 속초읍
동 해 일 보 사
구 독 료 50환
조 간

《동해일보》현존 실물 중 가장 오래된 동지 창간 1주년 기념호로 발행된
1953년 4월 17일자(앞의 등사판 사진 참조) 제자 밑의 발행자 등 표시. 원래
한자로 표기되어 있으나 원본의 상태가 좋지 않아 한글로 옮김.

보면 다음과 같다.

<사설>　　　신문은 사회의 공기(公器)—본지 창간 1주년에 제(際)하여
　　맨손으로 오직 신속한 보도로서 민주 언론의 창달과 사회 정의를 위하려는 열의로 창간한 우리 동해일보가 그간 갖은 험난한 난관을 박차고 시종여일하게 걸어 나와 오늘 발간 1주년을 맞이하게 되었다. (중략)
　　본지의 사명이 중차대한 오늘, 전사원이 일치 단합하여 중첩한 고충을 물리치기 위해 맡은 바 본분에 전력투구해야 한다. 어떤 신문을 막론하고 거개가 경영에 암영(暗影)이 많다는 것은 공통된 사실이다. (중략)
　　우리 동해일보사는 심기일신하여 이만큼 사세를 이루었으니 복음이 아닐 수 없다. 더욱 열심히 분발하자. 우리 동해일보는 종으로 횡으로 구적(仇敵)의 가면을 필봉으로 찔러 무찌르자. 그리하여 우리 주민께 보다 정확한 정세와 올바른 여론을 지향케 하여 조국의 재건에 멸사봉공하는 1주년의 계기가 되도록 굳게 맹서하는 바이다.

이로 보아, 《동해일보》 측에서는 전시하의 엄혹한 환경 속에서도 창간 1주년을 맞이한 데 대하여 큰 자부심과 특별한 의의를 부여하고, 향후 임직원이 단합하여 더욱 분발할 것을 다짐하고 있다.

창간 1주년 기념호의 1면 머리기사는 「적(敵) 대폭적으로 보급 수송」이라는 주제를 내보여 눈길을 끈다. 즉, 신의주 인근에서 남쪽 전선으로 향하는 적의 대담한 군수 보급대를 발견하고 아군 제5공군 폭격기가 공습했다는 사실을 보도한 것이다. 그밖에 전시 상황과 관련된 국내 뉴스와 한·일 회담이 1년 만에 재개된다는 소식 등 여러 다양한 내용들도 배열되어 있다.

이 신문 2면에는 「교원 의복 조달 약속」이란 머리기사가 보인다. UN민사처 시찰단이 속초에 와서 관내 교원의 의복을 새로 지원하겠다는 내용이다. 하나의 이색적인 기사로 「유엔 측에 더 우호적, 괴뢰군 무시하는 중공군」이란 보도 내용도 보인다. 판문점 정전 회담에 참석한 중공군 대표가 유엔 측 대표단에게 우호적인 반면, 북한군 측은 무시해 버린다는 것이다.

1953년 4월 17일자 동 신문 2면 왼쪽 하단에서 보면 '동해일보사 사고'가 눈에 띈다. 그 내용을 옮기면 다음과 같다.

> **오늘 본지 발간 1주년**
>
> 갖은 난관을 무릅쓰고 신문 본연의 사명을 다하기 위하여 싸워온 지 오늘로서 만 1주년이다. 무에서 유를 창조한 동해일보이다.
>
> 이제 불과 10여 일 이내로 기대하던 활자판으로 신모(新貌, 새 모습)를 갖추게 되니 용기백배됨을 금할 수 없다. '다방 미완성'에서 이 장군(李將軍) 부처 임석하 기념 음악 감상회로 열리는 즐거운 생일날이다.

동해일보사 사고(1953년 4월 17일자 2면 하단)

위의 '사고'에서 10여 일 이내로 활자판을 갖추게 된다고 했는데, 창간 이래 등사판으로 발행해 오던 《동해일보》가 마침내 활판 발행을 예고한 것이다. 실제로 이 신문은 '사고'로 밝힌 날짜보다 2개월여가 지연되긴 했으나, 1953년 6월 18일자부터 제작 체제를 활판 인쇄로 변경했다. 또한 '이 장군'이란, 당시 속초에 주둔한 제1군단장 이형근 중장(속초 일원 군정 사령관)을 말한 것이다. 《동해일보》 창간 1주년을 기념하기 위한 음악 감상회가 '미완성'에서 열린다는 사실도 알렸다.

여기, '미완성'은 제101부대의 안춘근 중위가 시내 출장 중에 《동해일보》 기자들과 만나기 위해 자주 드나들던 곳이기도 하다. 2면 하단에는 '미완성' 광고와 첫 개관 안내를 알린 '밀림극장' 광고도 나란히 실려 있다.

동해일보 사장 취임 무렵의 박태송

앞에서 말한 바와 같이, 《동해일보》는 창간 1년 2개월 후인 1953년 6월 18일자부터 제작 체제를 활판 인쇄로 변경했다. 판형은 여전히 타블로이드판 체제였다. 이와 함께 신문사의 형식도 '주식회사 동해일보'로 개편, 재창립을 실현했다(속초시지편찬위원회 편, 위의 책, p.991).

당시 경영진 등 구성원을 보면, 회장에 한치응(韓致膺), 사장에 박태송(朴泰松)[4]이 취임했

---

4) 박태송(朴泰松, 1909~1996): 사업가, 육영사업가, 언론인. 함경북도 경성군(鏡城郡) 어랑면(漁郎面) 용양리(龍陽里)에서 출생. 만주 북간도 화룡현(和龍縣) 명신학교(明信學校)를 졸업하고 무산(茂山)에서 무역업과 산림업에 종사했다. 1941년에는 함북 무산여자보습학교(茂山女子補習學校)를 경영한 바 있다. 광복 후 북한 공산 치하에서 김일성 정권에 맞서다 청진교도소에 투옥(1948)되기도 했다. 남한을 동경한

다. 부사장 겸 편집국장에 정두석(鄭斗石), 업무국장 김건기(金建基)·전상희(全商熙, 경리 겸 무), 편집부장은 한준석(韓俊錫)이었다. 창간 후 한동안 1군단 측에서 용지를 조달했고, 활판 체제로 변경했을 때도 인쇄기 등 일부 기자재 또한 군이 지원했다(김충호 씨[5] 증언, 2016.11.20.).

2) 박태송과《동해일보》

동해일보사가 주식회사로 재창립을 단행한 2개월 후(1953.8.5.)에 증자와 함께 임원진도 개선했다. 이에 따라 사장 박태송, 부사장 겸 업무국장 방효근(方孝根), 편집국장 임선봉(林先鳳), 편집부장 윤상근, 기자 나병하(뒤에 매일경제신문사 사장, 회장), 엄명덕(뒤에 속초상업고교 교사), 김재익(金在益, 뒤에 강원일보사 사회부장), 이창호(李昌浩), 최윤일 등이었으며, 공장장에 김원배(金元培)로 새 진용이 조직되었다(속초시지편찬위원회 편, 위의 책, 같은 쪽).

박태송 사장은《동해일보》창간 당시부터 자금을 지원했으며, 주식회사로 재창립할 때도 출자를 주도하고 경영을 떠맡았다(전상희·김충호 씨 증언, 엄경선 앞의 글).

이 신문은 창간 당시부터 주로 군부대와 관공서 및 속초 일원의 민간에 보급되었고, 박태송 사장이 지원한 지프를 동원하여 배달하거나 자전거도 이용되었다.

동해일보사 사옥은 속초읍내 중심가였던 오늘의 '인심의원' 건물(속초시 중앙로 199)이었다. 1953년 6월, 박태송 사장이 취임했을 당시만 해도 이 신문사의 임직원이 10여 명

다 하여 요주의 인물로 지목되었다. 1950년 철수하는 국군 부대를 따라 남하했으며, 당시 수복지구였던 양양에 정착했다. 그는 이곳에서 북진양조장(1952~1971, 뒤에 동광양조장으로 개칭)을 열어 큰 성공을 거두는 등 사업 수완을 발휘했다.《동해일보》경영에 뛰어든 것도 제2의 고향인 양양 속초 지역 발전을 위한 순수 의지에서였으며, 그의 투자가 뒷받침되었음은 물론이다. 그런 가운데 양양군청 행정자문위원, 속초상공회의소 부회장, 속초선거관리위원장, 양양관광협회 회장 등을 역임한 바 있다. 1960년대 초 정계 진출을 시도한 일도 있었으나, 다시 사업에 전념하여 양양에서 동광양조장과 설악산 입구에 30만 평 규모의 설악목장을 경영했다. 말년에는 이북5도청 명예무산군수를 역임하면서 고향 실향민들을 돕는 활동도 전개했다. 자녀로는 박남하(개인사업)와 박경하(중앙대 역사학과 교수), 박정은(수원여대 사회복지학과 교수)가 있다.

5) 김충호(金忠鎬, 1938~): 양양 출생.《동해일보》박태송 발행인이 그의 양부이다. 고등학교 때부터 대학을 나올 때까지 박태송 사장으로부터 장학금을 받아 공부했다. 현재 속초에서 동제약국을 경영하고 있으며, 속초라이온스클럽 회장, 국제라이온스협회 309-L지구 총재, 속초시약사회 회장 등을 역임했다. 양부 박태송의 도움에 보은하고자 속초·양양 출신 학생들을 대상으로 장학재단 충정장학회를 설립(1982.11.), 운영하는 등 지역 사회 발전을 위해 많은 노력을 기울여 왔다(김충호, 2014, pp.274~276 참조).

전상희(1925~2017) 옹

정도였으며, 사옥 바로 옆 건물에 별도의 인쇄공장도 갖추고 있었다(전상희 옹[6] 증언, 2016.11.20.).

《동해일보》는 뉴스의 불모지인 속초 일원을 중심으로 한 설악권 동부 지역민들에게 중앙과 지역 소식을 신속히 전하고, 전란기의 혼란상을 바로잡는 데 이바지할 목적으로 창간을 보았다. 창간 주체는 순수한 지역 유지들이었으며, 신문사의 창립을 앞두고 지역 내 공고를 통하여 뜻있는 젊은이들을 선발, 기자로 임명했다(위의 전상희 옹 증

회장　한치응
발행 겸 편집인　박태송
인쇄인　임선봉
1부 대금　　10환
월정 요금　100환
발행소　강원도 속초읍 동해일보사

1954년 5월 19일자 《동해일보》 제자 밑의 발행자 등 표시(원본의 상태가 좋지 않아 한글로 옮김.)

언). 박태송은 1953년 6월 18일 《동해일보》 사장에 취임하여 1955년 3월 폐간될 때까지 이 신문을 경영한 함경도 출신 사업가였다.

박태송은 제1군단 제101부대의 안춘근 중위를 《동해일보》 필자로 초빙한 발행인이기도 했다. 현역 장교를 필자로 기용한 것이다. 이를 계기로 젊은 안춘근 중위로부터 수준 높은 글을 받아 냄은 물론, 기회 있을 때마다 부대 내 장교들이 평판한 '독자 의견'도 전해 받게 된다.

당시 강원도에는 이른바 '영동권 3대 일간지'로 꼽는 춘천의 《강원일보》와 강릉의 《강릉일보》, 속초의 《동해일보》만 존재했다. 박태송이 동해일보사의 경영을 맡으면서 주식회사로 전환(1953.8.5.)하는 등 일대 도약을 일으켰으나, 6·25 전쟁 후유증으로 여러 어려움을 겪었다. 그러다가 1955년 3월에 공보처로부터 전후(戰後) 언론 통폐합 정책의 일환

---

6) 전상희(全商熙, 1925~2017): 속초 대포(大浦) 출생. 《동해일보》 창립 때부터 경리를 담당했다. 전 씨는 '동해일보 사람'으로서 2017년에 유명을 달리할 때까지 이 신문사 출신 중에서 유일한 생존 인사였다. 일제 강점기 때 간장 공장을 경영하던 부모를 따라 함북 청진으로 이주하여 그곳에서 학교를 다녔다. 이후 함북도청 학무과에서 근무하던 중 징병에 끌려갔다가 광복이 되면서 다시 속초로 돌아왔다. 《동해일보》 창간 때부터 폐간될 때까지 경리(경리부장)를 맡았으며, 이 신문사의 박태송 사장이 《강릉일보》를 인수(1955.7.)할 때도 그와 함께 현지에 가서 근무하기도 했다(엄경선, 2017.1., p.15).

전상희 씨는 안춘근 중위가 제1군단에서 복무할 때 자주 만난 사이였다. 그는 안 중위가 필력이 뛰어나고 재치 있는 젊은 장교였노라고 기억했다. 따라서 안 중위가 대위로 진급한 후 전역했을 때, 이런저런 일로 상경할 경우 상호간에 꾸준한 소통을 이어 갔다는 것이다(속초 대포항에서 청취, 2016.11.20. 필자).

《동해일보》1954년 4월 24일자 제호면
(제1면) 및 발행자 등의 표시

으로 발행 허가를 받지 못해 강제 폐간 당하게 된다.

이후 박태송은 동해일보사의 경영진과 함께 강릉으로 넘어가 그해 7월 1일부터 재정난으로 휴간 중이던 《강릉일보》의 판권을 인수하여 1955년 7월 15일자로 속간을 단행하기에 이른다. 이로써 영외에서의 재도약을 일으켜 《동해일보》의 부활을 모색했던 것이다. 그러나 인력과 재력을 기울여 최선을 다했던 《강릉일보》도 결국 운영난을 겪게 되면서 2년을 겨우 넘긴 1957년 7월 19일 자진 폐간하고 말았다(김충호, 2014, p.53 참조). 비록 박태송의 꿈은 좌절되었지만, 사회 정황이 어렵기만 하던 전후 시기였음에도, 지역 언론의 발전을 위해 열정을 기울인 노력이야말로 오래 기억해야 할 것이다.

3) 《동해일보》 살피기

《동해일보》와 관련된 초기의 기록은 부분적이나마 『수복연감』(강원문화연구사, 양양군청, 4287(1954).6.) 등에서 참고할 수 있으나, 온전한 실물의 경우는 앞에서 말한 제333호와 제700호 이외에 전무한

《동해일보》(통권 제700호, 1954.6.25.)

실정이다. 물론, 이에 관한 기록도 존재하지 않기는 마찬가지이다. 속초의 원로들은 《동해일보》의 인멸 상태에 대하여 "이해하기 어려운 일이며 지역민으로서 안타까울 따름이다."*고 한목소리로 개탄했다 (* 전상희, 김충호 씨 등. 필자 면담, 2016.11.20.).

필자는 여러 해 전부터 '안춘

근의 초기 기고란 무엇인가'라는 의문을 풀기 위해 노력하던 차, 마침내 육군 제1군단 제101부대 진중교회에서 발행한 주보 《주간혜성》과 지역에서 발행되고 있던 《동해일보》를 만날 수 있었다. 놀랍게도 이 두 자료에 안춘근의 글*이 담겨 있다는 사실을 알아냈다[*이 책, 제2부-제2장 1, 2(pp.87~90, pp.93~100) 참조].

우선, 《동해일보》 제700호(1954.6.25.)가 발행 후 62년 만인 2016년 11월에 속초로 귀환하게 된 경위를 알아보도록 한다. 이에 대하여 엄경선은 다음과 같이 전하고 있다.

《동해일보》는 설악권 최초의 지역 신문으로 알려졌지만, 안타깝게도 남아 있는 신문이 단 한 부도 없었다. 충정장학회 이사장 김충호(78) 씨는 몇 년 전부터 양부(養父) 박태송 씨가 발행했다는 《동해일보》를 찾으려고 이리저리 수소문해 왔다.

그러던 중 몇 달 전 고 박태송 씨의 친아들인 박경하 중앙대 역사학과 교수를 통해 전해 받은 책 『편집 출판학 연구 총설』에서 제호가 선명한 《동해일보》를 발견했다. 저자 이종국 교수(전 대전과기대)가 스승 안춘근 선생의 일대기를 서술한 글* 속에 《동해일보》를 게재하고 있었던 것이다[* 위의 책 중 「출판학자 남애 안춘근 연구」(pp.389~481)를 말함. 필자 주].

김 이사장은 직접 인천까지 올라가 저자 이종국 교수를 만나 책에 게재된 《동해일보》가 지금도 보존되어 있음을 확인했다. 그리고 지난 10월 27일 이 교수로부터 《동해일보》 복사본 몇 장을 우편으로 전해 받았다. 비록 복사본 형태이지만 62년 전에 속초에서 발간된 《동해일보》가 다시 고향으로 돌아오게 된 것이다. (중략) 이종국 교수는 스승의 일대기를 기록하고자 깊이 잠들어 있는 《동해일보》를 찾아내어 세상에 그 존재를 알리게 됐다. (하략)

〈엄경선(2016.11.28.). 《설악신문》(1279호), p.12〉

이와 같이, 《동해일보》는 한 권의 책을 통해 그 실물의 존재가 세상에 보고되었고, 이것이 탄생된 고향인 속초에도 알려지게 되었다.7)

---

7) 설악닷컴 엄경선 대표는 이종국 교수의 저서에서 《동해일보》 관련 내용을 확인하고, 2016년 10월 14일 이 교수를 직접 만나 이 신문에 대한 의견을 청취했다. 이후 이 교수로부터 동지의 복사본을 입수한 엄 씨는 이를 면밀히 판독하고, 주간 《설악신문》을 통해 「설악권 최초의 지역 신문 '동해일보'를 찾아서」란 주제로 4회에 걸쳐 연재, 그 존재를 널리 알렸다[제1회: 설악신문(1279호). 2016.11.26., 제2회: 동 신문(제1281호). 2016.12.12., 제3회: 동 신문(제1283호). 2016.12.26., 마지막 회: 동 신문(제1286호). 2017.1.16.].

제1군단장 김종오 장군

언론은 시대의 거울이며 창으로 역할 한다. 당시 《동해일보》에서도 설악권에서의 여러 사회적 정황과 국내외 소식을 상세하게 전하고 있다.

현재 남아 있는 《동해일보》 '스크랩'(오려 둔 신문쪽) 중에서 가장 오래된 1954년 5월 24일자 1면 머리기사 부분이 시선을 집중케 한다. 이것을 보면 이승만 대통령이 중부전선 시찰(5월 23일) 중 발표한 '중대 성명'에서 뽑은 「하시(何時) 하처(何處)라도 파견 용의, 국군은 동양의 최강 부대」라는 타이틀 아래 관련 내용을 자세히 보도한 기사로 되어 있다.

이로부터 1개월 뒤인 6·25 전쟁 발발 4년차가 되는 1954년 6월 25일자 《동해일보》(제700호) 1면 머리기사는 제1군단장 김종오(金鍾五) 소장의 담화에서 뽑은 「무력으로 단호 축출—국운 타개에 총력 합하자」를 타이틀로 내보이고 있다. 또, 외신을 보면, 「아 대통령 미 대외 통상에 신조치」라는 제하의 아이젠하워 담화를 '워싱턴 24일발 UP 동양'에서 받아 알렸다. 이 담화는 특히 5,200종의 미국 출판물을 대표하는 미합중국주필협회회의에서 발표한바, "일본이 크레믈린 세력권 내에 들어가지 못하게 함으로써 태평양에서의 공산주의 침략을 방지해야 한다."고 역설했다는 것이다.

같은 날짜 3면(사회면)에는 6·25 전쟁의 비극을 되새긴 「그날의 비분, 아직도 생생!」이라는 톱 타이틀을 내보이고 있다. 또, 5월 23일 「서울에 30년래 대화(大火)」가 발생했다며, 남대문시장에서 800여 호나 불탔다는 소식을 전하기도 했다.

1954년 7월 7일 및 8일자는 1, 2면만 오늘에 전한다. 우선, 7월 7일자 1면의 경우 「신진 용에 국회 태도 주목」이라는 머리기사와, 「긴밀 협동으로 난국 타개」라는 부제를 나란히 제시했다. 이 기사는 변영태(卞榮泰) 국무총리 유임 등에 따른 이승만 대통령의 담화를 '서울 6일발 동양'으로 전하고 있다. 7일자 2면에는 속초 일원의 경제·사회 분야 뉴스를 내보였다. 제1군단 측에서 7월을 대민 지원과 관련하여 노력 결집 기간으로 설정했다는 소식과, 홍수로 파괴된 여운교(如雲橋) 재건을 시급히 추진할 것을 요청한다는 사실도 전했다.

1954년 7월 8일자 1면은 '서울 6일발 동양'을 인용, 「이 대통령 담화에 정계 반향」을 머리기사로 냈다. 7월 5일에 발표한 이승만 대통령의 개각 관련(변영태 총리 등 일부 국무위원 사표 반려) 특별 담화에 따른 정계 반응을 보도한 내용이다. 같은 날짜 외신 중 프랑스 수상 '망테스'가 자국과 월맹이 격돌하고 있는 현정황과 관련하여 아이젠하워 대통령을 만나기 위해 워싱턴을 방문한다는 소식과, 월남 북부에서 양국군(월맹, 프랑스)이 대공방전을 벌리고 있다는 '하노이 7일발 UP' 통신 내용도 보도했다.

같은 7월 8일자 2면은 속초 일원에 대한 제1군단의 「행정 방침을 재확립」한다는 소식을 머리기사로 다루었다. 이는 당시 군정과 관련하여 민사(民事) 문제를 협의한다는 내용이다.

그런가 하면, 윤락녀 문제도 주목되는 기사 중 하나이다. 즉, 「윤락 여인에 단속책, 교외로 철거 방침도 계획」이란 주제의 기사가 그것이다(1954년 7월 8일자 2면).

이 신문은 또한 지역 문화 창달에 기여한 바 크다. 예컨대, 수복 지역 학생 문예 작품 공모도 이 신문이 주최한 주요 행사 중 하나였다(1954년 6월 25일자 《동해일보》 4면). 이 중 단편소설 당선 작품인 「폭풍이 지난 후」(속초고 이상호)는 총 11회에 걸쳐 연재된 바 있다.

그런가 하면, 윤상근 기자가 취재한 「지구(地區) 연극의 명제」라는 기사도 보인다. 이 기사는 당시 4개 악극단이 속초의 밀림극장과 고성 천진극장, 그리고 전방 군부대에서 공연했다는 소식이었다. 윤 기자는 또한 유치진(柳致眞) 원작의 「나도 인간이 되련다」를 공연해 호평을 받았다는 소식도 알렸다.

이상에서 살핀 바와 같이, 《동해일보》는 세계정세는 물론, 지역에서 일어난 여러 크고 작은 소식을 자세히 전하려 애썼다. 또, 이 신문에 나타난 광고에서 보면, 수복 지역이었던 속초읍에는 다방들도 꽤 들어섰던 모양이다.

1953년 초반에는 대중 가수 고복수와 황금심 부부가 운영하는 '고향다방'이라는 업소도 있었다고 한다. 수복지구의 다방은 전쟁으로 피폐해진 주민들과 군인들에게 큰 위안의 공간이 되었던 것만은 틀림없다(엄경선, 앞의 글, 2016.12., p.16).

안춘근이 남긴 '메모' 1954년 7월 8일자 2면 중 하단에서 보면 '다방 칼멘'과 '다방 미완성' 광고가 눈길을 끈다. '다방 칼멘'은 일반 식사를 겸한 찻집임을 알렸고, '다방 미완성'의 경우는 "쿠바의 정서에 잠길 수도 있고, 흑인들의 오열(嗚咽)도 들을 수 있습니다."라고 광고하여 음악다방임을 밝혔다. 휴전된 지 1년도 채 안 된 시점에 최전방 수복지구에서 쿠바 음악을 들려주는 음악다방이 존재한 것이다. 당시 찻값은 당국(제1군단 치안대 보안계)에서 다방 등급을 부여해 우(優), 양(良) 양대 급(속초읍은 우급 8, 양양면은 양급 2)으로 대별했다고 밝혔다(동지, 7월 7일자 2면).

안춘근은 101부대에서 공무 출장이나 《동해일보》에 기고하는 일로 외출할 경우 이 신문사 근처의 다방들을 출입할 때가 적지 않았다(이 책, p.91 참조). 안춘근이 남긴 병영 메모에서도 다방과 관련된 이야기가 여러 차례 나온다.

안춘근 중위의 병영 메모(1954.9.11., 추석)

한 메모[8]에서 보면 속초극장에서 1954년 추석날에 열린 '문화의 밤' 소식이 기록되어 있다. 그 내용 중 끝 부분에 '미완성 다방'도 적혀 있다.

군단에서 송지영(宋志英), 최정희(崔貞熙), 공중인(孔仲仁), 박화목(朴和穆) 외 2명을 초청해서 오늘 저녁 속초극장에서 '문화의 밤'을 가졌다.
가장 인상 깊은 것은 공중인의 '불국사'라는 시 낭송이었다. 오늘 하루는 '미완성'의 강(姜) 영감 덕분에 잘 지냈다. (안춘근, 1954.9.11., 추석)

이처럼 짤막한 메모에서 당시 속초의 형편을 알게 한다. 외진 곳인데도 중앙 문단의 비중 있는 문인들을 초청하여 강연회를 연 것을 보면, 수복지구의 황폐한 정서를 회복케 하려는 노력의 일환이었던 것 같다. 이로부터 20일 후인 10월 2일자 메모에서도 안춘근이

---

8) '병영 메모'를 말한다. 병영 메모란, 대학 노트 규격의 절반 크기인 포켓용 수첩을 말한다. 안춘근은 병영 생활을 하면서 그때그때 필요에 따라 그의 특유한 속필로 이런저런 기록을 남겼다. 병영 메모 중 절반은 숱한 한자어를 혼용했고, 나머지는 영어로 적어 놓았는데, 이 역시 오늘날까지 공개된 일이 없는 귀중한 자료이다. 현재 병영 수첩은 2점만 남아 있다.

'칼멘'과 '미완성'에 들른 이야기가 나온다.

오늘 저녁은 강 영감의 아들과 원산식당에서 함께 먹고 나서 칼멘에 들러 그가 서울에 가서 대학에 가겠노라는 이야기 끝에 다시 '미완성'에 들렀다. 나는 지난날 공부하던 여러 가지 일화를 늘어놓았다. (안춘근, 1954.10.2.)

위의 안춘근 메모에 보인 '칼멘'과 '미완성'은 동해일보사 근처에 있던 다방들이었다. 이처럼 《동해일보》는 속초 지역 사정을 구체적으로 알게 한 특수 시기의 유일한 매체였다.

그런데 뒷날 남애가 발표한 「잊을 수 없는 사람」이란 수필에 의하면, 위의 메모 중 '미완성의 강 영감'이라는 장년 사내를 말한 내용이 보인다.

강 영감은 당시 안춘근 중위보다 20세 정도 연장자였으며, 그 다방의 주인이었다고 한다. 안 중위가 강 영감을 만날 때마다 서로 간에 '벗을 틀' 정도로 유쾌한 대화를 나누었다는 것이다(안춘근, 1977, pp.59~61). 남애의 특유한 '망년지교(忘年之交)'는 그렇게 진작부터 시작되어 왔던 것 같다.

이 무렵은 안 중위가 그 자신만 모른 채(아직 전보 명령을 받지 않은 상태) 속초에서의 군 생활이 마감되고 있던 때이기도 했다.

제2장 안춘근 중위의 기고 활동

안춘근 중위가 육군 제1군단 제101부대에서 복무할 당시, 특기해 둘 점은 두 가지 경우에서의 기고 활동을 들게 된다. 그 중의 하나는 진중교회 간행물에서 실현한 기고를 말하며, 다른 하나는 《동해일보》를 통한 기고 활동이 그것이다. 이는 그의 평생에 걸친 기고 활동이 사실상 현실화된 사례라 할 수 있다. 물론, 군문에 들어오기 전인 우신학교 시절과 이후의 대학생 때도 왕왕 원고료를 받아 근근이 생활에 보탠 일도 있었다.

앞에서 말한 바와 같이, 남애 안춘근의 초기 기고는 제101부대 내 진중교회에서 발행한 주보인 《주간혜성》을 통하여 실현되었다. 진중교회는 그가 청소년기에 만난 장로교 선교사인 데이비드 스미스(David Smith) 선생의 영향에 힘입어 계속적인 영성을 키워오던 그 줄기를 군 생활에서도 이어 나간 곳이었다.

이 제재에서는 먼저 《주간혜성》에 실린 남애의 글과, 뒤이어 《동해일보》를 통한 기고 내역을 차례로 살펴보고자 한다.

1. 진중교회에서의 활동

진중교회란, 육군 제1군단 제101부대가 설치한 병영 내 교회를 말한다. 이 부대는 6·25 전쟁기에 수복지구였던 오늘의 속초시 고속버스 터미널이 위치한 조양동(朝陽洞) 1418번지 지점, 즉 당시의 부월리(扶月里, 浮月里라 표기하기도 함.)[9]에 주둔하고 있었다.

당시 진중교회는 제1군단 제101부대 내에서 기독교를 믿는 장교 및 병사들과 지역민의 신앙생활을 인도할 목적으로 설립한 병영 내 교회였다. 이 교회가 발족된 것은 당연히 그 설립 주체인 제1군단 제101부대가 속초에 들어선(1951년 3월 말) 뒤의 일이었다. 이는 안춘근 중위가 101부대에 배속(1951.12.)되어 온 시점으로 기산한다면 대략 3개월 이전이 된다.

속초에서의 제1군단 주둔은 1950년 10월 1일 국군 3사단을 선봉으로 38선 이북 진격을 개시한 것으로부터 비롯된다(이중근, 2014, p.64). 이로써 5년간 북한 정권에 의한 통치 지역으로 묶여 있던 38선 이북인 양양 지구와 그 주민들을 한국군 관할로 되돌린 기반이 마련될 수 있었다(양양문화원부설 향토사연구소, 2015, p.113 참조).

1·4 후퇴 후 1951년 3월 27일, 제1군단은 38선을 다시 돌파했으며*, 잠정적인 행정 조치로 실시한 군정 체제의 중심 임무를 맡게 된다(* 이중근, 앞의 같은 자료). 이로써 제1군단이 속초읍을 포함한 양양군 8개 읍면과 고성 간성 지구를 제외한 수복 지역을 관장했다(이

안춘근 중위가 마샬 군목의 설교를 통역하고 있다.

---

9) 이전에는 조양동을 부월리(扶月里)라 불렀다. 扶月里의 '扶'자는 '浮'로도 썼다고 한다. 오늘의 속초시 동해대로 3988(속초시 조양동 1418 번지) 일대를 말한다.

책, pp.69~71 참조).

이로 보아, 제1군단이 속초에 주둔한 시점도 그 지역의 수복과 때를 같이한 1951년 3월 말부터였음을 알 수 있다. 제1군단은 군정 주무 기관으로서 속초를 중심으로 한 동부전선 일원의 수복지구에 대한 대민 행정을 이행했다.

1) 진중에서 만난 두 미군 군목

당시 제1군단 제101부대 정보처 소속인 안춘근 중위는 진중교회를 통하여 병영 내 신앙생활을 다져 나간 의미 있는 기회였다. 그런 한편으로 1군단 내 장교는 물론, 여러 미군 장교들과도 친교의 폭을 넓힐 수 있었다. 특히, 미군 군목들과의 교류는 매우 중요한 '임무' 중 하나였다. 왜냐하면, 그들이 진중교회에서 한국군 장교 및 병사들과 민간 군속들을 대상으로 목회를 여는 경우가 빈번했는데, 그럴 때마다 미군 군목의 설교도 통역해야 했기 때문이다. 그 중에서 마샬(Marshall, J.) 목사(미 육군 대위, 미 제8군 사령부 제10군단 소속 군목이었으며, 국군 제1군단 자문관)와의 우정은 각별했다. 마샬 대위는 안 중위보다 상위자였지만, 늘 친구로 대해 주었다.

1952년 3월, 안춘근 중위에게는 제1군단 제101부대로부터 진중교회를 병영 내 사무실로 사용해도 좋다는 권한이 주어졌다. 제101부대와 특히 미군 사이에 필요로 하는 언어 및 문서 소통 업무를 해결하면서 외인 군관들과 빈번한 접촉이 점증되어 나갈 무렵이었다.

위에 말한 마샬 대위 그리고 조금 뒤에 씰(Seal, Henry Samuel) 소령(마샬 대위의 상급 지휘관, 군목)을 만난 때도 거의 같은 무렵이었다. 이들은 계급을 떠나 전우애를 나눈 '친구'로 발전했으며, 두 나라 간의 우정을 다져 나간 젊은 가교역이기도 했다.

씰 소령은 마샬 대위와 함께 진중교회 건설 과정에서 물심양면으로 협력을 아끼지 않았을 뿐만 아니라, 병영 내 신앙 병사들을 위한 여러 편의를 제공하는 등 최선을 다하여 지원해 준 공로자였다. 그는 또한 38선 근접 지점에서 여전히 멈추지 않고 있는 포성을 감지하면서

씰 소령(속초 중앙교회 앞에서)

도 지역 교회들을 방문하여 복음 전파를 실천했고, 나날이 점증해 가는 실향민들에게 희망을 전해 주려 최선을 다했다.

안 중위가 목회 통역을 위해 씰 소령과 함께 출장할 때가 왕왕 있었는데, 그로부터 인간적인 감동을 받곤 했다는 것이다(안유섭의 말, 2015. 6.10.).

씰 소령은 1954년 7월 전보 명령을 받고 속초를 떠나 본국으로 돌아가게 된다. 이후로도 안 중위와는 꾸준한 연락을 나누며 지냈다.

안 중위는 또한 '제101부대 진중교회'에서 평생 잊지 못할 심응섭(沈應燮) 군목, 김성묵(金成默) 군목(이상 육군 대위) 등도 만나게 된다. 특히, 심 목사로 말하면 안춘근이 박영희 양과 결혼식(1954.4.24.)을 올릴 때 주례를 맡는 등 각별한 인연으로 발전한 사이였다.

제101부대 진중교회 앞에서 심응섭 군목과 함께(1953.9.)

그러한 과정에서 안춘근 중위가 군 선교를 위해 일정 부분 공헌한 사실과[10] 김일엽(金日燁) 목사(뒷날 이민 목회 목적으로 도미)[11]와 함께 진중교회 건축에 협력한 일도 중요한 기여 활동으로 기록된다(이종국, 2015, pp.322~323). 당시 안춘근 중위는 통역장교로서의 신분을 십분 활용해 미군 측으로부터 건축 자재를 지원받는 데 앞장섰다. 이로써 101부대가 추진하고 있었던 영내 신앙 공동체인 진중교회의 신·개축 사업에 힘을 보탤 수 있었다. 그럴 때 마샬 대위와 씰 소령의 협력이 큰 힘으로 뒷받침되었다.

2) 진중교회에서의 기고 활동

이와 같이, 군에서의 신앙 사역은 하루 앞을 내다볼 수 없는 전시 정황 속에서도 큰 영성을 끼침 받으면서 진행되었다. 그러한 과정에서 안춘근 중위는 '제101부대 진중교회'

---

10) 안춘근 중위는 속초에서 군 복무를 할 때 '제101부대 진중교회'의 핵심 제직자 중 한 사람이었다. 그는 1955년 7월 광주 육군교육총본부로 전출할 때까지 《주간혜성》 편집인으로 봉사했다. 당시 이 주보의 발행인은 심응섭 군목이었다.

11) 남애와 김일엽 목사와의 교류 과정에 관해서는: 안춘근(1973.12.). 「남애영도기·권 6」. 《출판학》 제18집(서울: 한국출판학회), pp.84~86 참조.

가 발행하는 주보(등사판)《주간혜성》지[12]에 논설을 기고하
는 등 필력을 발휘하게 된다. 아울러, 진중교회의 또 다른 간
행물인《선봉(先鋒)》지에도 기고한 것으로 나타난다. 이 잡지
제9호(1952년 7월 5일 발행) '문예란'에 발표한 시 한 편이 그
러한 사례이다. 이 사실은 최근 월간《책과 인생》(통권 287호,
2017.11., 범우사)에서 발굴한 '6·25 관련 시'「님의 길」*임이
밝혀졌다(* 위의《책과 인생》, pp.32~33 참조). 전장의 이슬로 사
라진 병사를 기리는 5연 시로 된 이 작품은 안춘근이 군 복
무 중에 발표한 문예 작품이란 점에서 특기점이 있다. 이것
은 앞에서 소개한 1947년 7월에 지은「우신학교」*란 주제의
운문보다 5년 뒤의 것이긴 하나, 남애의 문학 수련을 알아볼
수 있는 귀중한 자료 중 하나이다(* 이 책, p.55 참조).

《주간혜성》(제45호, 1953.6.28.)

　특별히, 안춘근 중위가 101부대에 근무하면서 주목되는 일은 이 부대 내 진중교회 간행
물인《주간혜성》편집인으로 참여하고 있었다는 사실이다(이종국, 2015, p.323). 그런 그
가《주간혜성》에 발표한 논설은 다음의 3편만 오늘에 전한다.

- 「법이 지향하는 평화」.《주간혜성》(제45호). 제101부대 진중교회, 1953.6.28.
- 「성서(聖書)와 상엽(桑葉)」.《주간혜성》(제60호). 제101부대 진중교회, 1953.11.29.
- 「'계속'은 힘이다」.《주간혜성》(제61호). 제101부대 진중교회, 1954.10.3.

　다음은 안 중위가《주간혜성》에 기고한 최초기의 논설 중에서 두 편을 소개한 내용이

---

12) 가로 13.5cm×세로 19.4cm 규격에 총 4쪽 또는 8쪽 분량이고, 갱지를 사용한 등사판으로 되어 있다. 본
　　문에서 인용한 통권 45호로 기산할 때 1952년 8월 10일(일)에 첫 호가 나온 것으로 보인다. 이는 안춘근
　　중위가 101부대에서 복무하기 시작(1951.12.)한 약 8개월 뒤의 일이다. 통권 60호(1953.11.29.)의 광고
　　란인「마이크」에서 보면, 편집인(안춘근 중위) 이름으로 "1953년 10월 4일자로 59호를 내고 오늘 11월
　　29일에 이르기까지 근 2개월간이나 휴간했다."고 밝혔다. 전운이 채 가시지 않은 상황에서 여러 어려움이
　　있었던 모양이다. 심 목사의 후임으로 김성묵 목사가 새 군목으로 부임한 사실도 알렸다. 이를 계기로 하
　　여 군목과를 군목부로 승격함과 동시에 제1대 부장을 김성묵 목사로 임명했다는 소식도 아울러 전했다.
　　　이 주보는 본서에 처음으로 공개하는 매우 중요한 진중 종교 간행물이다. 특별히 안춘근의 20대 시절
　　에 내보인 생각과 지향하는 바를 살필 수 있는 간행물이기도 하다.

다. 이 중 첫 기고인 「법이 지향하는 평화」의 경우 잔존한 《동해일보》 기고분(1954.5.18.)보다 11개월 10일이나 앞서 발표된 글이기도 하다.

법이 지향하는 평화

정보처 중위 안춘근

속담에 "말이 아니면 대구하지 말고 길이 아니면 가지 말라."고 했지만, 세상에는 말이 아닌 말을 상대하려다 분쟁을 자아내고 길이 아닌 길을 가다가 와중(渦中)에 빠지는 것을 본다. 그리하여 상이한 노선의 충돌이 분쟁이요 투쟁이요 전쟁이다. 이같이 피할 수 없는 충돌을 평화스럽게 견제하는 방법으로 법의 힘이 요구되는 것이다. (중략)

한스 켈젠은 그의 저서인 『법과 평화』 서두에 다음과 같이 기술했다. "법이란 본래 평화를 보다 높이기 위한 질서 체계다. 법의 목적은 개인이 집단생활을 함에 있어 피할 수 없는 충돌이 생기게 되는데, 그것을 평화스러운 방법 즉 힘으로 누르지 않고 모든 사람들에게 효력을 가지는 질서에 따라 해결함으로써 공동생활의 평화를 확보하는 데 있다."고 했다. 그 평화란 어디까지나 정의를 실현하는 평화라야 할 것이다. (중략)

그 나라에서 추구하는 평화의 조건은 국내법에 의거할 수 있지만, 국제간의 경우에서는 무엇으로 규율할 수 있을 것인가. 국제 조약이 체결되곤 하지만 자국의 이해관계 내에서 존폐되고 있지 않은가. 그리하여 국제법은 강제력이 없는 까닭에 법이 아니라는 사람도 있다. (중략)

제1차 세계 대전은 약소국가의 주권을 무시한 열강의 식민지 쟁탈전이었으며, 제2차 세계 대전은 제1차 대전의 전후(戰後) 처리 문제에 있어 역시 약소국가의 주권을 묵살한 데에 기인한 것이 정치사의 귀결인 것이다. ……가까운 실례로서 2차 대전의 전후 처리 문제의 하나로 한국의 독립 문제를 재고할 때, 우리 자신이 알지 못한 38선 분할은 미·소의 이해 관계에서 빚어진 것이며, 이로써 오늘날 우리에게 막대한 피해를 입히지 않았는가?

우리는 어떠한 사태에서라도 천부의 권리를 버려서는 안 된다. 우리의 적극적인 목적이란 평등한 권리를 보유하는 평화의 실현에 있다. 그것이 법의 목적과 합치하기에 우리는 법을 준수하며, 또한 법은 정의를 실현하는 방패가 되기에 우리는 생명으로 사수하는 것이다. 우리는 우리의 권리를 사수할 뿐만 아니라, 황혼에 서 있는 국련(國聯)이 건전한 기능 발휘로 주권 평등 원칙의 실현과 법적 규범의 견고한 실행을 위하여 열강국 군

(群)의 시급한 반성을 다시 촉구한다. (현대어 표기: 필자)

〈안춘근(1953.6.28.). 《주간혜성》(제45호), 제101부대 진중교회〉
• 출전: 이종국(2015). 『편집 출판학 연구 총설』(패러다임북)

이와 같이, 청년 장교 안춘근은 정연한 시국관을 폈다. 한스 켈젠의 법이론*을 인용한 것은 대학 시절에 탐독했던 내용 중 한 부분이다(* *Law and Peace*를 말함.). 그가 학부생일 때 켈젠의 책을 읽으며 김구 선생을 흠모해 정치가를 꿈꾼 일이 있었다(이종국, 2015, p.326).

위의 글에서 안춘근의 국내외 정세에 대한 인식이 잘 나타나 있다. 현역 군인, 더구나 장병들이 주된 독자인 진중교회 주보에서 미국의 역할과 국제연합(UN)의 책무에 대한 비판적인 견해를 내보여 주목된다. 요컨대, 현실적으로 무력한 국제연합과 구속력이 없는(강대국의 잣대에 따른) 국제법의 모순점을 짚어 낸 것이다(이종국, 위의 같은 책). 또 다른 글은 「성서(聖書)와 상엽(桑葉)」이라는 주제의 논설이다. 그 내용을 보면 다음과 같다.

성서(聖書)와 상엽(桑葉)

정보처 중위 안춘근

우리가 세상에서 생을 누리는 평생을 통하여 우리 앞에 부닥치는 가지가지의 어려움 가운데에도 특히 심령의 고통이 주는 압력이란 참으로 거대한 것이다.

모름지기 세상 사람들은 마음이 편해야 삶도 편해지기 마련이다. 우리 앞에 천만금이 놓여 있고, 우리가 왕좌처럼 고귀한 자리를 점령했다 하더라도 진실로 행복한 생활이란 마음의 안정 없이는 맛볼 수 없을 것이다. 그것은 다름 아닌 인간이란 만물의 영장이라고 뽐내는 가장 훌륭한 무기로서 영혼을 소유하고 그 영혼의 파생물인 마음의 움직임이 곧 인간 전부의 표현이며, 이는 또한 육안으로 행불행을 측정할 수 있는 표정인 것이다. (중략)

우리는 다 같은 인간이면서도 판이하게 다른 인종처럼 어떤 사람은 항상 기뻐하며 또한 어떤 사람은 항상 슬퍼하는 이도 있다. 그 원인을 살펴보자.

위에서 말한 두 인간형은 그 질료(質料)가 사람임에는 같으나, 형상(사는 모양)이 다르다. 비근한 예이지만 곤충계에서 잠공(蠶公, 누에)이나 송충(松蟲)은 그 또한 질료(벌레임에는)가 다를 바 없지만, 형상(形相, 생태)은 천양지차이가 있다.

이같이 동일한 질료에서 판이한 형상으로 변하는 원인은 무엇일까? 그것은 다름 아

제2부_진중 생활과 기고 활동 _ 89

닌 먹는 것이 다르다는 것을 먼저 들 수 있다. 송충은 솔잎을 먹고 잠(蠶)은 뽕잎(桑葉)을 먹기 때문이다.

사람은 어떤 성찬을 먹어야 하는가? 이른바 영욕에 치우친 유한자들은 마음의 평강을 위한 일용할 양식이 없는 것이다. (중략) 성서의 진리가 우리 행로의 지침이 되고 행군(行軍)의 반려가 되며 우리의 사심(邪心)을 징계하는 법전이 되어 우리를 선도하는 길잡이로 삼아야 한다.

우리나라에서 손꼽는 동요 작가인 윤석중(尹石重) 씨는 『굴렁쇠』라는 동화집의 서문에 "아무 맛도 없는 냉수라도 독사가 먹으면 독이 되지만 소가 먹으면 우유가 된다."고 했는데, 성서란 어떠한 형(型)의 사람이 마셔도 결코 독이 될 수는 없다.

그러므로 우리는 성서를 통하여 물을 먹는 소가 되고 뽕잎을 먹는 누에가 되어 진정 우리의 생활이 희열에 차고 넘치는 행복한 자가 되었으면 한다. (현대어 표기: 필자)

〈안춘근(1953.11.29.).《주간혜성》(제60호), 제101부대 진중교회〉
• 출전: 이종국(2015).『편집 출판학 연구 총설』(패러다임북)

위의 글은, 앞에 제시한 「법이 지향하는 평화」가 법의 준수와 책임, 국제간의 국제법 이행에 관한 견해인데 비해 신앙을 가진 군인으로서의 자세를 말하여 주목된다. 그는 "성서의 진리가 우리 행로의 지침이 되고, 행군의 반려가 되며, 우리의 사심(邪心)을 징계하는 법전이 되어, 우리를 선도하는 길잡이로 삼아야 한다."고 주장한다(이종국, 2015, p.328).

이 글에서 윤석중의 작품 예화를 든 것도 인상적이다. 그는 해로운 곤충과 유익한 곤충의 섭취 생리를 말하면서 성서를 일용할 양식으로 삼아야 한다고 말한다. 일선에 있는 병사들과 서로 함께 하는 처지에서 마음의 평안을 기원하고자 한 염원을 밝힌 것이다.

2. 《동해일보》를 통한 기고 활동과 영외 확장

1) 《동해일보》의 '현역 기고자'

《동해일보》 출신인 전상희(1925~2017) 옹은 안춘근의 군 시절을 기억하고 있던 생존 인사 중 유일한 '동해일보 사람'이었다. 그는 제1군단 시절의 안 중위를 추억하며, "커피를 매우 좋아한 젊은 장교였으며, 늘 번득이는 두뇌의 소유자였다."고 회고했다. 그러면서, "안 중위는 출장을 틈타 당시 동해일보사 인근에 있는 다방을 자주 찾았으며, 거기에서 신문사 기자들과 자신의 기고 관계로 만나곤 했다."는 것이다. 그 다방 중 하나가 현재의 인심의원(속초시 중앙로 199, 당시 동해일보사 건물) 근처에 있던 '미완성' 또는 '가야다방'이 었다[13](전상희 옹 증언, 2016.11.20., 김충호 씨 고증, 2017.3.6.).

《동해일보》옛 사옥(오늘의 인심 의원이 있는 자리)을 찾아(오른쪽 부터 김충호 선생, 전상희 옹, 이종 국 교수, 박경하 교수). 본관 오른쪽 으로 새로 개축된 옛 인쇄 공장 측 면이 보인다.

뒷날 안춘근도 "나는 부대에서 복무하는 틈틈이 속초에서 발행되던 《동해일보》라는 타블로이드판 신문에 논설을 쓰고 있었다. 따라서 신문사의 기자들과 다방에서 자주 만 나게 되었다."고 회고한 일이 있다(안춘근, 1977, p.60). 당시 《동해일보》편집국의 나병하 (羅炳夏)[14] 기자 등 또래의 젊은이들과 만나곤 했던 찻집이 '미완성' 또는 '가야다방'이었 던 것이다. 거기에서 안 중위가 자주 만난 편집국 일꾼들 중에 윤상근(尹相根, 강원도 통천 출생. 성균관대 졸) 기자와 월남한 엄명덕(嚴命德, 뒤에 속초상업고 교사), 김재익(金在益, 뒤에《강 원일보》사회부장) 기자 등도 있었다.

당시 나병하 기자는 동료들의 지도자격이었다. 오늘로 말하면 수석 기자였던 셈이다.

---

13) 당시 '가야다방'은 동해일보사에서 시내 중심가 쪽으로 250m 지점에 위치했다. 속초읍내에서 가장 번 화가(오늘에 말하는 '구도심')였던 현재의 '엘레강스스포츠속초점'(속초시 중앙로 158) 자리였다는 것 이다. '미완성' 다방도 그 길목에 들어 있었다.

14) 나병하(1926~1994): 언론인. 평남 평원 출생이며, 만주 동광학교(東光學校)를 졸업했다.《동해일보》퇴 사 후 1955년《대동신문》과《상공일보》기자를 거쳐 1965년《매일경제신문》창간 사원으로 참여했다. 이후 이 신문을 종합 경제지로 키우는 데 이바지한 바 크다. 그는 동지의 취재부장, 편집국장, 제작총국장, 전무이사, 사장, 회장을 차례로 역임했다. 한국신문협회 감사, IPI한국위원회 감사 등을 역임하기도 했다.

나병하 기자. 그는 뒷날《매일경제》의 취재부장, 편집국장 등 요직을 두루 거쳐 사장(1981~1985), 회장(1985~1988)으로 취임, 경영 수완을 발휘했다. 사진은 매일경제 사장 취임식에서 취임사를 발표하고 있는 모습(1981.7.25.)

"그런 나 기자는 '기사 작성 요령'이라든지 '시사 상식', '신문이 지향해야 할 과제' 등 직무와 관련된 주제를 설정하여 동료 기자들에게 강론하는 일이 빈번했다."(* 전상희 옹 증언, 2016.11.20.).

안춘근 중위가 나병하 기자를 알게 된 것도 우연한 일이 아니었다. 당시 나 기자는 취재차 부월리에 주둔한 제1군단을 방문하는 일이 잦았다. 그런 과정에서 101부대 정보처 소속인 안춘근 중위와 접촉할 기회도 그만큼 빈번할 수밖에 없었다.

그럴 무렵, 나 기자가 지적 수준이 남다른 안 중위와 만나《동해일보》에 기고할 것을 적극 권유하게 된다. 물론, 박태송 사장이 이미 안춘근 중위의 필력을 알아보고 자기네 신문에 줄곧 기고해 줄 것을 요청해 놓은 상태였다. 이 때문에 안 중위는《동해일보》의 '단골 필자'로 협력하게 되었고, 동해일보사는 그런 안 중위에게 후한 원고료를 대접해 주었다(이종국, 2015, p.336 참조).

안춘근이《동해일보》의 '단골 필자'인 것과 관련하여 1954년 2월 23일 약혼녀인 박영희(朴永姬) 양에게 보낸 편지에서 보면, "요즘 나는 새로운 행선지로 신문사에 자주 다닙니다."라고 근황을 알려 준 일도 있었다(이 책, p.435 참조). "그것은 다름 아니라 신문사에서 자꾸 글을 써 달라기에 짤막하게나마 이것저것 써 주었더니 이젠 아주 잡고 놓아주지를 않는군요."라고 덧붙여 말하기도 했다.

그러한 인연으로 두 사람(안춘근과 나병하 기자) 간에는 꾸준한 교류가 이어졌다. 예를 들면, 1972년 6월 22일자로 작성된 「저술 효용」이란 안춘근의 글에 "매일경제신문사에서 나병하 국장이 사람을 보내어 인터뷰를 한 일이 있다."(안춘근, 1972.9., p.65)라는 내용에서도 그와 같은 사례를 엿볼 수 있다. 안춘근은, 나병하 기자가 뒷날《동해일보》를 떠나《상공일보》를 거쳐《매일경제신문》의 창간에 참여했고, 이후 동지에서 최고 경영자 등 요직*을 두루 거치는 동안에도 지속적인 교류를 트고 지냈다[* 취재부장, 편집국장, 제작총국장 등을 거쳐 제2대 사장(1981~1985), 초대 회장(1985~1988) 등 역임].

오늘에 남아 있는 극소량의《동해일보》잔존분에서 확인한바, 안춘근이 기고한 글은 모두 12편으로 나타났다. 물론, 현존한 신문만으로 보아 그러하므로 극히 제한적일 수밖에 없다고 본다. 그 내역을 보면 〈표 3〉과 같다.

〈표 3〉에 보인 것은 안춘근 중위가 《동해일보》에 기고한 현존 원본 및 그 원본에서 스크랩해 둔 것 등을 근거로 한 것이다. 그러므로 어디까지나 '잔존되어 있는 것'일 뿐이지 표 내의 주제로 발표된 글들이 전부라고는 보기 어렵다. 여러 정황으로 보아 그의 기고가 보다 많은 건수로 불어날 개연성이 크기 때문이다.

〈표 3〉　　　　　　　　　안춘근의 《동해일보》 기고 내역

게재일	게재면	주 제	회차	보존 상태	비고
1954.5.18.	2	허공을 가는 혼들(村夫가 본 서울의 축도)/청인해(青人海)·흑차산(黑車山)	(1)	글 부분만*	시론
1954.5.19.	2	허공을 가는 혼들(촌부가 본 서울의 축도)/배급소를 겸한 성당	(2)	글 부분만	시론
1954.5.20.	2	허공을 가는 혼들(촌부가 본 서울의 축도)/선거 운동의 광태	(3)	글 부분만	시론
1954.5.21.	2	허공을 가는 혼들(촌부가 본 서울의 축도)/군제(軍製)한 민속(民屬)의 불만	(4)	글 부분만	시론
1954.5.22.	2	허공을 가는 혼들(촌부가 본 서울의 축도)/민주심법(民主心法)과 여경(女警)	(5)	글 부분만	시론
1954.5.23.	2	허공을 가는 혼들(촌부가 본 서울의 축도)/자동차와 금반지와	(6)	글 부분만	시론
1954.5.24.	2	허공을 가는 혼들(촌부가 본 서울의 축도)/담배 배급에 유문(有聞)	(완)	글 부분만	시론
1954.5.31.	2	〈오늘의 設題〉인(仁)과 용(勇)의 균형		글 부분만	칼럼
1954.6.25.	1	민족 수난의 대가를 숙적 말살로써 보복		1~4면	사설
	4	녹색의 상징			시론
1954.7.7.	2	한글 간화(簡化)에 불만	상	1~2면	시론
1954.7.8.	2		하	1~2면	시론
1954	믿음의 권속**				칼럼

* 위의 표에서 '보존 상태' 중 '글 부분만'이라 표시한 것은 해당 글이 실린 부분만 오린 상태, 즉 스크랩으로 남아 있는 것을 말한다.

** 1954년에 발표한 글 중 「믿음의 권속」은 게재일, 게재면을 알 수 없으며, 남애의 첫 수필집인 『살구나무의 사연』(동민문화사, 1963, pp.141~144)에만 전문이 실려 있다.

〈표 3〉과 같이, 안춘근의 기고는 시론, 칼럼, 사설 등으로 되어 있다. 이 중 「허공을 가는 혼들」이라는 주제의 시론은 모두 7회에 걸친 연재물로 나타난다. 1회당 200자 원고용지 5.5매 분량인데, 전시하의 세상 풍경을 비판적인 시각으로 바라본 내용으로 되어 있다. 모두들 어렵게 삶을 꾸려 가는 판인데도 전쟁 수도인 서울에 가면 허영심이 많은 자들이 허구 많으며(靑人海), 자동차 또한 까만 대열(黑車山)을 지어 질주하는 풍경이 펼쳐진다는 사실을 개탄했다(동 연재 1회). 휴전 후의 느슨해진 사회적 기강에 대한 날선 비판을 내보인 것이다.

그런가 하면, 성당에 나가는 것은 신앙을 위함인데도 (넉넉한 사람들이) 신자로 신분을 위장한 채 구호물자를 배급받으려 드나드는 사람이 많은 서글픈 상황을 지적하기도 했다 (동 연재 2회). 이러한 정황은 전쟁 직후의 궁핍한 환경이 빚어낸 한 단면이라 할 것이다.

한편, '5·20 총선*의 시끄러운 선거 운동 정황을 고발한 시론도 눈길을 끈다(동 연재 3회. * 휴전 후 처음인 1954년 5월 20일에 치러진 이른바 '5·20 총선'을 말한다. 당시 검찰의 공권력이 노골적인 영향력을 행사했다.). 안춘근이 현역 군인인데도 중앙 정부의 선거 운영 상태를 서슴없이 비판했던 것이다.

이렇듯, 이 글은 전후(戰後)의 혼란한 사회상을 실감나게 고발한다. 안춘근 중위는 서울의 국방부와 미 8군, 육군본부 등에 출장하면서 때때로 살핀 도회 풍경을 여과 없이 묘사해 냈다. 이 글의 주제에서 시사되고 있듯이 전후의 강퍅한 환경 속에서 '허공을 헤매는', 즉 갈피를 잡지 못하는 사람들을 일컬어 「허공을 가는 혼들」이라 표현했음을 알 수 있다.

이렇듯, 안춘근은 현역 장교 신분이었지만 자유로운 시각을 내보였으며, 사회적으로 어두운 측면을 고발하는 데 주저하지 않았다. 1954년 7월 7~8일 양일간 연재한 「한글 간화(簡化)에 불만」이란 주제의 글 또한 주목되는 논설이다. 그는 탁상공론식의 졸속한 문자 정책이 빚은 위험에 대하여 노골적으로 비판했던 것이다. 아래에 그 내용을 옮긴다.

《동해일보》 기고의 한 예: 「한글 간화에 대한 불만(상)」(동지, 1954.7.7.)

한글 간화(簡化)에 불만(상)

　　오랫동안 시비와 찬부(贊否)의 대상이 되어 오던 한글 간이화안(簡易化案)이 금월 3일 (1954.7.3.) 드디어 발표되었다. 본안이 각광(脚光, 사회적으로 주목을 받음. 이하 괄호 안의 풀이는 필자)을 드러낸 것은 전 총리 백씨(白氏, 白斗鎭)의 총리 취임 후에 제안한 것으로 한때 학계의 비난거리가 되었다가 다시 객년(客年, 지난해) 이 대통령께서 3개월 이내에 단행해야 한다는 담화와 공석이던 문교부장관을 한글 간이화를 실행할 인물로 등용하겠다는 전 백총리의 언질을 더듬을 때 근세사에서 흔히 볼 수 있는 조건부 정치의 일단이라 하겠다.

　　아 미 대통령(아, 아이젠하워)이 아주(亞洲)에서 특히 한국 전쟁을 수습하는 조건으로 당선되고, 5·20 선거에 개헌을 조건으로 자유당 의원이 되듯이, 금번의 이 장관(李宣根)도 한글 문제를 조건으로 등각(登閣, 내각에 오름.)한 것이 분명하다.

　　그렇기 때문에 이번 문자의 혁명은 피할 수 없는 운명에 처했거니와, 자못 그 전모가 우리들의 기대와 너무나 동떨어진 까닭에 국민 된 일원, 아니 문자의 사용인으로서 그 부(否)와 비(非)를 지적하련다. (하략)

〈안춘근. 《동해일보》. 동해일보사, 1954.7.7.(2)〉
● 출전: 이종국(2015). 『편집 출판학 연구 총설』(패러다임북)

한글 간화(簡化)에 불만(하)

　　발음이 같은 낫, 낮, 낯 등은 각각 원사(原詞)와 어원을 캐 1자 1의(意) 혹은 특정한 뜻을 내포한 것이니, 난삽한 해제를 배제하고서라도 능히 뜻을 표시할 수 있는 것이다. (중략)

　　금번 발표된 간소화안은 그것을 깊이 검토하기도 전에 벌써 다음에 열거하는 폐단이 엿보인다. 그것은 소위 3대원칙 중의 방침을 10개로 제한하기 때문에 '종(從)'을 '좃다'라 하고 '축(逐)'을 '쫓다'로 표시했지만, '호(好)'는 어떻게 표시할 것이며, '종'과 '축'이 그 하나의 차이로 확실해진다고 기억하기란 현행 철자법보다 더 어려울 것이다.

　　다음 제2원칙에서 원사(原詞)와 어원을 밝히지 않기 때문에 '同'을 '가치'로 한다는데, 이러고 보면 "가치 있었다!"고 말할 때의 '가치'는 영어의 'with', 'worth' 중 어느 것에 해당될 것인지 분간할 수 없는 것이다. 또한 제3원칙에는 '혼(魂)'을 '넉', '화(花)'를 '꼿'으로 표시했지만, 이 말들이 독립된 단어로 주격일 때 조사를 어떻게 달 것인가? '넋이야 있고 없고'보다 '넉씨야 있고 업고'가 더 현대어라 하겠고, '꽃이 피네'보다 '꼿치 피네'가 더 확실한 발음이라면 그 조사들이 엄청나게 분산될 것이다. 이야말로 간소화가 아니고 더 복잡화될 따름이다. (중략)

요는 우리에게 필요한 문자 혁명이 밑으로부터 위로 행한 혁명의 절차가 아니고, 위에서부터 일부 특정인들이 책상 결정에 불과한 쿠데타였다. 이 때문에 기반이 허약하고 그러기에 영속성을 흠(欠, 부족함)하여 단명하게 될 것을 예측하기 어렵지 않다.

〈안춘근.《동해일보》. 동해일보사, 1954.7.8.(2)〉
● 출전: 이종국(2015). 『편집 출판학 연구 총설』(패러다임북)

위의 글은 온 나라를 시끄럽게 했던 이른바 '한글 간이화안'[15]에 대한 견해를 밝힌 것이다. 말 그대로 「한글 간화(簡化)에 불만」이라 하여 도무지 이해할 수 없는 정부의 어문 정책을 신랄하게 비판했다. 그가 현역 장교 신분임에도, '불만'이라는 거북한 용어를 서슴없이 사용하여 주목된다(이종국, 2015, p.332).

안춘근은 이 글에서 이른바 '한글 간소화안'에 반영된 부적절한 용례들을 들고 그것이 왜 부당한지를 따졌다. 아울러, 이처럼 이해할 수 없는 문자 정책이 현실화된 것은 고위 공직자들에 의한 '책상 결정에 불과한 쿠데타'라고 비판했다. 이른바 탁상공론의 횡포에 지나지 않는다는 지적이었다.

안춘근의 그러한 태도는 한 예로 뒷날 그가 정부의 전적(典籍) 문화재 지정에 대한 거침없는 생각을 토로한 바 있는데[16], 이러한 견해는 진작부터 굳혀 온 신념이었다. 그는, 옛 전적 등을 문화재로 지정하는 과정에서 과오를 저지른 것이 문제라면서 정부의 졸속 정책을 강도 높게 비판한 일이 있었다. 이를테면, "과거 조선총독부에서 실시한 문화재 지정을 아직도 지키고 있는 것은 웬일인가."고 따져 묻고, 그런 식으로 주체 의식이 방만해서야 되겠는가를 개탄했다. 그러면서 "전면적으로 문화재 지정을 재사정해야 마땅하다."고 강력

---

15) 1954년 7월 공포된 정부의 '한글 간이화안(簡易化案)'을 중심으로 빚어진 일련의 문화적·사회적 파동을 말한다. 1933년에 조선어학회가 제정한 「한글맞춤법통일안」은 일반에서 배우기 어렵다는 문제점이 줄곧 제기되어 왔다. 그러던 차, 1954년 3월 이승만 대통령이 한글 맞춤법을 소리 나는 대로 써야 한다고 주장함으로써 발생된 사건이다. 1954년 4월에 개정안이 국무총리 훈령으로 공포되었지만, 심한 반대에 부딪혀 1955년 9월에 철회되었다.

16) 한국애서가클럽 세미나(1991.6.28., 프레스센터), 발제: 「전적 문화재 지정의 문제점과 개선 방안」,《동아일보》,《조선일보》,《중앙일보》(1991.6.24.~28.) 등 참조.

주장하여 큰 파문을 일으켰다. 이 같은 남애의 '직설적인 기질'은 위에 소개한 20대 시절의 진중 기고인 「한글 간화(簡化)에 불만」이란 글에서도 엿볼 수 있다(이종국, 위의 책, 같은 쪽).

안춘근은 또한 휴전 직후의 잘못된 시대적 풍경을 잇따라 고발했다. 1954년 5월 서울에서 인천에 갈 때 경험한 소감을 쓴 글도 그 중의 하나이다.[17] 그 내용을 보면 다음과 같다.

허공을 가는 혼들―군제(軍製)한 민속(民屬)의 불만

플라톤은 그가 남긴 불후의 거저(巨著)인 『국가론』에서 국민을 군인, 관리, 상인, 노예의 4종류로 분류하였다. 그렇지만 노예가 지상에서 없어진 지 오래니 그 설은 수정되어야 할 것이다.

전쟁을 하는 오늘의 우리는 군에 종사함을 주업으로 하는 사람을 총칭한 군속(軍屬)과 그 외의 사람을 망라한 민속(民屬)의 두 종류로 되어 있다고 할 것이다. 그러나 여기에서 군과 민의 우열을 논할 수는 없지만 처세에 일장일단이 없지는 않다. 오늘과 같이 국민 생활이 복잡한 때에 군속은 편리한 점이 많다. 그래서 민속들은 곧잘 자기가 향유할 수 없는 군속의 영역에 들어와 허가 없이 그쪽으로 분장하는 것을 본다. 이

《동해일보》 기고의 한 예: 「허공을 가는 혼들-군제한 민속의 불만」(동지, 1954.4.21.)

러한 군폐를 끼치는 자들을 군민이 합석한 버스 안에서도 볼 수 있다.

경인도로 간에는 여러 군데의 군경 합동 검문소가 있는데, 버스가 정지하면 경관이 올라와서 승객을 모조리 상하로 훑어보고 좌우로 노려보다가 하나 둘 끄집어 엄한 심문을 한다. 그러나 승객들에 대한 임검은 이것만으로 끝나지 않고 이번엔 헌병이 들어와 검색과 아울러 군수품 조사도 한다. 바로 내 앞에 앉아 너털대던 나이 40여 세의 장년에게 "당신 어데 있소?" 하자, "인천에 있습니다."라고 말하니, 헌병은 아무 말도 없이 그 사

---

17) 이 글은 《동해일보》에 7회에 걸쳐 연재한 「허공을 가는 혼들」(1954.5.18.~5.24.)이라는 대주제로 기고한 칼럼 중 하나이다.

내 머리 위에서 국방색 작업 모자를 냉큼 벗겨 들고 나가 버린다. 그 헌병의 손에는 군용 허리빠(허리 밴드를 말함. 필자 주)며, 샤쓰나 모자 등이 쥐어져 있었다.

이윽고 버스가 움직인 다음 차내에서는 불평이 폭발된다. 모자를 빼앗긴 장년이 "제에기! 만들지를 못 하게나 하지!"라고 하자, 어떤 노인네가 그 말을 받아서 "아무 말도 없이 뺏는 게 뭐야! 에이 참." 한다. 이에 한 사람이 "서울에선 길을 가는 사람의 신발까지 압수하는데 뭘 그러우." 하고 첨가한다.

이런 적반하장의 내장을 들여다보면 군속으로 가장하여 경관의 검문이나 피하는 종자들이 군모를 만들지도 못하게 하라고 수작을 부린다. 이것은 감옥에 들어가서 왜 이런 철창을 만들어서 나를 여기에서 살게 했느냐 하는 것과 같다. 실로 우인(愚人)의 현몽(賢夢)치고는 상등(上等)이다.

〈안춘근. 《동해일보》. 동해일보사, 1954.5.21.(2)〉
• 출전: 이종국(2015). 『편집 출판학 연구 총설』(패러다임북)

위의 글은 안춘근 중위가 결혼 직후 서울 출장 임무를 마친 후, 노량진에 계신 노모를 뵙고 나서 인천의 처가 어른들에게 문안차 떠날 때 경인 구간에서 목격한 사건을 다룬 것이다. 짧은 글이지만 '6·25 후유증'의 한 단면을 선연히 보여 주고 있다.

전쟁을 겪어 민심이 흉흉하던 그 시절에 가짜 검문소일지도 모를 노변 취조와, 휴대품의 탈취로부터 벗어난 기회주의자(모자를 빼앗긴 이에게 비아냥투로 염장 지르는 자)를 목격한 내용이 스크린처럼 묘사되어 있다. 민이 군속으로 분장하는 것을 으뜸으로 쳤던 그 무렵에 대한 증언이어서 그저 우울한 '옛 그림자'처럼 느껴지기도 한다(이종국, 2015, pp.335~336).

안춘근은 1954년 6월 25일자 《동해일보》 통권 700호에 「녹색의 상징」이란 주제의 시론도 발표했다. 이 글은 '녹색'을 말하여 민주주의를 상징한다고 보고, 그것이 정치적으로 어떤 의미가 있는 것인지 자신의 의견을 밝혔다. 아래에 그 내용을 옮긴다.

녹색의 상징

공상을 실현하는 데 수단과 방법을 가리지 않는 공산주의자들의 '적색 테러'를 박멸하려는 경찰의 행동을 홍기(紅旗)를 든 '백색 테러'라고 일컬은 일이 있다. 여기서 적색이나 백색은 모두 정치 이념을 의미하는 것으로, 적색은 공산주의를 표징(表徵)하는 것이 만국의 통념이지만, 민주주의를 백색이라고 하는 데는 아무런 근거가 없는 것이다. (중략)

적색이 공산주의를 표징하는 것은 원래 적색이 열정 혹은 과격한 급진 쟈꼬방파[18]를 상징하는 소위 정치학의 칼라에도 기인하거니와, 그보다도 적색의 허무를 표시하는 때문일 것이니, 공산주의 국가의 국기가 적색인 것은 무산대중(無産大衆)을 뜻하고, 또 실지로 우리들도 아무것도 없는 것을 일컬어 적수공권(赤手空拳)이라 하는 것으로도 명백하다. 그러나 백(白)도 무(無)를 표시하는 이외에 별것이 없고, 공백이나 백수건달(白手乾達) 등이 적(赤)자에 못지않게 없는 것을 잘 묘사하는 것이 사실이다.

《동해일보》 기고의 한 예: 「녹색의 상징」(동지, 1954.6.25.)

그리하여 적(赤)이 공산주의를 표현하듯이 민주주의를 바로 상징하는 색으로서 나는 녹색을 생각하곤 한다. 적색이 정치학이라면 녹색은 법률이라는 것이 학문의 색채적 분류다. 공산주의가 과격한 정치 형태인데 반하여 민주주의는 법률과 같이 치밀하고 은건(隱健)하고 조리에 맞는 이념이다. 또한 적(赤)이 무자비한 적혈귀(赤血鬼)를 노현(露現)하고, 녹은 대자대비한 불상을 연상하여 불사의 8면 조각이 녹색으로 싸였고, 성서에도 녹색을 들어 인자(仁慈)와 결부한 곳이 있다. 그렇지만 무엇보다 적(赤)이 무(無)를 뜻하는데, 녹은 유(有)를 표현한다는 점에서 유의미가 있다. 그것은 산에 나무가 없는 것을 적산(赤山)이라 하고, 수목이 우거진 것을 보면 녹화(綠化)된 것이라고 한다. 초토화한 건전답(乾田沓)이나 붉은 지면(地面)에서 눈을 돌려 곡식의 싹이 푸른 밭을 보면 우선 마음이 아늑하고 배가 불러오는 것은 무슨 까닭인가? 그러기에 아마도 녹색 천지는 우

---

18) 자코뱅파(Jacobins)를 말한다. 자코뱅파란, 프랑스 혁명기에 나타난 중산적 부르주아와 소생산자층에 기반을 두고 중앙 집권적인 공화정을 주장한 급진파를 일컫는다. 이에 상대적인 세력이 '지롱드파(Girondins)'이다. 이 세력은 부유한 부르주아를 대변하며, 지방 분권적인 연방 공화정을 주장한 온건파로 자코뱅파와 대립했다.

리의 낙원이요 그것이 민주주의 세계의 이념임에 분명하다.

〈안춘근.《동해일보》. 동해일보사, 1954.6.25.(4)〉

안춘근은 휴전 직후 공산주의가 파멸되고 있는 사회적 정황을 목격하면서, 그가 이전 (8·15 광복 직후)에 경험한 이데올로기의 위험을 짚은 끝에 위와 같은 생각을 내보였다. 이 때문에 공산주의 세력인 남침 군대(중공군 및 북한군)와 맞서 싸운 저간의 사정을 적(赤)과 백(白)이 지닌 개념으로 풀어 시론적 견해를 밝혔다. 그러면서 "적(赤)이 공산주의를 표현하듯이 민주주의를 바로 상징하는 색으로서 나는 녹색을 생각하곤 한다."고 말하고, "적색이 정치학이라면 녹색은 법률이라는 것이 학문의 색채적 분류다."라 하여 녹색을 예찬한다.

남애는 당초에 정치학도로 길을 선택한 젊은이였다. 위의 글 「녹색의 상징」은 그의 순수한 정치적 인식이 드러난 견해로 평가된다. 짧은 글에서나마 그가 제시한 평화와 풍요를 상징하는 녹색에의 지향은 전쟁으로 황폐해진 이 나라가 추구해야 할 원대한 목표가 아닌가 하는 물음으로 받아들여진다.

안춘근은 광주의 육군교육총본부로 전출(1954.10.)하기 직전까지《동해일보》에 꾸준히 논설과 칼럼을 기고했다. 여기에서 논설의 경우는 필자명을 밝히지 않는 것을 원칙으로 하므로 안춘근에 의한 작성 내역을 알 수 없으나 아마도 적지 않은 편수를 점했을 것으로 추정된다. 부인 박영희 여사의 회고에 의하면, "전선이 불안한 시국이었음에도 안춘근은 《동해일보》의 상근 기자나 다름없었다."고 말한 것도 그런 점에서 공감케 한다.

《동해일보》와 관련하여, 당시 남애의 정황에 관해서는 그가 지은 애서 수필집 『책갈피 속의 연서』에도 나타나 있다. 그 내용을 보면 다음과 같다.

나는 부대에서 복무하는 틈틈이 속초에서 발행되던《동해일보》라는 타블로이드판 신문에 논설을 쓰고 있었다. 따라서 신문사의 기자들과 자주 다방에서 만나게 되었다. 군대 생활 5년 동안 술 한 방울 마셔 보지 않은 나는 진중교회의 목사가 없으면 대신 설교를 하리만큼 독실한 기독교 신자로, 세속에 물들지 않은 생활을 했기에 신문 기자와 만날 때도 고작 다방에 들어가 어울렸다.

〈안춘근(1977). 『책갈피 속의 연서』, p.60〉

그런 안춘근은 남다른 문재(文才)를 갖춘 젊은 장교였다. 더구나 군인 신분으로서 주둔

지역 신문에 기고 활동을 계속한 장교이기도 했다(이종국, 2015, p.337).

이제《동해일보》는 1953년 4월 17일자(제333호) 양면분과 1954년 6월 25일자의 것(제700호)만 4면분이 보존되어 있으며, 1954년 7월 7, 8일 양일자의 경우 각각 양면(1~2면)만 남아 있다. 나머지 8점은 스크랩된 채로 구존되어 있는 실정이다. 그나마 지파(紙破) 현상이 매우 심한 상태다.

앞에서 말한 바와 같이, 안춘근의 기고는 보다 많을 것으로 추정된다. 왜냐하면, 그가 속초로 배속된 시점이《동해일보》가 창간(1952.4.17.)된 때보다 5개월 먼저인 1951년 12월(~1954.10.)이었기 때문이다. 요컨대, 안춘근의 첫 기고 시점이 1954년 5월 18일이므로 2년 5개월여의 여백이 존재한 것으로 보아 기고 상한을 앞당겨 유추할 수 있다.

그런 점에서도 안춘근의 기고 건수가 적지 않았을 것으로 추정된다. 실제로 "당시 동해일보 기자들은 건듯하면 1군단 101부대의 안춘근 중위와 어울렸고, 그러는 과정에서 거의 어김없이 원고를 받아내곤 했다."*는 것이다(* 전상희 옹 증언, 2016.11.9.). 그 중에서 "나병하, 윤상근 기자 등이 안 중위의 상대역이었으며, 원고를 전해 받게 되면 어서 조판부에 넘겨야 한다면서 귀사를 서두르던 그들이었다."(* 위의 전상희 옹 증언)

이제《동해일보》창간 70년을 맞이한다. 그런 이 신문은 고향인 속초는 물론, 전국 어디에서도 찾아볼 수 없다. 더러 이 신문에 대하여 언급한 부분도 단지 지명(紙名) 정도만 내보였을 뿐이지, 그 어떤 구체적인 탐색이나 연구 정보가 전무한 실정이다.

《동해일보》는 6·25 전란기라는 특수한 시대적 환경 속에서 창간된 일간지였을 뿐만 아니라, 우리의 근현대사 최초로 경험한 지역 군정이 이행된 그곳에서 메신저 역할을 감당한 언론으로 존재했다. 이 신문은 또한 민간이 출자했으며, 그들에 의해 발행된 순수한 민영 신문이었다. 안춘근으로서도 이 신문이 지닌 의의는 각별했다. 그의 초기 기고가 실린 매체도 이 신문이었기 때문이다.

향후로 어딘가에 살아 있을《동해일보》를 적극 발굴하여 그 사적에 대한 연구가 이루어지기를 바라마지 않는다.

2) 또 다른 기고 사례

안춘근 중위는 현역이면서도 지역 언론에 열정적으로 글을 썼고, 거기 같은 나이 또래의 기자들과 틈틈이 어울리면서 전시 정황 정보를 소통하고 인생과 청춘의 꿈을 함께 나

안춘근 중위의 병영 메모(좌: 1954.10.5., 우: 1954.10.13.)

누었다. 안 중위의 필력을 일찌감치 알아보고 자기네 신문의 '단골 필자'로 끌어들인 나병하 기자도 동갑내기(1926년생) 청년이었다. 그런 점에서도 둘 간에는 썩 좋은 협력 관계를 유지하고 있었던 것이다.

안춘근 중위는 포연이 아직 가시지 않은 휴전 직후, 1954년 10월 10일자 《평화신문》에 「민주주의의 원리와 공식—소중한 것이야말로 도덕률」이라는 주제의 글(200자 기준 용지 10매 분량)을 기고한다. 《동해일보》 이외의 중앙지 진출이었던 것이다.

안 중위의 병영 메모를 살펴보노라면 전시 중에 작성한 토픽이어서 그런 점도 있지만 내용이 간단하다. 그러나 안 중위만 아는 비망과 그의 일상 중에서 일어난 이런저런 사건들을 함께 기록하고 있어 흥미를 더한다. 예컨대, 1954년 10월 13일에 작성한 병영 메모에서 보면 상부 여백에 'received letter from W'라는 짤막한 영문 메모가 보이는데, 이는 '아내'(wife의 W)로부터 편지를 받았다는 뜻이다.

판독이 쉽지 않은 특유의 난필로 미루어보아 그의 머릿속에 맴도는 숱한 이야기들을 압축하여 좁은 수첩 지면에 서둘러 메모한 것 같다. 이 메모의 첫머리에서 보면,

My article about a principle of democracy approach in news paper of Seoul Korea. Dated 10. Oct 54.(우리나라의 서울에서 발간되는 한 신문에 민주주의 원칙에 관한 나의 글이 실렸다. 1954년 10월 10일)

라는 영문으로 기록된 메모가 나온다. 그는 왕왕 자신에 관한 기록을 영어로 섞어 쓰곤

했다. 자신이 알고 있는 군사 기밀을 은폐하기 위한 일종의 '필사 습관'이었던 것 같다.

그런데 당시만 해도 서울과 속초 간에는 워낙 교통 사정이 불편한 관계로 중앙에서 발행되는 일간지조차 3일간의 시차를 두고 배달되곤 했다. 안춘근 중위가 부대 밖의 길가에서 신문배달 소년을 만난 날이 10월 13일이므로 이미 3일 전에 발행된 10월 10일자 신문지를 돌리고 있었다는 사실을 알 수 있다. 이날, 안 중위의 병영 메모를 보면 다음과 같이 적혀 있다.

(전략) A와 같이 속초에 나왔다가 노변에서 신문배달을 만났다. "무슨 신문이냐?" 하니까 "평화"(平和, 《평화신문》을 말함. 필자 주)라고 한다. '평화'를 시계점에서 보기 때문에(구독하기 때문에) 즉시 들어가서 찾아보니(자신이 기고한 글을 찾아보니) 전기 일자(1954.10.10.)의 특집판 4면에 상자(箱子, 박스 기사를 말함. 필자 주)로서 취급되었다. 반갑게 일독하고, 그것을 들고 숙소로 가서 김 중위에게 보이니까, "흐흠 이젠 중앙에 데뷔했고만!" 한다. (그 글이 실린 지면을) 잘라서 인세필록집(仁世*筆錄集)에 붙였다(* '仁世'는 안춘근의 필명 중 하나임. 필자 주). 내 글이 어떤 ○○○○을 거쳐서 활자화하긴 이번이 처음인 만큼 퍽이나 기뻤고, 또 이젠 글에 자신이 붙게 된 것 더욱 기쁘다. 〈참고〉 위의 본문 중 ○표는 판독 불능 글자. 괄호 내의 풀이말: 필자.

〈안춘근, 병영 메모(1954.10.13.)〉

위의 내용으로 보아, 안 중위가 서울의 《평화신문》에 객관적인 절차에 따라 글을 기고했고, 사실상 중앙권 언론으로는 첫 발표였음을 시사한다. 물론, 이보다 앞서 발표된 글들은 훨씬 앞당겨야 하며, 그 범위와 분량 또한 더욱 다양한 권역에 걸쳐 있는 것도 사실이다.

우선, 《동해일보》만 해도 첫 기고 시점이 《평화신문》보다 5개월 여나 앞선 1954년 5월 18일이었기 때문이다. 그러나 중앙지로는 《평화신문》이 첫 기고였던 것으로 보인다. 이 일은 안춘근이 군 복무 중일 때였을 뿐만 아니라, 더구나 전쟁 시국임에도 외부 기고까지 결행한 것을 보면 그의 젊은 시절에 이뤄 낸 특별한 사건이라 하겠다.

그러면 아래에서 《평화신문》에 기고한 「민주주의의 원리와 공식—소중한 것이야말로 도덕률」 내용을 발췌하여 살펴보도록 한다. 이 글은,

우리는 민주주의의 세대에 살고 민주주의를 수호하기 위해서 싸우고 있으면서도, 기

실은 우리 주변에서 우리 가정에서 혹은 사회에서 민주주의에 어긋나는 일을 자랑삼아 감행하는 것을 보기도 하고 체험할 때가 있다.

그것은 민주주의를 몰라서가 아니라 사실은 입 있는 자 저마다 민주주의를 부르짖으며 누구나가 몸소 실천한다고 하는데, 그것이 그저 옳은 민주주의가 되지 않을 뿐이다.

라는 비판적인 견해로 첫머리를 연다. 그러면서

민주 정치의 이념이 이와 같다고 하면, 민주 정치의 소재가 되는 민주주의는 매사가 도덕률에 비추어보아 옳고 다수의 자유의사를 기초로 한 공공복리를 내포해야 할 것이다. 따라서 현실에서 보는 우리 신변의 민주주의도 한 가지로 제아무리 민주주의를 외쳐 봐도 도덕률을 흠(欠)하거나, 다수의 자유의사가 지배하거나 다수의 강제 의사가 민주주의의 복면을 쓰고 행세하는 일이 있어서는 안 될 것이다.

라고 지적한다. 그는 또한 민주주의의 형태와 이상적인 목표를 다음과 같이 밝혔다.

민주주의의 파생물인 민주 정치의 발상지는 희랍에서 비롯된다. 그 사상적인 배경을 소크라테스, 플라톤, 아리스토텔레스라고 하지만, 실상 소크라테스가 말하는 정치는 지식과 덕을 가진 소수인이 수행해야 한다는 원리에서 모든 시민의 평등한 참정 기회를 준다면 오히려 우매와 혼란을 가져올 뿐이다.

플라톤은 정치 형태를 지배자의 수에 따라 군주정(君主政) 귀족정(貴族政), 민주정(民主政)의 3종으로 구별하고, 지식과 법률을 존중하는 귀족정을 가장 우수한 것이라 했으며, 아리스토텔레스는 자유와 평등을 기초로 하는 정치가 민주정이고, 혹

안춘근의 《평화신문》 기고[1954.10.10.(4)]

은 도덕률을 흠(欠)한다면 양식의 기준과 양심의 권위를 정립할 수 없다고 보았다.

그러므로 해서 일찍이 루소가 지적한 바와 같이, "사리사욕에 심한 것이 가령 전체 의사라 하더라도, 공공이익을 지향하여 형성된 민주주의로 가는 보편적 의사는 될 수 없고", 또 혹은 다수의 자유의사를 흠여(欠如, 흠처럼 여김.)하고 보면, 설사 그것이 도덕률에 입각한 일이라 해도 맹목적인 행위에 지나지 않는다. 그러기에, 독재자 무소리니가 말한 "대중은 자유를 원하는 것이 아니다. 빵을 원한다."는 말을 대중의 소리로 만들 수도 있고, 나옹(奈翁)이 민주주의를 가장하여 황제의 직위에 오르고, 공산 독재자를 이 대중을 위한다는 수단으로서 단일 후보자에게 투표를 강요함과 같은 폐해가 있을 것이다.

진정한 민주주의는 어디까지나 도덕률에 입각한 다수의 자유의사를 통하여 민주주의 가운데서 확실히 필요한 요소를 흠(欠)하거나, 그 이념에 충실치 않은 민주주의적인 사실이 있다면 결연 타멸하여야 할 것이다. 이는 공식에 맞추지 않은 수학의 답안과도 같이 참다운 민주주의가 아님이 명백한 까닭이다. (현대어 표기 및 문장 부호: 필자)

〈안춘근. 「민주주의의 원리와 공식—소중한 것이야말로 도덕률」.
《평화신문》. 평화신문사, 1954.10.10.(4)〉

이와 같이, 안춘근의 기고 내용을 보면 하나의 일관성이 나타난다. 무엇보다도 정치적 관념이 강한 성향을 보여 주고 있다는 점이 그러하다. 요컨대, 그가 정치 지망생이었을 정도로 인생의 노정을 그쪽으로 다듬어 나갔던 학창 시절과 무관하지 않은 인성적 분위기를 풍겨 준다. 이는 학창 시절에 자신의 전공과 관련하여 늘 애독했던 한스 켈젠 등 서구 학자들로부터 많은 영향을 받았다는 사실과, 진중에서 경험한 미군 측의 풍부한 문정(文政, 전선의 병영 내에 도입된 여러 간행물들) 자료들을 이용한 경험이 그의 지적 개발에 큰 자산으로 뒷받침되었던 것이다.

제3장 광주로 전출, 『육군교육연감』 편찬 참여

안춘근은 서울 노량진에 있는 가족(어머니와 부인, 여동생)을 부양하는 가장으로서도 최선을 다해야만 했다. 비록 전시하의 척박한 정황 속에서도 군에서 급여하는 박봉을 절약하고 지역 신문에 기고한 원고료를 노량진으로 송금하면서 열심히 살아간 그였다(안유섭의 증언, 2015.11.20.).

속초에서 복무한 약 2년간의 군 생활은 안춘근에게 잊을 수 없는 시절이었다. 이곳에서 중요한 자기 수련을 경험케 했기 때문이다. 우선, 통역장교로 복무하면서 미군 등 유엔군 측과의 교류를 통해 시야를 넓힐 수 있었다는 점이다.

당시 많은 외인 장교들과 그들의 군속들을 만나면서 상호 협력하고 의견을 나누는 기회가 빈번했다. 그러면서 비록 전시하였지만 최신 외서(미군 측의 다양한 도서들)들과 만날 수 있었던 것도 속초에서 얻은 중요한 경험이었다.

진중교회에서의 봉사 활동 또한 의미 있는 일이었다. 당시 안춘근 중위는 《주간혜성》의 편집인으로 봉사했을 뿐만 아니라, 미군 군목이 설교할 경우 통역도 도맡곤 했다. 그런가 하면, 군목인 심응섭 대위가 위문 설교차 전선 부대로 출장할 경우에 왕왕 목회도 주재했다(안춘근, 1977, p.60). 그러면서 진중교회의 설립 당초에 미군 측으로부터 건축 기자재를 지원받는 일에도 앞장섰다.

1. 속초에서 광주로

앞에서 살핀 바와 같이, 안춘근 중위가 속초 시절에 체득한 특별히 소중한 경험으로 말하면 무엇보다도 《동해일보》와의 만남을 빼놓을 수 없다. 현역 군 장교 신분으로, 더구나 전흔으로 얼룩진 정황임에도 이 신문에 기고 활동까지 했기 때문이다. 따라서 이 신문은 안춘근의 군 생활 중에 이루어진 '병영 외 이정표'를 긋게 했다는 점에서도 특별한 의의가 있다.

그런 만큼 비록 전시하였지만 속초에서의 병영 생활은 여러 면에서 잊을 수 없는 기억을 선물해 주었다. 하지만, 안 중위로서는 그와 같은 속초 생활이 곧 마감을 보게 되리라고는 미처 예측하지 못했다.

1) 속초에서의 명예로운 마감

안 중위에게 있어 속초는 그의 고향인 고성군 외금강면 남애리와 그리 멀지 않은 곳에 위치해 있었다. 동해를 북으로 조금만 거슬러 올라가다보면 외금강면 남애리와 만나게 되어 사실상 지척이나 다름없었기 때문이다. 그렇지만 그곳은 갈 수 없는 '머나먼 땅'이었을 따름이다. 그렇게, 실향의 아픔을 동부전선에서 견뎌 내야 하는 엄혹한 진중 생활이 이어졌다. 약 3년간(1951.12.~1954.10.) 속초에서 보낸 군 생활이었지만, 잊을 수 없는 애환과 추억을 안겨 준 곳도 거기였다.

안춘근은 속초 시절에 군인으로서 남다른 명예도 얻었다. 그가 제1군단 제

은성화랑무공훈장 수훈(1953.6.25.)

101부대에서 통역장교로 복무하는 과정에서 '은성화랑무공훈장'*을 수훈(1953.6.25.)한 일이 그러한 사례였다(* "일선 통역장교로서 국방에 이바지한 공"). 또, 이듬해 가을에는 육군 제1군단장[김종오(金鍾五) 중장]으로부터 '군단 작전 수행에 보여 준 공적'을 평가받아 '공로표창'(1954.10.27.)을 받기도 했다.[19]

1954년 9월, 안춘근은 대위로 진급하면서 전남 광주에 있는 육군교육총본부[陸軍教育總本部, 교육사령관 장춘권(張春權) 준장]로 전출 명령을 받게 된다. 뜻밖이었다.

2) 육군교육총본부로

군부대 내에서 인사상 당연한 기밀 사항이긴 했지만, 안춘근 대위가 광주의 상무대 육군교육총본부로 떠날 때까지 자신이 새 임지에서 수행해야 할 임무가 무엇인지를 감지할 수 없었다. 그러나 안 대위의 뇌리에 스치는 것이 있었다. 그것은 통역장교로서의 고유한 직무였다.

'영어를 하는 것!' 안 대위의 직감이었다. 결국, 통역 직무는 다시금 현실화되었다. 이미 101부대의 선임관으로부터 얼핏 들은 일이긴 했지만, 후방인 육군교육총본부에서도 대면 통역(미군 측과 상호 방문 등 소통 활동도 병행)은 중요한 직무일 수밖에 없었다.

---

19) 뒷날 정부에서는 이와 같은 일련의 공적을 평가하여 국가 유공자로 예우하고, 안춘근의 유해를 김포시 대곶면 송마리 유택(상도제일동산)으로부터 서울 동작동 국립현충원으로 옮겨(2015.5.1.) 그곳에서 영면케 했다.

이와 함께, 유엔군사령부 및 미 8군사령부에서 넘겨받은 각종 영문 자료들을 번역하거나 우리 쪽의 문건들을 영역하여 미군 측에 넘겨주는 일이 그에게 주어진 주요 업무였다(이종국, 2015, p.337 참조).

자료 번역 업무는 향후 '안춘근의 길'을 새롭게 이끈 중요한 계기로 뒷받침되었다. 그는 특히 난생 처음으로 '책'을 편집하는 군관으로서 자신에게 주어진 직무 기량을 발휘하게 된다. 우리 군에서 최초로 실현된 『육군교육연감』 편찬 사업에 실질적인 실무 책임자로 참여하면서 집필과 편집, 그리고 퇴고 등 제반 업무를 수행하게 된 것이다. 그가 뒷날 출판계와 인연을 맺게 된 것도 이 일로부터 비롯된다.

속초 생활을 마감한 안춘근은 서울 노량진동 집에 잠시 들러 모친께 문안 올리고 부인과 여동생을 만났다. 그런 후 모친 및 여동생과 헤어져 부인과 함께 광주로 내려가게 된다. 뒤늦으나마 그곳에서 신혼 생활이 시작된 셈이다(이종국, 2015, p.338).

2. 『육군교육연감』 편찬에 참여하다

1954년 10월 하순*, 안춘근 대위는 새 임지인 광주로 떠났다. 상무대의 육군교육총본부에 도착하는 즉시로 부임 신고를 한다(* 안춘근 대위의 병영 메모에서 보면, 1954년 10월 21자 기록에 '이별'이라는 말이 나오는 것으로 보아, 그 무렵 속초 생활이 마감된 것으로 보인다.).

안 대위는 연감 편찬을 담당하는 교육총본부의 관리부 주무관인 김인경(金仁京) 대령과 협력하여 『육군교육연감』 편찬 임무를 부여받았다. 이로 하여 '편찬자' 자격이 주어져 이 연감 편찬의 전담 장교로 직무하게 된다(이종국, 2015, p.338).

1) 『육군교육연감』 편찬을 맡고

『육군교육연감』은 우리 국군사에서 처음 발행(1955.7.5.)된 전문 자료로 유명하다(국판, 총 420쪽). 이 연감은 제1부 총론편, 제2부 교육총본부편, 제3부 편람편, 이렇게 전체 3부로 편제되어 있다.

김인경 대령

제1부에서는 국제 정세, 국내 정세, 그리고 한국 전쟁사에 관한 전말을 구체적으로 다루었고, 구한국 군대의 최후, 한국 육군의 약사 등에 관해서도 소개했다. 제2부는 육군에서 적용된 각급 교육 기관을 망라하여 그 변천과 오늘의 실태, 교육 방침 등을 제시했다. 제3부는 각국의 형세에 대하여, 또 유엔 참전국의 형편, 미국의 대외 원조 실태, 나아가 세계 각국 및 국제간에 맺어진 주요 협정 상황을 알렸고, 세계 여러 나라의 군비 현황 등에 관한 정보도 다루었다. 특히, 군비 현황은 당시 미국을 비롯한 해외 각국에서 최신 자료를 입수하여 필요한 내용을 번역 소개한 것이다.

전역을 앞둔 무렵, 광주시내로 출장을 나서는 안춘근 대위(1955.8.18.)

『육군교육연감』 첫머리에는 이승만 대통령의 초상화, 그리고 '범례'에 이어 손원일(孫元一) 국방부장관, 정일권(丁一權) 참모총장의 사진 및 찬사(讚辭)가 실려 있고, 유엔군·미 극동군사령관 헐(Hull, J. E.) 대장과 미 8군사령관인 테일러(Taylor, M. D.) 대장의 최근 사진도 실려 있다. 책 끝에는 남한 인구표, 한국의 해외 유학생 통계, 재외 공관 현황 등 주요 참고 자료들도 게재하여 우리나라의 국력과 사회적 실상 등을 공개했다. 이와 같은 일련의 정보들은 휴전 직후의 국내외 정세를 소개한 것이므로 매우 중요한 자료적 가치가 있다(이종국, 2015, p.339).

이 책은 또한 국가 기밀로 분류되어 '비밀급 Ⅲ'이라 설정된 문서 취급 표시와 함께 '경고문'[20]도 내보여 주의를 끈다. 이 같은 육군 관련 내용을 비롯하여 총체적인 국내외 정보는 1954년 12월 말 현재의 것이라는 사실도 밝혔다. 이로 보아 당시 최신 정보를 내보인 셈이다.

2) '출판'과 인연을 맺게 한 계기

『육군교육연감』은 '대한민국 육군'이라는 특수 대상을 다루었다는 기록성 외에, 우리나

---

20) "경고문: 이 문서는 군 비밀에 속하는 사항이 수록되어 있으므로 군 기관 이외의 사람에게 공람(供覽)케 할 수 없으며, 또한 이를 복사 혹은 전재(轉載)함을 엄금한다."

『육군교육연감』 판권면(오른쪽의 것은 판독 편의를 위해 전사 설정함.)

라에서 출판된 각종 연감류 중에서도 선두 업적의 하나로 기록된다. 예컨대, 1945~1960년 사이에 출판된 주요 연감류를 보면 『조선연감』(경성일보사, 1945), 『한국통계연감』(공보처 통계국, 1952) 등이 있고, 출판 분야의 것으로는 『한국출판연감』(대한출판연감사, 1957)이 처음으로 선보였다. 그리고 『한국연감』(한국연감사, 1960), 『세계연감』(세계통신사, 1960) 등도 선두 업적으로 꼽을 수 있다(이종국, 2015, pp.339~340).

남애에게 있어 『육군교육연감』은 특별한 의미가 있다. 우선, 그가 직접 이 책의 편찬자로 참여했을 뿐만 아니라, 뒷날 출판계와 인연을 맺는 계기로 발전했기 때문이다. 그의 지식과 능력을 충분히 반영한 수단도 이 연감이었다. 그는 이 연감을 편찬하면서 필력을 인정받았으며, 자신의 잠재성이 출판·편집 업무와 좋은 어울림으로 소통하고 있다는 사실을 자각하게 되었다.

남애는 특히 해외 정보를 조사, 소개하면서 영어 능력을 십분 발휘한 자료 또한 이 연감이기도 하다. 당시 육군 지휘부에서 안춘근 대위를 육군교육총본부로 전보 발령한 것도 그러한 소임을 중시한 결과였다.

안춘근 대위는 예의 『육군교육연감』 편찬(1955.7.5.)을 마친 4개월 뒤인 1955년 10월 10일에 군에서 전역(29세)한다. 입대한 지 4년 만의 일이었다. 어느덧 그가 30세의 문턱에 들어선 때였다.

안 대위가 전역을 앞둔 상태에서 상위자와 동료들이 거듭 만류했지만, 그는 군복을 벗기로 했다. 그리고 황량한 사회에서 다시금 새로운 출발과 만나고 있었다.

• 나오는 글

이상과 같이 제2부 서술을 마친다. 본문에서 살폈듯이, 전반적으로 안춘근의 군 생활 시절에 대한 살핌이 주된 범위이다. 이와 관련하여 제2부에서 다룬 내용은 다음과 같은 다섯 가지로 요약할 수 있다.

첫째, 동부전선 속초에서 경험한 군 생활은 안춘근에게 있어 자기 실험을 가능케 한 치열한 현장이었다. 학창 생활을 일단 중단하고 군문에 들어선 갑작스런 환경 변환이 그러했고, 거기 전선에서 통역장교 신분으로의 적응 과정이 전혀 새로운 모습과 만나게 한 정황들이 그와 같았다. 특히, 그는 외인 병사와 장교들을 수시로 접촉하면서 업무적인 문제점이라든지 문화적 차이를 실감할 때가 적지 않았으나, 이를 무난히 극복할 수 있었다.

둘째, 속초 시절의 안춘근 중위가 《동해일보》라는 설악권 최초로 창간된 일간지와 만남으로써 현역 장교 기고가로서 활약한 특이 사례를 남겼다. 이 일은 전혀 예상할 수 없었던 경험이었다. 그럼에도 안 중위는 전시 상황하에서의 기고 활동에 최선을 다할 수 있었다. 대체로 군 복무 과정에서 기고 활동을 수행하는 경우란 특수 임무를 제외한다면 거의 찾아보기 어려운 사례이기도 하다. 안춘근은 이 기회를 십분 활용하여 자신의 잠재적 기량을 발휘했던 것이다.

셋째, 지역 언론에서의 기고 활동 과정에서 신문사 및 그 주변 인사들과의 친교가 지속적으로 이어졌다. 이러한 인연은 안춘근이 진중 생활에서 얻은 좋은 만남이었고, 뒷날에도 여전한 소통이 유지될 수 있었다.

넷째, 안춘근은 제1군단 제101부대가 설립한 진중교회에서 주보 편집인으로 봉사하는 한편, 기고 활동에도 최선을 다했다. 당시 이 간행물을 통하여 발표한 글들은 그의 최초기적 기고라는 기록성이 있다. 이 글을 통하여 안춘근이 청년 시절에 생각하고 있었던 기독교관 내지는 인문학적인 지향에 관한 일련의 모색이 어떻게 나타나고 있는지를 엿볼 수 있다.

다섯째, 3년간의 속초 시절을 마감하고 육군교육총본부로 전속되어 온 남애는 우리 군 최초로 실현된 『육군교육연감』 편찬 사업에 참여했다. 이 일은 남애가 뒷날 직접 출판 활동을 수행하면서 책을 기획하고 편집·출판 과업에 정진하게 된 중요한 동인으로 뒷받침될 수 있었다.

이렇듯, 그가 장래 책의 학자로 나아갈 수 있었던 것도, 사회 일선에서의 인문적인 배경으로부터 힘입었다기보다는, '군 생활' 시절에 이미 중요한 실마리가 동인하고 있다는 점에서 독특한 면이 있다.

이와 같은 남애 안춘근의 속초 사적을 통하여 여러 비망을 내보인 청년 시절의 발자취를 엿보게 한다. 그는 입대와 병영 복무 그리고 전역이라는 단선적인 군 행활과는 다른 개념의 특이한 군 경험을 체득한 젊은이였다. 평생을 책의 학자로서 오로지 책과 함께 살아간 그는 젊은 시절에 흔치 않은 자기 수련을 실현함으로써 이 시대의 우리에게 의미 있는 메시지를 전해 주고 있다.

제3부
출판·편집자의 길, 그리고 새로운 실현

• 들어가는 글

출판학자이며 서지학자인 남애 안춘근은 책의 기획자인 동시에 출판·편집 업무를 아우른 출판인이기도 하다. 스스로 출판사를 창설하여 운영하는 등 현업에 참여하기도 한 그였다.

새삼스런 말이지만, 그런 안춘근은 이론과 실제를 겸비한 책의 사람이었다. 그는 특히 일선의 출판 기업에서 책을 생산하는 실무자로 오랜 동안 열정을 기울였다. 그가 군에서 전역한 직후인 1955년 10월부터 1978년 6월에 이르기까지 무려 22년 8개월간 근속했던 을유문화사 시절이 그와 같은 세월이었다. 이 과정에서 안춘근은 43종의 전집류와 유형 및 체제를 달리하는 무려 914종에 이르는 각종 단행본을 기획·출판했다. 여기에 전집을 구성하는 종속 책수만 해도 1,300여 책에 이를 정도였다.

여기 제3부는 남애 안춘근이 걸어간 출판·편집자의 길이란 어떤 모습이었는지를 알아보기 위해 설정한 것이다. 그럼에 있어 남애가 선택한 출판 현장에서의 모색과 그에 따른 적응과 개척 과정을 살피고자 했다. 따라서 안춘근의 선택을 새롭게 열어 준 또 다른 계기를 간과할 수 없다고 보았다. 을유문화사 시절에 만난 서울신문학원과의 인연이 그것이다.

서울신문학원은 1946년 1월 초 우당(牛堂) 곽복산(郭福山, 1911~1971)을 비롯한 11명의 언론계 및 교육계 인사들에 의해 발족된 '조선신문연구소'가 그 모체이다. 발족 당년에 별다른 활동을 보이지 않다가 그해 12월 25일 '신문과학연구소'로 개칭하면서 실질적인 신문 연구소 창립 형식을 갖추게 된다(서울신문학원에 관해서는; 정진석, 1995, pp.17~25 및 전진석, 2001, pp.489~505 참조).

신문과학연구소는 다음해 2월 18일 군청청학무국으로부터 '조선신문학원'이라는 이름으로 설립 인가를 받았다. 1948년부터 본과 1년, 연구과 1년 과정으로 발전적인 학제 개편도 단행했다. 그러다가 6·25 전쟁을 겪어 전면적인 휴업기를 거쳤고, 1956년 4월에 이르러서야 문교부로부터 사단법인체 허가도 받았다. 하나의 공공 기관으로서 합법적인 장치를 공고화한 것은 장차 신문대학 건설을 추진한다는 목표에서였다.

당시 이 학원의 수료자들을 보면 거의 신문사로 진출하거나, 진작부터 언론 기관들에서 근무해 온 현직자들 중 재교육 지원자들도 적지 않았다. 그러나 남애의 경우는 저널리즘 쪽보다는 군에서 전역한 직후부터 몸담아온 현업에 좇아 출판·편집자의 길을 선택하기로 진로를 정했다. 이는 책과 출판을 지향한 숙명적인 결정이었다(이종국, 2011, p.434).

남애는 순전히 자의적인 선택으로 서울신문학원에 들어갔고(1957.4.~1958.3.), 이후 이 학원을 졸업하는 것과 동시에 강사(1958.4.~1960.3.)로서 교수·학습 활동에 참여한다. 우리나라에서 처음으로 '출판학'과 '도서학'을 가르친 것이다.

이 무렵부터 안춘근은 출판학의 시야를 더욱 넓혀 나간다. 따라서 그의 수서(蒐書) 활동 또한 새로운 지평이 열리기 시작한 때도 그 시절이었다.

제1장 출판·편집자의 길

1. 남애의 선택

앞에서 말한 바와 같이, 남애 안춘근이 수행한 일들은 일정한 '특정성'으로 규정하기 어렵다. 출판기획자요 편집자이며 출판학·서지학자인 동시에 그 교육자이며, 옛 책 수집가이고 장서가이며 고서 감정인이기도 한 그였기 때문이다.

그런가 하면, 출판 비평가이고 그 칼럼니스트이며, 애서시인인 동시에 애서산악인 또한 남애를 말해 주는 대명사들이기도 하다(이종국, 2015, pp.340~341). 요컨대, 책과 출판에 관련된 여러 다양한 접근을 실천한 책의 전령사가 남애 안춘근이었다. 이러한 평판은 특히 그가 추구한 책과 삶의 일체성 구현에서 드러나는 징험이다.

1) 책과 삶의 일체성

남애 안춘근은 그처럼 여러 이름으로 불리면서 책에 관한 저서를 끊임없이 발표한 저술가로서 남다른 열정을 기울였다. 그러한 남애를 말하여 굳이 한 가지로 지목한다면 '출판학자 안춘근'이라고 부름이 적절하다고 본다. 오로지 책과 함께 살아왔고 책을 연구하며 책을 지어내는 생활로 일관한 사람이 그였기 때문이다.

요컨대, 남애로 말하면 책과 일체가 된 삶을 살아간 인물이었다. 일찍이 삼불(三佛) 김원룡(金元龍, 1922~1993)은 그런 남애를 가리켜 "한국 서치(書癡)의 서치"*라는 말로 유별난 '애서벽(愛書癖)'을 빗대어 함축한 바 있다. 또, 백순재(白淳在, 1927~1979)는 "삶보다도 그 사랑보다도 책, 책을 사랑한 그"*라 지목하여, 단지 한 구절의 시로 남애가 보여 준 곡진한 책 사랑을 짚었다(* 안춘근『동양수진본』출간기념회에서, 1965.4.13.). 남애가 얼마나 책탐(冊貪)에 몰입했으면 그처럼 특별한 평판을 얻었을까 싶다(이 책, p.408 참조). 그러한 평설들이 어울리는 책의 학자—오로지 책밖에 모르던 이가 남애 안춘근이었다.

이와 같이, 안춘근의 생애는 책과 출판에 관한 사적(事蹟)으로 점철되어 있다. 바꾸어 말해서, 숨은 책을 세상 밖으로 부활케 했고, 그에 대한 연구 결과들을 모아 책으로 냈으니 그 지향함과 관철함이 하나일 뿐이다(이종국, 2015, p.341).

이 때문에 안춘근의 생애사를 말한다면 번다한 수사(修辭)가 필요할 것 같지만, 상대적으로 단순하며 간명할 수도 있다. 책을 제외하고는 도무지 지혈(紙頁)의 여백을 매길 거리가 없을 법한 이가 남애 안춘근인 까닭이다. 이에 관해서는 1969년 초 통문관 주인 산기(山氣) 이겸로(李謙魯, 1909~2006) 옹이 한 지인에게 밝힌 일화가 있는데, 사뭇 희화적인 데가 있다. "남애야말로 이 세상에서 책이 없다면 살지를 못할 사람"이라고 말했다는 것이다(안춘근, 1977, p.268).

김원룡도 그런 남애를 가리켜 '서광(書狂)'이라 단정하기도 했다. 이에 대한 남애의 소회 또한 싫지 않았던 듯 유쾌한 수긍을 보였다는 후문이다(안춘근, 위의 같은 책, p.267). "사실은 중병에 걸렸다."고 주저 없이 시인했다는 것이다.

안춘근은 엄혹한 전시 중에 군 생활을 하면서도 몇 권의 아끼는 책들과 함께 하고 있었다. 거기에다 책을 아주 어렵게 구한 사연을 고백하기도 했다. 예컨대, 군에 입대해서 받은 첫 월급으로 국어사전과 영어사전을 우선 구입한 일이 그와 같은 사례였다. 국어사전은 문세영(文世榮)이 엮은 조선어사전간행회(朝鮮語辭典刊行會)에서 나온『조선어사전』(1938)이었으며, 영어사전의 경우는 도쿄의 고단샤(講談社)에서 출판된『영일사전』(1946)이었다. 이 일의 발단은 통역장교 직무와 관련된다.

당시 안춘근 중위에게는 '포로의 진술'을 영역해야 하는 업무가 빈번했던 모양으로, 이에 대하여 좀 더 전문적인 문서 작성의 필요성을 절감했다는 것이다(안춘근, 1977, pp.269~270). 이 분야의 정확한 전달(미군 측에 전달하기 위한 문서)이야말로 전황 정보의 신뢰성은 말할 것도 없거니와, 심문 대상자(전쟁 포로)의 운명 또한 중차대한 영향을 받게 된다고 보았기 때문이다.

새삼스러운 일이지만, 통역 업무에 있어 어휘 사전이야말로 필수적인 기본 수단임에도 전시하의 병영 내에서 그것을 구할 수 없었던 것이다. 물론, 후방에 연락을 취하여 대책을 강구한다고 할지라도 당시의 전시 상황으로 보아 적절한 자료를 구득할 수 없기는 마찬가지였다.

이 때문에 안춘근 중위는 일본에서 출판된 영어 사전을 입수하여 병영 직무에 이바지했다는 것이다. 특히, 영어 사전은 아직 국내에서 출판된 것이 없었던 관계로 부득이 여러 어려움을 무릅쓰고(속초와 일본을 왕래하는 미군 군수물자 수송 항공대에 의뢰한 듯) 안 중위가 서둘러 구입했다고 한다.

이와 같이, 그는 진작부터 책과 관련된 예화나 흔하지 않은 이야깃거리들이 적지 않았다. 이와 관련하여, 남애의 애서 수필집인 『책갈피 속의 연서』에도 다음과 같이 술회한 내용이 보인다.

나는 책에 관한 병으로 치면 아주 중병에 걸렸나보다. 사실 내게서 책을 통해 맛볼 수 있는 재미를 빼앗는다면, 세상을 사는 재미의 거의 반 이상이 없어진다 해도 지나친 말이 아닐 것이다. 지금 내가 간직하고 있는 1만 권의 책*이 그 어느 한 권이나 내 손때가 묻지 않은 것이 없고, 그 어느 책이나 내용을 살피지 않고 고르지 않은 것은 없다(* 1969년 1월 무렵의 장서량. 필자 주).

나는 한때 날마다 수십 권의 책을 사 모았다. 한국의 출판 역사를 연구하기 위해, (중략) 출판학을 대학에서 강의하기 위해, 세계의 새로운 책에 이르기까지 고루 모으고 있다. (하략)

〈안춘근(1977). 「군 복무 시절에 내가 아낀 책」. 『책갈피 속의 연서』, p.268〉

이렇게 말한 남애는 1989년 9월에 발표한 「책을 읽고, 책을 간수하는 일」이란 글에서 다음처럼 밝히기도 했다.

사람이 사는 방 안에 책이 없으면 그 방에 사는 사람의 정신이 없는 것과 같다. 다시 말해서 책은 곧 사람의 정신이다. (중략) 사람이 동물과 다른 것은 생각하고, 만들어내고, 또 보다 새로운 생활을 꾀하는 끊임없는 노력을 하는 데 있다. 혹 발달된 다른 동물들 가운데서 정도의 차이는 있어도 생각하는 것이 있을 수도 있다. 그러나 책을 읽고 지식을 넓히는 일은 하지 못한다.

그러므로 사람이 책을 만들어 낸 것은 가장 큰 발명이요, 그 책을 읽는다는 것은 보다

행복하게 사는 지름길이다. 우리가 무엇을 알려고 할 때 많이 알고 있는 사람에게 물어야 하겠지만, 우리들보다 많이 알고 있는 사람도 따지고 보면 책을 많이 읽어서 알게 된 것이다. 따라서 책은 지식의 근원이라 할 수 있다.

〈안춘근(1998).「책을 읽고, 책을 간수하는 일」.『책과 그리운 사람들』(유고), p.150〉

이와 같이, 남애는 우리가 왜 책과 밀접한 관계를 맺어야만 하는지를 강조하여 설명하곤 했다. 그는 출판·편집자로서 직무를 수행하는 가운데 책을 기획하고 펴내는 일이야말로 결국 책과 삶의 보다 향상된 동반적 지향을 위한 중요 조건임을 말하고 있었던 것이다.

남애 안춘근은 61책의 저서를 남겼다. 그가 모으고 읽은 지식 내용들이 그만큼 넉넉한 저서군으로 이룩된 것이다. 첫 저술인 『양서의 세계』를 낸 때가 1959년 3월이므로 그가 타계(1993.1.)하기까지 매년 평균 세 권씩 발표한 셈이다. 그리고 각종 매체에 기고한 글로 말하면 어림하기조차 곤란하다. 모두 책과 출판에 관한 서술들이 그러한데, 그 양적 범위를 짚어 본다는 것 자체가 난해한 문제이기도 하다. 따라서 남애에 의한 도서 수집 활동과 여러 문한(文翰) 흔적들도 처음 있는 일이거나 첫 발견에 관한 보고를 내보인 사례가 대부분이어서 범연히 평판할 일도 아니다(이종국, 2015, p.341).

오랫동안의 강단 활동(1958.4.~1993.1.) 또한 오로지 출판학의 전수와 그 저술 활동에 이바지하기 위함이었으며, 수많은 옛 책들을 진작부터 수집[1]해서 서실을 넘치게 한 것 역시 일관된 목적을 추구하기 위해서였다.

2) 광범한 접근

남애 안춘근의 생애에서 또 한 가지 대등적인 활동을 말한다면, 무엇보다도 연구·저술과 수서(蒐書)의 연속이었다고 지목하게 된다. 그의 정력적인 연구와 저술 활동이 일관된 과업이었다고 할 때, 수서 활동 또한 마찬가지였다. 그는 1975년 9월 현재로 2만여 권을 수집했노라고 밝혔다(안춘근, 1977, p.278).

남애는 연중 1천여 권을 수서 목표로 삼았다(안춘근, 위의 책, 같은 쪽). 그가 경제적으로

---

1) 남애는 1979년 6월 30일 한국정신문화연구원에 1만 권(고서 7,317권, 신서 3,000권)의 장서를 기증했다. 이후 그는 1993년 1월에 타계하기 전까지 자신의 상도동 서실에 다시금 1만 권을 상회하는 장서로 채워 놓았다.

그만한 분량의 수서 활동을 감당하기 어려운 처지였는데도 어떻게 그처럼 방대한 목표를 실천해 나갔는지 궁금한 일이 아닐 수 없다. 그런데 문제는 수많은 문화재급을 포함한 희귀본들을 그의 서실 열남거(洌南居)에 넘치도록 채워 놓고 있었다는 사실이다.

두루 알려진 것처럼 안춘근은 책과 출판에 관련된 역사적·현상적인 대상이라면 그냥 넘어가는 법이 없었다. 일단 문제를 제기하고 분석·고찰하려 애썼다는 뜻이다. 또, 스스로 그러한 접근을 능동적으로 수용한 탐구자가 남애이기도 했다.

보통, 호사가들이 안춘근을 말하되 옛 문헌 목록이라든지 희귀본류만을 탐닉하여 수집가들의 선망을 사게 하는 수서자로 기억하는 경우도 적지 않았던 것 같다. 그러나 그는 책에 관한 한 일반의 선입견을 뛰어넘고 있었다.

한 예로, 누군가 "남애는 허준의 『동의보감』에 관해서도 관심이 있는가?"라고 물었다면, 어떤 대답을 기대할 수 있을 것인가. '훈민정음해례본'*이나 '갑인자본'**과 관련된 견해[2]는 대체로 익숙한 주제일지 모르지만, '동의보감'***에 관해서도 논한 바가 있다는 말인가? 물론, "그렇다."이다. 남애의 광범한 섭렵은 그처럼 우리의 출판문화가 남긴 흔적들을 찾아내어 구체적으로 되살피려 무던히도 애썼다.

한국번역가협회 세미나에서(1982.5.5.)

그는 자신의 저서와 기고를 통하여 많은 이론들을 내보이면서도 기능적 용도성이 강한 소책자류인 '팸플릿(pamphlet)'에 대하여 구체적으로 천착했는가 하면, '박보'(博譜, 장기와 관련된 책)에 관한 긴 논의도 발표한 바 있다.[3] 이러한 남애의 접근은 다양한 분야에 걸쳐 있다는 사실을 의미한다.

그런가 하면, 남애는 진작부터 외국

2) * 안춘근(1983). 「훈민정음해례본의 서지학적 고찰」. 『한국어계통론·훈민정음연구』, 서울: 집문당.
   ** 안춘근(1987). 「갑인자 주자 사실 보의(補疑)」. 《서지학연구》(제2집), 서울: 한국서지학회.
   *** 안춘근(1991). 「동의보감의 서지학적 연구」. 『제1회 허준의학상 시상과 의성 허준의 생애 및 업적에 대한 재조명에 관한 세미나 발표 논문』(창간호). 서울: 경희대학교 한의과대학.
3) 안춘근(1963). 「팜플레트 소고」. 《도서》(제5호). 서울: 을유문화사.
   안춘근(1968). 「한국 박보(博譜) 서지고」. 《도서》(제11호). 서울: 을유문화사.

어 저작물을 우리말로 옮길 때의 공과(功過) 문제를 진단하기도 했다.[4] 이른바, 옛 책이나 출판·서지학 분야의 살핌에 보다 익숙한 전문가로 알려진 남애가 외국어 번역을 둘러싼 제 문제를 놓고 비판적인 견해를 밝혔는데, 이 또한 학계로부터 큰 반향을 일으키게 했다. 1982년 5월 한국번역가협회가 주최한 학술세미나에서였다.

당시 남애는 「한국 문학 번역의 공로와 과오, *Merit and Demerit of Translated Literature in Korea*」라는 논의를 통하여 "전문적인 직업 번역가의 양성도 시급하지만, 비평이 활발해야 한다."는 주장을 폈다. 그러면서 번역 기술면으로 볼 때 향후 컴퓨터의 역할이 크게 증대될 것이라고 내다보기도 했다.

남애는 또한 외국어를 우리말로 옮길 때 편집의 중요성을 강조하고, "직역과 의역(意譯)의 조화가 필요하다."고 역설했다. 요컨대, "어떤 것이 더 중요하다고 말할 수는 없으나, 직역이 많으면 원형(原型)에는 가까우나 이해하기가 어렵고, 반대로 의역이 지나치면 내용상의 변형을 초래할 수 있기 때문에 이해를 초월해서 번안 작품으로 전변되기 쉬운 함정이 있다."(위의 논문, pp.7~8)고 지적했던 것이다. 이 고전 애호가는 젊은 시절에 통역장교로 복무한 이력도 있으므로 번역이 지닌 제반 문제점을 진작부터 짚어내고 있었다.

이 같은 일련의 사례로 보아 남애의 사적을 이것저것으로 분간해서 말하기 어려우며, 그 처음과 끝이 오로지 출판 연구와 책문화의 창달을 위한 노력으로 채워져 있을 따름이다(이종국, 1997.12., p.14). 남애의 그러한 모습은 그가 군문에서 나와 출판·편집자로 첫발을 내디딘 무렵부터 성과의 켜가 쌓여 나가기 시작한다.

2. 출판·편집자로

안춘근이 출판·편집 업무와 관계를 맺게 된 것은 1954년 10월 광주에 있는 육군교육총본부에서 『육군교육연감』을 편찬하면서부터였다. 그는 속초에서 군 복무 시절에 이미 필력을 인정받은 터였다.

광주로 전보된 1년 뒤인 1955년 10월 10일 그는 군에서 전역한다. 교육연감 편찬을 성공적으로 마친 3개월 뒤의 일이었다. 이로써 그의 4년여에 걸친 군 생활을 마감하게 된

---

4) Ahn Chun Keun(1982). *Merit and Demerit of Translated Literature in Korea*. Seoul: KOREAN SOCIETY TRANSLATORS.

것이다.

안춘근은 군 복무 중 은성화랑무공훈장(제65380호, 1953.6.25.)을 수훈했고, 이듬해에 광주로 전속 명령을 받으면서 육군제1군단장이 수여하는 공로표창(제235호, 1954.10.27.)도 받았다.

1) 출판 기업에 몸담다

안춘근이 을유문화사에 입사한 것은 전역 후 2주 만인 1955년 10월 24일의 일이었다. 이 무렵, 그가 경험한 개인적인 변화도 급변의 연속이었다. 우선, 군에서 전역하고 나서 첫 직장의 선택이 출판 기업인 을유문화사 입사로 이어진 것을 말하게 된다. 속초 시절의 기고 활동과 『육군교육연감』을 편찬하면서 실무를 다지는 등 '글'과 관련된 경험이 출판 기업 진출로 자연스럽게 연결될 수 있었다.

벌써 전부터 안춘근은 전역 후 자신이 지향하고자 하는 길이 '글'과 상관된 인문 분야 쪽에 보다 많은 접근성을 보인다고 믿었다. 주변에서도 그런 쪽으로 동의하는 경우가 대부분이기도 했다.

그는 특히 『육군교육연감』 편찬에 참여하면서 한 단계 더 높은 필력을 인정받는다. 안춘근은 나름대로 전문 자료를 찾아 열심히 읽었고, 그러한 과정에서 필력 훈련 또한 게을리 하지 않았다.

이와 관련하여, 안춘근은 1959년 3월 초에 출판한 그의 첫 저서인 『양서의 세계』 서문에서 다음과 같이 밝힘으로써 그간의 기고 활동이 저술

을유문화사에서 집무하는 모습(1958, 32세)

로 연결된 과정을 설명했다.

출판계에 발을 들여놓은 지가 그럭저럭 반 십년(약 5년, 1955년 10월 을유문화사에 들어온 이후를 말함. 필자 주)이 되었다. 오랜 군대 생활에서 물러나와, 처음 일자리를 얻게 된 곳이 출판계였던 것이다. 이렇게 나는 출판계에 눈 뜬 지가 오래지 않고, 따라서 출판에 대한 경험이 적기 때문에 이론적으로나마 남에게 뒤떨어져서는 안 되겠다는 생각에서 출판

에 관계되는 책을 힘써 구해 읽었다.

이러한 지식과 경험을 토대로 해서 그동안 여러 신문·잡지에 변변치 못하나마 출판 평론과 서평을 수십 편 써서 발표한 바 있다. 이것을 주의 깊게 보아온 친지들이 오래 전부터 이런 책을 쓰도록 권면했다. (하략)

〈안춘근(1959a), 『양서의 세계』, p.3〉

1959년 9월에 낸 『저술의 상식』에서도 "지난 근 10년 동안 기회 있을 때마다 잡문을 써서 신문·잡지에 기고했다."고 밝힌 일이 있다(안춘근, 1959 b, p.27). 이러한 진술로 보아 그의 기고 활동이 1940년대 후반 내지는 1950년대 초로 거슬러 올라갈 수 있다는 점을 시사한다.

그 중에서 대표적인 사례가 1950년대 초, 그러니까 안춘근이 군에 입대한 전란기에 경험한 《동해일보》에서의 기고 활동을 말하게 된다. 또, 그가 전역한 후 을유문화사에 들어온 뒤의 일이지만, 《평화신문》을 통하여 「잡문가 지원서」(1956.5.11.)라는 글을 발표한 일도 있었다.

이렇듯, 꾸준히 기고 활동을 계속해 온 안춘근으로서는 출판·편집 업무가 결코 낯설지 않은 분야로 받아들여졌다. 그는 이미 책과 관련된 취향이 좀 더 본격적인, 그러면서 큰 덩어리로 자리잡아가는 자신의 내면을 확인하고 있었던 것이다.

이 때문에 안춘근은 마침내 출판·편집 업무를 전업하면서 직업인으로서의 저술 활동으로 성큼 다가서게 된다. 그러한 증거가 한 해 동안, 그것도 거의 같은 무렵에 3권의 전문적인 책을 저술한 것으로 나타났다. 놀라운 실현이었다. 우선, 1959년 3월에 『양서의 세계』(아카데미사)를 첫 저서로 내면서, 같은 해 9월과 10월에도 『저술의 상식』(태서문화사), 『독서의 지식』(신양사)을 잇따라 펴냈다. 대단한 속필이자 저술에 관한 요령과 지식을 숙지한 출판·편집자로서의 전문성이 구현된 성과였다.

이렇게 저술 실적을 계속해서 수확하게 된 것은 "직업 때문에 책을 쓰게 되었다."는 독특한 동기를 밝혀 주목된다. 이 역시 『저술의 상식』에서 말하고 있다.

내가 『양서의 세계』와 『독서의 지식』에 이어 이 책을 쓰게 된 것은 직업 때문이다. 물론, 그 전부터 간간이 지(紙)·지(誌)에 잡문을 써온 것은 사실이지만, 그러나 처음으로 작으나 크나 간에 하나의 체계를 세운 책을 쓸 수 있었다는 것은 내가 직무상 항상 그 방면에 주의 깊은 관심을 기울여 왔다는 내적 조건과 아울러 주위에서 많은 사람들이 그런 책을 쓰도록 용기를 북돋우어 준 때문이라고 할 수 있다. (후략)

〈안춘근(1959 b). 『저술의 상식』, pp.30~31〉

이와 같이, 남애 안춘근은 자신이 선택한 출판·편집자의 길에 최선을 다하면서 학문적인 연구 기회로 삼아, 그에 따른 견해를 저술로써 구현하는 적극적인 태도를 보였다.

안춘근의 독서 섭렵이 거듭 왕성하게 열려나간 것도 이 무렵이었다. 말 그대로 닥치는 대로 읽었다. 그러한 과정에서 심취했던 책 중의 하나가 영국의 저명한 출판인이며 출판학자인 스탠리 언원(Sir Stanley Unwin, 1884~1968) 경이 지은 『출판의 진실, The Truth about Publishing』이었다.

남애는 이 책에서 「직업으로서의 출판, Publishing as a Profession」이라는 주제의 글을 읽고 내면적인 공명을 얻게 된다(이종국, 2015, p.367). 이에서 보면 "대중을 선도하는 힘, 진리를 추구하는 사람에게 가슴 뛰는 모험을 제공하며 또 그러한 추구를 가능하도록 하는 직업이 곧 출판업의 진실"이라고 밝힌 내용이 나온다(Stanley Unwin, 1946, p.226). 이 메시지는 젊은 안춘근의 마음을 움직였다.

그런데 안춘근은 을유문화사로 입사하기 전에 자신의 진로 문제를 놓고 방황한 일이 있었다. 그가 군에서 전역을 앞두고 있을 무렵, 한 유력한 지인으로부터 평화신문사[5] 기자로 들어가도록 내약을 받아놓은 상태에서 잠시 대기한 일이 그것이다. 하지만, 이 신문사의 사장(洪燦, 1909~1964)이 동경에 장기간 출장 중이었으므로 안춘근의 입사 결정이 지연될 수밖에 없었다. 이로 하여 안춘근으로서는 그가 귀국할 때까지 줄곧 기다릴 형편도 아니었다. 노모를 봉양해야 하는 등 가족을 보살펴야만 하는 일이 무엇보다도 시급한 실정이었기 때문이다. 아울러, 신학기가 더 이상 깊어지기 전에 중단했던 학업도 마쳐야 했다(이종국, 2015, pp.342~343). 당시의 신학기는 9월부터였다.

이와 같은 사정은 안춘근으로 하여금 서둘러 직장을 마련하도록 이끌었다. 그렇지만 전쟁의 후유증으로 모든 사회적 여건이 궁핍했을 뿐 아니라 여의하지도 않았다. 그럴 듯한 구인 광고도 찾아보기 어렵던 그 시절이었기 때문이다. 거기에다 전쟁 통에 밀려드는 피난민 대열 또한 그칠 사이가 없던 터여서 온 도시가 구직자들로 넘쳤다.

---

5) 1949년 10월 18일 홍찬(洪燦)이 《평화일보(平和日報)》의 판권을 양우정(梁又正)으로부터 물려받아 제호를 《평화신문(平和新聞)》으로 바꾸어 창간했다. 1961년 2월 1일 《대한일보(大韓日報)》로 바뀌었다.

그러던 1955년 10월 중순, 안춘근은 친구인 문용구(文鎔九)[6] 소개로 관철동에서 을유문화사의 은석(隱石) 정진숙(鄭鎭肅, 1912~2008) 사장을 만나게 된다. 군에서 전역한 지 불과 1주일 남짓 된 시점이었다.

정 사장은 이미 남애가 편찬자로 참여한 『육군교육연감』을 알고 있던 터였다. 당시 이 연감이 군·관계에서 널리 알려졌을 뿐만 아니라, 특히 출판계에서도 두루 알고 있을 정도로 인기가 대단했다. 왜냐하면, 당시의 출판계로 말하면 국가 기구(정부의 공보실과 각 부처)나 군 기관 등에서 제작한 출판물이라면 매우 중요한 자료원으로 취급하던 시절이었다. 시국에 관한 정보도 그러려니와, 출판 업무에 필요로 하는 참고 자료로서 그만큼 효용성이 큰 대안도 드물었기 때문이다(이종국, 2015, p.343).

당시 은석으로서는 안춘근을 소개해 준 지인(안춘근의 친구 문용구) 또한 기왕부터 지면이 있는 사이여서 홀가분한 면담으로 연결될 수 있었다. 뒷날 정진숙도 자신의 자서전인 『출판인 정진숙』을 통해 "문용구는 을유문화사에서 오래 봉직했던 지인"이라고 밝힌 바 있다(정진숙, 2007, p.320).

그러므로 은석과 남애는 각자 문용구와 지면을 트고 지내던 사이였던 셈이다. 정작 은석과 남애만 서로 간에 초면일 따름이었다. 당시 문용구는 은석에게 남애를 적극 추천했던 것이다.

이날, 셋이 합석한 자리에서 은석은 남애에게 을유문화사에서 함께 일하자는 말부터 꺼냈다. 이에 남애의 결정도 신속한 화답으로 이어졌다. 은석이 "안 대위가 좋다면 다음 주 월요일부터 출근하기 바랍니다."라고 말했고, 남애도 "좋습니다."라고 대답했다. '다음 주 월요일'이란 1955년 10월 24일을 말한다.

2) 출판·편집자, 책에 관한 책의 저자로

이로써 남애 안춘근은 을유문화사와 긴 인연을 맺는다. 22년 8개월 동안(1955.10.24.~ 1978.6.10.) 이 출판 기업에 재직하는 과정에서 편집과장, 기획조사부장, 주간 겸 이사 등

---

6) 문용구(경향신문 기자, 강릉문화방송 사장 등 역임)에 관해서는 남애의 첫 저술인 『양서의 세계』(아카데미사, 1959.3.) 「서(序)」 말미에서 다음과 같은 내용이 나온다.
"나를 출판계와 인연을 맺게 해 준 문용구 형과, 나를 오래도록 출판계에서 일할 수 있도록 여러 가지로 지도해 주신 을유문화사 정진숙 사장에게 이 기회에 깊은 사의를 표한다."

1959년에 지은 『양서의 세계』, 『저술의 상식』, 『독서의 지식』

을 역임하는 가운데 43종의 전집과 무려 914종에 이르는 단행본을 기획하는 등 출판 개발의 대기록을 남긴 것이다.

특히, 1950년대 후반에서 1960~'70년대에는 출판계의 황금기이기도 했다. 대형 기획물들이 쏟아져 나오면서 출판이 문화산업으로 기반을 다진 시기가 그 무렵이었다. 남애는 또한 자신의 저서 6권을 을유문화사에서 내기도 했다.

『출판개론』

안춘근이 을유문화사에 들어갔을 때는 학생 신분이었다. 전쟁 통에 중단했던 교과목을 마저 이수하고 있었기 때문이다. 이듬해인 1956년 9월, 그는 늦깎이로 성균관대 정치학과를 졸업한다.

학교를 나온 후 안춘근의 삶은 더욱 책과 체화되다시피 했다. 그는 출판·편집자로서의 업무를 수행하는 과정에서 '평생의 업연(業緣)'을 찾아낸 것이다.

이 무렵부터 남애 안춘근은 특출한 출판 기획자요 출판·편집자일 뿐만 아니라, 최고의 옛 책 수집가, 그리고 출판학과 서지학을 일으킨 선구자, 최초의 출판학 교수자, 책에 관한 책의 저자, 그렇게 여러 대명사를 보태면서 새로운 기록들을 써 나가게 된다. 이렇듯, 남애는 출판을 직업으로서뿐만 아니라, 진작부터 학문적인 연구 대상으로 삼아 깊은 관심을 기울이고 있었던 것이다.

남애는 「나와 직업」이란 주제의 글에서 직업으로서 출판을 선택하게 된 동기 그리고 이 분야 연구에 집착을 가지게 된 이유를 다음과 같이 술회한 바 있다.

군에 있을 때 얼마 동안 출판과 관계 있는 일을 하는 한편 여러 번 신문·잡지에 투고한 것이 인연이 되어 제대하면 신문사에서 일하기로 했다. 그러나 1주일만 쉬고 출근하려다가 그 사이에 친구의 소개로 지금 자리에 앉고 말았다.

원래 상업학교를 거쳐 사범학교를 나와 교편을 잡다가 대학에서는 법(法)·경(經)·정(政)을 두루 배웠기 때문에 한 가지 전공에 철저하지 못했던 나로서는 어차피 백과사전과 같은 광범위한 지식을 요하는 신문이나 출판 저널리즘에 관계하는 것이 안성맞춤이란 생각이었다. 출판은 저널리즘 분야에 속하기는 해도 아카데미즘에 가까운 데 특색이 있다.

〈안춘근(1993). 『언제 고향에 갈 수 있을까』(유고), p.229〉

라고 말하면서, 특히 출판에 대한 애착을 다음과 같이 밝혔다.

출판에 관계하고 보니 경험 위주의 작업이 많았다. 나는 이것을 이론적으로 연구해 보려는 생각을 갖고 우선 관련되는 참고 서적을 수집하고 나서 수년 고심해서 공부한 다음 출판 평론을 시작했다.

신문이나 잡지가 하루 한 달을 수명으로 하는 작업임에 비해서 출판은 영구히 보존될 양서를 출판한다.

우연히 시작한 출판 실무와 연구가 10년이 지나도 싫어지지 않고 오히려 더욱 강렬한 집착을 갖게 되는 것은, 나만이 외로이 출판문화를 학문으로 정립시켜 보려는 애틋한 욕망에서다.

〈안춘근(1993). 위의 책, pp.229~230〉

앞에서 말한 바와 같이, 남애는 이미 30대 초반에 『양서의 세계』라는 '책에 관한 책'을 저술하는 등 독보적인 분야를 개척했다. 이 책은 서울신문학원에서 강의 교재로 사용한 저술이기도 하다. 또, 같은 해에 잇따라 내놓은 『저술의 상식』, 『독서의 지식』도 책에 관한 책들로 특성화된다. 남애가 군에서 전역한 후 4년 만에 거둔 성과였다.

안춘근은 또한 37세 되던 해에 출판 연구의 기반을 제공한 『출판개론』(을유문화사, 1963)

을 냈고, 불혹의 언저리에서 『한국서지학』(통문관, 1967), 『출판사회학』(통문관, 1969a) 등 비중 있는 출판·서지학 연구서들도 발표했다. 이로써 안춘근은 "전인미답, 연구 미정의 분야에 파고들어 최초의 틀잡이를 해 놓은 학자"라는 평판을 받는다(김원룡, 1969, p.72). 책에 관한 책의 저자로 개척자적인 위치를 든든히 다졌다.

그러한 과정에서, 남애는 이미 동서양 자료들을 광범하게 섭렵하고 있었다. 그와 같은 지적 탐험을 직접 수서(蒐書) 작업으로 발전시켜 그 양적인 범위도 상당한 수준에 이를 정도였다. 예컨대, 1965년에 발표한 「수서식록(蒐書識錄)」이란 글에서 보면, 필수적인 수서 품목도 "도서 출판, 서지 등은 전공이라 해서 반드시 구입한다."고 밝혔다(안춘근, 1965, p.120). 이로써, 그의 수서 활동이 지향하는 하나의 특성을 엿볼 수 있다.

남애의 책·출판 분야에 관한 연구는 날이 갈수록 왕성한 추진력을 보였다. 그런 한편으로 주로 기획 실무를 맡은 출판·편집자의 위치에서 양서, 독서, 저술과 관련된 책들을 출간했다.

그렇게 출판과 관련된 일종의 계몽적 성격을 표방하면서 사회적으로 많은 관심을 끌 수 있는 주제를 택하여 그 나름대로 특징적인 몫을 더해 갔다(정진석, 2014.6., p.67 참조). 그는 이미 이 분야에서 독보적인 위치를 굳히고 있었다.

그런 한편으로 을유문화사에서 추진하고 있었던 거개의 출판 기획은 곧 '안춘근의 아이디어로 현실화되는 것'을 의미했다. 이는 우리 출판계에서 새로운 기록들을 써 나간 증거들이기도 하다.

제2장 새로운 실현

1. 서울신문학원에 가다

남애 안춘근과 서울신문학원과의 관계는 그가 출판·편집자의 길에 들어선 이후로 또 하나의 새로운 실현을 가능케 했다는 점에서 중요한 의미가 있다.

남애는 을유문화사 재직 중에 서울신문학원에서 수학(1957.4.~1958.3.)했을 뿐만 아니라, 졸업 직후부터는 이 학원의 강사(1958.4.~1960.3.)로서 교육 활동도 감당했다. 우선,

서울신문학원에 대하여 개관해 보자.

1) 서울신문학원의 전신 '조선신문연구소' 발족

앞에서 설명한 바와 같이, 서울신문학원은 1946년 1월 초 우당 곽복산 등 11명의 발기인에 의해 저널리즘 연구와 언론인 양성을 목적으로 발족된 '조선신문연구소'가 모체이다. 이 연구소는 우당이 광복 이전부터 구상해 온 언론학 연구와 언론 교육 기관의 탄생이 현실화된 것을 의미한다.

우당은 당초에 신문과학연구소의 창설을 설계하고 이를 통하여 신문학 연구의 기간(基幹)을 마련하고자 했다. 그러면서 동시에 신문학 교육에까지 연장시키려 이 연구소의 발전적인 미래를 구상했던 것이다(차배근 외, 1977, p.115).

'조선신문연구소'라는 이름으로 문을 연 이 연구 기관은 개소 후 거의 1년이 지났는데도 별반 활동을 보이지 않았다. 그러다가 그해 12월 25일 '신문과학연구소'로 개칭, 사실상의 창립 형식을 갖추게 된다. 당시 백낙준(白樂濬, 연희대학교 총장)이 소장을 맡았고, 연구소 본부는 서울 남대문로 2가 한남빌딩에 두었다.

임원진은 언론계 및 인문학계와 사회과학 분야를 대표하는 전문가 진용으로 조직되어 있었다. 언론계에서 이 연구소의 창립에 참여한 임원을 보면 김동성(金東成, 합동통신 회장), 설의식(薛義植, 동아일보 주간), 곽복산(동아일보 사회부장)

우당 곽복산(1911~1971)

과, 명망 있는 문예잡지인 《문장》 발행인(金鍊萬)도 보여 주어 의를 끈다. 임원진 중 곽복산의 경우는 상무이사를 겸하여 사실상 이 연구소의 전반적인 업무를 관장했다(정진석, 2001, p.484 참조).

신문과학연구소는 다음해 2월 18일 군정청학무국으로부터 '조선신문학원'이라는 이름으로 설립 인가를 받았다. 발족한 지 약 2개월 뒤의 일이었다.

당시 운영진은 김연만이 설립 대표자였고, 교무위원(이순탁, 설의식, 이상호, 이병기) 및 교무 주임(곽복산), 연습주임(홍종인), 학생주임(이정순), 도서주임(신남철)으로 조직되어 있었다. 이 체제에서도 실질적인 운영은 곽복산이 맡아 본격적인 언론학 교육 사업을 추진했다. 그런데 여기서 '연습주임'이란 직책은 '신문 제작 실습'과 같은 실무 수련 주무자를 말한 것이다. 또, 도서주임의 경우는 단순히 교재 관리라든지 연구소 내 비치 자료들과 관련된 업무를 맡은 실무 담당자였다.

조선신문학원은 1947년 2월 말에 처음으로 6개월 과정의 '전수과(專修科)' 학생 모집 광고를 냈다.[7] 그해 3월 15일까지 학생을 모집하여 4월 1일자로 개원한다는 학사 계획을 알린 것이다.

1952년 4월에 이르러 조선신문학원의 명칭도 서울신문학원으로 개칭을 보았다. 따라서 1948년부터 본과 1년, 연구과 1년으로 발전적인 개편도 단행했다. 부산 영도에 있는 무선 기술학교 자리에서였다. 당시 백낙준이 문교부장관을 맡고 있었다.

서울신문학원이 다시 서울로 이전한 것은 1954년이다. 1956년 4월에는 문교부로부터 사단법인체 허가도 받았다. 장차 신문대학 건설을 추진한다는 목표에서였다. 그 무렵, 곽복산은 하왕십리에 소재한 무학여고 위 안정사 앞에 7,000여 평의 학교 부지까지 물색해 둔 상태였다(정진석, 2001, p.520).

이미 사단법인체 허가를 받아놓은 데다 학교 부지까지 마련되어 있었다면, 그간에 추진해 온 대학 건설 사업이 상당한 수준까지 진척되어 있었던 셈이다. 그러나 '신문 대학' 설립 계획은 끝내 무산되고 말았다. 국내 최초의 언론 대학 발족이 맹아의 들머리도 내보이지 못한 상태에서 역사의 뒤편으로 사라져 버린 것이다.

남애 안춘근이 서울신문학원을 방문한 것은 을유문화사 입사 후 1년 5개월여 뒤인 1957년 3월 초였다. 그는 4월부터 개강하는 이 학원에서 공부하기로 결심하고 곽복산 원장을 만났다(이종국, 2015, p.346 참조). 남애와 서울신문학원과의 관계는 이렇게 하여 맺어지게 된다.

2) 서울신문학원에서

안춘근이 서울신문학원에 입학(1957.4.1.)할 당시에는 1년 과정의 신문보도과(35명), 신문영어과(25명), 보도사진과(20명), 이렇게 3개 과만으로 조직되어 있었다(정진석, 2001, p.522). 남애는 신문보도과(보통 '신문과'라 부름.)에 적을 둔 젊은 편집자(당시 31세)였다.

---

7) 《동아일보》(1947.2.28.). 「건실한 쩌—내리스트 양성, 조선신문학원 발족, 4월 1일 개원」.

당시 이 학원의 수료자들은 거의 신문사로 진출했으나, 남애의 경우는 신문 매체를 중심으로 학습하는 저널리즘 쪽보다 여전히 현업에 좇아 출판·편집자의 길을 선택하기로 했다. 이는 책과 출판 현장과 그 연구를 지향하고자 한 결정이었다(이종국, 2011, p.434).

안춘근의 선택은 신문이나 출판 분야를 공부함으로써 자기 개발의 길을 걷고자 한 데서 출발되고 있다. 앞에서 소개한 바와 같이, 그가 뒷날에 밝힌 「나와 직업」이란 글에서 보면 그와 같은 생각이 나타나 있다.

그는 "군에 있을 때 얼마 동안 출판과 관계있는 일을 하는 한편, 여러 번 신문·잡지에 투고한 것이 인연이 되어 제대하면 신문사에서 일하기로 했다."고 말했다. 그러나 1주일만 쉬고 출근하려다가 그 사이에 친구*의 소개로 지금 이 자리(을유문화사를 말함)에 앉고 말았다는 것이다(* 문용구를 말함. 이 책, p.125 참조. 필자 주).

남애는 학창 시절에 학습한 자신의 전공이 일목으로 갖추어지지 않았다고 말한다. "원래 상업학교를 거쳐 사범학교를 나와 교편을 잡다가 대학에서는 법·경·정 분야를 두루 배웠기 때문에 한 가지 전공에 철저하지 못했다."는 것이다(안춘근, 1993, p.229). 이 때문에 어차피 백과사전과 같은 광범한 지식을 필요하는 신문이나 출판 저널리즘에 관계하는 것이 안성맞춤이라고 생각하게 되었다.

남애가 서울신문학원에 들어간 때(1957.4.1.)는 을유문화사 입사(1955.10.24.) 후 1년 5개월 남짓 지난 뒤의 일이었다. 그는 이 학원 측에서 낸 한두 번의 지상 광고를 기억해 둔 터여서 그렇게 낯설지도 않았으므로 자신의 직업 선택에 대한 자족감을 느꼈던 것 같다.

서울신문학원은 1947년 4월 5일 곽복산의 주도로 창설된 이래 졸업생을 15기까지 배출한 이후 1969년 10월 11일에 발족된 중앙대학교 부설 신문방송연구소로 흡수되었다. 그러한 과정에서 이 학원은 많은 언론인을 양성하여 현업에 배출했을 뿐만 아니라, 언론학이 4년제 대학의 정규 과정으로 정착·발전하는 토대를 제공한 사단법인체로 존재했다. 서울신문학원이 그만한 수준에 이르도록 힘써 이끈 인물이 곽복산 원장이었다.

곽복산은 1952년 《동아일보》 편집국장, 1954년 《중앙일보》 취체역 주간(取締役主幹)을 역임했고, 1955년 홍익대학 신문학과의 주임 교수를 거쳐, 1957년 11월 문교부로부터 우리나라 최초로 신문학 교수 자격을 승인받았다. 1958년 9월부터는 중앙대학교 신문학과 교수로 재직하면서 이후 오랫동안 후진을 육성하며 말년을 보냈다.

앞에서 말한 바와 같이, 안춘근은 1957년 3월 초 이 학원 입학을 앞두고 곽복산 원장을 만났다. 서울신문학원에 대한 좀 더 자세한 정보를 알고 싶어서였다.

이에 곽 원장은 신문이나 출판은 다 같이 글과 깊은 관련이 있는 매체 공포·이용 활동이며 또 그것을 수단으로 삼는 문화 전달 행위라고 설명했다. 당시 곽 원장은 《동아일보》 등 주요 언론의 주간과 논설위원 등을 거친 46세의 중견 저널리스트였고, 남애는 31세의 육군대위 출신인 젊은 편집자였다. 남애가 쓴 「출신학교」라는 글에서 보면,

오랜 군대 생활에서 물러나 사회에서 첫발을 디딘 곳이 출판사여서 그 일을 잘해보려는 노력의 일단으로……서울신문학원에 다녔다. ……그러기에 그 학원만은 우연히 찾아간 것이 아니라 꼭 그 학원에 가서 공부를 해야겠다는 단단한 결심으로 찾아갔었다.
〈안춘근(1977). 「출신학교」. 『책갈피 속의 연서』, pp.150~151〉.

라고 회고했다. 이로 볼 때, 남애가 서울신문학원에서 공부하기로 작정한 것은 진작부터 계획한 개인적인 목표였음을 알 수 있다.

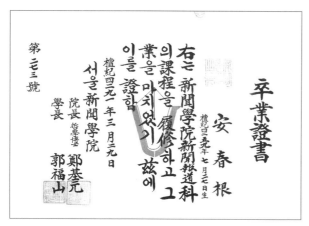

서울신문학원 졸업증서

1958년 3월 29일, 안춘근은 서울신문학원 전수과정을 11기로 졸업했다. 1년 과정의 신문보도과를 마친 것이다. 야간 수업을 받아야 했으므로 직장과 신문학원을 오가는 양수겸장격 수련이었다. 그는 이 학원을 통하여 언론·출판계에 종사하는 많은 현직 인사들과 만났다.

특히, 출판 기획에서 필요로 하는 필자 자원을 그곳에서 두루 파악하고 접촉할 수 있었는데, 이는 중요한 성과였다(이종국, 2015, p.347). 말하자면, 일거에 다수의 사람들과 안면을 트게 된 것이다.

당시 신문과의 수강생 구성을 보면 정규생과 별규생으로 구분되어 있었다. 전자의 경우는 대학 졸업자 또는 4학년 재학자로 입학 자격이 주어졌고, 후자의 경우는 대학 2년 수료자로 되어 있었다. 남애는 당연히 정규생 자격으로 수업 과정을 마쳤다.

안춘근의 졸업증서에서 보면 그 발급 상위자가 '정기원(鄭基元, 1899~1986) 원장'으로 제시되어 주목된다. 정기원은 한시적이긴 했으나 당시 곽복산 원장이 초빙한 사계의 유력

인사였다.

 곽 원장은 서울신문학원의 활성화 방안으로 자신이 학장으로서 직무 수행을 더욱 강화하는 대신에, 대외 활동을 꾸릴 원장을 새로 초빙했는데 그가 정기원이었다. 신임 정 원장은 당시만 해도 보기 드문 프린스턴대학 출신이며, 이 대학 교수로 재직한 경력자이기도 했다. 뒤에 동아대 학장과 제2, 3대 국회의원도 역임하는 등 교육계와 정계에서 활약한 바 있다.

 서울신문학원의 창립 당시 이 학원에서 강의한 교수진 형편을 보면 신문학 전공 학자가 희소한 때인지라, 신문 연구에 깊은 관심을 보이고 있던 언론계 중진들이 주로 전문 분야를 담당했다. 한편으로 인접 교양 과목의 경우는 각 대학 교수들이 자진해서 가르치는 일이 적지 않았다.

 이때 신문학 강의를 담당했던 언론·문화계 인사는 설의식(薛義植), 김동성(金東成), 홍종인(洪鍾仁), 이정순(李貞淳), 이관구(李寬求), 이은상(李殷相), 고재욱(高在旭), 주요한(朱耀翰), 유광열(柳光烈), 오종식(吳宗植), 백대진(白大鎭), 성인기(成仁基) 등이었다(차배근, 1992, pp.173~174).

 이렇듯, 서울신문학원 출강자들은 권위 있는 언론계 인사들이 망라되다시피 했다. 이 때문에 출판계에 몸담은 남애로서도 그들의 경륜과 경험을 경청하는 기회로 삼을 수 있었다. 당시 곽복산 원장은 대한출판문화협회의 이사로도 참여(1958)하여 출판계와 소통하는 일이 빈번했다.

 서울신문학원 재학생들은 역량 있는 일꾼들이 많았다. 1958년 말 현재 공보실에서 허가한 서울시내 일간 신문사는 16개사에 이르렀고, 통신사만도 14개사나 될 정도였다. 여기에 주간지 72, 월간지 238, 기타 계간지 등 69종이 발행되어 모두 409종을 헤아렸다(학원사 편집국, 1959, p.718). 전후 복구가 모든 면에 걸쳐 신속히 진행되는 과정에서 언론계도 양적인 팽창을 실현한 결과였다.

 이와 같은 언론계 환경은 서울신문학원이 뜻 있는 젊은이들에게 유일한 전문 교육 기관으로서 신망의 대상일 수밖에 없었다. 그런 이 학원은 남애에게 새로운 시야를 열어 준 또 하나의 기회로 다가왔다.

 군에서 전역한 후 3년도 채 안 되는 동안 을유문화사에 근무하면서 신문학원까지 졸업한 남애는 출판학 연구에 끊임없이 의욕이 샘솟고 있다는 사실을 알게 되었다. 이는 새로운 자기 개발을 의미했다.

2. 서울신문학원에서 가르치다

안춘근은 1957년 4월 1일 서울신문학원에 입학하고, 이로부터 1년 뒤인 1958년 3월 29일 이 학원을 졸업(11기)한다. 따라서 그해 4월부터 1960년 3월까지 이 학원의 강단에 섰다. 그는 서울신문학원 졸업생 출신으로서 출판학 분야를 가르치는 첫 강사로 임용된 것이다.

이로 인한 일상의 문제들도 적지 않은 변화를 가져오게 되었다. 출판사에 근무하는 가운데 야간에는 서울신문학원 강의를 맡은 상황에서 책을 쓰는 작업도 동시에 진행했다(정진석, 2014.6., p.66 참조).

1) 출판학과 도서학 강의

1948년 7월, 서울신문학원은 장차 정규 대학으로 발전시키기 위해 원래 1년제였던 본과를 2년제로 확대하고, 대학 2년 수료 정도의 학력을 이수한 자를 입학시켜 우수한 신문 기자를 양성한다는 목표를 세웠다(정진석, 2001, p.496). 이와 함께 단기 1년의 전수과를 두기로 했다.

1948년 7월 3일자로 공지된《동아일보》광고에 의하면 그러한 내용이 반영되어 있다. 서울신문학원 전수과의 학생 모집 내역은 다음과 같다.

> 전수과(1년제): 정치, 외교, 보도, 선전 방면 또는 라디오, 잡지, 출판, 문화 사업에 뜻을 둔 청년 학도들을 위하여 단기간 교육. 모집 인원 30명

여기서 잡지와 출판 부문이 들어 있어 눈길을 끈다. 요컨대, 신문보도과 또는 통합 교육 과정에서 이 분야를 교수·학습했을 것으로 보인다. 이에 관해서는 1950년 4월 신문학원 창립 3주년에 발행된『조선신문학원 요람』(14쪽 분량의 팸플릿)에서 나타난다(정진석, 위의 같은 책, p.501 참조). 이 자료에 소개된 학칙(1950년 3월에 새로 제정)에 의하면,

> 제1조(목적) 본 학원은 신문학과 아울러 정치학, 경제학, 문학에 관한 학술의 이론과 응용을 교수함을 목적으로 한다.

라고 밝히면서, 2년제 본과를 단기의 '고급 학부'(정치 전공, 경제 전공, 문예 전공)로, 1년 과정의 전수과를 '전공부'(신문전수과, 보도전수과)로 폭을 넓히고, 학부의 정치, 경제, 문예 전공에서는 전문적인 기자와 평론가를 육성하도록 한다고 되어 있다.

이와 관련하여 위의 자료에서는 3대 분야(신문학, 정치·경제·법학, 철학·문학·어학·기타)의 교수진과 담당 과목도 소개되어 있다. 이 중 신문과 교과목군에 배열된 출판 부문은 '잡지 출판 편집'이라 표시되어 있고, 그 교과목 담당자는 '조풍연'(趙豊衍, 광복 직후에 을유문화사 편집국장 역임. 필자 주)이라 소개했다.

이로 보아 잡지와 출판 부문의 교육은 주로 '편집 실무' 쪽에 비중을 두었던 것으로 보인다. 이것이 1950년대 중반으로 들어서면서 '잡지'와 '출판' 부문은 각각 별도로 하되 특수 연구라 하여 방송, 영화 등에 관한 강좌군에 넣는 형식이 취해지기도 했다. 이는 서울신문학원의 주된 교수·학습 교과목이 '신문' 매체가 중심인 저널리즘이어서, 출판 분야는 그만큼 상대적인 교과목으로 인식한 결과였다고 볼 수 있다.

그러나 모든 교과목에서 공통적으로 관류하고 있는 편집의 경우는 다 같이 중요한 학습 대상 중 하나로 인정된다는 사실을 간과할 수 없다. 다만, 매체별로 적용하는 편집의 방법 면에서 기술적인 차이가 있을 따름이다. 신문학 강좌 중에서 주요 교과목 중 하나로 취급되고 있는 '신문 편집(론)'도 그런 점에서 유의미성이 강하다.

서울신문학원의 학생들 중에는 통신사와 신문사의 출판부에서 근무하는 사람들도 적지 않았다. 이로 볼 때, 당연히 그들에게는 신문뿐만 아니라 다른 매체 활동에서도 필요로 하는 편집 실무 훈련이 요청되었을 것이다. 그리고 방송이나 영화 분야에 종사하거나 취향을 가진 학습자도 그런 점에서는 마찬가지였다.

출판계에 몸담고 있거나 향후 그쪽 분야로 진출을 희망하는 원생들에게도 신문학원에서의 수련은 요긴한 기회였다. 출판계로는 안춘근 외에도 이월준(월간 《아리랑》 사장 역임), 권정만(여원사 이사 역임) 등이 서울신문학원 출신들이었다(정진석, 1995, p.39).

그런데 '도서학'과 '출판학'이라는 교과목 명칭 및 그 교수자에 관한 근거란 무엇인가. 이에 관해서는 서울신문학원의 곽복산 원장이 안춘근 앞으로 발급한 「재직증명서」를 통해서도 확인할 수 있다. 이 증명서에 보면, 안춘근이 서울신문학원 강사로서 '도서학'과 '출판학'을 강의했다는 사실이 명시되어 있다.

두 교과목은 1958년부터 서울신문학원 신문과의 이수 과목으로 편제하고 있었던 것이다. 이 사실은 "한국에서 출판을 학문으로 연구하고 이를 체계화하기 시작한 첫 출발점"

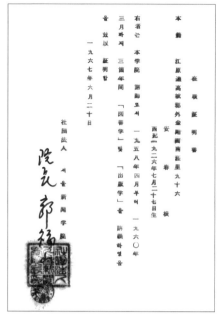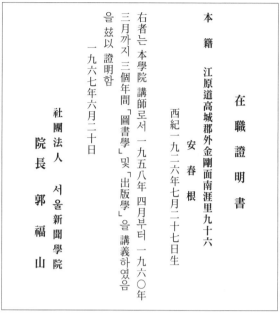

서울신문학원 재직증명서(오른쪽의 것은 판독 편의를 위해 전사 설정함.)

이 된다는 점에서 그 의의가 크다(안춘근, 1982, p.59).

이로써 우리나라의 고등교육 기관에 준하는 전문 교육 기관에서 '도서학'과 '출판학' 강좌가 정식 교과목으로 개설된 첫 사례를 기록하게 된다. 안춘근은 뒷날 "이 학원에 가서 공부를 해야겠다는 단단한 결심을 하고 찾아갔고, 나중에는 그 학원의 강사 노릇까지 했다."(안춘근, 1977, p.151)고 밝혀, 서울신문학원과의 특별한 인연을 말한 바 있다.

안춘근이 서울신문학원에 출강하게 된 것은 곽복산 원장의 권유에 의해서였다(안춘근, 1981, p.161). 연배가 15년이나 위인 곽 원장은 젊은 편집자인 남애와 1957년 3월 이래로 꾸준히 만나면서 그가 갖춘 식견이 탄탄할 뿐만 아니라 학문적 열정 또한 남다르다는 사실을 알게 되었다.

거기에다 이 학원의 교수진[8] 중에 을유문화사의 창립동인 중 한 사람이며 동사 출판담당 취체역(1945.12.1.~1951.4.)을 역임한 조풍연이 '잡지 출판 편집' 강좌를 맡고 있었던 것(정진석, 2001, p.502)도 우연한 일만은 아니었다. 그런데 이 강좌는 잡지와 도서 출판, 이렇게 양대 분야의 편집(술)에 관한 학습 과정인지는 분명치 않다. 단지 이론적인 체계에

---

8) 이에 관해서는; 정진석(2001), 『언론과 현대사』, pp.494~495, pp.501~503 참조.

중심을 둔 것이라기보다는 실무 또는 경험 위주의 '사례 학습'으로 이행되었던 것으로 보인다(민병덕 교수의 증언, 2014.6.20.).

안춘근이 서울신문학원에서 3년간 '도서학'과 '출판학'을 강의할 때 사용한 교재는『출판개론』(1963)이었다. 해당 단원을 관련 교과목 강론에 적용했던 것으로 보인다. 이 책의 교재 사용과 관련하여「논저를 통해 본 출판 연구」(1976.5.28.)라는 논문에서

『출판개론』은 필자가 출판의 일반론을 발표했던 것을 고 곽복산 교수의 권고로 대학에서 교재로 쓰기 위해 엮어 낸 것을 실제로 필자가 서울신문학원에서 강의하면서 교재로 쓰기 시작했다.

〈안춘근(1981).「논저를 통해 본 출판 연구」,『한국출판문화론』, p.161〉

라고 밝혔다. 그런데『출판개론』은 남애가 직접 강의한 시점보다 4년 뒤에 출판되었다는 점을 유의할 필요가 있다. 이로 보아, 향후 출판 예정인 이 책의 내용이 서울신문학원에서 사실상 강의 교재(강의안)로 사용되었음을 알 수 있다.[9]

이에 관해서는 1980년대 중반 남애가 중앙대 신문방송대학원에서 서울신문학원 시절에 적용했던 강의 내용을 소개한 바 있다. 그럴 때, 그가 출간을 기획 중이던『출판개론』과, 서울신문학원에서 강의할 당시 '책에 관한 참고서'로 펴낸 출판학 분야의 첫 저술인『양서의 세계』(아카데미사, 1959)를 주된 강의안으로 사용했다는 사실을 밝혔다(안춘근 강의록., 1985.10.7.).

2) 양대 교과목 교수안의 범위

이와 관련하여, 안춘근이 낸 최초의 출판학 관련 저술인『양서의 세계』와 뒤이어 출간

---

9) 민병덕 교수의 말에 의하면, 남애가 서울신문학원에서 강의한 양대 교과목에 관해서는 향후 우리 출판학 교육사를 정리할 때 보다 구체적으로 다룰 필요가 있다고 강조했다. 남애는 특히 서울신문학원의 교과목들이 저널리즘으로 전면화된 것과 관련하여, 매우 중요한 인접 분야인 책과 출판에 대한 수업이 왜 소극적인가를 의구했다는 것이다. 그래서 남애가 곽 원장에게 제안한 교과목이 출판학과 도서학 강의였다고 한다. 교재로 사용한『출판개론』과『양서의 세계』도 진작부터 집필을 진행한 상태였으며, 이를 우선 별도의 강의안으로 축약하여 양대 교과목 교재로 사용했다고 본다. 그 바람에『출판개론』의 경우는 출판 시점이 지연되었음을 미루어 알 수 있다. 〈민병덕 교수의 증언, 2014.6.20.〉

한『출판개론』을 통하여 '교수안'의 범위를 파악할 수 있다.

우선,『양서의 세계』얼개를 보면 대체로 '도서학' 분야를 다룬 내용으로 되어 있다. 그 내역을 목차 순에 따라 살피면 다음과 같다.

□『양서의 세계』

1. 서설: 책에 대하여/책의 역사/책의 정의/책의 선택

2. 양서의 기준: 양서와 악서/양서와 적서(適書)/양서와 신간/양서와 고전

3. 양서의 요건: 책의 요건/저작자/도서명/출판사/발행 연도/발행지/책의 정가/판권의 표시

4. 양서의 형태: 책의 형태/장정고/제책술/책의 판형/책의 분량/활자와 조판/용지의 선택/인쇄의 효과

5. 양서의 내용: 책의 내용/책 내용의 평가 기준/책의 구성 요소/책의 내용과 표현

6. 양서의 사회적 평가: 책의 사회적 평가/서평의 진실성/베스트셀라 비판/수상 도서/명사의 양서 추천

7. 양서와 독서: 독서의 의미/독서의 생활화/독서의 기술/책의 애호

이에 비하여『출판개론』에서는 '도서학'과 '출판학'에 관한 내용이 비교적 고루 안배되어 있다. 이들 두 가지 대상의 공통 및 구분되는 내역을 발췌해 보면 다음과 같다.

□『출판개론』

• 공통 내용

제1장 서적의 발달: 1. 서적의 기원/2. 문자의 발생/3. 서적의 발생/4. 고대의 서적/5. 종이의 발명/6. 인쇄의 기원/7. 서적의 운명

• 출판론

제2장 출판의 이론: 1. 출판의 이론/2. 출판의 역사와 의의/3. 매스콤과 출판/4. 출판의 윤리……/15. 저술의 정리/16. 저작 인세 제도

• 도서론

제3장 출판의 형성: 1. 도서의 형태/2. 월보/3. 교과서/4. 잡지론/5. 서질론(書帙論)/6. 전집과 문고/7. 사전(事典)과 사전(辭典)……/10. 양서론/11. 출판문화상 제도

이와 함께 『출판개론』에 편제된 '제4장 출판의 실제'와 '제5장 판매 정책'의 경우는 도서학과 출판학에서 공통으로 적용한 것으로 보인다.

한편, 남애의 『출판개론』에서 보면 출판학에 관한 문헌 취사 성격을 간취할 수 있다. 이 책은 출판 연구 분야의 전문서가 전무하던 시절에 놀라운 탐서 내역을 보여 주목된다.

우선, 스탠리 언윈(Stanley Unwin)이 지은 『출판의 진실, *The Truth about Publishing*』을 곳곳에서 참고한 것으로 나타난다. 또 다른 영국 출판학자인 더글러스 맥머트리(Douglas C. McMurtrie)의 『도서, *The Book*』에 제시된 학설―'인쇄술의 위대성'을 소개하기도 했다(안춘근, 1963, p.48). 이와

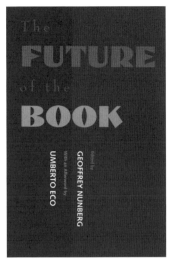

『책의 미래, *Future of the Book*』

아울러, 앨리스 페인 해커트(Alice Payne Hackett)가 저술한 『베스트셀러 60년, *Sixty Years of Best Sellers*』, 레스터 어세임(Lester Asheim)이 지은 『책의 미래, *Future of the Book*』[10], 그런가 하면, 오스발드(Oswaid, T.C.)가 지은 『인쇄의 역사, *History of Printing*』, 빈 코르(Wincor, R)의 『저작권법, *The Law of Copyright*』 등도 소개하여 그가 진작부터 관심을 두어온 출판의 현재 그리고 미래 지향적인 문제에 관한 섭렵 내역이 잘 나타나 있다.

이와 함께 다양한 일본 문헌들도 눈길을 끈다. 예를 들면 다나카 다카시(田中敬)의 『도서학개론』, 다케바야시 구마히코(竹林熊彦)가 저술한 『도서의 선택』, 우에무라 쵸사부로(植村長三郎)의 『서물(書物)의 책』, 세키네 야스요시(關根康喜)가 저술한 『출판의 연구』, 코다 시게토모(幸田成友)의 『서지학』, 타다 미치타로(多田道太郎)의 『복제예술론(複製藝術論)』, 가쓰미 마사루(勝見勝)의 『현대 디자인』, 다케바야시 구마히코(竹林熊彦)의 『도서의 선택』 등 여러 비중 있는 문헌들이 소개되어 있다.

또, 한국인이 지었다든지 체한했거나 체한 중인 외국인이 낸 저작물로는 『한국고활자

10) 이 책은 1950년대의 관점으로 본 책에 대한 조망을 내보인 연구서로 유명하다. 그 후, 1996년 캘리포니아대학에서 제프리 눈버그(Geoffrey Nunberg)와 움베르토 에코(Umberto Eco)가 공편한 20세기 말 이후 새 세기에 실현될 미래의 책에 관한 동일한 주제의 저술도 나왔다. 이들 두 책의 출판 시점이 상당한 격차를 두고 있으나, 그 비전 제시는 대체로 같은 점이 있다. 즉, 향후 종이 이외의 공표·전달 수단(또 다른 도서 유형)이 개발, 이용될 것으로 내다보면서도 여전히 전통적인 출판 형식이 오랜 동안 생명력을 유지할 것이라는 견해를 내보였다.

개요』(金元龍), 『양서의 세계』(安春根), 『조선문화사서설』(모리스 쿠랑), 『사천년문헌통고(四千年文獻通考)』(李定求) 등도 보인다.

이와 같은 전문서들이 『출판개론』의 참고 문헌으로 제시되어 있다. 그 구성을 보면 서양서 27종, 동양서 154종에 이른다. 이 자료들은 우리나라에서 최초로 소개된 출판학 분야의 전문서들이다. 따라서 *Publisher's Weekly*(주간)와 *Book Production*(월간) 등 해외 정기 간행물도 여러 종이 보인다. 이로써 1960년대 초에 이미 광범한 탐서(探書) 실적을 보였다는 사실을 알 수 있다(이에 관해서는; 이 책, p.365 참조).

안춘근은 출판 이론을 말하되, "출판을 가능케 하는 모든 요소의 지식을 통틀어서 조정하고 이것을 종합한 것"이라고 함축했다(안춘근, 1963, p.55). 그런 생각을 가진 남애는 일찍부터 대학에서의 출판학 교육을 현실화해야 한다고 주장하면서, 그에 따른 교과목을 구체적으로 예시한 바 있다.

출판학 교육에 대한 전공 교과목을 개설해야 마땅하다는 최초의 주장도 『출판개론』(pp.54~55)으로부터 비롯된다. 이는 남애가 서울신문학원에서 '도서학'과 '출판학'을 강의하면서 교재 개발의 필요성을 절감한 결과였다(이종국, 2015, p.352).

이와 관련하여 《성균》지(제17호, 1966.12.)에 발표한 논문 「출판학원론」에서는 출판개론, 기획조사론, 저작권법, 편집론, 출판사(出版史), 도서학, 서지학, 장정론, 신문학, 시장조사론, 광고학, 판매론, 경영론, 잡지론, 철자법, 세계미술사, 출판연습 등 24개 교과목을 제시했다. 이로부터 5년 뒤인 1971년에 이르러 44개의 전공과목으로 확대시켰다(안춘근, 1971.6., p.10).

위에 제시한 교과목들과 함께 출판기획론, 출판사회학, 출판문화사, 국제출판론 등은 대학(원)의 출판학과나 그 관련 학과가 개설될 때마다 으레 정규 교과목으로 편제되곤 했다.

특히, 이정춘(李正春) 교수의 노력으로 우리나라에서 출판·잡지 전공을 최초로 개설한 중앙대학교 신문방송대학원 커리큘럼이 1980년 11월에 확정되었는바, 남애안과 일치된 경우가 대부분이었다.[11] 이와 같은 사례는 안춘근의 이바지함이 어떠한지를 말해 주는

---

11) 참고로 1982학년도에 중앙대학교 신문방송대학원에서 채택한 출판잡지학과 전공과목은 다음과 같다. 출판이론(안춘근), 출판잡지사(정진석), 출판문화연구(안춘근), 잡지론(정진석), 서지학(안춘근), 출판기획론(김진홍), 출판잡지 경영연구(김성재, 김진홍), 국제출판연구(박승훈), 출판저작권연구(허희성) 등이다. 이 과목들은 1980년대 중반까지 교과목 및 교강사들에 대한 약간의 변동을 거치면서 지속되었다. 안춘근은 1988년 전반학기부터 이 대학원의 객원교수로 취임하여 타계할 때까지 후진을 가르쳤다.

하나의 좋은 징험이라 할 것이다(이종국, 2015, p.353). 그는 또한 우리나라의 정규 대학에서 출판학 강좌를 처음으로 개설 했을 때 이를 맡아(1963.3., 이화여대) 가르친 첫 교수자이기도 했다.

이렇듯, 남애 안춘근은 평범 속에서 특별한 유의미를 찾아내면서 책과 출판·편집 그리고 출판학과 서지학 개발에 새로운 시야를 넓혀 나갔다. 이를테면, 아무도 생각하지 않았던 출판학 교육과정에 착안하여 그 교과목을 처음으로 제시한 것도 그와 같은 사례 중 하나였다.

문헌정보학자 고 항심(恒心) 윤병태(尹炳泰, 1933~2004) 교수는 필자에게 그런 남애를 말하여, "선생이 해묵은 옛 책을 열람할 때면 마치 세상에 다시없는 보물을 대하는 듯 하셨다. 좋은 전적을 만난 기쁨과 그 책에 대한 경외심이 함께 어우른 표정이었으며, 이는 남애 선생을 말해 주는 수많은 형용사들이 그와 같을 것이라는 생각이 들곤 했다."*고 회고한 일이 있었다(* '충남대 윤병태 교수실'에서, 1998.5.21.).

윤병태 교수는 또한 "남애가 출판학을 창도하던 1960년대 초만 해도 문헌정보학(당시는 '도서관학')을 가르치는 학과의 경우 창과 실태가 활성화되지 못했을 뿐만 아니라,* 대학에 따라 이 분야의 비중이 약화되어 있는 등 교육과정의 혼선이 야기되어 그 기능이 제대로 뒷받침되지 못한 처지였다."*고 덧붙이기도 했다(* 이 책 제6부 중 주 16 참고). 그런데 남애는 출판학 교과목을 고안하면서도 서지학 교육을 중시하는 안목을 가지고 있었다. 결국, 두 분야가 책을 중심으로 한 지식 공포 수단에 관한 문제를 연구 대상으로 한다는 점을 고려했기 때문이다.

윤 교수는 개인적으로 남애와 인척의 관계*도 있고 하여 자주 찾아뵈면서 학문적 자문을 청하는 일이 적지 않았다〔*남애는 윤 교수의 선친과 교분이 두터운 사이였고, 먼 인척(姻戚)으로 윤 교수의 숙항(叔行) 벌이었음. 윤병태(1986.10.), p.77 참조〕.

이렇게 안춘근이 군에서 전역한 후 선택한 출판·편집자의 길은 출판 연구를 추구하면서 또 하나의 실현을 가능하도록 이끌었다. 앞에서 말한 바와 같이, 서울신문학원에서의 수업 경험을 말하며, 이로써 그는 매우 중요한 과업을 보태게 된다. 그는 이 학원을 졸업(1958.3.29.)하면서 강사(1958.4.~1960.3.)로 초빙 받아 강단에 섰다. 을유문화사에서 출판·편집자의 길로 들어선 후 불과 3년 뒤의 일이었다.

안춘근은 이 학원의 교강사들 중에서 출판 기업에 종사하는 유일한 현역 출판·편집자였으며, 최연소 출강자(강사 피촉 당시 32세)이기도 했다.

• 나오는 글

이상과 같은 내용으로 제3부 서술을 마친다. 이로써 남애 안춘근이 선택한 출판·편집자의 길과, 그러한 과정에서 새로운 실현을 경험한 일들도 아울러 살펴보았다. 그는 4년 동안의 군 복무 끝에 육군대위로 전역하고, 그 2주 후 을유문화사에 입사했다. 그가 선택한 출판·편집자로서의 길은 이 출판 기업에 몸담으면서 이후 22년 8개월이라는 긴 노정으로 이어지게 된다.

남애 안춘근은 또한 유일한 언론 전문 인력 양성 기관으로 설립(1947)된 서울신문학원에 수학하기를 자원했다. 출판·편집 업무를 전업으로 삼은 처지였지만, 또 다른 새로운 영역에서 시야를 넓혀 보고자 했던 것이다.

이렇게 되기까지 그는 5년제 선린상업학교를 불과 7개월만 남겨 놓은 상태에서 중퇴(8·15 광복으로 학사 업무 중단)해야만 했고, 경기사범학교 속성과를 거쳐 성균관대학 정치학과를 늦깎이로 졸업하는 등 흔하지 않은 학업 과정을 거쳤다. 거기에다 또 하나의 수업 경력을 보탠 것이 서울신문학원이었다.

남애는 이 학원의 신문보도과에서 수업했으므로 얼핏 신문사로 전업(轉業)해 언론인의 길로 나서기 위한 또 다른 선택이었다는 개연성을 생각해 볼 수도 있다. 그러나 저널리스트 쪽보다는 일단 인접 분야에 관한 지식의 저변을 확대하는 기회로 삼아 신문학원에서 공부했다.

그러한 과정에서, 신문이나 출판이 다 함께 문자 활동을 중심적인 매개 수단으로 삼으면서도, 이들 두 가지(신문과 출판) 주체의 지향하는 바가 왜 다른가에 대하여 의구했다. 이를테면 속보성과 항속성의 차이라든지, 대중적인 전달과 개인적인 선호성이 강한 매체 간의 차별성, 그리고 도달 범위가 의미하는 한계와 그 극복 등에 관한 문제 등이 그러한 대상이었다.

당시 남애의 왕성한 독서력은 전통적인 출판과 환경에 민감하고 시의적인 변용성이 강한 신문 매체에 대한 지속적인 관심을 불러일으키게 했다. 그래서 신문·잡지 등의 저널리즘 분야와 책으로 대표되는 출판이 보완 상호적인 관계로 더욱 발전되어야 한다고 보았다. 이는 광고를 통한 신간 안내와 같은 전통적인 상보 관계를 재발견하도록 이끌었다(안춘근, 1959 a, p.21).

이와 같은 남애가 생각하고 있었던 평소의 견해를 서울신문학원 곽복산 원장에게 말하자, 결국 곽 원장은 남애의 견해에 동의하여 '도서학'과 '출판학'을 신규 교과목으로 개설하게 된다. 신문, 즉 저널리즘의 주요 분야를 가르치는 신문학원에서 그 분야(저널리즘)의 뿌리인 책과 그 출판에 관한 교수·학습 활동이 다른 교과목들과 함께 대등한 이수 과목으로 수용되었던 것이다.

남애는 서울신문학원을 졸업하는 것과 동시에 이후 3년 동안(1958.4~1960.3.) 위의 두 교과목을 가르쳤다. 수업은 야간 강의로 이행되었다. 이 같은 사실은 우리나라의 고등교육 기관에 준하는 전문 교육 기관에서 처음으로 실현된 출판학 관련 강의라는 기록성을 남겼다. 남애가 그 분야의 개척자 역할을 감당한 것이다.

안춘근에게 있어 서울신문학원 시절은 또 다른 면에서 유익한 기회였다. 이 학원에 출강하는 인사들은 말할 것도 없거니와, 수강생들과도 너른 지면(知面)을 틈으로써 뒷날 을유문화사의 방대한 필자 자원으로 활용하는 기반이 되었다는 사실이다. 요컨대, 이 학원에 출강한 언론계 인사들 쳐놓고 을유의 필자가 아닌 사람이 없을 만큼 저·필자군으로 대거 수용하는 '역사'가 이루어졌던 것이다.

이제 제3부를 맺으면서 본문을 통해 서술한 내용을 다음과 같이 다섯 가지로 요약하고자 한다.

첫째, 남애 안춘근이 선택한 출판·편집자의 길은 과거 군문에 있을 때 경험한 기고 활동과 정서적인 면에서나 지향성 면에서나 맥락이 닿아 있음을 알 수 있다. 남애는 그러한 경험을 통하여 지금껏 읽고 연마해 온 자신의 지적 기량을 현실화하는 데 좋은 기회로 삼을 수 있었을 뿐만 아니라, 주변으로부터는 필력을 인정받는 계기가 되기도 했다. 그는 '글'이나 '책'과 관련된 직무를 거부감 없이 받아 들이고 있었던 것이다. 이러한 계기는 역설적으로 '전장에서 안내받은 운명적인 길'이었는지도 모른다.

둘째, 남애는 오로지 책과 함께 살아왔고 책을 생성케 하는 출판 행위와 그 제반 현상을 출판학으로 정리해 연구하며, 책을 지어내는 생활로 일관한 인생을 살아간 사람이었다. 그는 책과 일체가 된 특별한 삶을 살았는데, 이는 젊은 시절부터 체화되다시피 한 모습 그 자체였다.

셋째, 책과 출판에 대한 남애의 시야는 광범하여 두루 통하지 않는 것이 없을 정도였다. 그러한 십자로적인 접근 태도는 그의 왕성한 탐구 열정을 말해 주는 징표들이라 하겠다. 남애는 이미 30대 초입 시절에 집필과 수서 활동에 상당한 수준을 내보이고 있을 정도였다.

넷째, 남애는 출판·편집자로서 '책에 관한 책의 저자'로서도 새로운 길을 열었다. 1950년대 후반에 내보인 '책에 관한 책들'은 거의 같은 무렵에 이뤄 낸 중요한 성과였다. 이러한 결실들은 일찍이 볼 수 없었던 독특한 연구 업적이었으며, 남애를 '책의 학자'로 입지를 다지게 한 계기로 뒷받침될 수 있었다. 이는 남애에게 있어 스스로 확보한 일종의 학문적 특전과 같은 유익을 얻게 했으며, 향후로도 더욱 분발을 다지게 한 기반이 되었음은 강조해 말할 나위도 없다.

다섯째, 서울신문학원에서의 수업 및 강의 경험은 남애를 다시금 전환적 위상으로 이끈 기회였다. 그가 이 학원을 마치자마자 강단에 서게 된 것도 출판학 연구 분야에서 최초의 기록일 뿐만 아니라, 출판학 강좌 또한 첫 문을 열었다. 이 일은 우리의 출판학 교육사에서 매우 중요한 일로 평가된다.

제4부
책의 끼침과 책의 생산

• 들어가는 글

제4부는 남애 안춘근이 경험한 소년 시절 이후의 독서 과정과 그가 출판·편집자로서 직접 책을 기획·출판한 일에 참여한 내용이 중심이다. 그럼에 있어, 우선 남애가 소년 시절에 만난 책, 그리고 청년기에 읽은 독서 경험과 관련하여, 그가 출판 연구가인 동시에 출판 기획자로 나아간 과정을 파악하고자 했다.

남애는 이 땅의 소년들이 대체로 그러했듯이, 어릴 때 『천자문』을 배웠다. 이것이 책과 만난 첫 경험이었다. 초등학교를 졸업하고 출향한 후 상급학교에 들어가 그의 독서 경험도 켜를 더해 갔다. 그가 자립 생활을 꾸려 갈 무렵에는 6·25 전쟁이 일어났다. 이로 하여 동부전선 최북단인 속초에서 통역장교로 복무하게 된다.

전역 후, 을유문화사에 입사한 남애는 왕성한 독서를 이어 나간다. 출판 기업에 몸담은 직업인으로서 책을 생산하기 위한 당연한 방편이기도 했다. 요컨대, '읽은 지식을 책의 생산'으로 발전시킨 것이다.

앞에서도 누누이 말했지만, 안춘근은 오로지 '책의 사람'이었다. 책을 짓고 모으고 연구하고, 보전하고 지키며, 그것이 지닌 의의와 끼침을 널리 알리고 가르치는 전령사로 살아간 사람이 남애 안춘근이었다(이종국, 2015, p.353).

그런 남애에게 있어 책과 만난 첫 동인은 무엇이며, 평생에 걸친 독서 섭렵이 어떻게 이루어지고 있었는가? 또, 책의 생산은 어떻게 이행했는가? 그러한 과정에서, 남애의 을유문화사 시절은 어떤 모습이었는가? 이러한 문제들이 여기 제4부에서 다룬 내용들이다.

제1장 독서와 책의 생산

1. 『천자문』에서 몽테뉴까지

안춘근은 6세 때 동네 서당에서 『천자문』을 배운 것이 책과의 첫 만남이었다. 서당 학습으로 말하면 이전 시대의 한국인들이 두루 거쳤던 대표적인 교육 풍습이기도 하다.

1936년 3월, 안춘근은 다소 늦은 나이인 10세 때 초등학교에 입학했다. 이때 교과서를 배운 것이 '신식 책'과 처음으로 만난 기회였다. 이후 부친 슬하에서 서당 학습을 이은 한학 공부도 계속했다. 그럴 때 『명심보감』과 『통감강목』 그리고 사서(四書: 논어, 맹자, 대학, 중용)를 차례로 배웠다. 소년 안춘근은 한문 공부에 나름의 문리를 깨우쳐 가는 '조숙한 소학생'으로 자랐다(이종국, 2015, p.300).

고향집인 남애리에서 북쪽으로 7km 거리에 있는 장전심상소학교(長箭尋常小學校)에 다닌 안춘근 소년에게는 읽을거리라곤 몇 권의 교과서가 고작이었다. 더러 눈에 띄는 것이 있다면, 어른들이 즐겨 보는 이야기책이었는데, 그나마 쉽게 얻어 볼 수도 없었다. 서당패 청년들이 나눠 보거나, 아니면 늘 어른들의 몫으로 돌아갔기 때문이다. 당시 그런 책들은 이를테면 『춘향전』을 소리 높여 읽으면서 관리들의 부패를 탄식하고, 『임경업전』을 통하여 장군의 무용담에 흠뻑 빠져드는 식의 이야기책들이 대부분이었다〔안춘근, 1998(유고), p.178〕.

안춘근 소년으로서는 책을 읽고 싶은 마음이 강렬했지만 달리 어떻게 해 보는 수도 없었다. 교과서 외에 다른 책을 만나기가 도무지 어려웠기 때문이다.

그 후 새로운 책을 읽게 되는데*, 그것은 안춘근 소년이 초등학교 6학년에 이르러서였다. 그러나 본격적인 독서 체험으로 말하면 출향 후 선린상업학교 때부터였다고 볼 수 있다(* 이 책, pp.155~156 참조). 몽테뉴 『수상록』과 만나게 된 것도 그 무렵이었다. 선린상업학교 2학년에 올랐을 때였는데, 이 책은 내용이 난해하여 읽기가 버거운 대상이기도 했다. 뒷날 그는 '어렵게 읽은 책'이 『수상록』이었다고 말한 바 있다(안춘근, 1998, p.117). 그런데 『수상록』으로 말하면 어릴 때 읽은 『천자문』과 함께 안춘근의 '인생에 스승과 같은 존재였다(이 책, p.155 참조).

남애는 「희락서열론」에서도 당연히 독서를 즐거운 일 중 하나로 꼽았다(안춘근, 1973.3., pp.43~44). 남애 안춘근의 저서들이 모두 책에 관한 논의들이지만, 수필집조차 책 이야기로 넘친다. 이 때문에 '책 수필'이라거나 '책 칼럼집'이라 일컬어 지나침이 없을 것이다.

책 이야기 중에서 읽기에 관해서는 독서의 끼침이란 무엇인가를 중심 관건으로 삼는다. 1961년 3월에 남애가 발표한 「독서의 경향」이란 글에서도, "책은 청년들에게 음식물이 되고, 노인들에게는 오락이 된다."고 했다. 그리고 덧붙이기를 "부유할 때는 장식이 되고, 빈곤할 때는 위로가 된다."는 것이다. 그러면서,

우리는 위인과 안면이 없어도 독서를 통해서 그들과 친숙해질 수 있고, 우리는 수천

년 전에 살아보지 못했어도 그때의 정황을 꿰뚫어지게 살펴볼 수도 있다. 이렇게 보면 우리 인간이란 어떤 방면의 책을 얼마나 읽었느냐에 따라 그 사람의 됨됨이가 결정된다고 보아도 잘못이 없겠다.

〈안춘근(1963 a). 「독서의 경향」. 『살구나무의 사연』, pp.171~172〉

라고 말했다. 따라서 독서의 귀함이란 개개인에게만 국한되는 것이 아니며, 그 나라의 문화 발전 정도를 측량하는 바로메타라는 것이다(안춘근, 위의 책, p.172 참조).

1) 첫 책 『천자문』과의 만남

『천자문』이라 하면 그 생성에 대한 여러 설이 있으나, 양(梁)나라 사람 주흥사(周興嗣, 470?~521)가 편찬한 책으로 대표된다. 당시 무제(武帝)가 1천 자의 글자를 써서 뒤섞어 놓은 후 흥사에게 운문으로 만들라고 명령하여 『천자문』이 이룩되었다고 역사는 전한다. 이에 흥사가 너무 고심한 나머지 하룻밤 동안 머리터럭이 하얗게 변했다 하여 '백수문(白首文)'이라고도 한다. 이 책은 기초 한자 학습 교재이면서 바른 자형을 제시한 '쓰기 교과서'이기도 하다.

그런 『천자문』은 조선왕조 명종~선조대의 명필인 한호(韓濩, 1543~1605)가 써 놓은 이른바 『한석봉천자문』이 대표적인 책으로 유명하다. 그런데 보통 글방(서당)이나 항간에서 널리 사용된 천자문은 서체 등 형식이 서로 다른 많은 이본(異本)들도 두루 통용되었다.

『천자문』은 서당 학동들이 처음 배우는 교과서이므로 안춘근이 만난 첫 교재도 당연히 이 책이었다. 초학동을 위한 '문자 익히기' 교과서인 이 책은 250구의 사언고시(四言古詩) 한 편을 배열한 한문 시집이다. 한자를 1천 자쯤 먼저 배워 두어야 다음 책을 학습할 수 있도록 편찬된 책이었다. 말하자면, 오늘날 한글 24자모나 영어를 배우기 전에 알파벳 26자를 꼭 익혀야 하는 것과도 같다(안춘근, 1986, p.193).

『천자문』은 원래 중국에서 편찬되었지만, 우리나라에서 널리 활용되었다. 구미에서도 저들의 알파벳이 있듯이, 우리나라에서는 한글 28자가 있었음에도 한자 교육용으로 『천자문』이 줄기차게 활용되었다(안춘근, 1979, p.216).

『천자문』을 떼고 나면 대체로 『동몽선습(童蒙先習)』을 배운다. 책 이름도 아이(童蒙)가 먼저 익혀야(先習)할 독본이라 하여 『동몽선습』이라 했다. 그럼에도 정작 첫 '선습 도서'는 전

『천자문』 첫 구와 이음구 사례
들(중국 간쑤인민출판사, 1990,
pp.82~83)

통적으로 『천자문』이었다. 글방 풍습이 그렇게 내림되어 온 것이다(이종국, 2015, p.354).

학동들은 넉자씩 배열된 글줄들을 배우고 외는 글방 풍습에 익숙해지기 마련이다. 안춘근 소년에게 있어 그와 같은 『천자문』은 좀 더 특별한 책이었다.

안춘근이 『천자문』을 익힐 때 '학우등사 섭직종정(學優登仕 攝職從政)'[1]이란 8언구를 배우게 되었다. "배움이 넉넉하면 벼슬에 오를 수 있고, 직분을 맡아 나라의 정사에 참여한다."라는 뜻이다. 이에 안춘근은 어린 마음에도 "글공부를 다부지게 해야겠다."고 다짐했다는 것이다(안춘근, 1998, p.169).

『천자문』에서 배운 위의 글귀는 안춘근이 자라면서 늘 머릿속에 머문 경구였다. 정치학을 공부하던 대학생 시절에도 '어릴 때의 꿈이 정치가였나.' 하고 스스로 놀랄 때가 적지 않았다. 이처럼 한동안 그의 의식에 들어앉은 지배적인 관념이 예의 8언구였다. 그러나 남애는 '벼슬'보다는 책의 학자로 평생을 살아가게 된다(이종국, 2015, p.355).

이렇듯, 남애로서는 어릴 때 마주했던 『천자문』, 그 한 권의 책이 자신의 일생에 큰 영향을 주었다고 믿게 되었다. 그것은 매우 중요한 실마리였다(안춘근, 1998, p.169). 결국 정치가의 꿈은 접었지만, 모든 희망적인 추구야말로 책을 통한 능력 배양이 가장 중요한 자기 개발의 토대가 된다고 생각했다. 남애는 "책이 없으면 나라도 없다."고 천명한 단재(丹

---

1) 『천자문』 총 250구 중에서 77, 78구의 내용이다.

齋)의 말을 믿었다(안춘근, 1992, p.28). 안춘근이 청년기로 접어들면서 그의 애서 정신은 그렇게 치열한 노정으로 들어서고 있었다.

『천자문』은 1천 자로 제한된 작은 책자이지만, 일찍부터 명가·명필들이 다투어 해서(楷書), 초서(草書), 전서(篆書) 등 여러 서체로 필사하기를 즐긴 대상이기도 했다. 매월당(梅月堂) 김시습(金時習)은 천자문에서 응용하여 절묘한 운율을 작구(作句)[2]한 일화를 남기기도 했다(안춘근, 1979, p.214). 이 책은 단순한 것 같지만 무한가변의 문리를 창출케 하는 고전이며, 동양 문화에 큰 영향을 끼친 기초 학습 교재로 존재했다(이종국, 2013, p.7).

남애는 1990년까지만 해도 100여 종이 넘는 『천자문』을 수집했다.*(*《중앙경제신문》, 1990.11.19.) 이로부터 불과 2년 뒤 타계할 무렵에 이르러서는 그 곱절이 넘어섰을 정도였다.

남애의 유족이 정리한 『남애장서목록』(1993.8.)에 의하면, 간행 연도나 유형 면에서 여러 양태로 된 많은 종류의 『천자문』이 보여 주목된다. 한석봉 당대에 이룩된 책을 비롯하여 조선 인조 때의 명필인 송계(松溪) 김진흥(金振興, 1621~?)이 필사한 진본이 있는가 하면, 1888년에 나온 『신제천자문』도 있다. 『백수문(白首文)』이라 이름을 붙인 책도 여러 종이고, 우리 역사를 1천 자로 썼다는 『조선역사천자문』*이라는 특이 사례도 보인다〔* 심형진(沈衡鎮) 저작, 광주목산인쇄소(光州木山印刷所), 1928.12.20.〕. 필사나 출판된 연대도 16세기에서 1980년대에 이르기까지 무려 500여 년 동안 이룩된 각종 『천자문』들이 두루 망라되어 있다.

그러한 수집이 가능했던 것은 남애의 맹렬한 탐서 활동에서 비롯된다. 물론, 외국을 방문했을 때도 마찬가지였다. 1989년 10월 제4회 국제출판학술회의(1989.10.23.~25.)가 도쿄에서 열렸을 때 진보초(神保町) 서점가에서도 『천자문』 찾기를 빼놓지 않았다. 그런가 하면, 1991년 7월 상하이시 성립 700주년 기념 도서전회(상하이시립도서관)에 즈음하여, 현장을 방문(1991.7.15.)했을 때도 마찬가지였다. 그는 여러 다양한 『천자문』을 찾으려 애썼다(이종국, 2015, p.357).

현지에서 그런 남애를 목격한 필자로서는, 이미 벌써 전에 수만 권의 장서를 확보한 상태

---

2) 김시습은 세 살이 되어 천자문을 독파했다. 김시습이 맷돌질을 하는 어머니를 바라보며,
　무뇌성하처동(無雨雷聲何處動), 비는 오지 않는데 천둥소리 어디서 나는가
　황운편편사방분(黃雲片片四方分), 누런 구름 조각조각 사방으로 흩어지네
　라고 읊었다. 이 시는 김시습이 『천자문』에서 배운 글자들을 응용하여 지은 것이라고 알려져 있다.

임에도, 왜 『천자문』에 그토록 깊은 관심을 보이는지 의구했다. 뒤에 알게 되었지만, 그에게는 어렸을 때 이 책에서 끼침 받았던 기억이 줄곧 남아 있을 뿐만 아니라, '1천 자'라는 정형성과 그 배열의 규칙성에 대한 예외적인 변수를 궁금히 여겼던 것이다. 다시 말해서, 그와 같은 의문은 원래의 『천자문』과 수많은 전승본이 어떻게 다른지를 구명(究明)해야 한다는 생각으로 압축된다(안춘근, 1979, p.220). 이에 따라 다음과 같은 연구 사례를 남겼다.

① 「천자문류선」(1979a). 『한국서지학논고』, 광문서관.
② 「왕인박사 일본 전수 천자문 고구—주흥사의 천지현황이 아닌 이의일월 천자문」
　　(1992). 사단법인 한국출판학회 편, 《'91출판학연구》, 범우사.

　위의 논문 ①은 남애가 수집한 『천자문』 중에서 대표적인 모형 10종을 추려 해제하고, 각각의 책들이 지닌 특징과 역사적 의의에 대하여 논의한 내용으로 되어 있다. ②의 경우는, 왕인(王仁)이 일본에 『논어』와 함께 전한(285, 應神 16) 『천자문』은 양 나라 사람 주흥사의 '天地玄黃'이 아닌 위(魏)나라 사람 종요(鍾繇, 151~280)가 지은 '二儀日月'로 시작하는 책이라고 주장한 논의이다.[3] 요컨대, 왕인이 도일했을 무렵에는 주흥사가 태어나지도 않았다는 사실을 중시한 것이다(이종국, 2015, p.358).

　매우 희소한 사례이지만, 일본에서도 타니가와 코토스카(谷川士淸)라는 인물이 『일본서기』 주석서인 『일본서기통증(日本書紀通証)』(1762)을 저술했는데, 후한 말에서 조위(曹魏, 220~265) 시대 연간에 활동한 종요가 『천자문』을 편찬했다고 밝힌 바 있다.

　이병도(李丙燾)는 타니가와의 주장과 관련하여 왕인이 『천자문』을 일본에 전했다는 기록을 사실로 인정했다(이병도, 1976, pp.578~579). 이 논의는 주흥사의 것이 아님을 시사한다. 그로부터 현재까지 우리 학계에서 왕인이 전한 『천자문』 문제를 진지하게 다룬 논의는 안춘근에 의한 단 한 편이 있을 뿐이다(이근우, 2004 겨울, p.193).

　『천자문』과 관련된 남애의 관심은 위에 말한 논의들뿐만 아니라 여러 서술들에서도

---

3) 왕인은 『일본서기』에 와니(王仁), 『고사기』에는 와니기시(わにきし)라고 표기되어 있다. 그는 백제의 근초고왕(近肖古王) 때 『논어』 10권과 『천자문』을 일본에 가져가 한자와 유풍(儒風)을 전했다. 안춘근은 당시 왕인이 일본에 전한 『천자문』이 주흥사가 태어나기 이전에 이룩된 책임을 전제했다. 그는 면밀한 고증 끝에 여러 천자문류 중에서 '종요본(鍾繇本)'이 왕인전수본이라는 사실을 밝혀냈다. 이러한 주장은 『천자문』을 수용한 일본에서도 타니가와 이래 명확한 논의가 보류되어 온 처지여서 더욱 큰 관심을 끌었다.

나타난다.[4] 이로 보아 어릴 적의 각인 효과가 평생을 관류하고 있었다는 사실을 반증한다. 그는 또한 『천자문 이야기』(범우사, 1985)를 지어 평이한 읽을거리로 권장한 일도 있다.

한국출판학회 학회지《出版學》창간호 제자(題字)

그런가 하면, 한국출판학회의 학회지《出版學》창간호 제자도 자신이 제공한 『석봉천자문』(중간본)에서 취자(聚字)한 것* 또한 예삿일이 아니다 (* 집자: 민병덕).

향후로 『천자문』은 우리의 교육사와 문헌·문학사 등에서 막중한 영향을 끼친 책이라는 점에서 꾸준한 연구가 거듭되어야 할 것이다.

2) 학창 시절의 독서

남애는 초등학교 상급생이 되면서 마침내 신문관(新文館)과 박문서관(博文書館), 회동서관(匯東書館), 그리고 동양서원(東洋書院) 등에서 펴낸 책들을 읽게 된다. 이 출판사들이 간행한 신서적들은 만주와 연해주에 이르기까지도 광범한 보급세를 보이던 시절이었다.

일제 강점기에 있어 한글판 신서적들이야말로 이역 동포들에게 큰 위안이었다. 그런데 동해안의 외진 작은 항구인 장전읍에도 신서적을 찾는 사람들이 점차 늘어나는 추세였다. 일제 당국에서 일본어 전용을 강요하는 등 이른바 '조선어 폐기 정책'이 노골화되는 추세에 대응한 상승 효과로 나타난 사회적 기류이기도 했다.

그러던 무렵, 동해북부선을 이용하여 장전읍까지 들어온 경성의 책 거간[5]들은 대처에

---

4) 「천자문」. 『한국고서평석』(1986), pp.192~195.
　「왕인이 일본에 가져간 천자문」(1990.10.).《역사산책》(통권 제2호), pp.88~92.
　「왕인박사 일본 전수 천자문 고구」. 『한국서지의 전개과정』(1994), pp.100~111. (유고)
　「전대학(篆大學)과 전천자문(篆千字文)」. 『한국서지의 전개과정』(1994), pp.228~238. (유고)
　「주해 천자문」. 『고서의 향기 1』(2010), pp.55~57. (유고)
　「독창적인 문자 교과서 신체 천자문」. 『고서의 향기 2』(2010), pp.55~57. (유고) 외 여러 편이 있음.
　또, 1972년 4월에는 을유문고의 하나로 『천자문』(이민수 주해)을 간행함.

5) 거간이란, "어느 특정인에게 전속되지 않은 채 타인의 매매 및 기타 모든 거래를 매개하는 것을 직업으로 하는 사람"을 일컫는다〔「거간(居間)」. 『경제학대사전』. 서울: 박영사, 1965〕. 이로 보아 책 거간이라 하면, "책을 영리 목적으로 중개하는 사람이라 할 수 있다. 거간을 쾌(儈)라 하여 책장수를 '책쾌' 또는 '서쾌'라 부르기도 하는데, 여기에서의 '儈'는 원래의 음이 '괴'이다. '책괴'는 16세기부터 존재한 책 거간이

서 출판된 도서들을 주민들에게 보급하는 가운데 나름대로 판로를 넓혀 나갔다. 그들 중에는 함흥을 거쳐 멀리 청진 지역에 이르기까지 거래를 튼 거간도 있었다.

당시 지역을 떠도는 서적상들이 대체로 마찬가지였듯이 장전읍에 들어온 거간도 일종의 책괴(冊儈)와 같은 사람들이었다. 이를테면, 그들에 의해 보급된 이른바 '단골 도서'들은 회동서관에서 낸 『해동명장전』, 『화성돈전』이라든지, 신문관판 육전 소설류들이 그러한 대상으로서 대표적이었다. 유년용 도서라고 딱히 구분할 책이 드문 실정에서 위와 같은 책들은 안춘근 또래의 소년들에게도 흥미 있는 읽을거리일 수밖에 없었다. 그렇지만 기본적인 어려움을 피하기 어려웠는데, 무엇보다도 책을 구하기가 쉽지 않았다는 점이었다. 예외를 든다면 장전읍내의 여유 있는 집안에 사는 학교 친구들이 더러 가지고 다닐 정도였다.

당시 '비밀의 책'이었던 『도산 안창호 전기』도 친구에게 간청해서 읽었던 책 중의 하나였다(이 책, p.42 참조). 이렇게 책이 귀하던 시절이었을 뿐만 아니라, 장전읍내에서 5일 주기로 열리는 장날마다 벌전에 펼쳐 놓은 책들도 구해 보기 어렵기는 마찬가지였다.

그 책들을 읽을 기회란 부친이 장전읍내에서 세책(貰冊, 빌려 주는 책)해 오거나 주로 물물교환 형식으로 구입하는 방식에 의존할 수밖에 없었다. 이 때문에 안춘근 소년은 읍내에서 닷새마다 열리는 장날을 기다렸다가 부친께 말씀드려 책을 애써 구하곤 했다(안유섭의 말, 2015.4.24.). 뒷날 안춘근은 어릴 때의 독서 경험을 떠올리며 일제 강점기에 출판된 우리의 민족 출판물들을 대거 모아들였다.

남애 안춘근에게 『천자문』이 어린 시절에 만난 최초의 책이었다면, 중학교(선린상업학교를 말함.)에 입학한 뒤 우연히 읽게 된 몽테뉴의 『수상록』은 두 번째 책이었던 셈이다. 본격적인 독서라고 말해야 할 첫 경험이 이때 이루어진 것이다.

『수상록, Les Essais』은 1580년에 프랑스의 보르도에서 첫 출판되었다. 법관 출신인 몽테뉴 자신이 체험을 통해 얻은 의문을 풀어 나간 내용으로 된 세계 최초의 에세이집이다. 문학 장르 중 한 분야인 수필의 기원을 이룬 책이 몽테뉴의 『수상록』이기도 하다.

몽테뉴는 이 책에서 인간이 인간다운 삶을 살려면 어떻게 살아야 마땅한 것인가를 고민한다. 그러한 과정에서, 결국 "나는 누구인가?", "나는 무엇을 알고 있는가?"라는 자문적 성찰로 되돌아온다는 사실을 알게 된다.

그렇게 된 데는 저자인 몽테뉴가 일찍이 고전 공부에 눈떠 많은 책을 읽었고, 법관으로

었으나 1960년대 중반 무렵까지 명맥을 유지했다. 시골의 서당이나 야학 등을 찾아다니며 서책을 팔던 '책 행상인'이 그들이었다.

서 인간 문제를 실제로 다루어 온 것은 물론, 법관을 사퇴하고서는 전후 20년간 수상록을 쓰기 위해 그리스-로마의 수많은 고전을 탐독한 결과였다. 그런 뒤에 몽테뉴는, "나는 무엇을 알고 있는가?"라고 솔직히 고백하기에 이른다는 것이다. 이 말이 원어 발음으로 '크세주'라고 해서 문고판의 이름이 된 것은 유명하다(안춘근, 1974, pp.80~81).

요컨대, 몽테뉴는 인생을 살아감에 있어 참된 지향점에 대한 물음이 없으면 비록 열정을 쏟는다 할지라도 그릇된 목표에 지나지 않는다는 것이다. 이 때문에 몽테뉴는 인간이 자신을 있는 그대로 받아들일 때 진정한 행복을 얻게 된다고 믿었다. 그러한 생각을 내보인『수상록』은 넓은 의미의 인간 탐구서로 유명하다. 이 책이 유럽에서 본격적으로 보급되기 시작한 것은 17세기부터였으며, 이후로 세계의 문학사와 사상사에 큰 영향을 끼쳤다.

안춘근이 만난『수상록』은 '이와나미문고(岩波文庫)' 중에서 고른 책이었다. 뒷날, 그가 이 책을 중학생 시절에 읽은 동기를 밝혀 흥미를 끈다.

　　나는 아주 어렸을 때 시골에서 서당에 다녔는데, 처음 배운『천자문』에서 학문을 열심히 하면 벼슬길에 나설 수가 있다는 가르침을 접했다. 그것이 '학우등사(學優登仕)'라는 네 글자의 풀이였다. 이때 나는 '옳지, 나도 공부를 해서 벼슬길에 나서야겠다.'는 생각을 했다. 그러다 중학교에서 몽테뉴의『수상록』을 뜻도 잘 모르면서 억지로 읽고 나니까 그게 아니라는 생각이 들었다. (중략)

　　언제나 내 머릿속에는 어릴 때 읽은『천자문』과 몽테뉴의『수상록』이 가득 차 있다. 그러니까 그 두 가지 책은 언제나 내게 말없는 스승이 된다. 사람이 사람답게 살아야 하는 방법이 그 책들 속에 가득 채워져 있다. 날이면 날마다 대하는 책은 그 두 가지 책을 보충해 주는 구실을 하는 것으로 생각된다.『천자문』이 우주의 역사에서 윤리 도덕에 이르기까지 예전의 동양적인 사고방식을 가르쳐 주는 것이라면, 몽테뉴의『수상록』은 서양의 그것을 뜻한다.

　　　　　〈안춘근(1998).「독서는 사람답게 사는 방법」.『책과 그리운 사람들』(유고), p.117〉

안춘근은 몽테뉴『수상록』을 만나고 나서 현대의 서양서, 특히 일본어로 번역된 여러 수필집에 관심을 가지게 된다. 비교적 단순한 글 모음들을 주로 찾았지만, 점차 읽는 맛과 흥미를 더해 갔다. 특히, '이와나미문고'에 포함된 '크세주문고'를 읽으면서 그는 다시금 큰 충격을 받는다.「나는 무엇을 아는가?(Que sais-je?)」라는 대주제가 그의 뇌리를 강하게 타격해 왔기 때문이다. 이 물음은 회의주의자의 발언이 아니라, 인간성에 대한 깊은 관찰에서 우러난 자기 성찰을 의미했던 것이다. 자신의 지향하는 바에 대하여 적절한 판단을 얻지 못한 채 정신적으로 방황하고 있던 남애는 크세주 시리즈를 독파하면서 마음의 위안을 받는다(이종국, 2015, p.360).

그러한 과정에서 일본 출판사들이 낸 '명저 목록'을 살피게 되는데, 그럴 때마다 '읽어야 할 책들이 이렇게 많구나.' 하는 놀라움이 자신의 독서 욕구를 충동했다고 한다(앞의《중앙경제신문》, 1990.11.19.). 그는 이미 어른스러운 독서 의지를 보이고 있었다.

안춘근은 '명저 목록'들에 소개된 사상 전집과 문학류 도서들을 읽어 나갔다. 그 중에서 "임어당(林語堂)과 타고르의 작품들, 파스칼의『팡세』, 데카르트의『방법서설』등이 있었는데, 이 책들은 다 이해하지 못하면서도 좋았다."*고 술회했다(* 위의 신문, 1990.11.19.).

뒷날, 그가 을유문화사에서 중학생 시절에 읽은 책들을 한국어판으로 출판하여 엄청난 보급 성과를 거두게 된다. 특히, 1959년에 출판한『팡세』는 1975년까지 완간을 본『세계문학전집』100권 중 제7집으로 넣어 가장 많은 보급 실적(27판을 기록)을 거두기도 했다〔독서신문, 1976.1.25.(15)〕.『수상록』의 경우는 1965년에『몽테뉴 수상록』(3권)이라는 이름으로 출판하여 독자들로부터 큰 사랑을 받았다.

2. 넓혀 나간 독서 지평

앞에서 말한 바와 같이, 남애가 독서 범위를 넓혀 나간 것은 선린상업학교 재학 시절에 '이와나미문고'로 출판된 몽테뉴의『수상록』을 읽은 일이 중요한 계기였다. 그러다가 8·15 광복 직후 우신초등학교 교사로 근무하면서 시중 서점들을 통한 탐서 활동이 보다 본격적인 독서 섭렵으로 이어질 수 있었다. 생활 여건이 비교적 안정되었기 때문이다.

하지만, 그러한 환경은 오래 가지 않았다. 남애가 교원 생활을 접고 대학에 입학하면서 다시금 생활 형편이 어려워진 까닭이다. 그럼에도 그의 독서 열기는 식을 줄 몰랐다. 그는 정치학의 바이블 격인 한스 켈젠의『법과 평화, Law and Peace』를 탐독하는 등 지식의 시야를 넓히고 있었다. 정치학도였던 남애는 이 책을 읽은 보람을 누누이 말하곤 했다.

이후로 군 복무 중에『육군교육연감』을 편찬하면서 그의 독서 섭렵도 본격성을 더했다. 국내외의 많은 참고 문헌은 물론, 각종 시사 자료들에 이르기까지 광범한 조사·열람을 필요로 했기 때문이다.

무엇보다도, 남애에게 을유문화사 시절은 활발한 읽기 역량이 축적된 때였다. 그 자신도 "나는 젊은 청춘을 출판사에서 좋은 책을 골라서 펴내야 하는 편집 책임자로 보냈다. 그만큼 여러 가지 책을 읽거나 조사하거나 했다."(안춘근, 1998, p.117)라고 말한 바 있다.

1) 독서의 선택

독서의 중요성은 일찍부터 수많은 현명한 사람들이 거듭 일러 왔거니와, 그 의의를 아무리 강조해도 지나침이 없다. 일찍이 모티머 애들러(Mortimer J. Adler)는『독서의 방법, *How to Read a Book*』에서 "책을 읽으며 지적인 향상을 추구한다는 것은 마치 혼자 힘으로 일어서는 것과 같다."고 했다(Mortimer J. Adler, 1940, p.21).

그러면서 "독서는 배우는 데 필요로 하는 지식 습득 행위이다."라 전제하고, "우리는 우리보다 더 나은 사람을 통해 배울 수 있다. 우리는 그 사람에게서 어떻게 배워야 하는지를 알아내야 한다."는 것이다. 여기서 "그 사람이란 곧 저자이며, 그가 제시한 지식 내용을 통해 배움의 과정을 체득하는 행위가 곧 독서다."라고 설파했다(Mortimer J. Adler, 위의 책, p.24). 독서는 결국 사고 과정을 생성케 하는 대표적인 지식 섭취 행위로 설명된다.

그래서 독서란 좁은 개념으로 책을 읽는 행위이지만, 넓은 개념은 책자를 포함하여 다양한 형태의 매체 나아가 문화적, 자연적 환경과의 커뮤니케이션을 통하여 새롭게 의미를 재구성하는 전략적 사고 과정이라 할 수 있다(김효정 외, 1992, p.6). 이 때문에 독서는 능동적인 동시에 전략적인 창조적 사고 과정이라고도 한다(위의 책, p.7).

그렇다면 어떤 종류의 독서 선택이 바람직한가? 이와 관련하여 남애가 말한 독서의 종류를 살펴보도록 한다. 먼저 "독서는 개인의 힘으로 생활을 개척하는 가장 쉬운 방법"이라고 전제하면서, ① 교양·수양을 위한 독서, ② 지식·학문을 위한 독서, ③ 위안·오락을 위한 독서, ④ 검열·평론을 위한 독서로 나누었다(안춘근, 1972.12., p.56). 여기에 '직업으로서의 독서'를 보탰다(안춘근, 1987, pp.62~63 참조).

남애의 독서 입문 과정은 간접적인 접근 방식이었다. 선린학교 시절에 이미 다독으로 급선회한 것이 그러한 단초였다(앞의《중앙경제신문》, 1990.11.19.). 이때의 '다독'이란 원하는 대로 책을 구해 읽었다는 뜻이 아니다. 궁핍하던 식민지 시절이기도 했지만, 학교 도서실의 경우는 사정이 더욱 좋지 않았다. 이 때문에 대체로 방과 후에 들르는 서점에서 요령껏 책을 살필 수밖에 없었다. 곧 간접적인 접근을 말한다. 비록 책을 사볼 만한 여유가 없는 상태였지만, 놀랍게도 그와 같은 방식이 다독을 가능케 했다. 그는 다독과 관련하여 다음과 같이 말한다.

　　젊었을 때 과히 나쁘지 않은 책이라면, 될 수 있는 대로 여러 방면의 책을 다독해 두는 것이 좋다. 그 뒤에 감명 깊게 읽었던 책을 다시 정독한다면 그보다 더 좋은 방법이 없을 것이다.

〈안춘근(1959). 『독서의 지식』, p.60〉

중학생 때의 남애는 여러 독서 대상 중에서 문학 작품을 선호한 편이 아니었다. 기억에 남는 것이라면 춘원(春園)의 『흙』과 김동인(金東仁)이 지은 『왕부(王府)의 낙조』 정도였다.

일본 책으로는, 쓰루미(鶴見)의 『어머니』, 나쓰메 소세키(夏目漱石)가 지은 『어린이』*, 『나는 고양이다』 등이 잊히지 않은 작품이라고 했다〔* 앞의 신문 인터뷰자가 '도련님(坊ちゃん)'을 '어린이'라고 표기한 듯. 필자 주〕. 이 중에서 『나는 고양이다』는 뒷날 소설가 김성한(金聲翰, 1919~2010)에게 번역을 의뢰하여 『세계문학전집』 총 100권 중 제33집으로 출판(1962)한 바 있다. 학생 시절에 읽었던 감동을 잊을 수 없어 이 전집에 포함시켜 새로운 체제로 편집·출판했던 것이다.

남애가 성인이 되면서 독서의 범위도 더욱 다양하게 진전되었다. 서양 문학 쪽은 주로 영국판을 읽었다(앞의 《중앙경제신문》, 1990.11.19.). 셰익스피어를 섭렵했으며, 찰스 디킨스, 샬럿 브론테 등의 작품들도 두루 독파했다.

김구 선생을 흠모한 젊은 정치학도 안춘근은 백범이 흉탄으로 쓰러지는 바람에 한동안 큰 정신적 공황을 겪는다. 따라서 독서다운 독서를 이어 나갈 처지도 아니었다. 더구나, 6·25 전쟁이 일어나는 등 시국의 혼란상이야말로 걷잡을 수 없을 지경이었다.

남애가 다시금 책읽기를 본격화한 것은 군에서 전역하고 을유문화사에 입사하면서부터였다. 이 무렵부터 '직업으로서의 독서'에 최선을 다한 셈이다. 동시에 뒤늦으나마 대학도 마쳤고, 마침내 그는 편집자인 동시에 출판 기획자로 새로운 삶을 살아가게 된다. 그의 방대한 독서력은 이때부터 더욱 왕성하게 열려 나갔다.

남애가 추구한 독서에 대한 생각은 '일상의 습관'으로 선택해야 마땅하다는 주장으로 나타났다. 「독서에 대하여」라는 그의 글에서 보면 그러한 생각이 잘 반영되어 있다.

책 읽는 것은 성급하게 굴면 안 된다. 지식은 차곡차곡 쌓아질 뿐 덤빈다고 일시에 얻어지는 것은 결코 아니다. 그러므로 좋은 책을 가려서 오랜 시간을 두고 조금씩, 그러나 꾸준하게 계속하는 것이 필요한데, 그렇게 하려면 어려서부터 책읽기를 즐기는 습관을 기르는 것이 좋다. 책 읽기야말로 세 살 적 버릇으로 여든까지가 아니고, 죽을 때까지 버리지 않는 버릇으로 삼아야 한다.

〈안춘근(1965). 「독서에 대하여」. 『생각하는 인형』, p.119〉

남애는 평생에 걸쳐 많은 독서 관련 서술을 남겼다. 그의 첫 저서인 『양서의 세계』(1959)에서도 독서를 비중 있게 다루었으며, 그에 이어 발표한 『독서의 지식』(1959)은 말할 것도 없거니와, 뒷날에 낸 『남애영도기』(1974), 『한국고서평석』(1986), 그리고 유고집인 『고서의 향기』(2책, 2010) 등에서도 독후 서술이 많은 비중을 차지한다. 그가 남긴 10여 권의 수필집들 또한 독서에 관한 내용이 적지 않다.

당연한 일이지만, 이러한 남애의 독서 정진은 결국 '읽은 지식을 책의 생산으로' 이끄는 기반으로 뒷받침되었다. 따라서 그것은 다시금 수많은 독자들에게 읽기를 선택하도록 안내하는 순환적 효과를 창출케 했다.

2) 읽은 지식을 책의 생산으로

남애가 을유문화사에 입사한 시점은 군에서 전역한 지 2주 뒤인 1955년 10월 24일이었다. 그는 성균관대 3학년에 재학 중 6·25 전쟁을 당하여 끝내지 못한 나머지 1년간의 학업을 이수하고, 1956년 10월에 졸업한다. 1948년 9월에 입학한 이래 8년 만의 졸업이었다.

남애는 휴전 직후인 1953년 10월에 박영희 양과 약혼하고, 이후 반년 뒤인 1954년 4월 24일 결혼식을 올렸다. 그로부터 약 1년 6개월 뒤인 1955년 10월 10일에 전역함으로써 만 4년간의 군 생활도 마쳤다. 그리고 마침내 사회의 문으로 들어섰다.

1956년 11월에는 첫 아들 유섭이 태어났다. 2대 독자인 그가 아들을 얻은 것은 크나큰 축복이었다. 그 무렵, 남애의 독서 편력도 더욱 활달하게 열려 나간다. 앞에서 말한 바와 같이, 대학 시절에 읽은 한스 켈젠의 『법과 평화』, 『정치학』을 비롯하여 다시금 재독 삼독의 열기가 식을 줄 모르고 전개된 것도 그 무렵이었다.

실제로 남애는 "1955년 을유에 들어간 뒤 참으로 많은 책을 보고 읽었다."고 하면서,

"출판 계획을 위해 먼저 쉽고 안전한 문학 서적들과 사회과학 고전들을 찾아 읽는 가운데 편집 기획과 함께 교양 지식을 쌓아 나갔다."*고 술회한 바 있다(* 앞의 신문, 1990.11.19.).

그는 이 과정에서 중학생 시절에 접했던 몽테뉴의 『수상록』도 다시 읽었다. 이 책은 을유문화사에서 국내 첫 완역본으로 냈는데, 중학생 때의 감명을 출판 기획에 반영한 성과였다.[6] 이렇게 그의 출판 기획 시야는 너른 범위로 확대되고 있었다. 남애의 독서 영역이 넓어질수록 을유문화사의 출판 실적도 그만큼 증폭되고 있었다는 사실을 의미한다.

이 무렵, 남애는 '독서의 기본적인 관건'에 대하여 깊은 관심을 두게 된다. 요컨대, 위에 말한 네 가지 종류의 독서를 중시하면서 '직업으로서의 독서(Reading as a Profession)' 선택에 만전하고자 했던 것이다.

일찍이 모티머 애들러는, "모든 책에는 판면 사이에 감춰진 뼈가 있다. 당신의 직업은 그것을 찾는 것이다. 책은 벌거벗은 몸에 뼈와 살이 붙은 모습으로 다가온다."(Mortimer J. Adler, 1940, p.160)고 했다.

이와 같이, 직업으로서의 독서는 그 책이 독자들에게 어떤 점에서 강한 소구력을 갖추고 있는가를 탐색하는 것으로부터 출발한다. 남애는 그런 점을 중시한 것이다.

안춘근이 '사서삼경'을 새롭게 독파한 것도 '직업으로서의 독서'였던 셈이다. 그런 끝에 남애는 이 고전들을 출판하기로 결심하고, 『세계문학전집』(100권)과 『세계사상교양전집』(27종 39권)에 나누어 편찬했다. 당시 을유문화사의 기획조사부장인 남애로서는 일본 출판계에서 진작부터 동양 고전 완역을 서둘러 왔다는 사실에 크게 자극받고 있던 터였다. 남애는 그러한 자극이 전대미문의 대 작업을 밀어나가는 추동력으로 작용했다.

일편으로 남애가 이 같은 거대 전집을 기획하는 과정에서 적지 않은 고민도 뒤따랐다. 독자층이 제한된 협소한 시장성을 걱정한 것이다. 더구나, 우리 사회에 가로놓인 특수한 사정도 문제였다. 예컨대, 세계적인 명저라 할지라도 좌파적 경향이 짙은 고전은 제외할 수밖에 없었다. 따라서 다양한 언어권의 고전을 어떻게 원어주의(原語主義)로 완역할 수 있는가 하는 문제도 중대 현안이었다. 따라서 출판 기업, 저자, 독자의 조화로운 관계 및 편집자의 바람직한 의도란 무엇이어야 하는가에 대하여 고민하지 않으면 안 되었다.

여기서 중요한 관건은 출판의 문화성과 기업성이 조화를 이루어야 한다는 취지로 압축된다. 이를테면, '페달과 출판의 양면성'과 다를 바 없었다. 요컨대, 출판도 자전거의 페달

---

6) 몽테뉴 『수상록』이 완역 출판된 것은 1965년 5월이었다. 이 책은 1959년부터 번역에 착수하여 이후 6년이 소요되었다. 불문학자 손우성(孫宇聲)이 번역했으며, 1질 3책으로 되어 있다.

과 같아 서로 균형을 유지해야만 오래 발전할 수 있다는 논리이다(안춘근, 1983.11., p.67).

이와 같이, 남애의 독서 정진은 출판 기획자로서 확고한 가치 신념을 얻게 했다. 그러한 과정에서 그동안 별러 왔던 『임어당문집』(전4권, 1971년 완간)도 완간을 보았다. 임어당의 글은 당시 부분적으로 초역뿐이었던 현실에서 완역본을 낸 것이다. 특히, 이 책은 독서를 권장하는 내용이 많았으므로 남애를 자극한 대상이기도 했다.

『논어』와 홍자성(洪自誠)의 『채근담(菜根譚)』도 이 무렵에 다시 읽었노라고 남애는 밝혔다. 그의 왕성한 독서 섭렵은 출판 개발에 더 없이 큰 자산으로 뒷받침될 수 있었다.

그러한 과정에서 스탠리 언윈이 지은 『출판의 진실』도 재독하게 되는데, 이는 안춘근을 새로이 자극한 계기로 작용했다. 남애는 이 책에 대하여 "직업적인 측면에서 큰 도움을 받았을 뿐만 아니라, 불모지였던 국내 출판학과 서지학을 개척할 때 이론 공부에 많은 시사를 주었다."*고 말한 바 있다(* 앞의 자료, 《중앙경제신문》).

남애는 이 책에 보인 「직업으로서의 출판, Publishing as a Profession」(Chap. X)에서 내면적인 공명을 얻게 된다. 그 내용을 보자.

출판은 독자의 의식을 심오한 사상, 창조적인 상상력과 연결케 함으로써 대단한 매력을 선물한다. 대중에게 그들이 바라는 바를 제공하는 일, 그때그때 편견에 아첨하는 일은 출판에서도 빠르고 손쉬운 돈벌이의 방법이 될 것이다. 그러나 출판은 진리의 등불이 꺼지지 않고 타오를 수 있도록 애쓰는 사람에게 가슴 뛰는 모험을 제공해 준다는 데 그 진실이 있다.

〈Stanley Unwin(1960). *The Truth About Publishing*, p.226〉

이 책 『출판의 진실』은 남애의 『출판개론』(1963)과, '출판학'이라는 영역의 명칭을 처음으로 밝힌 논문 「출판학원론」*에도 소개되었다(* 안춘근, 1966.12., pp.157~163). 이에서 그는 '인간 도서설(Human Books)'을 주장한 러시아 학자 미하일 일린(Mikhail Il'in)이 지은 『인간의 역사, *Human History*』와 『서적의 역사, *History of Books*』도 세상에 알렸다. 따라서 토마스 카

을유문화사에서(1966년 6월, 40세)

터가 저술한『중국에서의 인쇄술 발명과 그 서구 확산, *The Invention of Printing in China and its Spread Westward*』(Cater, Thomas V. F., 1955) 초간본도 우리나라에 처음으로 소개했다(이종국, 2015, p.367). 이로써 남애의 독서 편력 중 한 측면을 엿볼 수 있다.

이렇듯, 남애는 우리 학계에 아직 알려지지 않은 여러 전문서들을 자신의 독서 서목으로 끌어들여 독파했다. 국제적 소통이 원활하지 않았던 때였는데도, 그의 탐서 전략은 언제나 도쿄와 뉴욕 그리고 유럽을 넘나들었다(이종국, 2015, pp.367~368). 따라서 최신판 *Book Production*과 *Publishers Weekly* 등 해외의 주요 서평지들도 줄곧 눈여겨 살피곤 했다.

다른 신간 기획물들이 두루 그러했지만, 1969년부터 기존의 문고에 뒤이어 신규로 기획하기 시작한『을유문고』야말로 그와 같은 방대한 독서력이 결정적으로 뒷받침된 결과물이기도 했다. 특히,『을유문고』는『세계문학전집』,『세계사상전집』,『한국문화총서』,『한국학대백과사전』 등과 함께 한국의 출판문화를 새로이 개척했다는 평가를 받았다.

제2장 을유문화사 시절

1. 은석과 남애

남애 안춘근은 직업이나 직장 경험도 모두 출판과 책에 관련되어 있다는 공통점이 있다. 우선, 그의 직업으로 말하면 을유문화사라는 특정한 출판 기업의 출판·편집 기획자인 동시에, '저술가'이며 '기고가'라는 복합적인 이름으로 설명된다. 여기에 대학에 나가 다년간 강의 활동을 수행한 것도 결국 출판과 책을 대상으로 한 강론이라는 점에서 크게 같다.

전업으로 삼은 직장, 즉 상근의 경우는 당연히 을유문화사에서 일한 긴 구간(1955.10.~1978.6.)

은석과 남애(1975년 12월 초 한 모임에서)

을 꼽게 된다. 남애가 발표한 많은 저술 및 기고 활동들도 그 대부분이 을유문화사 시절에 이루어졌으며, 그의 수서 활동 또한 을유 시절에 왕성한 전개를 보였다.

그러한 일련의 '역사'가 가능했던 것은 은석(隱石) 정진숙(鄭鎭肅)과 남애 안춘근과의 상호 신뢰에 기반한다. 이와 관련하여 여기 제2장에서는 두 사람 간 관계를 되살펴보고, 을유에서의 출판 기획이 어떻게 이루어지고 있었는지를 알아보았다. 이를 위해 은석과 을유문화사 발족에 대한 사적과 남애의 을유 시절을 차례로 살피고자 한다.

1) 은석 정진숙과 을유문화사

새삼스러운 되짚음이지만, 은석 정진숙(1912~2008)은 남애 안춘근에게 특별한 인물이었다. 은석은 경영자이고, 남애는 기획·편집 책임자였지만, 상호간에 최소한으로 관여하는, 그러면서 을유문화사라는 출판 기업에 큰 영향력을 끼친 특수적 관계였다고 설명된다. 이를테면, 각자가 선택한 삶의 방식에 차이가 있을지라도, 결국 '을유문화사'라는 공동체 안에서 출판 활동을 지향하는 데 최선을 다했다는 의미이다.

은석 정진숙은 1912년 11월 5일 경기도 화성군 팔단면 월문리에서 태어났다. 1929년 봄, 천안의 목천보통학교를 마치고 휘문고등보통학교에 입학, 1934년 3월 이 학교를 나왔다. 이듬해 10월 보성전문학교에 입학했으나 2년 재학 중 건강이 좋지 않아 중퇴했다.

은석이 동일은행(뒤에 조흥은행)에 들어간 것은 25세 때였다. 그는 은행원으로서 거액의 예금을 유치하는 등 뛰어난 영업 수완을 발휘했다. 이 같은 모습이 정치적 목적과는 전혀 무관한 데도 일제 당국으로부터 주의를 끌게 한 요인이 되었다. 이로 하여 1944년 12월 치안유지법을 위반했다는 혐의로 일본 헌병대에 끌려가 극심한 문초를 받는다. 그리하여 이듬해 4월에 징역 1년형을 선고받고 수원형무소에서 수형 생활을 하던 중 광복을 맞이한다. 그가 풀려난 것은 8월 16일 서대문형무소로 송치되었을 때였다.

그 후 은석이 출판계로 진출하게 되는데, 이는 3인의 친구와 관련된다. 민병도(閔丙燾: 1916~2006, 뒤에 한국은행 총재 역임), 윤석중(尹石重: 1911~2003, 아동문학가), 조풍연(趙豊衍: 1914~1991, 수필가·아동문학가)이 출판업을 함께 하자고 권했던 것이다. 그러나 은석으로서는 회의적이었다. 이후 그가 뜻을 바꿔 세 사람과 합류한 것은 하나의 중요한 계기에서 비롯된다.

1945년 11월 어느 날, 집안 어른 중 조항(祖行) 벌인 위당(爲堂) 정인보(鄭寅普, 1893~1950)

가 은석을 불렀다. 위당은 조풍연과 윤석중으로부터 정진숙이 출판 사업에 소극적이라는 소식을 이미 전해들은 터였다. 이때 위당이 "출판업이야말로 일종의 건국 사업"이라면서, 이 사업을 하도록 권면했다(정진숙, 2007, pp.90~91).

위당의 말에 자극을 받은 정진숙이 예의 세 사람과 합류하면서 4인의 동인 체제로 을유문화사 창립이 실현되었다. 1945년 11월 30일 경운동 민병도의 집에서였다. 이들 4인은 모두 30대의 패기만만한 젊은이들이었다. 서로의 역할은 민병도가 재정 부문(사장)을, 정진숙이 총무(전무)를, 윤석중·조풍연이 출판 기획(편집상무) 및 편집(주간)을 맡는 것으로 했다. 경제를 아는 두 금융인과 편집에 정통한 두 문인이 만나게 된 것은 을유문화사의 앞날에 원동력이 되었다(민병도, 1997, p.12).

이렇게 하여 그들은 1945년 12월 1일, 종로 2가 영보빌딩 3층에 사무실을 냄으로써 본격적으로 출판 사업을 시작하게 된다. 회사 이름도 정했는데, 윤석중의 제안에 따라 출판

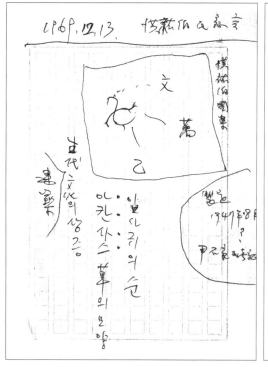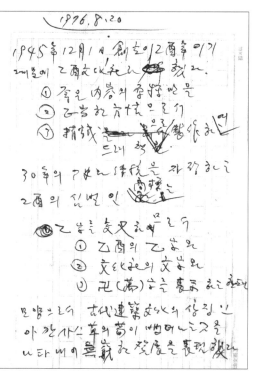

안춘근이 메모한 을유문화사 창립 비망

을유 마크 : 서양화가 홍우백(洪祐伯) 제작. 乙자의 교차는 乙 文 卍을 표시함. 이는 고대 건축 문화의 상징인 아칸더스(Acanthus) 풀을 상징하며, 입사귀의 새순이 돋아 계속 피어나간다는 뜻임(1969.12.13.). 왼쪽의 것은 홍우백, 오른쪽의 것은 윤석중(尹石重)과 대담 중에 각각 청취한 내용을 남애가 메모한 내용이다(1976.8.20.).

사를 차린 그해의 간지인 '을유'를 따서 을유문화사라 지었다(정진숙, 2007, p.94).

그러면서 4인의 창립 동인은 '전통적 민족 문화의 선양과 선진적인 해외 문화의 섭취'를 을유문화사의 사훈으로 삼았다. 나라가 망국을 당했던 원인이 정신적 양식의 메마름과 세계에 대한 견문 또한 너무나 결여된 데서 기인한 것임을 뼈아프게 느꼈던 까닭이다(정진숙, 위의 같은 책, p.97).

을유문화사(이하 을유)의 첫 출판물은 창립 후 2개월 뒤인 1946년 2월에 낸 이각경(李珏卿)의 『가정 글씨체첩』(B5판 26면)이었다. 한글 글씨본인 이 책은 책머리에 붓대 잡는 법, 글씨 쓰는 법 등을 간명하게 설명한 다음, 본문에 우리나라의 전래 고전 명문들을 '이각경 궁체'로 써 놓았다. 그동안 수난을 감당해야만 했던 한글의 원상회복과 문자 생활의 질서 확립이 무엇보다도 시급한 때에 시의적절한 품목이었다. 이 책으로 첫 선을 보인 을유의 출판 실적은 1946년 한 해 동안만 해도 35종에 이르렀다.

이후 초창기, 즉 6·25 전쟁을 당하여 을유가 휴업에 들어가기 직전까지 그야말로 전대미문의 출판 실적을 내며 대단한 보급세를 거두게 된다. 우선, 을유판 기획 시리즈의 경우만 4년 반 동안(1946.1.~1950.6.) 출판된 주요 실적을 든다면, 『조선문화총서』(12집), 『대학총서』(9종), 『을유문고』(52권 기획분 중 6·25 전까지 26권 간행) 등을 들 수 있다.

이 중에서 『조선문화총서』의 경우는 세계 유수의 대학도서관 등에 보급하는 획기적인 성과를 거두기도 했다. 프랑스 소르본대학과 리용대학, 영국 런던대학, 미국 하버드대학, 캘리포니아대학과 컬럼비아대학, 미국 의회도서관 등에서 구입하여 한국 출판사상 처음으로 해외의 주요 도서관에 수출한 것이다(최영해 편, 1949, p.91). 이 총서에 포함된 도서들은 국판 250쪽에서 900쪽에 이르는 등 다양한 분량으로 편찬되었다.

거기에다 『조선말큰사전』(이하 큰사전) 편찬은 역사적 사건이었다. 1947년 10월 9일, 을유는 큰사전 6권 가운데 첫째 권을 출간한다. 이 사전의 편찬 과정은 우리 문화의 수난사나 다름없었다. 1942년 '조선어학회 사건'도 큰사전의 편찬 과정에서 일어났고, 을유에서 출판을 맡은 이후에도 우여곡절이 많았다.

무엇보다도 안타까운 일은 큰사전의 원고가 유실되는 변고를 겪었다는 점이다. '조선어학회 사건'의 법정 증거물로 압수당했던 원고가 일제의 조사 기관들에 전전하면서 행방이 묘연해진 것이다. 그런 끝에 1945년 9월 8일 큰사전 원고가 예상하지 못했던 서울역 운송부 창고에서 발견되었다(한글학회50돌기념사업회 엮음, 1971, p.274). 천행이었다.

바로 이 원고를 한글학회 측으로부터 인도 받은 을유에서 출판을 맡기로 했다. 그런 과

임병직 주유엔 대사의 큰사전 출판 축하 서한

정에서 거액을 기울여야 하는 용지 등 기본 자재 확보와 출판비가 큰 문제였다. 이 소식을 접한 미 군정청 편수국의 고문관인 앤더슨(Anderson, P. S.) 대위가 정진숙을 찾아와 록펠러재단에서 자금을 지원받을 수 있다는 낭보를 전하게 된다. 정진숙은 뒷날 당시를 회고하며, "하늘은 스스로 돕는 자를 돕는다!"는 격언이 떠올랐다고 술회했다.

큰사전은 여러 역경을 돌파하며 1950년 6월 1일에 3권까지 냈다. 1957년 10월 9일 한글날, 이 사전은 마침내 6권으로 완간을 보았다. B5판 규격에 총 3,558쪽에 달하는 대역사를 완료한 것이다. 1947년 봄, 조선어학회 간부인 이극로, 김병제 등이 큰사전 원고 뭉치를 들고 을유를 방문하여 출판 의향을 타진한 때로부터 10년이 지난 시점이었다.

정진숙이 독자적인 경영을 맡게 된 것은 1·4 후퇴를 당하여 부산으로 피난한 직후였다. 당시 광복동 신생사(新生社) 서점 한컨에서 '을유문화사 연락사무소'라는 쪽지 간판을 내붙인 채 세월을 보내고 있을 때, 윤석중은 국방부 정훈국으로, 조풍연은 공보처로, 민병도는 조흥은행 상무로 저마다 살길을 찾아 흩어졌다(고정일, 2002.2., p.113). 이에 정진숙 단독 경영 체제로 전환된 을유는 임시 사무실을 광복동 1가 61번지 2층으로 옮기고 경리 과장에 한규문(韓圭文, 1949년 6월 입사, 뒤에 상무이사), 편집 책임에 서수옥(徐洙玉, 1948년 10월 입사, 뒤에 상무이사)이 다시 규합하여 힘을 합했다. 이들은 1955년 10월에 들어온 안춘근과 함께 세 솥발〔鼎足〕처럼 을유를 떠받치는 기둥으로 역할한다(을유문화사, 1997, p.105).

환도 후로 을유는 1954년에 진단학회와 공동으로 『한국사』를 기획하여 1965년까지 전 7권을 완간했다. 특히, 1960~1970년대에는 『세계문학전집』(전 100권), 『세계사상교양전집』(전 27종 39권), 『한국학대백과사전』(전 3권), 『세계문학전집』(전 100권) 등 굵직한 기획물들을 내놓으며 한국의 대표적인 출판사로서 확고한 지위를 굳혔다(이두영, 2015, p.66). 이렇게 정진숙은 을유를 국내 굴지의 출판사로 키우는 한편, 12년간 대한출판문화협회 회장, 30년간 한국출판금고 이사장을 지내는 동안 《독서신문》과 《출판저널》 창간을 비롯하여 대형 서점의 원조 격인 '중앙도서전시관'을 만드는 등 우리나라 출판 산업을 이끌었다. 그는 일이 다소 늦어지더라도 무리를 하지 않는 원만주의자란 평을 받아왔다. 그런 정진숙은 우수한 도서를 다수 출판해 국내외에서 한국 출판의 품격을 높인 업적과 역사를 남겼다(이두영, 위의 같은 책, p.67).

1955년 10월에 은석이 남애와 만난 것은 절묘한 인연이었다. 다대한 출판 업적을 쏟아낸 을유에서 남애는 어떤 인물이었던가. 다음 제재에서 이 문제를 알아보도록 한다.

2) 남애의 을유문화사 시절

남애 안춘근은 1955년 10월 10일 군에서 전역하고, 그 2주 뒤인 10월 24일 을유문화사(이하 을유)에 들어가 이후 1978년 6월 10일 퇴임하기까지 22년 8개월 동안 근속했다. 따라서 그가 여러 대학에서 30년이 넘도록 후학을 가르친 일, 그리고 출판 연구 및 수서 활동과 관련된 개인적 사회적인 활약이 상당 부분 그 안에 들어 있을 정도로 복합적인 내력 또한 함께 한다. 이와 관련하여 이 제재에서는 남애의 을유 시절만으로 제한하여 그가 남긴 사적을 살피고자 한다.

을유가 창립(1945.12.1.)되면서 수많은 사람들이 거쳐 갔지만, 남애의 경우로 말하면 환도 후 전후(戰後) 수습기에 을유로 와서 1960~1970년대의 전성기를 일군 주역이었다는 점에서 특기점이 있다. 우선, 을유 창립 이후 1950년대 전반기까지 입사한 간부들을 보면 서수옥(徐洙玉: 1948년 10월 입사), 한규문(韓圭文: 1949년 6월 입사), 남상범(南相範: 1954년 3월 입사) 등을 들 수 있다.

초기 멤버 중 한 사람인 남애의 경우는 입사 후 곧바로 편집부에서 일했다. 이태 뒤인 1957년 11월에 편집과장으로, 1960년 6월에는 기획조사부장을 맡는다. 당시 기획조사부장의 경우는 을유 창립 이래 최초의 보직이었을 뿐만 아니라, 출판 품목을 선정하는 데 전권을 행사한 책임 간부였다. 그러한 연장선상에서 1974년 1월 안춘근에게는 주간이라는 중책이 주어진다. 을유의 인사 제도에서 '주간'으로 보직한 사례도 남애가 처음이었다.

안춘근은 서수옥 상무와 업무상 협력 관계였지만, 상호 관여하지 않을 만큼 독립적이었다. 그런 점에서는 다른 중역들과의 관계도 마찬가지였다. 이 때문에 "남애가 제시하는 기획 아이디어는 그대로 출판 사업에 반영되었다. 이를 지원하는 정진숙 사장도 남애를 전면적으로 신임했으며, 그의 의견을 여과 없이 받아들이곤 했다."*〔* 김경희(金京熙, 1938~, 을유 기획조사부에서 근무: 1969~1976) 지식산업사 대표의 말, 2017.7.7.〕. 그런 남애는 『을유문고』 (100권), 『한국사』(전 7권), 『세계문학전집』(전 100권), 『세계사상교양전집』(전 27종 39권), 『한국학대백과사전』(전 3권) 등 우리 출판계에서 최초 사례로 꼽히는 거질들의 기획과 편집을 맡아 을유문화사의 위상을 확고히 하는 데 크게 기여했다(정진숙, 2007, p.321).

그와 같은 저변에는 "언제나 읽고 연구하는 열정이 몸에 밴 데서 간취되는 대목이다. 남애는 가장 먼저 출근하여 책을 읽는 모습이었다. 고서를 구했을 때도 당연히 숙독하고 연구하는 습관을 견지했다. 그런 가운데 출판 정보를 얻어 냈다. 물론, 출판 기획에 연결함으로써 다목적적인 유익을 추구한 것이다. 따라서 남애에게는 그렇게 읽고 연구한 결과를 발표하는 일 또한 중요한 순서였다. 이 분야의 정보─고서에 관한 글을 많이 다룬《국회도서관보》의 경우는 남애가 자주 기고한 전문지였다."*〔* 변선웅(邊善雄, 1940~, 을유 기획조사부에서 근무: 1970~1977) 도서출판그물 대표의 말, 2017.6.28.〕. 이 저널은 남애에 의해 발굴된 특정한 고서 정보들을 세상에 처음 알린 메신저로 역할한 사례가 많았다.

남애는 또한 "젊은 직원들에게 때로 출판 기획에 관한 숙제를 부과했는데, 이는 일종의 전문성 훈련이었다. 그러면서 해외 출판물 중 어떤 특정한 도서를 예시하며 '원서를 읽어 보았는가?'고 물어 그들의 지적 훈련을 자극했다."*고 한다〔* 조돈진(趙敦珍, 1941~, 1967년 4월 을유문화사 입사~2017년 9월 퇴임. 동사 전무의 말, 2016.10.11.)〕.

한 예로 누군가 구체적인 복안이 없는 상태에서 아동 도서를 내자는 의견을 제시하면, 남애는 "아동물에 대하여 얼마나 알고 있는가? 당신은 그 분야를 연구해 보았는가?" 하는 식으로 박절하다시피 한 직언을 마다하지 않음으로써 따가운 채찍을 주었다는 것이다.

이렇게 차가운 대면 응대는, 영문학자 고당(孤塘) 김병철(金秉喆, 1921~2007) 교수가 밝힌 에피소드도 유명한 예화 중의 하나이다. 고당이 을유에서 내던 계간지《지성》에 기고할 원고를 전하러 남애를 찾아갔을 때였다. 때마침 외출에서 돌아온 남애는 "마감이 지나 이번엔 안 되겠습니다."라고 딱 한 마디하고는 딴전을 피우더라고 했다. 원고 마감 시한을 조금 넘긴 탓으로 사무실까지 방문했지만, 단번에 외면을 당해 버린 것이다.

요컨대, 고당이 만난 남애는 필자를 우대하는 출판사의 일반적인 풍습과는 전혀 다른 모습이었다. 개성 출신인 고당은 그런 남애를 가리켜 '패러운 사람'(차가운, 까다로운 사람)이라고 불편한 속내를 털어놓았다.

그 일이 있은 후로 을유에서 『세계문학전집』 100권을 기획·출판할 때 김 교수가 월터

스코트의 『아이반호』를 번역하게 되면서 '차가운 창구'(안춘근을 지칭)의 문이 마침내 넓혀지게 되었다고 한다(김병철, 1983, pp.70~71).

고당은 남애가 '콧날이 센 것은 뻔한 일'이라는 사실을 알게 되었다. "안춘근이 을유문화사의 창구 역할을 하고, 그 창구를 두드리는 사람들이 우리나라의 석학들이라고 할 때, 풋내기 햇병아리(김 교수 자신을 겸손함. 필자 주)에게 그렇게 쌀쌀하게 대할 수 있었다는 것은 알고도 남을 만한 일이었다."*라고 풀어 넘겼다(* 김병철, 위의 같은 책, p.71). 그렇게 '악연'으로 만난 둘 사이는 뒷날 막역한 친구로 발전하여 평생 우정을 함께하며 지냈다.

이렇듯, 그의 대면 방식은 사람을 응대함에 있어 '부드러운 치레'와는 도무지 거리가 멀었다. 이 때문에 남애를 바라보는 관점이 극단적일 정도로 분분했다. 김경희는 그런 남애를 "호불호가 분명하여 맺고 끊음에 단호했다. 됨됨이에 대한 차별은 아니더라도, 대개 두뇌가 명석한 사람일수록 머리 좋은 사람을 좋아하는 경우가 많은데, 그가 그런 쪽이었던 것 같다."*고 회고했다(* 김경희의 말, 2017.7.7.). 예컨대, 한영우(韓永愚, 1938~, 서울대 국사학과 명예교수), 한태석(韓泰錫, 1938~, 을유 출판차장 역임, 출판평론가, 뒤에 도미) 등이 을유에서 근무할 때 학구파인 그들에게 자료를 지원하며 연구 활동을 돕는 등 호의적이었다고 한다. 당시 한영우의 경우는 서울대 대학원에서 석사 논문을 준비하고 있던 터였다.

남애는 또한 출판 기획에 특별한 안목을 갖춘 전문가였다. 어떤 특정한 대상(책)이 양서인가(양서가 될 것인가)의 여부를 즉시적으로 판단하는 예단 능력을 말한다. 이에 대한 여러 사례가 있지만, 화훼 배양을 전문적으로 다룬 『양화소록(養花小錄)』[7]이 부활하게 된 사례도 사뭇 극적인 데가 있다. 1971년, 이 책 원본을 구한 박영돈(朴永弴, 서지연구가)이 우연한 기회에 남애를 처음 만났을 때였다.

당시 남애 선생이 을유문화사 출판부장을 하고 있을 때인데, 내가 지나가는 말로 강희안의 『양화소록』을 번역해서 책으로 냈으면 좋겠다고 했더니 서슴없이 그 자리에서 원고를 보내라고 하며 쾌히 승낙했다. 듣기로는 남애 선생은 성격이 굉장히 까다로운 분으로 소문이 나 있었는데, 나 같은 젊은 사람의 얘길 즉석에서 응낙하는 것을 보고 내심 놀랐다. 그때만 해도 『양화소록』이라는 책을 아는 사람이 거의 없던 시절이었는데,

---

7) 『양화소록』은 고려 말 조선 초의 문신·학자인 강회백(姜淮伯)·강석덕(姜碩德)·강희안(姜希顔) 등의 3대에 걸친 문집인 『진산세고(晉山世稿)』 4권 1책 중 권 4로 편찬된 화훼 분야의 전문서이며, 역대 동류 도서들 중 가장 오래된 책이다. 1998년 12월에 국가에서 보물 제1290호로 지정했다.

남애는 단번에 출판을 결정했다.

〈박영돈(2002.10.). 「나와 남애 안춘근 선생과 양화소록의 인연」.
《비블리오필리》(제11호), pp.104~105〉

『양화소록』은 1973년 6월에 『을유문고』 중 하나로 출판을 보게 되는데, 이후로 판을
거듭했다. 그런가 하면, 당초부터 '세계문학전집 기획안'에 들어 있지 않았던 파스칼의
『팡세』(신상초 역)를 즉시적 판단으로 출판하여 최대의 판매 실적을 냈다든지, 신문 연재
가 언제 종료될지도 모르는 최인욱의 「초적(草笛)」 출판을 결정해 뒷날 좋은 보급 성과를
거둔 일도 있었다(이 책, p.176 참조). 이로 보아 남애는 능률과 실질의 효율을 거침없이 판
단하는 사례가 적지 않았다.

남애의 그와 같은 독특한 습성은 여러 면에서 엿보이곤 했다. 예컨대, 을유 언저리에서
점심 식사를 마치고 나면, 그는 예외 없이 어디론가 자취를 감추곤 했던 것도 그러한 사
례 중 하나였다. 짧은 시간을 쪼개어 통문관과 안국서점 등을 거쳐 청계천까지 '번개처럼
책방 순례'를 하던 그였다. 이에 대하여 "사람들은 남애를 일컬어 마치 '축지법'을 사용하
는 것 같다."*고 말하기도 했다(* 김병철의 회고, 1986.3.11.). 이 같은 그의 책방 순례는 퇴근
후에도 마찬가지였다.

1967년 4월 을유에 입사하여 이후 50년 넘게 봉직한 조돈진 전무에 의하면, "남애는
도대체 잡기라곤 전혀 모르며, 오로지 책을 구하고 읽고 연구하며 출판에만 신경 쓰는, 그
저 책만 챙기는 분이었다."고 말한다. 여북해야 이런 일도 있었는데,

한 번은 을유 사람들이 신륵사로 야유회를 갔을 때였다. 점심을 마치고 여흥을 즐길
판이었다. 식사를 가장 먼저 마친 남애가 "이곳에 오래 있으면 무얼 하나. 어서들 돌아가
자."고 했다. 당시 나는 총무과 소속이었으며, 같은 과 동료들이 직원들 뒷바라지 때문에
아직 제대로 식사도 못한 처지였는데도 안 주간이 그렇게 말씀하시는 거였다.

〈조돈진 전무의 말, 2017.7.12.〉

고 회고했다. 요컨대, 남애의 생각은 이미 고서점으로 가 있었던 게 아니었겠느냐면서, '아
무도 흉내 낼 수 없는 그분의 특별한 기질'을 잊을 수 없다고 추억했다.

남애가 을유에서 첫 업무를 맡은 것은 교과서 개편 작업이 한창일 때였다. 당시 제1차

교육과정이 제정·공포된 직후였으므로 모든 국·검정 교과서의 개편 작업을 진행하고 있었다.[8] 그럴 때, 을유에서는 영어 편집자를 필요로 했는데, 남애가 이 일을 맡게 된 것이다.

영어 교과서란, 중학교용 *Model English Readers*를 말한다. 당시 이 교과서의 저자는 영문학자이며 은석의 휘문학교 은사인 취하(醉霞) 박술음(朴術音, 1902~1983)이었다.

뒷날 은석은 남애가 "날벼락처럼 영어 교과서 편집을 맡았다."고 회고했다(정진숙, 2007, p.320). 왜냐하면, 을유 출근이 갑작스레 결정되었을 뿐만 아니라, 거기에다 입사와 동시에 아주 시급한 업무가 영어 교재 편집이었기 때문이다. 그럼에도 남애는 자신의 능력을 십분 발휘하여 이 검정 교과서를 합격시키게 된다. 이후로 이 교과서는 1959학년도까지 학교 현장에 널리 보급되어 '효자 품목'으로 훌륭한 실적을 거둔 바 있다.

남애는 을유를 통하여 다시금 중대한 역사를 기록하게 된다. 그가 업무를 종료한 후에 을유 회의실에서 당사의 편집사원과 타사 편집자들을 모아 놓고 출판학에 관한 토론을 벌이고, 돌아가며 주제 발표회를 하도록 이끌었다는 사실이다(정진숙, 1997.12., pp.413~414).

1969년 3월 17일, 한국출판연구회가 7인의 동인에 의해 관철동 '해종'에서 발족을 보고, 그 3개월 5일 뒤인 1969년 6월 22일 한국출판학회* 로 창립총회를 열면서 을유(종로구 관철동 112번지)는 이들의 집합소가 되었다(* 학회 창립에 관해서는; 이 책, pp.299~302 참조). 남애는 당시 을유의 젊은 편집자인 박일준(朴一俊, 경제학), 황병국(黃秉國, 중문학), 한태석(韓泰錫, 국문학), 허천(許燦, 국어학), 안일승(安日承, 미술) 등을 출판학회 회원으로 입회하도록 권유하여 회원의 전문성과 인적 범위를 확충하는 계기로 삼았다.

이와 같이, 남애는 을유에 재직하면서 출판학을 개척했고, 이 출판 기업의 전성기를 일군 인물이었다. 그런 점에서 그의 중요한 생애사 구간도 을유 시절이라고 할 수 있다.

2. 남애의 출판 기획 활동

'남애의 출판 기획 활동'이란, 그가 을유문화사(이하 을유)에서 추진한 주요 출판 기획에

---

8) 교과서 개편은 1954년 4월 20일 제1차 교육과정령(문교부령 제35호)의 후속 조치로 이행되어 1958년에 완료되었다. 1958년의 경우, 검인정 출판사 수는 62개사에 달했다. 이 중 20책 이상 발행사는 을유를 비롯하여 14개사였다(이종국, 2008, p.185). 을유는 1947년부터 검인정 교과서를 발행했으며, 특히 1950년대 중반~1977년까지 왕성한 참여 실적을 거둔 바 있다. 남애가 을유에 들어온 1955년 10월은 그해 연말까지 검정 교과서 출원을 앞둔 상태였기 때문에 모든 업무가 그쪽으로 집중화되어 있었다.

대한 살림을 말한다. 남애는 22년 8개월 동안(1955.10.~1978.6.) 을유에 재직하면서 43종의 전집과 914종에 이르는 단행본을 기획, 출판하는 대기록을 세우게 된다. 그런데 43종의 전집류를 구성하는 각 장르별 책수를 보면 최소 3책에서 최대 100책 규모이므로 모두 1,300여 책에 이를 정도이다. 이는 안춘근이 을유에 입사한 1955년 10월을 기점으로 출판 기획 범위를 증폭시켜 나간 1957년 11월(편집과장)부터 이후 기획조사부장, 주간 겸 이사를 차례로 역임하고 1978년 6월에 퇴임할 때까지 이룩한 출판 업적을 말한다. 우리는 여기서 남애가 아이디어의 창안자였고, 동시에 어떤 객관적인 입안에 대해서도 현실화 여부를 판단한 책임자였다는 사실을 유의하게 된다.

출판사란, 출판물을 개발하여 독자에게 보급하는 일을 주업으로 삼아 이익을 추구하는 기업으로 존재한다. 이 때문에 품목의 선정도 기업 내 조직 중 어느 특정한 구성원에 의해 획일화된 방향으로 치우친다든지 지나친 개성화를 추구해도 안 될 것이다. 그래서 합리적인 대안의 제시와 그에 따른 협업 시스템을 필요로 하게 된다. 바로 이 부분에서 분명한 것은 아이디어의 생산이 다른 무엇보다도 중요하다.

아이디어는 독보적인 동시에 두루 동의할 만한 이유를 아우른 것일수록 설득력이 강하게 마련이다. 설사 두루 동의를 얻어 내기 어렵다 할지라도 종국적으로 그것이 왜, 어떤 점에서 바람직한 아이디어인가를 납득케 하는 일이 뒷받침되어야 한다.

이익 공동체라는 조직 안에서는 일반적으로 다음과 같은 세 단계로 아이디어의 생산과 그 현실화 과정이 이루어진다. 어느 경우이든, ① 어떤 특정한 아이디어를 내는 당초의 제안자와, ② 그의 제안에 대한 토론을 거친 후, ③ 그 결과에 따라 현실화 여부를 최종적으로 판가름하는 결정권자가 존재하게 된다. 이는 하나의 공생적인 집단 안에서 공동의 추구점을 지향하는 보편한 질서이기도 하다. 그러나 남애의 경우는 '을유라는 한마당'을 사용하면서도 자신이 생산한 아이디어를 스스로가 납득했고, 나아가 스스로 현실화 여부를 결정하는 단축성을 실현했다.

이로써 을유에서 생산된 방대한 출판 업적은 결국 남애의 독자적인 생각이 거의 전폭적으로 반영된 결실이라는 사실을 알게 한다. 바로 그런 점을 충분히 이해해 준 전체 구성원들이 있었기에 그의 활동은 더욱 빛을 발할 수 있었다.

남애는 을유를 통하여 문고, 단행본, 전집 그리고 잡지에 이르기까지 여러 다양한 분야에 걸쳐 출판 활동을 전개했다. 여기서, 잡지란 을유에서 문예 계간지로 1958년 6월에 창간한 《지성》(1958년 12월에 통권 3호로 종간), 1960년 4월에 현대사에서 창간하여 을유가 인수한 서평지《도서》(1960년 12월 제2호부터 을유에서 인수 발행, 1970년 6월 통권 12호로 종간), 또 1962년 5월에 창간한 서평지《을유저어널》(1970년 3월 통권 43호로 종간) 등을 말한다. 남애는 이 잡지들에서 출판학과 서지학 분야의 논문을 한 호도 거르지 않고 발표하는 등 왕성한 필력을 발휘했다(을유문화사, 1997, p.196, pp.209~210).

을유에서 실현한 남애의 출판 기획 활동으로 말하면 다양한 갈래로 나뉜다. 다음 제재에서는 한국학 관련 기획물과 해외 저작물군만으로 구분, 제한하여 살펴보기로 한다.

1) 한국 관련 기획물들의 생산

한국 관련 기획물이란, 우리나라의 역사, 지리, 문화, 풍습 등을 소재로 삼아 출판한 일련의 학술 도서군 내지는 일부 문예 출판물들을 말한다. 여기서는 안춘근이 을유에 재임할 당시 기획 출판한 주요 전집류만으로 국한했음을 밝힌다.

□ 진단학회의 『한국사』

『한국사』는 1959년 6월부터 1965년에 걸쳐 전 7권(본문 6권, 연표 1권, A5판·양장)으로 간행되었다. 이 책은 1954년 11월, 진단학회가 한국 통사를 편찬할 목적으로 5권의 집필을 계획한 것으로부터 착수되었다. 이 같은 계획이 구체화되기까지는 미국의 록펠러재단 측으로부터 영문 한국사 간행 제의와 그에 따른 재정을 지원하겠다*는 제안이 큰 힘이 되었다(* 출판비는 제외하고 필자들에게 연구비 명목으로 후원금 지급).

영문 한국사의 간행에 앞서, 표준 한국사를 간행할 필요가 있다는 합의에 도달한 진단학회에서는, 1954년 말에 『한국사』 5권을 내기로 결정했다. 이에 따라 상고편은 이병도(李丙燾)와 김상기(金庠基)가 맡고, 중세편은 이상백(李相佰), 근대편은 최남선(崔南善)이 집필하기로 정했다. 여기에 근세편과 연표 1권을 증편한다는 계획도 성안을 보았다.

나중에 근대편은 근세 전기와 근세 후기로 나누어 이상백이 집필을 맡았다. 그러나 뒤에 김상기, 최남선이 건강 문제로 제외되고, 김재원(金載元)과 이선근(李瑄根) 등이 새 집필진으로 참여하여 끝을 맺었다. 각권별 내역을 개관하면 다음과 같다.

고대편 1959년 6월에 간행되었고, 김재원(제1편)과 이병도(제2~10편)가 집필했다. 선사 시대의 생활, 단군에서 한사군, 삼한 문제 등을 다루었으며, 삼국의 건국과 대외 관계에 중점을 두었다.

중세편 1961년 9월 간행되었고, 이병도가 집필했다. 고려 시대의 정치·사회와 문화적 발전, 그리고 쇠락 과정을 전기와 후기로 나누어 다루었다.

근세 전기편 1962년 3월 간행되었고, 이상백이 집필했다. 조선 건국에서 임진왜란까지를 조선 전기로 잡았다. 고려에서 조선으로의 전환을 무혈 교체로 정치적 의미를 규정지었다. 정치사적 변천과 사회 구조의 변천에 비중을 두면서, 제도와 문화 분야를 아울렀다.

근세 후기편 1965년 9월에 간행되었고, 이상백이 집필했다. 임진왜란 이후 개항까지를 서술 범위로 설정했다. 당쟁(黨爭)의 과정과 병자호란을 전후한 대외 관계와 양란 후의 제도 개편을 상세히 다루면서, 세도 정치하의 고난을 사옥(邪獄)과 민란에 초점을 맞추어 기술했다. 아울러, 흥선대원군의 정치와 식민 열강 세력의 등장 및 개항에 이르는 과정을 살피고, 조선 후기의 문화를 분류사적으로 다루었다.

최근세편 1961년 6월에 간행되었고, 이선근이 집필했다. 철종 말년에서 갑오 동학 운동 직전까지를 개국기로 설정하고 있다. 필자가 이미 저술한 『조선최근세사』와 『조선최근정치사』를 기본으로 하고, 광복 후에 입수된 자료를 참고로 하여 보완했다.

현대편 1963년 7월에 간행되었고, 이선근이 집필했다. 청·일 전쟁과 갑오개혁 이후 1910년의 경술국치까지를 최근세 후기(민족 수난기)로 잡고 정치·외교사를 다루었다.

연표편 1961년 10월에 간행되었다. 이병도의 지도에 따라 윤무병(尹武炳)이 작성했다. 우리 국사와 외국사를 대조시켜 중요 사실을 연대표로 배열했다. 부록으로 『선원보략(璿源譜略)』 영인과 삭윤표(朔閏表, 음양력 대조 연표)를 수록하여 참고에 이바지하고 있다.

『한국사』는 필자들의 전공 분야와 연구 영역이 달라 각 권 편제에 차이가 있다. 또, 사회·경제사적 서술이 부족한 것도 문제점이다. 그러나 1960년대 전반기까지의 한국사 연구를 집성하고, 일제에 의한 국권 침탈로 단절되었던 국사 연구를 부활케 한 업적으로 평가된다. 그런 『한국사』는 국내외로 널리 보급되어 우리 역사의 이해에 크게 기여했다.

남애 안춘근은 『한국사』 출판 업무 전반을 챙겼다. 당시 육당이 건강 악화로 「최근세편」 집필을 중도에서 포기하자, 이선근이 대신하게 된다. 그런데 4·19 직후 정치적 문제로 그가 서울교도소로 투옥되는 바람에 집필 중단 사태를 맞게 되었다. 이에 정진숙 사장이 적극 나서 옥중 집필을 성사케 한다. 당시 남애는 옥중 집필이 원만하게 이루어질 수 있도록 참고 도서와 원고용지를 차입하는 등 뒷일을 감당했다(을유문화사, 1997, p.166).

특히, 참고 도서의 경우는 남애가 소장한 자료들을 대거 동원하여 옥중 집필 작업에 진력 협조했다. 이 같은 그들의 끈끈한 소통은 뒷날에도 이어졌다. 이를테면, 남애가 1969

년 6월 22일에 한국출판학회 창립회장이 되었을 때 이 학회의 고문으로 이선근(당시 영남대 총장)을 초빙하기도 했다. 그런가 하면, 1978년 6월 30일 한국정신문화연구원(현 한국학중앙연구원)에 1만여 권의 장서를 이양할 때, 당시 이선근 원장이 남애의 수서 업적과 그 가치를 크게 평가하여 적극적인 수용 방침을 현실화한 바 있다.

『한국사』는 여러 우여곡절 끝에 1965년 9월 이상백의 「근세 후기편」까지 출판함으로써 마침내 10년간의 대장정이 마무리되었다.

□ 12권으로 묶은 『한국역사소설전집』

을유에서 낸 출판물들 중 남애가 기획했거나 출판 업무를 주관한 대상은 1955년 10월 이후에 생산된 것으로 한정하고자 한다. 그의 직무 시점과 상관되기 때문이다. 그런데 그 이전부터 시행되어 온 것들도 일단 남애가 출판 업무를 승계, 수임하면서 당연히 계속 사업의 일환으로 추진해 온 것도 유의했다. 이는 6·25 이전부터 착수되어 환도 후로 넘겨져 1960~1970년대를 벗어날 때까지, 출판 개발의 재개로 후속된 사업들이 그러한 범위이다.

을유에서 첫 역사 소설을 낸 것은 1948년 벽초(碧初) 홍명희(洪命憙, 1888~1968)의 『임꺽정(林巨正)』(6권)이었다. 이 전집은 당초 10권으로 낼 예정이었으나 저자가 월북하는 바람에 중단되고 말았다. 그 뒤 월탄(月灘) 박종화(朴鍾和, 1901~1981)의 『역사소설선집』(총 13권)이 나왔다. 이 선집은 1949년 2월에 시작하여 1960년 10월까지 마무리를 보았다.

『한국역사소설전집』은 1960년 3월에 이광수(李光洙, 1892~1950)가 지은 「사랑의 동명왕」과 「단종애사」를 한데 묶어 제1권으로 펴낸 이후 13인의 작가 작품들을 모아 1960년 12월 정한숙(鄭漢淑, 1922~1997)의 제12권 「처용랑·황진이」까지 한 세트로 묶은 전집이다.

B6판 총양장 체제인 『한국역사소설전집』은 책이름, 책가위*와 표제지, 면지 그리고 책 케이스에 이르기까지 저명한 화가와 서예가들이 참여하여 장정의 고급화를 실현했다 (* 책 겉장을 보호하기 위해 종이, 헝겊 따위로 덧씌우는 것). 이 기획물은 4·19 혁명 직후의 어수선한 시기에 나온 흥미 있는 읽을거리였다. 독자들에게 시대적 소명이란 무엇이어야 하는지를 생각해 보도록 작용한 것도 이 전집이었다. 이는 『한국역사소설전집』이 지향한 의의라 평가된다.

□ 전래 고전을 편저해 『한국고대소설전집』으로

1962년 9월 10일 제1회 배본이 시작된 『한국고대소설전집』은 대표적인 전래 고전을 오늘의 정서에 걸맞게 편저 형식으로 새로 꾸민 의미 있는 기획물이다. B6판 반양장 체제인 이 전집은 1965년 6월에 전 20권으로 완간을 보았다.

이 전집은 한문 소설뿐만 아니라, 신소설 이전의 한글 소설도 포함하고 있다는 점에서 특색이 있다(을유문화사, 1997, p.212). 전집을 기획한 남애는 필자 발굴과 관련하여 다음과 같은 비망을 남겼다.

1960년 봄, 나는 『한국고대소설전집』 20권을 기획했는데, 옛 말투의 고대 소설을 현대 감각에 알맞은 문장으로 고쳐 쓰는 일을 소설가들에게 부탁한 일이 있었다. (중략) 박용구(朴容九) 씨는 그런 일이라면 자기 집 바로 이웃에 살고 있는 하남〔河南: 최인욱(崔仁旭, 1920~1972)의 아호. 필자 주〕도 좋은 필자가 될 수 있다면서 소개했다. (중략)

나는 고대 소설에 이어서 『한국역사소설전집』을 기획하게 되었는데, 그때가 바로 하남이 《조선일보》에 「초적(草笛)」을 연재하고 있을 때였다. 나는 언제 끝날지도 모를 그 연재소설을 전집에 넣기로 하고 교섭했다. 하남은 이때의 일을 두고두고 되뇌면서 소설의 성공 여부도 알 수 없는 연재 도중의 작품을 전집에 넣기로 결정한 나의 용기에 감탄했다는 것이다. (하략)

〈안춘근(1998). 「소설가 최인욱(崔仁旭)」. 『책과 그리운 사람들』(유고), p.28〉

위에 언급된 최인욱의 「초적」은 1961년 5월 『한국역사소설전집』 제12권에 담겼다. 하남은 『한국고대소설전집』 20권 중 2집(사임당전)과 10집(임화정연)에도 편저자로 참여했다. 이 전집은 남애와 오랫동안 교분을 나누어온 운보(雲甫) 김기창(金基昶, 1913~2001)이 표지화를 제공했고, 철농(鐵農) 이기우(李基雨, 1921~1993)가 제자를 썼다.

무엇보다도 이 전집은 풍류와 해학이 넘치는 우리 전래 고전을 좀 더 쉽게 읽힐 수 있도록 꾸며 널리 대중적인 보급을 겨냥했다는 점에서 특기점이 있다. 배본 첫 해인 1962년에 「배비장전」(박용구 편저) 등 12권, 1964년에 「흥부전」(박화목 편저) 등 4권, 그리고 1965년에 「장끼·두껍전」(곽하신 편저) 등 4권을 내어 총 완료를 보았다.

남애는 진작부터 이른바 딱지본9)류의 많은 고전 소설책을 자신의 수서 품목 중 하나로

---

9) 딱지본이란, 갑오경장 이후 1930년대 말까지 이른바 신소설을 활자로 출판하여 널리 보급된 책자 형식의 하나이다. 초창기 활자본의 체제는 대체로 국판 규격에 내리닫이 조판이었으며, 표지는 내용 중에서 흥미 있는 대목을 흑백 그림으로 표현했다. 그러다가 판형도 4·6판으로 바뀌고, 표지에는 몇 가지 색을

모아들였다. 그 과정에서 전래 고전을 현대어로 풀어쓰는 방법을 모색하기에 이른다. 이로써 고전의 대중화를 지향했으며, 이를 위해 작가들의 윤필 방법을 적용한 것이다.

□ 『대학총서』, 『한국문화총서』, 『국립박물관총서』의 지속적인 개발

『대학총서』는 1948년 9월 안호상(安浩相, 1902~1999)이 저작한 「철학논총」을 시작으로 1963년까지 대학 교재 중심으로 개발되었다. 이 총서는 을유 창립 초창기에 조풍연 편집국장이 대학 교재 확보가 어려움을 겪고 있는데 착안하여 사학자 홍이섭(洪以燮, 1914~1974)의 도움을 얻어 기획했다(안춘근 취재: 「조풍연 증언」, 1970.2.10. 을유문화사: 1997, p.85).

그 후, 이 총서는 6·25 전쟁 직전까지 10권을 냈고, 피난 수도 부산에서 2권, 그리고 환도 후에 1권을 더 내어 모두 13권으로 집성된 상태였다. 그러다가 남애가 을유에 들어온 1955년 10월 이후 1963년까지 11권을 더 냈다.

이 중 김태오의 「교육학개론」(1955.11.), 이재훈의 「윤리학」(1957.8.), 백현기의 「교육행정학」(1958.7.), 양주동의 「국학연구논고」(1962.6.) 등이 활발한 보급세를 보였다. 당시 을유판 대학총서는 시중 출판사들에서도 다투어 출판하는 계기로 작용하기도 했다.

『한국문화총서』의 경우는 1960년대 우리 인문학계에 제공된 또 하나의 주목되는 출판기획물로 이룩되었다. 1961년 1월 이숭녕의 「국어조어논고」를 시작으로 이후 이가원의 「연암소설연구」(18집, 1965.5.), 김동욱의 「한국 가요의 연구」 등과, 김용덕의 「조선후기사상사연구」(21집, 1977.5.)를 냈고, 남애의 퇴사 이후로도 그의 기획안에 따라 한영우의 「조선전기사회경제연구」(22집, 1983.7.), 이해명의 「개화기교육개혁연구」(24집, 1991.10.) 등에 이르기까지 꾸준한 개발로 이어졌다.

『국립박물관총서』는 김재원 국립박물관장의 제의에 따라 간행된 고적 발굴 보고서이다. 1954년 10월, 남애가 입사한 시점에 김원룡의 「한국고활자개요」를 첫 권으로 낸 이래 1963년 12월 「울릉도」를 끝으로 완간을 보았다. 『국립박물관총서』는 전체 7권이며 9년의 개발 기간이 소요되었다. 남애와 삼불(三佛, 김원룡의 아호)의 오랜 우정도 이 총서 중 '고활자'와 관련된 토론 과정에서 더욱 깊어졌다.

사용하여 독자의 시선을 끌게 했는데, 이를 일컬어 '구활자본' 또는 '딱지본'이라고 했다. 딱지본이란, 대개 그 책의 표지가 아이들 놀이에 쓰이는 딱지처럼 울긋불긋하게 인쇄되어 있다는 뜻에서 유래되었다.*
* 소재영·민병삼·김호근 엮음(1996). 『한국의 딱지본』. 서울: 범우사, pp.10~11.

7권 모두가 우리 국사학계에 처음으로 보고한 내용들이지만, 김재원이 정리한 「미술·고고학용어집(건축편)」도 출판하여 우리 고미술사학의 기초 정리에 기여했다. 이는 오랫동안 묵인되어 온 일제식 관성을 불식하기 위한 정리 작업이라는 점에서도 의의가 크다.

□ 『한국학대백과사전』 개발

1972년 3월에 출판된 『한국학대백과사전』은 한국학의 연구 성과를 집대성한 국학 사전이다. 전 3권이며 B5판 양장으로 제작되었다. 이 사전이 기획된 1970년대 초만 해도 분야별 전문 사전을 구할 수 없는 실정이었다. 거기에다 한국학의 분류 방법과 항목 선정도 문제였다(을유문화사, 1997, p.279).

남애는 『한국학대백과사전』을 출판할 무렵에 이르도록 한국학의 개념이 정립되지 못한 현실을 비판했다. 그는, "한국학을 Koreanology라고 주장하는 학자가 있는가 하면, Korean studies라고 역설하는 학자도 있다. 그런데 한국학의 영어 표기보다도 그 내용이 더 문제다."라고 전제한다(안춘근, 1972.9., pp.49~50).

그러면서 "서울대학교에서 외국인용으로 펴낸 *Korean Studies Today*, 즉 『한국학』을 보면 국토 지리에 관한 것이 전연 없다."는 점을 이상히 여겼다. 그렇다면 "국가 또는 국토 없는 학문으로서 독립 이전의 유태학과 다름없지 않겠는가?"고 의구심을 나타냈다. 더욱이 인명과 국사 사전 정도가 그나마 참고될 형편이었으니 난감한 일이었다.

남애로서는 그와 같은 현실에서 한국학 사전의 편찬이야말로 대단한 모험이라는 사실을 짚었다. 그렇다고 해서 모든 조건이 구비될 때까지 기다릴 수도 없는 노릇이었다.

남애는 일단 사전 편찬을 착수하기로 결심한다. 고조되고 있는 한국학 붐도 시기적절하다고 판단했을 뿐만 아니라, 무에서 유를 얻어 낸다는 '안춘근식 집념'이 추동력을 발휘한 것이다. 결론부터 말해서, 이 사전은 획기적인 성공을 거두게 된다. 남애는 이에 대한 전말을 《출판학》 제13집에 보고했는데, 그 내용 중 일부를 보면 다음과 같다.

나는 편집 사원 5명과 더불어 한국학 사전 편찬에 착수했다. (중략) 전체를 10개 분야로 나누어 국토 지리, 고고(考古)로부터 서지, 그리고 마지막으로 인물 등으로 나누었다. 이것은 모든 사항이 국토에 살고 있는 인간이 빚어낸 것이라 단정했기 때문이다. 이 같은 분류는 물론 독자적인 것이다. 10개 분야를 4·6배판 2권으로 하고, 부록으로 사항을 입체적으로 참고할 수 있도록 여러 가지 자료를 수록했다. 이것을 1권으로 하여 전 3권으로 편제했다. 2권까지의 사항은 모두가 분담했으나, 3권만은 전부 내가 수집 편찬했다. 장정도 일체 남의 손을 빌리지 않았다. 이것이 1972년 3월 20일 출판되자, 먼저 《동아일보》에서 서평이 나가는 것을 필두로 모든 매스컴에서 일제히 극찬을 아끼지 않았다. 초판 3천 부가 20일 만에, 다시 재판 2천 부를 인쇄하기에 이르렀다. (중략) 더욱 우리를 놀라게 한 것은 구독 대상자들이 주로 대학 교수들로서 최고의 지식 계층이라는 것이다.
〈안춘근(1972.9.).「한국학대백과사전」.《출판학》(제13집), pp.50~51〉

『한국학대백과사전』은 모든 역사적인 소산이 인물과 무대, 그리고 이념의 3대 요소로 구성된다는 점을 중시했다. 이에 따라 10개 분야 중 국토 지리를 맨 앞에 설정하고, 그 안에서 활동한 인물들을 끝에 둔 다음, 이들이 빚어낸 여러 문제를 고증, 배열한 것이다.

□ 김병철의 『서양문학이입사 연구』

고당 김병철은 미국 문학, 그 중에서도 헤밍웨이를 전공한 영문학자이다. 그는 1952년 9월 전북전시연합대학(뒤에 전북대학교로 발전)에서 미국 문학과 미국 문학사 강의를 시작했고, 1955년 3월 중앙대학교로 옮긴 후 헤밍웨이 문학에 집중했다.

헤밍웨이에 대한 김병철의 관심은 1967년 휘문출판사에서 『헤밍웨이전집』(I~V)을 번역 출판하는 것으로 확고한 저력을 과시한다. 이 전집은 초판 후 4년 만인 1971년 현재까지만 해도 무려 27판을 발행할 정도로 폭발적인 보급세를 보였다.

고당은 남애의 권면에 따라 을유에서 『헤밍웨이 문학의 연구』(1968), 『헤밍웨이 전기』(1970)를 냈는데, 이 책들은 그의 학문적 편력에 든든한 기반을 다진 역저로 기록된다. 뒤에 번역한 헤밍웨이의 『무기여 잘 있거라』(박영사, 1983) 역시 독자들로부터 큰 사랑을 받았다.

고당 김병철은 을유를 통하여 20여 권에 이르는 저서(번역서 포함)를 냈다. 헤밍웨이를 비롯한 미국 작가들의 작품을 번역한 것이거나, 그들의 작품론이 그 범위였다. 이 중에서 대표적인 성과를 든다면 『서양문학이입사연구』 시리즈(이하 이입사연구)이다.

이입사연구는 19세기 말에서 1950년에 이르기까지 서양 문학의 수용과 그 번역 태도가 변천되어 온 과정을 밝힌 노작이다. 여기서 '번역 태도'란 서양 문학 작품에 대한 완역, 초역(抄譯), 축역(縮譯), 경개역(梗槪譯) 그리고 번안 과정에서 보인 원전에 대한 이해를 가려낸 것을 말한다. 이를 위해 중국과 일본을 매개로 한 중역(重譯) 상황을 밝히는 데 보다 많은 비중을 두었다(을유문화사, 1997, p.299 참조). 실제로 저자는 일본과 대만을 방문하여 현지 자료를 실사함으로써 서양 문학이 우리나라에 이입되는 과정을 추적했다.

전체를 7개 변천 과정으로 시대 구분을 보인 이입사연구는 선사적(先史的) 고찰: 성서 번역사·찬송가 번역사, 개화기의 번역 문학(1895~1909), 《태서문예신보(泰西文藝新報)》까지의 번역 문학(1911~1919), 1920년대의 번역 문학(1920~1929), 1930년대의 번역 문학(1930~1939), 1945년까지의 번역 문학(1940~1945.8.15.), 1950년까지의 번역 문학(1945.8.15.~ 1950.6.25.) 등으로 나누어 서술했다.

김병철의 『한국근대서양문학이입사연구』 초판본(1975~1983)

요컨대, 이 책의 성격은 원어 서양 문학의 직역이 나오기까지 반세기에 걸쳐 우리 번역 문학이 정도(正道)를 향해 걸어온 길을 살피는 데 초점을 둔 것으로 요약된다.

고당이 이입사연구에 착수한 것은 1960년 1월 1일이었다(김병철, 1983, p.15). 그렇게 되기까지 남애의 조언이 결정적인 계기로 작용했다. 그것은 "남의 책을 옮기는 번역도 중요하지만, 자기 책을 하나 써야 되지 않겠는가." 하는 남애의 서슴없는 충고를 듣게 된 것으로부터 비롯되었다(김병철, 위의 같은 책, pp.72~73).

그러면서, 당시 남애는 "당신이 오래 배운 영문학을 무기로 해서 우리나라와 관계있는 한국학을 하시오. 내게는 그 방면의 자료가 많으니 활용해도 좋소."라고 말했다는 것이다〔안춘근, 1998(유고), p.60〕.

이렇게 고당은 남애에게서 자료를 빌려 주겠다는 말을 듣고, 그동안 엄두도 내지 못 했던 이입사연구에 착수할 수 있었다(김병철, 앞의 같은 책, p.74). 이후로 고당은 남애의 서재를 출입하는 유일한 외부 열람자였으며, 그로부터 여러 희귀한 문헌을 도움 받아 이입사연구의 대장정에 들어서게 된다.

그런 고당의 저술 사적과 관련하여, 남애는 의미 있는 증언을 남겼다. 즉, "내가 출판사에서 일할 때 여러 학자들의 학문상 진로를 바꿔 놓은 경험이 있는데, 그 중의 한 분이 김 선생이다."라고 말한 대목이 그것이다(안춘근, 앞의 책, p.59).

이와 같은 두 사람 간의 소통에 관해서는 뒷날 고당이 『세월 속에서 씨를 뿌리며—김병철 수상록』(1983, pp.67~86)과 남애의 회갑 기념논문집으로 낸 《'86출판학연구》(1986, pp.20~33)에도 자세히 밝힌 바 있다.

이입사연구는 1960년 1월부터 착수하여 23년 뒤인 1998년 4월에 총 4권 6책(A5판)으로 완료를 보았다. 각 책별 발행 내역을 보면 다음과 같다.

- 「한국근대번역문학사연구」 953쪽 1975.3.
- 「서양문학번역논저연표」 222쪽 1978.9.
- 「한국근대서양문학이입사연구」(상) 872쪽 1980.4.
- 「한국근대서양문학이입사연구」(하) 836쪽 1982.12.
- 「한국현대번역문학사연구」(상) 548쪽 1998.4.
- 「한국현대번역문학사연구」(하) 610쪽 1998.4.

「한국근대번역문학사연구」 제1권이 나오자, 평론가 김윤식(金允植)은 《서울평론》(서울신문사, 1975.5.8.)에서, "무엇보다도 이 저서는 실증적 연구라는 기본적인 미덕을 갖추고 있음이 주목된다. 그 과정이 실로 어려운 작업이었음은 새삼 말할 여지가 없다. 「자서」 속에 적힌 감회가 결코 과장일 수 없음은 조금이라도 이 방면에 관심을 가져본 사람이면 누구나 수긍하고도 남을 것이다."(김윤식, 1975.5.8., p.19)라고 논평했다.

이상에서 살핀 바와 같이, 남애 안춘근에 의해 기획 개발된 대형 출판물들은 장르와 범위 면에서 방대하다. 남애의 그러한 역할이 가능했던 요인은 출판에 대한 전문성, 저·역자를 대거 발굴할 수 있는 광범한 인맥과 응집력, 특정한 출판 품목 개발에 따른 직관력, 외적 영향에 대한 신속한 대응 등이 종합적으로 작용한 데 있다.

한국 관련 전집들은 계속 개발되었다. 예컨대, 『한국신소설전집』(전 10권, 1968.3.)은 신문학 60년을 기념한다는 취지에서 이룩되었다. 안춘근, 백순재, 하동호가 편집 저본을 제공하여 정본을 되살렸다. 뒤이어 『한국중편소설문학전집』(전 12권, 1974.8.), 『한국신작농촌문학전집』(전 4권, 1974.12.), 『한국대표수필문학전집』(전 12권, 1975.9.), 『한국작가출세작품전집』(전 12권, 1976.7.), 『한국대표여류문학전집』(전 5권, 1977.10.) 등도 잇따라 쏟아냈다.

1960년대에 있어 실학 연구 붐을 일으킨 『한국문화총서』의 속간 또한 주목되는 성과로 기록된다. 따라서 『지봉유설』(전 1권 2책, 1975.2.), 『삼국유사』(1975.2.), 『삼국사기』(전 2권, 1977.7.) 등 주요 기초 자료들도 원문본과 국역본을 함께 펴내어 한국학 연구에 이바지했다.

2) 해외 저작물들의 생산

해외 저작물들이란, 해외의 역사, 지리, 문화, 풍습 등을 소재로 삼은 외국 출판물을 우리말로 번역 소개한 일련의 학술 도서군 내지는 문예 출판물들을 말한다. 여기서는 안춘근이 을유에 재직할 당시 기획 출판한 주요 전집류만으로 제한했음을 밝힌다.

□ 『세계문학전집』 100권을 내다

1950년대 말 무렵은 출판계에서 대형 기획물을 경쟁적으로 쏟아낸 시기였다. 『세계문학전집』이 그 중심이었는데, 1959년만 해도 을유문화사를 비롯하여 정음사와 동아출판사가 비슷한 품목을 선보였다. 그래서 이른바 '전집의 3파전'이라 말하기도 한다.

1958년 8월 어윈 쇼의 「젊은 사자들」(김성한 역)로 시작된 『세계문학전집』은 1965년 11월 카뮈와 사르트르의 「반항인·문학이란 무엇인가」(김붕구 역)로 전 60권이 완간되었다. 이 전집은 독자들로부터 큰 반응을 일으켰다. 이 같은 여세에 힙입어 40권을 더 추가하기로 하고, 1969년부터 속간하여 1975년까지 총 100권으로 확대, 마무리하기에 이른다.

을유의 『세계문학전집』은 여러 특징적인 기록을 남겼다. 이는 편집 방침과 인세 등 관리상의 면에서 살필 수 있다. 우선, 이 전집에 반영된 편집 방침을 보면 다음과 같은 세 가지로 요약된다.

첫째, 선정 대상의 확대다. 즉, 전집이 소설에만 치우치지 않고 모든 문학 장르를 망라했다는 사실이다. 그래서 소설, 시, 희곡은 물론 평론과 철학적 에세이도 포함하고 있다(안춘근, 1960.12., p.15). 이러한 편집 방침은 좁은 의미의 문학만이 아니라, 넓은 의미의 문학이라 할 수 있는 철학·사상 분야도 포함함으로써 내실을 기하고 외연을 넓힌다는 기획 의도였다.

둘째, 사상 순화에 필요한 저작물도 중요 대상으로 선정하면서, 세계 문학의 뚜렷한 계통을 이해할 수 있도록 편제했다. 당시 안춘근 기획조사부장은 이러한 편집 경향이 세계적인 흐름이라 말하고, 미국의 『듀톤 세계문학전집』에는 「공자의 지혜」, 「스피노자의 철학」, 「마르코 폴로의 여행기」 등이 포함되었고, 일본에서는 「시경」을 비롯한 플라톤의 「국가론」 등도 들어 있다는 사례를 들었다(안춘근, 위의 글, pp.15~16).

셋째, 전집에 실린 모든 작품은 분량에 구애받지 않고 완역주의에 철저했다. 예컨대, 「팡세」의 경우 원고량이 너무 적다든지(320쪽 정도), 「바람과 함께 사라지다」와 「겐지(源

氏) 이야기」처럼 1,000쪽을 넘어선 작품도 있었으나, 완역 결과를 그대로 반영했다.

「팡세」는 신상초(申相楚, 1922~1989)가 안춘근 부장을 찾아와 안타까운 사정을 호소하면서 출판이 성사된다.《동아일보》논설위원이었던 신상초는 전부터 잘 알고 지낸 사이인 남애에게 자신이 번역한 「팡세」가 다른 출판사에서 약속을 어긴 채 출판을 미루고 있다는 사실을 말했다. 그러면서 이 원고를 을유판 『세계문학전집』에 넣어 주기를 희망했다. 먼지투성이의 오래된 원고였으며 분량도 왜소한 편이었다.

이 원고를 눈여겨본 남애로서는 번역 수준만 높다면 분량이 문제될 게 없으며, 출판을 회피할 만한 이유도 없다고 판단했다. 기획 단계에서는 빠져 있었지만, 일단 「팡세」를 출판하기로 한 것이다[안춘근(1976.1.25.).「출판 야화—팡세의 개가」.《독서신문》, p.15].

이로써 파스칼의 「팡세」는 1959년 9월 『세계문학전집』 7권으로 매겨 세상에 나왔다. 출간과 동시에 그야말로 날개 돋친 듯 팔려 나갔다. 이후 최대의 보급 실적을 거둔 책도 「팡세」였다(안춘근, 위의 같은 신문, 같은 쪽).

다음으로 을유판 『세계문학전집』은 원고료 지불 등 제작 관리 면으로 본 특징적 조건을 들 수 있다. 이에 관해서는 세 가지로 요약된다.

첫째, 모든 번역자에게 인세가 아닌 원고료[10] 일시 지불(매절)을 시행했다. 당시 타사들이 인세 제도를 계속 적용하고 있을 때 을유에서만 파격적으로 원고료를 지불한 것이다.

둘째, 정가의 획일화를 지양했다는 점이다. 이 문제는 원전에 대한 완역주의와 직결된다. 타사 제품이 각권별 400쪽 정도로 일정한 반면, 을유의 것은 분량이 균일하지 않아 정가도 책마다 다를 수밖에 없었다.

셋째, 전집의 목록을 일시에 결정하지 않고 하나하나 신중히 추가해 나갔다. 목록 선정에 최대한 신중을 기하고, 가능한 한 타사와의 중복 출판을 피하기 위해서였다.

이와 같은 일련의 문제들은 을유 내부에서 적지 않은 논란을 일으켰다. 우선, 원고료 문제와 관련하여 타사와는 달리 무엇 때문에 대금(大金)을 일시불로 지불하느냐는 것이다. 분량의 경우도 정가 책정에 변수를 가져와 도무지 불편을 자초한 셈이며, 문학 전집에 웬 사상 관련 글이 들어가느냐는 문제도 주요 쟁점이었다.

목록의 경우는 한꺼번에 발표해야 전집의 성격을 알 수 있지 않느냐는 지적이 노출되기도 했다. 이에 대하여 기획 편집 책임자인 안춘근은 특히 '분량'과 '내용'에 대하여 다음

---

10) 원고료는 200자 기준용지로 1매당 300환이었다. 외국 장편 장편은 3,000여 매가 넘게 되어 한 권을 번역하면 100만 환이 되므로 웬만한 집 한 채를 살 수 있는 거액이었다(안춘근, 1972.9., pp.47~48).

과 같은 견해를 내보였다.

이렇게 필자의 생각과 반대되는 사고의 원천이란 따지고 보면 일본에서 보아온 것이 고작인 사람들이었다. 적어도 세계의 명작만을 골라내는데, 어떻게 분량이 모두 꼭 같을 수 있겠는가? (중략) 작품의 내용도 일본의 전집과는 달리 미국의 『모던 라이브러리』에는 여행기가 있는가 하면 동양의 철학까지 들어 있고, 분량도 많은 것은 같은 전집이면서 자이언트판으로 판형 자체를 크게 하고 있는 것이 있다.

<안춘근(1976.1.25.). 「출판 야화―팡세의 개가」. 《독서신문》, p.15>

이와 같이, 남애는 한참 앞서 사안에 대한 정곡을 짚어 냈다. 그는 1950년대에 일본의 신쵸샤(新潮社)에서 개발한 『현대세계문학전집』(전 46권), 가와데쇼보신샤(河出書屋新社)의 『세계문학전집』(전 80권) 등 30여 종을 예의 주시해 온 터였다. 그러면서 일본을 능가하는 우리식 모형 개발을 꿈꿨다. 이러한 꿈을 현실화한 '작품'이 을유판 『세계문학전집』 100권으로 이룩되었다.

□ 『세계사상교양전집』 37종 39권으로 내다

『세계사상교양전집』은 '고전'이라 부르는 명저들을 완역한다는 원칙 아래 이룩된 대형 기획물 중의 하나이다. 『세계문학전집』과 함께 쌍벽이라 일컫기도 한다. 『세계사상교양전집』은 1963년 6월 몽테스키외가 지은 「법의 정신」(신상초 옮김)으로 첫 선을 내보인 이래 1975년 2월 프레이저의 「황금의 가지」(김상일 옮김) 외 6권을 냄으로써 모두 37종 39권(A5판)으로 완간을 보았다. 여기에 안춘근이 편저한 『양서의 세계·세계사상교양사전』을 '별책'으로 냈다.

'별책'은 좋은 책의 기준에 대한 편저자의 해설과 국내외의 고전 해제를 함께 내보인 체제로 되어 있다. 이로써 무려 12년간에 걸친 대역사(大役事)가 마무리를 보게 되었다.

『세계사상교양전집』은 전기(12종 12권: 1963.6.~1964.10.), 후기(13종 14권: 1966.4.~1969.11.) 그리고 속(續, 12종 13권: 1972.8.~1975.2.)이라 하여 항속적인 의미를 부여한 연계적 단

안춘근 캐리커처(백영수, 1964.4.)

계를 거쳐 이룩되었다. 이 전집은 '사상 및 교양 전집'이므로 독자층이 한정되어 자칫 실패할 위험도 있다는 우려 속에서 착수되었다(을유문화사, 1997, p.216). 또, 사상 면에서 이른바 좌파적 이데올로기로 인한 어려운 현실도 감안하지 않으면 안 되었다. 따라서 다양한 언어권의 고전에 대한 완역주의 문제야말로 매우 중요한 과제로 떠올랐다.

이와 관련하여 당시 안춘근 부장은 「지식인의 기본도서」(1963.10.)란 글에서 "확실히 출판 기획이란 무에서 유를 생산함과 같이 어떤 대전제를 설정하는 것까지는 쉬운 일이나, 이를 구체화한다는 것은 어려운 일"이라 전제하고, 막상 전집의 성격을 좌우할 작품의 선정이란 광야에서 백합을 찾아내는 것같이 어렵고 힘든 작업이다."고 말한다(안춘근, 1963.10., p.2). 그러면서 다음과 같이 『세계사상교양전집』의 성격을 설명했다.

> 이러한 애로를 모르고 선택된 작품을 놓고 비판할 때, 도대체 보다 더 보편적인 고전 명저가 어찌하여 빠졌으며, 그와 반대로 이러한 범서(凡書)가 무엇 때문에 수록되었느냐고 의심할 수도 있는 것이 사실이다.
> 그러나 그러한 생각은 주관적이다. 이 전집을 편집하는 처지에서 객관적이며 전체적으로 종합하려 할 때, 그 밖의 여러 가지 기업적인 상략(商略)까지를 배려하게 되면 필연적으로 달라진다. (중략) 편집자는 전집마다의 이념을 앞세우고 이를 구현하는 대강을 정하고 이에 부합하도록 심사숙고를 하기 마련인데, 이 전집의 대강은 다음과 같다.
>   1. 인류의 역사와 문화 형성에 크게 공헌한 명저를 엄선.
>   2. 가급적 다른 전집에 수록되지 않은 것을 원칙으로 선정.
>   3. 사상 전집에 걸친 고전과 일반교양을 위한 명저 망라.
> 〈안춘근(1963.10.). 「지식인의 기본도서」. 《을유저어널》(제15호), p.2〉

여기서, 1항은 우리 사정에 알맞도록 사상과 교양 명저를 취사선택했다는 것이고, 2항의 경우는 기존의 익숙한 사상가들과 함께 장자(莊子), 라 로스푸코, 말서스, 롬브로소, 시튼, 첼리니, 페인, 클라분트 등과 같이 전혀 새로운 인물들의 글이 들어 있음을 밝힌 것이다. 3항은 두 종류의 전집을 하나로 종합한 것을 말한다. 예컨대, 사상 전집으로만 생각하면 웰즈의 「세계문화소사」는 파격적이지만, 교양 전집을 겸했으므로 오히려 당연한 결과라는 것이다(안춘근, 위의 같은 자료, 같은 쪽 참조).

『세계사상교양전집』에는 우리 사상서들도 포함되어 있다. 속편에서 일연(一然)의 「삼국유사」, 이수광(李睟光)의 「지봉유설」, 이건창(李建昌)의 「당의통략(黨議通略)」 등이 그와 같은 사례들이다.

『세계사상교양전집』은 전기분 출간을 시작하자, 독자들의 반응이 대단했다. 그래서 1966년 4월부터 플라톤의 「향연」을 필두로 1970년 3월 아담 스미스의 「국부론」에 이르기까지 후기분 13종 14권을 더 내어 전·후기분 모두 24권으로 증편한 터였다. 이 중에서 황견(黃堅)이 지은 「고문진보」(최인욱 옮김, 1964.5.)의 경우는 출간 이후 20년간 25쇄를 돌파하는 대기록을 세우기도 했다(을유문화사, 1997, p.218).

이렇게 대형 기획물일수록 절제된 방향 통제가 필수적이다. '이것도 저것도 두루 좋다'는 식으로 욕심을 내다보면 결국 개성이 없는 책 모음으로 전락될 소지가 많다. 그런 점에서, 남애의 태도는 냉철했다. 그는 금도와 한계에 대하여 엄격한 대응력을 견지했던 것이다.

□ 시야를 넓혀 나간 출판 개발

을유에서 외국의 명저를 번역 출판한 전집류로 말하면 광범한 범위에 이른다. 예컨대, 1950년대 중반부터 시작하여 1965년 9월에 총 50권으로 완간을 본 『구미신서』도 방대한 기획물 중 하나이다. 소규모 시리즈(전 7권)인 『현대미국단편소설선집』(1955.9.~1962.3) 또한 의미 있는 성과라고 하겠다. 따라서 이듬해부터 출판하기 시작한 『번역신서』의 경우는 1972년 3월까지 모두 31권을 낼 정도로 비중이 큰 기획물이었다.

당시 남애는 늘 기획안을 궁리하곤 했는데, 이는 진작부터 몸에 밴 습관이기도 했다. 그렇게 작성된 기획안은 편집회의와 임원회의에 회부하여 토론을 거쳤다. 그러나 편집회의라 하지만, 남애의 독단적인 견해로 결정을 보는 일이 대부분이었고, 이에 따라 을유의 모든 진용이 움직였다. 요컨대, "을유 사람들이 남애의 의견을 따라주었으며, 더구나 정진숙 사장은 어떤 일말의 우려를 표하거나 반대하는 경우란 거의 없었다."*(* 김경희의 말, 2017.7.7.). 이렇듯, 출판 기획에 관한 한 전반적인 문제를 남애에게 일임했던 것이다. 아래에 보인 『구미신서』, 『현대미국단편소설선집』, 『번역신서』도 남애의 기획으로 이룩된 성과들이다.

• 구미의 명저를 집합한 『구미신서』

『구미신서』는, 1954년 12월 어번스 딘의 「원자보고서」(조순탁 역)와 루이스 알렌의 「대전환기」(송욱 역)를 낸 이래, 1965년 9월 F. 마이네케가 지은 「독일의 비극」을 끝으로 완간을 보았다. 총 50권(35권까지 호부장, 36권부터 반양장)이며 11년 9개월이 소요되었다. 이

신서는 UN 주재 대사인 임병직(林炳稷, 1893~1976)의 알선으로 착수되었다. 주한 미국공보원으로부터도 번역료 지원을 받았다. 그러나 수록 대상은 을유에서 독자적으로 기획했다.

이 신서는 구미에서 풍미되고 있는 학문과 사상의 제 분야에 걸친 명저들을 소개한 번역물로 이룩되었다. 20세기를 대표하는 엘리엇, 듀이, 러셀, 리프맨, 갈브레이드, 화이트헤드, 리스맨 등 세계적인 석학과 사상가들이 이 신서에 집합되어 있다. 따라서 국내에 초역된 내용이 많은 것도 특징이다. 각권별 분량(B6판, 최소 154면에서 최대 510면)에 구애 받지 않은 것 또한 이 신서에 구현된 편찬 체제의 개방성을 실현한 증거였다.

• 미국 문학의 새로운 메신저 『현대미국단편소설선집』

『현대미국단편소설선집』은 남애가 을유에 들어오기 직전 1개월도 채 안 된 1955년 9월에 첫째 권인 「전원」(월라 캐더 외 지음, 김성한 역)이 나왔다. 부산 피난 시절에 조풍연, 서수옥 등이 기획한 미국 단편 선집으로, 1955년 10월부터 남애가 이 시리즈의 기획 승계 및 편집 업무를 맡았다. 이후 1962년 3월에 「펄벅 단편선」(펄벅 지음, 주요섭 역)으로 총 7권이 완간되었다. 1년에 한 권씩 낸 셈이다.

『현대미국단편소설선집』은 전후 문학의 물결이 번져 가는 환경 속에서 출판되었다. 이러한 여건은 독자들로부터 좋은 반응을 얻는 요인이 되었다. 이 소설 선집도 『구미신서』의 경우처럼 미국공보원으로부터 번역료 지원을 받았다. 이후로 이 전집은 권수와 관련된 미국공보원과의 약속도 있고 하여 7권만으로 그쳤다.

• 또 하나의 학문적 수원지로 제공된 『번역신서』

또 다른 구미권 양서를 중심으로 한 번역서 모음인 『번역신서』는 『구미신서』와 함께 쌍벽을 이루는 대형 기획물이다. 이는 '세계에 지식을 구하는 문호'로 활용되기를 바란다는 취지로 출판 기획이 실현되었다(을유문화사, 1997, p135).

1956년 1월 뷰레르의 「아동심리학개요」(이진숙 역)를 첫 권으로 낸 이래, 1972년 3월 앨먼드 외의 「비교정치론」(이동희 역)을 끝으로 완간을 보았다. 총 31권이며 16년 2개월에 걸친 편찬 기간이 소요되었다.

『번역신서』 시리즈는 『구미신서』에 비하여 내용이 좀 더 구체적이다. 예컨대 「서양철학사」, 「경제사회학」, 「현대의 사회정치사상」 등은 모두 700쪽을 상회했으며, 「정치학개론」, 「미국정치외교사」 등은 무려 1,000여 쪽에 육박할 정도였다.

『번역신서』 중에는 무려 20쇄가 넘어선 책도 적지 않으며, 오늘날까지도 꾸준히 보급되고 있는 품목도 있다. 이 신서 시리즈는 일련번호를 매기지 않은 특이 사례를 보인 기획물이기도 하다.

• 아동 대상의 전집들

아동을 대상으로 한 출판 기획물들도 종수와 범위 면에서 방대한 권역을 형성한다. 이를테면, 소년소녀를 대상으로 한 대표적인 문학 작품을 선별 수록한 『한국아동문학독본』(전 10권, 1961.11.~1962.8.), 각 나라별 아동 작품을 편역 형식으로 가려 뽑은 『세계아동문학독본』(전 12권, 1955.4.~1965.4.), 위인들이 남긴 교훈을 쉽게 설명한 『세계소년교양독본』(전 10권, 1969.11.), 동서양의 고전과 전기 등을 망라한 『을유소년문고』(전 35권, 1975.2.~1979.8.) 등이 그와 같은 범위이다.

그런데 출판 기획자인 남애의 성향으로 볼 때, '아동 도서' 분야보다는 한국학 또는 그중에서도 고전을 주로 선호한다든지, 나아가 해외 출판물 쪽에 비중을 두고 있다는 선입견을 가질 수 있다. 사실이 그렇기도 하다. 그러나 그는 능동적으로 사안을 해결하는 수완과 능력을 발휘한 사람이었다.

아동 도서만 해도 이 분야의 대가들인 마해송(馬海松, 1905~1966)을 비롯해 이원수(李元壽, 1911~1981), 조풍연 그리고 곽하신(郭夏信, 1920~) 등으로부터 얻어 낸 여러 조언들이 그의 출판 기획안으로 부활되곤 했다. 남애의 문단·문화계 오지랖이 그만큼 넓었던 것이다. 남애를 말하여 '차가운 사람'이라 했지만, 오히려 많은 사람들이 그의 곁으로 다가왔으므로 절묘한 일이 아닐 수 없다.

3) 『을유문고』의 생산

남애의 문고에 대한 생각

남애 안춘근은 『을유문고』가 속간되던 무렵 《출판학》 창간호에 「세계 문고본 출판 소고」라는 논문을 발표한다. 이 논문의 탈고 시점은 1968년 9월경이었다. 문고 출판과 관련하여 국내외의 주요 문고 역사와 그 각각이 지향하는 주조 등을 중심 내용으로 다룬 논문이 위의 기고였다(안춘근, 1969.8., pp.55~64).

우선, 동서양의 문헌들에 나타난 '문고'의 정의를 소개하면서, '문고'와 '문고본'은 다른 개념임을 밝혔다. 문고란, 동일한 장정이 계속되는 출판물에 주어지는 명칭이라는 것이다. 따라서 장서 내지는 특수한 도서관을 지칭할 때 쓰는 말이 문고이기도 한데, 예컨대 동양문고, 가람문고 등이 그와 같은 사례이며, 문고본은 내용이 다르나 같은 체제로 계속 간행되는 총서(叢書) 형식으로서 암파문고, 을유문고 등과 같은 유형으로 구별된다고 덧붙였다(안춘근, 위의 논문, p.55). 그는 특히 문고가 지닌 특성에 대한 분석적인 결과를 다음처럼 제시한다.

> 문고는 ① 내용 ② 형태 ③ 정가 등으로 분석할 수 있는데, 내용은 크게 보면, 첫째로 고전과 당대의 명저 위주인 것과, 둘째로 광범위한 대중의 호기심에 영합하는 것이요, 이를 다시 세분하면, 첫째로 전세계의 저작을 망라한 것, 둘째로 전문 분야별로 백과사전의 항목을 자세히 한 것, 셋째로 전문가의 신작 등이다.
> 형태는, 크게는 내용 위주인 것과 가독성 위주로서, 이를 다시 세분하면 국반판, 삼륙판 체제에 8p 또는 9p 활자 조판으로 100면에서 300면 내외가 많다. 그리고 정가는 잡지 특히 대중지와 비슷하거나 그보다 싸다.
>
> 〈안춘근(1969.8.). 「세계 문고본 출판 소고」.《출판학》(제1집), p.64〉

『을유문고』 개발을 주관한 남애는 이후로도 문고가 지닌 성격과 관련하여 관련된 자신의 생각을 밝힌 일이 있다. 그는 "문고판이란 출판 불경기를 돌파하는 방안으로 생각해 냈고, 그 결과 독서의 대중화 운동에 크게 기여한 출판물"이라고 보았다(안춘근, 1981, p.254).[11]

그러면서 "문고가 불경기를 맞은 많은 독서인들에게 부담을 줄이면서, 책 읽는 재미를 누릴 수 있도록 형태적으로 자재의 질적 변화 실현함으로써 '염가판(cheap edition)'이 되어야 할 것이며, 되도록 많은 독자들이 호기심을 가지고 읽을 수 있도록 보편적인 내용의 '보급판(popular edition)' 기획이 전제되어야 한다."는 견해도 아울러 밝혔다(안춘근, 위의 같은 책, 같은 쪽).

그런데 중요한 문제는 "문고판의 값을 싸게 하기 위해 책 크기를 작게 하려는 편의적인

---

11) 출전: 안춘근(1976.2.). 「문고판」; 『한국출판문화론』(범우사, 1981, pp.254~255)에 재록되어 있으며, 글 끝에 '1976.2.17.'이라 표시되어 있다. 이로 보아 『을유문고』가 왕성하게 출판되던 때 이 글을 발표했음을 알 수 있다.

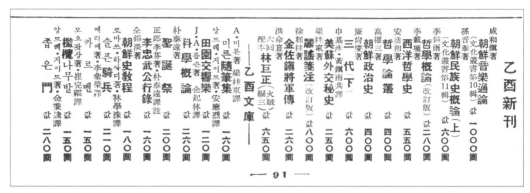

『출판대감』(1948.4.)에 소개된 을유문화사 신간

방법으로 내용을 생각할 수는 없다."고 지적했다. 따라서 "비록 문고판이 형태는 작아도 하나의 완전한 책으로서 모든 요건을 구비해야 한다."고 밝혔다(안춘근, 위의 책, p.255). 이와 같이, 문고에 대한 그의 평소 생각은 『을유문고』를 기획한 중심적인 기반으로 작용하게 되었다.

『을유문고』의 시작

을유에서 '문화와 사상의 범국민적 보편화'라는 취지 아래 『을유문고』를 내기 시작한 것은 1948년 2월 박태원(朴泰遠)의 「성탄제」로 첫 선을 보이면서부터였다.

광복 후 4년간의 출판 장보를 소개한 자료집 『출판대감』에서 보면, '을유 신간'이라 하여 「미른 수필집」(A. 미른 저·양주동 역), 「전원교향악」(앙드레 지드 저·안응렬 역), 「과학개론」(J. A. 톰슨 저·김기림 역), 「성탄제」(박태원 저) 등 모두 10권의 '을유문고' 광고가 실려 있다(조선출판문화협회, 1948.4., p.91).

또, 『출판대감』에는 박문출판사(博文出版社)의 「하멜표류기」(이병도 역), 「이태준 단편선」 등 초기에 출간된 『박문문고』 8권도 소개되어 있다. 당시만 해도 문고 형식의 신간 개발은 극히 드문 실정이었다.

『을유문고』가 6·25 전쟁이 일어나기 전까지 26권이 발행되었으나, 일련번호를 부여하지는 않았다. 가장 먼저 선뵌 「성탄제」는 7권 째이다. 모두 A6판에 반양장 체제이며, 평균 164쪽을 유지했다.

6·25 전쟁이 일어나기 직전에 발행된 문고는 「하이데거 박사의 실험 외 4편」(1950.4.)이다. 그 후 『을유문고』의 속간이 현실화된 것은 1960년대 말에 이르러서였다. 남애 안춘

190

근의 주도로 이 문고의 속간이 시작된 것이다.

『을유문고』의 속간

6·25 전쟁을 당하여 중단 상태에 있던 『을유문고』는 1969년 1월 문일평(文一平)이 지은 「한국의 문화」 등 10권을 동시에 펴내며 속간 작업이 시작되었다. 판형도 과거 A6판(국반판)에서 B40판(신서판)의 장형본 규격(가로 10.5cm, 세로 17.5cm)으로 바꾸었다. 분량은 200쪽 정도여서 독자들의 휴대 부담을 덜게 했다.

1969년에 속간하기 시작한 『을유문고』는 출판계에 새로운 붐을 가져다 준 계기였을 뿐만 아니라, 1960년대를 풍미한 전집물 출판의 부작용에서 벗어날 수 있는 돌파구를 마련했다는 점에서도 그 의미가 크다.

『을유문고』는 1969년 이후 1974년까지 매년 30종 내외의 신간을 쏟아 냈다. 값이 저렴하고 다양한 내용을 다루어 대단한 반응을 얻고 있었기 때문에 속간 기획도 신속하게 뒷받침하지 않으면 안 되었다.

당시 남애는 출근과 동시에 전화 통화로 하루를 열곤 했다. 원고 조달을 계속해야만 했기 때문이다. 그런데 필자들 중에는 문고 저자로 참여하고 싶다는 능동적인 의견들도 꾸준히 답지되었다. 그러한 상황 속에서 1975년에 30권, 1976년에는 25권으로 문고의 종수도 대폭 확대되어 나갔다.

특별히 『을유문고』로 말하면 세계적인 명망을 누려 온 독일의 『레클람문고』, 프랑스의 『크세주문고』, 일본의 『이와나미문고』처럼 독자들로부터 최고의 권위와 신망을 얻고자 했다. 실제로 우리나라에서 개발된 여러 문고 중에서 최대의 보급세와 명망을 누린 것도 『을유문고』였다.

100권을 돌파한 『을유문고』

1972년 9월, 『을유문고』는 「부모은중경」을 내는 것으로 100권을 돌파했다. 속간 3년 만에 거둔 성과였다. 이 중에서 순 한국 관련 내용이 40종이고, 서양 관련 31종, 그리고 동양 관련 29종으로 되어 있다. 가벼운 읽을거리 중심의 문학 작품들도 다수 포함시켰다.

「세계 명작의 뒤안길」

남애는『을유문고』60권 째에 자신이 찬술한 「세계예화선집」을 넣었다. 이 책은 출판 기획 과정에서 남애가 여러 책을 읽을 때마다 유익한 교훈이 될 수 있는 내용을 추려 모은 예화집으로 꾸몄다.

145권 째에는 「세계 명작의 뒤안길」도 넣었다. 이 책에 40여 종의 세계 명작을 선별하여 그것이 이룩된 역사적 배경과 의의 등을 알기 쉽게 해설해 보였다.

『을유문고』가 100권을 돌파했을 때 을유 측에서도 해설 목록집인 「백권의 책」을 펴내어 출판 의의를 기렸다. 이 문고는 1988년까지 267권이 나왔다.

1970년대 후반으로 진입하면서 문고 붐이 점차 약화되는 추세를 보였다. 문고의 전성 시대가 점차 세력을 잃게 된 것이다. 이러한 환경적 변화를 예의 주시해 온 을유에서도 문고 개발을 축소하게 된다.

결국, 1977년에 6권을 냈고 1988년까지 5권 내외의 발행만으로 명맥이 이어졌다.『을유문고』는 남애가 을유를 떠나면서 사실상 종료되었다.

• 나오는 글

이상과 같은 내용으로 제4부 서술을 마친다. 이로써 남애 안춘근의 독서 편력과 을유문화사 시절을 살폈다.

안춘근의 독서 과정은 어릴 때『천자문』에서 습득한 어렴풋한 자극이 뒷날 성장 과정을 거치며 '책이란 반드시 읽어야만 하는 인생의 안내자이며 스승'이라는 믿음을 얻게 된다. 그런데 그의 독서 섭렵은 '읽은 지식을 책의 생산'으로 이끌게 한 출발점이기도 했다. 처음으로 만난『천자문』은 말할 것도 없거니와, 몽테뉴의『수상록』등 그리고 장년에 이르도록 줄기차게 읽어 낸 많은 명저들이 그의 출판 기획에 따라 끊임없는 부활로 이어졌기 때문이다.

그러한 순환이 이루어진 곳은 을유문화사였다. 이렇듯, 그곳은 언제나 왕성한 책 생산의 현장이었고 이로써 독자 대중의 지적 순환을 중계한 거점으로 자리해 있었다.

남애는 거기 을유 시절에 출판계의 지도자로 신망 받는 정진숙 사장을 만나면서 출판 기획의 전권을 위임받는다. 남애의 아이디어가 활달하게 펼쳐진 마당이 을유문화사였던 것이다.

을유문화사는 1953년 8월 15일 정부가 피난 수도 부산에서 서울로 환도하고 그 1개월 뒤인 9월에 뒤따라 복귀했다. 이와 함께 종로빌딩 2층(종로 2가 5번지)에 사무실을 차렸다.

그 후 사세가 성장하면서 1959년 9월 21일 인근 관철동 112번지로 사옥을 옮겨 이른바 을유의 '관철동 시대'를 열어 나갔다. 을유의 대약진이 이 무렵부터 더욱 두드러진 모습을 보였던 것이다.

그러다가 1973년 6월 30일 새 사옥(종로구 수송동 46의 1번지)을 신축, 입주함으로써 '수송동 시대'를 새로이 열었다(을유문화사, 1997, p.126, pp.288~289 참조).

2010년 12월 24일에는 정무영(鄭茂泳) 대표 체제로 전환하여 보다 발전적인 출판 개발을 위해 최선을 다했다.

2018년 8월 8일, 이 노포는 그동안 오랫동안 종로에서의 출판 사업을 뒤로 하고, 새 터전(서울 마포구 월드컵로 16길 52-7)으로 옮겨 다시금 새로운 출발을 지향하고 있다.

새삼스러운 되짚음이지만, 남애 안춘근은 을유문화사에서 1950년대 중반부터 1970년대 후반에 이르기까지 근속해 왔다. 그러한 과정에서 세계 명작 모음을 대전집으로 기획·출판하는 데 성공했고, 세계의 사상을 풍미한 위대한 저술들을 한몫으로 꾸며 거질로 탄생시켰다. 위험한 승부수였다. 그럼에도 엄청난 보급세를 거두면서 우리 출판 역사를 새로 쓰게 한 기록적인 사건이 그를 통하여 거듭되고 있었다. 남애는 고독한 결정자였지만, 출판의 흐름을 바꿔 놓는 놀라운 변화를 현실화시켜 나갔던 것이다.

강조해 말할 나위도 없지만, 어떤 특정한 출판물을 기획하고 출간하는 과정은 간단하지 않다. 독자의 선호 여부는 언제나 중요한 관건이거니와, 학문적 흐름 그리고 그 책에 대한 출판 의의, 역사적 가치, 출판 기업으로서의 이익 창출 등에 이르기까지 여러 문제를 고민해야만 하기 때문이다. 실무 면에서도 필자를 선정하여 합당한 사전 절차(계약 업무, 보급 기획 협의 등)를 이행한 다음에 그로써 받아 낸 원고를 편집·제작하는 일은 고도의 전문성을 필요로 한다.

제4부는 결국 그와 같은 출판 행위에 대한 일련의 과정을 보고한 내용이다. 즉, 남애에 의한 출판 기획과 그 생산 과정을 말한다. 이제 본 단원을 맺으면서 본문을 통해 서술한 내용을 다음과 같이 다섯 가지로 요약해 둔다.

첫째, 안춘근의 독서 과정은 『천자문』에서 시작하여 동서양의 고전을 두루 섭렵하는 등 기본과 고도화 훈련이 단계적으로 이행되었다. 지식 섭취에 대한 끊임없는 정진을 그의 독서 과정에서 엿볼 수 있다.

둘째, 남애는 중학교(선린상업학교)에 다닐 때 몽테뉴의 『수상록』을 읽게 되면서 "너는 무엇을 아는가?"라는 질문을 대하고 충격을 받는다. 이 물음은 결국 지식 지평을 더욱 넓혀야 한다는 자성을 촉발시킨 동인으로 작용하게 되었다. 그의 마음속에 평생을 관류하고 있었던 물음이 곧 '자신의 개명'임을 알게 되었던 것이다.

셋째, 남애의 독서 경험은 '읽은 지식을 책의 생산으로' 끈을 이은 기반이 된다. 이로 하여 성장기 이후 읽은 좋은 지식 재료들은 출판 품목으로 재탄생하는 일이 거듭되기에 이른다.

넷째, 출판·편집자로서의 을유 시절은 남애 안춘근을 여러 면에서 새로운 실현을 가능케 한 구간으로 존재했다. 그가 책의 학자로서 여러 대명사들을 얻은 것도 그 무렵이었다. 그는 한 출판 기업에 몸담아 있으면서 대학에 출강했고, 전문적인 기고가인 동시에 수서가였으며, 한국출판학회와 한국고서동우회(뒤에 한국고서연구회)의 창립 회장으로서 최선을 다하는 가운데 많은 저서를 쏟아 낸 저술가로서 확고한 위상을 이뤄 냈다.

다섯째, 남애 안춘근의 처세에 관한 부분이다. 출판 기획과 편집을 관장하는 책임자로서는 인적 자원이 광범해야 하고, 여러 분야의 전문가들에 대한 폭넓은 접근력을 갖추고 있어야 한다. 그런데 남애의 경우는 특유의 '차가운 사람'으로 평설되곤 했다는 점을 유의하게 된다.

그럼에도 원근간에 수많은 유력자들과 학계 인사들이 오히려 '꼭 만나고 싶어 하는 인물' 또한 남애였다. 세월이 한참 지났어도 그러한 흡인력에 대한 여러 예화가 두루 회자되고 있음을 본다.

제5부

남애의 연구 활동

• 들어가는 글

미디어 융합이 가속화되고 있다. 읽기의 풍습도 스마트 스크린에 드러난 콘텐츠나 이미지를 살핀다. 그러한 과정에서 '책'이라는 전통적인 매체는 큰 변화를 감당하고 있는 오늘이다. 이제 '책(book)', '출판(publishing)'이라 하면 미디어 융합과 분리하기 어려운 상황이 되었다. 거기에다 이른바 인공 지능(AI)을 장착한 로봇 군단이 사방에서 포위해 들어오고 있다.

그런 이 시대를 맞이하여 '20세기 사람'이었던 남애 안춘근의 출판과 출판학, 책과 서지학에 관한 학문적 궤적을 살피는 작업은 어떤 점에서 필요한 것인가? 이 질문에 대한 해답은 남애가 대답해 줄 것이다. 그의 발자취가 우리의 시야에서 또렷한 이상, 거기에 다가가 좀 더 구체적인 질의를 던져 보기로 한다.

모든 매체 현상이 거듭 변화되고 그 형질이 바뀐다 해도, 보고 생각하며 인지하는 원류의 수단은 책이요 출판이다. 이 같은 지목을 믿는 이유는 책과 출판이 발휘해 온 거대하고 장구한 역사를 동의할 수 있기 때문이다. 그것은 현재적 상황인 동시에 미래 문화의 근간이기도 하다. 바로 그러한 문제를 연구하는 학문을 우리는 출판학이라 말한다.

남애 안춘근은 미명(未明)의 분야인 「출판학을 위하여」(안춘근, 1969.8., p.3) 평생을 기울였다. 이와 함께 서지학 연구도 열어 놓았다.

그런데 새삼스러운 지적이지만, 어떤 특정한 인물에 대한 논의는 그의 주된 추구점이 무엇인가에 따라 분별하고자 하는 내용 또한 다르게 된다. 주된 추구점이란, 주제의 대상자가 무엇에 중심을 두었고 또 그것을 어떻게 이행(연구)했으며, 그 결과 어떤 유익함을 얻는 데 기여했는지를 알아보는 관건 그 자체를 말한다. 다시 말해서, 평설 대상자가 추구한 일련의 주조성을 중시하는 입장인 것이다(이종국, 2003.1., p.58).

이 글, 제5부는 안춘근에 의해 이룩된 학문 세계와 그 끼친 바를 살핀 내용이 중심을 이룬다. 요컨대, 안춘근이 추구했던 영역의 학문을 대상으로 한 일련의 관심이 어떻게 나타나고 있는지를 알아보고자 한 것이다. 이와 함께 남애의 연구 성과가 말해 주는 유효성이란 무엇인지를 살피는 데 목적을 두고자 했다.

이와 관련하여, 남애의 학문적 지향을 중심으로 다루되, 첫째, 출판학의 정향성, 둘째, 서지학에서의 추구점, 셋째, 저술 활동의 전개 등에 관한 사적을 살핌으로써 남애의 연구 활동이 어떻게 진전되었는지를 알아보고자 한다.

제1장 남애의 출판학 연구

1. 출판에 대한 이해[1]

남애 안춘근이 남긴 초기[2] 논문 중 「출판학원론」(1966.12.)에서 보면, "출판은 문화의 어머니다."라는 말로 첫머리를 연다. 그러면서 "출판은 인류가 발명한 최량(最良)의 무기"라 덧붙이고, "인류의 오늘이 있는 것은 출판의 위력에서 비롯되었다."라고 강조한다. 이보다 3년 9개월 앞서 상재한 출판학 분야의 첫 이론서인 『출판개론』(1963.2.)에 보면, "출판은 그 시대의 거울"(안춘근, 1963, p.59)이라 했고, 이후 또 다른 논의(안춘근, 1970.2., p.2.)에서도 같은 말을 되풀이했음을 본다. 그러면서 "출판은 문화의 꽃이다."(안춘근, 1981, p.280)라는 명제로 그의 출판관이 정리되고 있다.

이러한 경구들의 드러냄은 출판에 관한 남애의 의식을 지배한 인문적인 인식이며, 그것이 출판학 연구의 중심적인 가치라고 사료된다. 이와 관련하여 남애가 생각한 출판 이해에 관한 면모를 알아볼 필요가 있다. 그것은 고전적인 출판 이해와 현상적인 출판 이해, 이렇게 두 가지 관점으로 분간된다.

1) 출판에 대한 고전적인 이해

출판에 대한 고전적인 이해란 무엇인가? 이는 출판에 주어진 사회적인 의의나 그 위상을 중대시해야 마땅하다는 전통적인 생각에 출발점을 둔 인식이다.

이를테면, '문화의 어머니'란 우리의 생활사 속에서 드러난 여러 모습들을 끌어안고 이를 배양하며, 오랜 세월 동안 보전케 하는 모태적 역할을 수행하는 수단이 곧 출판이라는 생각이다. 따라서 그와 같은 출판의 역할은 '진상(眞相)의 기록'으로서 주된 소임이 주어져 있으므로 '시대의 거울'이라는 상징적인 이해를 낳게 했다(안춘근, 1981, p.281).

---

1) 이하의 내용(제5부-제1장 1~3)은; 이종국(2003.1.). 「남애 안춘근의 출판학—출판 연구에의 지향이란 무엇인가?」. 《남애와 출판학》. 서울: 사단법인 한국출판학회, pp.59~70의 것을 전면 개고·보완한 것임.

2) '초기'란 중기, 후기 등의 순차적인 시기 구분을 전제한 개념이 아니며, 안춘근에 의해 수행된 출판학 연구 과정 중 1950년대 후반에서 1960년대 말까지를 말한다.

여기서, 거울이란 인간의 사상과 감정 일체를 반영하는 상황 그 자체인 까닭에, 표현의 자유가 결여된 것이라면 결국 진상(眞像)이 될 수 없다는 것이다. 요컨대, 출판으로 반영된 '시대의 거울'은 그것이 평가의 대상으로 떠올려질 때에만 제몫을 발휘할 수 있다(위의 책, 같은 쪽)는 비판적인 기능론을 엿볼 수 있다.

출판을 일컬어 '문화의 꽃'이라 비유한 것에서도 남애의 그와 같은 생각이 깃들여 있다. 아래 글은 출판이 수행하는 기록·전승 행위가 왜 문화의 꽃과 같은 존재인지를 설명한다.

> ……출판을 이 같은 문화의 꽃에 비하는 것은, 출판이란 모든 문화 현상을 정리하여 기록·보존한다는 데 있다. 아무리 위대한 예술을 창조하고, 과학적인 진리를 탐구했다고 하더라도 그것을 출판을 통해 기록·보존·전승하지 않는다면, 창조자 또는 탐구자 개인의 욕구를 충족시켜 주었을 뿐, 인류에의 공헌이라 할 수 없다. 모든 문화 현상이 기록·전승되어야 할 이유가 여기에 있다.
>
> 〈안춘근(1981). 『한국출판문화론』, p.281〉

이로 볼 때, 꽃이란 피어난 상태를 널리 공유했을 때 진정한 사명(기록·보존·전승)을 다하게 되며, 만일 그와 같은 역할을 기대할 수 없다면 무의미한 존재에 지나지 않는다는 것이다. 나아가, 남애의 출판관은 출판이 공헌하는 거시적 의의(인류에의 공헌)에 지향점을 두고 있으며, 이를 뒷받침하는 명분이 기록·전승에 기반한다는 사실에 우선했다.

안춘근의 고전주의적인 출판 인식은 '출판 지사도(出版志事道)'라는 특별한 명제를 통해서도 엿볼 수 있다. 그는 출판인 또는 출판 기업이 갖추어야 할 덕목 중에 출판도와 출판 지사도가 있다고 말하면서, 전자가 출판사의 건전한 개성을 출판물로써 구현하는 일이라고 한다면, 후자는 출판이 다른 업(業)과는 다르다는 데서 출발점을 둔 개념이다. 즉, 출판은 문화 창조의 선도자로 구실하는 데 원래의 기능이 주어져 있는 까닭에, 이에 관여하는 진정한 마음 자세가 필요하다는 것이다(안춘근, 1971.11., p.4.).

이러한 생각들로 미루어 보아, 남애에게 있어 출판이라 하면 단지 이상주의적인 문화적 수단이어서, 오늘의 경제적 이윤 취득 행위와는 형질이 다른, 언뜻 납득하기 어려운 문제를 간취하게 된다. 그래서 남애의 '出版志事道'에 함의된 '事'의 지향점도 출판을 통해 널리 유익을 꾀함으로써 공공에 봉사하는 공사봉사(公事奉仕)의 의미가 밑자락 되어 있다.

그럴 경우, 출판이 오직 사업으로서만 이윤 추구에 매달려 상술(商術)을 추구한다면 존립이 어렵다고 보았다. 다시 말해서, 출판이 지닌 특성을 선용함으로써 문화 창조의 구실을 다하는 동시에 기업적으로도 성공할 수 있는 배려가 뒷받침되어야 한다는 것이다.

이렇듯, 남애가 밝힌 출판에 관한 생각들은 고전주의적인 관점이 큰 부분을 차지하고 있다. 이를테면, 출판에 부여된 역할과 기능, 또 그로써 창출·전개하는 문화적 의의를 해명함에 있어 전통적인 출판 지상주의적 신념에 철저했다고 볼 수 있다. 그에게 있어, 출판은 모든 문화 현상의 중심에 존재한 고전주의적 정체성으로 연결되어 있었던 것이다.

2) 출판에 대한 현상적인 이해

출판에 대한 현상적인 이해란, 출판의 역할을 알아보는 데 주안점을 둔 생각이다. 요컨대, 출판이 수행하는 문화적 매개 기능과, 시대의 거울과 같은 존재로 보려 하는 고전주의적인 입장과 관련하여, 그러한 위상을 가능케 하는 출판 개발에 대한 생각을 말한다.

이에 관한 남애의 전제는 출판과 사회 현상과의 관계를 파악한 논의들에서 나타난다. 그 중의 하나가 『출판사회학』(통문관, 1969a)을 들 수 있다. 그는 이 연구에서 제반 문화 현상 중에 출판과 관련된 영향 관계를 출판과 문화, 출판과 종교, 출판과 교육, 출판과 문학, 출판과 사회, 이렇게 다섯 가지의 상호 작용 구조로 나누었다.

『출판 사회학』 표지(좌)
및 내표제지(우)

내표제지: 『증보부주자치통감절요속편(增補附註自治通鑑節要續篇)』 본문 중에서 집자(集字)한 것임.
이 책은 배면과 내표제지에만 제자를 설정했다. 제자: 취진자(聚珍字) 『귀은당집(歸恩堂集)』, 저자명: 정리자소자(整理字小子) 『두율분운(杜律分韻)』, 출판사명: 신식연활자 『고환당집(高歡堂集)』

여기서, '⋯⋯과'는 열거나 비교를 의미하는 접속 조사(接續助詞)가 아닌 대등절(對等節)을 뜻하며, 그 양항 간의 협력 관계를 중시한 개념이다. 다시 말해서, 출판은 문화, 종교, 교육, 문학, 사회 등 제반 조건들에 걸쳐 저마다의 영역을 배양, 진보케 하는 데 중요한 영향을 끼치는 수단이라고 보았다.

요컨대, 문화 발전에서 보면 어떤 추상적인 능력으로 가능한 것이 아니라, 그 기반을 형성하는 사상과 감정을 전달하는 매개 수단으로서의 출판 행위가 존재해야만 육성, 발전한다고 본 것이다(안춘근, 1969a, pp.253~255 참조). 종교의 경우도 출판과의 밀접한 관련성에 주목한다. 즉, 모든 종교는 각각 고유한 경전을 교리서로 삼는데, 이 역시 출판 활동이 뒷받침되지 않았더라면 전파 활동을 전개하기 어려웠을 것이라고 보았다(안춘근, 위의 책, p.43 참조). 그래서 출판이야말로 "진리의 지식을 소개하는 좋은 세력"(안춘근, 위의 같은 책, p.47)이라 하면서, 그것이 출판에 부여된 실질적인 과업 중의 하나라고 밝혔다.

출판은 거대한 사회 현상 속에서 추출된 어떤 특정한 내용을 복제술로써 매체화하여 공표하는 매개 활동이므로 당연히 수용자 대상인 공중을 겨냥하게 된다. 에스카르피(Escarpit, R.)는 거대한 공중의 덩어리를 커뮤니케이션 조직 체계라 보고, 경제 발전이나 정치적 기구의 기능 확장도 실질적인 수송 체계(커뮤니케이션의 소통)를 확대, 연장한 데 불과하다고 지적한 바 있다(Escarpit, R. 1995, pp.11~12 참조). 그래서 이 모두는 결국 출판 행위의 결과물인 책에서 제시한 바를 실현한 것임이 더욱 분명해진다(이종국, 2011, p.111).

이와 관련하여, 출판술이 발전을 거듭하면서 각종 고전과 어문 작품들의 끊임없는 중판이라든지, 나아가 새 책의 저술자들 간에 하나의 공동 작업이 이행되어 왔다는 사실을 상기할 필요가 있다. 더 중요한 것은 서로 언어와 전통이 상이한 나라들 간에 각각의 전승 문화 내용을 재매개함으로써 그 내역들을 전파하고 정착시키는 데 기여했다는 점이다.

그것은 현대의 지식 산업 자체의 모든 분야와 관련된 거대한 작업으로 현실화되었다. 이를테면, 라틴어로 씌어진 메시지들이 수많은 토착어들의 경계를 넘어 광범하게 전해졌고, 이로써 수식이나 사물의 묘사에 관한 동일한 인식을 공유하도록 뒷받침한 것도 출판으로 가능할 수 있었다(Elizabeth L. Eisenstein, 1986, pp.88~89).

이렇듯, 출판은 이미 약속의 기호(문자 등의 판독재)를 공유하는 도구로 존재함으로써 결국 문화 내용을 전승·전파하는 동인자로 역할하고 있었던 것이다(이종국, 앞의 책, p.511).

남애는 또 한편으로, 출판이 발전하려면 제도적인 뒷받침이 필요하다고 역설한다. 그의 이상은 출판을 통한 성숙한 지식 사회를 누림에 궁극적인 목표가 겨냥되어 있었다. 그에 따른 대안으로 문화 조장의 이념이 반영된 법 제정을 실현해야[3] 한다면서, 바람직한 출판 정책의 수립을 다음과 같이 권고했다.

> ……출판 정책이란 어떤 한 사람의 생각이나 또는 그 일을 맡고 있는 사람만이 좌우할 수 있는 그런 정책이 아닌 (중략) 출판이란 무엇인가에서부터, 출판이 국민 생활에 미치는 영향이 크면 클수록 출판을 국민이 어떻게 대해야 하는가를 법적으로 확고히 못 박아 두어야 하겠기 때문이다. 가령 예를 들자면, 출판을 할 수 있는 사람들의 권리 의무, 좋은 책을 출판한 사람들에 대한 사회적인 물심양면의 대우, 정부 또는 공공 기업체에서 체육진흥법과 같이(체육실의 의무적인 설치를 말함. 필자 주) 도서실을 의무적으로 설치[4] 함으로써 양서 출판을 뒷받침한다든가 하는 여러 가지를 법적으로 보장해 주어야 한다.
>
> 〈안춘근(1972.9.). 「남애영도기」(권 1). 《출판학》(제13집), p.7〉

위의 글에서 보면, 출판은 생활의 일부(책의 누림)로 끌어들여야 한다는 강한 메시지를 담고 있다. 출판이 일종의 문화적 복지 정책임을 시사한다. 따라서 그러한 취지를 법제화함으로써 출판 발전에 이바지해야 한다면서, 출판 활동의 실질적인 조장을 통해 자유로

---

3) 이와 관련하여 시행·적용되고 있는 현행 법률은 '독서문화진흥법'이 있다. 이 법은 2006년 12월 28일(법률 제8100호)로 제정·공포되어, 2007년 4월 5일부터 시행 중이다. 독서 문화 진흥에 관한 핵심 내용이 규정되어 있는 동 법률 제5조를 보면 다음과 같다.
  우선, 제5조 ① 항에 "문화체육관광부장관은 관계 중앙 행정 기관의 장과 협의하여 독서 문화 진흥을 위한 기본 계획을 5년마다 수립하여 시행하여야 한다."라고 규정하고, ②항을 통해 다음과 같은 각 호의 기본 계 계획이 포함되어야 한다고 규정되어 있다. 그 주요 항목을 보면 다음과 같다.
  1. 독서 문화 진흥 정책의 기본 방향과 목표
  2. 도서관 등 독서 문화 진흥을 위한 시설의 개선과 독서 자료의 확보
  3. 독서 소외인 및 소외 지역의 독서 환경 개선에 관한 사항
  4. 독서 활동 권장·보호 및 육성과 이에 필요한 재원 조달에 관한 사항
  5. 독서 문화 진흥에 필요한 독서 자료의 생산과 유통 진흥에 관한 사항
  6. 독서 문화 진흥을 위한 조사·연구
  또, 관련법으로는 '문화산업진흥기본법'(1999년 2월 8일 법률 제5927호로 제정·공포), '잡지 등 정기 간행물의 진흥에 관한 법률'(2008년 6월 5일 법률 제9098호로 제정·공포) 등이 있다.
4) 안춘근은 한국출판학회 회장으로 재임 중이던 1988년 6월 25일 「출판계에서의 연구소 및 자료실 설치를 위한 건의서」(한출 제88-6호)를 500여 출판 유관 단체 및 출판사에 보낸 바 있다. 이는 우선 출판계의 여력이 있는 기관에서 실질적인 출판 장려 운동을 선행하자는 취지였다.

『남애영도기』 표지(좌) 및 내
표제지(우)

표지 장정은 본문에 사용한 실제의 원고 중에서 표장재로 사용

운 읽을 권리가 보장되어야 한다는 주장으로 압축된다.

실제로 그러한 생각은 「남애영도기(南涯聆睹記)」[5]라는 그의 긴 서술을 통하여 보다 적극적인 관심으로 나타내기도 했다. '남애영도기'란, 그 자신이 듣고(聆) 목격(睹)한 국내외 출판 사정의 됨됨이와 출판 정책, 출판계의 이런저런 이슈들, 그리고 책과 관련된 문제들을 주된 내용으로 삼아 서술한 일종의 문화 칼럼이라 할 수 있다.

남애는 출판 현상을 이해하되, 환경에 관한 문제를 중시했다. 이를테면, 해마다 도서 출판 실적이 3만 5천여 종(1980년대 후반)이나 되는데, 그와 같은 양적 규모만으로 출판문화의 수준을 측정하기 곤란하다는 것이다. 이 때문에 책의 남발은 출판의 경시 풍조를 자초하게 된다고 지적한다. 그러한 생각은 『출판의 진실』[6]에서도 밝혔다.

---

5) 안춘근(1972.9.~1973.12.). 「남애영도기」(권 1~권 6). 한국출판학회 편. 《출판학》(제13집~제18집). 서울: 현암사. 이 글은 연재를 마친 이듬해에 성진문화사에서 단행본으로도 출판(1974.9.25.)되었다.

6) 안춘근(1992). 『출판의 진실』. 서울: 청림출판. 이 책은 영국의 스탠리 언원이 지은 것*과 책이름이 같다〔* Stanley Unwin(1976). *The Truth About Publishing*. London: George Allen & Unwin LTD.〕 1926년에 초판이 발행되었으며, 남애는 1950년판(6ed.)을 참고한 것으로 보인다. 뒷날 남애는 이 책을 자신의 출판 연구에 중요한 자료로 참고했노라고 말한 바 있다.

　남애가 저술한 『출판의 진실』과 언원의 그것은 전혀 별개이다. 그는 '진실'이 지닌 개념상의 차이를 다음과 같이 설명했다. "책이름을 '출판의 진실'이라 한 것은 1926년 영국의 스탠리 언원의 주저와 관련지으려는 것은 아니다. (중략) 출판에 있어서는 영국의 진실이 반드시 한국의 진실일 수는 없고, 어제까지의 진실이 오늘도 진실일 수가 없을 것이다. ① 시대나 ② 국가나 ③ 환경에 따라 다를 수가 있다. 가령, 언원이 저작한 『출판의 진실』이 1950년 6판에도 여전히 출판의 발단이 '원고의 도착'이라고 기록되어 있는 안춘근은 이 책에서 발전적인 출판 현상이란 무엇이어야 하는지를 다음과 같은 네 가지 요건으로 정리하고, 이것이 선결되어야 한다고 주장했다(안춘근, 위의 같은 책, pp.12~14).

첫째, 독서 인구를 중시해야 한다. 책의 구독자 범위를 말함인데, 대개 출판이 잘 되는 나라들의 경우 1억이 넘는 인구를 포용하므로, 우리의 실정은 그 절반에 이르지 않음을 주목해야 한다고 지적한다. 이를테면, 에스카르피(Escarpit, R.)의 말대로 "그 나라 국민의 1퍼센트 정도가 그 책을 선호했을 때 진정한 베스트셀러로 인정될 수 있다."[Escarpit, R.(1966), pp.117~118]라고 한 말을 떠올리게 한다. 이러한 현상은, 그 나라의 인구가 넉넉한 상태에서 사회·문화적 수준이 어느 정도 갖추어진 상황일 때 가능한 일이긴 하다.

둘째, 국민 교육 수준이 높아져야 한다는 주장이다. 그는, 한국인이 세계 제일의 교육열을 유지하고 있지만, 그에 뒤따라야 할 교육 수준이 뒷받침되지 않는다는 현실적인 차이를 우려했다. 요컨대, 외화내빈적인 사회 현상을 지적한 것이다.

셋째, 국가 경제력을 들었다. 남애는 출판이 발달해야만 경제도 발전한다는 모범 답안식 견해에 대하여 비판적이었다. 다시 말해서, 경제력이 빈약한 나라에서는 출판을 왕성하게 이행하기 어렵다는 생각이었던 것이다.

넷째, 출판 전문 인력을 마땅히 배양해야 한다고 주장했다. 남애는 특히 이 문제에 이르러, 출판학 교육이 활성화되고 있지 않은 현실을 크게 개탄했다. 요컨대, 책을 출판한 다음에 관리를 잘 하기 위하여 도서관학과가 존재하고 있음에도, 정작 책 만드는 인력을 양성하기 위한 출판학과가 설치되어 있지 않다는 사실은 이해하기 어렵다고 비판했다.

이와 같이, 안춘근의 출판 이해는 크게 두 가지로 나뉜다.

첫째는 일종의 출판 지상주의를 지향한 고전주의적 입장으로 설명되는 개념이다. 이는 기록·보존·전승 행위와 관련하여 출판이 일으켜 나가는 문화적 영향을 중시하는 관점이라 하겠다. 그러한 관점은, 출판의 역할에 대하여 맹신하려는 편견을 낳게 할 소지도 없지 않다. 그런데 이쯤에서 여전히 남는 문제는 본질적인 한계에 관한 관건이다.

줄여 말해서, 읽기도 욕망이라는 원인적인 동기 부여를 생각해 볼 필요가 있다. 객관적으로나 역사적으로 보아, 아무리 훌륭한 읽을거리라 할지라도 독자 쪽에서 읽고 싶은 욕구가 뒷받침되지 않는다면, 아무런 기대도 할 수 없게 될 따름이다. 시계의 존재 이유가

데, 이것은 현재로서는 인정될 수 없는 이론이다. (중략) 따라서 저자는 여기서, 첫째로 세계 공통적인 출판의 진실, 둘째로 한국의 출판의 진실, 그리고 셋째로 출판을 보다 실제적으로 파악하기 위해서……다루었다.* (후략) * 안춘근(1992). 「서문」. 『출판의 진실』, p.4.

정확한 시각을 가리키는 것으로 기본 하듯이, 책 또한 읽는(읽어야 하는) 도구로 존재해야만 제 구실을 감당할 수 있게 된다. 요컨대, 출판에 대한 이상주의적인 기대에 비중을 둔나머지, 현실적으로 직면하는 여러 모순되는 걸림돌들(특히 독서율의 거듭되는 저조화 현상은 큰 문제다.)을 어떻게 뛰어넘어야 하는가를 고민하지 않을 수 없다. 그러나 남애로 말하면, 과거 유수의 출판 기업에서 다년간 현장 경험을 쌓아온 터이기도 해서 그와 같은 모순을 간과할 리가 없었을 것이다.

둘째는 출판과 관련된 상호 영향 관계를 현상적인 관점에서 이해하려 했다는 점이다. 그것은 상호작용하는 여러 사회적 변인들에서 야기될 수 있는 환경 문제들로 압축된다. 당연한 일이긴 하나, 이 문제는 새로운 기술 문명을 최대 변수로 받아들이고 있는 오늘의 급변하는 출판 환경에 비추어 차이가 있는 부분이기도 하다. 그럼에도 불구하고, 남애는 이같은 변수를 벌써 그의 초기 저술인『출판개론』을 통하여 예측한 바 있다.

아마도 1950년대 후반 또는 1960년 무렵으로 추정되는데, 미국의 컬럼비아 레코드 클럽(Columbia Record Club Inc.)에서 발행한 여행 안내서 중「파노라마, *Panorama*」의 경우 레코드, 본문, 컬러 슬라이드로 단위 상품을 입체화 시스템으로 제작하여 소리 나는책, 읽는 책, 보는 책 등 한꺼번에 세 가지 기능을 구현할 수 있는 첨단 책으로 개발한 사례를 소개했다(안춘근, 1963, pp.238~240 참조). 그러면서 마이크로필름도 책의 변형이라는 것이다.

이러한 추세는 '재래의 양식을 폐기하는 것'으로부터 출발하게 되는데, 결국 책은 그형질 면에서 변모를 가져오게 될 것이라고 내다보았다. 그런데 그와 같은 첨단 현상에 대한 진단은 일찍이 일린(Mikhail Ilin, 1895~1953)이 말한 것처럼 최초의 책이 사람이었듯이, '인간 책'의 구실을 흉내 내는 과정에 불과하다는 것이다. 소리 나는 책, 읽는 책, 보는책이란 최초의 책이 사람이었다는 시원으로부터 변모된 양태이며, 그러한 모형들 모두가고대에 존재한 책의 형태라는 의미이다. 다시 말해서, 레코드(소리나는 책)나 싱크로리더(읽는 책)는 곧 최초의 책이 사람이었다는 사실을 뜻하며, 마이크로필름은 '파피루스'로 된책을 리본과 같이 말아두었다는 기록으로 알 수 있다는 것이다(안춘근, 위의 책, p.240).

이로 볼 때, 책이란 형태적으로 반드시 재래의 것으로만 생각할 수는 없다고 보았다. 책의 변혁이 여러 가지로 연구되고 있다는 것이다(안춘근, 1969a, pp.20~21).

이와 같은 파악은 책의 진화 현상을 설명한 것으로 이해된다. 다시 말해서, 책은 끊임없이 변하여 새로운 형질로 진화를 거듭하게 된다는 것이다. 따라서 출판의 미래는 인간이 지식의 필요성을 인정하는 한에서는 무한한 발달의 바탕이 마련되어 있으며, 다른 지식 산업의 진보도 결국 출판의 도움에 힘입어 더욱 활성화될 수 있다고 보았다.

오늘날은 '재매개(remediation)'에 의한 책의 개조 현상이 거듭되고 있다. 요컨대, 출판이라는 중심축은 본질이 존속되면서 그 방법만 개조·변형되는 것을 말한다(Jay David Bolter, 2011, p.23).

하이퍼미디어 응용 프로그램도 이전 미디어를 디지털 공간으로 가져 와서 개조한다. 그럴 때 즉각성을 지향하는 디지털 미디어 자체 또한 개조되면서 이전 미디어를 수용한다.

하이퍼미디어는 억압의 한계(이전 미디어의 기능)를 넘어 현실을 성취하려는 욕구와 동일한 상태에서 상대적인 표현(개조된 방식)을 실현한다. 요컨대, 오래된 미디어로부터 동인한 놀라운 재매개의 실현인 것이다(Jay David Bolter·Richard Grusin, 2000, p.53).

남애는 출판의 미래를 낙관했다. 출판 매체에 기록된 내용은 알려고 하는 사항만을 선택할 수 있는 주체성이 있고, 필요한 내용을 오래 보존하다가 언제나 볼 수도 있다. 이러한 책의 효용성은 인류 문화가 어떻게 변하든 별로 달라질 수가 없다고 보았다.

전파 미디어가 순간을 좇는다면, 활자는 이를 보다 확고하고 풍부하게 해 주는 것도 장점이라는 것이다. 다시 말해서, 전파 미디어가 순간적인 문제를 추구하는 데 비하여 활자 미디어는 영원함을 추구하는 것이 본연의 사명이라고 말한다(안춘근, 1972.2., p.21).

이와 같이, 남애는 대표적인 매체 수단인 책과 출판이 지닌 과거와 현재를 조감하면서, 앞으로도 문화·문명 발전을 견인하는 지식 수단으로 역할해 주기를 기대했던 것이다.

2. 출판학에 대한 이해

남애에게 있어, 출판학에 대한 이해는 출판을 왜 연구 대상으로 삼아야 하는가를 밝힌 논리로부터 출발한다. 새삼스러운 되짚음이지만, 그는 출판을 연구하는 학문을 '출판학'이라 명명했다. 이 일은 1966년 말 「출판학원론」이라는 논문을 통해서였다. 이렇게 되기까지는 1950년대 중반부터 출판학 연구를 진행하면서 그 타당성과 중요성을 발견한 데 기반한다.

일반적으로, 학문의 성립이란 기본적인 두 가지 조건으로 그 실체를 파악하게 된다. 하나는 기술적인 분야에 대한 논의가 이어져온 역사적 전통을 말하는 것이고, 또 다른 하나는 정신적인 분야와 관련된 논의의 축적을 말한다(Stephen F. Mason, 1970, p.11). 이러한 과정을 충분히 거친 다음에 어떤 특정한 연구 대상에 대응하여 이론적 전개가 가능하게 된다.

그렇다면 출판학 연구의 필요성은 무엇으로부터 출발되고 있는가? 또, 그에 따른 합리적 이유란 무엇인가를 알아보고자 한다.

1) 남애 출판학의 체계―출판학과 서지학의 결합

남애 안춘근의 출판학 연구는 당연히 그가 남긴 저술을 파악함으로써 그 지향점을 접근할 수 있다. 그러나 그와 같은 방법은 기술적으로 난해하다. 저서만 해도 무려 61책에 달할 뿐만 아니라 평생을 통해 기고한 책과 출판, 출판학과 서지학 분야, 그리고 수서에 관한 글을 어림하기가 쉽지 않기 때문이다. 일설에 의하면, "저서를 제외한 기고의 경우는 1,500여 편(학회지 등의 전문 저널들과 신문, 잡지, 방송 등에 기고한 글)을 상회한다."*는 설도 있다(* 윤병태의 증언, 「우양비망록」: 2002.1.25., S 12). 이는 남애가 기고 활동을 시작한 1953년 이후 타계하기 직전까지 40여 년 동안 연중 평균 38편씩 집필한 셈이다.[7]

개연성 면에서 본다면, 이 같은 연구 업적은 하나의 매트릭스로 조직하여 남애의 지향점을 살필 수 있다. 이와 관련하여 미노와 시게오(箕輪成男)는 다음과 같이 말한다.

여기에서 그 가로축은 출판학의 대상 영역으로, 이를 크게 분류하면 출판 과정, 출판을 둘러싼 환경, 출판의 사회적 기능, 이렇게 세 가지로 나뉜다(pp.208~209, 〈표 4〉 참조). 한편, 세로축은 이들 연구 대상에 접근하는 학문적 방법으로 역사, 사회과학, 기술론(技術論), 인문학, 법학의 네 가지를 들 수 있다. 이 매트릭스는 출판학을 연구 대상 혹은 연구 방법을 달리하는 가로 세로의 여러 서브 영역으로 나누어, 출판학의 전 영역으로 파악하려 한 것이다. 이에 반하여 남애의 저작은 통상 출판학, 서지학, 교양, 수필집의 4개 분야로 분류된다. 이 중에서 '교양' 부문에는 독서론이나 양서에 관한 소개 등도 포함되어 있으나, 남애의 학문적 업적이 '출판학'과 '서지학'에 있다는 사실은 말할

---

7) 안유섭(아르케아카데미 원장)에 의하면, 선친의 서재인 열남거(洌南居)는 언제나 불이 밝혀 있었으며, "조기 등교로 새벽에 어른을 뵙고 인사를 올릴 때면 줄곧 책을 읽거나 집필 중이셨다."고 회고했다. 〈안유섭의 말, 2016.3.7.〉

〈표 4〉 　　　　　　　　　　　　　　　　　출판학 연구의 전개*

		가치 중립의 세계	
		역사적 어프로치	사회과학적 어프로치
Ⅰ 과 정	저술	저술사·저자 전기 서적사	저술 행위의 사회학
	편집	편집사 (저널리즘사)	편집의 사회학 (사회의 영향·사회에 대한 영향)
	인쇄	인쇄사(기술사, 사회사)	인쇄사회론(인쇄의 사회적 영향)
	교정	교정사	교정의 사회학 (사회화 사이의 영향 관계)
	디자인 장정	장정사	장정의 사회학 (사회화 사이의 영향 관계)
	제본	제본사	제본의 사회학 (사회화 사이의 영향 관계)
	마케팅	판매사	마케팅의 사회학
	광고·선전	광고사	서점 광고의 사회적 영향
	물류	물류사	물류의 사회학
	도서관	도서관사	도서관 이용의 지역 간 비교
	평석	평석사	서평의 사회학
	애서 취미	애서 취미의 역사	애서 취미의 사회학
	동정(서지)	서지사	
	독서	독서사·독자사	독자층의 사회적 분석·도서 행위의 정치적 영향
Ⅱ 환 경	경영	출판 경영사	출판사 인사의 동태 분석
	법률	저작권(법)사	출판 재판매 가격의 경제적 영향
	정치	검열의 역사	출판 자유의 실태
	경제	출판 산업사	출판 산업의 실태 분석
	사회와 문화	리터러시의 역사	다언어 국가의 출판 정책
Ⅲ 기 능	출판[서적·잡지](매스커뮤니케이션 일부로서의 출판 커뮤니케이션)		
	출판(일반)	매스커뮤니케이션사의 일부로서의 출판사, 각국 출판사	매스커뮤니케이션사의 일부로서의 출판 커뮤니케이션의 사회학
	학술 출판	학술 출판사	학술 문헌의 이용도 조사
	교과서 출판	교과서 출판사	교과서의 사회학
	아동도서 출판	아동도서 출판사	아동도서가 읽히는 방법
	종교서 출판	종교서 출판사	경전이 읽히는 방법의 실태 분석
	언론 출판	언론 출판사	정당 잡지의 선거에 대한 효과
	오락 출판	문예서 출판사	만화의 아동에 대한 영향 분석
	국제 출판	번역 출판사	다국적 출판사가 출판 개발에 주는 영향

가치의 세계	
기술론적 어프로치	인문학적·법학적 어프로치
저술 기법론	저술의 미학·윤리
편집 기술론(카피 에디팅) (서지 에디팅)	편집자 정신 (편집의 자유·윤리)
인쇄 기술론	인쇄의 미학
교정 기술론	교정의 미학·윤리학
장정 기술론	장정의 미학
제본 기술론	제본의 미학
판매 기법의 연구	마케팅의 윤리
광고 기법	광고의 윤리
물류 기법	물류와 출판의 자유
도서·수집·보존·정리 목록법·분류법	도서관과 언론의 자유
서평의 기법	서평의 미학·윤리
수서(蒐書) 기술론	수집의 미학·윤리
서적 심정(審定)의 기술	서적 심정의 이론
독서의 기법	독서론·독서 철학 위의 정치적 영향
출판 회계론	출판 세무론
저작권법의 해석론	재판매에 대한 제언
출판 윤리 코드의 해석론	출판 윤리에 대한 제언·주장
출판 개발의 추진 기술	출판 개발의 윤리·정책론
독서 추진 활동의 기법	독서 추진 운동론
출판[서적·잡지](매스커뮤니케이션 일부로서의 출판 커뮤니케이션)	
매스커뮤니케이션사의 일종으로서의 출판 커뮤니케이션의 기법	매스커뮤니케이션 윤리(출판 윤리)
학술 출판의 기법(편집, 유통, 이용)	학술 출판의 철학
교과서 출판의 기법	교과서의 출판의 철학
아동도서 조판	아동도서와 교육
종교 출판에서의 뉴미디어 이용법	종교서 출판에서의 표현의 자유론
언론법제의 해석론	언론 출판에서의 알 권리
만화 출판 기법	만화와 포르노그래피
국제 출판의 기법	출판물 무역의 자유론

* 자료: 미노와 시게오 저·민병덕 역(2001). 『출판학서설』, pp.12~13.

나위도 없을 것이다.

〈箕輪成男(2003.1.). 「남애 안춘근 선생의 출판학」. 《남애와 출판학》, p.44〉

그러면서 미노와는 "남애의 연구가 출판학과 서지학이 따로 떨어진 것이 아니라, 한몸을 이룬 것이 아니었나 한다."고 말한다. 즉, 남애의 출판학에는 광대한 서지학적 인식이 개입하고 있다는 것이다.

이로 보아, 남애의 출판학은 다년간 쌓아온 현장적 경험이 연구 배경으로 작용했다는 사실을 동의하게 된다. 요컨대, 그와 같은 배경이 출판학과 서지학이라는 2개 영역의 상관관계 속에서 연구 진로가 구축되었다고 보는 것이다. 그런 점에서, 남애는 출판학이라 하는 용어를 협의의 출판학과, 서지학을 포함한 광의의 출판학 내지는 출판 연구의 의미로 사용했음을 알 수 있다.

남애가 천착한 광의의 출판학은, 연구 대상으로서 세로축인 3개 연구 대상, 즉 출판 과정, 출판 환경, 출판의 사회적 기능 모두를 거론하고 있다. 따라서 가로축인 4개 연구 방법인 역사, 사회과학, 기술론, 인문·법학에 있어서도 통할하여 구사했다고 본다.

미노와는 그와 같은 견해를 〈표 4〉와 같이 정리하고, 남애의 출판학 연구 방법을 이 표에 대입시켜 설명한다. 물론, 남애가 어디에 중점을 두었는가에 관해서는 다소 방법상 차이가 있으나, 여러 서브 영역을 두루 다루었다고 보았다. 다시 말해서, 출판학의 연구 요건인 어떤 특정한 갈래에 집중하는 방식이 아닌, 모든 영역을 살펴 그 각각의 자리매김을 돕는 종합적인 관찰과 서술 체계를 형성했다고 본 것이다.

출판학에 있어 역사, 사회과학, 기술론, 인문·법학적 접근은 중요한 방법론적 골간으로 뒷받침된다. 이 문제를 다음과 같이 풀어 낼 수 있다.

첫째로 역사적 인식에 관한 접근이다. 책의 간행사(刊行史), 책을 보전해 온 내력, 그 책에 대한 정치적 탄압의 역사 등 일련의 역사적 연구가 그러한 범주에 해당된다. 이 분야는 지금까지 남애가 이뤄 낸 연구 중에서 양적으로 가장 많은 범위를 점한다.

둘째로 인문학·법학적인 접근이다. 이는 출판이라는 사회·공공적인 운영이 인문학적으로 이상적이어야 하며, 법률학적으로 정의로운 것을 전제로 한 대상이어야 한다는 인식적 접근을 말한다.

셋째로 기술론적 접근이다. 출판의 여러 과정은 많은 기술·기법의 집적 위에서 성립된다. 그러한 기술·기능을 보다 합리적으로 개선하고 이론화하며 체계화할 필요가 있다. 이로써 출판 시스템에 이바지하는 것은 출판 연구의 중요한 목적 중 하나이다. 출판 기술론적 접근은 출판 연구에서 가장 중요한 부문임에도 불구하고 비교적 등한시되어 왔다. 특히, 출판사(出版史)에 대한 관심과 출판의 모습에 대한 강렬한 문제의식의 틈에서 부당하게 경시되어 왔다고 할 수 있다.

넷째로 사회과학적인 접근이다. 이 연구는 가치 중립의 세계를 다룬다. 출판의 과정, 환경, 기능은 그것을 둘러싼 사회에 의해 어떤 영향을 주고받는가 하는 문제와, 출판과 사회의 상호 관계에 대한 해명이 이 접근에서의 중심적인 목표이다(箕輪成男, 1997, pp.12~13).

이와 같이, 네 가지 접근 방법을 개관했다. 이 중 두 가지(역사적 접근, 사회과학적 접근)는 일정한 가치관을 전제로 한 규범학적인 접근이며, 다른 두 가지(기술론적 접근, 인문학적·법학적 접근)는 가치 중립적인 접근을 지향한 연구 방법이다.

민병덕(閔丙德)은 출판학의 고유 연구 대상을 '편집'으로 보고자 했다. 출판학을 종합의 학문, 영역의 학문으로 보아 하나의 디시플린(discipline)이라 할 때 출판학 고유의 연구 대상이 편집이라는 것이다(민병덕, 1986.10., p.37). 이는 앞의 미노와 방법과 견주어 생각해 볼 필요가 있다. 즉 역사적 접근 방법, 사회과학적 접근 방법, 인문과학적 접근 방법, 예술론·기술론적인 접근 방법이 그것이다(민병덕, 위의 같은 논문, pp.52~65).

여기서, 역사적 방법에서의 편집은 출판이 문화사적, 예술사적, 사회사적 요소가 변천의 원동력이라는 점에서 '편집사(編輯史)'라고 보는 견해이다. 사회과학적 접근 방법에서의 편집이란 출판에 있어 편집 행위, 편집 기능을 중심으로 한 문화적 '문지기(Gatekeeper)'로서의 출판 산업과 출판인(출판·편집인)에 대한 논의가 불가피하다는 점을 중시했다. 인문과학적 접근 방법에서는 문학 이론에서 참고할 필요가 있다고 하면서 작품의 기호학, 독자의 해석학이 결국 그 출판물의 기획, 제작 등으로 구성되는 편집의 본질과 연결된다는 점을 강조했던 것이다. 예술론·기술론적인 접근 방법 또한 편집이 매우 중요한 요건이 된다고 했다. 요컨대, 가독물을 아름답게 꾸미는 노력—심리학적, 생리학적(시청각 효과를 위한), 정신의학적인 방법이 뒷받침되지 않는다면 이상적인 성과를 기대할 수 없다는 논리이다.

이종국(李鍾國)의 경우도 출판학 연구에 있어 편집의 위상을 크게 중대시한다(이종국, 1999.12., pp.47~87). 그에 의하면, 출판학의 연구 대상으로 편집을 논하되, 확대 지향적 편집(광의의 편집)과 매체 지향적 편집(협의의 편집)으로 분간해 보였다. 전자는 문화 내용의 편성은 말할 것도 없거니와 사회적 시스템이나 생활 속의 각종 편제와 조직, 질서 등에 이르기까지, 또 지식과 이념의 구도 등을 재편케 한 유인적 수단이 편집 그 자체이며,

후자는 기호 활동을 통한 매체 창출과 그 이용 과정이 모두 편집의 결과라고 보았다(이종국, 2000.12., pp.117~146).

남애의 접근 방식은 미노와가 지적했듯이, 출판학의 연구 요건인 어떤 특정한 갈래에 집중하는 것이 아닌, 모든 영역을 살펴 그 각각의 자리매김을 돕는 종합적인 관찰과 서술 체계를 세워나갔다. 그런 점에서, "출판학은 매스커뮤니케이션학과 관련 있는 모든 분야가 연구 대상일 수 있다."고 말한다. 요컨대, 종합과학적인 관점인 것이다. 여기에서도 전제되는 것은 당연히 이론적인 체계를 세우는 것이라고 보았다.

그러면서 출판학은 기본적으로 책의 발달을 더듬기 위해서 역사학, 고고학적인 방법을 동원해야 하며, 저작권과 관련된 법률학적인 문제 등 광범한 지식을 필요로 한다고 주장한다. 따라서 출판물의 조성 과정이 기계 또는 기타 화학적인 방법으로 이행되므로 이공학적인 접근도 유의해야 할 필요가 있으며, 출판물의 생태 내지는 생산 과정으로 볼 때 사회학과 깊은 관계가 있다고 밝혔다. 여기에 반포의 면에서 상학적인 접근이 필연적으로 요구된다고 보았다(안춘근, 1963, p.54. 안춘근, 1982.12., pp.60~61).

출판학은 이렇게 한 가지로 규정하기 어려운 종합과학의 하나이다. 이에 대하여 남애는 "이러한 종합성도 다시 ① 기술(記述)의 방법, ② 인식의 차이, ③ 사회 여건의 변화 등으로 많은 문제가 일어날 것."이라고 지적한다. 그러면서, 《출판학》「창간사」를 인용, 이 영역의 학문이 지닌 참값이 무엇이어야 하는지를 비유적으로 진술했다.

우리가 지식을 탐구하는 것은 궁극적으로 진리를 위함인데 그 진리는 하나요, 둘이 될 수 없다는 데 특성이 있다. 학설은 수백에 이른다 해도 논증에 따라서 성립될 수 있겠지만, 그것을 포용한 진리는 유일한 것이다. 이것은 비단 학문에서만이 아니라 비슷한 예로 어떤 목적지에 가는 데 있어, 여러 사람이 가야 할 공통적인 목적지는 아니지만, 가는 방법, 가는 길은 다를 수 있을 것이다.

〈안춘근(1969.8.). 「출판학을 위하여」.《출판학》(제1집), p.3〉

이와 같은 남애의 견해를 대하다보면, 결국 그 책(그 출판물)의 전반을 관찰해야 하는 종합의 과학인 서지학적인 접근이 또 하나의 중요한 조건으로 요청되고 있음을 알게 한다. '하나의 진리'란 마치 '유일본', 오로지 그 책에만 부여된 독립적인 의의를 찾아내기 위해 여럿이 탐험(가는 방법, 가는 길이 다를 수 있는)하는 과정과 같은 맥락이기 때문이다.

2) 출판학 연구의 필요성과 상호작용으로 본 타당성

출판학 연구의 필요성

출판학 연구를 둘러싼 안춘근의 관심은 연구의 필요성 제기에서 동인을 찾을 수 있다. 이 문제는 출판이 제반 문화 내용을 반영하고 전달하는 핵심적인 존재임에도, 왜 연구 대상으로 삼으려 하지 않는가를 의구했다. 그는 출판에 대한 이론적 공복(空腹) 현상을 지적하여 "이론 없는 실천은 맹목이요, 실천 없는 이론은 공상이다."는 말로 함축한다.

그뿐만 아니라 그 방면(출판 연구)에 약간의 상식이 있는 사람일지라도 차라리 거들떠보지 않고 있기는 마찬가지라고 날선 비판을 서슴지 않았다(안춘근, 1963, pp.53~54 참조). 남애는 출판 연구에서 이론 탐구가 지닌 의의를 다음과 같이 밝혔다.

> 일반적으로 이론이란 단지 경험이나 개개의 사실에 관한 산발적인 지식이 아니며, 그 것들을 적절하게 그리고 법칙적이고도 통일적으로 이해할 수 있도록 정리해서 이해할 수 있는 체계를 이뤄내는 것이다. 출판도 하나의 아이디어를 포착해서 책을 형성함에 필요한 모든 과정을 분석하고 (중략) 여러 분야에 걸친 지식을 통일적으로 이해할 수 있도록 체계 세우는 이론이 절대로 필요한 것임은 다시 말할 나위도 없다.
>
> 〈안춘근(1963). 『출판개론』, p.54〉

 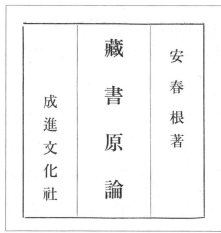

『장서원론』 표지(좌) 및 내표제지(우)

내표제지(우): 한국 고활자(1675) 김진(金搢) 편 『증보어휘(增補彙語)』 실물. 제자: 강희안(姜希顔) 필 을해동활자, 저자·출판사명: 최신식 연활자

이러한 생각이 더욱 강조된 것은 1966년 12월에 발표한 「출판학원론」을 통해서였다. 이로써 안춘근은 '출판학'이라는 영역의 명칭을 기정화시켰다. 그런데 「출판학원론」보다 3개월 먼저(1966.9.) '출판학'을 'Publishing Science'로 영역했는데, 이는 남애가 이화여대 대학원에서 강의할 때 자신의 담당 교과목 명칭을 그렇게 공식화한 것이다(안춘근, 1989.12., p.3. 이 책, p.293, p.313 참조). 미국에 보낸 학사 관련 문건에서였다.

남애는 출판학 연구의 학문적 명칭과 관련하여 장고를 거듭한 끝에 『장서원론』(성진문화사, 1972)에서 다음과 같은 견해를 밝혔다.

> 최근 일본에서 출판학회를 창설(1969년 3월 14일을 말함. 필자 주)하고, 출판을 학문적으로 연구함에……출판학을 Editology[8]라고 말한 학자가 있을 정도다. 그러나 출판학이란 Editing이라는 말이, 아무리 광의의 해석이 가능하더라도 출판 전체를 표현한다고는 할 수 없다. 출판학은 Publishing Science라 하면 그만이지 그 이상도 그 이하도 달리 번역할 필요는 없을 것이다. 다만 Editing이라는 말, 다시 말해 편집이라는 말이 내포한 뜻이 출판 전체를 대변할 수 있을 정도로 다양한 데 주의를 환기할 필요는 있다.
>
> 〈안춘근(1972). 『장서원론』, p.35〉

이렇듯, 남애는 국제적으로 보아도 전례가 없는 상태에서 출판 연구의 기본인 학문적 명칭에 대하여 고심한 것으로 보인다. 그러한 상황 속에서 공표된 「출판학원론」은 출판학 연구에 대한 관심조차 전무한 상황 속에서 발표되었을 뿐만 아니라, 그 기록성에 더하여 매우 중요한 의의를 지닌 '사건'이었다. 왜냐하면, 출판학 연구가 불모지였음에도 '학'으로서의 학문임을 먼저 선언했기 때문이다(이종국, 2001.11., p.324). 그러한 배경에는 서울

---

8) 1969년 3월 14일에 제정된 '일본출판학회 규약' 중 제1장 총칙 제1조(명칭)에 의하면, "본학회는 일본출판학회(The editological Society of Japan)라 칭한다."*라고 규정되어 있다[* 日本出版學會 編(1970.7.). 《出版研究》(1). 東京: 株式會社 講談社.

또, 『出版事典』에 주제어로 등재된 「출판학」을 'editology'라 병기하고 다음과 같이 설명했다.

출판학(editology): 사회 현상으로서의 출판을 과학적으로 연구, 조사하는 것을 목적으로 하는 학문. 신문·방송 등 매스커뮤니케이션을 대상으로 하는 신문학에 가까우나 반드시 매스 미디어로서의 출판만에 그치는 것이 아니다.*[* 出版事典編輯委員會 編(1971). 『出版事典』(東京: 出版ニュース社), p.342].

뒷날 일본출판학회에서는 출판학을 'Publishing Studies'라 영역했고, 이에 따라 학회 명칭의 영문 표기도 'The Japan Society of Publishing Studies'로 바꿨다. (이 책, p.313 참조)

신문학원에서 '도서학'과 '출판학'을 가르친(1958.4.~1960.3.) 경험을 유의할 필요가 있다.

남애는 출판학 연구의 성격을 말하여 "출판을 가능하게 하는 모든 요소의 지식을 통틀어 조정하고, 이것을 종합하는 것"(안춘근, 1963, p.55)이라고 밝혔다. 이 의견은 「출판학원론」(1966.12.)보다 3년 9개월 먼저 출판된 『출판개론』(1963.2.)에서 제시되었다.

여기에서 모든 요소란 이론적 구명(究明)의 대상을 가리킨 것인데, 출판에 전제되는 아이디어의 선택에서 제작 과정을 거쳐 공급·수용(독자)에 이르는 기획, 생산, 시장 투입 그리고 기업적, 문화적 영향 등의 제반 범위를 포함한다. 이 모든 요건들은 과학적인 논증이 뒷받침되어야 하며, 단지 경험에 의지한다거나 통념적인 접근만으로 출판을 이해하려는 태도야말로 부적절한 방식이라고 보았다(안춘근, 위의 책, p.54).

그 후, 출판을 이론적으로 연구하여 학문적 체계화를 이루어야 마땅하다는 생각은 민병덕(閔丙德)에 의해 또 다시 천명되었다. 1967년 6월, 그는 「대학에 출판학과 신설을 학문적 체계화를」 실현해야 한다고 강조하면서, 그 당위성을 주장하고 나섰다. 이러한 관심 표명을 중심으로 한 논의들[9]은 이후로도 꾸준히 발표되었다.

안춘근에 의한 출판 연구의 지향은 무엇보다도 출판의 과학화에 중심을 두고자 한 것이 핵심 목표였다. 이는 일관된 주장이었으며, 그가 집필한 거의 모든 논저들에서 강조한 사안이기도 했다. 그래서 출판을 경험에 의지한다거나 어떤 '감(感)'과 '실기(實技)'에 의존해 온 타성을 벗겨 내기 위해 연구의 필요성이 밑자락 되고 있었던 것이다.

이 문제를 구안한 골격이 출판 행위(publishing)와 출판물(publication)에 적용되는 선택, 제작, 분배(유통) 체계로 제안되었다. 따라서 이들 3대 연대 작용은 출판물의 조성과

---

9) 이에 관해서는 다음의 논의들에서 구체적으로 서술되어 있다.
- 오경호(1990.3.). 「한국 출판학 연구의 성과와 전망」.《출판연구》(창간호). 서울: 한국출판연구소.
- 오경호(1994.12.). 「한국 출판 교육의 과정과 발전 방향」. 사단법인 한국출판학회 편.《'94출판학연구》. 서울: 범우사.
- 민병덕(1996.12.). 「한국 및 세계 여러 나라 출판학 연구의 개황」. (사)한국출판학회 편.《'96출판학연구》(통권 제38호). 서울: 범우사.
- 이종국(2000.12.). 「한국에서의 출판학 연구—관심과 방법, 성과의 이해를 중심으로」. 한국출판학회 30년사 편찬위원회 편. 『한국출판학의 사적 연구—한국출판학회 30년사』. 서울: (사)한국출판학회.
- 이종국(2001.11.). 「출판학 연구의 진전과 그 과정적 이해—한국의 출판학 연구 과정에 나타난 연구 경향을 중심으로」. (사)한국출판학회 편.《한국출판학연구》(통권 제43호). 서울: 범우사.
- 부길만(2001.11.). 「출판학 연구 성과에 대한 이해—한국출판학회 학회지를 중심으로」. (사)한국출판학회 편.《한국출판학연구》(통권 제43호). 서울: 범우사. 등

그 공포 및 이용 활동에 요청되는 순환 과정이므로 정신적으로나 상업적으로 잘 조화되어야 한다는 것이다(안춘근, 1966.12., p.163).

이렇듯, 출판학 연구의 필요성에 대한 안춘근의 견해는 습관적인 타성(感의 타성)으로부터 벗어나야 한다고 보았다. 예컨대, 출판은 다수 복제, 대량 보급이라는 막연한 욕구로 치우쳐, 출판학 연구의 필요성에 대한 가치와 의미를 부여하는 객관성에 소홀할 수 있다는 지적에서도 그와 같은 생각이 잘 반증되어 있다. 여기에서의 객관성이란 한 권의 책이나 한 장의 그림도 과학적인 고려가 뒷받침되어야 하며, 만일 그것이 결여되어 있다면 허울 좋은 '문화성'의 탈을 내보인 것이나 다름없다는 주장이다(안춘근, 1969a, pp.20~21 참조).

이와 같이, 안춘근이 주장한 출판학 연구의 필요성은 영역의 분야에 대한 과학적 추구에 중심을 두었으며, 나아가 '책의 변혁에 대응한 연구'를 위해서라도 마땅히 중대한 작업이라고 보았다(안춘근, 1963, pp.239~240 참조. 안춘근, 1969a, p.22).

그러므로 남애에게는 출판학 연구의 발전적 지향은 말할 것도 없거니와, 출판학회 설립의 필요성, 대학에서의 출판학과 설치, 출판학의 국제적 교류 등 일련의 현안들이 시급하지 않은 게 없었다. 특히, 학회의 경우는 하나의 특정한 연구 분야에 대한 관심을 함께 하는 사람들이 학문 공동체를 결성하는 일이므로 매우 중요한 과제로 받아들였다. 이 일이 성사된다면 한 분야에 대한 관심이 학문적 연구 대상으로 인정되었다는 사실을 선포하는 중대 선결 사항이 된다는 점을 중시했다. 그래서 1969년 3월 17일에 안춘근을 중심으로 한 7인의 동호인들이 모여 한국출판학회의 창립 초석을 다졌다(이 책, pp.300~301 참조).

남애 안춘근은 그렇게 여러 과제들을 처음으로 제기했거나 자신이 직접 주도·실현한 주역이었으므로, 고독한 등짐의 탐구자임을 자처했다.

상호작용으로 본 타당성

안춘근에게 있어 어떤 특정한 두 가지 대상 사이에 존재하는 호응 구조를 들어 출판 연구의 타당성을 설명한 사례가 적지 않았다. 이에 관한 최초의 견해도 『출판개론』 등 초기 저술들에서 나타난다.

안춘근은 일찍이 "이론 없는 실천은 맹목이요, 실천 없는 이론은 공상이다."(안춘근, 1963, p.53)라고 말한 바 있다. 출판에 있어 이론과 실천, 실천과 이론, 이들 두 가지 주체가 상호작용해야 좋은 효과를 거둘 수 있다는 주장이다. 여기에 개입되는 조건이 경험적인 지식인데, 이 경우에서도 실증하는 태도나 방법이 전제되어야 한다고 보았다(안춘근, 위의 책, p.55). 이 같은 논리는 이후로 '남애 출판학'을 관류하는 골격으로 뒷받침되었다.

안춘근은 또한 문화 발전을 회복하려면 출판의 과학적인 연구가 필요하다면서, 그 이유를 "전쟁에서 무기의 우열이 승패에 지대한 영향을 미치듯이 인류 문화 창조에의 최량 무기가 출판인 까닭이다."(안춘근, 1966.12., p.159)라는 비유를 들어 설파했다. 이러한 생각은 『출판개론』을 낸 7년 뒤 『출판사회학』(1969.6.)에서 더욱 구체화되었다. 여기에서도, "출판은 학리적인 연구보다 경험 위주의 실기라고 주장하는 사람이 있다."고 비판하면서,

……그러나 이러한 논법이 가능하려면 상학이니 경제학이니 하는 학문은 필요치 않다. 돈벌이는 학술적인 이론이 있기에 앞서 실기로만 벌 수 있을 뿐이요, 법학을 연구하는 것보다는 '육법전서'를 외는 편이 훨씬 현실적으로 법률을 많이 아는 사람이 된다는 이치와도 같이 어리석은 논법이다.

라고 지적했다. 따라서

확실히 출판은 이론을 모르고서도 가능하다. 장사꾼이 상학을 모르고서도 장사가 가능한 것과 같다. 이것은 인간이 의학적인 지식이나 생태학적인 특징을 모르고서도 인간 생활에는 별로 지장이 없는 것과 같다. (중략) 우리가 그 어떤 분야에서나 이론적인 연구를 필요로 하는 것은 결국 그 어떤 문제 해결의 지름길, 또는 진리를 탐구하는 길잡이를 찾으려는 데 있다. 이러한 이론적 연구를 학문이라고 한다.

〈안춘근(1969a). 『출판사회학』, pp.13~14〉

라고 말했다. 이와 같이, 안춘근은 두 가지의 상호작용 대상을 들어 그로써 창출되는 합리적인 전개를 중시했고, 그러한 보편성의 원리가 출판 연구요 학문적 성립의 근간이 된다는 사실을 강조했다. 요컨대, 의학이나 생태학적인 지식을 "모르고도 살아갈 수 있다는 것과, 알아서 적극적으로 예상되는 모든 문제에 대처해 나간다는 것은 많은 차이가 있다."(안춘근, 1982.12., pp.55~56)고 하면서, 출판 연구의 타당성을 거듭 천명했다.

당연하기조차 한 그의 주장은 마치 수천 년 동안 "철학이란 무엇인가?"고 질문했던 것과 어떤 점에서 차별적인지를 선별해 주는 작업만큼이나 난해한 문제였다. 이에 대하여

남애는 서로 밀접한 관계에 있는 상호작용 구조의 법칙성을 들어 출판 연구의 타당성을 설명하고자 했다. 물론, 그가 추구한 출판학은 영역학으로서의 독립을 위한 끊임없는 탐구 과정 그 자체였다(淸水英夫, 1997.12., pp.392~394). 그래서 남애에 따르면, "출판학이 독립된 학문이 아니라는 생각을 하루속히 씻어 버려야 한다."(안춘근, 앞의 같은 논문, p.56)는 말로 영역 연구의 가능성과 그것이 지닌 중요성을 설명했다.

3. 출판학 연구에의 지향—출판학 교육 활동에도 앞장서

1) 선행(先行)의 기록성에 관하여

남애 안춘근의 연구 궤적은 일변성보다는 복합적인 면에서 살필 필요가 있다. 남애는 특히 다른 사람이 관심을 두려 하지 않은 사실에 문제를 제기하고, 그에 따른 방향을 제시하는 선행 사례들을 남겼다. 아래의 내용도 그와 관련된 몇 가지 사례를 보인 것이다.

안춘근은 우리나라에서 처음으로 출판학 교육의 필요성을 주장한 학자였다. 그것은 출판학 연구와의 밀접한 관련을 중시한 데 기본 했으며, 이의 현실화를 위해 시급히 고등 교육 기관에서 출판학 교육을 이행해야 한다고 보았다.

남애의 출판학 교육에 대한 관심은 이미 국제적인 추세를 소개하고 있을 정도였다. 즉, 영국의 옥스퍼드대학과 미국의 뉴욕대학에서 이행되고 있는 교육 정보를 말한 것이 그러한 사례였다(안춘근, 1963, p.5 참조). 이것이 출판학 교육에 대한 국제적 정황을 처음으로 알게 해 준 획기적인 정보였다. 남애는 또한 미국에서 실시(1950년대~1960년대 초)되고 있던 USIS 프로그램 등 5개 출판 강좌 내용을 처음 소개하기도 했다(안춘근, 1966.11., pp.161~162).

출판학 교육에 관한 의견 중 선행 사례는 대학에서 출판학을 전공하는 데 따른 필수 교과목 제시를 들 수 있다. 「출판학원론」에 소개한 출판개론, 저작권법, 편집론, 출판사(出版史), 도서학, 서지학, 장정론, 신문학, 시장조사론, 판매론, 경영론, 잡지론, 출판연습 등 24개 교과목을 말한다(안춘근, 위의 같은 논문, p.261).

안춘근에 의한 출판학 교육의 현실화 노력은 더욱 가속적으로 추진되었다. 1971년에 발표한 「대학출판교육론」에 의하면, 무려 44개의 전공 교과목을 제시하고 있다(안춘근,

1971.6., pp.5~11). 이 중 주요 교과목을 소개하면,

出版槪論, 著作權法論, 出版企劃論, 出版演習, 書誌學, 出版社會學, 新聞學原論, 世界文藝思潮史, 世界美術史, 廣告宣傳論, 企業經營論, 編輯各論, 校正論, 저널리즘各論, 출판회계론, 장정론, 세계출판문화사, 한국출판문화사, 잡지발달사, 국제출판론, 한국언론사, 번역원론, 시장조사론, 도서관학, 한국출판론, 해외출판사정, 기관지편집론, 문장론, 세계도서발달사, 독자론, 고전해제, 원서강독

등이다. 남애에게 있어 이와 같은 노력은 뒷날 그가 한국출판학회 회장으로 재임할 때도 변함없이 추진되었다. 그것은 이 학회의 사회적 운동으로서도 중요한 현안이기도 했다(남석순, 2001.12., pp.183~184 참조). 예컨대, 1988년과 1990년에 문교부장관 앞으로 「학부과정에서의 출판학과 설치를 위한 건의서」(1988.6.14., 1990.4.2.)를 제출했고, 학회 내에 '출판학과설치추진특별위원회'도 발족(1991.3.23.)시키는 등 최선을 다한 사례들이 그러했다.

그런가 하면, 전국의 주요 대학 총(학)장 앞으로 「학부과정에서의 출판학과 설치를 제안함」(1991.4.10.)이란 공한도 발송하여 그 중요성을 거듭 주장했다. 이후 전국의 대학과 전문대학 등 15개 고등교육 기관에서 출판학 교육[10]을 실현했다는 사실은 의미 있는 진전이었다.

2) 출판학 연구의 활성화를 위한 노력들

앞에서 살폈듯이, 남애 안춘근의 출판학 연구는 여러 면에서 선행 사례를 남겼다. 이를 큰 범위로 보면 다음과 같은 네 가지로 나뉜다.

첫째, 출판학 연구의 필요성에 관한 보편타당성의 발견이다. 이는 '學'과 '論'(어떤 연구 대상을 이론적으로 논증함.)의 기본 문제를 생각하는 관점에서도 잘 드러난다. 요컨대, '학'은

---

10) 대학에서의 출판학 교육은 2018년 현재 2개 전문대학, 3개 학부과정에 출판 전공 학과가 설치되어 있고, 4개 대학원에 전공 과정이 유지되고 있다. 특히, 2000년대에 들어와 대학마다 입학 자원의 급감 현상이 지속됨에 따라 정원 조정 문제가 심각한 현안으로 대두되었다. 따라서 학과 간 통폐합 등 여러 변수들도 계속되어 학과 유지에 난항이 거듭되었다.

'논'의 중첩 현상이라는 것이다. 그래서 출판학의 정립을 의심한다는 것은 마치 상학(商學)을 위한 상과대학을 부정하는 것과 다름없다고 지적하고, 출판이 출판학으로서 연구 대상이어야 한다는 것은 당연하다고 강조했다(안춘근, 1971.6., pp.5~11).

둘째, 그러한 인식에 기본을 둔 상태에서 출판학 교육의 필요성을 주창했다[이에 관한 관련 내용은 제6부-2-2) 참조]. 남애는 우리나라에서 최초로 출판학 교육의 중요성과 그 시급한 실현을 주장해 왔을 뿐만 아니라, 자신이 강단에 나가 영역의 분야를 처음으로 가르치는 등 교수·학습 활동에 최선을 다했다.

셋째, 책과 출판에 관련된 전문적인 논의들을 조사, 연구한 선도적인 탐구자가 안춘근이었다. 남애는 8·15 광복을 거쳐 6·25 전쟁의 와중 속에서 서구 인문학에 눈뜬 지식인 중 한 사람이었다. 그는 군에서 전역한 후 출판기획자·편집자로 직무하면서 책을 만들고 수집하며 읽는 일에 왕성한 열정을 불태웠다.

그러한 과정에서 동서양의 여러 학자들과 지적인 만남을 거듭했다. 이를테면 레이먼드 모티머(Raymond Mortimer), 미하일 일린(Mikhail Ilin), 스탠리 언원(Stanley Unwin), 토마스 카터(Thomas F. Cater), 그리고 『출판의 연구』를 지은 세키네 야스요시(關根康喜) 등이 내보인 연구들을 섭렵한 것이 그와 같은 사례였다.

안춘근은 특히 토마스 카터의 저술[11]에 나타난 '인쇄술의 중국 시원설'을 인용하면서 "견강부회(牽强附會)적인 것이 아니다."라고도 했다(안춘근, 1966.12., p.158). 즉, 동양에서 발명한 인쇄술이 서양으로 전파된 역사적 사실을 고증한 『중국에서의 인쇄술 발명과 그 서구 확산, The Invention of Printing in China and its Spread Westward』을 처음 소개하면서, 이 책에서 받은 감동을 그렇게 표현했다. 요컨대, 우리 식의 아전인수적인 생각(인쇄술의 종주국 운운)을 버려야 한다는 것이다.

넷째, 서적 수집의 신기원을 꼽을 수 있다(남애의 수서 활동에 관해서는 이 책 제7부(pp.345~398 참조). 앞에서 부분적이나마 남애의 독서 편력을 소개했는데, 그는 스스로 수집한 수많은 귀중본의 수장자이기도 했다. 그는 또한 애서 정신을 알리기 위해 강단과 서점에서, 심지어는 등산길에서마저 책의 중요성을 역설했다(윤형두, 1986.10., p.4).

다섯째, 한국출판학회의 창립을 주도하고 이 학회 논문집 간행을 현실화하도록 이끌었다(안춘근, 1972.12., pp.62~64 참조. 이 책, pp.300~302 참조). 창립 50주년(2019)을

---

11) Cater, Thomas F.(1955). *The Invention of Printing in China and its Spread Westward*. rev. by L. Carrington(2nd. ed.). New York: Ronald Press.

맞이한 오늘의 한국출판학회는 1969년 3월 17일 '한국출판연구회'라는 동호인회로 발족을 보았고, 같은 해 6월 22일에 '한국출판학회'로 개칭, 창립총회를 열었다(이 책, pp.300~301 참조). 특히, 안춘근의 주장에 따라 간행된 학회지《출판학》(1969.8.15. 창간)으로 말하면 세계적으로도 선구적인 업적이라 알려져 있다.

4. 출판학 연구의 기조와 출판학 연구 성과

1) 출판학 연구의 기조[12]

서양의 경우 출판학 연구의 전통이 '구텐베르크의 경이(The Wonder of Gutenberg)'로부터 출발했다면, 한국에서의 출판학 연구는 숭서(崇書) 풍습에서 찾을 수 있다. 책을 존귀하게 여기는 인습이 내림되어 오면서 서적을 여러 가지 형식의 활자로 인쇄하고 정성을 다하여 성편·간행하는 일을 명예로운 과업으로 여겼다.

그러한 전통이 '있는 자들'(형세가 넉넉한 부유층)이나 권력층에 의해 주도되었다 할지라도, 결국 온 나라에 막중한 영향을 끼치곤 했다. 역사적으로 군왕이 등극했다 하면 국력을 기울여 활자를 주조하거나 개주(改鑄) 사업을 일으킨 사례가 그와 같은 증거들이었다. 그들은 활자와 서적 사업을 당시대와 후세에 널리 현시하고자 했다. 세계에서 가장 방대한 경전 출판 기록을 세운 『팔만대장경』도 우리나라에서만 가능했던 역사적인 업적으로 남아 있다.

이로 보아, 우리의 출판문화는 오랜 역사를 이어 왔음을 알 수 있다. 특히, 1980년대 이후로 한국의 출판과 출판 산업이 국제적으로도 상위권에 이르는 등 내외의 관심을 끌었다.

그러한 과정에서 출판인들로 하여금 의식 혁신을 요구하기에 이르렀다. 그 하나의 중요한 사례가 안춘근이 제3회 국제출판학술회의(1991.10.)에서 발의한 출판인 5개항 선언, 즉 '서울선언'* 공표를 들 수 있다(* 이 책, pp.336~337 참조). 이 선언에 의하면, "출판인은 정신세계의 창조자, 인간 개발의 과학자, 문화 창조의 전도자, 정보 산업의 선구자, 기업 윤리의 시범자가 되어야 한다."는 것이다.

---

12) 이종국(2015). 『편집 출판학 연구 총설』. pp.372~377에서 발췌 인용.

남애는 이 5개항을 말하여 출판의 본질과 출판인의 사명 그리고 출판의 미래를 종합한 이념이 반영되어 있다고 밝혔다. 이어서 그는 "인생·세계의 궁극적인 근본 원리를 추구하는 학문을 철학이라고 한다면, 출판이 추구하는 현실적인 목적은 '서울선언'에 담겨 있다."고 강조하기도 했다(안춘근, 1992.1., pp.5~4).

남애는 원칙주의자였다. 사물의 최고 원리를 다루는 철학의 바른 정립이 없는, 다시 말해서 출판 철학에 대한 올바른 이해를 소홀히 한 채 출판 행위만 되풀이한다면 결국 본질을 저버리는 결과가 되고 만다는 것이다.

이러한 생각에 기본한 남애는 출판학 연구 방법을 최초로 고안한 학자였다. 그는 서양 이론을 두루 섭렵하면서도 언론학에서 교과서적인 학설인 이른바 설득 커뮤니케이션 모델(S- M-C-R-E 모델)과는 다른 방법을 주장했다. 요컨대, 출판학 연구 패러다임을 '선택-제작-분배', 이렇게 3대 요건을 '연대 작용' 체계로 본 것을 말한다(안춘근, 1966.12., p.163). 여기에서 '선택'이란 기획 과정을 말하고, 제작은 편집을 거쳐 기술적인 생산 과정이며, 분배란 독자들에게 출판물을 전달하는 과정을 가리킨다. 이는 오늘날과 같은 전자출판 시대라 할지라도 변함없는 적용 원리를 가진다(이종국, 2015, pp.373~374).

남애는 또한 에스카르피(Escarpit, R.)의 선택-생산-유통론을 예시하면서, 이는 단순히 과정적 회로이므로 마땅히 '기획선택-생산제작-유통분배-문화효과'로 수정해야 한다고 주장하기도 했다. 요컨대, 이것을 기호 회로로 연결하면 S(selection)-P(production)-D(distribution)-E(effect), 즉 S-P-D-E로 통제, 순환되는 개념으로 정리될 수 있다. 그 후 이러한 견해는 민병덕에 의해 더욱 풍부한 논의로 발전하게 된다(민병덕, 1969.8., pp.7~44).

남애는 특히 출판 행위에 있어 이른바 감(感)이나 경험의 타성을 벗겨내야 한다고 주장한다. 그러기 위해서는, 다른 무엇보다도 교육적 기반을 마련하는 일이 중요하다고 보았다. 다시 말해서, 고등교육 기관에서 출판학 교육이 시급히 이행되어야 한다는 것이다.

이 때문에 남애는 출판 연구의 필요성 및 타당성과 관련하여 "굳이 그것을 이론적으로 연구해야 할 필요성이 있는가?"라고 의구하는 학·업계의 보수주의자들이 포기하려 하지 않았던 통념을 공박했다. 요컨대, 이론과 실제의 상호 관계 속에서 창출되는 합리적 전개를 중시했고, 그러한 보편성의 원리가 출판 연구요 학문적 성립의 근간임을 강조했던 것이다.

이와 같이, 남애의 지목은 이론과 실제라는 양항 구조의 호혜적 법칙을 들어 출판학 연구의 타당성을 설명했다. 물론, 그가 추구한 출판학은 영역학으로서의 독립적 지향을 위한 끊임없는 탐구 과정 그 자체였다(淸水英夫, 1997.12., pp.392~394).

이와 같이, 남애가 추구한 출판학 연구의 기조는 다음과 같은 다섯 가지로 압축된다.

첫째, 출판 연구의 필요성은 제반 출판 현상에 대응한 과학적인 해명 작업으로서 당연한 것이다.

둘째, 출판 연구의 총합적인 규정이 '출판학'이며, 이는 하나의 독자적인 영역으로 구축해야 마땅하다.

셋째, 출판학은 제반 출판 현상과 관련된 이론과 실제의 상호 작용 구조에 따른 법칙성을 연구 대상으로 삼는 학문이다.

넷째, 출판 연구는 출판 교육이 뒷받침되어야 합리적으로 발전할 수 있으며, 이를 위해 고등교육 기관에서 출판학 교육이 이루어져야 한다.

다섯째, 남애는 출판학 연구 및 그 전문 교육에 필요로 하는 교과목들을 최초로 제시했다.

이와 같이, 안춘근의 정진은 다양한 분야에 걸쳐 있다. 그런데 크게 보면 연구·저술 활동, 출판학 교육 활동, 고전적(古典籍) 수집 활동, 이렇게 세 가지 분야로 대별된다.

안춘근은 '출판학'이라는 영역의 명칭을 처음으로 사용했고, 국제출판학술회의 설립을 제안하여 이를 성립케 했다. 따라서 출판 이론에 관한 저술은 말할 것도 없거니와 출판학과와 출판학회의 설립을 주장한 것이라든지, 출판학 교육을 위한 교과목의 제시 등이 그에 의해 창도, 추진되었다. 이 때문에 안춘근을 가리켜 "풍부한 출판 현장에의 경험과 고전적 수집을 배경으로 하여 도서와 출판의 세계를 널리 응시했다."(箕輪成男, 1997.12., p.386)고 평설하기도 한다.

한편으로 안춘근의 출판학 연구는 이른바 '남애성(南涯城)'이라 일컬음직한 독특한 아성을 구축하는 결과를 가져왔다. 그래서 남애가 스스로의 역할을 말하되, "1969년 8월 한국출판학회의 학보인 《출판학》이 공간(公刊)되기 이전에는 필자 혼자만의 외로운 독무대였다."(안춘근, 1981, p.157)고 술회했을 정도였다.

남애는 많은 연구자 그룹이 형성되어 그들에 의해 활성적인 연구·토론활동이 이루어지기를 촉구하곤 했으나, 결국 그 자신이 출판학 연구의 전도자로 역할할 수밖에 없었다. 이는 상대적으로 학문적 경쟁력을 갖출만한 풍토가 그만큼 척박했다는 사실을 말해 주는 것이기도 하다.

2) 출판학 연구 성과

남애의 출판학 연구 성과는 그가 남긴 61책의 저술(출판학 18, 서지학 18, 교양 15, 수필 10)에서 엿볼 수 있다. 전술한 바와 같이, 남애에 의하면 출판학의 정립을 의심한다는 것은 마치 법학을 연구하는 것보다 '육법전서'를 외는 편이 현실적이라고 간주한다든지, 상사(商事)를 위한 상과 대학을 부정하는 것과 다를 바 없다는 비유를 들어 출판학 연구의 당위성을 짚었다(안춘근, 1969a, pp.13~14. 안춘근, 1971.6., pp.5~11). 이는 일관된 생각이었다. 그래서 출판 연구에 전제되는 동기 부여와 관련하여 그의 말년에 낸 『출판의 진실』에서도,

첫째로, 왜 하는가 하는 출판의 철학과, 둘째는 무엇을 출판할 것인가 하는 출판의 창조, 그리고 셋째로 그것을 어떻게 할 것인가 하는 출판의 과학화를 위해서 출판 연구가 필요하다.

〈안춘근(1992). 『출판의 진실』, p.106〉

라고 정리했다. 이와 같은 기본에서 『출판개론』(1963), 『출판사회학』(1969a) 등의 초기 업적들이 이룩되었으며, 이 책들은 출판 연구의 개념과 윤곽을 제시한 성과로 기록된다.

『출판개론』 제자
원곡(原谷) 김기승
(金基昇) 씀

남애 안춘근의 연구 이력에서 1950년대는 방향 탐색에 나선 '모색기'(그의 나이 30대)였다면, 1960년대는 출판 연구의 '개발·진전기'(40대)였다고 할 수 있다. 이후 1970~1980년대는 학문적 정향을 굳힌 '정착기'(50~60대)로 구분함으로써 그가 걸어온 연구 노정을 살펴보게 된다(이종국, 2003.1., p.73). 특히, 1970~1980년대의 경우는 다른 어느 때보다 강론, 저술, 기고 활동, 교육 및 학회 활동(1980년대 초부터 한국출판학회의 중흥을 위한 노력)을 왕성하게 병립시켜 나간 시기이기도 했다.

〈표 5〉는 안춘근이 남긴 출판학 분야의 저작 목록을 정리한 내역이다. 이 표에서 『양서의 세계』(1959)가 첫 업적으로 나타난다. 그 후 『출판개론』(1963), 『출판사회학』(1969a) 그리고 『한국출판문화론』(1981), 『출판의 진실』(1992) 등에 이르기까지 시차를 두면서 발표되었다. 그 이유는 서지학 연구들도 꾸준히 병행하고 있었기 때문이다.

남애는 그의 연구 노정 중 1970~1980년대(정착기) 후반에 더욱 왕성

한 성과를 거두게 된다. 『한국출판문화사대요』(1987), 『잡지출판론』(1988) 등 일련의 노작들이 그와 같은 업적들이다. 이 중, 『한국출판문화사대요』는 우리 출판 역사를 처음으로 정리한 성과물이기도 하다.

저자는 이 책에서 "출판의 역사를 새롭게 보자는 것이 아니라 바로 보자는 것이요, 부정하는 것이 아니라 보다 확실하게 하자는 것"이라고 밝혔다(안춘근, 1987, p.5.).

미노와 시게오는, "출판사의 측면에서 한국 출판 통사(出版通史)로서는 이 책이 최초이며, 이전은 물론 이후에도 이에 필적하는 통사가 씌어졌다는 이야기를 들어본 일이 없다."고 말했다. 그러한 의미에서 "한국 출판 통사 연구의 금자탑을 세웠다."(箕輪成男, 2003.1., p.46)고 논평했다.

『잡지출판론』의 경우는 여러 개론적인 서술 외에 "흥취와 유익함이 있어야 한다."고 주

〈표 5〉　　　　　　　　　　　안춘근 저작 목록 1: 출판학

저자명	출판사	발행 연월일	비 고
良書의 世界	아카데미사	1959.3.1.	
讀書의 知識	新陽社	1959.10.26.	1987년에 범우사에서 개편본을 냄.
出版槪論	乙酉文化社	1963.2.25.	
出版社會學	通文館	1969.6.15.	
양서의 세계·세계사상교양사전	乙酉文化社	1969.11.15.	
韓國出版歲時論	成進文化社	1971.8.25.	
世界發行禁止圖書 100選	瑞文堂	1974.4.5.	
現代出版學演習	景仁文化社	1975.4.25.	
出版實務便覽	景仁文化社	1976.5.10.	공저
韓國出版文化論	汎友社	1981.11.30.	
書店經營讀本	韓國出版販賣(株)出版部	1978.3.7.	
韓國出版文化史大要	靑林出版	1987.5.30.	
雜誌出版論	汎友社	1988.11.15.	
國際出版開發論	汎友社	1989.9.30.	번역
出版批評論	普成社	1990.9.5.	공저
출판의 진실	청림출판	1992.6.5.	
雜誌出版論	東方出版社(北京)	1993.4.	유고, 중국어판
눈으로 보는 책의 역사	범우사	1997.9.1.	유고

* 자료: 이종국(2015). 『편집 출판학 연구 총설』, p.378.

『한국출판문화사대요』『잡지출판론』『잡지출판론』(中譯本)

장함으로써 '열린 잡지관'을 내보였다(戴文葆, 2003.7., p.122). 남애가 타계한 후 중국어판으로도 출판된 이 책은 잡지의 기획, 편집, 그리고 영업, 판매에 이르기까지 전반적인 수행 원리를 제시했다.

안춘근에 의한 '출판학의 선포'는 우리의 학제사(學際史)에 있어 뚜렷한 이정표를 세워놓게 했다. 학회의 창립만 해도 그런 점에서는 마찬가지였다. 남애가 출판학의 필요성을 주장한 지 불과 3년 6개월 뒤(1969.6.)에 출판학의 학회인 한국출판학회 창립으로 이어졌던 것이다. 이와 같은 수순은 매우 급진적인 단축을 의미한다. 이로써 출판학 연구라는

『출판의 진실』

전문 분야의 학회 중 세계에서 가장 오랜 학회력을 보유한(일본출판학회와 함께) 사단법인 한국출판학회로 발전하게 되었다(이종국, 2003.1., p.75).

모든 학문이 실천적인 문제에 주안하여 주로 현실적인 필요성에 따라 연구·발전하듯이, 출판 연구에 대응한 관심도 그런 점에서 직접적인 데가 있다. 또, 그와 같은 추구는 남애의 초기 연구들에 나타난 총론적인 견해이기도 하다(이종국, 위의 논문, 같은 쪽).

대체로, 다른 학문 분야들의 연구 기반이 대학에서 생성, 집중화되었다는 사실을 상기할 필요가 있다. 언론학 연구만 해도 원래 실무적 모색과 나아가 공시적(公示的) 기능에 관한

관심으로부터 출발한 신문학(journalism)과 스피치학이 오늘의 언론학으로 발전되었듯이, 대학에서의 연구와 교육을 통해 그 기반을 구축, 발전시켜 왔던 것이다.[13]

이로 하여, 언론학 연구는 관심을 가진 연구자 그룹(주로 대학의 교수자들)→대학에서의 독립 학과 개설→학회의 성립으로 이행된 내력이 우세하다. 그러나 출판학 분야는 안춘근을 중심으로 한 소수의 연구자 그룹(주로 현업 종사자)→학회 성립→학과 개설 요구로 그 수순이 이행되었다(이종국, 2001.11., pp.326~327).

안춘근은 그러한 회로의 중심에 서 있었다. 그런가 하면, 언론학계 등 인접 분야에서조차도 출판학의 학문적 성격에 대하여 비판적이었다. 그러나 남애는 그와 같은 냉소와 무관심을 극복하고 이 나라에 출판학이란 학문의 뿌리를 내렸다(윤형두, 2003.1., p.8).

이강수는, "만일 남애가 출판학을 일찍부터 일궈 놓지 않았더라면 오늘날 우리나라의 학문 영역에 출판학이 과연 존재하고 있었을까? 그런 점에서 한 사람의 선구자가 역사의 물꼬를 트는데 얼마나 큰 역할을 하는 것인가를 생각해 보게 된다."(이강수, 1997.12., p.426)고 말한다. 그러면서 "학문의 선구자란, 마치 거친 황야에서 길을 인도해 주는 모세와 같은 사람이다. 사회학의 시조라 알려진 오귀스트 콩트(A. Comte)도 그랬고, 매스커뮤니케이션학의 경우 윌버 슈람(W. Schramm)도 그런 사람이었다. 사회과학 영역에서 선두 격인 사회학도 그렇지만, 매스커뮤니케이션이 사회과학의 한 하위 학문으로 발전해 온 오늘이 있기까지는 학문적 멸시와 천대가 뒤따랐다. 정도의 차이는 있지만, 남애는 그들보다 더 외롭게, 더 거친 학문적 황야에서 출판학을 부르짖었다."(이강수, 위의 글, p.427)고 했다. 남애가 생전에 보여 준 학문적 열정은 오늘의 우리에게 많은 것을 시사한다.

이제 안춘근의 출판학 연구에 나타난 특성을 요약하고자 한다. 본문에서 살폈듯이, 출판을 주제로 한 연구 성과는 개론, 역사, 평론 등으로 주류를 이루면서 출판 관련 실무서, 그리고 유통 및 잡지 출판에 이르기까지 모두 6개 분야의 저술로 나타난다. 이와 관련하여, 다음처럼 남애의 연구 성과에 나타난 특성을 정리할 수 있다.

첫째, 안춘근은 우리나라에서 처음으로 '출판학'이라는 영역의 명칭을 사용하고 이 분야 연구의 타당성을 주장했다.

둘째, 출판학 연구의 필요성을 처음 주장하여 영역의 학문으로 발전하도록 이끌었다.

셋째, 출판학 교육에 관한 필수 교과목군을 처음으로 구안하여 학계와 교육계에 제시

---

13) 잘 알려진 바와 같이, 1904년 일리노이대학에서 신문학을 교과과정에 포함시켰고, 이후 1908년에 미주리대학에서 신문학부(school of journalism) 개설로 이어짐.

했다.

넷째, 출판학 강좌를 처음으로 개설하여 그 첫 교수자로서 많은 후진을 양성, 배출했다.

다섯째, 출판학 분야의 저술 업적은 남애가 개척한 선행 연구로 기록된다.

여섯째, 남애의 연구 활동은 저술 성과를 거둔 연대에 따라 모색기(1950년대), 개발·진전기(1960년대), 정착기(1970~1980년대)의 3개시기로 이어지며, 그 각각의 적용기 안에서 특징적인 연구 업적이 생산되었다.

일곱째, 남애의 연구 성과는 '개론'으로부터 출발하여 '잡지출판론'에 이르기까지 각론화되며, 대체로 6개 분야에 걸쳐 있다.

제2장 남애의 서지학 연구

1. 남애 서지학에 대한 이해

안춘근은 현대 서지학 분야의 개척자 중 한 사람이다. 그가 수많은 자료를 조사·수집하는 과정에서 그 원형과 역사를 기억할 필요에 따라 실천한 비망 작업이 '남애 서지학'의 단초로 뒷받침되었다.

1) 학문 연구의 길잡이

'비망 작업'이란, 이를테면 특정한 책에 대한 입수 경위, 입수 연월일은 물론, 저(역·편)자, 연대, 형태·형식, 분류 유목, 특기점 등 제반 정보를 정리하는 것을 말한다.

이 방식은 뒷날 남애가 한국정신문화연구원(오늘의 한국학중앙연구원)에 장서를 이양할 때도 특별한 효과를 얻은 바 있다. 즉, 남애는 1978년 6월까지 모아둔 장서 중에서 선별한 7,317책의 목록 정리를 통해 서지학의 한 갈래인 체계서지학(systematic bibliography)* 방법을 응용했던 것이다. 이에서 보면 「남애문고 장서목록」이라 하여 서적의 종류를 필사본, 고본판본, 고활자본, 고중국·일본본, 방각본·서간첩·수진본·한말교과서·한말양장본, 세책대본·판금본·검열본·잡지, 양장단행본 등 유별(類別), 주제별 등으로 구분하고 각각의 책수를 통계했다(윤병태, 1986.10., p.79).

이러한 기록 작업이야말로 서지학의 기본임은 강조해 말할 나위도 없다. 서지학이라는 말 자체가 '책을 기록한다'라는 뜻이고 보면, 기록물에 대한 여러 분야의 역사적, 현상적인 살핌을 다루는 학문이 곧 서지학의 본줄기가 된다.

그래서 기록, 책, 출판에 함의된 의의도 과거로부터 이어 온 '앎의 내용'을 품은 광맥이라는 점에서 매우 중요한 발굴·발견의 대상이 된다. 그러므로 본디 광맥이란 그저 은폐된 존재라면 아무런 효용 가치도 기대할 수 없게 된다. 발굴자가 그것을 캐내어 세상 밖으로 드러내지 않을 경우, 단지 매몰된 상태로 머물러 있을 것이기 때문이다.

역사의 발굴이라는 것도 그러한 상식과 같다. 역사를 역사이게 하는 것은 결국 기록의 발굴에서 찾는 이유가 거기에 있는 까닭이다.

그런데 기록이란 반드시 문자로 된 것만을 뜻하지는 않으며, 어떤 조사 대상을 문자로 기록된 것(written records)과 문자로 기록되지 않은 것(unwritten records)으로 구분하기도 한다. 이것은 결국 정보를 알게 해 주는 모든 대상을 기록이라고 보는 관점이다(이종국, 2017, pp.15~16).

이 때문에 오늘날에는 역사학에서 흔히 쓰고 있는 사료(historical material)라는 개념 이외에 데이터(data), 정보(information), 증거(evidence)라는 말을 사용하기도 한다. 이것은 지나간 사실을 조사하는 데 있어 단순한 기록뿐만 아니라, 그것을 알아내는 데 필요한 일체의 방증 자료를 포괄하는 용어라고 말할 수 있다(임희완, 1997, p.27).

이 때문에 기록에 관한 기본적인 확인은 출판 행위의 결과물인 책을 비롯한 여러 출판물로부터 찾는다. 기록의 광맥이 출판이라는 대창고 속으로 뻗어 있기 때문이다.

이와 관련하여, 로버트 단턴(Robert Darnton)이 지은 『책의 사례, *The Case for Books*』에서 예증한 '서지학의 중요성'을 참고할 필요가 있다. 그는 "서지학이 왜 중요한가?"라고 질문하면서, 17세기 초에 이룩된 셰익스피어의 『리어왕, *King Lear*』 초간본을 추적한 사례를 들었다(Robert Darnton, 2009, p.131). 즉, 많은 편집자들이 이 작품의 난해하기 이를 데 없는 구절들을 이해하기 위해 민속학, 문헌학, 고문서학, 종교사 등은 물론, 그들의 직관력까지 모두 동원했다는 예화를 소개했다(Robert Darnton, 위의 책, pp.131~132).

그렇게 해서 얻은 결론이 장황한 해설과 각주 및 부록 등으로 제시되는 형식으로 내림되어 왔다고 보았다. 널리 알려진 것처럼 셰익스피어는 '공연(performance)'에 충실했으며, 자신이 집필한 원본을 무대 현장에 걸맞도록 수시로 수정했다. 그러므로 정작 진정한 원본이 존재하지 않는 실정이라는 것이다. 이 때문에 그의 작품은 많은 이본(異本)을 생성케 했다. 서지학자들은 '기술서지학'과 '분석서지학'을 동원하여 그 판본들을 물리적으로 분석하기에 이른다(Robert Darnton, 위의 책, p.133).

그러한 과정에서 『리어왕』의 경우는 풀 수 없는 수수께끼가 워낙 많다는 사실도 알아냈다. 편집자들마저 두 개의 대표적인 판본을 제시할 정도였다는 것이다. 이 판본들은 서로 현격한 차이를 보이지만, 서지학적인 기준에 부합되는 요소가 많다고 보았다. 이로 하여 오늘의 우리에게는 『리어왕』이라는 희곡이 두 편 있고, 거기에 더 오래된 혼합 판본(이본들을 상호 보완한 것)도 누리게 되었다. 서지학 덕택에 식탁이 오히려 보다 더 풍성해진 것이다(Robert Darnton, 위의 책, p.134).

결국, 서지학은 어제와 오늘의 위상(대상의 기록물이)이 어떤 의미의 것인가를 캐내는 족보 추적과도 같은 규명 작업이라 할 수 있다. 남애가 추구한 서지학에 관한 인식도 바로 그와 같은 기본을 중시한다. 요컨대, 출판 연구에 정진하면서 '책에 관한 비망'을 중요시했고, 이는 마침내 남애 서지학의 이론적 골간을 이루는 방법으로 발전했기 때문이다.

이와 같은 방법은 결국 그 책에 대한 내용, 역사, 형태, 그리고 출판에 따른(또는 필사 등의 제반 방식) 모든 정보를 파악함으로써 학문 연구의 길잡이 역할을 기대하게 된다. 그런 점에서, 서지학은 모든 학문에 앞서 연구해야 할 기본적인 조건으로 중요한 전제임을 말해 준다.

남애 안춘근은 서지학을 말하여 '학문의 안내자'라고 전제한다(안춘근, 1979, p.4., 안춘근, 1990, p.14). 즉, 서지학이 마치 등산 안내자와 같다는 것이다. 즉, "산을 잘 아는 안내자가 앞에서 길을 인도하면 최소의 노력으로 빨리 정상에 오를 수 있는 것과 같다."고 했다. 그래서 "서지학을 모르고 학문의 길로 나선다는 것은 학문 하는 좋은 방법이 아니다."라고 말한다(안춘근, 1990, p.14).

어떤 분야의 학문을 하든지 미지 세계에로의 여행에 비유할 때, 무엇보다도 목적지의 지리적인 조건(형태 서지)과 그곳에 내림되어 온 역사와 그 의미 또는 존재 가치(체계 서지)를 잘 알아야 할 것이다. 결국, 서지학이란 문헌 정보의 세계에 있어 모든 학문의 지리 역사 교본이라 할 수 있다(안춘근, 1990, p.15).

이로 보아, 서지학은 학문 연구에 요청되는 선습적(先嚅的) 조건으로서 그 전개 선택을 더욱 효율적으로 뒷받침해 주는 길잡이인 것이다. 이러한 파악이 남애가 말하는 서지학에 대한 생각으로 이해된다.

2) 서지학의 의의

서지학이란, 영어 Bibliography의 역어(譯語)이다. 원래 영어로 Biblio는 '책'이요, 'graphy'는 '기술(記述)'이므로 이를 직역하면 '책을 기술하는 것'이 된다(안춘근, 1967, p.7).

원래 Bibliography는 희랍어에서 유래된 말인데, 뒷날 학문이 발전하면서 '책에 관하여 쓰는 것(a writing about book)이란 개념으로 진전되었으며, 여기에서 도서를 대상으로 기술하는 학문이 성립되었다(천혜봉, 2014, p.23).

서지학의 정의와 범위가 일정화되지 못하고 있음은 동서양이 마찬가지이다. 책의 간사(刊寫) 수단 그리고 형태의 특성과 관련된 연구 방법상 차이에 따라 그 개념과 체계화 양태가 다양하다는 데서 그러한 이유가 터한다.

그럼에도 서지학에 대한 일반적 개념을 정의하면 "문자를 수단으로 표현한 본문과, 그 본문이 나타내 주는 지적 소산의 내용, 그리고 그것을 담고 있는 물리적 형태를 대상으로 조사 분석 비평 연구하여 기술하는 학문"이라 할 수 있다(천혜봉, 위의 같은 책, p.25). 또, "서지학은 도서의 정확한 원문 내용 인식과 복원, 최선의 판본 선택, 간행 시기의 추정, 진본과 위서의 감정 및 해당 서적의 학문적 위치 판정 등 기초적인 정보 제공을 목적으로 하는 학문"(서지학개론 편찬위원회, 2004, p.13)이라 정의하기도 한다.

이희재(李姬載)는 서지학의 성격을 "신기술의 개발에 따라 '도서'(=livre, book)의 학문에서 '문헌'(=écrit, writing)의 학문으로 변환된 문헌 및 문헌적 커뮤니케이션 학문"이라고 말한다(이희재, 2003, pp.32~33).

안춘근은 『한국서지학』(통문관, 1967) 서두에서 "서지학이 책을 기록 또는 기술하는 것은 사실이지만, 기술의 초점을 어디에 두느냐 하는 데서 여러 설로 갈린다."고 하면서, 다음과 같은 세 가지로 학문적 성격을 간추렸다(안춘근, 위의 책, pp.7~8).

첫째로 서지학은 책이 정신적인 노작의 결과물이라는 데서 그것이 지닌 본체를 연구하는 학문으로 보아야 한다.

둘째로 서지학은 '책' 그리고 '저자', '인쇄', '출판', '이판(異版)' 등에 관한 조직적인 기술과 역사를 밝혀내는 학문이다.

셋째로 서지학은 문헌 전달에 관한 연구이다.

안춘근은 이상의 세 가지를 종합하여, "서지학은 책을 과학적으로 연구하는 학문"이라

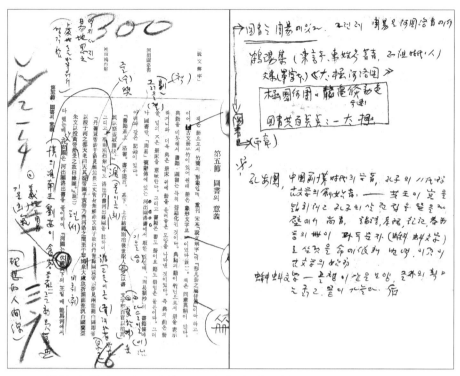

『한국서지학』(1967) 초쇄본(300부 발행) 여백을 이용한 저자 교정 및 메모 사례

전제하고, "서지는 책에 관하여 기록하는 것에 부가하여, 서지학자는 책의 세계를 행각(行脚, 어떤 목적을 달성하기 위해 여기저기 돌아다님. 필자 주)하는 박물학자라고 말할 수 있다."고 덧붙였다. 따라서 "무릇 모든 책은 그 일체가 바로 서지학의 연구 대상물이 된다. 그래서 서지학은 귀중한 자료 가치가 있는 것이면 책은 물론, 신문이나 호적부일지라도 연구 대상이 되는 것"이라고 말했다(안춘근, 위의 책, p.9).

서지학이 책을 주된 대상으로 하여 과학적으로 연구하는 학문이라는 데는 이견이 없을 것이다. 그러나 책을 과학적으로 연구한다 해도 흔히 저술 내용을 문제 삼기 쉬운데, 이는 사상적인 연구가 아니라면 한낱 서평으로 기울어질 수도 있다. 따라서 서지학은 특정한 책에 대한 소개를 지양하여 그 책이 지닌 형태 고찰에 비중을 두어야 한다. 그렇다고 해서 서평이나 해제 등이 서지학에서의 연구 대상으로부터 벗어난다는 뜻은 아니다.

때에 따라서는 서지학이 어떤 특정한 논의에 필요로 하는 참고 도서로 그 연구 대상이 지목되는 경우도 있다. 그러나 당연한 일이지만, 그와 같은 경우는 단순한 '서지'라 할 수 있어도 서지학으로서의 충분한 요건이 될 수는 없다. 한 예로, 만일 책의 해제 자체가 서지학이라면, 과거 조선총독부에서 출판한 『조선도서해제』를 '한국서지학'이라 할 수 있을 것인가? 하지만 아무도 그것을 한국서지학이라고 말하지는 않는다(안춘근, 위의 책, 같은 쪽).

그런 점에서, 서지학의 의의는 연구 범위를 어떻게 설정하느냐에 따라 분야가 분별될 수 있다. 이를 일반적으로 원문서지학(textual bibliography), 체계서지학(systematic bibliography), 형태서지학(physical material bibliography)으로 대별하기도 한다. 이에 대하여 천혜봉(千惠鳳, 1926~2016)은 다음과 같이 정리했다.

원문서지학은 본문을 올바르게 인식하고 복원하기 위하여 문자의 이동(異同)을 대교(對校, 원고나 이전의 교정쇄와 대조 확인하고 바로잡는 일. 필자 주)하고, 본문의 증산(增刪, 내용을 다듬기 위해 보태거나 깎아 냄. 필자 주)을 고증하여 그 역사와 전래 현상을 분석적으로 비평·연구하는 분야이다. 중국에서는 이를 교감학(校勘學)[14] 또는 교수학(校讎學)이라고 하며, 서구에서는 비평서지학(analytical or critical bibliography)의 범주에 넣기도 한다.

체계서지학은 과거와 현재의 각종 지적 소산인 문헌을 체계 있게 편성하거나, 이들 문헌을 한 나라나 한 역대 왕조, 또는 유별(類別), 주제별로 구분하여 학술의 원류 및 융체(隆替, 성하고 쇠퇴함. 필자 주) 그리고 학설의 추이에 대하여 기술하거나, 이미 엮어진 여러 목록 또는 서목에 관한 연구 분야를 말한다. 동양 특히 중국에서 이 분야의 서지학을 전통적으로 '목록학'이라 일컬어왔고, 서구에서는 열거서지학(enumerative bibliography)이라고도 한다.

형태서지학은 지적 소산을 담은 그릇인 책의 물리적 형태로 본 여러 특징과 그 변천 과정을 실증적인 방법에 따라 분석, 조사, 비평, 연구, 종합하고 책의 간사(刊寫) 성격과 간사 시기를 고증하고 그 우열을 식별시켜 주며, 책에 관한 제 문제를 실증적인 방법으로 연구, 기술하는 분야이다. 이 분야의 서지학을 동양 특히 중국에서는 판본학(板本學)이라 한다(천혜봉, 2014, pp.27~68 참조).

이와 같이, 서지학은 곧 기록을 대상으로 하여 원문을 바르게 복원하기 위한 고증과 전래 현상을 분석적으로 대교하여 교감·교수하고, 문헌의 서목 체계를 가름하며, 대상의 기록물이 갖춘 물리적 형태로 본 역사적 변천을 연구하는 학문이라 정리된다.

---

14) '校勘'이란 말은 서한(西漢)의 문헌학자인 유향(劉向, B.C.77~B.C.6)이 지은 『관자서(管子序)』에 처음으로 나온다. 여기서 '校'와 '讎'는 '校讎' 또는 '讎校'라 쓰기도 했으며, 비슷한 뜻을 가진다. '교감학'이란, 같은 종류의 여러 책들을 비교하여 문장이나 문자의 오기(誤記), 오전(誤傳) 따위를 바로잡는 학문을 말한다. 고증학의 한 분야라 일컫기도 한다.* * 管錫華(1998). 『校勘學』. 安徽: 安徽教育出版社, pp.1~2.

이와 관련하여, 안춘근은 "인간의 사상이나 감정을 나타내는 일체의 기록이 서지학의 대상"이라고 말한다(안춘근, 앞의 책, p.13). 인간의 사상과 감정은 역사를 창조하는 원초적인 기반으로 존재한다. 거기에서 싹트는 유형·무형의 제반 현상이 문화다.

문화는 역사가 흐르는 동안 그 운행 주체인 인간이 여러 경험을 반복하는 과정에서 수많은 개선을 추구해 나간다. 그럴 때 생산된 매개 수단이 문자이며, 이 문자는 또한 탁월한 전달 매체인 여러 다양한 형식의 기록물을 조성하도록 이끌었다.

남애 안춘근은 가장 오래된 사상과 감정의 표현 형식 중 '금석문(金石文)'을 중요한 문화적 증거 중 한 사례로 들었다. 그가 역사서지학 분야에 보다 많은 관심을 둔 것도 그와 같은 생각에서 출발되고 있다.

앞에서 말한 바와 같이, '남애 서지학'의 추구는 여행자로 비유할 때, 목적지의 지리적인 조건(형태 서지)과 그곳의 역사와 그 의미 또는 존재 가치(체계 서지)를 잘 알아야 효율적이라는 데서 본줄기가 기반 한다. 이러한 방법은 결국 역사서지학으로 보다 많은 부분이 연결되고 있음을 발견하게 된다.

남애는 우리나라에서 서지학 관련 분야로 초기 논문인 가람 이병기(李秉岐, 1891~1968)가 《동방학지》(제3집)에 발표한 「한국서지의 연구」(1957)에서 밝힌 서지학 의의를 다시금 상기하고 있다. 아래에서 관련 내용을 보면,

고래 서적에는 위본(僞本)·악본(惡本)도 많았다. 그러므로 서지학을 모르는 학자들에게는 헛된 수고를 한 이가 적지 않았다. 서적의 진위와 선악을 분간치 못하기 때문에, 턱없는 책을 정서(正書, 바른 책을 말함. 필자 주)로 믿고 증연부익(增衍附益, 더 늘려서 보태어 말함. 필자 주)하였을 뿐 아니라, 또는 그런 걸 기화(奇貨, 뜻밖의 이익을 얻을 수 있는 물건 또는 그러한 기회. 필자 주)로 삼고 위작(僞作)과 두찬〔杜撰, 전거(典據)가 불확실한 저술. 필자 주〕을 더 하기도 하였다.

〈이병기(1957). 「한국 서지의 연구」. 《동방학지》(3), p.19〉

라고 했다. 남애는 이와 같은 가람의 견해와 관련하여 "어떤 분야의 연구를 하든지 서지학을 통하지 않고는 효과적인 연구를 하기 어렵다."*고 말한다. 동시에 "서지학에서의 형태적인 고찰 또한 내용의 정오(正誤)와 책의 진위를 가리는 데 중요한 구실을 할 수 있다는 데 주목할 필요가 있다."*고 부연했다. 그는 여기에서도 "서지학은 학문의 길잡이이다."*

라고 강조한다(*안춘근, 1967, p.12).

그렇다면 남애의 서지학 연구는 어떤 환경에서 어떻게 진행되었는가? 아래 제재에서 이 문제를 알아보자.

2. 연구 환경─한국서지학회의 발족과 한국서지연구회 창립

1) 한국서지학회의 발족

우선, 한국서지학회의 발족에 대하여 알아볼 필요가 있다. 우리나라에서 서지학을 연구할 목적으로 결성된 첫 단체는 한국서지학회이다. 이 학회는 1947년 8월 25일 이병기(李秉岐), 홍순혁(洪淳赫), 김구경(金九經), 박봉석(朴奉石), 이재욱(李在郁), 송석하(宋錫夏) 등 6인이 뜻을 합쳐 발족을 보았다. 사무실은 국립도서관에 두었으며, 당시 이재욱 관장이 위원장으로 선임되었다. 상무위원으로는 홍순혁, 김구경, 박봉석이 선임되었고, 위원에 이병도(李丙燾), 김두종(金斗鍾), 조명기(趙明基), 송석하, 손진태(孫晉泰), 신동엽(申東曄), 이병기, 방종현(方鍾鉉), 민영규(閔永珪), 신석호(申奭鎬), 이홍직(李弘稙), 이인영(李仁榮), 김원룡(金元龍) 등 13명이었다(송재오, 1960, p.38). 그러나 이 학회는 설립된 뒤 한 두 차례의 전시회와 연구 발표를 겸한 강연회가 있었을 뿐 이렇다 할 만한 성과를 거두지 못했다. 그러던 중 6·25 전쟁을 당하여 학회 활동도 유명무실해지고 말았다.

그러다가 재결성이 실현되었는데, 1959년 10월 4일 국립도서관장실에서 발기인 총회를 다시 열고부터였다. 이때의 임원 및 회원은 다음과 같다.

회장: 김상필(金相弼, 국립도서관장),
부의장: 이병도
평의원: 최현배(崔鉉培), 김상기(金庠基), 김두종, 신석호, 이희승(李熙昇)
회원: 김윤경(金允經), 김형규(金亨奎), 민영규, 박종화(朴鍾和), 양주동(梁柱東), 이병기, 이상백(李相佰), 이선근(李瑄根), 이은상(李殷相), 이홍직, 조명기(趙明基), 황의돈(黃義敦), 장춘성(張瑃性), 김갑동(金甲童)
간사: 김원룡, 동천(董天), 송재오(宋在五)

특별회원: 을유문화사 정진숙(鄭鎭肅), 동아출판사 김상문(金相文), 동국문화사 신재영(申在永), 교학도서주식회사 최상윤(崔相潤), 통문관 이겸로(李謙魯)

〈한국서지학회(1960.8.),《서지》(제1권 제1호), p.40〉

한국서지학회가 재출발하면서 학회지《서지(書誌)》제1권 1호(창간호)를 1960년 8월에 발행했다. 이 학회의 재건(당시는 '한국서지연구회')이 현실화된 것은 1968년 5월 31일 관훈동 147번지 통문관(通文館) 2층 모임에서였다. 당시 12명〔명단은 「경과보고」(p.237) 참조〕의 회원이 모였으며, 안춘근이 간사를 맡았다. 8월 31일 제3차 모임에서 이 회의 이름을 한국서지연구회로 결정하고 회지 이름을《서지학(書誌學)》으로 정했다.

2) 한국서지연구회의 창립

한국서지연구회는 뒷날 한국서지학회로 발전적인 개칭 겸 환원을 보게 된다. 참여자도 신규 회원이 대부분이었다. 과거의 한국서지학회가 국립도서관장이 창립 위원장을 맡고 사무실도 국립도서관에 두었는데 비하여, 한국서지연구회의 경우는 순전히 민간 동호인만으로 창립이 추진되었다.

한국서지연구회가 재결성된 통문관 모임(1968.5.31.)에 대하여 알아보기로 한다. 이는 1960년대의 연구 환경을 말해 준다는 면에서 중요한 시사점이 있다. 이와 관련하여 당시 서지학연구회의《서지학》창간호에 실린 「경과보고」(안춘근)를 보자.

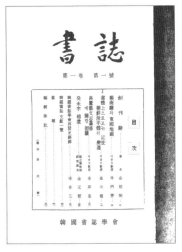 

《서지》,《서지학》창간호 표지

경과보고

　오래 전부터 뜻을 같이 하는 몇몇 동호자들이 서지 연구를 위한 모임과 그 결과를 발표하는 회보를 발행했으면 좋겠다는 의사를 표시했다. 이러한 우리들의 의사가 강상운, 백순재, 안춘근을 중심으로 한국서지학회를 재건하려는 움직임으로 나타났다. 그러나 종전의 학회와의 관계가 잘 조정되지 않아서 주춤하게 되자, 백린과 안춘근은 학회의 재건에 앞서 동우회의 형식으로라도 시급하게 우리들 공동의 연구를 자극하는 모임을 갖자는데 합의했다. 국립도서관 아현분관에서 베풀어졌던 사서 강습회에 출강했던 백린과 안춘근은 이를 실천하는데, 우선 백린이 우리들의 취지에 찬동하는 동호자를 10여 명 정도 선정하는 한편, 안춘근은 모이는 장소로 통문관 2층을 교섭해서 승낙을 받고, 1968년 5월 31일에 첫 모임을 열었을 때 회동한 인원은 아래와 같다.

　안춘근(安春根), 백린(白麟), 심우준(沈�俊), 이광린(李光麟), 이겸로(李謙魯), 백순재(白淳在), 정형우(鄭亨愚), 임종순(任鍾淳), 천혜봉(千惠鳳), 이병주(李丙疇), 김약슬(金約瑟), 강상운(姜尙雲)

　이날, 모임의 명칭을 논의했으나 결정하지 못하고, 우선 간사로 안춘근을 선임하는 한편, 다음과 같이 결정했다.

　1. 정기 회합은 매월 최종 금요일 6시
　2. 계간 정도로 20~30면의 기관지를 출판하되, 특별히 비용을 부담할 회원이 없으면 공동 부담이라도 해서 출판한다.
　3. 매월 회원 2명이 연구 발표하되, 1차로 김약슬, 이병주로 예정한다.

　우리가 이같이 모이는 취지는 어디까지나 책을 애호하고 이를 연구하는 순수한 서지 연구의 성격을 띤 모임이므로, 연구 발표는 물론 서지 관계로 한정되는데, 제1차 발표일인 1968년 6월 28일 통문관 2층에서 이병주의 「비로사판(毘盧寺板) 석보상절 권 7」, 그리고 김약슬의 「세초(洗草)에 대한 연구」가 발표되었다.
　이어서 7월 26일 발표할 제2차 발표회를 백린과 안춘근으로 정했다. 이때 즉 1차 발표회에는 이광린을 제외한 전원이 참석했다. 2차 발표회는 7월 26일에 통문관 2층에서 있었는데, 백린의 「이등박문(伊藤博文)이 가져간 규장각 도서」, 안춘근이 「방각본의 원류」를 설명했다. 이때 즉 2차 발표회에는 이광린, 김약슬, 이겸로, 천혜봉, 백순재, 임종순 등이 참석했다. 이어서 3차 발표회가 한 달 뒤인 8월 30일에 임종순, 백린, 심우준, 이겸로, 안춘근, 백순재, 천혜봉, 김약슬, 정형후 등 9명이 전례에 따라 통문관 2층에 회동하여 오후 6시부터 이겸로의 「능화판(菱花板)에 대하여」, 천혜봉의 「족리학교(足利學校)*에 있는 한국본에 대하여」발표가 있었고 [* 아시카가학교(足利學校) 유적도서관(遺跡圖書館)을 말함. 필자 주] 백순재, 심우준 두 회원을 차기 발표 예정자로 지정한 다음에 회의 명칭에 대하여 논의한 끝에 안춘근의 제안대로 본격적인 학회로 발전될 때까지 우선 한국서지연구회로 하는 한편, 회지를 '서지학'으로 할 것을 전원 찬동으로 결정했다.

이렇듯, 모이기는 4차에 이르렀으나, 발표회는 세 차례 있었는데, 2차까지 발표된 내용 가운데 이병주의 「석보상절 권 7」을 제외하고 전부 여기(《서지학》 창간호를 말함. 필자 주) 수록했다. 비록 여러 가지 사정으로 학회라 하지 않았으나, 우리가 지향하는 것은 외국의 서지학회와 다른 것이 없다. 서지에 관한 연구와 이를 널리 발표함으로써 사계에 조금이나마 이바지하려는 것이다.

〈안춘근(1968.9.). 「경과보고」. 《서지학》(창간호), p.55〉

위의 「경과보고」와 같이, 12인이 모인 한국서지연구회는 "책을 애호하고 이를 연구하는 순수한 서지 연구의 성격을 띤 모임"으로 결성되었다. 이 모임이 안춘근, 강상운, 백순재를 중심으로 하여 한국서지학회를 재건하려는 움직임으로 나타났다는 것과, 매월 1회 회합을 열고 학회보를 출판하기로 결의하는 등 장래 설계를 결의, 학계에 내보였다는 점에서 의의가 있다.

실제로 이 연구회는 발족을 본 지 약 3개월 뒤인 1968년 9월 18일에 학회지인 《서지학》(통문관 발행)을 창간한다. 국판 58면으로 꾸민 이 학회지는 강상운이 쓴 창간사와 4편의 논문, 그리고 자료 1편 등을 싣고 있다. 《서지학》 창간호의 내역을 보면 다음과 같다.

창간사
간본(刊本)과 서체………………………………… 임창순
방각본론고(坊刻本論考)……………………………… 안춘근

이등박문(伊藤博文)이 대출한 규장각 도서에 대하여....백린

세초(洗草)에 대한 문헌 및 지리적 고찰................ 김약슬

한국 서지 관계 문헌 목록

경과보고/창립회원 명단

《서지학》창간호에 실린 논문들은 우리 서지학계에서 처음으로 발표된 논의들이다. 자료로 소개된 「한국 서지 관계 문헌 목록」(백린 조사·작성)도 주목된다. 일제강점기에서 1967년까지 현존하는 국내외 문헌들을 저·역·편·필자와 게재지, 권·호, 게재면, 게재연도 등을 자세하게 목록해 보였다. 이 목록에서 특히 일본인 서지학자 중 한국 서지를 집중적으로 연구해 온 마에마 교사쿠(前間恭作), 미시나 아키히데(三品彰英) 등이 저작한 주요 문헌 정보들도 제시되어 있다.

《서지학》(제6호)

이후, 한국서지연구회는 1970년 1월 30일 총회에서 발전적인 해체를 결의하고, 다시 '한국서지학회'로 개편을 보게 된다. 당시 강상운(국립도서관장)이 회장으로 선출되었다. 그러한 과정에서 1974년 12월 30일 기관지인《서지학》(제6호)이 '통문관 40주년 기념특집호'로 나왔을 때에는 총 186쪽〔104쪽(본문)+82쪽(영인 자료)〕에 이를 정도로 이전에 볼 수 없었던 편찬상의 체제 확충을 보았다. 참고로《서지학》제6호의 수록 내용을 보면 다음과 같다.

권두사/김두종

계미자와 그 간본 ....천혜봉

내각문고 소장 석봉천자문에 대하여............안병희

기고봉(奇高峯) 선생의 유저에 대하여 .... 강주진

구한말 석판인쇄략고 ....이겸로

한국 세책업 변천고 .... 안춘근

완인삼방(阮印三方)을 차용하면서 .... 이가원

발간사/이겸로

부록

이후 1980년 《서지학》 제7호를 내고 활동이 중단된 상태에서 태동고전연구소의 임창순(任昌淳, 1914~1999) 소장이 천혜봉 교수와 학회 재건 문제를 상의하게 되었다. 이에 따라 1989년 12월 15일 16시 종로구 경운동 대동회관(大同會館)에서 강주진, 이겸로, 임창순, 천혜봉, 신승운, 안춘근, 윤형두, 김종규 등이 모여 위의 건을 재론한 바 있다. 이들은 1990년 1월 13일 16시에 삼성출판사 회의실에서 한국서지학회 창립총회를 열기로 의견을 모았다. 이로써 열린 창립총회에서는 회장에 임창순, 부회장에 조병순·김종규를 선출하고, 이사로는 천혜봉, 안병희, 이동환, 안춘근, 윤형두 등을 선출했다(한국서지학회, 1990.6., p.359).

한국서지학회는 1990년 6월에 《계간 서지학보》를 창간한다. 당시 천혜봉, 안춘근, 박상균(朴尙均), 신승운(辛承云)이 편집위원을 맡았다. 이들은 이후 여러 해 동안 편집위원으로 봉사했다.

《계간 서지학보》

한국서지학회는 2013년 기존의 '한국서지학회'와 1985년에 따로 설립되었던 '서지학회'를 통합했다. 2012년부터 통합이 추진되어 서지학계가 하나로 합쳐진 한국서지학회로 재출범을 본 것이다. 이 학회의 논문집 《계간 서지학보》는 종래의 《서지학》을 계승한바, 2014년에 《서지학연구》로 개칭하여 속간하고 있다.

안춘근은 1960년대 한국서지학회와 여전히 관계를 이어가면서 1982년 5월 21일 서지학자와 수서가들의 집합체인 한국고서동우회[15]를 별도로 창립하고 회장에 취임한다.

---

15) 한국고서동우회는 1990년 6월 '한국고서연구회'로 개칭되었다. 회지는 1982년 5월 21일 《한국고서동우회》로 창간호를 낸 이래 동우회의 명칭이 한국고서연구회로 개칭되면서 《고서연구》로 바뀌었다. 2017년 현재 제35호에 이른다. 안춘근은 이 연구회의 초대, 2, 3대 회장(1982.5.~1988.6.)을 역임한 바 있다.

3. 남애 서지학의 방법과 특성

1) 남애 서지학의 방법

남애 안춘근이 처음으로 서지학에 대하여 말한 것은 1959년 3월 그의 첫 저서인 『양서의 세계』(아카데미사)를 통해서였다. 이 책은 변형 4·6판(가로 10.5cm×세로 14.7cm)에 97쪽이며 호부장으로 제책되어 있다.

안춘근은 이 책에서, '서지학이란 책을 연구 대상으로 하는 학문'이라 말하고, 넓은 뜻으로는 책에 관한 전반에 걸친 역사적이고도 계통적으로 연구하는 것을 말하며, 좁은 뜻으로는 책에 대한 출판 사항을 말하는 것이라고 설명했다(안춘근, 1959, p.29).

이러한 관점은 어떤 특정한 책이 '양서'인가를 알아내는 방법으로서 중요하다고 강조한다. 그래서 '양서의 요건'을 저작자, 도서명, 출판사, 발행 연도, 발행지, 판권의 표시 등이 정당하게(신뢰성 있게) 갖춰진 것이어야 한다고 말한다(안춘근, 위의 책, pp.29~44).

여기서 '판권의 표시'를 예로 들면, a. 발행과 인쇄일, b. 판차, c. 저자명, d. 발행자명, e. 발행소, f. 인쇄자, g. 제판자, h. 제책자, i. 검인, j. 저자 약력을 기본적인 제시 요건으로 들었다. 따라서 전반적으로 보아 책의 형태, 장정, 제책, 판형, 분량, 활자, 용지, 인쇄효과 등의 제반 요건을 합리적으로 드러낸 것이어야 그 책의 정당성 여부를 평가할 수 있다는 주장이다(안춘근, 위의 책, pp.45~60 참조). 요컨대, 서지학 연구의 한 대상인 형태적인 면, 즉 형태서지학적인 분석 방법을 함축적으로 설명한 견해임을 알 수 있다. 물론, 당연히 '책의 내용에 대한 평가'를 중시함으로써 내용과 형태가 건강한 수단인지를 분석해야 한다고 지적한다. 작은 책자이지만, 모두 7개 대주제에 37개 종속 주제로 엮은 남애의 첫 저술이 『양서의 세계』이다.

이러한 연장선에서 1967년 11월 국내에서 첫 서지학 전문서인 『한국서지학』(통문관)이 생산된다. 이 책은 국판 208쪽, 양장본이며 서지학 개론서 격이다. 아래에서 이 책의 '차례'를 보자.

> **제1장** 서지의 서설-제1절 서지학의 정의/제2절 서지학의 연구/제3절 서지학의 대상/제4절 한국의 금석문/제5절 도서의 의의/제6절 서적의 기원
> **제2장** 한국의 서지-제1절 한국의 서지/제2절 한자의 전래/제3절 서적의 재료/제4절

한국의 필사본/제5절 출판의 전래/제6절 활자의 발명/제7절 한국의 판본/제8절 한국의 수진본

제3장 서적의 감별/제1절 서적의 감별/제2절 관판(官板)/제3절 사가판/제4절 방각판

제4장 한국의 전적/제1절 한국의 전적/제2절 서적의 분류/제3절 저술의 분류/제4절 유교서/제5절 불교서/제6절 문집류/제7절 역사·지리/제8절 국어·국문

이로 보아, 『한국서지학』에서는 기술서지학(descriptive bibliography)을 조합한 형태서지학과 역사서지학적인 접근을 아우른다. 1972년 2월에 낸 『장서원론』(성진문화사)에 이르러서는 형태적 분석서지학 연구의 한 사례를 보여 준다. 아래에서 이 책의 '차례'를 보자.

제1장 양서론

소서(小序) 제1절 내용/제2절 제호/제3절 장정/제4절 자재/제5절 인쇄/제6절 제본/제7절 편집/제8절 교정/제9절 삽화·도표/제10절 색인/제11절 채점 방법

제2장 장서요론

제1절 장서의 의의/제2절 장서의 목적/제3절 수집 요론/제4절 장서의 구입/제5절 장서의 구성/제6절 장서의 감별/제7절 장서의 효용/제8절 장서의 보존/제9절 장서의 포서(日 暴書)/제10절 장서의 가치/제11절 장서의 편목

제3장 장서해제 예

제1절 필사본/제2절 목판본/제3절 활자본/해제서목/색인

안춘근은 『장서원론』에서 책의 요건을 내용, 분량, 조형성으로 보고 이를 다시 내용과 형태로 구분했다(안춘근, 1972, p.7, p.54). 이것을 세분한 항목이 위의 제1장에 제시된 10개 요소(제1절~제10절)로 분간된다. 저자는 이들 10개 요소를 양서의 평가 항목으로 보아 채점을 매기는 독특한 선본(善本) 선정 방식을 구안해 보았다. 즉, 도서 채점은 100점을 만점으로 하되 ① 내용 55점, ② 기타가 45점인데, 기타란 내용을 제외한 ② 제호, ③ 장정, ④ 자재, ⑤ 인쇄, ⑥ 제본, ⑦ 편집, ⑧ 교정, ⑩ 색인 등을 말한다. 하나의 항목을 각각 5점으로 부여하는 채점 방식이다. 이 중 ⑩ 항의 경우 색인이 없는 소설과 같은 책은 감점하지 않는다는 것이다(안춘근, 위의 책, pp.54~55).

이로 볼 때, 책의 내용을 중시한 것은 원전서지학(또는 원문서지학; textual bibliography)

의 연구 방법을 채용한 것이고, ② 항에서 ⑩ 항까지는 형태서지학적인 방법을 적용한 것으로 사료된다. 한편, 출판의 중심적인 요건을 주된 평가 대상으로 삼았으므로 출판학과 서지학적인 접근이 상호 결합된 연구라 할 수 있다. 이러한 방법은 남애가 지향한 '출판학'과 '서지학'을 포함한 광의의 출판학 연구로 통합을 이루는 개념이라 설명되기도 한다 (箕輪成男, 2003.1., p.44).

안춘근의 서지학 전개는 1979년 9월에 『한국서지학논고』(광문서관)를 내면서 우리 학계가 미처 접근하지 못했던 여러 쟁점적인 논의를 내보였다. 이 책은 신국판 285쪽이며, 1960년대 이후 주요 학술지에 발표한 34편의 논문을 전재했다. 일종의 서지학 각론서인 이 저술에서는 역사서지의 관점으로 논의한 내용이 대부분이다. 몇 가지 사례를 들면,

『한국서지학논고』

　　고려속장경 출판 경위고
　　한국문학 해외 조명도고
　　한국 세책(貰冊) 변천고
　　한국 판화 고본 출판사요(要)
　　춘추강목(春秋綱木) 활자 신설(新說)
　　정다산전서 원본고
　　관성교(關聖敎) 찬송가
　　역사, 언어, 민속지《향토》고
　　천자문류선
　　한말 일인(日人) 한국 관계 저서 교감초(校勘抄)

등이다. 이로 보아 고서를 중심으로 한 역사적 연구가 주류를 이룬다. 이와 같은 연구는 도서의 생산과 역사를 중심 내용으로 삼고 있다(하동호, 1979, p.30).

안춘근은 1975년 3월《국사편찬위원회 회보》에 발표한 「한국 서지학계 비판」을 이 책에 소개하면서 맹신적인 애국주의를 경계한다. 이를테면, '鑄字'에서의 '鑄'자와 관련하여 이 글자가 '金'자 변이므로 금속활자를 뜻한다고 믿는 것과, 주전(鑄錢)이 가능했으니 주자도 금속으로 가능했을 것이라는 등 유추 해석을 강하게 풍긴 작업들이 있어 왔음을 지적하

고, 이 같은 태도를 경계해야 한다는 것이다(안춘근, 1979, pp.133~134). 그러면서, "공자가 제자를 교육하는 것도 주인(鑄人)이라 했다."는 역사적 예화를 들었다. 또, "목판 인쇄를 누판(鏤板)이라고 하는데, 鏤板에서의 '鏤'자도 金자 변이고, 목활자도 木鑄字, 흙활자를 土鑄字라고 하는 것은 어떻게 설명할 것인가?"고 묻고 있다(안춘근, 위의 같은 책, p.135).

요컨대, 당연한 말이지만 명확한 증거에 의거하여 객관적이고도 합당한 연구 결과로 이룩된 공인된 진실만을 인정해야 하며, 섣부르게 '세계 최고'요 '최초'라는 식으로 임의적인 주장을 내세워서는 안 된다는 주장이다.

남애는 서지학계의 지향 과제를 5개 항목으로 제시했다. 즉, ① 이론적인 연구의 진전, ② 고활자 문제, ③ 판각의 시원, ④ 목록 작업, ⑤ 문헌 탐색, ⑥ 필사본 연구를 들었다(안춘근, 1979, p.137). 이는 곧 서지학의 연구 방향 및 연구 방법에 대한 개선을 촉구한 주장이다.

2) 남애 서지학의 특성

남애가 추구한 서지학 연구는, "고서는 신간의 뿌리이다."(안춘근, 1986, p.i)라는 생각을 전제로 한다. 그러면서 모든 견해와 이론들은 당초의 그릇인 문헌에 대응하여 그 됨됨이를 구명(究明)하는 일이 곧 '학문의 길잡이'라는 확신으로부터 출발한다. 그러한 생각은 새롭게 찾아낸 전적을 대상으로 한 '발굴 서지학' 쪽에 기본을 둔 개념이다. 여기에서 발굴이란 결국 어떤 특정한 대상에 대하여 역사적 근원을 추적하는 작업이 필수적이므로 그러한 목적 추구에 합당한 학문적 실천을 말한다. 특히, 발굴의 대상은 문자 등의 기호로 표현된 모든 수단이 대상이지만, 그 중에서도 '고서'에 중심을 두는 것이 일반적이다.

남애가 고서 수집에 관심을 보인 것은 1950년대 중반부터였다. 이후로 수서한 전적들 주의 깊게 분석하는 작업을 쉼 없이 계속해 왔다. 그러한 과정에서, 남애는 매우 중요한 학문적 결실들을 보태게 된다.

예컨대, 남애의 저술 중 1979년 9월에 낸 『한국서지학논고』와 1985년 5월의 『한국판본학』, 그리고 이듬해 9월 『한국고서평석』 등이 그러한 사례이다. 이 책들에서 남애 서지학이 지향하는 특성이 나타나 있다. '고서에 관한 연구'가 그것이다.

위의 책 중 편역서로 낸 『한국판본학』은 조선 말 우리나라에 외교관으로 왔던 일본인 마에마 교사쿠(前間恭作, 1868.1.~1942.1.)가 지은 『조선의 판본』을 ① 번역하고, ② 주해하고, ③ 수정하고, ④ 비평한 책이다(안춘근, 1985, p.7).

편역자는 "이 책이 한국 최초의 판본학 도서"라 말하고, "한국 서지학에서 각론의 한 분야로 이보다 더 훌륭한 판본학은 볼 수 없다."고 평가한다(안춘근, 위의 책, 같은 쪽). 우리 판본에 대한 집중적인 연구서가 드물었던 상황(1980년대 중반 무렵까지)에서 그렇게 말한 것이다.

『한국판본학』

그런데 『조선의 판본』 저자인 마에마에 대하여 좀 더 부연해 두고자 한다. 대마도 이즈하라(嚴原)에서 태어난 그는 우리 옛 책을 연구한 서지학자이자 중세 이전의 한국어를 연구한 국어학자였다.

마에마가 한국에 건너온 것은 1891년 11월이었다. 이해 4월 도쿄의 게이오의숙(慶應義塾)을 졸업하고 일본외무성의 조선유학생 모집에 합격한 직후였다. 그는 일본영사관의 서기생으로 발령받아 인천에서 근무하게 된다. 한 달 전인 6월에 동학농민운동이 일어난 것을 계기로 일본이 조선 침략을 노골화하던 바로 그 시점이었다(정진석, 2015, p.161).

1900년이 되자, 마에마는 시드니 주재 일본공사관으로 전보되었다가 이듬해에 다시 한국으로 돌아왔다. 1905년 을사늑약 이후부터는 통감부 통역관에 임명되었으며, 1907년 11월, 대한제국 정부는 마에마에게 훈4등(勳4等)을 서훈했다. 그는 영어에도 능통했다고 전해진다. 예컨대, 영국인 배설(裵說, Ernest Thomas Bethell)이 재판을 받을 때 영어 통역을 맡았을 정도였다는 것이다(정진석, 2015, p.163).

마에마가 남긴 필생의 역작은 그가 40년에 걸쳐 수집한 목록을 13년간 정리 편찬한 『고선책보』 3권이다. 『조선의 판본』 또한 서지학사에서 매우 의미 있는 저술로 평가된다. 남애에 의하면 이보다 더 능가할 만한 그 어떤 책도 찾아보기 어렵다고 말한다(안춘근, 1985, p.7 참조).

한편, 남애의 저작 중에서 1986년 9월에 낸 『한국고서평석』의 경우는 각종 고서에 대한 평가와 아울러, 핵심적인 내용(원문)을 소개하고 이를 자세히 고증, 해의함으로써 접근 효율이 보다 용이하도록 전개한 노작이다.

그런 이 책의 내용을 보면, 첫째, 고서란 무엇이며, 특히 우리나라 고서란 어떤 특징이 있는가, 둘째, 고서의 새로운 발굴 비화와 그 평가 및 해석으로 나뉜다. 요컨대, 전체를 4부로 나누어 한국의 고서 개설, 특징, 비록을 해당 고서로 예시 서술하고, 최종 단원인 제

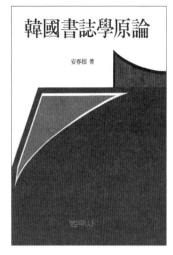

『한국서지학원론』

『한국서지의 전개 과정』

4부에서도 각종 고서에 대한 평설을 내보였다.

다시 말하면, 이 책은 우리 고서에 대한 전반적인 평석서(評釋書)이며, 예증하고자 하는 옛 책들(91종)에 대한 가치와 역사적 의의 그리고 해제를 겸한 '각론적인 고서 연구서'라 할 수 있다. 결국, 고서에 대한 연구는 오늘의 시점에서 과거의 문화적 물증인 그 책을 철저히 해부하고 이해하는 노력이 전제되어야 한다는 점을 재확인케 한다.

위의 책보다 4년 뒤인 1990년 9월에 낸 『한국서지학원론』은 고서 연구의 총론으로 이룩되었다. 『한국고서평석』이 각론이라 한다면, 이 책의 경우는 고서에 대한 총체적인 이론서라 할 수 있다. 저자는 오랫동안에 걸친 연구와 고서 수집의 실제 경험을 토대로 이 책을 저술했다고 밝혔다(안춘근, 1986, p.2). 요컨대, 현장적 경험을 이론화한 것이다. 이렇듯, 남애는 자신의 소장본으로 많은 연구를 수행했다.

『한국서지학원론』도 예외가 아니다. 이 책은 모두 4장으로 되어 있는데, 제1장 '한국의 서지' 도입부와 제4장 '고서의 분류'를 제외하면 '고서의 종별', '고서의 판원(板元)' 하는 방식으로 총체적인 고서 지식을 다룬 특성을 보인다.

안춘근이 타계한 후로 여러 권의 유고가 출판되었다. 1994년 4월에 나온 『한국서지의 전개 과정』도 그 중의 한 사례다. 남애가 생전에 수집한 고서를 원자료로 하여 집필해 놓은 저술이 이 책이다. 이로써 옛 문헌의 수집, 분석, 평가에 대한 관점을 살필 수 있다.

이 책은 크게 4부로 조직되어 있다. 제1부에서는 서지학, 문헌, 목록에 관한 기본적인 이론을 서술했다. 또 책의 수집과 활용, 독서, 서점의 역사 등도 다루었다. 제8장에서는 주제사 연구에 있어 사료 활용의 서지학적인 면을 통신사 연구로 예시하여 논의하고 있다.

제2부는 10개장으로 되어 있다. 먼저 종이의 역사를 말하고, 일본에 전수한 『천자문』의 원본을 분석해 보였다. 나머지 8개장은 남애가 수집한 필사본과 판본들에 대하여 논하면서, 여러 이본이 지닌 내용상의 차이를 실증적으로 제시해 놓았다. 제2부에서 주목

되는 논의는 전라북도 수군진영에서 소장한 목록을 발굴, 고찰한 글이다. 이 논의로 말하면, 지방 관아가 소장한 도서에 대한 최초의 분석인 동시에 수군진영 소장 목록 자체가 유일한 발굴이라 알려져 있다(윤병태, 1994, p.370).

제3부는 모두 11개장으로 되어 있는데, 주로 목판본을 중심으로 다루었다. 특히, 불국사 석가탑에서 나온 「다라니경」이 신라의 목판본이 아니라는 사실을 고증해 보였다. 이와 함께 남애가 수집한 『동몽선습』, 『정감록』 등에 대하여 판본학적으로 고찰한 내용 또한 주의를 끈다.

제4부는 8개장이며, 주로 활자 인쇄 부문에 집중성을 두었다. 우선, '주(鑄)'자의 뜻을 풀이하고, 이 활자가 '금속활자'만이 아닌 '목활자'를 지칭하기도 한다는 사실을 구체적으로 논증했다. 이 같은 주장은 남애가 꾸준히 제기해 온 바 있다. 특히, 『직지심경』에 관한 재해석은 독특한 발상이었다(이 책, p.382 중 안춘근의 여러 편에 걸친 '직지' 연구 관련 논의를 안내한 글줄 주 참조).

『한국서지의 전개 과정』 마지막 단원인 제4부에서는 갑인자 계열 인쇄본에 관한 서술이 다수 노출되고 있다. 원자료들을 활용한 풍부한 전개가 흥미를 끌게 한다.

이상과 같이, 남애의 서지학 부문 저서 중 몇 가지를 대상으로 하여 그의 연구가 지향하고 있는 특성을 살폈다. 그 결과, 다음과 같은 다섯 가지 유의점으로 정리된다.

첫째, 서지학 분야의 첫 저술이 남애에 의해 이룩되었다는 사실이다. 서지학 연구의 이론서인 『한국서지학』(1967)을 말한다. 이 저술은 서지학 연구가 답보되어 있던 시절에 선뵌 성과라는 점에서 관련 학계에 의미 있는 기여로 이바지했다고 사료된다.

둘째, 서지학적인 접근의 필요성을 타 학문 연구에서도 중시해야 한다는 '학문적 길잡이설'을 지속적으로 주장함으로써 응용과 활용의 지평을 넓히려 애썼다. 그는 서지학이 '기본의 학'이라는 점을 중시하고자 했다.

셋째, 남애 서지학은 역사적 연구로 비중을 두어 기록물이 지닌 변천 내용을 조사, 분석, 비평, 평가하는 것을 중심축으로 삼았다.

넷째, 옛 문헌이나 전래 자료들은 발굴·발견하고 소장한 자료들만을 연구·분석 대상으로 삼았다. 이는 남애의 풍부한 수서 업적을 말해 주는 증거이기도 하다.

다섯째, 남애의 서지학 연구는 출판학 연구와 상관관계로 파악해야 할 경우가 많다. 요컨대, 그가 천착한 서지학에는 오랫동안 축적해 온 출판에 대한 지견과 경험이 깊숙하게 개입하고 있음을 말해 준다.

4. 서지학 연구의 기조와 서지학 연구 성과

1) 서지학 연구의 기조—진실성에 관한 평설

앞에서 말한 바와 같이 남애 안춘근은, "서지학은 어떤 분야의 연구이든 먼저 알아야 할 학문"(안춘근, 1990, p.7)이라고 전제한다. 이 때문에 "서지학은 학문의 시발점이요, 학문의 계도자요, 학문의 비평가라고 할 수 있다."(위의 책, 같은 쪽)는 것이다.

이러한 의의를 가진 서지학은 ① 원전 서지학(책이 지향하는 정신적인 본질 연구), ② 형태 서지학(책의 조직에 관한 연구), ③ 총관 서지학(①, ②를 종합한 연구 방법)이 있다고 말하면서 ①, ②를 고루 아는 것이 중요하다는 생각을 밝혔다(위의 책, pp.13~14). 서지학이란 모든 학문의 동기를 부여하기 때문에, 이 두 분야를 아우를 필요가 있다고 본 것이다.

그래서 남애의 정진은 옛 책의 수집·발굴을 통한 사적 서지학(historical bibliography)에 보다 많은 비중을 둔 것으로 압축된다. 예를 들면, 널리 보편화된 '갑인자본(甲寅字本)'에 적용된 주자 및 서적 간행 연대의 재검을 주장한 일(안춘근, 1987.12., pp.81~90)이 있는데, 이는 통설에 대한 진부(眞否) 문제를 밝힌 견해였다. 또, '포활자(匏活字, 바가지 활자)'의 존재 여부(안춘근, 1990.12., pp.81~90)에 대한 자세한 역사적 검증을 제시한 것도 그의 서지학 연구에서 보여 준 실증주의적인 논증 태도라 할 것이다.

사적 서지학은 도서를 하나의 물리적인 대상으로뿐만 아니라 생산, 유통, 이용에 관계되는 각 과정의 역사적 사실을 명확하게 밝히고, 해당 자료의 본질을 캐내는 작업에 중심을 둔 연구 분야이다(Shigeo Minowa, 2000, p.168).

이 때문에 남애의 서지학을 말하되, "그 서적이 어떻게 만들어지고 유통되어 왔으며 또한 이용되었는가 하는, 이른바 출판의 전 과정을 개관하면서 논하는 연구 방법을 선택했다."고 보게 된다(箕輪成男, 2003.1., p.48). 요컨대, 남애 서지학의 기조는 출판학과 서지학 연구의 결합체적 성격이 강하다는 사실을 알 수 있다.

그런 남애 서지학은 진실의 구명(究明)이라는 대전제에서 학문적 공신력을 유지하는 데 준엄해야 한다고 강조한다. 이를테면, 진실성이 없는 논증의 범람—서로 경쟁이라도 하듯 세계 최초요 국내 초유의 발견이라는 등 위험한 발표를 서슴지 않는 세태에 대한 경고인 것이다. 그래서 진실을 알아내기 위해서는 문헌학, 목록학, 교감학, 판본학의 지원을 통한 종합 검토로 판정해야 마땅하다고 밝혔다. 이는 동양에서 출판과 서적 관련 학문으로 내림되어 온 정설을 존중한 견해이기도 하다(Shigeo Minowa, *op.cit.*, pp.136~137).

아래의 내용은 남애가 타계하기 4개월 전인 1992년 8월 『비블리오필리』(제3호)에 발표한 「서지학과 학문의 진실성」이라는 글을 옮긴 것이다. 그가 득병하여 어려움을 당하던 무렵의 글[16]이기도 하다. 학계와 후진을 위한 진솔한 발언으로 받아들여진다. 따라서 이 글은 남애가 추구한 서지학에 관한 기조적인 생각을 엿볼 수 있는 일종의 '평설적 견해'라는 점에서 오늘의 우리에게 의미 있는 시사를 준다.

서지학과 학문의 진실성

일반적으로 학문이란 진리를 연구하는 일인데, 흔히 진실이 아닌 허위 사실을 학문의 탈을 씌워 발표하는 경우가 있다. (중략) 특히, 서지학 분야에 있어 근래에 서로 경쟁이라도 하듯 세계 최초요, 국내 초유의 발견이라는 발표를 서슴지 않는 것을 자주 본다. 그러나 이 같은 발표가 과연 확실한지를 면밀히 조사하여 상당수의 발표가 사실이 아니라는 것을 알게 될 때, 학문의 공신력에 상처를 입히는 것을 본다.

상식적으로 서지학 분야에서 어떤 특정한 문헌 자료가 세계 제일이나 국내 최초가 되려면 우선 다음 몇 가지 보조 학문의 검증을 거쳐야 할 것이다.

1) 문헌학: 그 같은 문헌 자료가 언제부터 존재할 수 있었는가 하는 고제도(古制度) 문물 고증이 있어야 할 것이다. 가령, 5백년 전의 기록이 출현했다고 주장할 때 그와 같은 기록이 6백년 전이나 7백년 전부터 존재해 왔다면 모르거니와, 원천적으로 그런 기록의 발견이 4백년의 역사를 넘지 못한다고 단정된다면 5백년 전의 문헌으로 존재할 수가 없는 일이다. 그런데도 우리나라에서는 흔히 문헌적인 오류를 범하고 연대를 소급함으로써 신뢰성을 잃어버리는 사례가 있다.

2) 목록학: 어떤 고서가 출현했다고 할 때 그와 꼭 같은 고서가 있었는지를 살펴야 할 것이다. 있을 만한 소장처의 도서 목록을 자세히 살펴서 우선 서지 사항을 검토한 다

---

16) 남애가 타계(1993.1.22.)하기 직전에 남긴 연구는 위의 「서지학과 학문의 진실성」(1992.8.12) 외에 「백화목피지본 남애어록(白樺木皮紙本 南涯語錄)」(《고서연구》 제9호, 1992.12.10.), 「출판업 투기성 저감론」(《'92출판학연구》(1992.12.30.) 등이 있다. 그는 생애를 마감할 때까지 출판·서지학 연구에 정진했음을 알 수 있다. 위의 글 중 「백화목피지본 남애어록」의 경우는 남애가 직접 오대산 월정사 인근에 있는 자작나무 숲에서 백화목피를 구득, 21편에 이르는 고서, 도서, 책의 날 등 여러 문화적 주제들을 설정하고, 이에 대한 견해를 필사로 작성한 어록집이다(이에 관해서 는; 이 책, pp.414~417 참조).

음, 같은 것이 있다면 그것을 실사해 보아야 한다. (중략) 어떤 것은 이미 50년 전에 공식적으로 전시하고, 이를 해설한 문서가 출판된 것이 있는데도, 최초의 발견이라고 신문지면을 어지럽히는 일은 서지학의 학문적인 진실성에 큰 상처를 입히는 결과가 된다.

3) 교감학: 두 가지 문헌을 대비하고, 동이(同異) 심사를 한다. 같은 내용의 문헌이라도 출판 연대의 차이에서 기록의 변화를 초래할 수도 있고, 같은 판본이라 하더라도 내용 수정이 있을 수도 있는 일이다. 내용의 면밀한 교정에서 흔히 이본을 찾아낼 수 있다.

4) 판본학: 문헌의 전래와 품평을 통한 고증이다. 다시 말해서 문헌의 형태적인 고증이다. 문헌의 형태가 어떻게 형성되었는지를 살피고 그와 꼭 같은 것인가 이본인가를 우선 형태적으로 판별할 수가 있다. 문헌의 크기, 문자의 배열과 그 밖의 모양으로 구별한다.

어떤 문헌들이 이상의 네 가지를 종합 검토할 때 특색이 드러나게 될 것이다. 이렇게 기본적인 여러 가지를 고증하고 나서 판정해야 할 것이다. 그렇지 않고 그와 같은 문헌이 언제부터 있었는지, 같은 문헌이 어느 소장처의 어떤 목록에 수록되어 있는지도 충분히 조사하지 않고 그저 자기가 모르고 있기 때문에 없는 줄 알고 결론을 내렸다면, 그것은 벌써 학문이 아니다. 어떤 개인의 상식일 뿐이다. 그런데도 우리나라에서는 이와 같은 상식을 학문으로 잘못 알고 그대로 믿는 일이 많다.

어떤 학문이든지 나라 안에서만의 문제가 아니다. 학문이 과학이라면 세계성이 인정되어야 한다. 법정에서의 재판이 사건을 과학적인 방법으로 진실을 밝히는 것이라면, 학문이란 과학적인 방법으로 진리를 탐구하는 일이라 할 수 있다. (중략) 확실한 증거도 없는 사실을 어떤 학자의 주관적인 판단에 따라 한 번 발표되면 그것을 그대로 믿고 역사 연표나 사전 또는 교과서에 기록해서 일반화하고 만다. 그러나 대체로 이런 사실은 뒤에 문제가 일어나게 마련이다. (중략)

우리나라 최초의 불경 출판을 751년이라고 하는데 당시 우리나라에 출판이 가능했다는 증거가 없다. 신라 정강왕(定康王) 원년(868년) 7월 5일에 화엄경사(華嚴經社)를 설치하고 불경을 필사하도록 했다는 기록은 있어도, 1007년 이전에 출판술이 도입되었다는 흔적이 없다. 그러니까 이 고증은 마치 영수증 없는 장부와 같이 객관성이 없는 고증이다. 이에 대해 중국과학기술사에는 중국 불경을 기증한 것일 거라고 기술하고 있다. 그때 한국에서 출판이 될 수 있었다는 여건을 인정할 수 없다는 것이다. 세무조사에서 들통이 날 장부를 기록하는 것과 같은 기록은 결국 역사의 날조에 지나지 않는다.

〈안춘근(1992.8.). 「서지학과 학문의 진실성」,《비블리오필리》, pp.146~148〉

2) 서지학 연구 성과

안춘근의 서지학 연구는 큰 줄기로 보아 1960년대에 『한국서지학』(통문관, 1967.11.25.)으로 시작하면서, 『도서장전』(통문관, 1968.9.15.)이 그 뒤를 이은 것으로 나타난다.

1970년대에 들어와 『장서원론』(성진문화사, 1972.2.25.), 『한국서지학논고』(광문서관, 1979.9.25.)로 이어졌고, 1980년대에는 『한국판본학』(범우사, 1985.5.10.), 『한국고서평석』(동화출판공사, 1986.9.15.)을 잇따라 생산하는 등 굵직한 성과들을 거두게 된다. 따라서 남애의 생애 말년 무렵인 1990년대로 진입하면서도 『한국서지학원론』(범우사, 1990.9.20.), 『옛 책』(주식회사 대원사, 1991.1.30.) 등을 냄으로써 그의 왕성한 연구 열의가 멈추지 않았다.

『도서장전』『옛 책』『圖說韓國の古書―本の歷史』

나아가 남애가 타계한 지 1년 남짓한 사이에 『한국서지의 전개과정』(범우사, 1994.4.30.)이 유고로 나왔고, 1991년 초에 저술한 『옛 책』의 경우는 일본 에디터스쿨에서 『圖說韓國の古書―本の歷史』(2006.11.10.)[17]라는 이름으로 번역 출간되었는데 그의 서세 후 13

---

17) 『圖說韓國の古書―本の歷史』는 미노와(箕輪成男) 일본출판학회 전 회장과 요시다(吉田公彦) 에디터스쿨 이사장이 상호 협찬하여 남애의 저서인 『옛 책』을 일본어로 번역 출간한 책이다. 2003년 1월 22일, 한국출판학회 주최로 남애의 10주기 추모학술제를 열었을 때, 미노와 교수는 2001년 10월 시미즈(淸水英夫) 전 일본출판학회장에 이어 제2회 남애출판저술상을 수상한 바 있다. 미노와 교수는 "출판학의 국제적 교류를 위해 노력한 남애의 뜻을 이어 가는 동시에, 일본 측에 두 차례나 이 상을 베푼 것에 대하여 부상으로 받은 상금을 남애 선생을 기리는 데 사용하고 싶다."는 의향을 전했다. 그 결과, 남애 선생

년만의 일이었다.

새삼스러운 지적이지만, 남애의 서지학 연구 노정은 복합적인 데가 있다. 여기서, 복합적이란 출판학과 서지학의 상관관계 속에서 책에 관한 논의들이 이루어지고 있었다는 사실을 말한다. 즉, 출판학과 서지학은 영역의 선(線)을 분획하는 것이 아니라, 한 몸처럼 밀접한 관계라는 생각이 밑자락 된 이해를 말한다. 요컨대, 그는 서지학의 물리적 연구 대상이 그저 '존재하는 책'이 아니라, 저자와 편집자 그리고 필요한 모든 요건들이 가담하고 협력해서 '출판된 책'으로 보아야 한다는 생각인 것이다. 이 때문에 남애는 출판 현장에서 서지학을 담론한 사례가 허다했다. 예컨대, 이미 1950년대부터이지만《지성》,《도서》,《을유저널》그리고《국회도서관보》등이 그러한 매체들이었다(이 책, pp.172~173 참조).

남애의 서지학 연구는 18책의 저작으로 집대성된다. 다른 분야도 마찬가지이지만, 서지학 연구도 그의 많은 기고가 포함되어야 하나 기술적으로 조사하기 어려운 것이 현실이다.

남애 서지학을 살피노라면『동양수진본(東洋袖珍本)』(1965)이라 하여 스스로 필사한 사가판 20부 한정본을 편찬한 특이 사례가 보인다(이 책, pp.406~408 참조). 둘째 번 책도『애서시가(愛書詩歌)』라는 이름의 사가판 필사본인데 30부 한정본으로 발표한 저술이다(이 책, pp.405~406 참조). 그런데 남애가 '책을 노래한 시인'이기도 했다는 사실은 아는 사람이 많지 않다(이종국, 2015, p.383). 그는 남다른 실험 정신의 소유자이기도 하다. 예컨대, 사가판을 생산한 일도 그와 같은 경우인데, 나라 안에서 유일한 책을 스스로 구안해 내고 집필·제책함으로써 진기록을 남기곤 했다. 앞에서 말한 바와 같이,《고서연구》(제9호,1992.12.)에 소개된「백화목피지본 남애어록」의 경우도 그러한 사례이다.

남애가 남긴 서지학 연구 성과는 1960년대에 4책, 1970년대에 5책, 1980년대에 4책, 1990년대에 5책(이 중 1책은 유고집)을 낸 것으로 정리된다.

〈표 6〉에 보인 바와 같이, 남애의 서지학 연구는 스스로 수집한 우리의 고문헌을 대상으로 한 논의에 중심을 두고 있다. 이 중,『한국불교서지고』는 일본어판(同朋舍, 1972)으로도 출판되었다. 이 책은 원래 한국출판학회의《출판학》제12집(1972.6.)에 전재(520매)했던 것을 단행본으로 묶어 냈다. 특히, 불교 전성기인 고려조의 방대한 문헌 서지를 비중

의 저서『옛 책』이 일본어판으로 번역 출판되었다.* * 尹炯斗(2006.11.).「日本語版への序」.『圖說韓國の古書—本の歷史』. 東京: 日本エディタースクール出版部, pp.iii~iv 참조.
　이 책의 일본어 번역은 문연주(文嬿珠) 교수가 맡았고, 책 끝에 실린「解題 安春根先生と'古書'」는 이종국(李鍾國) 교수가 기고했다.

〈표 6〉 　　　　　　　　　　　안춘근 저작 목록 2: 서지학*

저 서 명	출 판 사	발행 연월일	비 고
東洋袖珍本	私家版	1965.4.13.	
愛書詩歌	私家版	1965.6.25.	
韓國書誌學	通文館	1967.11.25.	
圖書章典	通文館	1968.9.15.	
藏書原論	成進文化社	1972.2.25.	
韓國佛教書誌考	成進文化社	1972.9.10.	
韓國佛教書誌考	同朋舍(東京)	1978.12.15.	일본어판
韓國書誌學論考	廣文書館	1979.9.25.	
朝鮮新報(영인본)	韓國出版販賣(株)	1984.6.10.	
韓國板本學(편역)	汎友社	1985.5.10.	
韓國古書評釋	同和出版公社	1986.9.15.	
古書大學講座(第2輯)	韓國出版販賣(株)古書部	1987	
韓國書誌學原論	汎友社	1990.9.20.	
옛 책	주식회사 대원사	1991.1.30.	
전기통신 및 체신관계 고문헌 자료 조사연구 (조선조시대): 91-51	통신개발연구원	1991.12.	
전기통신 및 체신관계 고문헌 자료 조사연 구: 92-35	통신개발연구원	1992.11.	
韓國書誌의 展開過程	汎友社	1994.4.30.	유고
圖說韓國の古書一本の 歷史	日本エディタースクー出 版部	2006.11.10.	유고, 일본어판

* 자료: 이종국(2015).『편집 출판학 연구 총설』, p.385.

있게 다룬 노작이 이 저술이기도 하다. 그는 1차 자료를 자신의 소장본만으로 해결했다.

　그러한 과정에서 남애의 서지학은 아무도 접근하지 않았던 미답의 분야에 새로운 경지를 열었다. 그 대표적인 업적 중의 하나로『전기통신 및 체신관계 고문헌자료 조사연구』(통신개발연구원, 1991.12., 1992.11.)를 들 수 있다. 2책으로 된 이 연구는 삼국시대에서 고려, 조선왕조의 역대 문헌들에서 관련 내용을 조사하여 최초의 통신 관계 사료로 집대성한 것이다(안춘근, 1991-51, p.6).

　남애는 통신과 관련된 초기 사례를『삼국유사』에서 찾는다. 그는 박혁거세왕(朴赫居

『한국불교서지고』 표지(좌) 및 내표제지(우)
이 책은 배면과 내표제지에만 제자를 설정했다. 표지: 『역대명신록』 (1796년, 한양 필사 실물 첩부), 제자: 한구동활자(韓構銅活字), 저자 명: 정리자소자(整理字小字), 발행사명: 신식연활자

世王, B.C. 69~A.D.4, 재위: B.C. 69~A.D.4)의 탄생 설화를 우리 역사서에 기록된 첫 '신호' 사례로 꼽았다. 즉, '전광수지설(電光垂地說, 전광이 땅에 비침.)'이 그것이다(이종국, 2015, pp.386~388 참조).

『삼국유사』(권 1 신라시조 혁거세왕)에 이르기를 나정(蘿井, 신라정: 경주 탑정동 솔밭에 있는 유적)에서 이상한 기운이 나타나고, 뒤이어 새와 짐승들의 신호에 의해 자주색 알에서 '사내아이'를

발견할 수 있었다는 것이다.

이것이 신화적 통신 사료라 한다면, 실질적인 소통 행위인 문서 통신 사례를 들 수 있는데, 이 경우는 신라 제6대 왕 지마이사금(祇摩尼師今, ?~134, 재위: 112~134) 14년(A.D. 125)조에 보인 기록(『삼국사기』 권 1 지마이사금)에서 증거한다. 그해 7월에 말갈이 크게 쳐들어와서 니하(泥河, 강릉의 서남천으로 추정)를 지나오므로 왕이 서(書, 지원을 요청한 왕의 문서)를 백제에 보내어 구원을 요청했다는 것이다.

『전기통신 및 체신관계 고문헌자료 조사연구』

깃발을 도구로 삼은 소통 사례(『삼국사기』 권 4 진흥왕조)도 들었다. 즉, 진흥왕 23년(562) 9월, 가야〔加耶, 대가야. 오늘의 고령(高靈) 지역〕가 군사를 일으키자, 신라군이 성문 앞에 많은 깃발들을 세워 놓고 가야군을 위협하여 물리쳤다는 것이다.

이와 같이, 남애는 고문헌에 나타난 신화적 예화와 '문서' 및 '깃발' 통신 사례에서 근대적 소통 커뮤니케이션에 이르기까지 역사적 변천 과정을 자세히 소개했다(이종국, 2015, pp.386~388 참조). 『전기통신 및 체신관계 고문헌자료 조사연구』는 오늘날까지도 유일한 업적으로 기록된다.

남애의 소통 관련 연구와 관련하여 짚고 넘어가야 할 문제가 있다. 즉, 우리 학계에서 하나의 과정을 건너뛴 아쉬움이 그것이다. 더 말할 나위도 없겠으나, 이른바 출판의 역사라든지, 한국적 소통·커뮤니케이션 변천사에 관한 연구 성과가 빈약한 실정이기 때문이다.

남애가 애써 수원지를 마련해 놓았는데도 줄곧 외피화된 언설들만 넘쳐나고 있음을 본다. 여기서 남애가 남긴 다음과 같은 말에 주목할 필요가 있다.

> 모든 연구에서 역사적인 바탕을 소홀히 한다는 것은 마치 뿌리 없는 꽃을 가꾸는 것과 같다. 뿌리 없는 꽃도 아름답기는 같다. 그러나 그것은 일시적인 것이고 길게 생명을 이어 가지 못한다.
>
> 〈안춘근(1992.11.; 92-35).『전기통신 및 체신관계 고문헌자료 조사연구—조선시대』, p.6〉

스마트 시대로 풍미되는 오늘날에도 남애의 육성은 여전한 경종으로 남아 있다. 멋모르는 아류배(epigonen)들이 그를 이른바 '재야 학자'라 평설했던 바를 어떻게 변명할 것인가.

남애의 연구 성과들은 상대적 평판의 대상으로 지목되기도 했다. 이를테면, 남애 서지학의 상당 부분이 '수집'과 관련된 경험적인 서술이라는 것이다. "휴지더미 속에서 희귀한 문헌을 찾아내는 것을 무엇보다도 값진 즐거움"(안춘근, 1979, p.3)이라는 남애의 탐서에 대하여, 그것이 단지 수집벽일 뿐이지 어떻게 이론 서지학으로 성립될 수 있는지를 의구했다. 그러나 남애의 생각은 달랐다. 보존 상태가 양호한 아름다운 책(美本)이나 선본(善本)만이 서지학의 대상은 아니라는 당연한 지적이다(箕輪成男, 2003.1., p.48).

이렇듯, 남애 안춘근은 상식적인 현상에 가치 신념의 출발점을 두고자 했다. 앞에서 말한 바와 같이, 출판학의 필요성도 상사(商事)와 상학, 생태적인 지식에 관한 것과 의학의 상관관계로 예증하여, 그것이 왜 당연한지를 설명했던 것이다(淸水英夫, 1995, p.45).

남애 서지학은 타계하기 2년 전에 낸 『한국서지학원론』(1991)으로 완결편을 이룬다. 이 책은 사적(史的) 서지학의 관점에서 천착한 고서에 관한 종합적인 노작으로 평가된다.

이상과 같이, 남애의 서지학 연구 업적에 대하여 알아보았다. 그 결과, 다음과 같은 다섯 가지 사항으로 요약된다(이종국, 2015, p.390).

첫째, 남애 서지학은 치열한 '애서 정신'의 결집체이다. '남애류'로 규정해 마땅한 고집스런 접근 방법과 연구 성과들이 그와 같은 지목을 낳게 했다.

둘째, 남애 서지학은 주로 자신이 수집한 고서를 소재로 선택하여 사적 서지학의 측면에서 연구했다. 수집의 목적을 연구로 실현하고자 한 것이다.

셋째, 남애 서지학은 스스로 발굴, 수집한 정보를 공유·공개의 뜻에서 전개했다. 예컨대『한국서지학논고』,『한국불교서지고』,『한국고서평석』등이 그와 같은 사례들이다.

넷째, 남애 서지학에 구현된 의의는 미본(美本)이나 선본(善本)주의적인 것을 지양하여, 반복 이용의 실용성 및 역사성에 관한 문제를 밝혀내는 데 중심을 두었다.

다섯째, 남애가 추구한 서지학 연구는 출판학 연구와 밀접한 관계를 맺음 속에서 이행되었다. 그는 책의 출판 과정에 나타난 역사적, 현상적인 증거들을 중시했던 것이다.

제3장 저술 활동의 또 다른 지평

1. 교양·수필 관련 도서의 저작

앞에서 살핀 바와 같이, 남애 안춘근의 저술 활동은 출판학 분야로 시작해 서지학을 아우르면서 많은 연구 업적을 남겼다.

이 제재에서 설정한「저술 활동의 또 다른 지평」이란 남애의 주력 저술 분야인 출판학과 서지학 쪽이 아닌 교양 부문과 수필 부문을 말한다. 그는 다작의 학자였지만, 하나의 큰 공통점을 발견하게 된다. 요컨대, 책에 관한 서술로 특징을 이루고 있음이 그것이다.

남애가 남긴 교양·수필 부문 저작은 교양 부문이 14종 15책이고, 수필류의 경우는 9종 10책에 이른다. 이 역시 하나의 범주 안으로 통합된다. 책과 출판에 관한 예화들이 대부분이기 때문이다.

남애로서는 우선 '교양 도서'와 관련하여 자신의 견해를 밝힌 바 있다. 책을 저술한다는 것은 문필가나 대가들만의 전유물이 아니며, 누구나 쓸 수 있다는 것이다. 예를 들면,『저술의 상식』(1959 b)[18]에서「책 쓰는 비결」,「저술과 책임」등에 대하여 다루고, 그러면서 '책은 누구나 쓸 수 있다'는 말로 함축했다. 대담한 주장이다(추식, 1959.10.24.).

이러한 견해는 문외한에게도 공감을 일으켜 이른바 '식자 기피증'을 벗겨 내게 한다. 아

---

18) 이 책은 만 10년 뒤인 1969년 7월 정음사에서『책은 누구나 쓸 수 있다』라는 책이름으로 개편본이 나왔다.

래에서 남애의 말을 들어보자.

> 책이란 문학 작품이나 학술 서적만이 아니다. (중략) 논픽션(비소설) 부문에서의 교양
> 서는 거의 대부분이 문필가가 아닌 사람들이 자기의 경험이나 직업에서 얻어진 계몽적
> 인 책이었다는 사실로 보아 더욱 그러하다. (중략) 대가들이 쓴 책이란 높은 수준의 저
> 서라면 몰라도, 하나의 입문서로 성공하기란 어렵다는 사실을 나는 지난 몇 해 동안에
> 출판된 많은 책을 보고 알게 되었다.
> 오히려 입문서라면 그 방면의 대가들이라기보다 겨우 무식을 면할 정도의 지식과 기
> 발한 아이디어를 가지고 있는 사람들이 다른 사람을 위해 쓴 책이 훨씬 알기 쉬운 것이
> 많다. 내가 이 책을 쓰는 것도 이런 의미에서라고 말할 수 있다.
>
> 〈안춘근(1959 b). 『저술의 상식』, pp.5~6〉

이로 보아, 저술이란 결코 대가들만의 전유물이 아니라는 것이다. 일반적으로, 책은 특
별한 전문가들만 저술하는 것으로 통념화되어 왔음에도, '무식을 면한 지식'과 '기발한
아이디어의 소유자'라면 누구라도 저자가 될 수 있다고 보았다.

2016년 7월의 일이지만, 한 사회단체에서 '내 이름의 책쓰기운동본부'(한국교육진흥평
생교육원)를 발족시켰다. 이로써 '1인 1책 쓰기 운동'을 추진한다는 것이다. 유형과 성격이
다르긴 하나, 남애는 이미 60여 년 전에 저술의 대중적 참여를 주장한 셈이다.

한편으로 수필집을 처음 내는 것에 즈음해서는 부담을 느꼈던 모양으로 '불안한 데뷔'
임을 고백하기도 했다. 수필 발표에 대하여 일말의 염려를 보인 것 같다. 그가 선뵌 첫 수
필집인 『살구나무의 사연』(1962) 중 「자서」에서 다음과 같은 소회를 밝힌 내용이 보인다.

> 이때까지 혼자서 경쟁자가 없는 시합장에 섰던 것이었으나, 수필집을 냈다는 것은 수
> 많은 경쟁자를, 그것도 영양 실조된 몸으로 비대한 선수들 틈에 끼어든 불안에 감싸인
> 것 같다.
>
> 〈안춘근(1963). 「자서」. 『살구나무의 사연』, p.3〉

여기서, "혼자서 경쟁자가 없는 시합장에 섰던 것"이란, 특별히 출판·서지학자로서 자기
길을 개척해 온 데 대하여 긍정하고 있음을 본다. 덧붙여 말할 필요도 없겠으나, 남애의

특유한 자신감으로 읽혀지는 대목이기도 하다(이종국, 2015, p.392).

뒷날, 남애는 수필집 10책을 세상에 선뵌다. 이를 통하여 남애는 독특한 수필 패턴을 내보였다. 즉, 그의 풍부한 사색과 인생 노정에서 발견한 여러 다양한 내용들을 털어놓으면서도 예외 없이 '책 수필' 내지는 '출판 칼럼'을 듬뿍 보여 주었다는 점이다.

남애가 일찍부터 국제펜클럽한국본부 정회원으로 가입(1963.1.)한 것으로 보아, 그는 이미 문단에서도 나름대로의 위상을 다져 놓고 있던 터였다. 또, 실제로 남애는 수필을 발표해 온 경험이 오래된 처지이기도 했다. 이미 1950년대 중반부터 여러 신문·잡지 등에 꾸준히 수필을 기고해 왔기 때문이다. 1962년에 낸 첫 수필집 『살구나무의 사연』도 그간에 발표한 글들을 담아낸 노작 중 하나이다.

2. 교양·수필 관련 도서의 저작 성과

1) 교양 도서의 경우

여기서, 남애가 지은 '교양 도서'는 엄밀한 의미에서 '교양류 도서'라 부르는 것이 적절하다. 이 분야의 도서는, 수필류 도서들이 좀 더 평이한 읽을거리라고 할 때, 논평적인 관점에 중심을 두었다든지 학문적 평설 쪽으로 비중을 둔 저작물들이기 때문이다.

이 중에는 『천자문 이야기』, 『동몽선습』, 『부모은중경』처럼 주로 아동·학생층을 대상으로 한 도서도 적지 않다. 이 책들은 '쉽게 읽히지만 깊이 있는 전개'로 구성되어 있다.

남애가 남긴 교양류 도서는 네 가지 유형으로 나뉜다. 즉, ① 책의 저술 및 평론에 관한 것, ② 고서 해제 또는 평설, ③ 역사적 예화, ④ 수필·칼럼 또는 논설 모음 등이 그것이다. 이 부문의 저작물이 14종 15책이다. 이를 각 유형별로 나누면 다음과 같다.

> **유형 ①**: 『저술의 상식』(1959) 『책은 누구나 쓸 수 있다』(1969) 『세계 명작의 뒤안길』(1974)
>
> **유형 ②**: 『천자문 이야기』(1985) 『동몽선습』(1986) 『부모은중경』(1987) 『고서의 향기 1 옛 책-새로운 발견』(2010) 『고서의 향기 2-옛 책-숨겨진 비밀』(2010)
>
> **유형 ③**: 『세계 예화선집』(1971) 『지혜의 샘터 세계 예화선』(1979) 『역사에 빛나는 한

국의 여성』(1984)

　유형 ④ : 『한국 근대 수필선』(1976) 『금언으로 본 한국유사』(1978) 『한국의 자랑 과
　연 그럴만 한가』(1978) 『민족의 숨결: 명시조 감상』(1979)

유형 ①~③의 예

　남애가 남긴 교양류 중에서 몇 가지 사례를 보면 하나의 특징이 걸러진다. 교양류 도서 중 '유형 ①'에서 『세계 명작의 뒤안길』의 경우, 저자가 머리말에서 밝혔듯이 "세계 명작 들이란 어떤 것이며, 어떤 동기에서 씌어졌고 어떤 평가를 받고 있는가?"를 알아보기 위 한 데 저술 취지를 두었다. 모두 200쪽의 문고본(을유문고 146)이므로 간단한 명작 해설 서로 되어 있다. 이 책에 수록된 명작은 첫째 번으로 소개한 세계의 저명한 사전들에 대 한 이야기 외에 35종이다. 짧은 서술이지만 각각의 명작마다 저자, 내용, 출판 에피소드, 독자의 반향과 그 책이 끼친 영향 등을 흥미 있게 다루었다.

　'유형 ②' 중 2책으로 엮은 『고서의 향기』는 2010년 11월 남애가 타계한 지 17주년을 넘 기면서 남애안춘근기념사업회(회장 고영수)에서 낸 유고집이다. 남애가 일간신문에 발표한 고서 수집 비화 또는 해제 중에서 192편(1: 89편, 2: 103편)을 뽑아 소개했다.

　우선, 1권의 경우를 보면 전체를 3개장으로 나누어, 제1장에서는 남애가 경험한 옛 책 수집의 숨은 이야기를 소개했고, 제2장에서 30여 년에 걸친 진본 탐서 과정을 밝혔다. 제 3장에서는 남애가 남긴 「고서 기준 문제」 등 단편 논문 4편도 소개했다.

　권 2에서는 전체를 2개장으
로 나누었는데, 제1장에서 저
자가 논의한 「문화재로서의 옛
책」을 싣고, 제2장에서는 「남애
안춘근 선생의 학문 세계」라 하
여 「남애 안춘근 선생과 고서 연
구」(이상보), 「남애 안춘근 선생
의 출판학 연구」(미노와 시게오)
등 두 편의 논문과, 남애 저작
목록 및 연보도 소개했다. 신국
판 총양장이며, 1권 341쪽, 2권

『고서의 향기』 1, 2

327쪽으로 되어 있다.

그런데 여기서 유의해야 할 일은 남애가 생전에 각종 언론 매체를 통하여 발표한 고서의 발굴 비화와 관련된 글의 경우, 총량 파악이 사실상 불가능하다는 점이다. 워낙 방대한 범위이기 때문이다. 남애는 신문뿐만 아니라 각종 전문지 및 월간지 등에도 끊임없이 수서 정보들을 쏟아냈다. 1976년 5월부터 1978년 3월까지 모두 20회에 걸쳐 월간《현대문학》(통권 257~279호)에 연재한 「고서 비화」도 그 중의 한 사례이다.

'유형 ③'에서 『지혜의 샘터 세계 예화선』의 경우는 인간이 경험하는 생활 속의 애환을 여러 역사적 예화들에서 선택하여 유익한 교훈을 얻을 수 있도록 안내한 교양서이다. 전체를 11개 대주제로 나누고 여기에 무려 176개의 소주제를 딸린 예화집으로 꾸몄다.

변형 B6판(반양장)에 289쪽인 이 책은 1개 소주제당 1.6쪽 정도로 안배했다. 그러므로 아주 짧은 예화 모음집인 셈이다. 이 때문에 각각의 내용이 번다하지 않아 읽기에 편하고, 그런 만큼 독파 속도 또한 빠르게 진행할 수 있는 특기점이 있다. 이렇게 많은 내용이 배열되어 있는데도 「이사부와 국사 편찬」, 「애서광」, 「비밀 출판」, 「저작권」 등과 같은 출판 관련 주제들을 빼놓지 않았다. 결국, 책 이야기를 포함하고 있는 것이다. 이와 같은 유형들은 남애의 교양·수필류 저술들에서 어김없이 노출되는 일관된 사례이기도 하다.

이 책, 『지혜의 샘터 세계 예화선』은 1971년 2월 '을유문고(60)'로 낸 『세계예화선집』을 전면 개편하여 1979년 4월에 광문서관[19]에서 펴냈다.

'유형 ④' 중에서 『금언으로 본 한국유사』를 보자. 이 책은 8개 상위 주제(장 가름)에 총 37개 하위 주제(절 가름)를 종속시킨 일종의 역사 칼럼집이다.

각 단위 주제 머리에 '금언'을 싣고 본문을 전개하는 독특한 방식을 사용하고 있다. '금언'이란, 삶의 본보기가 될 만한 내용을 담은 어구를 말한다. 「제1장 국토와 인구」 중 「제1절 우리나라(한국)와 국토」의 글머리를 보면, 다음과 같은 체제로 되어 있다.

---

19) 광문서관(廣文書館)은 안춘근이 을유문화사를 퇴임(1978.6.10.)한 뒤에 창립(1978.7.14.) 한 출판사로 1980년대 초반까지 존속되었다. 그는 이 출판사에서 『금언으로 본 한국유사』(1978), 『한국의 자랑 과연 그럴 만한가』(1978), 『민족의 숨결: 명시조 감상』(1979), 『역사에 빛나는 한국 어머니들』(1979), 『지혜의 샘터 세계 예화선』(1979), 『시로 읽는 한국 사화』(1979) 등 여러 역사적 예화들 다룬 도서들과 『한국서지학 논고』(1979), 《출판학논총》(1981) 등 서지·출판학 관련 전문서도 냈다. 특히, 《출판학논총》의 경우는 한국출판학회 학회지인 《출판학》이 통권 22집으로 중단되자, 이 논문집을 승계해 되살린다는 취지로 낸 것이다.

『지혜의샘터 세계 예화선』『금언으로 본 한국유사』『한국의 자랑 과연 그럴 만한가?』

제1절 우리나라(한국)와 국토

국토는 그 비옥함에 비례해서 경작되는 것이 아니고 자유에 비례해서 경작된다. ―몽테스큐:

프랑스의 법학자

(이하 본문)

이와 같이, '금언'이 의미하는 역사적 상징 내지는 연관성을 시사하면서, 우리 역사와 우리 국토의 상관관계를 풀어 나갔다. 그런데 주목해야 할 점은 각 주제마다 우리의 옛 사료를 꼼꼼히 점검하고 거기에 나타난 기록 내용을 반영하고 있다는 사실이다. 이에 대하여 저자는 책머리의 「서문」에 19종의 '참고 문헌'을 밝히면서 "이 책에 수록된 사실(史實)의 사료는 시중에서 볼 수 없는 희귀한 고서 가운데서 찾아낸 것이 많다."고 일러두었다. 이 책이 B6판(반양장)에 289쪽 분량이지만, 전문적이며 깊이 있는 역사 칼럼집이라 평가된다.

남애는 뒷날 《출판학연구》에 금언 제시 방법을 사용하여 「금언 대비 출판인 의식 강령」(안춘근, 1984.10., pp.33~47)이란 주제의 논문을 발표한 일도 있다.

유형 ④의 한 예

'유형 ④' 중 『한국의 자랑 과연 그럴 만한가?』의 경우도 주제 설정이 특이하다. 책이름에 의문 부호를 넣어 "한국의 자랑에 대하여 당신은 정말 그럴만하다고 생각하는가?" 하는 식으로 반어법을 사용했기 때문이다. 해석하기에 따라서는 "(한국에서) 정작 자랑할 것이 무엇인가?"라는 식의, 자칫 비하 투로 받아들여질 개연성도 있다. 단축해 말하여 "자랑할 것이 빈약함에도 자랑하려든다"는 역설로 느껴질 수 있다는 뜻이다.

더구나, 저자인 남애 안춘근에 대한 일각에서의 평설처럼 '대쪽'이라거나 '차가운 사람'이라 평판하는 것으로 보아, 책이름이 이른바 시니컬한 인상을 준다고 해서 별반 이상한 일도 아닐 것이다. 그런데 이 책은 독자의 선입견을 말끔히 물러가게 한다. 자랑은 하되, 잘못된 것도 알아야 하며, 그것을 개선하는 노력을 함께 할 때 더욱 자랑할 일이 많아진다는 평범한 논리로 전개하고 있기 때문이다. 변형 B6판(반양장)에 276쪽으로 꾸몄다.

저자는 책머리 「서문」에 우리나라의 자랑거리를 여러 고서에서 취재하여 소개했다고 밝혔다. 기존의 자료를 보다 구체화하기 위한 방법으로 옛 기록을 참고했다는 뜻이다.

남애는 일반을 위한 평이한 읽을거리를 지으면서도 옛 책에서의 훈고를 잊지 않는다. 아래에서 간단하나마 내용을 보도록 한다.

『한국근대수필선』(안춘근 편)

전체를 4개장으로 나누고 15개 종속절을 딸렸다. 먼저 「제1장 천연 자산」에서는 하늘의 은혜가 많은 우리 국토 지리, 빼어난 산수미의 절정인 금강산, 위대한 영약 고려인삼 등을 다루고 있다. 「제2장 정신세계」에서는 단군신화, 민족성, 한국의 인물, 우월한 불교문화, 한국인이 창건한 천도교 등에 대하여 살폈다. 그런데 '한국의 인물'은 세종대왕, 이순신, 정약용, 김정희, (여러 위대한 인물을 더 보탤 수 있을 터인데도) 이렇게 4인만을 제시하여 이채롭다. 「제3장 발견 발명」에서도 독특한 발상이 엿보인다. 즉, '온돌'이 지닌 장점을 극구 예찬한 내용이 그것이다. 그러면서 금속활자와 한글의 발명을 최우수 발명품으로 꼽았다. 마지막으로 「제4장 생활 문화」에서는 우리 아악의 향기, 여성의 한복 예찬, 고려자기에 깃든 위대한 예술성, 사상의학의 뛰어난 기술 등에 대한 역사적 의의를 담담하게 짚어 냈다.

앞에서 '유형 ④'가 '칼럼 또는 논설 모음'이라 했는데, 『한국의 자랑 과연 그럴 만한가?』의 경우에서 보면 깊이 있는 문화 평론을 아우르고 있어 시선을 끈다. 더구나, 각각의 종속절마다 기승전결을 명료하게 내보여 무게를 더한 담론으로 펼쳤다.

'을유문고' 203권 째로 나온 『한국근대수필선』(안춘근 편)도 주목되는 문고 중의 하나이다. 모두 198쪽에 작고 문인이 남긴 30편의 주옥 같은 수필을 선정, 소개했다. 이 수필선은 1975년에 『한국대표수필문학전집』 12권을 을유에서 출판했는데, 편자가 소장한 구한말-일본강점기의 장서 중에서 명수필을 발췌하여 이 책 편찬에 이바지한 것이다.

이렇듯, 남애에게 있어 쉼 없는 저술 활동을 전개하도록 이끈 저력이란 무엇인가? 만일, 그가 이승에 좀 더 머물렀더라면 과연 얼마만큼의 저술을 더 보탰을 것인가?

미완의 유고, 『예설 채근담 강의』와 『세계 출판문화사 사전』

이러한 의문 속에서 남애의 유고를 살피던 중, 필자는 놀랍게도 두 건의 미완성 육필 초고를 발견하게 되었다. 『예설 채근담 강의(例說 菜根譚講義)』와 『세계 출판문화사 사전(世界出版文化史事典)』 초고가 그것이다. 이 두 가지는 교양류 도서와도 성격이 다르다는 것을 알게 되었다.

『예설 채근담 강의』는 『채근담』 전·후집 중 전집(前集) 225장 가운데 165장까지 각 장별 원문, 구해(句解, 자구 풀이), 훈독(訓讀, 뜻을 새겨 읽음.), 강해(講解, 해석하면서 강론함.), 예설을 차례로 정리한 내용으로 되어 있었다. 이와 같은 체제는 기존의 『채근담』들과는 색다른 형식으로 보였다. 원고 봉투에서 살피니 "1979년 3월 24일에 시작하여 같은 해 12월 14일까지 마쳤다."고 적혀 있었다. 이로 보아 총량(후집까지)을 이미 탈고한 것인지, 아니면 전집 중 일부인 165장까지만 정리했다는 뜻인지는 알 수 없다.

『세계 출판문화사 사전』의 경우는 집필 시점을 알 수 없으나, 추정컨대 1980년대 중

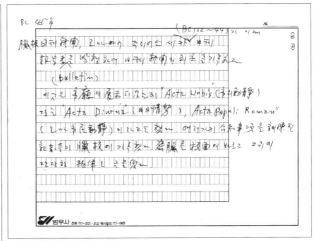

『예설 채근담 강의』(좌)와 『세계 출판문화사 사전』 육필 원고

후반이 아닌가 한다. 이 원고의 첫 장에 보면 다음과 같은 두 건의 범례가 설정되어 있다.

1. 이 책은 세계 출판문화사 이외에 세계 인쇄문화사, 세계 도서관사, 세계 서지사, 세계 제지사 등을 망라했다.
2. 확인되지 않은 역사적인 사건이나 사항 중 이설(異說)이 있는 경우는 이를 그대로 반영해서 독자들의 판단에 맡기기로 했다.

본문 시작은 B.C. 4000년경 파피루스의 사용 내용을 다루고, 그것이 paper라는 말로 전성(轉成)된 역사적 내력을 설명했다. 이 원고에 보인 마지막 연대는 1812년 사항으로 되어 있다. 이 해에 영국에서 가장 오래된 Book Club(The Roxburghe Club)이 탄생되었다는 사실이 기록되어 있었다. 각각의 연대기를 보면 최대 2매(200자 기준 원고용지) 정도이고 최소 1~2줄이다. 여러 명의 보조 인력을 동원하여 오랜 기간에 걸쳐 수행해야 할 거대 작업임에도 단독적으로 이 일에 도전한 남애의 집념을 어떻게 설명해야 할 것인가?
연대의 하한이 언제인지는 알 수 없으나, 자료가 확보되는 대로 꾸준히 보완해 나간 것으로 보인다. 아마도 장기적인 기획 집필로 추정되기도 한다. 아직껏 우리나라에 이렇다 할 만한 세계 출판문화사 관련 전문 사전이 없는 상태에서 남애가 타계한 후로 그 계승이 이루어지지 않고 있다. 그의 '미완성 유고'를 보면서 오늘의 현실이 안타깝기만 하다.

2) 수필집의 경우

남애의 초기 수필류 기고

남애 안춘근이 수필을 발표하기 시작한 것은 칼럼이나 논설 분야에 손을 댄 시점보다 조금 뒤의 일이다. 수필보다는 사회적 관심을 다룬 시론이나 시사 칼럼류가 먼저였다. 이 때문에 수필이라 할지라도 개인적인 신변이나 일상의 감상 등을 주제로 한 경수필(輕隨筆) 쪽보다는 중수필(重隨筆) 분야가 좀 더 많은 범위를 차지한다. 그래서 정치·사회 등 주로 사회적 현안에 관심을 보이면서 점차 책·출판·독서, 애서 그리고 옛 책에 대한 탐서·수서 등과 관련된 여러 예화들로 보다 많은 집중성을 두게 된다.
우선, 남애가 발표한 시론이나 시사 칼럼류는 수필과 유사한 글맥을 유지하므로 접근성이 강한 점이 있다. 이러한 유형은 1954년 5~7월 사이《동해일보》에 나타난 기고들이 현재까지 발견된 유고들 중에서 첫 사례가 된다(이 책, p.93〈표 3〉참조).

남애는 자신의 기고 활동과 관련하여 1959년 9월에 낸『저술의 상식』(태서문화사)에서 "지난 근 10년 동안 기회 있을 때마다 토막 잡문을 써서 신문·잡지에 발표하였다."(안춘근, 위의 책, p.27)고 밝혔다. 그러면서 한 사례로 1959년 5월 11일자《평화신문》에 발표한「잡문가 지원서」(동 신문 4면)라는 주제의 수필도 소개했다(안춘근, 위의 책, pp.27~30).

위에서 말한 '지난 근 10년'이란 1959년 9월로부터 10여 년을 거슬러 올라간 1940년대 후반 내지는 1950년대 초로 추정되는 시점이 된다. 그러나 안타깝게도 남애가 남긴 그무렵의 수필류들은 아직 확인되지 않고 있는 실정이다.

다만, 조금 뒤의 일이긴 하나 남애가 속초에서 군복무를 하던 1953년 6월 28일《주간혜성》(제45호)에「법이 지향하는 평화」라는 주제의 논설을 기고한 것과, 이로부터 약 1년뒤인 1954년 5월 18일《동해일보》를 통하여「허공을 가는 혼들」이란 주제의 비판적인 시론을 발표한 실물이 확인되고 있다. 남애가 27세 때 기고한 글들이다.

그는 현역 장교임에도 1954년 10월 상순까지 속초에서 기고 활동을 계속했는데, 특히《동해일보》를 매개로 한 왕성한 활동이야말로 의미 있는 실현이었다. 당시의 기고 활동은 교양과 시사성을 겸한 논설류가 주된 범위를 이룬다.

이러한 유형의 기고 활동은 멀리《전남일보》에도 이어졌다. 안춘근이 전역(1955.10.10.)하기 1년 2개월여 이전인 1954년 7월 31일자《전남일보》에「민생 문제 해결책」이란 주제의 시론을 발표한 사례가 그것이다. 이 글에서는 정부가 주도하고 있는 천정부지로 뛰어오르는 물가 현실이 고관과 국회의원들의 무책임한 직무 유기로 빚어진 난맥상이라고 질타하는 발언을 쏟아냈다. 그는 바빌론의 느부갓네살 왕 고사를 인용하면서, 왕이 어느 날신비한 꿈을 꾸었으나, 그 내용을 기억하지 못하여 신하들에게 해몽해 내라고 명령한 일을 떠올렸다. 그때 현명한 신하 다니엘이 왕의 명령을 이행했다는 것이다.

그러면서 제2차 세계 대전 직후 독일의 혹심한 인플레를 억제하고 마르크화를 안정시키는 데 결정적으로 기여한 샤하트 박사가 보여 준 지혜와, 느부갓네살 왕의 꿈을 풀어 낸다니엘과 같은 훌륭한 공무원이 출현하여 민생 문제를 해결하기를 바란다고 촉구했다.

요컨대, 고관(고위 공직자)은 군림만 하지 말고, 박봉에 시달리는 '올챙이 공무원'들의 사기를 북돋워 주어야 할 게 아닌가 하고 따져 물었다.

안춘근은 현역 육군 장교 신분임에도 과거《동해일보》에「한글 간화에 불만」(1954.7.

7.~1954.7.8.)이란 글을 발표했듯이, 다분히 비판적인 신념을 내보이곤 했다.

그런 안춘근은 글 쓰는 자세에 대하여 "어느 틀에도 구애되지 않고……무엇이나 마음 내키는 대로 세태의 못나게 구는 데를 야무지게 찌르고, 세인이 가려워하는 데를 정답게 긁어 주어 세론에 일조가 되는 글을 써 볼 생각이다."(안춘근, 1959, p.30)라고 밝힌 바 있다.

안춘근의 기고 활동은 중앙 언론에도 진출하고 있었다. 1954년 10월 10일자 서울의 《평화신문》에 「민주주의의 원리와 공식」(동 신문 4면)이라는 주제로 논설을 기고한 일이 그것이다. 이 글은 1959년 5월 11일 같은 신문에 발표한 「잡문가 지원서」(동 신문 4면)라는 주제의 수필보다 5년 5개월 앞서 기고한 글이었다(이 책, pp.102~105 참조). 같은 해 2월 18일에는 《조선일보》(동 신문 4면)를 통해 「기타학의 전공」이라는 중수필을 발표하여 출판학 연구에 관한 매우 중요한 동인을 제공하기도 했다(이 책, pp.269~270 참조).

중앙권 언론에 처음으로 발표한 위의 「민주주의의 원리와 공식」은 전쟁 직후의 사회 질서 확립에 대한 의견을 제시한 내용으로 되어 있다. 이로 보아 정치적 현안 쪽으로 그의 관심이 겨냥된 하나의 초기적 사례를 말해 주는 기고라 하겠다.

안춘근이 현역 장교 신분임에도 그와 같은 방식으로 대담한 의견을 표출하고 있었던 것을 보면, 이른바 '자기 컨트롤'에 어떤 특별한 기량이 있었던 것이나 아니었는지…그런 생각도 든다.

안춘근의 기고 활동은 1950년대 후반으로 진입하면서 더욱 왕성한 실적을 보인다. 《동해일보》에서의 기고 하한(1954.7.8.)보다 4년 2개월여 뒤인 1958년 5월 10일자 《연합신문》에 「초대장」이란 수필을 발표했고, 이보다 20일 뒤인 6월 1일 을유문화사에서 창간한 문예계간지 《지성》 창간호에도 「한 개 행적」이라는 수필을 잇따라 발표한다.

다른 저술 활동이나 수서 활동도 마찬가지이지만, 1955년 10월 그가 군에서 전역하게 되자, 눈에 띄는 상승 현상을 보여 준다. 이것이 1960년대 초에 들어와서는 더욱 왕성한 발표로 이어졌다.

그 무렵의 기고는 모두 70편의 글을 취합한 남애의 첫 수필집인 『살구나무의 사연』으로 총화된다. 이를 조사한 결과, 연합신문, 동아일보, 조선일보, 국민일보, 경향신문, 세계일보, 평화신문(이상 기고 순) 등과 여러 월간·계간지 기고들이 두루 포함되어 있었다.

참고로, 《국민일보》의 경우는 1962년 5월 15일부터 같은 해 7월 9일까지 대략 5~7일 간격으로 11편의 수필을 연재하기도 했다. 이와 같은 경우란 그 무렵에 활동하고 있었던 전업 작가라 해서 흔히 볼 수 있는 일이 아니었다.

남애의 언론 기고 활동은 수필이나 칼럼뿐만 아니라 출판 연구와 수서 등 전문 분야에 관심을 거듭 넓혀 가면서 평생 동안 계속되었다. 물론, 여기에서 말하는 남애의 전문적인 관심 분야와는 성격이 다른 수필만 해도 신문이나 잡지사 쪽에서 끊임없이 남애의 개성적인 글('옛 책'이나 '출판'을 소재로 삼은 수필 또는 칼럼)을 필요로 하고 있었다는 사실 또한 중요한 동기 부여로 작용했다(안춘근, 1977, p.19 참조).

　이렇듯, 30대의 안춘근은 을유문화사 기획조사부장이면서 이미 이름난 문필가로 확고한 자리매김을 다진 상태였다.

『살구나무의 사연』 그리고 이후의 수필집들

　첫 수필집인 『살구나무의 사연』은 1963년 1월 동민문화사에서 B6판(반양장), 264쪽 체제로 출판되었다. 책머리에 박종화(朴鍾和, 1901~1981)의 「서문」, 저자 「자서」 그리고 책 끝에 시인이며 언론인 이상로(李相魯, 1916~1973)가 쓴 「발문」이 실려 있다. 서예가 김기승(金基昇, 1909~2000)이 제자를 썼고, 김기창(金基昶, 1913~2001) 화백은 장정화를 제공했다.

『살구나무의 사연』

　모두 70편의 수필을 모아 엮었다. 이 책을 비롯하여 이후로 남애가 남긴 수필집은 9종 10책이다(이 책, p.275, 〈표 7〉 참조). 그가 남긴 61책의 저술 중에서 $\frac{1}{6}$을 상회한 셈이다.

　『살구나무의 사연』은 모두 4부로 되어 있다. 제1부는 에세이류, 제2부는 독서 문화, 제3부는 사회 단평 및 출판문화에 관한 것, 그리고 제4부에서는 기행문을 각각 모아 엮었다. 이 책이 나왔을 때 여러 신문에서 서평을 내는 등 큰 관심을 보였다.

　책이름과 동일한 주제의 수필인 「살구나무의 사연」은 제1부 첫 머리에 실려 있다. 그 내용을 요약해 보면 다음과 같다.

　젊은 육군 장교(안춘근 중위를 말함. 필자 주)가 일선 어느 산비탈에 있는, 피난을 떠나 아무도 살지 않는 작은 초가집에서 불을 지피려 그 집 근처에 있는 큰 나무를 톱으로 자르고 있었다. 때마침 밖에 나갔던 병사가 땔 나무를 한 아름 안고 들어와서는 안색이 변하여 "장교님! 다른 나무도 많은데 하필 살구나무를 벱니까?"라고 말하는 거였다.

젊은 장교는 너무 놀라 톱을 땅바닥에 떨어뜨린다. 그는 그 나무가 살구나무인 줄을 몰랐던 것이다. 그러나 전쟁터에서까지 그런 것을 가릴 수 없다는 이유로 살구나무는 그날 밤 병사들의 등을 따뜻하게 해 주는 제물이 되고 말았다.

휴전 후 반 10년이 지났다. 피난 떠났던 산비탈 집 식구들도 그리운 옛집으로 돌아왔을 것이다. 그런데 그 집 어린이가 있었다면 꿈속에 그리던 살구나무가 무참히 베어나간 것을 발견했을 때 얼마나 슬퍼했을까? 그 집 어린이가 "나의 살던 고향은…복숭아 꽃 살구꽃 아기진달래"로 시작하는 '고향의 봄'을 부를 때마다, 또 들을 때마다 얼마나 가슴 아파했을까. 나의 무지로 희생된 살구나무를 생각하면 갚을 수 없는 죄를 지은 것이다. 수 백리 먼 곳의 모습이 눈앞에 또렷이 되살아온다.

이 수필은 오늘날까지도 뛰어난 작품으로 평가되고 있다. 『살구나무의 사연』이 나왔을 때 여러 논평들이 쏟아졌다. 아래에서 세 가지만 발췌 소개한다.

첫 서평을 낸 것은 이 책이 나온 지 15일 뒤 《경향신문》에서였다. 이에 의하면, "살구나무의 사연에 연유한 회한어린 추억이 그의 뇌리에 살아 있다."고 논평하면서,

문학에 뜻을 두었다가 법률학, 정치학, 신문학까지를 '건드리고', '기타학'을 공부한다는 저자의 말과 같이, 이 책 『살구나무의 사연』에는 출판학을 다루는 그러한 넓은 취향이 골고루 엿보인다. (중략) 표현이나 비유 등에는 또한 독특하게 맵싸한 저자의 개성이 깃들여 있다. 그 맵싸한 개성이 불합리한 사회 현상을 맵게 관찰 비판하면서, 살구나무의 사연과 같은 분위기가 곳곳에서 작품들의 알맞은 대응들을 빚어나간다.

〈이홍우. 「서평: 안춘근 수필집 살구나무의 사연」.《경향신문》, 1963.1.31.(5)〉

라고 평했다. 뒤이어 《동아일보》에서는

한국에서 누구도 거의 손대지 못하고 있는 출판학에 조예가 깊은 출판평론가 안춘근 씨의 에세이집이 나왔다. (중략) 특히 그의 개성은 불합리로 가득 찬 사회 현상을 그가 보는 각도에서 독특하게 관찰하여 야무지게 비판하고 있다.

"저자의 각론탁설(各論卓說)을 직접 접하지 못한 사람은 이 수필집을 읽어서 두 볼의 화

풍(和風)과 입안의 생향(生香) 맛을 볼 것……"이라고 박종화 씨는 말하고 있다.

〈박종화. 「서평: 청향(淸香) 감도는 수필집」.《동아일보》, 1963.2.13.(5)〉

라고 평설했다. 부산의《국제신보》에서도

수필만큼 작자가 전면(前面)에 드러나는 문학 양식은 없다. 수필은 바로 작자의 독백인 것이다. ……바로 이『살구나무의 사연』필자는 직업 문인이 아닌 사람이다. ……그는 우리나라 출판학을 정리한 최초의 공로자다. 이 수필집과 때를 같이 해서 나온『출판개론』은 필자의 기념할 만한 결실인 것이다. ……밖으로 보는 인상으로는 무척 깔끔하고 독설가이기조차 해서 좀 조심이 될 것 같은 분이었는데, 글을 통해서 보니 또 그럴 수 없는 심약한 '휴매니스트'인 것이다. 이 수필집에서만 보더라도 무심코 땔 나무로 베었던 살구나무로 해서 노상 그 회오(悔悟)의 정을 끊지 못하고 있다. 살구나무는 곧 그 마을의 고향을 상징하는 나무이기 때문이다. ……(하략)

〈「신간도서실: 안춘근 수필집 '살구나무의 사연'」.《국제신보》, 1963.4.15.(5)〉

라고 평했다. 이렇듯, 당시 이 책은 널리 평설되는 등 문화계 일반의 큰 관심을 끌었다.

문학적인 정서를 강하게 풍기면서 출판과 독서에 관한 내용 또한 상당 부분을 차지한 수필집이『살구나무의 사연』이다. 왜냐하면, 제1부에서는 35편이 순수한 수필인 데 비추어, 제2부의 경우 10편의 독서 관련 글을 소개했고, 제3부에서도 21편에 이르는 사회 단평 및 출판문화 등에 대하여 다루고 있기 때문이다. 제4부는 네 편의 기행문을 게재했다.

특히, 이 책 제1부 중에서 「기타학」이란 특이한 주제가 보인다. 원래 1959년 2월 18일자《조선일보》에 「기타학의 전공」이라는 주제로 기고(동지 4면)했던 글이다. 이에서 출판 연구를 강하게 시사하고 있어 주목된다.

남애는 당시 "학(學)으로 인정받지 못한 학문을 '기타학'이라 하면서, "대학의 시초가 교회에서 성서를 연구함에 비롯했고, 학문의 시작이 주로 신학이나 철학에서 발단해서 그것이 윤리학이니 논리학이니 하고 갈라졌다. 오늘날의 기타학도 앞으로 많은 학으로 갈라질 가능성이 충분히 있다."고 말한다. 이 때문에 "기타학이란 학문의 어머니"라는 것이다. 그러므로 "우리나라에서는 아직 개척기라고 할 수밖에 없는 새로운 學 아닌 學으로서의 기타학을 공부하는 것이 나의 현재와 장래를 위해서 차라리 좋은 일"이라고 밝히기도 했다. 이 같은 견해는 자신의 생각을 깊이 있게 서술한 중수필의 한 사례일 뿐만 아니라, 나아가 출판학 연구를 학제적 탐구 분야인 종합 과학의 성격을 지닌 '간학문적인(間學問, interdisciplinary approach)' 접근, 즉 교차학문적인 형질로 파악하고 있었다는 합리적 추론이 가능하다.

이렇듯, 「기타학의 전공」은 의미 있는 메시지를 준다. 1963년에 출간한 『출판개론』의 「서문」에서도 "여러 모로 미개척 분야라 할 수 있는 출판론을 외람되게도 ('출판학개론'이 아니라…필자 주) 개론으로 엮어 보는 모험을 저질렀거니와, 이로써 이 방면에 깊은 관심을 둔 연구자들에게 작으나마 하나의 암시를 제공하려는 것이다."(위의 책, p.6)라고 말했다. 이로 보아 '출판론'을 '출판학'으로 격상하고자 하는 필자의 의도가 강하게 읽혀진다.

그런데 예의 서평들에서 저자를 소개하는 대목에 '출판학'이라는 말을 빼놓지 않고 있다. 남애가 출판학 연구자로 널리 알려져 있다는 사실을 말해 주는 증거이기도 하다. 뒤에 말하겠지만, '출판학'이라는 학문적 명칭은 이미 1958년도부터 서울신문학원 교과과정에서 남애가 공식적으로 적용하고 가르친 바 있다(이 책, pp.135~137 참조). 이로 하여 그가 추구한 출판학에 대한 학문적 관심이 두루 공지(共知)되어 있던 점도 특기해 둘 만하다.

1965년 12월, 남애의 두 번째 수필집인 『생각하는 인형』이 정음사에서 나왔다. B6판(양장) 260쪽이며, 이우경(李友慶, 1922~1998) 화백이 장정을 맡았다. 이 책은 첫 수필집 『살구나무의 사연』이 나온 지 2년 뒤에 출판되었다. 그 사이(1963.1.~1965.12.)에 『출판개론』(1963.2.)을 냈고, 서지학 분야의 저술인 『동양수진본』(1965.4.), 『애서시가』(1965.6.)

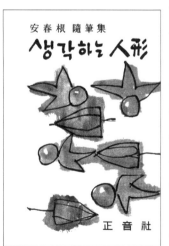

『생각하는 인형』

등도 잇따라 펴냈다. 그러한 과정에서 제2수필집인 『생각하는 인형』을 선뵌 것이다.

『생각하는 인형』은 I. 수필과 인생, II. 애서와 독서, III. 우화와 지혜 등 전체를 3개부로 나누고 있다. 우선, I부에서 25편의 수필을 게재했고, II부에서는 순전히 독서와 수서 그리고 책·출판에 관한 20편의 글을 내보였다. III부의 경우는 동서양의 고전에서 여러 흥미 있는 역사적 예화 28편을 뽑아 쉽게 써 나간 내용이다.

그런데 I부에서도 출판 관련 글이 함께 수록되어 있다. 남애는, 생전의 행적으로 보아 출판학자 이외에 여러 대명사로 불려 왔지만, 진작부터 책의 수필가 또는 출판 칼럼니스트

270

로 일컬어 온 것도 그와 같은 연유에서 비롯된다.

독서와 수서 그리고 책·출판에 관한 집중적인 글을 취합해 보인 II부 주제들을 보면 다음과 같다.

II. 애서와 독서

독서에 대하여/수서식록(蒐書識錄)/책 수집의 변/저술의 보상/고증과 기록/명작과 익명의 사연/명저 고전의 유지·보존/학문과 서적/고서와 신서/서책의 지(知)·정(情)·의(意)/도서 문답/애독서와 민족성/독서가와 서적상/책 정찰제의 시비/책의 운명/책을 모아두는 습관을/농촌에서의 독서/싸움터에서 책을 읽은 나폴레옹/어려서부터 성경을 읽어라/책읽기 좋은 계절

『생각하는 인형』은 출간 당시(1965.12.)까지 저자의 여덟 번째 저작이며, 수필집으로는 두 번째 책이 된다. 이 책 「후기」에서 보면 저자의 수필에 대한 생각이 소개되어 있다.

……학문적인 업적이란, 노력으로 어느 정도 이루어질 수 있어도 수필은 그렇지가 못하다. 누가 수필 쓰기를 노력해서 좋은 수필을 썼다면, 그것은 벌써 참다운 의미의 수필이 되기 어려운 것이다.

수필은 서두르지는 않고, 심오한 철리(哲理)를 풍기지도 않으면서 차분히 마음을 가라앉혀서 비로소 씌어지는 글이다. 아름다운 소리를 내는 꾀꼬리가 이따금 울어서 사랑스럽게 느껴지듯이, 수필도 붓을 가다듬어 정서를 돋우는 데서 간혹 얻어지는 글이다.

〈안춘근(1965). 『생각하는 인형』, pp.259~260〉

일부분이나마, 위에 옮긴 내용은 남애의 수필관을 엿볼 수 있는 흔하지 않은 글이다.

1977년 11월, 남애 생존시에 낸 마지막 수필집인 『책갈피 속의 연서』가 세운문화사에서 출간되었다. B6판(반양장) 381쪽이며, 이우경 화백이 장정을 맡았다. 첫 수필집인 『살구나무의 사연』이 나온 지 15년 뒤에 얻은 세 번째 결실이며, 두 번째 책인 『생각하는 인형』 이후 12년 만에 거둔 성과였다.

이 수필집은 전체를 두 가지 큰 주제로 나누고 있다. 먼저 「I. 인생 수필」이라 하여 43편의 글을 딸렸고, 뒤이어 「II. 수집·독서」에서는 11편의 관련 글을 붙였다. 역시 제3수

필집에서도 어김없이 책·출판, 수서와 독서에 관한 관심을 나타냈다. 첫 주제인 「인생 수필」에서 여러 편의 책·출판 관련 글을 아우르고 있기는 마찬가지이다. 관련 내용을 소재로 삼은 주제들을 보면 다음과 같다.

　Ⅰ. 인생 수필
　나의 수필/책갈피 속의 연서/문자각비(文字覺非)/애서가의 넋두리/설야 독서/글의 알맹이
　Ⅱ. 수집·독서
　여가 선용/대학 생활과 독서/군 복무 시절에 내가 아낀 책/내가 가장 아끼는 진귀본/나의 서재 나의 장서/취미, 책 수집 이 얘기 저 얘기/주부와 독서/무엇을 어떻게 읽을 것인가/독서/무한한 책임/해인사 기행

　이와 같이, 총 54편의 수필 중에서 17편이 책·출판, 수서와 독서에 관한 주제로 되어 있다. 총 수록 편수 중 31.5%가 전문 분야의 수필인 셈이다.

　『책갈피 속의 연서』는 둘째 번 수필집인 『생각하는 인형』(1965.12.)이 나온 이후 1977년 상반기까지 발표한 수필이 대부분이지만, 1960년대에 발표된 글들도 보인다. 이 책이 나왔을 때 《독서신문》에서 논평한 내용 중에

『책갈피 속의 연서』

　……지은이는 늘 책갈피 속에 파묻혀 살며, 책은 또한 그의 인생 반려자였다. 따라서 책과 더불어 사는 저자의 수필집은 자연이 책 이야기, 독서 이야기가 주류를 이룬다. 책을 읽는 묘미, 책을 수집하는 묘미가 휘감긴다.
　책을 수집한 지 30여 년, 1년에 1천 권 목표로 책을 수집하며 살아온 저자만의 체험으로 얻어진 소중한 철학이 간결하고 재미있게 담겨 있다.
　〈안춘근 저 『책갈피 속의 연서』. 《독서신문》(1977.12.18.)〉

라고 소개했다. 책이름으로 사용한 동일한 주제의 글 「책갈피 속의 연서」는 고서와 관련된 독특한 경험을 소개하여 이

색적이다. 그 내용을 발췌 소개하면 다음과 같다.

　　고서를 수집하다보면 진서(珍書)를 골라내는 기막힌 재미 말고도 뜻밖의 일을 만나게 될 때가 있다. 그 중의 하나는 책갈피 속에서 고액의 지폐를 발견하는 경우이다. 그런데 그런 지폐는 워낙 오래된 탓으로 유통이 불가능하여 크게 실망하게 된다. 옛 책은 허수룸해 보이지만, 그처럼 대단한 '비밀 금고'도 없다. (중략)
　　책갈피 속에서는 또 다른 부산물들도 숨어 있다. 편지나 문서 등이 그런 것인데, 필자의 경우는 동대문 고서점에서 구입한 오래된 책에서 최린(崔麟)*이 자신의 친일 행동을 변명한 순한문 서한을 발견한 일도 있었다(* 3·1 운동 때 민족 대표 33인 중 한 사람. 뒤에 친일파로 변절. 필자 주). 대단한 사건이었다.
　　그런가 하면, 여성이 쓴 애틋한 연애편지를 숨겨 놓은 사례도 적지 않다. 필자는 그런 경우를 왕왕 발견하곤 했는데, 그 좋은 내용의 '러브레터'들을 모아두지 못해서 못내 아쉽기만 하다.

남애의 '책·출판 이야기'는 끊임없이 이어지는 실타래와 같다. 그는 자신의 수필에 옛 책에서 취재한 내용을 즐겨 반영하곤 한다. 이에 대하여 남애는 「나의 수필」이란 글을 통해 다음과 같이 밝히고 있다.

　　수필에서 필자만의 특성을 찾을 수 없는, 다만 작문이라면 창작이나 예술이 아니라 문장 기술(技術)의 진보가 인정될지는 몰라도 참다운 수필이 아니다. 수필의 이런 폐단, ……아무런 내용이 없는 것이 되지 않기 위해서, 나는 수필에 고전을 즐겨 인용한다. 이것은 고전을 현대 문학으로 끌어올리는 파이프라인을 수필에서 시도하려는 것이다. …… 만고불변의 고전에의 향수를 나는 유별나도록 애틋하게 기리는 것이다.
　　　　　　　　　　　　　　〈안춘근(1977). 「나의 수필」. 『책갈피 속의 연서』, pp.26~27〉

남애는 「나의 수필」에서 다시금 자신의 수필관도 밝혔다. 이는 『생각하는 인형』(1965)에서 밝힌 이후 둘째 번 견해라 할 수 있다.

　　수필이란, 청순하고 진실한 사랑의 호소문과도 같은 글이어서 읽는 사람의 마음을 기

제5부_남애의 연구 활동 _ 273

쓰게 하는 한편, 무엇인가 얻는 것이 있어야 한다. 그러므로 진실이 강조된다. 소설이라면 마음대로 글 속에 있는 연인을 그릴 수도 있으나, 수필은 그러지 못하다. ……수필이 단순히 공상으로만 이루어지는 시나 소설과 달라서 어떤 가라앉은 체험이나 철학이 없이는 손댈 수 없기에 연소한 사람이 재능만으로 쓸 수가 없는 까닭이 바로 여기에 있다.

〈안춘근(1977). 『책갈피 속의 연서』, pp.23~24〉

3) 교양·수필 부문 저작 성과

남애는 1975년 12월 현재 "나의 많은 글 가운데 그나마 수필이라고 할 수 있는 것이 2백 편을 훨씬 넘는다."(안춘근, 1977, p.18)고 했다. 이후 14년이 지난 뒤에 타계했으므로 누계를 집계한다면 얼마쯤 될 것인가?

앞에서 말한 바와 같이, 남애가 남긴 교양·수필 관련 저작은 교양 부문이 14종 15책이고, 수필류의 경우는 9종 10책에 이른다. 이 역시 하나의 범주 안으로 통합된다. 책과 출판에 관한 읽을거리가 대부분이기 때문이다. 〈표 7〉은 남애가 남긴 교양·수필 관련 저작 성과를 정리한 목록이다.

남애 안춘근은 '책에 관한 수필' 또는 '책 칼럼'이라는 새로운 분야를 개척한 선험자였다. 그는 또한 시대의 경계를 넘나든 다독자였고 다작의 저술가로 살았다. 그래서 남애를 말하되, "고금을 내왕하며 문화를 걱정하고, 전통을 접목해 미래를 열어가는 개척자였다."(황병국, 1986.10., pp.14~15)라고 평설하기도 한다.

그가 생전에 학문 정진에 애쓰는 후진을 격려하면서 '저작등신(著作等身)'이란 말을 써 주는 경우가 왕왕 있었는데, 이는 단순히 '저술을 많이 하라'는 의미만이 아니었다. 책을 수북이 쌓아놓고(너의 책을 넉넉하게 누적해 놓을 만큼) 연찬(研鑽)을 거듭하라는 뜻도 함께 전하고자 한 '채찍'이었던 것이다.

남애가 타계한 후 간행된 유고 수필집 『언제 고향에 갈 수 있을까』에서 보면 어김없이 책에 관한 여러 편의 수필이 실려 있다. 또 다른 유고 수필집인 『책과 그리운 사람들』에서는 아예 「책이 있는 풍경」이라 하여 모두 17편의 '책 수필'을 내보일 정

중문학자 황병국에게 준 '저작
등신'(1986.1.)

274

〈표 7〉　　　　　　　　　　　　　안춘근 저작 목록 3: 교양·수필*

구분	저 서 명	출 판 사	발행 연월일	비 고
교양	著述의 常識	泰西文化社	1959.9.30.	
	책은 누구나 쓸 수 있다	정음사	1969.7.30.	
	世界例話選集	乙酉文化社	1971.2.20.	
	世界名作의 뒤안길	乙酉文化社	1974.6.10.	
	禁言으로 본 韓國遺事	廣文書館	1978.9.15.	
	韓國의 자랑 과연 그럴 만한가?	廣文書館	1978.10.30.	
	歷史에 빛나는 韓國 어머니들	廣文書館	1979.3.10.	
	智慧의 샘터 世界例話選	廣文書館	1979.4.15.	
	民族의 숨결: 名時調鑑賞	廣文書館	1979.5.30.	공편
	역사에 빛나는 한국 여성	범우사	1984.12.30.	
	천자문 이야기	범우사	1985.8.30.	
	동몽선습	범우사	1986.5.10.	
	부모은중경	범우사	1987.7.20.	
	고서의 향기 1 옛 책—새로운 발견	청림출판	2010.11.20.	유고
	고서의 향기 2 옛 책—숨겨진 비밀	청림출판	2010.11.20.	유고
수필	살구나무의 事緣	東民文化社	1963.1.15.	
	생각하는 人形	정음사	1965.12.30.	
	天下奇書 南涯閒筆	私家版	1966.12.22.	
	南涯隨錄 1	私家版	1967.11.16.	
	南涯隨錄 2	私家版	1967.11.16.	
	南涯聆睹記	成進文化社	1974.9.25.	
	韓國近代隨筆選(편저)	乙酉文化社	1976.6.30.	
	책갈피 속의 戀書	世運文化社	1977.11.25.	
	언제 고향에 갈 수 있을까	범우사	1993.2.20.	유고
	책과 그리운 사람들	범우사	1998.1.20.	유고

* 자료: 이종국(2015). 『편집 출판학 연구 총설』, p.394.

도였다. 이는 그가 밝힌 희락서열(喜樂序列)에서 저서의 출판(공포)→탐서(구서)→독서(섭취)→저술…… 그리고 다시 저서 출판으로 이어지는 환류 과정을 상기케 한다.

　　남애 타계 후에도 국내외에서 8책의 유고가 출간되었다. 즉, 출판학 부문 2책, 서지학 부문 2책, 그리고 교양·수필 부문에서의 4책이 그것이다. 그렇다면 교양·수필 부문의 저작물들은 어떤 특성이 있는가? 이에 관해서는 다음과 같은 다섯 가지로 요약할 수 있다.

　　첫째, 남애가 남긴 교양·수필 부문의 저술들은 평이한 읽을거리로 되어 있다. 주로 책과 출판에 관한 다양한 문제들을 다루면서도 이 분야의 고정 관념을 떨어내게 한다.

둘째, 남애가 평생 추구한 출판학과 서지학 연구를 둘러싼 주변적인 문제들을 교양·수필 분야로 여백을 터놓음으로써 하나의 보완적인 대안이 될 수 있도록 뒷받침했다. 이러한 사례는 '출판 에세이'의 독특한 형식을 말해 주는 것이기도 하다.

셋째, 양대 분야의 내용들에서 옛 기록을 자주 인용함으로써 이른바 세기(細技)보다는 고전에 근거한 서술을 중시하는 등 무게와 흥미를 아우른 내용을 전하려 애썼다. 이로써 선현·선각자들이 남긴 예화를 평이한 이야기로 소개하여 보다 친근한 접근을 유도하고자 했다.

넷째, 양대 분야(교양 부문과 수필 부문)의 경계를 넘나들면서 수서와 독서에 관한 주제를 풍부하게 다루었다.

다섯째, 남애는 '책에 관한 수필' 또는 '책 칼럼'이라는 새로운 장르를 열었다. 이러한 형식이 전문적인 출판 수필 내지는 출판 칼럼으로 정착되게 한 첫 시도였다는 점에서 중요한 의의가 있다. 엄밀한 의미에서 주된 서술의 대상이 책이나 출판으로 한정되어 일반의 문학적 장르와는 차별적이다.

• 나오는 글

이상과 같이, 제5부 서술을 마친다. 이로써 남애 안춘근의 연구 활동에 대하여 살폈다. 여기, 제5부에서는 남애의 평생에 걸친 연구 활동을 되도록 구체적으로 되살피는 데 중점을 둠으로써 그가 남긴 학문적 발자취를 탐색하려 애썼다.

본문에서 살핀 바와 같이, 남애 안춘근의 학문 세계는 출판학(publishing science)을 중심으로 하여 서지학(bibliography)과 상호 협력 내지는 의존적인 상관관계로 큰 테두리를 형성하고 있다.

출판학이란, 저작물의 선택, 제작, 분배를 통한 출판의 경영과 그 사회적, 문화적 영향 및 법규와 정책 그리고 출판의 발달사를 연구하는 학문이다. 이에 비하여, 서지학은 책을 대상으로 조사, 분석, 비평하고 연구하여 기술하는 학문이라 설명된다.

이로 볼 때, 출판학이 지식 수단으로서 저작물(필사, 나아가 전자 출판물 등을 포함하여)의 창조와 그 이용, 또 이를 둘러싼 사회·문화적 영향 및 제반 제도와 역사적 변천 등을 연구 내용으로 삼는데 비추어, 서지학의 경우는 주로 출판 행위를 통하여 얻어 낸 책(필사, 나아가 전자 출판물 등을 포함하여)에 대한 정신적이고도 물리적인 됨됨이를 고찰·기술하는 것으로 연구 내용의 큰 범주를 잡는다. 요컨대, 책(넓은 범위에서 '지식 인지 및 전달 수단')이라는 지식·정보 매개 수단을 존재케 하는 당초의 실현 행위가 '출판'이라 할 때, '서지' 쪽은 그로써 생성된 실물이 연구·분석 대상이라는 의미로 요약된다.

그런 점에서 출판학과 서지학은 결과적으로 책과 출판에 대한 연구를 응집한 두 개의 학문 덩어리라 할 수 있다. 좁혀 말하면, 책 연구가 출판학이요 이것에 방법을 달리한 분야가 서지학 탐구라 할 것이다.

그러한 의미에서, 남애 안춘근이 평생 동안 끈을 놓지 않았던 것도 오로지 '책에 관한 연구'였다는 말로 총화된다. 본문에서 누누이 살폈듯이, 이러한 그의 연구가 출판학과 서지학 저술로 집성되었다. 그런가 하면, 교양·수필 분야의 저서들도 책과 출판에 관한 서술을 펴기는 마찬가지였다.

저술이란, 저자의 모든 것을 저술 당시로 표현하여 고정시키는 작업이라 할 수 있다. 다시 말하면, 저술이란 저자가 보고한 현재의 사상과 감정을 촬영하는 것과 다름없다. 그 영상이 여러 과정을 거쳐 인화지로 구현된 것이 책이다. 다작의 저술가인 남애는 「저술과 보수」라는 글에서 학술서 저술에 대한 견해를 다음과 같이 말한다.

학문적인 업적으로서의 연구서 같은 것은 시간이 흐를수록 새로운 사실이 밝혀짐으로써 이전의 이론이 전적으로 달라질 수 있는 일이다. 때문에 연구서는 아무리 훌륭한 업적이라 하더라도……필연적으로 수정되는 운명을 피할 길이 없다. ……저술 당시 저자의 지식이 고정되어 있는 저서가 전진하고 있는 다른 저자의 새로운 사실에 의해 벌써 한 꺼풀 허울을 뒤집어쓰게 되는 셈이다.

〈안춘근(1973.3.). 「저술과 보수」. 《출판학》(제15집), p.71〉

그러면서 수필류와 같은 종류의 저술에 관해서도,

수상과 같은 저술은 날마다 생각나는 대로 써나가니, 그건 그때의 발전된 사상(事象)을 기록할 수가 있다. 일기도 그와 같다. 수상은 시한이 없는 상태의 기록이요, 허구가 아닌 리얼한 기록이요, 지식의 체계화가 아닌 기록이기에, 읽기가 재미있으면서도 공감의 폭이 특정한 학문에서보다 한결 넓어진다. 그러나 이것도 따지고 보면, 그것을 기록할 당시 저술가의 생각을 정지시킨 것이다.

〈안춘근, 위의 같은 논문, 같은 쪽〉

라고 밝혔다. 요컨대, 책이란 저자에 의해 저술될 때 이미 고정된 지식이라는 지적이다. 그는 성서(聖書)의 경우에서도 "신의 말씀이 오류가 있다고 하여 신학자들 사이에 논쟁거리가 되고 있다."는 점을 들었다. 절대적 권위에 대한 해석이 그와 같은 사례가 있는 것으로 보아, 인간의 저술에서 잘못이 없다고 한다면 그 자체가 이상한 일이라는 것이다(안춘근, 위의 논문, p.72).

이러한 일련의 저술관을 밝힌 것으로 보아, 남애는 애써 연구한 저작물이 완료될 때마다 큰 기쁨을 느끼면서도, 일편 자신의 지식이 이로써 고정되어 있다고 생각하면서 다시금 새로운 저술을 준비했을 것이다.

제**6**부
한국출판학회와 남애 안춘근

• 들어가는 글

　제6부*는 남애 안춘근과 그가 창립 회장으로 기여한 한국출판학회와의 관계를 살핀 내용으로 되어 있다. 일찍이 남애가 말하되, "출판은 인간이 창출한 가장 오래된 매체 행위이다. '쓰기'와 '엮기'로부터 진화된 출판은 서적 등의 출판 매체로 발전되었으며, 이는 문화 내용을 전수·전파하고 섭취케 하는 매개 기능을 수행한다."고 말하고, "우리 인류가 문화적으로 선대의 상속자가 될 수 있었던 것은 그 대부분이 책이 있었기 때문에 가능한 일이었다."고 했다(안춘근, 1963, p.13).

　매체 융합이 일반화되고 있는 오늘날에도, 출판이라는 문화적 매개 활동이 존재하지 않았더라면 그 어떤 정보 확산이나 지식 인프라도 기대하기 어려웠을 것이다. 그래서 출판은 문자 활동의 원류(源流)라는 사실에 동의하게 된다(이종국, 2001.11., p.322).

　이와 같이, 출판에 함의된 의의는 익숙한 경험 내용으로 인식되어 왔다. 그럼에도 불구하고 출판의 발생, 출판물의 제작 및 공포, 분배와 이용 등에 대한 제 문제를 공론(公論)의 장으로 회부하여 연구·토론하고자 하는 학회 창립 시도는 뒤늦게 모색되었다.

　학회란, 일군의 연구자들이 특정한 분야에 대응한 연구 성과를 발표하고, 그 타당성을 공개하여 검토 및 논의하는 회합 단위를 말한다. 동시에 공동의 관심 영역에 대한 비평적인 생각을 교환하는 공공적 기관이 학회이기도 하다.

　사단법인 한국출판학회(이하 한국출판학회, 본학회)는 순전히 출판과 출판에 관련된 제 문제를 연구하는 학술 단체이다. 이 학회의 정관에 의하면, "한국출판학회는 출판에 관련된 분야의 역사적, 현상적인 면을 조사·연구하여 학문적으로 체계화하고 과학화함으로써 학문과 출판문화 발전에 기여함을 목적으로 한다."(정관 제3조)고 규정되어 있다.

　한국출판학회는 2019년에 창립 반세기를 맞이했다. 뒤늦으나마 본학회의 창립과 초창기의 학회 활동을 살핀다는 것은 그간의 학회사뿐만 아니라 사회적인 실현 면에서도 의미 있는 점검이라고 사료된다.

　그럼에 있어, 우선 이 연구의 대상 구간인 '창립과 초창기'에 대한 설정이 명시되어야 할 필요가 있다. 이와 관련하여 안춘근은 본학회 창립 20주년(1989)을 맞이했을 때 당년을 하한으로 획정하여 창립기, 성장기, 침체기, 재건기, 발전기, 이렇게 5개기로 구분한 바 있

---

* 이 내용은: 이종국(2016.5.27.). 「한국출판학회의 창립과 초창기의 학회 활동에 대한 연구」, 『한국출판학회 제31회 정기학술대회 발제집: 한국출판학회의 과거, 현재, 미래』, pp.7~39의 것을 전면 개고·보완함.

다(안춘근, 1989.12., pp.9~55). 이와 같은 시기 구분은 학회의 창립 이후 발생된 주요 변환 과정을 시작→운용→성과의 개념으로 조감하는 데 주안점을 두었다는 특징이 있다.

이종국은 위의 기별 단위에 상하한(上下限) 시점을 명료화하여 다음과 같이 제시했다.

창립기(1969.3.~1969.8.)
성장기(1969.8.~1974.12.)
침체기(1975.1.~1981.2.)
재건기(1981.3.~1982.11.)
발전기(1982.12.~1989.6.)[1]

『한국출판학의 사적 연구—한국출판학회 30년사』

위의 시기 구분 중 창립기의 설정은 불과 6개월 만으로 획정되어 있다. 그러한 취지는 본학회가 1969년 3월에 '한국출판연구회'란 이름으로 태동하면서 학회지 간행을 결의한 바에 따라 1969년 8월《출판학》으로 결실한 것과 상관된다. 이로부터 성장·침체·재건기를 거쳤다. 이에 뒤이어 발전기 이후(1989.6.~) 오늘에 이르기까지는 학회의 기반과 전통을 다졌다는 점에서 '정착기'라 매길 수 있다.

'한국출판학회 30년사'인 『한국출판학의 사적 연구』에 의하면 좀 더 포괄적인 면에서 제1기(1969~1979), 제2기(1980~1989), 제3기(1990~1999)[2], 이렇게 3개시기로 나누고 있다. 이에 이어 이후사를 후속한다면 제4기(2000~2009), 제5기(2010~2019)와 같은 방식으로 10년 단위의 연속 구간을 설정할 수 있을 것이다.

부길만도 한국출판학회사 중 연구사를

제1기(1963~1981): 개척기

---

1) 이종국(2000). 「초창기의 학회 활동—제1기: 1969~1979」. 한국출판학회 30년사 편찬위원회 편. 『한국출판학의 사적 연구—한국출판학회 30년사』. 서울: 사단법인 한국출판학회, p.452.

2) 『한국출판학회 30년사』에서는 1969~1999년까지의 30년 활동사를 3개기로 나누었다. 동서, p.430.

제2기(1982~1999): 정착기

제3기(2000~2009): 발전기[3]

로 제시한 바 있다.

이 연구는 이상과 같은 취지를 참고하되, 한국출판학회의 출범 과정에 중심을 두어 살필 목적으로 논의한 것이다. 그러므로 창립 당초의 시점이 주된 테두리가 된다. 그럼에 있어, 다음과 같은 네 가지 연구 문제를 이 연구의 중심적인 관건으로 제시하고자 한다.

첫째는 한국출판학회의 창립 배경에 관한 문제이다. 본학회 창립을 앞둔 시기의 출판계 정황 등 내외적 변인이 어떠했는가에 대한 환경적 살핌을 말한다.

둘째는 본학회의 창립을 위한 모색이다. 이는 당초의 모색이 창립으로 실현되기까지 어떻게 작용했는지에 대한 살핌을 말한다. 그 중심에는 이 학회의 창립 회장인 남애 안춘근을 비롯한 초창기 회원들의 노력이 자리해 있다.

셋째는 본학회 창립기의 연구 활동이 어떻게 이루어지고 있었는지에 관한 문제이다. 여기에서 말하는 연구 활동이란 연구 대상 및 방법에 대한 관심으로 요약되는 개념이다.

넷째는 본학회의 초기 활동에서 보인 진전 과정에 관한 문제이다. 즉, 학회지 창간에 대한 살핌이 중심이며, 이는 한국출판학회의 반세기사를 이루어 온 기반인 동시에 출판학 연구를 구축해 나간 토대로 뒷받침되었다는 점에서 매우 중요한 의의가 있다고 보았다.

출판학 연구의 역사적 방법은 출판 현상의 변천이나 연구 단체의 성립을 중심적인 사건으로 취급하는 데에서 시작된다. 즉, 출판사(出版史)의 논의를 말함이다. 이에는 저술 및 편집, 여러 유형의 도서, 출판 단체사, 출판 제도와 행정, 유통, 독서 및 사회적 영향 등 제반 출판 현상과 관련된 진전·진화 과정을 전반적인 대상으로 삼을 수 있다(민병덕, 1993, p.197).

본연구와 관련된 선행 연구의 경우는 연구 방법이나 대상에 따라 여러 양태로 나뉜다. 그러나 본연구의 정향에 접근하면 '출판 역사 연구(history of publishing)'라는 상위적 주제로 매김할 수 있다. 반세기 이전에 실현된 출판학회의 창립과 이 연구 단체를 통한 초창기의 활동을 대상으로 한 역사적 구명(究明) 작업이 이 주제이기 때문이다.

이와 아울러, 제반 출판 현상의 변천과 그에 전제된 이론적인 문제들을 논의하는 '출판

---

3) 부길만(2015.5.). 『출판학 연구의 과거, 현재, 미래』(한국출판학회 제29차 정기학술대회 발제논문집). 서울: 사단법인 한국출판학회, p.10.

학 연구사(history of publishing study)'도 당연히 연구 방법의 본줄기로 상정할 수 있다. 바로 이 분야에 출판학회와 같은 출판 관련 단체에서의 연구사가 포함된다.

이 같은 파악은 출판학에서도 당연히 공시적(共時的, synchronic) 연구[4]와 통시적(通時的, diachronic) 연구[5]를 적용할 수 있다. 이 연구는 후자의 경우에 해당된다.

그동안 한국출판학회의 연구 활동에 대한 고찰은 소극적인 실정이었다. 그런 가운데 종합적인 연구로서 대표적인 사례를 들면 본학회 창립 30주년 기념사업의 일환으로 이룩된 『한국 출판학의 사적 연구—한국출판학회 30년사』(이하 『한국출판학회 30년사』)를 들 수 있다. 이 연구는 논의의 중심 대상이 '한국출판학회 30년사'라는 점에서 독보적인 데가 있다. 모두 35인의 연구자가 참여했으며, 전체를 2편(제1편 연구사, 제—2편 활동사)[6]으

---

4) 예를 들면 다음과 같은 연구가 있다.

안춘근(1963). 『출판개론』. 서울: 을유문화사.

민병덕(1969.8.). 「출판학 서설」. 《출판학》(제1집). 서울: 현암사.

변선웅(1970.6.). 「출판인—사회·교육·문화적 측면에서의 고찰」. 《출판학》(제4집). 서울: 현암사.

5) 예를 들면 다음과 같은 연구가 있다.

최준(1963.12.). 「대한제국 시대의 출판 연구—출판문화와 한국의 근대화에 관하여」. 《법정논총》(제17집). 서울: 중앙대학교 법정대학학생회.

안춘근(1964.2.). 「초창기의 출판과 최초의 국한문 저서」. 《도서》(제6호). 서울: 을유문화사.

한국출판학회 30년사 편찬위원회 편(2000). 『한국 출판학의 사적 연구—한국출판학회30년사』. 서울: 사단법인 한국출판학회.

6) • '제1편 연구사'의 주제 및 연구자를 보면 다음과 같다.

초창기 출판학 연구에 대한 고찰—한국출판학회의 초창기 연구 활동을 중심으로/이종국

출판학에 있어서의 선택 부문 연구/김기태

출판학에 있어서의 제작 부문 연구/이기성·윤재준

출판학에 있어서의 분배 부문 연구/이두영

출판학에 있어서의 출판 매체 연구/김선남·윤세민

출판학에 있어서의 새 영역 연구/김경일·노병성·김두식

출판학에 있어서의 독자와 독자 연구/이창경

출판학 연구 성과에 대한 이해/부길만

한국 출판학 교육의 모색과 진전에 관한 연구/남석순

출판학 연구의 전향적 설계/김정숙

한국에서의 출판학 연구—관심과 방법, 성과의 이해를 중심으로/이종국

• '제2편 활동사'의 주제 및 연구자를 보면 다음과 같다.

학회 활동의 전개: 제1기—초창기의 학회 활동(1969~1979)/이종국

학회 활동의 전개: 제2기—학회 활동의 진전(1980~1989)/이두영

학회 활동의 전개: 제3기—학회 활동의 중흥(1980~1989)/김기태

로 편제해 보였다. 이 연구 중 제1편에서 「초창기의 출판학 연구」(이종국, 2000, pp.39~82)를 다루고 있다. 이를 통해 학회 창립 30주년이 경과한 시점에서 '맹아와 진전'의 의의를 점검함으로써 이후의 학회사 전개에 중요한 시사점을 얻게 했다.

한국출판학회는 1969년 8월에 학회지인 《출판학》을 창간한 이래 2018년 말 현재로 통권 84호를 냈다. 이 논문집에 수록된 총 논문 수는 816편*에 이른다(* 2017년 12월에 발행된 통권 제80호까지의 수록 논문 수 집계임. 관련 통계 자료는; 이 책, p.318 〈표 9〉 참조).

한국출판학회의 초창기 연구 경향을 보면 '출판학이란 무엇인가?'에 집중성을 두었는데, 이로써 당초의 모색을 엿볼 수 있다. 이와 관련하여 학회지에 발표된 논의만으로 제한하되, 다음과 같은 주제를 선별 기준으로 적용할 수 있다고 보았다. 요컨대 출판학의 성격 및 방법론[7], 출판학의 현황[8], 학회 및 연구사의 변천[9]으로 집중화되는 개념이다.

이와 같은 연구들은 학회력의 켜가 더해 가면서 꾸준한 관심을 불러일으켰다. 특히, 출판학 관련 연구들[10]이 계속 증가되었고, 그에 따른 문헌 목록들[11]도 잇따라 정리되는 등 주목되는 진전을 보였다. 이러한 현상은 영역의 연구가 점차 범위와 심도를 더해 갔을 뿐만 아니라, 그 연구 성향 또한 다양화, 다중화되고 있었다는 사실을 의미한다. 참고로, 이 연구는 본학회 창립을 주도한 남애 안춘근의 학회 관련 활동 내용을 조사 서술했음을 밝힌다.

---

7) 안춘근(1969.8.). 「출판학을 위하여」. 《출판학》(제1집). 서울: 현암사.
　민병덕(1969.8.). 앞의 논문. 「출판학 서설」.
　안춘근(1971.6.). 「대학 출판 교육론」. 《출판학》(제8집). 서울: 현암사.
　민병덕(1983.11.). 「출판학의 연구 방법과 과제」. 《'83출판학연구》. 서울: 범우사.
　민병덕(1984.10.). 「출판의 미래와 출판학의 학문적 성격」. 《'84출판학연구》. 서울: 범우사.

8) 안춘근(1982.12.). 「한국 출판학의 현황」. 《출판학연구》. 서울: 범우사.

9) 안춘근(1989.12.). 「한국출판학회 20년사」. 《'89출판학연구》. 서울: 범우사.

10) 출판학 연구와 출판 교육의 필요성을 주장한 초기 연구 사례는 다음과 같다.
　안춘근(1966.12.). 「출판학 원론」. 《성균》(제17호). 서울: 성균관대학교 교지편집위원회.
　민병덕(1967.6.19.). 「대학에 출판학과 신설을―학문적 체계화를」. 《새한신문》. 서울: 새한신문사.
　안춘근(1971.6.). 「대학 출판 교육론」. 《출판학》(제8집). 서울: 현암사. 등이 있다.
　　보다 구체적인 내역은; 이종국(1993). 사단법인 한국출판학회 편. 『21세기 출판 발전을 위한 전문인 육성책』. 서울: 책의해조직위원회, pp.136~146 참조.

11) 출판학 연구 성과에 관한 문헌 목록 중 초기에 조사·집성된 사례는 다음과 같다.
　이종국(1979.6., 9., 12.). 「출판학 관계 문헌」. 《대교》(59~63). 서울: 대한교과서주식회사.
　김희락(1987). 『한국 출판 관계 목록』. 서울: 한국출판연구소.

제1장 한국출판학회의 태동

　한국출판학회의 태동은 뒤늦은 모색이었지만, 출판을 영역의 연구 대상으로 삼은 유일한 연구 단체로 생성되었다. 나아가 국제적으로도 최초기에 성립되었다는 기록성이 있다.

　본학회와 오랜 교류를 이어 온 일본출판학회도 동일한 시점대에 발족(1969.3.14.)을 보았다. 한국출판학회(1969.3.17.)와 불과 3일 시차를 두고 있어 화제가 되기도 한다.

1. 한국출판학회의 창립 배경

　한국출판학회의 창립 배경은 우선 외적 환경인 출판계의 상황 변인에 대하여 알아볼 필요가 있다. 이를 통해 우리 사회에서의 학회 성립이 순탄치 않았음을 짚어 보게 된다. 그것은 특히 출판 활동의 단절 현상으로 야기된 굴곡을 말한다. 이를 딛고 재편된 것이 출판 환경의 진전으로 나타났다. 이 제재에서 이들 두 가지 문제를 알아보고자 한다.

1) 단절로부터 새로운 지향

　출판의 주된 결과물인 책은 문화 용기이자 가장 오래된 전달 매체로 존재한다. 제임스 와트가 처음으로 응용한 '증기의 힘'도 쓰고 그리는(writing and painting) 표현 행위(원리에 관한 설명)가 전제되지 않았다면 아무런 효용 가치도 기대하기 어려웠을 것이다. 그러한 인식이 과학의 역사를 이해하는 관점이기도 하다(Stephen F. Mason, 1970, p.601).

　역사란, 결국 이전의 사상(事象)에 새로운 가치와 의미를 불어넣어 재매개하는 연속 과정이다. 그 중심에 출판의 운반 기능이 개입되어 왔다. 그런 가운데 이전의 매체를 개조·변형하면서 끊임없는 재매개를 이끌었다(Jay David Bolter, 2011, p.3).

　그와 같은 기록의 집합체인 서적은 오래된 학설에 대한 신뢰를 점검케 했을 뿐만 아니라, 새로운 지식에로의 통합과 교체도 촉진시켰다. 나아가 전혀 새로운 사상의 탄생을 이끌었으며, 그에 따른 적절한 상황도 형성케 했다(Elizabeth L. Eisenstein, 1986, p.43).

　오늘날에는 매체 융합과 인공 지능(AI), 그리고 이를 포괄한 이른바 제4차 산업이 현실화되고 있을 정도로 놀라운 기술 혁명을 경험하고 있다. 그런데 따지고 보면 이 또한 책의 진화·팽창 현상으로부터 말미암은 것이란 사실에 도달한다.

불과 1백여 년 전만 해도 서적은 거의 유일한 지식 및 정보 전달 수단으로 존재했다. 따라서 그간에 이행되어 온 서적의 유통과 독서 체험의 변화는 중요하게 다루어야 할 문제로 취급되어야 한다(강명관, 1996.6., p.171).

우리의 근대화 과정에 서적이 막중한 영향을 끼친 것이 사실이지만, 내외의 시험 대상이 되어 온 것도 사실이다. 18~19세기의 실학자들과 수구 세력들과의 충돌이 그러했고, 서교(西教)의 유입 및 서양 세력의 출몰에 따른 이른바 척화양이(斥和洋夷)의 변인들 또한 두루 그러했다(유홍렬, 1980, pp.326~343 참조). 이와 같은 현상들은 책(기록물 또는 기록의 개념을 포함하여)과 관련된 역사적 징험들임은 강조해 말할 나위도 없다. 책은 단순히 문자를 배열한 도구가 아니라 사상과 감정을 담아 전달하는 용기로 역할하기 때문이다.

유감스럽게도 우리의 근대사에서 보면 책 문화가 제대로 형성되지 못했던 내력을 반추하게 된다. 정치·경제·사회 등 전반적인 면에서 서세동점(西勢東漸)의 동단부가 이 땅이었던 까닭이다. 거기에다 서구 문명을 일찍부터 받아들여 이를 이용해 역량을 키워온 일본 세력이 우리를 유린한 것도 자생적인 추동력이 제어당한 변인이었다.

그러한 와중에서 책은 있으되 한국인을 대상으로 한 지식 전달 목적이 침략자들 편에서 '식민 교육용'으로 변용, 전락되었을 따름이다.

식민지 한국에서 정치·이데올로기적 통제의 첫 흐름은 일본의 '신문지조례'(1875), '출판법'(1893), '치안경찰법'(1900) 등을 모방한 일련의 법률을 통해 이루어졌다. '신문지법'(1907), '신문지규칙'(1908), '출판법'(1909)은 주로 사전 검열을 위해 마련한 제도적 장치들이었다. 또 다른 중요한 통제 장치는 1907년의 '보안법'으로서, 이는 "정치적으로 불온한 언동"을 처벌함으로써 결사와 표현 행위를 통제하기 위해 고안되었다(이철우, 2006, p.92).

한국민에게는 강한 숭서이념(崇書理念)이 내림되어 온 전통이 있다. 책방, 글방, 서당, 서원 등이 모두 책과 관련된 교육 기관이었던 것을 보면 '책을 배우는 인습'이야말로 널리 일반화되어 있었다는 사실을 말해 준다(이종국, 2001, p.33).

그러나 이 같은 오래된 인습도 허무하게 무너져 버렸다. 책이 개명을 열게 하는 가장 효율적인 수단임을 중대시한 침략자들의 책략에 의해서였다. 이로 하여 책을 모으고 식자 간에 유통되던 뿌리 깊은 거래 행위도 자취를 감추고 말았다. 예컨대, 18세기 이후로 흥성했던 경화세족(京華世族)의 몰락이 그와 같은 경우였다.

경화세족이란, 서울을 주된 생활 공간으로 하는 양반 계층을 말한다. 이들은 지위와 재력을 갖춘 세력으로 존재했다. 그러한 조건을 활용하여 다양한 서적을 수집하고 독서의 폭을 넓힘으로써 신지식과 선진 정보를 빠르게 접할 수 있었다. 이들은 상호간에 학술과 문예에 관한 견해를 소통하면서 지식과 정보를 공유했다.

그러한 과정에서 서울과 연경(燕京, 북경을 말함.)의 문화적 정황과 교류 동향을 파악하고 있었던 무리가 또한 경화세족이었다. 따라서 이들은 가문의 장서를 바탕으로 독서 체험을 넓혀 나갔다. 그러면서 서울과 연경학예를 연결해 학술과 문예 동향을 파악했고, 그와 관련된 비평도 주고받았다. 그런 경화세족의 학인들은 서구 문명이 동아시아 질서에 끼친 충격에 이르기까지 다양한 비평적 시각을 넓히는 한편, 세계사의 흐름도 예의 포착하려 힘썼다(진재교, 2003, pp.241~274 참조). 이를테면, 경화세족의 학술 토론 활동이 자연스러운 학회 형식으로 발전할 수 있었던 것이다.

그런 면에서 이들의 당대 학술과 문예에 대한 인식 및 비평 활동은 대단히 개방적인 데가 있었다. 따라서 역량 있는 장서가도 출현되었는데, 이 또한 경화세족에서 나타난 문화적 현상이기도 했다(강명관, 앞의 글, pp.171~173).

경화세족이 뒤흔들림을 당한 것은 초대 조선총독으로 서울에 부임한 데라우치 마사타케(寺內正毅)에 의해서였다. 바로 경술년(1910) 11월부터 일본 헌병, 경찰, 조선인 헌병 보조원 등을 동원해 구가, 양반, 세가(勢家)를 급습하여 민족 출판물 20여만 권을 압수해 불사르거나 판금 조치했고, 이러한 서적을 소지한 자와 열독자도 처벌했다(문정창, 1965, p.80). 이 같은 환경에서 학회의 존립은 말할 것도 없거니와, 모든 출판 활동 또한 불가능한 실정이었다.

2) 하나의 시류—학회들의 출현

이처럼 어두운 현실에 대응하여 반사 작용으로 나타난 움직임이 민족 자강 운동이었으며, 이는 강력한 파급 효과를 추동해 나갔다. 즉, 1900년대 초의 '애국 계몽 운동기'[12]를 말함인데, 그 시기에 발족된 수많은 학회들의 정황을 다시금 되돌아보게 된다.

1904년 국민교육회 이후로 우후죽순처럼 각종 학회가 조직되었다(손인수, 1980, p.339).

---

12) '애국계몽운동기'란, 1905년 을사늑약을 전후한 시기부터 1910년까지 개화 자강파가 중심이 되어 전개한 한국민의 국권 회복 운동기를 말한다. 〈조항래(1993), p.ⅲ〉

일제에 저항하여 발족을 본 학회들은 당시의 한국민 사회에 광범한 영향을 끼쳤다. 그 대표적인 사례를 들면,

> 서우학회(西友學會, 1906.6.~1908.1.), 《서우(西友)》* * 이하 《 》표는 학회지
> 교남교육회(嶠南敎育會, 1906.10.~1908.1.), 《교남교육(嶠南敎育)》
> 호남학회(湖南興學會, 1907.7.~1910.8.), 《호남학보(湖南學報)》
> 기호흥학회(畿湖興學會, 1908.1.~1910.9.), 《기호흥학회월보(畿湖興學會月報)》
> 서북학회(西北學會, 1908.1.~1910.9.), 《서북학회월보(西北學會月報)》

등이 그러했다. 1900년대 초에 발족된 이러한 유형의 학회들은 그 수를 헤아리기 어려울 정도였다. 특히, 지역별로 설립된 경우가 그러했다. 이 학회들이 추구하는 목표는 국민 개명을 통한 국권 회복에 있었다. 학회라기보다는 민족 운동 단체의 성격을 띤 조직이었다.

학회들은 또한 해외 유학생들에 의한 사례도 점증되어 나갔다. 이를테면 동경을 중심으로 한 태극학회(太極學會), 공수학회(共修學會), 동인학회(同寅學會), 대한학회(大韓學會) 등 13개 학회들이 그런 경우였다(차배근, 2000, p.2 참조). 이 학회들은 공통점이 있었다. 요컨대, 대체로 자학회의 이름을 딴 학회보(또는 학회지)를 간행했다는 사실이다. 그들의 주장이 학회보라는 출판 활동으로 구현되었던 것이다. 이는 우리나라 근대 언론 출판 활동의 생성·발전에 직접 또는 간접적으로 적지 않은 영향을 끼친 동인으로 뒷받침되었다(차배근, 위의 책).

학회에 있어 학회보(학회지)는 매우 중요한 결합적 관계로 존재한다. 대면 언어를 통한 공론의 장이 토론회라면 그 공론 과정과 결과, 지향해야 할 공공적, 사회적, 학문적인 견해를 별정의 표현 매체로 전수·전달케 하는 대안이 학회보이기 때문이다.

한국출판학회가 출범하면서 학회보 간행을 가장 중요한 정책으로 채택했던 것도 당연히 그러한 취지와 일치한다. 이 문제는 여러 역대 학회보를 모으고 연구해 온 안춘근이 주장한 중심적인 실천 과제이기도 했다(안춘근, 1972.12., p.63).

앞에서 서술한 바와 같이, 근대적 의미에서 우리의 학회보 간행뿐만 아니라 전반적인 출판 활동은 질곡의 늪에 갇혀 있었다. 위에 예시한 학회보들도 겨우 맹아를 보이려 할 무렵에 이른바 학회령(1908.8.26., 칙령 제63호) 공포로 폐간당하는 일이 속출했던 것이다. 뒤이어 모든 민족 출판물을 폐기케 한 출판법(1909.2.23., 법률 제6호) 공포로 이어지

는 등 제반 출판 환경이 그러한 악법들로 들씌움 당하면서 무위화되어 버렸다. 이러한 현상은 한국인이 설립한 각종 학교들과 학회 그리고 언론·출판 기관들에서 이행하는 모든 민족적인 교육 및 조선적인 표현이나 보급 행위를 이른바 '안녕 질서에 위배된다'는 구실로 탄압했다는 사실을 말해 준다.

이로 하여 의식 있는 학회와 그 기관지들이 자취를 감추었다. 그러던 시절, 국권 피탈로 '주시경의 학문'이 더 이상 뻗어나지 못했으며, '새로운 주시경'도 나타나지 않았다. 일제가 언론·출판·교육 활동을 장악하고 식민지 통치에 필요한 문화적인 조작을 감행했기 때문이다. 우리의 전통 문화를 말살당하면서 일본에서 받아들인 서양 근대 문화를 모방하도록 강요당하는 상황이 자행된 것이다[조동일, 1999(2판), p.195].

1945년 광복이 되면서, 우리 학계는 저마다 다른 주장들로 넘쳤다. 주로 정치 지망생이나 교육계에 몸담은 인사들이 사회·정치적인 목적으로 학회·연구회 등을 조직하는 사례가 빈번했다. 그러나 슬로건만 요란했을 뿐이며, 준비가 제대로 된 조직체는 매우 드문 실정이었다. 예컨대, 다음과 같은 단체들을 들 수 있다.

계몽구락부, 대한애국정신보급회, 사회과학연구회, 조선맑스·엥겔쓰·레닌연구소, 조선경제연구소, 조선과학자동맹, 과학회, 조선행정학회, 조선맑스·엥겔쓰·레닌·스타린연구소, 조선학술연구회, 조선어학회, 진단학회, 신문화연구소[13]

이 단체들 중에서 가장 오랜 역사를 유지한 단체가 '국어의 정확한 학리를 연구할 목적'으로 발족한 한글학회(1921.12.3.~)와 '한국의 역사·언어·문학을 연구할 목적'으로 발족한 진단학회(1934.5.7.~)이다. 물론, 이들 양대 학회는 학회지인 《한글》(한글학회), 《진단학보》(진단학회)를 내는 이외에 관련 출판 활동도 계속하고 있다.

광복 이태 뒤에 한국서지학회도 결성을 보았다. 이 학회의 경우는 학회지 간행(1960년 2월)이 뒤늦긴 했으나, 서지학 연구 단체 중 최초기 실현으로 꼽힌다.

한국서지학회는 1947년 8월 25일 이병기(李秉岐), 홍순혁(洪淳赫), 김구경(金九經), 박봉석(朴奉石), 이재욱(李在郁), 송석하(宋錫夏) 등 6인의 발기로 창립되었다. 사무실은 국립도서관(관장: 이재욱)에 두었다. 그러나 6·25 전쟁 이후로 활동이 유명무실해져 사실상 중

---

13) 이 단체들은 1945~1948년 사이에 1종 이상의 출판물을 간행한 곳을 조사 대상으로 선정했다.

단 상태나 다름없었다.

이 학회가 설립 당시는 '한국서지학회'라 했으나, 1968년 5월 '한국서지연구회'가 출범하면서 그 부활이 모색되었다(이하 '한국서지학회', '한국서지연구회'에 관해서는; 이 책, pp.235~240 참조).

한국서지연구회는 1968년 5월 통문관(通文館, 관훈동 147번지) 2층에서 발족되었다. 이 연구회 간사인 안춘근이 《서지학》 창간호(한국서지연구회, 1968.9.)에 기고한 「경과보고」를 통하여 당시의 전말을 자세히 밝혔다(이 책, pp.237~238 참조).

그런 한편으로 한국출판학회 회원으로서 한국서지학회에도 가입하여 활동한 이는 이 학회의 회직을 역임한 안춘근(1968년 5월 간사 취임)과 윤병태(尹炳泰) 등이 있다. 윤병태의 경우는 '90년대 초에 한국서지학회 회장(1991.12.~1993.12.)으로 선출되었다.

안춘근은 한국서지학회의 《서지학》 제5호(1972.11.)에 「역사·언어·민속 연구지 향토고」를, 제6호(1974.12.)에 「한국 세책업 변천고」 등을 발표했다. 또, 같은 학회의 《서지학연구》 제2집에는 「갑인자 주자 사실 보의(甲寅字鑄字事實補疑)」(1987.9.)를, 동 학회 발행 《계간 서지학보》 제3호(1990.12.)에도 「포활자(匏活字)* 존부(存否)에 대하여」 등 여러 차례에 걸

《서지학연구》 제2집

쳐 비중 있는 논문을 기고했다(* 건조된 바가지 외피를 적절한 규격으로 잘라 인쇄용 활자로 만든 것).

윤병태의 경우는 《서지학연구》 제8집에 「일본 반환 전적 문화재의 서지학적 연구」(1992.12.), 제10집에 「평민 장혼(張混)의 편찬서와 간행서」(1994.12.) 등을 발표했다. 안춘근으로부터 고문헌에 관한 연구와 서지 정보를 상당 부분 도움 받았던 윤병태에 의하면,

남애 선생이 장서의 일부를 논고로 발표하거나 저서의 일부분으로 인용할 때마다, 지상이나 TV에 보도될 때나 각종 전시회에 출품하였을 때에는 가능하면 기록하여 서명의 가나다순으로 배열하여 두었으며, 이러한 집적의 결과들이 모여 1968년에 국회도서관에서 『한국고서종합목록』을 발간할 수가 있었다. (중략) 『한국고서종합목록』에는 남애 선생의 장서가 가장 많이 저록되어 있다. 그 까닭은 선생께서 모으신 장서를 가장 많이 공개·공표한 이유가 아닌가 생각한다(윤병태, 1986.10., pp.77~78. 이 책, p.366 참조).

윤병태 교수의 발제 모습(한국출판학회 세미나에서 1984. 6.29.)

라고 회고한 바 있다.

한국서지학회 등 몇몇 인접 분야의 연구자 단체들이 점차 활동의 폭을 넓혀가던 광복 후 4반세기를 맞이할 무렵 한국출판학회가 탄생되었다.

그러한 뒤늦음은 우연한 일이 아니었다. 따지고 보면 사회과학이나 응용과학 영역의 많은 대형 학문 분야들이 6·25 이후에 이르러, 그것도 1950년대 후반부터 대학에서의 연구와 교육 대상으로 들어선 것을 상기하게 된다. 학문적 변방에 머물고 있던(사실은 접근의 조짐조차 부재했던) 출판학 연구의 경우는 더욱 심각한 공황 상태를 면하지 못한 실정이었다.

특이 사례이긴 하나 1955년 6월 북한에서 출판된 『조선서지학개관』[14]이 우리 학계에도 알려진 바 있는데, 이를 하나의 초기 징험이라 할 수 있다. 이 책은 1999년 5월 서울의 한국문화사에서 영인본으로 선보였다. 전체 3장 및 22절 중 제2장(동서, pp.33~76)이 출판 연구와 비교적 관련이 있는 내용이어서 주목된다. 그 내용 중 일부를 보면 다음과 같다.

제1장 서지학의 의의와 과업(제1절~제4절)
제2장 우리나라 서적의 발전과 그 몇 가지 특징
  제5절 인본이 나오기까지의 서적
  제6절 인쇄술의 발달과 서적
  제7절 조선 책의 체식
  제8절 우리나라 서적의 기록 수단으로 되고 있는 문자
  제9절 장서 및 도서관
  제10절 도서의 분류

14) 안문구·우세영 집필(1955). 국립중앙도서관 서지학부 편. 『조선서지학개론』. 평양: 국립출판사. /영인 (1999.5.). 서울: 한국문화사.

우리나라에서 출판학 연구의 첫 동인이 생성된 것은 안춘근이 1958년에 서울신문학원에서 '출판학'을 강의하면서 비롯되었다(이 책, p.134 참조). 뒤이어 『양서의 세계』(아카데미사, 1959.3.), 『출판개론』(을유문화사, 1963.2.)을 냈고, 1966년 9월 이화여자대학교 대학원 도서관학과[15]에서 '출판학'을 강의하면서 그 본격성을 더해 갔다. 그가 저술한 최초의 출판 이론서인 위 두 책은 강의 교재로 사용되었을 뿐만 아니라, 이후로도 큰 주목을 받았다.

그 무렵, 출판계의 뜻 있는 인사들 쪽에서 출판을 연구하는 동호회를 조직하고자 하는 움직임이 나타나기 시작했다. 이는 결국 학회 결성을 지향한 의미 있는 움직임이었다.

2. 출판계의 정황과 출판 연구의 필요성 제기

1) 출판계의 일반적 정황

책은 사회 집단의 이해, 의미, 가치가 구체적으로 반영된 문화의 산물이다. 따라서 책은 국가나 사회의 전형적인 문화적 표현이며, 그 사회 발전을 담은 모습 그 자체라 할 수 있다. 그러한 의미에서, 책을 생산하는 출판 산업은 국가 발전의 상부 구조로서 경제적 발전의 반영임과 동시에 미래 국가 발전을 위한 동인이 된다(노병성·권오박, 2015, p.92).

한국출판학회 창립을 전후한 시기에 출판계의 정황은 어떠했는가? 우선, 우리나라에서의 제 방면에 걸친 산업화도 경제개발 5개년 계획이 시작되면서 가속화되었다. 1960년대에 들어와 5차(1962~1986)의 경제개발 계획을 추진하는 동안 연평균 10%에 가까운

---

15) 1954년 4월, 이화여자대학교에서 교양 과목으로 '도서관학' 강좌가 개설되었다. 1959년 동 대학교 문리과대학 내에 '도서관학과'가 창설되었고, 1963년에 석사과정, 1987년에 박사과정이 개설되는 순으로 이어졌다. 안춘근은 1966년 9월 동 대학교 대학원의 도서관학 전공 과정에 출판학 강좌가 개설되면서 이 교과목을 교수했다. 이때 안춘근이 '출판학'을 'Publishing Science'로 영역하여 외국에 알렸다(안춘근, 1992, p.107). 참고로 우리나라의 정규 대학에서 최초로 도서관학과(오늘의 '문헌정보학과')가 창설된 것은 1957년 3월 연세대학교 문과대학에서였다. 이는 미국의 도서관학 관계 교육 사절단이 내한하여 이 대학에 도서관학과 창설을 권한 것으로부터 비롯되었다.
  안춘근은 이화여자대학교에서의 강의에 앞서 1958년 4월부터 서울신문학원에서 최초로 '출판학'과 '도서학'을 강의(1958.4.~1960.3.)한 바 있다.* * 이종국(2015). 『편집 출판학 연구 총설』. 서울: 패러다임북, p.349.

성장률을 보인 것이 그러한 징험이었다. GNP 규모로 보면 1962년에 최빈국 수준인 87 달러에 지나지 않았으나, 1977년에 이르러서는 1,034달러로 뛰어올랐다. 이는 제1차 계획 첫해(1962)보다 무려 12배나 증가한 실적이었다.

그럼에도 불구하고, 출판 부문의 경우는 침체 상태를 벗어나지 못했다. 이와 관련하여 당시의 출판 통계(초·중판 합계)를 알아볼 필요가 있다. 한국출판학회가 창립된 1969년 전후의 출판 실적을 보면 다음과 같다.

    1965년 9,249종
    1966년 9,005종
    1967년 6,364종
    1968년 2,528종
    1969년 2,522종
    …
    1975년 9,225종
    1976년 13,424종

이와 같이, 출판 종수의 증대는 1960년대 후반으로 넘어오면서 급락 현상을 보였다. 이는 외적인 경제 환경과는 상대적이었다. 당시 대한출판문화협회에서도 그간의 부진 현상을 회고하면서 "경제 재건과 함께 모든 분야에서 발전을 거듭하고 있는 현실에 비추어 유독 출판계만이 만성적으로 낙후되어 있다."고 밝혔다. 그러면서 "전문 도서의 개발로 경제 성장의 기초적인 역할을 담당해야 할 출판계의 부진이야말로 사회적 기형을 노출하게 될 것"이라고 지적했다(대한출판문화협회, 1972, pp.195~196). 그러다가 마침내 회생의 조짐을 보인 것이 1976년에 이르러서였으며, 이 해에 총 출판 종수가 1만 종 돌파(13,424종)로 나타났다.

이웃 일본의 경우는 1965년 14,238종, 1966년 14,988종, 1967년 16,119종, 1968년 16,722종, 1969년 17,833종으로 꾸준한 증가세를 보였다. 그러한 과정에서 2만 종대를 넘긴 것이 1971년이었으며, 1976년에 이르러는 23,464종으로 뛰어 올랐다(出版データブク: 1945~1996, pp.44~67).

이렇듯, 일본에서는 전후(戰後)의 왕성한 발전에 힘입어 출판 실적이 거듭 상승세를 보여 주고 있었다면, 한국의 경우는 줄곧 침체를 벗어나지 못했다. 그럼에도 이 무렵부터 출판을 하나의 산업 단위로 보고자 하는 시각이 나타난 것은 그나마 발전적인 현상이었다고 할 수 있다.

우리나라에서는 1980년대에 이르도록 출판 매출을 공식적으로 집계하는 기구도 없었고 체계도 되어 있지 않았다. 다만, 1989년에 독자 단계에서 도서만의 추정 매출액 기준으로 1조 원을 돌파한 것이 그 근거가 될 수 있다. 일본의 경우는 잡지를 포함한 매출액이 1조 엔을 기록한 1976년부터 '출판 산업'이란 말을 자주 쓰기 시작했다(이두영, 1991, p.155).

이로 보아 출판 부문은 오랫동안 낙후된 상태로 머물러 있었다. 겨우 기지개를 켠 것이 1970년대 후반에 이르러서였기 때문이다.

2) 출판 연구의 필요성 제기

출판 연구에 대한 환경 점검은 관련 정책을 다루는 행정 기관이나 출판계의 정황도 당연히 중요한 대상이며 요건이 된다. 한국출판학회가 태동하기 직전의 상황을 보면 출판 행정을 관장하는 중앙 부처도 공보처(1948.11.~1955.2.)였다가 문교부(1955.3.~1968.7.)로 이관되었다. 그러던 끝에 문화공보부(1968.7.~, 오늘의 문화관광체육부)가 신설되는 등 주무 기관이 여러 차례 변환 과정을 거쳤다.

1960년대 후반의 경우, 30여 개의 주요 학회[16]와 44개의 관련 단체도 존재했으나 출판 연구나 출판학과 창설 등 일련의 학문적인 장치에 관한 관심을 보인 기관은 대한출판문화협회(이하 출협)뿐이었다. 출협이 기관지로 《출판문화》를 발행하면서 출판 연구와 출판계 이슈 및 최근 정보들을 매개한 사례가 그것이다. 한국출판학회와 일본출판학회가 출범을 보았다는 소식을 처음으로 전해 준 매체도 이 잡지였다.[17]

---

16) 1960년대 후반의 주요 학회들 중 인문·사회과학 분야를 들면 한글학회, 진단학회, 대한국제법학회, 아세아학술연구회, 한국경제학회, 한국교육학회, 한국신문학회, 한국영어문학회, 한국정치학회, 한국국제정치학회, 한국철학회, 한국행정학회 등이다. 이 중 유관 학회로 한국신문학회(오늘의 한국언론학회)를 들 수 있다. 이 학회는 1959년 6월 곽복산(郭福山, 서울신문학원 원장)의 주도로 설립되었다. 한국도서관학회가 발족된 것은 1969년 1월이며, 한국서지학회의 경우는 1947년 7월에 설립된 이래 명맥만 유지해 오다가 1970년 5월에 이르러 재편을 보았다.

17) 「한국출판연구회 생기다. 일본에서도 출판학회」, 《출판문화》(통권 43호). 대한출판문화협회, 1969.4., p.19. 「한국출판학회 탄생—초대회장에 안춘근 씨」. 《출판문화》(통권 46호). 1969.6., p.17.

이 같은 국내외 정세들에 관해서는 안춘근 등 극소수의 인사들이 기회 있을 때마다 업계와 학계에 정보를 제공하면서 자극을 준 데 따른 영향이기도 했다. 이미 1950년대 중반 이래로 안춘근은 출판학 연구와 출판학 교육에 대한 국내외 정보를 계속 확보해 오고 있던 터였다.

남애 안춘근은 뒷날 1960년대의 출판계가 침체되어 있을 때, "출판의 활성화를 출판 연구로 성취하기를 바랐다."(안춘근, 1989.12., p.10)고 회고한 일이 있다. 요컨대, 출판학회의 필요성을 그와 같은 소망으로 나타낸 것이다.

이보다 앞서 초기의 출판 연구와 관련하여 관심을 보인 사례는 역시 안춘근의 저술들에서 나타난다. 그는 1959년 3월에 『양서의 세계』(아카데미사) 등 3권의 관련 저서를 잇따라 내놓으면서 출판 연구의 중요성을 알렸다(이 책, pp.125~126 참조). 또, 1960년 4월 25일에 현대사(대표: 정재표)에서 창간된 출판 정보지 《도서》와 《을유저어널》[18] 등의 출현도 중요한 매개체 역할을 감당했다(을유문화사, 1997, pp.195~196). 남애 안춘근은 이 잡지들을 통하여 다수의 출판 관련 연구를 쏟아냈다.

한편, 1967년 11월 28일 대한출판문화협회에서는 정부와 국회에 출판학과 설치를 건의한 일도 있다. 이 일은 매우 중요한 사건으로 기록된다(대한출판문화협회, 1972, pp.271~273). 이로써 당초 출판계의 결의로 현실화되었던 「신문대학원에 출판학과 설치 요청」(출협 제169호; 1969.11.10., 수신; 서울대학교 총장, 참조; 신문대학원장)이 다시금 표면으로 드러나게 되었다.

그런가 하면, 1969년 초 한양대학교에서 문교부에 '출판학과 설치인가'를 신청한 일도 있다. 그러나 뒤에 문교 당국의 대학 정원 증가 발표에는 빠져 있어, 신청한 대학이나 출판계가 크게 실망했다(한태석, 1970.2., pp.70~71). 한양대의 경우는 수년 전부터 두 차례, 그리고 동국대학교에서도 1972년에 인가 신청을 냈으나 백지화되어 버렸다(안춘근, 1973.9., p.70).

그럼에도 불구하고, 이러한 환경들은 출판학회의 창립으로 향하는 사회적 배경으로 일정 부분 뒷받침된 일련의 정황 형성 과정이었다고 할 수 있다.

---

18) 《도서》지는 1960년 12월 5일 현대사에서 을유문화사로 발행권이 이양(통권 제2호부터) 되었으며, 1970년 6월 통권 제12호로 종간되었다. 《을유저어널》은 1962년 5월에 창간되어 1970년 3월 통권 43호로 종간된 서평지이다. 남애는 이 잡지들에 출판학과 서지학 관련 논문을 한 호도 거르지 않고 발표했다(을유문화사, 1997, p.196, pp.209~210).

3. 출판학회의 창립 모색과 창립

출판학 연구에 대한 관심은, 우선 연구의 필요성 제기로부터 동인한다. 이 문제는, 출판 행위와 출판 현상을 이론적으로 연구, 체계화해야 마땅하다는 명분 제기와 상관된다.

이 제재에서는 초기의 출판학 연구를 위한 모색이 어떻게 나타나고 있었는가와, 그러한 관심에 따른 한국출판학회 창립과 그 의의에 관하여 살펴보고자 한다.

1) 출판학 연구를 위한 모색—초기적 관심

처음으로 출판학 연구의 필요성을 주창한 안춘근에 의하면, 출판이 제반 문화 내용을 반영, 전달하는 핵심적인 존재임에도, 왜 학문적인 연구 대상으로 삼으려 하지 않는가를 의구했다. 그는 1958~1960년에 서울신문학원에서 '출판학'을 처음으로 교수했을 뿐만 아니라, 1966년 「출판학원론」이란 논문을 통해서도 출판학 연구의 타당성을 주장하기에 이른다(안춘근, 1966.12., pp.157~163 참조).

위의 논문은, 출판 연구에 대한 관심조차 전무한 상황 속에서 발표되었다. 출판 연구가 불모지였음에도 '학'으로서의 학문임을 선언한 것이다. 당시 안춘근의 주장에 의하면, "출판은 예술과 기술과 상업을 혼합한 것"이라 하면서, 다음과 같이 말했다.

출판은 우선 심오한 저술이거나 예술적 표현의 승화된 저작을 소재로 하여, 고도의 종합적인 기술을 구사하여 형상화된 문화재를 상업 수단에 의하여 독자에로의 전파와…보존하도록 하는 것이다.

〈안춘근(1966.12.). 「출판학원론」. 《성균》(제17호), p.157〉

이와 같은 견해는 여러 영역을 소재로 하여 취재, 선택된 저술(저작물) 내용을 복제 기술에 힘입어 제작, 공급함으로써 항속적인 생명력을 보전케 하고, 그러한 문화적 행위를 통해 이윤 추구를 꾀하는 일이 출판임을 말하고 있다.

안춘근은 또한 1963년 2월에 낸 『출판개론』에서도 출판 연구의 성격에 대하여 "출판을 가능케 하는 모든 요소의 지식을 통틀어 조정하고 종합하는 것"이라고 밝혔다(안춘근, 1963, p.55). 이에서, '모든 요소'란 이론적 구명(究明)의 대상을 말함인데, 출판에 전제되는 아이디어의 선택에서 제작 과정을 거쳐 공급·수용(독자)에 이르는—기획, 생산, 시장 투입 그리고 기업적·문화적 영향 등의 제반 범위를 말한다. 요컨대, 하나의 출판물이 이룩되는 전체적인 질서에 따라 그 보급과 효과에 이르기까지 개별적이고도 통합적인 구조, 또 그에 종속된 여러 사안들을 이론적인 연구 대상으로 보고자 한 것이다. 이 모든 요건들은 과학적인 논증이 뒷받침되어야 하며, 단지 경험에 의지한다거나 통념적인 접근만으로 출판 현상을 이해하려는 태도야말로 부적절하다고 보았다(안춘근, 위의 책, p.54. 안춘근, 1969, p.13).

그 후, 출판 연구를 학문적으로 체계화해야 한다는 생각은 민병덕에 의해 또다시 천명되었다. 1967년 6월, 그는 「대학에 출판학과 신설을—학문적 체계화를」 실현해야 한다고 강조하면서 그 당위성을 주장했다〔민병덕, 1967.6.19.(5)〕. 이 논문에서, 출판학 연구의 산실은 마땅히 대학이어야 하며, 국내의 대학들에서 도서관학과, 신문학과 등이 설치되어 있음에 비추어, 이 학과들과 유기적인 관련을 맺는 상태에서 출판학과의 설치와 연구 활동이 병행되어야 한다는 주장을 내세웠다.

이렇듯, 1960년대부터 출판을 체계적으로 연구해야 마땅하다는 주장이 꾸준히 제기되었다.[19] 이는 다음과 같은 세 가지 이해로 설명할 수 있다.

첫째는, 출판 연구의 필요성이 우리의 출판문화를 발전시켜야 한다는 현장적 인식으로부터 출발되었다는 사실이다. 다시 말해서, 기존의 학계나 대학을 중심으로 한 연구자 집단에 의한 것이 아닌, 현업 종사자들 쪽에서 관심이 제기된 것을 말한다.

둘째는, 영역의 명칭을 '출판학'으로 표방했다는 선험성이다. 이로 하여, '출판학'이라는 말을 선언(안춘근, 1966.12.)한 지 불과 2년 6개월 뒤(1969.6.)에 출판학의 학회인 한국출판학회 창립으로 이어졌다. 이 같은 과정은 매우 급진적으로 이행되었음을 말해 준다. 물론, 역사적으로 소급해 보면 지난 세기의 벽두에 도서 출판을 크게 중시하여 민족 계몽을 이끌고자 했던 여러 학회들이 존재했으나, 그런 경우를 일컬어 출판학 연구의 뿌리라거나 시발점이라고는 보기 어렵다.

모든 학문이 실천적인 문제에 주안하여 주로 현실적인 필요성에 따라 연구, 발전되듯이, 출판 연구에 대응한 관심도 그런 점에서 더욱 직접적인 데가 있다. 또, 그러한 '실무형 현

---

19) 예컨대, 1990년대 초까지 출판학·출판 교육의 중요성을 주장한 연구는 40여 편에 이를 정도였다.＊ ＊ 자료: 이종국(1993). 「출판학·출판 교육 관계 주요 논저—(2) 출판 교육」. (사)한국출판학회 편. 『21세기 출판 발전을 위한 전문인 육성책』. 서울: 책의해조직위원회.

실성'의 추구는 초기 연구 과정에 나타난 기본 양태이기도 하다.

셋째는, 우리의 출판문화를 말하되 장구한 역사가 누적되어 왔음을 강조하면서도, 왜 체계적인 연구가 열려 나가지 않았는지를 우려했다는 사실이다. 다시 말해서, '인쇄·출판술의 종주국' 운운하는 현시 행위만으로 당면한 낙후성을 어떻게 극복할 수 있는지를 의구하고 있었던 것이다.

이와 같이, 초기에 제기되고 있던 일련의 학문적 관심은 현실과 이론의 상합적인 모색이 결여되었다는 자성에서 비롯되었다. 물론, 출판의 결과로 이룩된 책의 역할이 사회·문화 전분야에 걸쳐 큰 영향력을 끼치는 주요 매체임에 비추어, 이에 대한 연구와 학문적 개발이 왜 소외되고 있는지를 우려한 데서 상대적인 관심이 야기되었던 것이다. 이에 대응한 매우 중요한 실현이 출판학회의 발족을 성사케 했다.

2) 한국출판학회의 창립과 의의─연구자 그룹의 생성

한국출판학회의 창립

한국출판학회는 남애 안춘근이 처음으로 출판학 연구의 필요성을 제기한 것으로부터 탄생을 본 구체적인 실현이다(이종국, 2015, p.408). 그가 저술한 『출판개론』(1963)에서 보면, 출판 연구에 요청되는 여러 분과학을 제시하면서, 책을 형성함에 필요한 모든 과정을 분석하고 출판에 선행해야 할 지식을 체계화하는 이론이 필요한 것임을 강조했다(안춘근, 위의 책, p.54). 이는 출판학의 정립을 주장한 취지로 압축된다.

출판 연구의 필요성은 《성균》(제17호)지에 발표한 「출판학원론」을 통하여 재천명되었다. 이에 의하면, "출판은 문화의 어머니이다."라고 전제하면서,

……문화 일반의 발전을 시급히 회복하려면 다른 어떠한 분야의 노력보다도 출판의 과학적인 연구가 절실하게 필요하다. ……출판도 하나의 아이디어를 포착해서 책을 형성함에 필요한 모든 과정을 분석하고 산발적인 하나하나의 지식을 더듬기보다는 출판에 선행해서 조사해야 할 것은 물론, 이를 통일적으로 이해할 수 있도록 체계를 세우는 출판의 이론이 필요한 것임은 다시 말할 것도 없다.

〈안춘근(1966.12.). 「출판학원론」. 《성균》(제17호), pp.157~163〉

라고 강조했다. 남애는 이와 같은 원의적(原義的)인 관점에서 출판 이론화의 싹을 틔우고 자 했다(민병덕, 1997.12., pp.4~5).

한국출판학회는 1969년 3월 17일 '한국출판연구회'로 발족을 보았다. 일종의 동호인회 형식이었다. 1969년 정초 황병국(黃秉國)과 민병덕(閔丙德)이 상도동 안춘근의 집으로 새 해 인사차 방문하면서 연구회 발족을 제의하여, 그 결실을 보게 되었다(안춘근, 1972.12., p.62. 민병덕, 1985, p.84). 남애는 이들 두 사람과 만난 자리에서 "여러분들이 하는 일에 적극적으로 협조하겠다."는 뜻을 밝혔다. 그 직후의 사정과 관련하여 남애는 다음과 같은 기록을 전함으로써 한국출판학회의 창립 전야와 관련된 중요한 증언을 남겼다.

그해 3월 중순에 우선 연구회라는 명칭으로 결속되고 민병덕을 간사로 했다. 이어서 월례로 몇 차례 모이는 동안 학회로 발전시키는 동시에 회보를 발행할 것을 결정했다. 그러나 노 주간(삼중당의 노양환(盧琅煥) 주간을 말함. 필자 주)은 순수한 학회보다 편집자 협회와 같은 회로 만들면 어떠냐고 하더니 흐지부지 학회와는 거리가 멀어지고 말았다. 우리는, 협회로 하면 자연 직능 단체의 성격을 띠게 되고, 그렇게 되면 기업주들과 묘한 관계로 발전하기도 쉽거니와, 애당초 우리들의 목적이 순수한 학문적인 연구만을 위하 는 것이므로 학회로 해야겠다는 결론을 내렸던 것이다. 한국출판학회는 이렇게 해서 생 겼고, 얼마 동안은 매월 번갈아서 연구 발표도 했다.

〈안춘근(1972.12.). 「남애영도기·권 2」. 《출판학》(제14집), pp.62~63〉

한국출판연구회 발족 무렵(뒷줄 좌로부터 김진환, 박일준, 허영환, 한태석, 민병덕, 허천 등이고, 아랫줄 좌로부터 황병 국, 안춘근, 이중한 등임.)

이를 출발점으로 한국출판연구회는 출판을 역사적 또는 현상적인 면에서 출판의 각 분야를 검토 연구함으로써 출판문화 향상에 기여한다는 뜻에서 매 월 첫째 주 목요일에 월례회를 갖기로 하고 동인지도 낼 것을 결의했다(민병덕, 1998.12., pp.14~15). 이로부터 창립 및 《출판학》 제1집이 나올 때까지의 과정을 정리하면 다음과 같다.

- **1969년 1월 1일(수):** 안춘근 댁으로 황병국, 민병덕이 방문하여 새해 인사. 이 자리에서 "출판을 연구하는 모임이 있었으면 좋겠다."고 민병덕이 제의. 남애가 "적극적으로 협조하겠다."고 말하다.

- **1969년 3월 17일(월) 18시:** 해종다방[을유문화사(관철동 112번지) 후문 쪽]에서 출판연구에 관심 있는 7인이 모였다. 노양환, 민병덕, 박일준, 안춘근, 양문길, 이중한, 황병국 등이었다. 이날, "월례로 몇 차례 모이는 동안 학회로 발족시키는 동시에 '학보' (학회의 논문집) 발행을 결정했다. 한국출판연구회 발족하다.

- **1969년 6월 5일(목) 18시 30분:** 을유문화사 회의실에서 한국출판연구회를 한국출판학회라 개칭하기로 결의하다.

- **1969년 6월 22일(일) 오전 10시:** 을유문화사 회의실에서 한국출판학회 창립총회를 열다. 창립 회원은 안춘근, 민병덕, 박일준, 양문길, 이중한, 한태석, 허영환, 허천, 황병국, 안일승 등 10인이다. 전문 13조 및 부칙 4항으로 조직된 '한국출판학회 회칙'을 심의·공포하고, 동 회칙 제8조(임원)에 따라 회장에 안춘근, 총무간사 민병덕, 출판간사 황병국, 연구간사 박일준, 감사 양문길을 각각 선출하다.

한국출판학회 창립총회(1969.6.22.)를 마치고 나서

- **1969년 8월 15일(금):** 학회지 《출판학》 제1집 간행.*

  * 이상의 내용은 다음의 자료에서 의거함.

  안춘근(1972.12.). 「남애영도기·권 2」. 한국출판학회 편. 《출판학》(제14집). 서울: 현암사, pp.62~64.

  민병덕(1998.12.). 「한국출판학회 창립 전후」. 한국출판학회 편. 《'98출판학연구》(제42호). 서울: 범우사, pp.14~18.

  민병덕(2000.12.). 「출판학 연구의 새로운 출발」. 『한국출판학의 사적 연구—한국출판학회 30년사』. 서울: 사단법인 한국출판학회, pp.23~25.

  이종국(2001.11.). 「출판학 연구의 진전과 그 과정적 이해—한국의 출판학 연구 과정에 나타난 연구 경향을 중심으로」. 서울: (사)한국출판학회 편. 《한국출판학연구》(통권 제43호). 서울: 범우사, pp.328~329.

  이종국(2015). 『편집 출판학 연구 총설』. 서울: 패러다임북, pp.408~411.

이로써 출판학회의 역사가 열렸다. 창립 당시 각계 원로들을 고문으로 초빙한 일도 특기해 둘 일이다. 즉 학계에서 이선근(영남대 총장), 정충량(이화여대 교수), 최준(중앙대 교수), 출판계에서 정진숙(을유문화사 사장), 조상원(현암사 사장), 최영해(정음사 사장), 그리고 인쇄계에서 김상문(동아출판사 사장), 유기정(삼화인쇄 사장), 채복기(삼성인쇄 사장) 등이 그들이었다.

1991년 5월 27일에는 한국출판학회가 '사단법인 한국출판학회'로 등록함으로써 다시금 위상 변화를 실현했다. 본 학회의 사단법인체 등록은 우리 사회의 모든 학회들 중에서 선두 사례로 꼽힌다.

이제 2019년으로 창립 50주년이며, 학회지 《출판학》을 이은 《한국출판학연구》도 통권 제86호(2019년 3월 현재)에 이르렀다. 이 논문집은 한국연구재단(KCI) 등재지이기도 하다. 회원 수 또한 거듭 증가되어, 2018년 말 현재 300여 명을 상회하는 규모로 불어났다.

한국출판학회가 추구하고자 하는 목적은 창립총회에서 제정, 공포된 회칙(제3조 '목적')에 나타나 있다. 그 내용을 보면 다음과 같다.

이 회는 출판에 관련된 여러 분야의 역사적, 현상적인 면을 조사·연구하여 학문적으로 체계화하고 과학화함으로써 학문과 출판문화 발전에 기여함을 목적으로 한다.

이와 같이, 회칙을 통해 학문적 지향점을 분명히 설정했다. 따라서 출판은 여러 분야를 공표재로 삼아 출판물로 마무리하여 공중을 향해 공포하는 행위이므로, 이에 따른 고유한 학문적 특징을 설정하고 있다. 창립 회칙은 민병덕 회원이 기초했다.

출판학 연구를 목적으로 창립을 본 한국출판학회는 그 창립 의의뿐만 아니라, 이 분야 연구사에서 매우 중요한 기틀이 마련되었음을 의미한다. 무엇보다도, '출판학'이라는 하나의 전문 분야에 대한 관심을 공론(公論)의 장으로 끌어올렸다는 점에서 역사적 의의가 크다.

창립 의의

앞에서 말한 바와 같이, 출판학 연구에 관심을 둔 인사들의 결집체로 창립을 본 한국출판학회는 순수한 자생적인 실현이었다.

한국출판학회는 특히 현업에 종사하는 편집자 중심으로 창립되었다는 특징이 있다. 우선, 대학에서의 출판학 교육이 이루어지지 않아 전문가 양성이 되어 있지 않았고, 관련 강좌마저 극소한 상황에서 주로 현업 종사자들 쪽에서 연구의 필요성이 제기되고 있었던 것이다. 창립총회에 모인 회원들 중 안춘근, 박일준, 한태석, 황병국, 안일승(이상 을유문화사) 등이 그러했고, 민병덕, 양문길(이상 현암사), 이중한(세대사), 허영환(한국일보사), 허천(전 민중서관, 창립 당시 성정여고) 등도 현업 종사자들이었다.

이들은 출판 업무를 추진하는 과정에서 실무에 대한 체계적인 연구야말로 시급한 현안으로 받아들였을 뿐만 아니라, 나아가 이론적인 구안이 절실하다는 점을 직시했다. 그러한 요구에 따라 생산된 성과 중의 하나가 『출판실무편람』*이었다〔* 안춘근·한태석·민병덕(1976). 한국출판학회 편, 경인문화사 발행〕. 이 책은 순전한 종합 실무서로서는 첫 성과이기도 하다.

초기의 신문학과 스피치학에 대한 관심도 전문 기술 양성에 치중했다는 특징이 있다(이경자, 1994, p.46). 출판 또한 과학화를 외면하고 단순히 경험 위주로 되풀이하는 것을 우려하여 학회 회원이 앞장서 전문 기능 배양을 중시했다(앞의 『출판실무편람』, p.3 참조).

우리 학계에는 6·25 전쟁 이후로 연구 단체들이 발족되기 시작했는데, 그 대부분이 외국에서 수입된 이론이나 학문적 경향에 자극을 받아 탄생되었다. 다시 말해서, 외국에서 개발한 이론적 틀에 끼워 넣은 방식으로 연구 방법을 응용하는 경우가 일반적이었던 것이다. 이는 진취적이라거나 앞선 선택이라고 볼 수도 있다. 그러나 두루 합리적인 방안이었다고 보기 어렵다. 무엇보다도 우리의 체질에 걸맞은 대응 또한 중요한 방법이기 때문이다.

출판학은 서구에서도 일찍이 존재하지 않았던 연구 분야다. 그러므로 기존의 어떤 적절한 모형조차 기대할 수 없었던 분야가 출판학이기도 하다. 이와 관련하여 일본의 출판뉴스사(出版ニュース社)에서 발행한 『출판사전(出版事典)』에 수록된 「일본출판학회」 항목에서도

일본출판학회는 여러 가지 각도에서 출판 현상을 연구하고 과학으로서의 출판학을 발전시키는 것을 목표로 하고 있는 점에 특징이 있다. 세계에 유래가 드문 학회인데, 최근 한국에서도 설립되었다.

〈出版事典編輯委員會 編(1971). 『出版事典』, p.342〉

《出版學》 창간호

고 했다. 이 역시 독자적인 존재임을 밝혔다. 여기서, "최근 한국에서도 설립되었다."라 한 것은 단지 3일 간의 시점 차(한국: 1969.3.17., 일본: 1969.3.14.)를 두고 출범한 한국출판학회를 가리킨 것이다. 참고로, 두 학회의 창립 정황을 요약해 보면 〈표 8〉과 같다.

한국출판학회는 창립 후 4개월 만에 학회지 《출판학》을 창간[20]했다. 처음으로 이룩된 출판학 연구지를 통하여 연구와 관심이 집약되고 활성화될 수 있었다.

남애 안춘근은 이 학회지야말로 '출판학을 위하여'[21] 창간되었음을 내외에 선포했다. 그런 《출판학》*은 이후로 출판학 연구의 중심 매체로 많은 역할을 감당하게 된다(* 영문 명칭: *The Publishing Science*). 이 학회지는 또한 세계 최초로 창간된 출판학회의 출판학 연구지라는 기록성이 있으며, 지령 또한 동일 분야에서 가장 오래된 논문집이기도 하다. 일본출판학회의 《출판연구》는 2018년 말 현재로 통권 48호에 이른다. 《한국출판학

〈표 8〉　　　　한국과 일본의 출판학 연구(양국 출판학회 개요)

구분	연구 영역	학회의 명칭	창립일	학회지 제호	창간일	주된 연구 목적
한국	출판학 Publishing Science	한국출판학회 Korean Publishing Science Society	1969. 3.17.	한국출판학연구 *Studies of Korean Publishing Science*	1969. 8.15.	• 출판에 관련된 여러 분야의 역사적, 현상적인 면을 조사 연구 • 출판학과 출판문화 발전에 기여
일본	출판학 Publishing Studies	일본출판학회 The Japan Society of Publishing Studies	1969. 3.14.	출판연구 *Studies on Publishing*	1970. 7.15.	• 출판 및 그에 관련된 사항의 조사, 연구 촉진 • 학술 단체·연구 기관과의 협력을 통해 출판문화 향상에 기여

20) 1969년 8월 15일자로 창간호를 냈으며(계간지), 1981년부터 제호를 《출판학연구》로, 2000년에 《한국출판학연구》(통권 제42호)로 개제하다.

21) 안춘근(1969.8.). 「창간사—출판학을 위하여」. 한국출판학회 편. 《출판학》(제1집). 서울: 현암사, pp. 4~5.

연구》(2018년 말 현재 통권 제85호)보다 37호나 뒤져 있다.

〈표 8〉에 제시된 바와 같이, 한·일 양국 출판학회는 각각의 구분 항에 관한 국제어 표기와 학회지 창간일자가 다르나, 큰 골격 면에서 유사점이 있다. '주된 연구 목적'도 비슷한 지향점을 보인다.

중국의 경우, 관련 학회는 1992년 10월 14일 중국편집학회(China Redactological Society)라는 이름으로 창설되었다. 학회지로《중국편집연구, *Redactology Annual*》를 내며, 연간지 형식(창간호는 1996년판이며, 실제 발행 시점은 1997년 7월 1일)이다. 또, 2003년에 별도의 계간지로《중국편집, *Chinese Editors Journal*》을 창간했으며, 2017년부터는 격월간으로 변경, 속간하고 있다.

한국출판학회는 타 분야의 학회들에 비해 뒤늦게 출발했다. 그러나 무엇보다도, 미명(未明)의 분야를 우리 토양에 터하여 출범을 보았다는 점에서 의의가 크다.

이상의 내용과 관련하여, 출판학회의 창립 의의를 요약하면 다음과 같다.

첫째, 출판학 연구를 중심 과제로 삼은 출판학의 학회가 처음으로 실현되었다는 점에서 선행(先行) 의의를 가진다.

둘째, 출판학회의 창립은 출판학 연구에 뜻을 함께 한 현업 인사들이 규합하여 자생적으로 결성을 보았다는 특징이 있다.

셋째, 학회지를 간행하여 출판학 연구에 대한 관심을 집중케 했고, 그 결과를 내외에 알리는 등 실질적인 촉매 활동을 열어 나갔다.

넷째, 한국출판학회는 일본출판학회와 함께 세계 최초로 창립되었다는 기록성이 있다.

다섯째, 한국출판학회의 학회지는 관련 논문집 중 세계에서 가장 지령이 오래된 기록을 보유하고 있다.

제2장 출판학 연구의 초기적 진전

이 제재에서 '출판학 연구의 초기적 진전'이란 한국출판학회가 추구한 연구 대상과 연구 방법에 관한 인식 과정 일반을 말한다. 이는 초창기에 나타난 실험적인 연구 성과를 가리키는데, 특히 학회지의 간행과 이로써 구현하고자 했던 출판학 연구에 관한 점검으로 요약된다.

1. 연구 대상과 연구 방법에 관한 인식

1) 연구 대상에 관한 인식[22]

출판학 연구는 이론적인 측면과 실용적인 측면이 병립한다. 그런 출판학은 사회 현상으로서의 출판과 출판문화에 대하여 과학적으로 연구·조사함을 목적으로 한다. 여기에서 중요한 관건이 대상에 대한 파악을 전제한다는 점이다. 출판도 다양한 미디어 현상 중의 하나이나, 단순히 다중 매체의 일환으로부터 지양한 특질이 있다.

오늘날 매체 융합이 일반화되는 추세이긴 하나, 출판은 여전히 우리의 생활과 분리할 수 없는 수단으로 존재한다. 또, 첨단적인 전달 및 이용 행위들도 출판으로부터 진화·팽창된 현상일 따름이다. 출판 연구는 그와 같은 문제도 당연히 중요한 대상일 수밖에 없다.

모든 학문이 실천적인 문제에 주안하여 주로 현실적인 필요성에 따라 연구·발전되듯이, 출판학 연구도 그런 점에서 더욱 직접적인 데가 있다. 또, 그러한 '실무형 현실성'의 추구는 초기 연구에 나타난 기본 양태이기도 하다.

그런 한편으로 우리의 출판문화를 말하되, 장구한 역사를 강조하면서도, 정작 그것이 왜 체계적인 연구가 열려 나가지 않았는지를 우려한 것도 사실이다.

이와 같이, 초기에 제기되고 있던 일련의 학문적 관심은 현실과 이론의 상합적인 모색이 결여되었다는 자성에서 비롯되었다. 이에 대응한 중요한 실현이 출판학회의 발족이었으며, 이를 통해 연구 대상과 연구 방법을 모색하게 되었다.

수단적 현상으로 보아, 출판의 주된 대상은 전통적으로 서적(도서)이 대표적인 매체이다. 그러므로 출판 연구의 대상도 주로 도서 출판과 관련된 역사적, 현상적인 제반 주제들이 연구 대상이며 그 전개 내용으로 압축된다. 나아가 출판학은 여러 유형으로 된 출판물의 성편 활동과 그 진화·팽창 현상을 중심적인 연구 주제로 삼는다.

이렇게 볼 때, 출판학은 다양한 정보 소통과 그 이용의 문제들을 대영역으로 설정한 커뮤니케이션 구조 안에서 하나의 분맥으로 제한될 수 있는 개연성도 있다. 그러나 커뮤니케이션학에 있어 매체를 대상으로 한 경우 저널리즘 영역으로 범주화하고 있는 데 비해, 출판학 연구는 제반 매체의 종주(宗主)격인 서적과 그 출판 현상, 즉 선택(기획) 제작(편집)

---

22) 이종국(2001.11.). 「출판학 연구의 진전과 그 과정적 이해」 III-1-(1) 「연구 대상의 인식」을 보완함.

분배(유통과 독자)을 주된 대상으로 본다. 따라서 모든 시각 커뮤니케이션 활동 중에서도 가장 오래된 전달술(傳達術)의 창출 행위인 '편집'을 중시하는 분야가 출판이며, 그에 따른 역사적, 현상적인 문제들을 포함한 연구로 범주화되는 분야가 출판학이다. 이러한 출판학은 종합 학문적이고 고등 정신 능력을 필요로 하는 동시에 복제 기술·기능과 그 연구를 전제로 하며, 편집을 고유의 연구 대상으로 삼는다.

출판은 문화 내용을 창조·보존·전달하는 역할을 감당한다. 모든 문화를 편집하여 그와 같은 역할을 수행하는 수단이 출판이다. 거시적인 면에서 편집은 거대한 문화 체계를 조직하는 기능을 발휘하며 그것을 또한 바꾸는 영향력도 발휘한다(何滿子, 1991, p.28).

편집은 창조적·지적 과정과 기술적 과정의 융합으로 이루어지는데, 이 두 가지가 긴밀하게 상호작용한다. 이 때문에 전체를 일괄하여 창의성이 요구된다. 편집을 출판학 연구의 주요 대상으로 설정할 수 있다는 것도 바로 그러한 의의와 깊은 상관성이 있다.[23]

한편으로, 출판 그 자체를 이해함에 있어 단지 서적 등의 성편 활동에 필요로 하는 조책술(造冊術)이라거나 그 보급 등 실무적 문제들에 적극적이었던 것도 사실이다.

기술이나 기능적인 대상은 경험 과정에서 터득, 활용되는 메커니즘에 지나지 않을 뿐이라는 오해를 낳기 쉽다. 요컨대, 실무·실용적인 속성이 보다 많이 개입되는 것이 기능인 까닭이다. 과거, 초창기의 연구자들이 출판 탐구를 출판학으로 끌어올리는 과정에서, 여전히 '출판술' 쪽에 편중한 '기능'을 둘러싼 문제로부터 자유롭지 못했다. 바꾸어 말해서, 기능과 실용 연구의 상관관계에 대한 진정한 해답 찾기란 무엇인가를 고민했던 것이다. 이 때문에 왜 이론적인 탐구가 필요한지에 대한 합당한 설명이 요청될 수밖에 없었다. 이에 관해서는 안춘근이 밝힌 다음과 같은 견해에서 납득할 수 있다.

출판을 학리적인 연구보다 경험 위주의 실기라고 주장하는 사람이 있다.……이러한 논법이 가능하면 상학이니, 경제학이니 하는 학문은 필요치 않다. 돈벌이는 학술적인 이론이 있기에 앞서 실기로만 벌 수 있을 뿐이요, 법학을 연구하는 것보다는 육법전서를 외는 편이 훨씬 현실적으로 법률을 많이 아는 사람이 된다는 이치와도 같이 어리석은 일이다.
〈안춘근(1969a). 『출판사회학』, p.13〉

---

23) 민병덕, 이종국은 편집을 출판학 연구의 주된 대상으로 삼아야 한다고 일관되게 주장해 왔다(민병덕, 1986. 10., pp.37~46 외. 이종국, 1999.12., pp.47~90 외).

여기에서 중요한 것은 기능에 관한 합당한 설명이다. 학문적 추구의 현실화라는 것도, 따지고 보면 보다 우월한 기술·기능성을 개발하여 그 현장적 적용(삶에서의 활용)에 수월성을 찾고자 하는 데 지향점을 두고 있다는 사실을 유의해야 하기 때문이다.

원래 기술이란 기능과 협력하면서 생성된 인습적인 술(術) 또는 변환을 목표로 한 테크놀로지(technology)를 말함인데, 실제 생활에 응용하는 역량으로 이해되는 관건이 된다. 그런데 테크놀로지를 직접 다루었던 엔지니어, 기계공, 기능공들은 철학이나 이론적인 배경이 없이도 빼어난 일솜씨를 발휘했다(토머스 휴즈 지음·김정미 옮김, 2008, p.37).

이 같은 능력은 인간의 우월한 오감과 직관력, 자발성 등에 의한 경험적인 적용이었다. 바로 그러한 일련의 문제를 과학적으로 분석, 연구해 온 분야가 응용과학이기도 하다.

여기서 출판학의 동인을 찾아보면 출판을 경험에 의지한다거나 어떤 '감(感)'과 '실기(實技)'에 의존해 온 타성을 벗겨 내기 위해 연구의 필요성이 밑자락하고 있다. 이 때문에 초창기의 연구자들이 실무·실용적인 접근을 중요시해 온 것도 사실이다. 요컨대, 서적과 그 출판 활동을 주된 대상으로 한 실질적이고도 기능적인 면에 치중성을 두었던 것이다.

1960년대 초부터 우리의 출판 연구자들이 선호했던 스탠리 언윈(Sir. Stanley Unwin, 1884~1968)이 저술한 『출판의 진실, The Truth About Publishing』[24]도 실무적인 의의를 강조한 이론서로 유명하다. 전체 12개 단원으로 조직된 이 책은 안춘근이 처음 소개(안춘근, 1963, p.257)했는데, 그 첫 단원이 「원고의 도착, The Arrival of Manuscripts」이다. 그리고 제작과 시장(유통), 저작권, 출판의 여러 부문 등에 대하여 구체적으로 다루고, 제11장에서 「직업으로서의 출판」을 논한 다음, 제12장에서 「맺음—출판의 정황과 비전: 1960~1975」으로 정리하고 있다.

이 책에서 유의한 문제는 출판 운용과 제반 출판 실무에 대한 과학적인 접근이라는 사실이다. 이러한 이해는 우리의 초기 연구자들에게 주요한 시사점으로 받아들여졌다.

우리 형편에서의 출판학 연구는 그와 같은 실무적인 인식에 더하여 출판의 역할과 그 사회적 기능 및 영향력 등을 포괄적인 대상으로 끌어들이려 했다. 이러한 생각은 당연한 접

---

24) 『출판의 진실』 초판이 나온 것은 1926년 10월이며, 이 책 중 제12장은 뒷날 8판(1976) 때 추가된 것으로 보인다. 이 책은 안춘근이 《인쇄출판시보》에 1950년본(6판)을 번역 연재(제1회: 1960.5.30.)하여 부분적으로 세상에 알렸다. 그의 저술인 『출판개론』(1963)에서 인용, 소개한 원본은 1960년에 출판(7판)된 것이다. 이 책이 좀 더 구체적으로 번역 소개된 것은 《출판문화》(대한출판문화협회, 「출판의 실제」: 1973.2.~1974.5.)를 통해서였고, 이후 1984년에 보성사에서 8판(1976)을 번역해 단행본(한영탁 옮김)으로 낸 바 있다.

근 방법이었다. 이 문제는 안춘근의 초기 연구인「출판학원론」에서도 지적되고 있다. 즉, 출판 활동은 선택, 제작, 분배(유통)의 '연동 작용'을 통한 출판물의 조성과 그 공표 활동이 므로, 정신적으로나 상업적인 확산이 이루어져야 한다는 것이다(안춘근, 1966.12., p.163).

여기에서 '선택'이란 제반 사상(事象) 속에서 소재를 취재하여 출판 기획에 이바지해야 한다는 것이고, '제작'의 경우는 체계화되지 않은 소재를 편집의 부가 기능에 힘입어 성 편 활동을 수행하는 기술적·창의적인 행위를 말한다. 그리고 '분배'(유통)의 경우는 서적 을 중심으로 한 출판물의 보급 행위를 지목한 것이다. 따라서 이들 3대 회로를 통한 제반 출판적인 현상이 출판 행위(publishing)와 출판물(publication)로 양립되므로, 이 두 가 지 범주가 연구 대상을 형성하는 중심축으로 보고자 했다.

민병덕은 이를 구체화시켜 출판학을 정의하면서, 연구 대상을 다음과 같이 정리했다.

출판학이란 저작물의 선택, 제작, 분배를 통한 출판의 경영과 그 사회적, 문화적 영향 및 법규와 정책, 그리고 출판의 발달사를 연구하는 학문이다.

〈민병덕(1969.8.).「출판학서설」.《출판학》(제1집), p.11〉

이와 같은 선행 의견들은 출판학 연구에서 여전한 인식 기반이 되고 있다. 단축해 말하 여, 출판학 연구의 포괄적인 대상은 서적류를 중심으로 한 다양한 출판물과 그 제작·공포 및 이용 행위이며, 그에 따른 개인적, 사회·문화적 영향 등 여러 종속 주제들로 단위화된다.

이종국은 출판학의 포괄적인 대상인 '출판'을 다음과 같이 정의했다.

출판은 인간의 사상과 감정을 문자나 그림 등의 기호를 사용하여 인습적인 형태의 전 달·이용 수단으로 창출한 것이거나, 문명의 변천 과정에서 진화된 모형 또는 변화된 형 질의 것으로, 인간 사회 속에서 생성되고 예측되는 여러 다양한 정보와 지식 내용을 매 개하는 물리적·무형적 수단 내지는 방법을 의미한다.

〈이종국(2011).『교과서·출판의 진실』, p.321〉

이로 보아 복제술의 기계·기술적인 발전, 그리고 디지털 환경의 증폭과 병행하여 출판 도 진화·팽창하므로, 그와 같은 현상이 빚는 문제들이 총체적인 연구 대상으로 확대된다.

이제 출판의 상황에서 보면, 공포의 주체가 단지 저자나 편집·출판자만이 아닌 이용자

(독자)와의 무한 변용 내지는 본말(本末) 간에 상호 작용하는 첨단 시대를 경험하고 있다.

그럼에도, 책은 결코 소멸되지 않으며 단지 개량될 뿐이다. 그러한 토대 위에서 출판은 진화하고 팽창되어 나간다. 이러한 관점이 출판학 연구에 접근하는 생각이어야 한다.

2) 연구 방법의 모색[25]

앞에서 살폈듯이, 한국에서의 출판학 연구는 현업 종사자들에 의한 '현실적인 필요성 인식'으로부터 출발했으며, 그에 따라 이론적 개발—연구 방법의 모색으로 진전되었다.

1960년대 초반만 해도 신문학, 도서관학 등 인쇄 매체를 대상으로 한 학문이 이미 활발하게 연구되고 있는 상황에서, 정작 그 수단(도서)을 생산·공급하는 출판에 대한 연구가 왜 답보 상태인가를 의구한 데서 출판학 연구 방법이 모색되었다.

한국출판학회와 동시점대에 출범을 본 일본출판학회의 중진 학자인 시미즈 히데오(淸水英夫)도, 서평지 《주간독서》에 기고한 글에서 "신문학을 비롯하여 매스커뮤니케이션 연구는 내외에 모두 발전했으나, 가장 오래된 매체인 출판 연구는 왜 그런지 뒤떨어져 있다."고 지적했다. 그러면서 "오늘날 출판의 대부분은 매스커뮤니케이션인데도 그것이 전부가 아니라는 데에 출판의 특질이 있다. 그리고 거기에 매스컴학과는 별도로 출판학을 수립해야만 될 이유가 있다."고 밝혔다(淸水英夫, 1967.7. 1995, p.42). 이 같은 견해는 '출판학'이라는 말이 일본에서 사용(1967.7.)된 효시이다(吉田公彦, 1999, p.92, p.99). 뒤에 시미즈는

매스커뮤니케이션학은 이른바 메이저 지위에 있으며, 출판 연구는 그 아래에 포섭되는 마이너적인 존재라는 인식이 잠재적으로 지배해 왔다고 생각된다. 즉, 신문학에서 다루는 주요 명제는 '출판'에도 타당하다고 믿어왔던 것으로 보인다. 이 때문에 사회적 커뮤니케이션에 있어 '출판'의 특질, 역할, 기능 등에 대한 구명(究明)은 거의 방치되어 온 상황이 아닌가.

〈淸水英夫(1972). 『現代出版學』, p.3〉

라고 지적하기도 했다.

---

25) 이종국(2001.11.). 「출판학 연구의 진전과 그 과정적 이해」Ⅲ-1-(2) 「연구 방법의 모색」 참조.

우리나라에서 출판학의 전개와 관련하여, 연구 방법이 처음으로 제시된 것은 1963년 2월 안춘근의 『출판개론』에서 찾아볼 수 있다. 이 책에서, 안춘근은 "출판이란 인류가 요구하는 문화재의 유지·보존 및 전승을 책의 다수 복제로써 정리하는 수단"이라고 전제하고, "이것을 형상화하는 여러 가지 절차를 과학적으로 고증하는 이론적 전개가 곧 출판 이론이다."라고 밝혔다. 그러면서 "출판 이론은 출판을 가능케 하는 모든 요소의 지식을 통틀어서 조정하고, 이것을 종합한 것"이라고 정리했다. 따라서 출판 연구에 대응한 이론 체계를 구조화하기 위해서는 '기획에서 완성'에 이르는 모든 과정을 분석하는 일이 선행되어야 한다고 말하고, 다음과 같은 골격을 제시했다(안춘근, 위의 같은 책, p.55).

- 책의 형태적인 고찰 : 서지학, 문서학, 인쇄·제책(색채학·서예 및 미술 지식), 제지
- 책의 발달사 고찰 : 역사학, 고고학
- 저작권 고찰 : 저작권법 및 관련 법규
- 판매 분야의 고찰 : 선전·광고학
- 시장 조사 연구 : 통계학, 원가 계산(회계·부기)

안춘근은 또한 출판 연구가 경험 과학으로서의 증거 실증주의에 입각한 역사학과도 많은 유사점이 있다고 보고 사료를 선택, 수집, 분류하여 설정된 연구 목적에 합당하도록 정리하는 것이 역사학이며, 그러한 기능(선택, 수집, 분류, 정리) 수행이 결국 출판의 직능으로서 중요하다는 것이다. 그는 특히 출판 행위와 그 과정에 요청되는 선택-제작-분배, 이렇게 3대 연대 작용 체계를 연구 방법의 골간으로 보아야 한다고 말한다(안춘근, 1966.12., p.163).

안춘근의 방법은 민병덕에 의해 새로운 구조로 탄생된다. 그 역시 선택, 제작, 분배로 중심 회로를 구조화한 상태에서 다음과 같은 연구 체계를 제시했다(민병덕, 1969.8., pp.7~44).

1. 총설
   (1) 문화과학으로서의 방법론, (2) 출판현상, 출판행위와 출판학, (3) 출판의 각 분야
2. 선택
   (1) 출판기획론, (2) 저작물론, (3) 저작자론, (4) 독자론, (5) 출판회계론, (6) 출판권론

3. 제작

   (1) 편집자론, (2) 출판미학, (3) 편집론, (4) 레이아웃론, (5) 교정론, (6) 장정론, (7) 출판물 자료론, (8) 제작 진행 관리론

4. 분배

   (1) 판매론, (2) 출판광고론, (3) 서점론

5. 출판경영론

6. 출판역사론

위에 제시된 민병덕의 틀은 총설 및 출판경영론, 출판역사론을 앞뒤로 연결한 구조에서 선택-제작-분배의 3대 회로를 설정하고 있다. 특히, 출판학 연구의 기본을 '문화과학으로서의 방법론'으로 전제함으로써, 그 성격이 종합 과학임을 밝혔다.

그가 제시한 모형은 에스카르피의 설을 재해석하여 이론적 조직을 내보인 것으로 이해된다(Robert Escarpit, 1968). 그러면서 위의 3대 회로에 중요한 부가 행위로 개입되어 끊임없이 영향을 주는 요소가 '편집'이라 보고, 이것이 출판학 연구에 필연적인 존재임을 강조하는 등 독특한 견해를 폈다(민병덕, 앞의 책, p.26. 민병덕, 1986.10., pp.36~46).

편집(edit-editing)은 원래 '보고 읽는(인지하는) 행위'를 대상으로 하여 어떤 특정한 내용을 공포하기 위해 판(edition)을 조성하는 창의적이고도 기술적인 설계 활동이다. 이와 관련하여, 중국의 경우에서는 출판 연구를 편집자의 편집 태도와 직능적 행위로서의 의미가 강조된 '편집학(science of editorship)'[26]이라 규정하고, 이를 독보적으로 개척해 왔다. 베이징대학에 설치(1985)된 전공도 '편집출판학전업(專業)', 즉 편집출판학과로 출범했으며, 청화대학(淸華大學)·난카이대학(南開大學) 등에 설치(1984)된 전공은 '편집학전업'(편집학과)이라 되어 있다. 무한대학(武漢大學)의 경우는 '도서발행관리학전업'(1983)이다. 2018년 현재 중국의 학부과정에 출판·편집학 분야의 학과가 설치된 곳은 63개 대학에 이른다.

편집은 모든 매체 활동에서 다 함께 중요한 요건이다. 전통적인 면에서 배열의 질서에 기본 한다는 점을 유의할 필요가 있다. 그와 같은 특질은 출판 활동에서 편집이 원래의 동인

---

26) 편집학에 관한 중국 측의 초기 연구 정보는; 이종국(1999). 「출판학에 있어 편집의 위상에 관한 연구」. 『출판문화산업의 이해』. 서울: 일진사, pp.62~64 참조.
　　이종국(2004.6.). 「출판학과 편집 연구의 상관성」. 사단법인 한국출판학회 편. 《한국출판학연구》(제46호). 서울: 한국출판학회, pp.242~244.

적 존재이므로, 그것에 주어진 역할·기능이 중요한 요건일 수밖에 없다. 이는, 서양의 경우 라틴어에서 '출판하다(publicare)'라는 말과 동류어인 'edere(밖으로 내다, 출판하다)'에서 edit, editor라는 말이 생성된 것을 보아도 잘 알 수 있다. 그러므로 '쓰기'로부터 거듭 진화, 발전된 출판은 편집의 발상과 깊은 관련이 있다. 동양의 경우 '編輯(編緝)'의 編(竹→次 簡=冊)이 '冊'이라는 말을 파생시킨 것으로 보아, 언어·문화사적으로도 유구한 내력이 유전되어 왔음을 증거한다(戴文葆, 1990, p.36. 劉光裕·王華良, 1999, p.19).

일본의 경우도, '출판학'을 'editology'로 영역한 바 있다(출판사전편집위원회, 1971, p.202). 1969년 3월 14일에 제정된 일본출판학회 규약 중 제1조(명칭)에 보면 '日本出版 學會'와 병기한 영문 명칭이 'The editological Society of Japan'이라 되어 있다. 뒤에 The Japan Society of Publishing Studies로 개칭한바, 당초에는 'editology'로 접근했던 것이다.

그런데 뒤의 일이긴 하나, 미노와 시게오(箕輪成男)에 의하면 출판 연구나 출판학을 표기하되 'publishing studies'가 적절하다고 주장한다. 그러면서 publishing science라 사용하는 나라도 있으나 출판학을 과학으로(자연·기술과학에서의 '과학'을 말함인 듯. 연구자 주) 한정할 수 없다고 보았다(Shigeo Minowa, 2000, pp.15~16). 이러한 견해는 용어에 함의된 개념상의 해석상 차이에서 나온 것으로 보인다(이종국, 2004.6., p.240).

참고로, 서구 대학들 중에서 가장 왕성한 출판 교육을 실시하고 있는 사이먼 프래저대학에 설치된 '캐나다 출판연구센터'는 Canadian Centre for Studies in Publishing 이란 이름으로 발족을 보기도 했다(Simon Fraser University at Harbour Centre, 2001, p.56).

한편으로, 출판학 연구는 그간의 실용·실무적인 연구가 계속되어 왔으므로, 이후 단계로 학제간 연구(interdisciplinary research)와 그 방법론을 원용해야 한다는 의견이 꾸준히 제시되었다. 즉, 출판학 연구도 타 학문과 같은 접근 방법을 응용할 수 있다고 본 것인데, 이를테면 역사적 접근 방법, 사회과학적 접근 방법, 인문과학적 접근 방법, 예술론·기술론적인 접근 방법으로 연구해야 한다는 의견이 그러한 사례이다(민병덕, 1986.10., pp.52~66 참조).

이와 같은 추구는, 출판을 이해하는 지배적 관점이 문화 내용을 매개하는 성편 활동인 동시에 그것을 전승·전파하는 데 주어져 있으므로, 종합적인 시야에서의 패러다임 진전이 적극적으로 모색되어야 한다는 생각에 기반한다(김기태, 1999, pp.125~148 참조).

그런가 하면, 출판도 사회적 현상으로서의 '출판 커뮤니케이션'이므로 사회과학적인 이론의 틀에 주안하여 연구해야 바람직하다는 의견이 제시되기도 했다. 차배근, 이강수의 연구들이 그와 같은 사례라 할 수 있다(차배근, 1976, pp.244~347. 이강수, 1991, pp.175~176). 또 매체 영역으로서의 출판론에 기반을 둔 절충형 논의들도 계속되었는데, 새 세기 첫해인 2000년까지 발표된 업적들을 보면 박유봉·채백, 오경호, 노병성, 김정숙 등 여러 연구들이 그에 해당된다(박유봉·채백, 1989. 오경호, 1990.3. 노병성, 1992.7. 김정숙, 2000.12. 등).

이상에서 살핀 바와 같이, 그간의 출판학 연구는 방법과 대상을 둘러싸고 여러 의견이 제기되었다. 이를 요약하면, 첫째로 출판학으로서 독자적 실현이라는 고유성의 구축과, 둘째로 출판물이 제작·배포되는 일련의 대중 지향적인 양태와 관련하여 그 사회적 조건과 환경, 또 그에 따른 상호 작용을 포함한 커뮤니케이션학 내지 매스커뮤니케이션학으로 대입시켜야 한다는 응용 이론 쪽으로 압축된다.

그러나 분명한 것은 출판이라는 매체 영역이 여전히 팽창, 진화하는 가운데 이를 중심축으로 한 연구가 더욱 증폭, 확대되어야 한다는 견해가 거듭되어 왔다는 사실이다(이종국, 1995, pp.118~124). 따라서 출판학이 발전하려면 출판학 교육의 활성화가 병행되어야 한다(남석순, 2000, pp.327~328)는 주장도 계속되었다. 이 두 가지야말로 필연적인 협력 요건인 까닭이다.

대체로 다른 학문 분야들이 그러하지만, 그 연구 기반이 현장에서 움텄다 할지라도 그것이 성숙되어 나간 곳은 대학이었다. 언론학 연구만 해도 원래 공시적(公示的) 기능에 대한 관심으로부터 출발한 신문학(journalism)과 스피치학(speech)이 오늘의 언론학으로 재편 발전되었듯이, 대학에서의 연구와 교육을 통해 그 기반이 구축, 발전되어 왔던 것이다.[27]

이로 하여, 언론학 연구는 당초부터 관심 있는 연구자 그룹(주로 대학)→대학에서의 학과 개설→학회의 성립으로 이행된 내력이 우세하다. 그러나 출판학 분야는 소수의 연구자 그룹(주로 현업 종사자)→학회의 성립→학과 개설 요구로 이행되었다. 요컨대 학회를 먼저 결성하고, 이를 통하여 이론 구축을 모색하는 가운데 대학에서의 학과 개설 요구로 나타났던 것이다.

---

27) 잘 알려진 바와 같이, 1904년 일리노이대학에서 신문학을 교과 과정에 포함시켰고, 이후 1908년에 미주리대학에서 신문학부(school of journalism)로 이어짐.

2. 학회 활동의 진전

학회 활동의 진전이란, 안춘근 회장을 중심으로 한 한국출판학회 창립 초창기의 학회 운영이 전반적인 범위가 된다. 이에 관해서는 『한국출판학의 사적 연구—한국출판학회 30년사』에서 상세히 다루었으므로(동서, pp.441~454), '학회지의 간행'과 '출판학 연구의 과정적 점검'만으로 제한하고자 한다.

1) 학회지《출판학》의 간행

학회지는 특정한 학회가 추구하는 공공적 의의와 당학회에서 추구하는 목적을 찬동하는 자들이 조사·연구한 견해들을 소정의 심사와 절차를 거쳐 책자 형식(온라인 방식을 포함하여)으로 마무리하여 내외에 공표하는 학술 매체를 가리킨다.

1969년 8월 15일, 학회원들의 정성이 담긴 원고를 모아 마침내 한국출판학회의 학회지로《출판학》이 창간되었다. 이는 우리나라에서 최초로 실현된 출판학 연구를 목적으로 한 학회지라는 점에서 역사적 의의가 크다.

창간호는 현암사의 협찬과 삼성인쇄주식회사의 인쇄 지원으로 간행되었으며, 국판 100쪽이다. 이 책에는 「출판학을 위하여」라 매긴 창간사(안춘근)와 6편의 논문이 실려 있다. 제자(題字)는 민병덕 회원이 『석봉천자문』에서 집자했고, 장정은 양문길 회원이 맡았다.

계간지로 창간되어 연중 4회 간행을 원칙으로 했으며, 이후 22집(1974.12.)까지 속간되었다. 창간 당초부터 회원이 출연한 기금과 뜻 있는 출판 기업들이 직접 출판 사업을 지원하는 등으로 속간 실적을 이어 나갔다(이종국, 2000, p.457).

학회지《출판학》 창간과 관련된 최초의 보고는 안춘근의 글에서 찾아볼 수 있다. 본학회 창립 후 3년이 흐른 1972년에 발표한 「한국출판학회」라는 주제의 글에서

(전략) 우리나라에는 수많은 학회가 있지만 이렇게 꾸준하게 학보를 내고 있는 학회는 없다. 회원은 겨우 18명이나 학보 13집*이 준비 중 (* 1972년 9월 발행의《출판학》제13집을 말함. 필자 주)이므로 실적을 따진다면 기백명이 있는 학회에 못지않다. ……사실, 나는 학회의 학보만 꾸준히 발간한다면 그 이상 바랄 것이 없다. ……오직 지금 우리가 할 수 있는 최대한의 힘을 발휘해서 꾸준히 학보만 발간한다면, 이것이 쌓여서 업적으로 평가되

고, 그것이 역사를 이루게 마련이다.

〈안춘근(1972.12.). 「남애영도기·권 2」. 《출판학》(제14집), pp.62~64〉

라 말하고 있다. 이렇듯, 학회지 발행은 가장 중요한 창립 사업 목표였다. 안춘근은 학회지를 갖추고 있어야만 학회 구실을 할 수 있다는 확고한 신념을 가지고 있었다.

《출판학》은 뒷날 여러 차례 개제되었으나 '출판학'이라는 당초의 중심 주제를 바꾼 일이 없다. 2000년도부터는 《한국출판학연구, *Studies of Korean Publishing Science*》로 그 지명이 고정되었으며, 국내외적으로 가장 오래된 출판학 전문 연구지라는 대기록을 세워나가고 있다.

초창기의 학회지 간행을 협력해 준 인쇄·출판 관련 기업도 중요한 비망 사항이다. 창간 당초부터 현암사가 협찬을 도맡다시피 했고 광명인쇄주식회사, 교학사, 동아출판사, 삼성인쇄주식회사, 삼화인쇄주식회사, 신아인쇄주식회사, 이우인쇄사·이우제책사 등이 참여했다.

계간지이던 이 학회지는 문공부로부터 정기 간행물 등록 요청을 받게 되었다. 이에 따라 《출판학》을 1974년 7월에 정기 간행물로 등록(등록번호 2702-333)하고, 제20집(1974.8.)부터 재창간 형식으로 발행했다. 이로부터 22집(1974.12)까지 속간을 보았으나, 이것이 결국 종간호로 마감되고 말았다.

1970년대 중반 출판학회의 운영이 소강 국면을 맞게 되자, 창간 후 11년이 지난 1981년에 《출판학논총》(1981.6.10.)으로 개제하여 안춘근이 경영하는 광문서관에서 재간행되었다. 그는 1978년 6월 10일에 을유문화사를 퇴임한 후 광문서관을 설립했던 것이다. 학회지의 재간행 과정에서 당시 정화인쇄문화사(대표: 국정호)에서 제작을 도왔다.

그 후, 학회지는 《출판학연구》(1982.12.), 그리고 《한국출판학연구》(2000.12.)라는 이름으로 속간을 보았다. 당국에 등록하기 이전의 제호를 사용할 수 없었던 것이다. 그러나 지령은 계속되었다.

이 학회지는 1982년부터 범우사(대표: 윤형두)에서 연간지 《출판학연구》로 발행하게 되면서 안정적인 기반이 구축될 수 있었다. 따라서 1996년도부터는 통권 제38호로 부여(창간호 이후 1995년도 발행분까지 소급 기산)함으로써 연속성의 표시를 명료화했다. 그런 과정에서 2010~2013년에 연중 2회간(통권 제58~65호)으로, 다시 2014년에 이르러 3회간(통권 제66~68호)으로, 2015년부터 4회간(통권 제69호~80호)으로, 다시 2018년도부터는

5회간(통권 제81호~)으로 발행 횟수를 늘려 나갔다.

이상에서 살핀 바와 같이, 학회지《출판학》의 창간은 무엇보다도 출판을 고유한 연구 대상으로 삼아 그 연구 결과를 내보였다는 데 큰 의의가 있다. 이 학회지야말로 한국출판학회가 추구하는 연구 활동의 물증인 동시에 그 과정이며 또한 결정체이기도 하다.

2) 출판학 연구 활동의 과정적 점검

한국출판학회의 연구 활동은 여러 다양한 관점에서 살펴야 할 것이다. 우선, 학회지《출판학》을 통한 회원의 연구 활동과 뒷날 정례 학술대회로 발전한 월례연구발표회, 각종 국내외 학술대회의 개최와 참가 등으로 그 범위가 확대된다.

이와 관련하여 학회지를 통한 회원의 참여가 학회 활동의 중심축이라고 보고 분야별 연구 내용을 알아보도록 한다.

월례연구발표회(제25차, 1983.6.18.)

〈표 9〉에 정리된 바와 같이, 한국출판학회의 역대 학회지에 실린 논문은 모두 816편(2017.12.; 통권 제80호 현재)으로 집계된다. 이로써 학회지 창간호 이래 연구 활동의 과정적 성과를 개관할 수 있다. 그런데 초기의 연구 성과에서 '교과서'와 '전자출판' 분야가 전무한 것으로 나타난다. 이는 시대적인 연구 상황에 따른 결과라 하겠다.

교과서 연구의 경우, 이 분야 연구가 처음 모색된 것은 1963년 5월 한국검인정교과서발행인협회에서《교과서회지》를 기관지로 내면서 비롯되었다. 당시 이 회지에는 「교과서론」(이성수), 「교육과정과 교과서」(함종규) 등 비중 있는 논의들이 소개된 바 있다. 그러나《교과서회지》는 창간호가 곧 종간호인 채 더 이상 속간이 이루어지지 않았다.

이후 하나의 중요한 계기를 만나게 된다. 즉, 1968년 4월 27~29일 대한출판문화협회 주최로 열린 「도서와 국가 발전」이란 주제의 국제세미나가 그것이다. 이 세미나에서 미국 대표인 스탠턴 위트니(Stanton Whitney)가 「학교 교육과 교과서 정책」*이란 논문을 발표하여 주목을 끌었다(* 스탠턴 위트니, 1968, pp.100~105). 이 논문은 우리나라에서 미국의 교과서 정책에 대하여 미국인 전문가가 발제한 첫 사례였다.

<表 9> 한국출판학회 학회지의 분야별 연구 내용(제1집~통권 제80호: 1969.8.~2017.12.)*

분야	내용	건 수(편)		계	구성비 (%)
		1~23집	24~80호		
1. 출판론	출판총론, 방법론, 출판교육론, 출판문화론, 출판역사론	14	121	135	16.5
2. 저작권법·출판윤리	저작권, 출판법제·법규론, 출판윤리, 번역, 출판의 자유	5	44	49	6.0
3. 편집·제작론	기획, 편집, 교정·정서법, 출판미술, 편집디자인, 종이·인쇄	18	34	52	6.4
4. 교과서론	교육매체론, 교과서편찬론, 교과서정책·제도론, 교과서역사론	-	32	32	3.9
5. 도서론	도서론, 저자·저술론, 서지·문헌론, 출판비평·서평론	33	52	85	10.4
6. 신문·잡지론	신문·잡지론, 신문·잡지사, 사보론	10	70	80	9.8
7. 전자출판론	전자출판 일반, 첨단도서론, 뉴테크롤로지와 전자도서	-	76	76	9.3
8. 출판경영·출판산업론	출판경영, 출판산업, 출판유통, 출판회계, 출판광고	15	83	98	12.0
9. 출판상황론	출판경향, 출판과 사회·문화, 출판정책론, 지역출판론	19	47	66	8.1
10. 국제출판론	국제출판, 국제출판 비교, 출판의 국제협력	8	65	73	8.9
11. 독서·독자론	독서이론, 독서환경, 독자론, 출판영향	9	61	70	8.6
합 계		(132)	(684)	(816)	(100)

* 표 내 '건수(편)'의 표시에서 1~23호는 《출판학》 제1집에서 제22집(1969.8.~1974.12.)까지, 이를 승계하여 제23집으로 이은 《출판학논총》(1981.6.)을 합산한 것이다. 24~80호는 앞의 논총에 뒤이어 통권 호수를 기산한 1982년 발행 《출판학연구》로부터 2017년 말(통권 제80호)에 이르는 학회지를 말한다. 위의 분류 틀에 의한 최초 보고는 1991년 12월 이종국에 의해 《한국출판학회회보》(통권 제29호)에서였으며, 이후 발표 시점에 따른 건수 집계를 새로이 반영하는 상태에서 꾸준히 보완해 온 바 있다. 한국출판학회 창립 후 2005년 말까지의 연구 실적 집계는; 〈이종국(2006). 『출판연구와 출판평설』. 서울: 일진사, p.115〉를 참고하기 바람.

교과서에 대한 관심은 1972년 한국교육개발원이 설립되고 '교과서 개발 기관'으로 선정되자, 실무적·정책적인 차원에서 조금씩 열리기 시작했다. 훨씬 뒤의 일이긴 하나, 1991년 2월 11일 한국교육과정·교과서연구회(회장: 홍웅선)도 창립되어 학회지 《교육과정·교과서연구》를 내는 등 일련의 연구 활동이 전개되었다. 2007년 7월 25일에는 국립공주대학교에서 한국교과서연구학회가 의욕적인 출범을 보았으나 이듬해 말에 소멸되고 말았다.

'전자출판' 분야 역시 생소한 영역이었다. 무엇보다도 전자출판의 출발점인 CD-ROM 개발 원년이 1985년[28]이었을 뿐만 아니라, 전자책 그 자체 또한 1991년에 이르러 실현(큐닉스컴퓨터, 『한글 성경 라이브러리』, 1991.6.)되었다[29]는 사실을 상기할 필요가 있다. 인터넷도 그 원리 및 통신 이론의 경우 1980년대 초반부터 논의되었으나, 그에 따른 실제 상용 서비스(KORNET service)는 1994년 6월 한국통신에 의해 최초로 개시되었을 정도였다.

이로 보아, 한국출판학회를 둘러싼 1960년대의 연구 환경이 답보되어 있었지만, 그 중에서도 미명(未明)의 분야가 전자출판 쪽이었다. 〈표 9〉 중 7항의 집계에서 보는 바와 같이, '전자출판' 분야에서 연구 실적이 전무한 실정이다가 뒷날 급격한 확장세를 보인 것도 이른바 '뉴미디어'에 대한 관심이 나타난 상징적인 증거라고 할 수 있다.

한국출판학회가 창립되던 해, 안춘근의 한 저술에서 출판과 교육계에 미칠 전자 출판 산업과 관련하여 깊은 관심을 보여 주목된다. 그 내용 중 일부를 보면 다음과 같다.

출판·교육의 혁명 최근 미국에서 발생하고 있는 일렉트로닉스 기업과 출판사와의 합병, 혹은 흡수 경향은 일렉트로닉스 통신 혁명이 금후 출판계에 미칠 영향에 대해 크게 암시하는 것이라 하겠다.

미래의 출판업은 일렉트로닉스를 매개로 한 하나의 정보 공익사업의 형태로 변모하게 될 것은 틀림없는 일인 것 같다. 현재 RCA사[30]는 전자 도서관, 즉 데이터 뱅크를

---

28) 1985년에 미국의 글로리아사에서 『글로리아백과사전』 12권을 1장의 CD-ROM으로 개발한 바, 이것을 전자도서 개발 원년으로 본다.

29) 광전자도서(CD-ROM)의 초기 개발 과정을 보면 다음과 같다.
   1982 Compact Disc 음반 상품화 성공(Philips)
   1983 Philips사에서 디지털 데이터 기록 방식 발표
   1987 한국의 금성정밀(구미공장) 미 정부물자관리프로그램(Haystack) CD-ROM 도입 활용
   1988 포항공대 CD-ROM 도입
   1990 제1회 국제광전자도서전시회(교보문고) 개최(30여 종의 산업, 학술 분야 CD-ROM과 CD-Net 소개
   1991 국산 CD-ROM 및 Drive 개발 성공(큐닉스컴퓨터 『한글 성경 CD-ROM』, 삼성전자 『영어 회화 교육용 CD-ROM』개발

30) RCA는 Radio Corporation of America사를 말하며, 1919~1986년에 존재한 세계 최대의 전자 회사였다. 현재 RCA 상표는 톰슨사(Thomson Consumer Electronics)에서 소유하고 있으며, 이를 소

만들고 있는데 (중략) 『셰익스피어전집』 같은 것을 호주머니, 가방 속에 넣고 다닐 수 있게 한다는 (중략) 앞으로의 출판 산업은 데이터 뱅크에 의한 정보 회사로서 매우 성장이 빠른 거대 산업으로 발전하게 될 것이라 예상하고 있다.

〈안춘근(1969 a). 『출판사회학』, pp.215~216〉

학회 사무실을 새로 마련하고 현판식을 갖다.

이와 같은 인식은 장차 다가올 출판의 변화를 예견한 '미래안'이었다고 할 수 있다.

〈표 9〉에 나타낸 바와 같이, 최다 연구 빈도를 보인 '출판론'(135편)이 출판의 각 분야에 대한 이론 개발에 중점을 두었다면, '출판경영·출판산업론'(98편), 그리고 '도서론'(85편)이 그 뒤를 잇고 있다. 물론, 초창기 연구에서도 이들 3대 분야는 상위 수준을 점했다.

출판 연구가 기반을 다져 가는 초창기 과정(표 내 건수 중 1~23집의 집계)에서 여러 실험적인 연구들이 생산되었다는 사실은 단순히 '성과'라는 말로 규정해서는 안 될 것이다. 요컨대, 창립기의 업적 그 자체로 재평가할 수 있기 때문이다. 특히, 소수의 회원만으로 그만한 일을 해낸 것은 더욱 의미 있는 일이다. 이는 한국출판학회의 결성 당초(1969.3.17.)에 단지 7인의 동호인만으로 발족을 보았고, 그해 6월 22일 창립총회 때 겨우 10인에 그쳤으며, 이로부터 5년 9개월 뒤인 1974년 말에 이르러서도 고작 24명이었을 정도였던 것으로 보아도 잘 알 수 있다(이종국, 2000, pp.441~443 및 p.443 〈표 1〉 참조). 회원이 300명을 상회하는 창립 50년을 맞이한 오늘에 돌이켜 보면 격세의 감이 아닐 수 없다.

3. 남애의 활동

남애의 활동이란, 한국출판학회를 통한 안춘근의 학문적 실현 과정을 말한다. 그 내용은 종류나 범위 면에서 대단히 방대하다. 이에 대하여 우선 학회지를 통한 기고 내역을

니 뮤직(Sony BMG Music Entertainment)과 톰슨 SA(Thomson SA)사가 사용하도록 하고 있다.*
* 네이버 '위키백과' 참조.

알아보고자 한다. 그리고 안춘근의 제안에 따라 국제출판학술회의를 발족하고 나서 국제적으로 출판학 연구의 공적(公的) 확대를 이루어나간 과정과, 그의 말년 무렵에 한국출판학회 주최로 개최한 제5회 국제출판학술회의에서 채택한 '서울선언'만으로 발췌해 차례로 살펴보도록 한다.

1) 학회지에서의 연구 성과

남애는 한국출판학회 학회지에 꾸준한 기고 활동을 보여 주었다. 물론, 학회 창립 당초부터 이행되어 온 월례학술발표회도 이 학회의 학술 활동에 초석 역할을 감당했다. 이러한 노력이 학회지를 낸 동인으로 뒷받침되었다. 학회야말로 당연히 학회지를 내는 연구 기관이어야 한다는 것이 남애의 일관된 신념이기도 했다(이 책, p.289, p.300, p.315 참조).

그러한 생각을 가진 남애는 학회지 기고에 우선했다. 이와 관련하여 《출판학》 제1집에서 그의 생애 말년인 1992년 12월 《'92출판학연구》에 이르기까지 기고한 내역을 보면 다음과 같다.

《出版學》을 승계한 《出版學論叢》

제1집(1969.8.): 세계 문고본 출판 소고
제2집(1969.11.): 한국 판화 고본 출판사요(出版史要)
제3집(1970.2.): 한국 출판세시론·1〔2·제4집(1970.6.), 3·제5집(1970.9.), 4·제6집
　　(1970.11.), 5·제7집(1971.3.)〕
제8집(1971.6.): 대학 출판교육론
제9집(1971.9.): 고려속장경 출판경위고
제10집(1971.11.): 매스컴의 발달과 활자 공해
제11집(1972.2.): 출판의 기능과 사업
제12집(1972.6.): 한국 불교서지고
제13집(1972.9.): 남애영도기·1〔2·제14집(1972.12.), 3·제15집(1973.3.), 4·제16집
　　(1973.6.), 5·제17집(1973.9.), 6·제18집(1973.12.)〕

제19집(1974.3.): 현대 출판학 연습·1[2·제20집(1974.8.), 3·제21집(1974.10.), 4·제22
    집(1974.12.)]

제23집*(1981.6.): 저작권 침해 논란 사례[*《출판학논총》(발행처: 광문서관, 발행인: 안춘근)
    을《출판학》23집으로 승계 발행]

《출판학연구》(1982.12.): 한국 번역 문학의 공로와 과오/한국출판학의 현황

《'83출판학연구》(1983.11.): 출판 기업과 자전차 비교론

《'84출판학연구》(1984.10.): 금언 대비 출판인 의식 강령

《'85출판학연구》(1985.12.): 잡지 출판론 서설

《'87출판학연구》(1987.10.): 잡지 출판론의 실제

《'88출판학연구》(1988.11.): 출판 원고 채점표 시론

《'89출판학연구》(1989.12.): 한국출판학회 20년사

《'90출판학연구》(1990.12.): 주자변석(鑄字辨釋) 이설

《'91출판학연구》(1992.1.): 왕인박사 일본 전수 천자문 고구―주흥사의 천지현황(天
    地玄黃)이 아닌 이의일월(二儀日月) 천자문

《'92출판학연구》(1992.12.): 출판업 투기성 저감론

　　이와 같이, 남애는 학회지에 왕성한 기고 활동을 실천했다. 다만,《'86출판학연구》의
경우에서만 그의 글이 눈에 띄지 않는다. 이는 당시(1986) 남애의 회갑 기념호로 논문집
을 꾸몄으므로 본인이 기고를 사양한 것이다.

　　학회지《출판학》에의 기고들 중『한국 출판세시론』(성진문화사, 1971.8.),『남애영도기』
(성진문화사, 1974.6.),『현대 출판학연습』(1975.4.) 등은 긴 서술이며, 당초 여러 차례에 걸
쳐 연재했고 뒷날 각각 단행본으로도 간행된 바 있다. 그리고《출판학》에 200자 원고용
지 520매 분량을 전재*했던『한국 불교서지고』의 경우는 서울에서 단행본으로 간행(성
진문화사, 서울: 1972.9.)되었으며, 이후 일본에서도 출판(同朋舍, 東京: 1978.12.)된 바 있다
[*《출판학》제12집(1972.6.), pp.7~130].

　　남애 안춘근은 매월 300여 매에 이르는 원고를 어김없이 생산했다. 이에 대하여 그를
주시해 온 고당 김병철은 직업도 없는(퇴직자의 처지) 남애가 세상을 낙천하며 오로지 연
구와 집필 활동에만 몰두하는 그를 '알다가도 모를 사람'이라고 말하기도 했다(김병철,
1986.10., p.32).

2) 출판학 연구의 국제적 확대

안춘근은 1969년 6월 22일 한국출판학회 회장으로 취임한 이래 1989년 7월 1일 윤형두 신임 회장에게 학회장직을 이양할 때까지 20여 년 동안 이 학회를 이끌었다.

안춘근 회장이 시미즈 일본출판학회장에게 국제출판학술회의를 발족 제의

그러한 과정에서 1974년까지 22집을 낸 채 중단되어 있던 《출판학》을 1981년 6월 《출판학논총》(광문서관)으로 계승(제23집)하여 부활시켰다. 남애는 종래의 《출판학》지가 표방한 이념을 되살려 속간하는 형식을 취했던 것이다.

출판학회를 통한 남애의 활동은 일일이 예거하기 어렵다. 학회장으로서 출판학의 학문적인 위상 제고를 위한 노력은 말할 것도 없으려니와, 국내외에서 우리의 출판학계를 대표한 여러 학술회의의 주도 및 참가, 발제 등 많은 과업을 추진했기 때문이다. 그 중, 국제출판학술회의(The International Forum on Publishing Studies, IFPS)의 창립은 매우 중요한 업적으로 평가된다.

1984년 10월 13일, 출협에서 한국출판학회 주최로 제2회 정기학술대회 및 제7회 한국출판학회상 시상식을 겸한 제1회 국제출판학술발표회가 열렸다.[31]

당시 안춘근 회장은 이 발표회에 일본출판학회의 시미즈 히데오(清水英夫, 1922~2013) 회장을 초청하고 '국제출판학술회의 결성'을 제안했다.

이듬해, 1985년 8월 20일 제2회 국제

제1회 국제출판학술발표회에서. 왼쪽부터 윤형두 부회장, 안춘근 회장, 시미즈 일본출판학회장, 미노와 일본출판학회 부회장, 여승구 한국출판학회 부회장, 박승훈 교수

---

31) 대주제: 활자 문화에 미래는 있는가?(Is there a Future for the Printing Culture?)
　　안춘근(한국): 뉴미디어에 대처해야 할 출판 산업
　　시미즈 히데오(일본): 활자 문화에 미래는 있는가

출판학술회의가 일본출판학회 주최로 일본서적출판회관에서 열렸다. 지난해 10월에 선언한 국제출판학술회의 결성이 현실화된 것이다. 주제는 「출판의 현상, Present and Future of Publishing Studies」(오전 공동 주제), 「출판에 있어서의 미디어 믹스, Media Mix in Publishing」(오후 공동 주제)였다.

이 회의에서는 주최국인 일본을 비롯하여 한국, 브라질, 중국, 프랑스, 미국, 영국, 인도, 스리랑카 등 9개국에서 100여 명이 참가한 대규모 국제회의로 발돋움한 모습이었다.[32] 협력 기관들도 고단샤(講談社), 일본서적출판협회 등 여러 기관들이 나섰다.

제2회 대회에 모두 9편의 논문이 발표되었다. 이 중 시미즈 히데오 일본출판학회 회장의 사회로 진행된 제1회의에서 발제된 주제를 보면 다음과 같다.

- 안춘근(한국): 한국 출판의 당면 문제와 출판학 연구
- 송위안팡(宋原放, 중국; 발표는 遲叔昌): 중국의 출판학 연구
- 미노와 시게오(箕輪成男, 일본): 출판학 국제화의 조건을 찾아서—패러다임 디시플린 이론을 축으로 해서
- 리토(Litto, F.M., 브라질): 브라질의 출판학 연구

제2회 국제출판학술회의를 마치고 오사카 방문(왼쪽부터 김양수 교수, 안춘근 회장, 윤형두 부회장, 김희락 사무국장 등이 보인다.)

위 발제자 중 브라질의 리토 교수는 상파울루대학에서 박사과정까지 일관된 출판학 교육과 연구가 진행되고 있다는 사실을 보고하여 참가자들을 놀라게 했다. 당시까지만 해도 영국, 러시아, 인도 등에서 출판학 교육이 이행된다는 사실과 미국, 일본 등 일부 선진국에서 출판 전문 직업교육이 존재한다는 사실 정도로 알려져 있던 터였다(안춘근, 1985.10., p.254).

32) 제2회 국제출판학술회의에 참가한 한국 대표는 다음의 26명이었다.
안춘근 윤형두 여승구 고덕환 박원동 김희락 임인규 김양수 나중렬 이철지 정봉구 배효선 이영호 정완기 송관식 박경하 남윤수 박정희 문현숙 조양희 양경창 김헌종 박세록 방성봉 고영수 강원규

이렇게 창립기의 국제출판학술회의가 점차 활성화되는 과정에서 한국출판학회의 역할도 거듭 비중을 더해 갔다. 이러한 현상은 안춘근 회장의 국제적 역할이 그만큼 중요하게 작용하고 있었다는 사실을 의미한다.

한국출판학회는 안 회장의 주도로 다시금 국제출판학술회의를 유치하기로 결정하고 이를 전격적으로 실행에 옮긴다. 이것이 1987년 10월 24일 아카데미하우스에서 열린 제3회 국제출판학술회의였다. 이 회의의 대주제는 「외국 저작물 이용의 실제, The Situation of Usage of Foreign Copyright」였고, 주로 일본의 저작권 적용 경험을 청취하고 토론하는 데 비중을 두었다. 이는 우리나라의 국제저작권조약 가입에 따른 대응적 이론을 모색하기 위한 시의적인 대응이기도 했다.[33]

남애는 국제출판학술회의를 창립하고 이후 7년 뒤인 1991년 10월 서울에서 열린 제5회 대회 참가를 끝으로 더 이상 모습을 보이지 않았다.*(* 1993년 1월 22일 타계).

1991년이라면 한·중 양국 간에 미수교 상태였으므로 중국학자들의 한국 방문이 용이하지 않았다. 우리 쪽에서도 당국으로부터 중국 방문 허가를 얻어 내기가 쉽지 않은 형편이었다. 또, 일단 허가를 얻어도 홍콩에 들어가 비자를 받아야 했고, 거기에서 다시 중국 국적기를 바꿔 타고 목적지로 가야 하는 등 매우 번거로운 절차를 감수해야만 했다.

1991년 7월, 한국출판학회는 어려운 여행을 결행하게 된다. 1989년 10월 23~25일 3일간에 걸쳐 동경의 아오야마가쿠인대학(靑山學院大學)에서 열린 제4회 국제출판학술회의에서 차기 대회(제5회, 1991.10.18.~19.) 주최 기관으로 한국출판학회가 선정되었다.[34] 이에 따라 중국학자들과 교류하고, 아울러 그쪽 출판계 시찰을 겸한 학술 여행의 필요성이 검토되었던 것이다(이종국, 2015, p.121).

미수교 국가의 학자들을 서울로 초청하기 위한 사전 섭외야말로 능동적인 발걸음일 뿐

---

33) 발제 주제를 보면 다음과 같다.
　　제1주제-일본에 있어서 해외 저작권의 변천과 그 대응: 미야타 노보루(宮田昇, 일본 UNIAGENCY 대표)
　　　토론: 시미즈 히데오(淸水英夫, 일본출판학회 회장), 민병덕(閔丙德, 혜전대 교수·본학회 이사)
　　제2주제-저작권 중개업의 현황과 전망(李重漢, 서울신문 논설위원)
　　　토론: 허창성(許昌成, 평화출판사 대표·본학회 이사), 구리타 아키코(栗田明子, 일본저작권수출센터 대표)
34) 이종국(1989.11.). 「동아시아 문화권에 있어서의 출판 발전과 출판 교류」. 《출판문화》(통권 제289호). 서울: 대한출판문화협회, pp.29~33.

만 아니라, 하나의 새로운 개척을 의미하는 것이기도 했다.

아오야마대학에서의 제4회 대회에는 10개국에서 110명의 출판학자들이 참가한 대규모 행사로 치러졌다. 「동아시아 문화권에 있어서의 출판 발전과 교류, The Publishing Development and Interaction of Eastern Asia's Culture」라는 대주제로 열린 회의였다. 한국에서는 17명의 대표단이 참가했으며, 이 중 안춘근, 한승헌, 민병덕 교수가 발제자로 나섰다.[35]

왼쪽부터 한승헌 변호사, 자오빈(상해시 신문출판국장), 이경훈(보성사 대표), 송위안팡(상해편집학회 회장), 안춘근(한국출판학회 명예회장), 윤형두(한국출판학회 회장), 이종국(동학회 사무국장), 오른쪽 원내는 다이원바오(난카이대 교수) 제씨(1989.10.23., 아오야마가쿠인대학). 당시 주최 측인 일본출판학회에서는 제4회 대회 첫날 저녁에 자학회의 창립 20주년 축하회도 열었다.

제4회 국제출판학술회의장에서 중국 대표들과 함께

제4회 대회와 관련된 일본 학계의 논평들도 보고되었다. 미노와는 《출판뉴스》지에 안춘근의 논문을 비중 있게 소개했다. 이 중에서 일부를 발췌 인용하면 다음과 같다.

안춘근 교수는 「출판 개발과 문자의 형성」이라는 주제로 논했다. 일본보다도 더욱 강하게 중국으로부터 문화·언어적 영향을 받았던 한국에서는 한자가 자국 언어와 교육·문화의 발전에 네거티브한 요인으로 작용했다고 밝혔다. 한국의 위대한 역사적 성과인 일련의 금속활자에 의한 출판도 독서 인구의 제약 하에서 이룩되었으며, 이 때문에 장밋빛 측면으로만 보기도 어렵다고 했다.

한국에서 한글 개발과 보급은 한자의 영향력에서 벗어나기 위한 필사의 작업이었고,

---

35) 한국 대표단의 발제 주제를 보면 다음과 같다.
　　안춘근: 「출판 개발과 문자의 형성—한국의 출판문화와 언어, 학문, 교육」
　　한승헌: 「동아시아에 있어서의 국제 저작권의 재평가—미국의 저작권과 개도국의 입장」
　　민병덕: 「한국에서의 커뮤니케이션 정책과 출판 개발—출판 개발에 있어서의 정책 관여의 유효성과 타당성」

단순한 내셔널리즘적인 문제가 아니라는 것을 이해할 수 있었다.

〈箕輪成男(1989.11.·下).「第四回 國際出版フォーラムの成果—コミュニケーション
時代の幕開き」.《出版ニュース》. 日本出版ニュース社, pp.8~9〉

당시 이 대회는 일본출판학회 창립 20주년 기념 축하회(학술 행사 첫날인 10월 23일 만찬회)도 겸했는데, 윤형두 회장이 외국 대표들을 대표하여 축사했다. 주최 측에서 한국출판학회의 신임 회장이 되어 방일한 윤 회장에 대한 예우로 마련한 순서였다.

저작권의 국제적 이용에 관한 미국의 전략

여기서, 제4회 대회에 있었던 산민(山民) 한승헌(韓勝憲, 이하 산민) 부회장과 관련된 취재 스케치를 기록해 두고자 한다. 이 내용은 당시 현장에 있던 필자가 직접 목격한 것이며, 뒷날 구체적으로 보고한 바 있다. 그 중 일부를 인용하면 다음과 같다.

산민은 '저작권의 국제적 이용'과 관련하여 저간에 보여 준 미국의 태도를 지적하면서, "그들은(미국은) 개도국들에 대하여 자국 저작물을 노획하는 파렴치한 해적으로 보려 한다."고 서두를 뗐다. 그러면서 개도국은 그들에게 가장 광범한 시장으로 기여한다는 사실을 잊지 말아야 한다."고 뼈 있는 말을 던졌다. 따라서 "미국은 개도국에 미끼를 주고 저작권 이용을 간섭한다."고 지적하는 등 작금의 정황도 토로했다.

그러한 강도 높은 비판이 계속되자, 불편한 표정을 감추지 않고 있던 미국 대표 이반 캐츠(Ivan Kats) 씨가 자리를 박차고 퇴장하는 사태가 발생되었다. 그럴 때, 꼿꼿한 자세의 시미즈(清水英夫, 일본출판학회 회장) 교수는 넌지시 염려스러운 표정을 보였고, 중국 대표단석에서 마치 군단장처럼 위엄 있게 앉아 있던 우람한 체구의 송위안팡(宋原放, 상해편집학회 회장) 회장이 빙그레 웃고 있었다. 그들의 표정은 다 같이 자국의 입장을 드러낸 흥미 있는 사인으로 보였다.

당시 산민은 저작권 분야에서 독보적인 전문가였으며, 한국출판학회의 부회장이기도 했다. 그런 그의 일본 방문은 색다른 데가 있었다. 이른바, '반정부 인사' 변론 등 시국 사건과 관련하여 오랫동안 군부 정권과 맞서 온 처지였고, 그 자신이 영어(囹圄)의 몸으로 고생하던 끝에 출국 금지 상태로 묶여 있던 차, 마침내 '속박'으로부터 해지 조치된 이후 첫 해외 출장길이었기 때문이다. 이 같은 전말을 모를 리 없는 일본 언론들에서는 산민을 취재하기 위해 부산하게 움직이는 모습을 엿볼 수 있었다.

산민은 민권 변호사로 널리 유명하지만, 정작 시인이며 수필가이고 유머 감각이 뛰어난 분으로 알려져 있기도 하다.

<우양 이종국교수 정년기념문집간행위원회(2010) 편.
『책의 길 슬거운 동행』. 일진사, pp.502~503>

1980년대 후반의 한국 출판계는 국제저작권법과 관련된 계몽기도 겸하던 시기였다. 우리나라에서도 이 법의 개정(1987년 7월 1일 시행)과 동시에 국제저작권협약(UCC)에 가입함으로써 1987년 10월 1일부터 적용을 받고 있다. 당시만 해도 이 협약의 적용은 특히 개도국에서 아직 맹아기이거나 계몽 단계였으므로 이른바 강대국에 의한 여러 편의적인 운영이 지배적이었다. 이에 대하여 산민이 '미국의 저작권 행사와 개도국의 입장'을 설파한 것이 예의 발제 논문이었다. 그런 과정에서 미국 대표의 불편한 심기가 '퇴장'이라는 변수로 표출되었다.

산민의 발표는 10월 23일 중식 후 첫 세션에 들어 있었다. 당시 중국의 다이원바오(戴文葆) 교수가 먼저였고 뒤이어 일본의 야마모토 타케토시(山本武利) 교수, 그리고 산민의 순서로 진행되었다.

산민의 발표가 끝나면서 잠시 휴식 시간이 주어졌다. 회의장 앞줄에 앉아있던 안춘근 명예회장과 윤형두 회장이 산민에게 다가와 파안대소하면서 그의 성공적인 발표를 축하했다. 필자의 기억 속에는 그날의 그 장면이 지금껏 선연히 남아 있다.

동경에서 상면한 중국 측 인사들과 다시 만나다

한국출판학회가 추진한 중국 방문 계획[36]은 이미 1991년 3월부터 준비 업무에 착수해 온 사안이었다. 그러한 과정에서 중국 정부의 도서 무역을 총괄하는 중국도서진출구총공사[中國圖書進出口總公司, China National Publications Import and Export Corporation, 총경

---

36) 이 방문 프로젝트에 관한 내용은 다음 자료에 구체적으로 보고되어 있다.
　　이종국(1992.1.). 「중국출판계 견문기」. 사단법인 한국출판학회 편. 《한국출판학연구》. 서울: 한국출판학회, pp.123~149.

리: 천웨이장(陳爲江)]의 초청장*까지 받게 되어 방중 업무가 구체적으로 진전될 수 있었다(* 1991년 5월 25일자로 천웨이장 총경리 명의의 초청장 수신). 그리하여 1991년 5월 30일에 중국 방문단[37] 조직을 최종 완료했고, 6월 14일에 문화부장관(이어령) 앞으로 「초청장 수신에 따른 미수교국 여행 계획서」(한국출판학회 910-607)를 냈다.

중국 방문 중 연변대학에서 간담회를 마치고(1991.7.12.)

당시 남애는 국제출판학술회의가 꾸준히 발전해 왔음을 뜻 깊게 생각하면서도, 이 대회를 한국출판학회가 주최할 경우 중국학자들이 들어오지 못한다면 결과적으로 아시아의 주요 국가가 누락되어 성과 또한 반감될 수 있다는 문제를 우려하던 터였다. 그런 점에서는 윤형두 회장도 같은 생각이었다. 이에 따라 한국출판학회에서는 중국 방문단을 조직하여 12박 13일(1991.7.6.~7.18.) 간의 짧지 않은 여행길에 올랐다.

한국출판학회 중국 방문단은 홍콩→북경→장춘→연길(→백두산)→용정→심양→상해→홍콩을 거치는 동안 탐서(探書)와 현지의 학·업계 방문을 실현하려 애썼다. 그러는 과정에서 2년 전 동경(제4회 국제출판학술회의)에서 만났던 인사들*을 차례로 면담하며 서울 대회에의 초청도 빼놓지 않았다[* 다이원바오(戴文葆, 난카이대 교수), 샤오이원(邵益文, 중국출판과학연구소 부소장), 자오빈(趙斌, 상해시신문출판국장) 등].

이와 관련하여 안춘근 명예회장, 윤형두 회장 등이 그들과 의견을 교환한 내용*을 면담 순으로 발췌 인용하면 다음과 같다(* 「이종국 비망록」. 1991.7.9.~7.15. 중에서).

□ 샤오이원 부소장 내방

- 일시-1991년 7월 9일, 21:00~21:30
- 장소-京廣大厦(Jing Guang New World Hotel), 북경

---

37) 한국출판학회 중국 방문단은 다음의 회원으로 조직되었다.
안춘근(명예단장), 윤형두(단장), 이종국(사무국장), 김성현(전 한양대 교수), 송종극(전 연세대·중앙대 교수), 박세록(한국고서연구회 부회장), 부길만(한길사 편집차장), 박원동(퍼가몬프레스 한국지사장), 남윤수(강원대 교수), 홍우동(동국전산(주) 대표), 박경하(중앙대 강사), 김선남(한국외국어대 강사).

안춘근 이미 초청장을 보내드린 바와 같이, 금년 10월에 서울에서 우리 한국출판학회 주최로 제5회 국제출판학술회의가 열립니다. 우리는 샤오 부소장의 참가를 희망하며, 서울에서 만날 것을 기대합니다.

샤오이원 초청해 주시어 감사합니다. 서울에 가고 싶습니다. 그런데 서울을 방문하려면 여러 가지로 복잡한 점이 있다고 생각됩니다.

샤오이원 부소장(오른쪽에서 둘째 번) 내방. 왼쪽부터 안춘근 명예회장, 윤형두 회장, 이종국 사무국장(오른쪽 끝)

윤형두 우리 측으로서는 복잡한 문제가 없다고 생각합니다. 우리는 귀하의 방한을 적극 협조할 것이며, 원고 송부는 늦어도 8월 말을 넘기지 않도록 협조해 주시기 바랍니다.

샤오이원 저는 중국의 출판 정황을 말하고, 그 중에서 현재 이행되고 있는 '청소년 도서 및 정기간행물 출판'에 대하여 소개하고 싶습니다.

□ 다이원바오 교수 내방
- 일시 - 1991년 7월 10일, 08 : 30 ~ 09 : 00
- 장소: 京廣大廈(Jing Guang New World Hotel), 북경

다이원바오 교수(왼쪽에서 둘째 번) 내방. 왼쪽부터 안춘근 명예회장, 부길만 회원, 이종국 사무국장(오른쪽 끝)

윤형두 금년 10월 서울에서 열리는 제5회 국제출판학술회의에 참석해 주실 것을 요청합니다.

안춘근 우리는 다이 교수의 좋은 견해를 들을 수 있게 되기를 기대합니다. 제4회 대회 때 도쿄에서 발표하신 탁견은 우리에게 좋은 참고가 되고 있습니다. 사무국에서 의견을 말해 보시오.

이종국 방한에 따른 자세한 안내는

우리 학회 사무국에서 다시 한 번 통지해 드릴 것이며, 여러 편의를 살펴 드리겠습니다. 중국에서의 출판학 연구와 출판 교육에 대하여 소개해 주셨으면 합니다.

다이원바오 물론입니다. 한국은 방대한 왕조실록을 보유한 나라입니다. 서울에 가면 위대한 출판문화 유산을 꼭 보고 싶습니다.

□ 자오빈 국장 내방
- 일시 - 1991년 7월 15일, 16 : 00~17 : 20
- 장소: 海鷗賓大飯店(Hotel Seamen's Club), 상해

안춘근 우리는 2시간이면 중국으로 올 수 있는데, 이번에 12시간이나 소요됐습니다. 북경에서 다이원바오, 샤오이원 선생을 만났습니다만, 한목소리로 제5회 대회에 깊은 관심을 표시했습니다. 일본의 미노와, 시미즈 선생도 기꺼이 참가하겠다고 약속했습니다.

자오빈 국장(왼쪽에서 둘째 번) 내방. 왼쪽부터 이종국 사무국장, 안춘근 명예회장, 윤형두 회장

윤형두 우리가 귀하와 송위안팡(宋原放) 회장에게 초청장을 보냈는데, 아직 참가 여부를 연락 받지 못하여 궁금합니다.

자오빈 송 회장은 지금 건강이 좋지 않아 이 자리에 나오지 못했습니다. 현재 우리로서는 국내외 일정이 많이 밀려 있습니다. 10월 10~16일에 독일에서도 세미나가 있고요. 부득이 한국을 방문하기가 어렵게 될 경우에는 논문만이라도 꼭 보내겠습니다. 다이원바오, 샤오이원, 송위안팡 선생은 저에게 한국 방문 수속을 위임하신 상태입니다.

윤형두 귀측 대표단이 직접 서울로 방문하시기 바랍니다. 시간이 촉박한 관계로 8월 20일까지는 방한 의사를 밝혀 주셔야 되겠습니다. 이미 통지해 드렸듯이, 이번의 대주제는 「출판 발전의 방향」이며, '청소년 도서 출판'을 중심 과제로 삼고자 합니다. 귀하의 발제 내용은 북경, 상해 등의 관점에서 이 문제를 논하면 되겠습니다.

자오빈 10월 행사 때 대만 학자도 초청합니까?

윤형두 초청하지 않았습니다. 우리는 동경 대회에서 귀측과 만난 인연으로 이번 서울 대회에 초청하게 됐습니다. 북한에도 문호를 열어야 한다고 생각합니다. 우리는 북한 쪽에 특히 고전 목록을 교환하자*고 제의해 놓은 상태입니다(* 1990년 12월 13일 정부와 북한 당국에 「남북한 도서 목록 교환을 제안함」을 말함. 필자 주). 이에 대하여 귀학회에서 교량 역할을 해 주었으면 좋겠습니다.

안춘근 내 고향이 북한인데 사람도 우편도 통하지 않아 유감입니다. 저쪽에서 문을 닫아걸었기 때문입니다. 내 여권으로 이북만 갈 수 없는 형편이나, 세계 어느 곳이든 갈 수 있습니다. 나의 손녀가 유치원에 다니는데 아침에 깨우면 억지로 일어납니다. 이 아이가 자기 몸속에서 잠을 빼달라고 투정합니다. 그럴 때 문을 활짝 열고 밖으로 나가보라고 일러 줍니다. 아이가 밖에 나갔다가 들어오더니 잠이 빠졌다고 하더군요. (일동 크게 웃음) 북한이 그걸 모르니 답답하기만 합니다(중국의 경우를 우회적으로 지적함. 필자 주).

윤형두 우리는 도서 목록 교환 등 작지만 의미 있는 일부터 남북 교류를 실현하고 싶습니다. 중국 출판계가 적극 협조해 주기 바랍니다. 우리 학회는 최초로 북한 측에 출판 목록 교류를 제안해 놓고 있습니다.

자오빈 개인적으로 남북 간의 출판 교류는 좋은 일이라고 생각합니다. 그런데 우리의 경우, 대만 책은 대륙에 들어오지만, 대륙의 출판물은 대만으로 나갈 수 없는 형편입니다. 곧 새로운 정책이 만들어질 것*입니다〔* 훨씬 뒤의 일이지만, 2008년 대만에서 마잉주(馬英九)의 국민당 정부가 들어서자 양안 간 문화 교류가 크게 활성화되었다. 필자 주〕.

이종국 한국에서는 중국에 대한 관심이 계속 높아지고 있습니다. 젊은이들도 중국을 알고자 하는 의욕이 크게 증대되는 추세입니다. 우리 출판계에서는 중국과 도서 무역을 원하는 사람들도 많습니다.

안춘근 원래 문화란 소통하는 데 의의가 있습니다. 이번에 우리 일행은 중국 책을 많이 구입하면서 두 나라 간의 실질적인 교류야말로 이런 것이 아닌가 생각했습니다. 그럼에도, 한·중 교류가 막혀 있는 현실은 참으로 안타까운 일입니다.

윤형두 송위안팡 회장이 쾌유하시어 건강한 모습으로 서울에서 함께 만날 수 있기를 기대합니다. 바쁘신 중에도 내방해 주시어 고맙습니다. (자오빈 국장이 우리 일행에게 저녁 식사를 대접하겠다고 극구 제의했으나 사양함.)

이렇게 중국 출판학계의 주요 인사들과 면담을 마쳤다. 당시 생소하기만 한 중국의 출판계에 접근한 것은 그 하나하나가 의미 있는 활동으로 기록된다. 특히, 중국출판과학연구소에 관한 정보를 직접 입수하게 된 것도 중요한 소득이었다. 이종국은 귀국 후 이 연구소의 위상을 《'91출판학연구》에 다음과 같이 보고했다.

『편집학논집(編輯學論集)』

> (전략) 중국에 있어 출판학 연구는 주목된다. 특히, 중국의 출판학계는 '편집학' 쪽에 보다 많은 비중을 두고 있다. 도서 편집의 중요성에 대하여 '편집—대문화(大文化) 체계를 조직하는 것이며 바꾸어 놓는 것'[38]이라 말한 데서도 시사 받을 수 있다.
> 푸단대학(復旦大學)에서의 전공 과정도 서적편집학과(서적편집학전공)로 되어 있다. 물론, 출판학(publishing science)으로서의 통합 개념에는 변함이 없다. 1949년 10월, 중국 정부가 수립된 이래 최초의 출판학 연구 기관으로 창립을 본 중국출판과학연구소(Chinese Research Institute of Publishing Science)의 명칭도 이를 상징적으로 나타내 주고 있다.
> 중국출판과학연구소는 1985년 3월, 북경에 국가 기관으로 설치되었고 《출판발행연구》 등 4종의 정기 간행물을 발행한다. 그리고 『편집학논집(編輯學論集)』, 『편집과 편집학논의(論編輯和編輯學論)』 등의 비중 있는 연구서들도 발행한 바 있다. 이 연구소는 1987년 가을에 우루무치(烏魯木齊)에서 '도서 편집학 연구 토론회'를 열었으며, 1988년 봄 톈진(天津)에서 '제4차 전국 출판과학 학술토론회' 등을 열었다.
> 〈이종국(1992.1.). 「중국출판계 견문기」, 《'91출판학연구》, pp.144~145〉

그 후, 1991년 10월 제5회 국제출판학술회의가 서울 아카데미하우스에서 열렸다. 당시 다이원바오 교수와 샤오이원 부소장 등이 참가했다.[39] 그 무렵만 해도 한·중 양국이 미수

---

38) 何滿子(1991). 「編輯—大文化體系組織者和更新者」. 中國出版科學研究所科研辦公室 編. 『論編輯和編輯學』. 北京: 中國書籍出版社, p.28.

39) 한국출판학회는 1991년 10월 18~19일에 「출판 발전의 방향—청소년 도서 출판을 중심으로(A Course of Development in Publishing—The Actual Conditions of Publishing for the Young)」이라는 대주제로 제5회 국제출판학술회의를 주최했다. 당시 중국 대표단의 발제 주제는 다음과 같다.

　　　　　　　　　　　　역대 국제출판학술회의(IFPS) 현황

회차	개최 연월일	개최국	장 소	주 제
1	1984.10.13.	한국	서울, 출판문화회관	활자 문화에 미래는 있는가
2	1985.8.20.	일본	동경, 일본서적출판회관	1. 출판의 현상 2. 출판에 있어서의 미디어믹스
3	1987.10.24.	한국	서울, 아카데미하우스	외국 저작권 이용의 실제
4	1989.10.23.-25.	일본	동경, 아오야마가쿠인대학	동아시아문화권에 있어서의 출판 발전과 교류
5	1991.10.18.-19.	한국	서울, 아카데미하우스	출판 발전의 방향-청소년 도서 출판을 중심으로
6	1993.8.26.	중국	북경, 올림픽호텔	출판 산업의 현황과 발전 전망 및 출판 산업의 발전 모색과 1990년대 동향
7	1995.9.7.-8.	필리핀	마닐라, 샹그릴라호텔	1. 자유 시장 경제에서의 도서유통 2. 교과서
8	1997.10.23.-24.	일본	동경, 국제연합대학	지금 출판에 어떤 일이 일어나고 있는가-21세기를 향하여
9	1999.9.1.-2.	말레이시아	쿠알라룸푸르, 말라야대학	아시아 출판의 현황과 출판 기발전에 따른 대응
10	2001.10.26.-27.	한국	서울, 아카데미하우스	21세기 국제 출판 환경의 변화와 대응 방안
11	2004.10.18.-22.	중국	무한, 무한대학	현재와 미래에 있어 국제 출판의 발전 방향
12	2006.10.28.-29.	일본	동경, 동경경제대학	커뮤니케이션으로서의 출판-변모하는 동아시아의 출판과 문화
13	2008.5.11.-16.	한국	서울, 코엑스	디지털 미디어 시대의 출판과 독서
14	2010.5.7.-12.	중국	남경, 피닉스플레이스호텔	편집 출판과 문화
15	2012.10.19.	일본	동경, 동경경제대학	전환기 미디어로서의 출판
16	2014.10.24.-26.	한국	서울, 프레스센터	1. 출판의 국제 교류와 발전 방향 2. 책의 진화와 문화 발전 외
17	2016.10.29.-30.	중국	청도, 황해호텔	디지털 환경에서의 편집 인재 양성
18	2018.11.9.-11.	일본	동경, 동경경제대학	출판 미디어, 출판학의 새로운 전망

Dai Wenbao: The Future Prospect
Shao Yiwen: The Young and the Publishing of Book and Periodicals

교 상태일 뿐만 아니라 직항편 또한 막혀 있던 처지여서, 이들은 '대단히 어려운 여로'*를 거쳐 서울에 들어왔다(* 홍콩, 대만을 경유함.).

이후 1993년 8월 26~28일에 중국편집학회[China Redactological Society, 회장: 리우가오(劉杲)] 주최로 북경에서 제6회 대회가 개최되었다. 이 회의에는, 주최국인 중국을 포함하여 8개국 대표 140여 명이 모였다. 한국에서도 14명의 대표단이 참가했으며, 이 중 한승헌, 이정춘, 이종국 교수가 논문을 발표했다.[40]

제6회 대회 모두에서 다이원바오 교수는 고 남애 안춘근 선생에 대하여 묵념을 드리도록 동의를 구했다. 이에 모든 참가자들이 기립해 조의를

제5회 국제출판학술회의를 마치고

제6회 국제출판학술회의(북경)

표하여 그의 업적을 기렸다(남석순, 1993.12., pp.322~323. 이종국, 2000a, pp.638~639). 그 모습은 거대한 조문단과 같았다.

이후로 남애가 초석을 놓은 국제출판학술회의는 한국, 중국, 일본을 중심으로 참가국 범위를 확대(연 15개국)하는 가운데 장족의 발전을 거듭했다. 1984년 10월 13일 제1회 대회를 서울에서 연 이래 이 회의의 창립 30주년을 맞이한 2014년 10월 서울에서 개최된 제16회 대회까지 발표된 논문만도 283편에 이를 정도다(남석순, 2014, pp.16~19). 2016

Song Yuanfang: Publishing for the Future of China

Zheng Wanxing: On Promoting Minorities' Publication in China

40) 한국대표단 중 발제자 3인의 주제는 다음과 같다.

한승헌: 「한국에서의 저작권 보호와 출판」

이정춘: 「매체 경쟁 시대에 있어서의 청소년 매체 환경과 독서 문화」

이종국: 「한국에서의 출판 발전―과제와 전망」

제1회 한·중 출판학술회의(북경, 1996.1.5.)

년 10월에는 중국 청도(青道)에서 중국편집학회 주최로 제17회 대회가 열렸고, 2018년 11월에는 동경에서 일본출판학회 주최로 제18회 대회가 열렸다. 이에 관한 역대 국제출판학술회의 현황을 보면 〈표 10〉과 같다.

국제출판학술회의와는 별도로 1996년 1월 5일에 또 하나의 국제회의가 이룩되었다. 한·중 양국 간 쌍무 교류 형식인 한·중 출판학술회의(Korean-Sino Publishing Symposium, KSPS)를 말한다(이종국, 2015, pp.109~157). 즉, 한국출판학회와 중국신문출판연구원이 매년 상호 교환 개최하는 학술회의가 그것이다. 이 회의는 2018년 현재 19회를 기록하고 있다.

한·중 출판학술회의는 이종국이 1993년 8월부터 창설 준비에 착수했으며, 이후 이 회의의 실질적인 성사를 위해 북경 측과 빈번한 문서 소통 및 여러 차례에 걸친 방문 외교를 진행했다.

이에 따라 1995년 7월 12일 중국출판과학연구소(2010년 9월 17일 중국신문출판연구원으로 개칭)의 웬량(袁亮) 소장도 그 필요성을 찬동하게 되었다(張志强, 2010.1., p.102). 그 후 한·중 출판학술회의는 서울-북경을 오가며 상호 교차 개최로 이어져 오늘에 이르렀다.

3) 출판인 5개항 선언

1991년 10월 19일, 한국출판학회 주최로 열린 제5회 국제출판학술회

남애가 작성 제안한 '출판인 5개항 선언—서울선언' 육필 초안

의가 아카데미하우스에서 개회 2일째를 맞이하고 있었다.

당시 안춘근 명예회장은 제2부 순서가 끝나고(11시 30분) 중식을 앞둔 휴게 시간에 윤형두 회장과 한승헌 부회장(제5회 대회 집행위원장), 민병덕 부회장 그리고 이종국 사무국장에게 막간 회의를 요청했다. 그러면서 안 명예회장이 육필로 작성한 어떤 문서를 한 장씩 건넸다.

안 명예회장은, "5회 대회에 즈음하여 생각한 바를 메모했는데 여러분의 의견을 듣고 싶소."라고 말했다. 출판인들에게 권고하는 '출판인 5개항 선언—서울선언'이었다. 1개 단위 항이 18자씩 총 90자로 작성된 짧은 문서였다. 확고한 주지성과 철학이 배어나는 이 선언문은 단호한 주장을 담고 있었다(이종국, 2015, p.418).

'서울선언'은 제3부 종료 후 종합 토론 때 회부하여 참가국 대표들에게 의견을 물었다. 그 결과, 만장일치로 채택되었다. '서울선언'의 내용은 다음과 같다.

출판인 5개항 선언—서울선언
1. 출판인은 정신세계의 창조자가 되어야 한다.
2. 출판인은 인간개발의 교육자가 되어야 한다.
3. 출판인은 문화유산의 전도자가 되어야 한다.
4. 출판인은 정보산업의 선도자가 되어야 한다.
5. 출판인은 기업윤리의 시범자가 되어야 한다.

위의 선언은 국내외 출판계에 광범한 확산 효과를 보였으며, 오늘날까지도 의미 있는 문건으로 평가되고 있다.

4. 진행의 한 점검

1) 도중의 의미

앞에서 살핀 바와 같이, 한국출판학회는 출판학 연구의 국제적 확산과 그 교류 면에서도 왕성한 추진력을 보였다. 국제출판학술회의를 일본출판학회에 제안하여 창립

(1984.10.13.)했을 뿐만 아니라, 이후 18회에 이르는 과정에서 참가국들 중 최다 실적인 7차례의 주최 성과도 이뤄 냈다. 그런가 하면, 1996년 1월에 창립을 본 한·중 출판학술회의 또한 2018년 현재로 19회의 역사를 쌓았다. 본학회의 노정에서 이러한 국제적 교류 업적들은 광범한 범위로 확대된다. 이에 관해서는 여러 연구*가 보고된 바 있다(* 남석순, 2004.12., pp.67~90.; 2014.10., pp.9~40. 이종국, 2004.12., pp.197~227; 2015.8., pp.115~136 외).

앞서 〈표 9〉에 보인 바와 같이, '국제출판론' 분야가 후기에 들어오면서 부쩍 증가된 것도 출판 연구의 국제적 교류와 그에 따른 인적 소통, 저작권 무역 등 여러 다양한 현안을 개발할 필요성에서 비롯되었다(김진두, 2014.9., p.60).

이상에서 살핀 바와 같이, 한국출판학회의 연구 활동은 학회지를 매개로 하여 거듭 진전되어 나갔음을 알 수 있다. 따라서 그러한 현상은 학회 활동의 외연을 넓히는 활력으로 작용했는데, 이는 뒷날 국내외에서 열린 각종 출판학 관련 연찬회 및 포럼 등을 적극 추진하는 성과로 발전되었다. 예를 들면, 다음과 같은 활동이 대표적인 사례들이다.

월례연구발표회: 제1차(1969.3.17.)~제59차(1996.12.13.)
한국출판학회상: 제1회(1972.10.10.)~제38회(2017.2.23.)
정기학술대회: 제1회(1983.10.29.)~제35회(2018.6.22.)
국제출판학술회의: 제1회(1984.10.13.)~제18회(2018.11.10.~11.)
한·중 출판학술회의: 제1회(1996.1.5.)~제19회(2018.8.20.)
출판정책 라운드테이블: 제1차(2007.7.6.)~제17차(2017.5.26.)
출판 전공 대학원 우수 논문 발표회: 제1회(2008.11.16.)~제12회(2018.12.7.)

이와 같이, 한국출판학회는 출판학 연구 활동에 최선을 다하려 노력했다. 그 결과, 여러 가지 면에서 발전적인 성과도 얻어 냈다. 그러나 엄격한 의미에서의 학문적 성과란 '완료형'이 존재하기 어려우며, 야스퍼스(Jaspers, Karl T.)가 말했듯이, '도중(途中)에 머물러 있는 것(auf dem Wege sein)'일 따름이다. 그것은 결국 진정한 진화의 법칙을 말해 주는 대전제이기도 하다.

학회는 저편의 뒤안에 존재한 논쟁의 기지로부터 지양하여 현실과 이상적인 목표를 함께 충족시키는 것이란 무엇이어야 하는가에 한 차원 더 높은 가치 신념을 두어야 한다. 여기서 '도중'이란 멈춰 있는 상태로서의 중간이 아니라 목적한 바를 얻어 내려 노력하는 부단한 진행 그 자체를 말함이다.

한국출판학회는 반세기의 회력을 진행해 오면서 긍정적인 면과 상대적으로 어려운 경우도 두루 경험하는 가운데 오늘에 이르렀다. 여기서, 긍정적인 면은 학문적 과업이 늘 '도중'적인 위상이라 할지라도 그 과정 자체에 최선을 다했다는 사실을 말해 준다. 또, 상대적인 의미에서의 어려움이라는 것은 정책적인 면에서 여러 쉽지 않았던 점을 지목하게 된다. 예컨대, 현실적으로 학회 활동에 보다 안전한 이륙을 보장해 주어야 할 재원 조달이 늘 당면한 현안으로 부상되곤 했다는 사실이다.

그럼에도 불구하고, 일찍이 남애가 '출판학을 위하여' "창립 회원 모두가 출판학 전공 대학 동기동창생으로서의 유대와 격려로써 빛나는 업적을 이룩할 것을 기약한다."(안춘근, 1969, pp.3~4)고 했듯이, 이 또한 최선을 다해 왔다고 본다.

이렇듯, 뜻을 함께 하는 회원이 비록 소규모일지라도 상호간에 자극과 독려를 배가함으로써 학문적 불모의 지평을 열어 나가야 한다는 의지의 표명이 그와 같은 '동지적 공감'을 불러일으켰던 것이다.

2) 자기 평가에 관한 인식

한국출판학회는 출판학이라는 학문적 불모지에서 새로운 영역을 열어 나간 학회로 존재해 왔다. 이러한 설명이 가능한 것은 이 학회의 추구가 여전히 현재 진행이라는 점에서 찾는다. 앞에서 말했듯이, 그것은 곧 '도중'의 이념을 의미하는 것이기도 하다. 따라서 이러한 확인은 무거운 책임을 동반해야 한다는 임무 또한 중차대한 과제임을 재인식할 것을 요구한다.

이제 한국출판학회는 반세기의 학회사를 쌓았다. 이는 또 하나의 시작을 의미하는 역사적 연결 시점이라는 점에서 중요한 의의가 있다.

연구 공동체를 표방한 학회는 무수히 존재하고 있으나 오랜 생명력을 유지하는 사례는 많지 않다. 나름대로 사정이 있어 그렇겠지만, 학회의 존립은 다음과 같은 몇 가지 뚜렷한 지향점이 있어야 한다.

첫째는 역사적으로나 사회적으로 공인된 연구 영역으로서 연구 목적이 뚜렷해야 하고, 둘째는 연구 대상에 대한 공개적인 논의와 토론 활동을 능동적으로 수행하는 등 회원 간

상호작용이 가능해야 하며, 셋째는 하나의 학문 공동체로서 일정한 회원 수가 확보된 조직체여야 한다. 그리고 넷째는 회원 간의 견해에 대응한 인식 차이로 심각한 갈등을 빚는다든지, 현저히 다른 성향이어서는 안 된다는 점이다. 만일, 이와 같은 경우에 직면한다면 그 학회가 지향하고자 하는 바와 전면 배치될 수 있으므로 해당 학회 회원으로서의 활동을 이행하기 어렵다.

이로 볼 때, 한국출판학회의 경우는 첫째 번 사항인 '공인된 연구 영역' 면에서 이미 문제점을 떠안고 있었다고 보게 된다. 다시 말해서 '출판 연구'가 하나의 학문적 영역으로 규정된 사례를 찾아볼 수 없었으므로 당초부터 연구자 단체를 꾸리는 데 어려운 점이 있었던 것이다.

둘째 번 사항인 연구 대상에 대한 공개적인 토론 활동이 가능한가의 문제인데, 이는 창립 회원 모두가 '출판 운용의 비과학성'을 공감한 데서 인식적 접근이 이루어질 수 있었다. 비록 소수자들만의 모임이었지만, 이는 매우 중요한 '결속의 끈'이었다. 그런 면에서 긍정적이었다. 창립에 찬동한 본 학회의 초창기 연구자들은 기획·편집 관련 제 실무를 현장을 통해 직접적으로 경험하는 과정에서 개선과 지향에 대한 대안이 연구되어야 한다는 필요성을 직시했던 것이다.

셋째 번 사항인 학문 공동체로서 일정한 회원 수가 확보되어야 한다는 것인데, 이 문제는 우선 최소한의 인원만으로 꾸릴 수밖에 없었다. 창립 회원이 단지 7명이었던 것으로 보아 향후의 충원을 기대하면서 첫 출발에 임했던 것이 그와 같은 한계점이었다. 요컨대, 출판학 연구에 뜻을 둔 연구자를 워낙 찾아보기 어려웠을 뿐만 아니라, 더구나 대학에서조차 비슷한 전공마저 존재하지 않은 실정이었기 때문이다. 이 같은 문제점이 오히려 긍정적인 결과를 생성케 해 주었다.

넷째 번 사항의 경우는 회원 간의 학문적 견해가 심각한 갈등을 빚는다든지 성향이 다른 데 따라 빚어질 수 있는 우려를 말한 것이다. 그러나 창립 당시의 출판학회로서는 동호인적인 모임으로 출발했기 때문에 일단 그와 같은 우려를 불식할 수 있었다.

이상으로 비추어 보아, 한국출판학회가 이룩된 이유를 발견할 수 있다. 곧 연구 활동이 불모 상태였다는 점에서 창립 동인이 터한다는 사실이다. 그것은 모든 학문의 성립이 인간 생활을 둘러싼 사물에 대한 의구와, 그에 따른 해결점을 찾아내고자 하는 욕구에 힘입어 가능했듯이, 출판학에의 추구도 당연히 그러한 보편적인 인식과 연결되어 있다는 사실을 반증한다.

• 나오는 글

이제 제6부를 맺으면서 본문을 통해 논의한 내용과 관련하여 다음과 같은 의견을 덧붙이고자 한다.

첫째, 한국출판학회는 우리나라는 물론 세계적으로도 출판학을 연구하기 위해 창립된 최초기적 학회라는 점에서 매우 중요한 역사적 실현으로 평가된다.

둘째, 출판 환경의 어려움은 극복을 유인하는 반사 작용을 낳게 하므로 그에 따른 대안 마련을 위해 모색된 방법 중의 하나가 출판학회 창립으로 구현되었다.

셋째, 출판학회 창립은 출판 행위와 출판문화를 고유한 연구 대상으로 삼은 최초의 실현이라는 점에서 이 분야 탐구에 대응한 불모의 벽을 허물었다.

넷째, 출판학 연구에 뜻을 함께 한 현업 인사들이 자생적으로 출판학회의 창립을 실현했다는 특징이 있다.

다섯째, 연구 대상을 저작물의 선택, 제작, 분배로 구조화하고 출판의 경영과 그 사회적, 문화적 영향 및 법규와 정책, 그리고 출판의 발달사로 큰 범주를 설정하고자 했다.

여섯째, 그간의 출판학 연구를 요약하면 출판학으로서 독자적인 실현이었다는 점과, 출판물이 제작·배포되는 일련의 대중적인 양태와 관련하여 커뮤니케이션학 내지 매스커뮤니케이션학으로 대입시킴으로써 방법론적 충족 효과를 기대할 수 있다는 응용 이론도 제기되었다. 그러나 출판이라는 매체 영역이 여전히 팽창, 진화하는 가운데 이를 중심축으로 한 연구가 더욱 증폭, 확대되어야 한다는 논리로 발전되었다.

일곱째, 한국출판학회의 학회지인 《출판학》은 세계 최초로 선뵌 '출판학 전문 연구지'라는 점에서 역사적 의의가 있으며, 최장수지라는 기록도 함께 보유한 논문집으로 존재한다.

여덟째, 한국출판학회가 경험해 온 초창기의 연구 활동과 이를 이어 나간 학회사 전개는 여전히 현재 진행형인 동시에 앞으로를 위한 비전을 뒷받침하는 견인차적 업적으로 평가된다.

이제 한국출판학회는 다시 새로운 역사를 열어 가게 될 것이다. 이 즈음에서 더욱 긴요하게 요청되는 것은 무엇보다도 회원의 연구 열의가 왕성하게 뒷받침되어야 한다는 사실이다. 출판이 타 매체와 융합되어가는 현상이 가속화되면서 원래의 성격 또한 적지 않은 수정이 불가피한 것도 피할 수 없는 정황이다.

이제 오늘의 출판 추세에서 보면 주로 엘리트 계층에 소구되는 상황으로 일정 부분 되돌려지는 듯하다. 출판이 오히려 고급문화 매체로 선호되고 있는 시대적 현상을 엿볼 수 있기 때문이다.

되돌아보면, 한국출판학회는 지난 반세기 동안 출판 진전 과정을 고스란히 경험했다. 시대에 앞서는 이론과 당시대에서 생산한 여러 모색들을 토론 현장에 두루 반영해 온 연구 공동체도 이 학회였다.

여기서, 우리의 출판학 건립과 그 연구사에서 뚜렷한 업적을 남긴 인물을 든다면 당연히 남애 안춘근을 말하게 된다. 2019년은 남애의 탄생 93주년이며, 서세 26년이 되는 시점이기도 하다. 뒤늦었지만, 차제에 남애 안춘근의 학문 세계를 재조명하는 사업을 적극 추진해야 한다.

2019년은 또한 한국출판학회 창립 후 반세기를 맞이하는 해이다. 이 시점은 그간의 연구사를 마땅히 『한국출판학회 50년사』로 기록해 둘 것을 요구한다. 그러한 뜻에서 항속적인 발전사관이란 무엇이어야 하는 문제와 미래 지향적인 비전에 대한 대안을 힘써 궁구해야 한다.

그러한 모색과 관련하여 남애가 평생을 바쳐 정진한 노정을 되살피면서 다시 새로운 자극과 교훈을 얻어 내기 위한 노력 또한 배가되어야 할 것이다. 결국, 출판학과 출판문화의 발전을 기약하기 위한 다시 새로운 출발이야말로 그런 점에서 특별히 중요한 문제가 아닐 수 없다.

• 들어가는 글

제7부*는 남애 안춘근의 수서 활동에 대한 내용을 다루었다. 그의 서실(書室)은 언제나 풍성한 책의 도열로 넘쳤다. 장엄한 집적이었다. 그것은 수서자(蒐書者)의 내세움보다는, 기록으로 전승된 문화·역사적 증거를 알아내기 위해 최선을 다하고자 함이었고, 흩어져 가는 옛 책을 보전하려 애쓴 끊임없는 정진 과정이었다(이종국, 2015, p.291).

『한국민족대백과』(한국학중앙연구원)에 제시된 '안춘근' 항목에 의하면, "고서 수집을 통해 출판학뿐 아니라 서지학 분야에서도 여러 저술을 하는 한편, 고서 발굴에 기여했다."고 소개하고, "특히, 출판학의 개척자로서 1984년 국제출판학술대회를 서울에서 열어 한국 출판학의 국제적 지위 향상을 위해 노력했다."고 기록되어 있다. 따라서 "그는 출판 연구(publishing study)를 출판학(publishing science)으로 정립해야 한다는 선구적 주장을 폈으며, 평생 동안 책을 사랑하고 아껴 많은 책을 수집하고 만들었다."고 밝혔다.

그런 안춘근은 저술인, 장서가, 출판인, 출판 평론가로 활동하면서 출판학회를 창립하여 20여 년간 회장으로 활동했다. 고서동우회, 애서가산악회를 결성하여 회장을 맡았으니 출판 관련 3관왕에 오른 인물이라 평가되기도 한다(정진석, 2014.6., p.63).

여기 제7부는 안춘근의 수서 활동을 알아볼 목적으로 서술한 것이다. 그럼에 있어, 다음과 같은 네 가지 연구 문제를 제기하고자 한다.

첫째, 남애 안춘근이 지향한 책에 대한 생각, 다시 말해서 그가 추구한 출판관이란 무엇인가에 관한 문제이다. 이는 남애가 말하는 책의 위상과 그것을 현물로 존재케 하는 출판에 대하여 어떤 의미로 설명하고 있는가 하는 인식 일반을 말한다.

둘째, 남애의 수서 활동이 지닌 의의란 무엇인가를 알아보고자 했다. 그가 평생에 걸쳐 추구한 책 모으기 활동은 두 차례나 만 권 장서를 얻어 냈다. 이처럼 놀라운 집적이 가능했던 것은 단축해 말해서 '열정과 땀'이라는 말 이외에 달리 설명할 언설도 없을 것이다.

셋째, 남애의 청년 시절 이후 그가 타계할 때까지의 수서 시기 구분 문제를 고려하고자 했다. 이는 방대한 수서 업적이 현실화해 나간 생애사적 진행과 관계가 있다고 보았다.

넷째, 남애의 수서 업적이 말해 주는 의의란 무엇인가를 살피고자 했다. 이로써 오늘의 우리에게 어떤 시사점을 주는가에 대한 물음을 제기하고 이 문제를 풀어 보려 애썼다.

---

*《한국고서연구》 제35호(한국고서연구회 창립 35주년 기념호, 2017.12.)에 발표한 것을 전면 개고·보완함.

제1장 남애의 책(서적), 출판에 대한 관점

책은 가장 오래된 지식 전달 수단으로 존재해 왔다. 인간이 창안한 기록술을 이용하여 삶의 내용을 구체적으로 반영한 사상과 감정의 대창고로 역할해 온 것이다.

문화사학자 윙클러(Winckler, Paul A.)에 의하면, "기록술이 개발되면서 역사와 문명이 시작되었다."고 전제하고, "쓰기는 시간을, 책으로는 공간을 극복했다."고 말한다. 그러면서 "이제 긴 텍스트를 빠르고 쉽게 복사할 수 있고, 어떤 대상으로든지 신속하게 전송할 수 있다. 이것은 경량의 농축 도구만으로 과거 30세기 동안 축적해 온 광범한 정보 메시지를 한순간에 소통할 수 있게 되었다는 사실을 의미한다. 결국, 출판의 영향이다."라고 함축한다(Winckler, Paul A., 1978, p.3).

이로써 법률을 규정했으며, 경전의 내용들을 배열했으며, 그리고 풍속과 인습, 과학과 예술의 변천상, 수많은 발견과 발명에 관한 일, 옳고 그름, 심지어 압제자가 포고한 율령들에 이르기까지도 속속들이 담아냈다. 강조해 말할 나위도 없지만, 바로 그러한 역할을 감당한 수단이 출판이요 책이다.

책의 학자 남애 안춘근은 책의 세계에 대하여 어떤 관점을 가지고 있었는가. 이 제재에서 그가 추구한 책과 출판에 관한 인식을 살펴보고자 한다.

1. 책(서적)에 대한 관점

1) 책의 정의

안춘근은 우리나라에서 처음으로 책에 대한 정의를 내보인 출판학자이다. 1959년 3월에 출간한 그의 저서 『양서의 세계』에서 책의 조건으로 세 가지를 들었다. 즉 "운반이 용이해야 하고, 목적을 가진 내용이 있어야 하며, 어느 정도의 분량을 갖추어야 책이라 할 수 있다."는 것이다(안춘근, 1959a, pp.12~13). 그러면서 "어느 정도의 분량이(인쇄된 종이가) '등'*이라 하는 한 곳에 밀착되어 표지로 보호되어야 한다."(안춘근, 위의 책, p.13)고 덧붙였다〔* '등'이란, 제본할 때의 등매기 부분, 즉 '배'(背, back)를 말함. 필자 주〕.

그 후, 1963년 2월에 낸 『출판개론』에서 위의 정의를 재정리하여 다음처럼 제시했다.

"첫째, 용이하게 펼쳐 볼 수 있고 쉽게 운반할 수 있어야 하며, 둘째, 어떤 목적을 가진 내용이 들어 있어야 하고, 셋째, 일정한 분량이 있어야 한다."는 것이다(안춘근, 1963, p.12).

여기서, '일정한 분량'이란 안춘근의 정의가 발표된 1년 뒤(1964)에 유네스코 제13차 총회에서 채택한 권고안에 의하면 49페이지(표지 제외) 이상의 비정기 간행물이라 했다.[1]

그런데『출판개론』에서의 책에 관한 정의는 이보다 5년 전『양서의 세계』(1959.3.)를 통해 밝혔던─"어느 정도의 분량이(인쇄된 종이가) '등〔背〕'이라 하는 한 곳에 밀착되어 표지로 보호되어야 한다."는 말이 제외되고 있다는 사실을 주목할 필요가 있다. 잠재적으로 미국의 컬럼비아 레코드 클럽(Columbia Record Club Inc.)에서 발행한 듣고, 보고, 읽는 세 가지 기능을 동시에 구현하는 첨단 열독 장치가 개발되었다는 사례(안춘근, 1963, pp.238~240 참조)를 접하고 책의 미래를 염두한 것일지도 모른다(이 책, p.205 참조). 따라서 좀 뒤의 일이긴 하나, 미국의 전자회사인 RCA(Radio Corporation of America)사에서 이른바 '일렉트로닉스 기술'을 출판과 접목하려 시도한다는 정보 또한 새로운 시사점을 가져다주었을 것으로 추정되는 부분이기도 하다(이 책, pp.319~320 참조).

이상에서 살핀 바와 같이, 남애가 밝힌 책에 관한 물질적인 정의를 알아보았다. 이는 협의의 정의라 하겠다. 그러나 정신적인 면에서 책을 정의한다면, '책은 세계의 기억'이라는 말로 압축한다. 인간의 사상·행동·경험 등 모든 지적 활동의 기록이 책속에 담겨 있기 때문이라는 것이다. 그러면서 우리 인류가 문화적으로 선대(先代)의 상속자가 될 수 있다는 것은 그 대부분이 책 때문에 가능한 일이라고 보았다(안춘근, 1963, p.13).

이후로 책에 대한 정의는 조금씩 보완되어 민병덕(1969.8., p.16), 차배근(1976, pp.281~282), 이종국(1995, pp.97~98) 등이 제시한 바 있다. 뒷날, 남

서재에서(1977년 무렵)

---

1) '서적 생산과 정기 간행물 통계의 국제적 표준화에 대한 권고(Recommendation concerning the international standardization of statistics relating to book production and periodicals)'. Encyclopaedia Britannica Inc. *ed.*(1986). *The New Encyclopaedia Britannica* Vol.2. Chicago: Encyclopaedia Britannica Inc., p.369; s.v. 'book'.

애는 책에 대하여 다시금 말하기를

> 책은 문화의 꽃이요 문명의 깃발이다. 인류 문화가 어떻게 전파되는가, 책을 통해서 모든 지식이 전승되는가를 살펴보면 알 수 있는 일이거니와, 책은 모든 지식과 정보를 전해 준다. 사실은 이 세상에 책이 없다면 신의 뜻인들 후세에 전승될 수 있겠는가? 책이 없다면 하나님도 침묵을 지킬 수밖에 없다는 말이 있다.
> 〈안춘근(1992.12.). 「백화목피지본-남애어록」. 《고서연구》(제9호), p.11〉

라고 강조했다. 위와 같은 견해는 책에 대한 광의의 정의라 할 수 있다.

이렇듯, 남애 안춘근이 말하는 책의 세계는 광범하다. 따라서 책의 문화적 의의를 말하되, '문화재의 유지·보존 및 전승을 위한 복제 수단'(안춘근, 1963, p.53)으로 규정하면서, 그것이 이룩된 시기와 내용, 이용자, 형식·형태, 조성된 재료·재질, 만듦의 방식 등에 이르기까지 총체적인 면을 아우르면서 그 전반을 탐구 대상으로 삼아야 한다고 주장한다.

그런 남애의 책 탐험은 '상식의 벽'을 뛰어넘고 있었다. 평생 동안 수만 권의 책을 수집하는 과정에서 이른바 진본(珍本), 기본(奇本, '奇書'와 같은 뜻임. 필자 주) 또한 그 누구도 추종을 불허할 만큼 수집 영역을 넓힌 탐서자가 남애였다.

'진본(珍本)'이란, 보통의 상식을 벗어난 희귀한 책을 말한다. 일반적으로 통용되는 책의 모형과는 내용이나 형태 또는 조성된 재료 면에서 상이한 도서를 '진본'이라 일컫는다. 선본(善本), 희구서(稀覯書)라고도 하며, 아주 귀한 고사본(古寫本) 또는 명가수택본(名家手澤本) 등이 그 범위에 해당된다(제홍규, 1982, p.154).

물론, '기본(奇本)'이나 '기서'도 '진본 또는 '진서'와 동의어로 사용되기도 한다. 굳이 말한다면 내용과 형태, 조성된 재료 등이 특수한 책을 일컬어 '기본·기서'라 하겠다.

2) 진본·기서고[2]

남애 안춘근은 책의 종류 중 진본·기본이란 무엇이며, 그것이 어떤 점에서 중요한지를 설명한 일이 있다. 엄밀한 의미에서, 진본·기본이란 책의 종류라기보다는 특별한 취향을 가

---

[2] 이 글은 1973년 4월 25일 국립도서관 주최의 전국도서관강습회에서 「세계 진본·기본고」라는 주제로 안춘근이 특강한 내용을 발췌한 것임.

진 저자나 시대·역사적으로 특이한 환경 속에서 이루어진 희귀한 책이라 하겠다.

남애가 말한 「진본·기서고」는 우리 학계에서 처음 제시된 견해라는 점에서도 기록성이 있다. 아래에 그 내용을 발췌 소개한다.

(전략) 비슷한 제호의 책*이 몇 가지 있기는 하나, 모두가 체계가 서 있지 않고 그저 되는 대로 생각나는 대로 쓴 내용이다(* '진본·기서'와 관련된 외국 문헌을 말함. 필자 주). (중략) 1930년 11월 일본에서 450부 한정적으로 출판된 『세계진서해제(世界珍書解題)』만 보아도 어떤 특정인이 수집한 지극히 한정된 자료로 편찬되었을 뿐만 아니라, 그 내용도 호화판·궁정사·풍속사·연애와 호색, 한정판 등이었다.

그러나 세계의 진본·기본을 다루자면 서양만으로는 완전한 것이 될 수 없고, 그렇다고 동양에 치우쳐도 안 될 것이다. 나는 나대로의 주관에 따라 우선 책의 정의로부터 시작해서……진본·기본을 크게 내용과 형태로 2대별하고, 다시 내용으로 본 진본·기본으로서 ① 기괴, ② 고유색, ③ 비밀 출판, ④ 성적 문제, ⑤ 금서, ⑥ 특수 외서 등으로 구별하고, 이어서 형태로 본 진본·기본으로서 ① 최고본(最古本), ② 수진본(袖珍本), ③ 대형본, ④ 자료, ⑤ 호화본, ⑥ 서사(書寫) 방법, ⑦ 유일본 등으로 나누었다. ……형태적인 문제를 다룸에 있어 그 첫째가 되는 최고본에서 ① 원형대로 있는 고서, ② 중간본(重刊本)만이 전승되는 고서……이밖에도 작은 책·큰 책, 그밖에 자료나 제작 방식에 따라서도 여러 가지 진본·기본이 있다. (중략)

진본·기본이라는 것은 결국 귀중본 범주에 들어가는데 오래된 귀중한 책이거나, 극소수의 특수한 책으로서의 귀중본을 주관적으로 판단하기 쉽다. 세계적으로 공인되는 그러한 책은 첫째로 애서 취미, 둘째로 저술과 출판 취미, 셋째로 장서 의욕의 자극에서 발생 원인을 찾을 수 있다는 것과, 이 같은 진본·기본이 체계적으로 수집이 된다면, 그것은 책을 수장하는 도서관과 골동품을 수집한 박물관의 구실을 아우른 진정한 문화 전당이라고 할 수 있다. (하략)

〈안춘근(1973.12.). 「진본·기서고」. 《출판학》(제18집), pp.75~77〉

이와 같이, 남애의 책에 대한 관심은 특수한 분야들에 이르기까지 두루 망라되고 있다. 책의 모형이나 존재 형식이 전혀 이질적인 것일지라도 그 각각의 대상물이 지닌 가치를 중시했기 때문이다.

남애는 또한 우리나라에서 최초로 선뵌 작은 육필 도서인 『애서시가(愛書詩歌)』라든지, 가장 작은 책으로 편찬한 『동양수진본(東洋袖珍本)』, 이와는 상대적으로 가장 큰 책인 『남애한필(南涯閒筆)』 그리고 책의 원형인 죽간(竹簡)[3] 등 여러 이색적인 도서를 저술하고 손수 제작한 일도 있다.

나아가 남애는 1982년 11월 26일 경주 천마총(天馬塚)에서 발굴된 「천마도장니(天馬圖障泥)」(국보 제207호)가 백화목피(白樺木皮, 자작나무 껍질)에 그려진 유물임을 중시하여 직접 이 서사 재료를 구해 『백화목피지본 남애어록』[4]이라는 독특한 책자를 만들기도 했다 (안춘근, 1992.12., pp.9~17 참조). 그는 20세기에 살았지만, 종이가 발명되기 이전에 사용된 서사 수단을 구득하여 그것을 서적으로 재현함으로써 역사적인 사례를 검증했다.

이와 같이, 남애는 책(서적)에 대한 전통적인 인식을 기본으로 하면서 여러 독특한 유형에 이르기까지 광범한 접근력을 보였다. 그러한 노력은 출판학과 서지학을 연구하는 수원지로 뒷받침되었고, 수서자로서 끊임없는 탐서 열의를 분출케 한 밑거름이었던 것이다.

2. 출판에 대한 관점

앞에서도 말한 바와 같이, 남애 안춘근은 "출판은 문화의 어머니이며 시대의 거울이다." (안춘근, 1966.12., p.157)라고 역설한 출판학자였다. 그의 책에 관한 관점도 그것이 생산된 모기지인 출판을 이해하는 것으로부터 출발한다.

1) 이론과 실제의 호혜성

남애 안춘근은 출판 행위에서 이른바 감(感)이나 경험의 타성으로부터 벗어나야 한다고

---

3) '남애 죽간'은 1970년 말에 조성되었다. 47편(片)의 대쪽으로 만든 이 죽간은 「책(冊)의 원류고(原流考)」*라 이름 붙였는데, 200자 원고용지 총 10매 분량으로 된 짧은 칼럼이다[* 매 1편(片)의 규격: 가로 0.5cm× 세로 20.0cm, 47개의 죽편: 가로 22.0cm×세로 20.0cm)].

4) 남애는 1987년 10월 18일, 오대산(五臺山) 월정사(月精寺) 인근에서 백화목피를 채집했다. 이것을 재료로 삼아 기록으로 남긴 책이 『백화목피지본 남애어록』이다. 이 책은 너비 23cm, 길이 29cm의 양장본으로 제책되어 있다. 200자 원고용지로 32.5매 분량이다. 이에 관해서는; 안춘근(1992.12.). 「백화목피지본 남애어록」. 한국고서연구회 편. 《고서연구》(제9호). 청림출판, pp.9~17 참조.

주장했다. 그러기 위해서는, 다른 무엇보다도 교육적 기반을 마련하는 일이 중요하다고 보았다. 다시 말해서, 고등교육 기관에서 출판학 교육이 시급히 이행되어야 한다는 것이다. 이러한 주장은 남애가 일찍이 서울신문학원에서 '출판학'과 '도서학'을 강론(1958~1960)한 개인적인 경력이 중요한 배경으로 작용했다고 본다.

남애는 또한 '출판학'이란 영역의 명칭을 처음으로 사용하는 등 선행 사례(先行事例)를 남겼다. 그런 남애는 출판 행위에 필요로 하는 두 가지 요건, 즉 이론과 실천이 상호 작용하지 않으면 맹목과 공상에 지나지 않을 뿐이라고 말해 왔다. 다시 말해서, "이론 없는 실천은 맹목이요 실천 없는 이론은 공상"이라는 것이다(안춘근, 1963, p.53).

여기에 경험적인 지식을 요청하게 되는데, 이 경우에서의 경험이라는 것도 실증적인 태도나 방법이 전제되어야 한다고 보았다(안춘근, 1963, p.55). 이와 같은 논리는 이후 '남애 출판학'을 관류하는 골격으로 뒷받침되었다.

남애는 출판 연구의 필요성 및 타당성과 관련하여 "굳이 그것을(출판을) 이론적으로 연구해야 할 필요성이 있는가?"라는 의구심에 젖어 있는 학·업계의 보수주의자들이 포기하려 하지 않았던 통념을 공박했다. 요컨대, 이론과 실제의 상호 관계 속에서 창출되는 합리적 전개를 중시했고, 그러한 보편성의 원리가 출판 연구요 학문적 성립의 근간임을 강조했던 것이다. 이를테면, "의학이나 생태학적인 지식을 모르고도 살아갈 수 있다는 것과, 알아서 적극적으로 예상되는 모든 문제에 대처해 나간다는 것은 많은 차이가 있다."는 비유를 들었다(안춘근, 1969a, pp.13~14. 안춘근, 1982.12., pp.55~56).

이와 같이, 남애의 지목은 이론과 실제라는 양항 구조의 호혜적 법칙을 들어 출판 연구의 타당성을 설명했다. 물론, 그가 추구한 출판학은 영역학으로서의 독립적 지향을 위한 끊임없는 탐구 과정 그 자체였다(淸水英夫, 1997.12., pp.392~394).

그래서 남애에 따르면, "출판학이 독립된 학문이 아니라는 생각을 하루 속히 씻어 버려야 한다."(안춘근, 1982.12., p.56)는 주장으로 연구 영역의 중요성과 가능성을 설명했다.

이와 같이, 남애 안춘근은 출판이라는 하나의 사회적 현상을 가리켜 문화를 조성하는 모근거로 보고자 했다. 이러한 생각은 첨단 문명을 풍미하는 오늘날에도 여전히 유효하다. 모든 문화 현상과 문명적인 진화·팽창 현상이 출판과 책의 영향으로부터 유지·확산되어 왔기 때문이다. 이는 인류의 문명·문화사가 이어져 온 내력이 결국 책의 역사였다는 사실을 말해 준다.

여기서, 책의 형질에 관한 하나의 가설을 상기할 필요가 있다. 문헌학자 케이츠 하우스

턴(Keith Houston)은

> 전통적인 책은 두꺼운 표지 안에 들어 있는 별도로 제작된 종이 기계이다. 휴대 전화의 문자열도 가죽 커버에 블라인드 금형(金型)을 적용한 것과 다를 바 없다.
>
> 〈Keith Houston(2016). *The Book*, p.331〉

라고 말한다. 문자의 고정성을 '도구' 메커니즘에 비유한 것으로 이해된다. 그러면서,

> 책은 매년 수많은 사람들과 함께 하면서 지난 2천여 년 동안 인간의 역사 속에서 끊임없이 만들어 온 다양한 방정식들에 대한 해결책을 얻어 내기 위한 수단으로 존재해 왔다. 그것은 일반적으로 직사각형인데, 원래 소, 염소, 양의 가죽을 책으로 만들 때 같은 모형으로 창안했기 때문이다. ……스마트폰도 장방형으로 되어 있다.
>
> 〈Keith Houston(2016). 위의 책, 같은 쪽〉

라고 말했다. 이렇게, 책의 효용적인 존재를 역사적 유래로 설명한다. 결국, 책은 과거와 현재를 통하여 본질이 같은 수단이라는 뜻이다. 여기에서 간과할 수 없는 것은 그러한 의미론적인 이해에 더하여 그것을 얼마나 훌륭한 지적 도구로 사용해야 하는가의 실질적인 문제로 간추려진다. 곧 이론과 실제라는 양항 간의 적극적인 협력이 이루어져야 한다는 것이다.

앞에서 누누이 말한 바와 같이, 남애는 출판의 바람직한 지향이란 이론과 실제가 어우른 상호 관계 속에서 창출되는 합리적인 전개여야 한다는 점을 중시했다. 그러한 보편성의 원리가 출판 연구요 학문적 성립이 가능한 근간임을 강조했던 것이다.

2) 출판의 미래 지향에 대한 관심

남애에 의하면, "출판이란 인류가 요구하는 문화재의 유지·보존 및 전승을 책의 다수 복제로써 성취하려는 수단"(안춘근, 1963, p.53)이라 전제하고, "인류의 지혜를 갈고 다듬어 이를 길이 보존하고 널리 펴는 것이 출판이다."라고 말한다. 따라서 "이 목적을 달성하기 위해 사회에서 일어나는 현상을 올바로 파악하여 그것을 공표 수단으로 조성한 것이 책

이다."라고 했다. 그러면서 "사회 사상(事象)이 원고를 생성하며, 이로써 출판을 가능케 하는데, 이것이 또 하나의 사회 현상"(안춘근, 1969, p.3)이라고 함축한다. 이렇게 출판이 지닌 보고(報告) 기능의 의의를 설명한 것이다. 요컨대, 제반 사회 현상이 출판의 소재이며, 출판은 또한 사회·문화 현상을 책(서적) 등의 출판물로써 반영, 공표하는 소임을 감당해 사회적 영향을 일으키게 한다는 순환 관계를 말한 것이다.

그는 출판의 확장성에 주목하여 새로운 관점으로 해석하기도 했다. 즉, "출판은 기계 또는 기타 화학적 방법으로 문서나 도서를 인쇄하여 이를 반포하는 것"(안춘근, 1969a, p.9)이라고 말하여 공표 대상을 제한하거나 특정(어떤 형식의 도서 또는 어떤 방식으로 내보인 공표물)하지 않았다. 요컨대, 지식과 정보의 공표 대상이야말로 널리 다양할 수 있다는 생각에서였다.

그 후 '인쇄'라는 제작 메커니즘을 지양하여 관점의 다양화에 주목한다. 책의 물성적인 형질에 관심을 보인 것이 그러한 인식이다. 즉, "지식의 대중화를 위한 수단은 비단 전통적인 책뿐만 아니라 전파를 통한 전달 방법이 고도로 발달돼 가고 있다."는 점에 유의한 것이다.

이러한 환경은 결과적으로 "책의 형태를 반드시 재래의 것으로만 생각할 수는 없으며", "책의 변혁은 여러 가지로 연구되고 있다."는 전향적인 인식을 낳게 했다. 그것은 "시각적인 면과 청각적인 면으로서의 확대를 의미한다."고 보았다(안춘근, 1969, pp.20~21).

이와 같은 견해는 머지않은 장래에 다중·복합 매체(멀티미디어)와 같은 전달 방식이 등장할 것임을 예측한 것이다. 그는 또한 미국에서의 새로운 움직임—전자 도서관 즉 데이터 뱅크를 만들고 있다는 사실에 깊은 관심을 나타내기도 했다. 앞으로는 『셰익스피어전집』과 같은 대용량의 도서를 호주머니나 가방 속에 넣고 다니게 된다는 혁명적인 변혁을 내다본 것이다(안춘근, 1969a, pp.215~216).

남애가 책의 발전적인 변형에 대하여 관심을 보인 사례는 1970년대 초에도 나타난다. 즉, 1972년에 UNESCO가 주관한 '세계 도서의 해'를 맞이했을 때 "여러 가지 행사가 있었으나 알맹이가 없었던 기념 해였다."고 비판하면서, "도서의 형태에 대하여 한 번 심각하게 따지고 넘어갔어야 했을 것"이라고 지적했다. 이와 관련하여

책의 형태가 어떻게 변해 가고 있고, 이에 따라 이 문제의 연구는 어느 정도의 진전을 보아서, 앞으로 어떻게 변하는 것이 이상적인 책의 형태가 될 것인가 하는 문제다. 사실

로 책의 형태는 지금 갖가지 이질적인 변용을 일부에서 시도하고 있거니와, 그러나 결정적으로 이렇다 할 만한 모델이 출현하지 못하고 있다. 고작해야 입체적이라 해서 부록 비슷하게 슬라이드나 테이프를 붙여 주는 식이 아니면, 어린이들 장난감과도 같은 조형물이 책 속에서 튀어나오는 따위, 그것도 아니면 고작 책의 열람을 위한 도구를 덤으로 주는 것 등이다.

〈안춘근(1973.6.). 「남애영도기 권·4」, pp.73~74〉

라고 짚었다. 그러면서,

근본적으로 책의 형태를 마이크로필름이나 전시용(電視用)이 아닌 현대적인 책의 변용을 성공하는 데는 아직도 거리가 먼 것 같다. ······유독 책의 형태만이 구태의연하다는 것은······이 방면의 연구가 모자라서인지 알쏭달쏭한 일이라 하겠다. 그렇지만 분명한 것은 지금 이 순간에도 많은 관심 있는 사람들이 책의 변형에 관한 연구, 다시 말해 책의 형태 개량에 피나는 노력을 경주하고 있는 것만은 사실이고 보면, 앞으로 책의 형태가 어떤 모형으로든지 변하리라는 것은 짐작할 수 있을 것이다.

〈안춘근(1973.6.). 위의 글, p.74〉

라고 예측했다.

이와 같은 일련의 견해로 보아, 안춘근이 생각하는 출판의 미래에 대한 관심을 알 수 있다. 그래서 남애 안춘근이라 하면 고서를 주된 대상으로 한 수집 활동이나 그 서지적인 탐구로 치중된 면만을 생각할 수 있으나, 너른 범위에서 관심을 내보인 학자였음을 재발견하게 된다.

남애가 주도하여 창립한 첫 국제출판학술회의(1984.10.13.)의 대주제도 「활자 문화에 미래는 있는가」라 설정했고, 그 자신이 발제한 논문 또한 「뉴미디어에 대처해야 할 출판 산업」이라는 주제를 내보인 사례에서도 그와 같은 인식이 가능하다.

그런 남애는 실제로 *Publisher's Weekly*(15호, 1972.5.)에 발표된 「미국의 양서 50선 전시회」를 소개하면서 도서의 혁명적인 변환 양태를 우리 학계에 알리기도 했다(안춘근, 1972. 9., pp.37~42). 이로써 첨단적인 출판 제작 기술과 뛰어난 디자인의 결합이 향후 세계 출판계에 큰 변화를 몰아올 것이라고 내다보았다.

이와 같이, 남애는 1960년대를 기점으로 하여 향후 광범한 범위에서 놀라운 발전이 거듭될 것임을 예견하고, 이러한 때일수록 전통적인 출판에 최선하면서 새로운 지향이 필요하다고 주장한다.

그러한 인식의 중심에 "출판과 동의이어(同義異語)와도 같은 언론이라는 말과 결부해 보면, 신문과 방송 등은 모든 대중적 의사 전달을 뜻한다."(안춘근, 1981, p.280)고 밝힌 데서도 시사점을 엿볼 수 있다. 출판도 마땅히 광범한 영역에서 대변자 역할을 감당해야 한다고 본 것이다.

이렇듯, 일본의 미노와 시게오가 말했듯이 "안춘근은 출판학의 파이오니어"로서 앞서가는 생각을 가지고 있었다(Shigeo Minowa, 2000, p.ⅷ). 남애가 일찍이 출판 기업에 몸담으면서, 다른 누구도 접근하지 않았던 대상을 새로운 기획안으로 현실화시켜 나간 것도, 그가 추구한 미래안의 구현이었다고 되살펴보게 된다.

제2장 남애의 수서 활동과 애서 실천

앞에서 누누이 지적한 바와 같이, 남애 안춘근을 말하는 여러 대명사 중에서 책과 관련되지 않은 것이란 찾아보기 어렵다. 이른바 희락서열(喜樂序列)을 말할 때도 책을 비껴낸 다른 어떤 대상도 존재하지 않을 정도였다.

'희락서열'이란, 기쁨과 즐거움의 순서를 말함인데, 이는 남애의 독특한 '희락관'이라 할 수 있다. 이에 관해서는 1970년대 초 《출판학》에 「남애영도기(南涯聆睹記)」라는 주제의 긴 글을 연재하면서 「희락서열론」을 발표한 바 있다(안춘근, 1973.3., pp.43~44).

이 글에서 "대체 우리는 생활에 여유가 있어 향락을 추구하는 데 무엇이 으뜸인가?"고 묻고, 자신의 지향하는 바를 차별화한다. 그러면서 "제일 기쁜 일이 저서가 출판되는 일이요, 제2는 귀중본을 입수했을 때요, 제3이 독서할 때요, 제4가 저술할 때요, 제5가 친한 벗과 맛있는 음식을 먹을 때다."라고 간추렸다. 물론, 친한 벗과 어울려 좋은 음식을 함께 나누는 자리에서도 역시 책 이야기를 빼놓을 수 없다는 이야기이다.

남애에게 있어 5대 희락 요건 중 하나인 수서 활동으로 말하면 여러 면에서 기록적인 족적을 남겼다는 사실에 주목하게 된다. 이와 관련하여, 먼저 남애의 고서관을 알아보고, 그에 바탕한 고서 수집 활동 순으로 살펴보도록 한다.

1. 남애의 고서관

남애 안춘근이 추구한 고서관을 알아보려면, 먼저 고서 수집에 대한 그의 생각을 살필 필요가 있다. 그는 고서(antiquarian 또는 rare book, '옛 책'과 같은 뜻임. 필자 주)를 본격적으로 수집·연구하기 시작한 1950년대 중반부터 그것이 왜 중요한 일인가를 강조하곤 했다.

보통, 고서라 하면 '옛 책'을 범칭한다. 이 말의 사전적인 의미로 보면, '아주 오래 전에 간행된 책'을 말하며, 보통 한적(漢籍, 韓籍)의 형식으로 마무리된 책들을 이르는 경우가 일반적이다. 그렇다면 남애 안춘근의 고서 인식이란 무엇인가, 그리고 우리 고유의 그것은 어떤 의미로 짚고 있는가를 차례로 알아보자.

1) 고서에 대한 인식

안춘근은, "고서는 새로운 책이다."라는 명제를 남겼다(안춘근, 1991 a, pp.18~19). 고서가 바로 '옛 책'이기에 옛 물건을 다시 보는 것이 되고, 옛 일(내용)을 다시 되돌아보게 하므로 고서가 곧 새로운 책이라는 것이다. 따라서 "고서는 신간서의 뿌리이다."라고 강조하기도 했다(안춘근, 1986, p. i. 위의 같은 책, p.20). 그런 그의 고서관은 자연 법칙을 들어 다음과 같이 요약하고 있다.

> 꽃은 아름답다. 그러나 아름다운 꽃도 꽃꽂이를 해 놓은 꽃과 뿌리가 있는 꽃은 다르다. ……책에서 신간서가 꽃이라면 고서는 뿌리라 할 수 있다. ……『龍飛御天歌』에 "뿌리 깊은 나무는 바람에 흔들리지 않고, 샘이 깊은 물은 마르지 않는다."라는 기록과도 같이, 좋은 고서의 활용은 좋은 새로운 저술의 밑거름이 된다.
>
> 〈안춘근(1991 a).『옛 책』, p.20〉

이렇듯, 남애는 고서의 의의를 '뿌리'로 비겨 짚어 나간다. 그는 또한 옛 책이 지닌 시대적 하한계를 1959년 이전에 존재한 책을 고서로 취급할 수 있다고 보았다.

이러한 견해는 1982년 6월에 발족한 한국고서동우회에서 고서의 시대적 하한을 규정하는 근거로 뒷받침되었다. 따라서 그 이전에 이룩된 책이 한국의 특수한 사정 때문에 점차 희귀해졌다는 이유를 들었다(안춘근, 1986, p.11; p.31)

그런데 정작 남애는 왜 고서를 모았는가, 그에게 있어 고서의 의미란 무엇인가. 1961년 4월 《도서》(제3호)지를 통해 그에 따른 해명이 처음 나타난다. 「책 수집의 변」이라 붙인 글이 그것이다.

위의 글에 의하면, "나는 장서가라고는 할 수 없으나, 책을 좋아하고 책을 연구하고, 책을 수집하는 사람"이라고 전제한다. 그러면서 "책을 수집하는 것을 무엇보다도 즐거운 일로 삼고 있다."고 말하고, 이는 "책을 연구하고, 책의 내용을 검토하고, 때로는 직무상에 활용하고, 때로는 저술에 인용하기도 하기 때문"이라고 밝혔다(안춘근, 1961.4., p.10).

따라서 책 수집의 범위를 말하되, "부호가 도락으로 하는 진본(珍本)이나, 전적 연구가들만이 찾아다니는 귀중 도서만 아니고, 주로 책을 연구하는 데 필요한 도서, 교양을 넓히는 데 필요한 도서, 나의 저술에 참고가 되는 도서 등"이라 하여 그 요긴성을 강조했다. 이처럼 유익한 책을 보면, "하루의 식생활을 희생하더라도, 내 것으로 만들지 않고는 견디지 못하는 버릇이 있다."고 말하기도 했다(안춘근, 위의 같은 글, 같은 쪽).

그와 같은 남애의 일관된 습성은 날이 갈수록 조금도 변함이 없었을 뿐만 아니라, 오히려 더욱 적극적이었다. 여북해야 "내게서 책을 통해 맛볼 수 있는 재미를 빼앗는다면, 세상을 사는 재미의 거의 반 이상이 없어진다 해도 지나친 말이 아닐 것이다."라고 말할 정도였다(안춘근, 1977, p.268). 그러면서 책 모으는 일을 다음과 같이 이어 나갔다.

지금 내가 간직하고 있는 만 권의 책……그 어느 책이나 내용을 살피고 고르지 않고 마구 사다놓은 것은 없다. 나는 한때 날마다 수십 권의 책을 사 모았다. 한국의 출판 역사를 연구하기 위해 고려로부터 조선 끝 무렵까지의 희귀한 책으로부터, 현대의 새로운 학문인 출판학을 대학에서 강의하기 위해, 세계의 새로운 책에 이르기까지 고루 모으고 있다.

〈안춘근(1977). 『책갈피 속의 연서』, p.268〉

안춘근의 고서 수집 과정은 보통의 수집가들이 경험하는 사례들과는 전혀 궤를 달리하는 실화가 적지 않다. 그 자체가 고서에 대한 애착이며 또한 고서를 생각하는 인식의 출발인 동시에 과정이기도 하다. 예컨대, 1962년 4월 2일자 《동아일보》에 기고한 수필 「돈황서(敦煌書) 사고 집에 못갈 번」했다는 비화(교통비가 없는 탓에)도 그러려니와, 1970년 추석날 아침에 자신만 떡 한 쪽을 맛보지 못했다는 일화도 있다(안춘근, 1977, p.162). 직장에서 받은 명절 상여금을 기울여 고서를 샀기 때문이다. 이 같은 실화는 특히 그의 수필 집들에서 여과 없이 진술되어 있음을 본다.

이처럼, 책 수집에 최선을 다한 남애는 매일 다만 몇 권이라도 손에 들고 귀가하는 습성이 체질화되다시피 한 상태였다. 여북해야 인생의 중요한 출발을 의미하는 첫 월급을 수령했을 때도 그 전액을 거울러 책을 구입한 일화가 전한다.

내가 군에 입대해서 첫 월급을 받았을 때 샀던 책은 일본에서 출판한 영어사전*이다 (* 통역장교로 입대한 안춘근 중위는 업무 참고용으로 영어 사전을 구입했다. 필자 주). 8·15 해방 이듬해에 초등학교 교사가 되고 나서 첫 달 월급으로는 문세영(文世榮)이 엮은 『국어사전』을 샀고, 군에서 제대한 지 2주 후(1955.10.24. 필자 주)에 취직한 현재의 직장(을유문화사)에서 받은 첫 월급으로는 출판의 연구*라는 책〔* 일본의 세키네 야스요시(關根康喜)가 지은 『出版の研究』를 말함. 필자 주〕을, 그리고 이화대학 대학원에서 받은 첫 달(1966년 9월. 필자 주) 강사료를 고스란히 주고 『송강전집(松江全集)』을 샀다.

〈안춘근(1977). 위의 책, p.269〉

그의 도서 수집벽이 그만하다 보니, "가정 살림은 말이 아니다."라고 실토하기도 했다. 그러면서 "친지들이 흔히 나의 용모에 대하여 단정치 못함을 나무라거니와, 나는 겉치레야 어떻든 간에 우선 내가 갖고 싶은 책을 먼저 내 것으로 하려는 습성이 짙은 사람이기 때문에 그런 말들에는 귀를 기울이지도 않는다."고 했다(안춘근, 1961.4., p.10,). 이는 이미 고서 수집 활동이 깊숙한 경지에 이르렀을 때의 소회였다.

남애는 또한 장서의 진정한 의미와 그 가치에 대하여 다음과 같이 설파한다.

일찍이 알렉산더는 전지(戰地)에서 호머의 일리아드, 그리고 나폴레옹은 진중에 상시 문고를 차려 두었다고 해서 흔히 애서가로 들지만, 나는 책을 많이 가지고 있는 사람을 누구보다도 존경하며, 그 사람의 장서를 보고 그 사람의 인품을 알려고 하는 버릇이 있다. 적어도 공부하는 사람에게 있어서는, 책은 전쟁을 하는 데 무기라고 생각한다. (중략) 오랫동안 찾아 헤매던 책을 입수해서 그 책장을 넘길 때면, 조지 기싱(George Gissing)이 아니더라도 그 흐뭇한 마음을 표현할 길이 없다. 그러나 이것은 어디까지나 자만일 뿐이고, 책이 있다고 해서 결코 자랑거리로 삼을 것은 못 된다. 그것은 시세로(Marcus

Tulliut Cicero)의 말을 빌리면, "방 안에 책이 없는 것은 사람의 몸에 정신이 들어 있지 않은 것과 같은 것"이라는 말에 찬사를 올려야 하기 때문이다.

〈안춘근(1961.4.). 「책 수집의 변」. 《도서》(제3호), pp.10~11〉

이와 같이, 남애의 고서 인식은 다음과 같이 크게 세 가지 관점으로 요약된다. 첫째는, 고서는 신간인 동시에 그 뿌리라는 생각이다. 둘째는 좋은 고서의 활용은 새로운 저술의 밑거름이 된다고 믿는다. 셋째는 수서 활동에 대한 뚜렷한 가치 신념을 공고화하고 있다는 점이다.

요컨대, 남애는 고서 수집이야말로 '즐거운 일'이라고 함축한다. 또 자신이 수집한 책을 연구, 검토해서 직무는 물론 저술 활동에 활용할 수 있으므로 그보다 더한 유익도 없다는 것이다. 그가 을유문화사에서 22년 8개월(1955.10.24.~1978.6.10.) 동안 근속하면서 수많은 출판 기획물들을 쏟아 낸 것도 방대한 수서 활동이 뒷받침되었다는 사실은 강조해 말할 나위도 없다.

2) 한국의 고서에 대한 인식

앞에서 말한 바와 같이, 남애는 책과 출판에 관한 한 자신과 체화(體化)된 상태로 평생을 살았다. 당신의 조국에서 뿌리 해 온 '옛 책'을 무던히도 사랑한 출판학자가 그였다. 그런 모습이 다음과 같은 글에서도 목격되고 있다. 예컨대,

어떤 문화유산이든지 나라마다 수량의 많고 적음과 질적인 차이가 있는데, 이에 따라 각기 특색이 나타나게 마련이다. 우리나라의 고서는 세계 그 어느 나라와도 견줄 수 없는 특이한 점이 많은데, 그 가운데도 우선 밖으로 풍기는 화려함과 크기에 압도된다.
〈안춘근(1991). 『옛 책』, p.43.; 이종국(2006). 「解題 南涯 安春根先生と'古書'」, p.124에서 재인용〉

우리 고서의 아름다운 판면은 최고의 예술품 그 자체이다. 『삼국사기』 본문 중 한 예

라고 설명한 것도 그와 같은 생각의 일단이다. 따라서

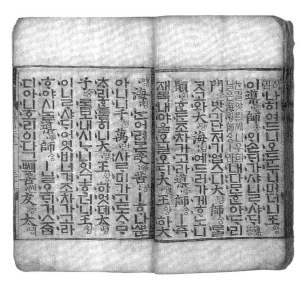
우리 고유의 한글 표기로 된 옛 책은 가장 특징적인 고서로 꼽힌다. 『벽암록(碧巖錄)』의 예

우리의 옛 책이 지닌 특색을 말하여 세계 어느 나라보다도 오래된 고서가 많다는 것과, 고유 문자인 한글로 표기된 책이 있다는 것, 한국의 특색이 드러나는 고활자본과 필사본을 두루 갖추고 있다는 것 등을 들었다(이종국, 2006a, p.12).

그러면서, "우리나라에서만 볼 수 있는 옛 책으로서 우리나라만큼 오래 된 전통적인 책을 고서점 어느 곳에서나 그렇게 많이 볼 수 있는 나라는 없을 것"이라고 말하기도 했다. 남애는 또한 우리 고서가 "다른 나라의 고서와 비교해 볼 때 오자가 적은 등 우수한 점이 있다."면서, 이는 "소수정예주의 제작에서 오는 화려함과 중후함" 때문이라고 밝혔다(안춘근, 1991, p.49).

그렇게 된 데는 무엇보다도 책의 존엄성을 중시한 내력과 관계된다. 따라서 책은 조상들의 정신이 깃든 것이기에 존대해야 하고, 그렇게 하는 데는 볼품이 있어야 하며, 크기도 어느 정도는 커야 한다는 생각이 지배적이었을 것이다. 이 때문에 책의 규격이 커지게 된 것은 당연한 결과라고 했다(안춘근, 1986, pp.13~14).

그런가 하면, 국회도서관에서 발행한 『한국고서종합목록』(1968)에 수록된 고서의 분류 결과를 논평하면서,

우리나라의 고서는 어떤 분야는 지나치게 많은가 하면, 어떤 분야는 너무나 빈약하다는 것을 쉽게 알 수 있다.……나라 발전에 필요한 과학이나 그 밖의 실용성 있는 저술이 빈약했으므로 나라의 부흥에 별 도움을 주지 못하였다.

고 비판하기도 했다.

이로 보아, 남애는 우리 고서에 대하여 크게 세 가지 측면에서 이해하고 있다. 첫째는 오래된 고서가 많아 여러 다양한 고활자본과 필사본 등을 두루 갖추고 있다는 사실을 들

었다. 둘째로는 화려함과 중후함을 아우른 고서의 전통이 이어져 왔다고 보았다. 이러한 현상은 우리의 고서가 외형적으로나 품위 면에서 훌륭하다는 긍정적인 관점이다. 그렇지만, 셋째로 부정적인 면에서 고서의 분야별로 본 불균형 현상이 두드러진다는 사실을 짚었다. 요컨대, 문집류는 많으나 과학류 등의 실용 도서 개발이 상대적으로 취약하다는 비판적인 견해가 그것이다.

2. 고서 수집 활동

남애 안춘근의 생애 중에서 고서 수집 활동은 어떤 성과를 남겼으며 또한 그 의의란 무엇인가? 본 제재는 이 문제를 알아보기 위해 설정했다.

남애에게 있어 책과 관련된 일이라면 중요하지 않은 것이 없지만, 고서 모으기야말로 그에게 주어진 평생의 업연(業緣)이었다. 단축해 말해서, 그는 거의 일상적일 정도로 수서 활동에 정진했을 뿐만 아니라, 그가 추구한 5락* 중의 하나로 꼽은 '도락'이 '고서 모으기'이기도 했다(* 이 책, p.355, p.449 참조).

그렇다면 남애의 수서 활동 시기는 어떻게 구획할 수 있는가? 또한 각각의 수집 시기에 나타난 특징이란 무엇이며, 그것이 지닌 의의는 어떤 의미로 해석할 수 있는가? 이에 대하여 차례로 살펴보자.

1) 시기 구분

남애에게 있어, 수서 활동은 나라가 해야 할 일을 '안춘근'이라는 한 애서가에 의해 수행된 집념의 과정이었다. 그는 인멸되어 가는 우리의 전적들을 지킨 파수꾼임을 자처했다.

그러므로 외진 촌락의 이름 모를 책방에서, 이방(異邦)의 고서점 거리에서, 또 더러는 넝마더미와 손수레에 실린 파지무더기를 헤쳐 선인들의 귀한 업적을 찾아냈다. 그는 그렇게 '위대한 새 책'들과 끊임없이 만나곤 했다(이종국, 2006, p.307).

남애의 수서 활동은 시종 50여 년에 걸쳐 있다. 좀 더 세분한다면 1946년 9월에 우신학교 교사로 부임하면서 이후 47년 뒤인 1993년 초 생애를 마감할 때까지 끊임없는 탐서로 이행된 대장정을 말한다. 이를 시기별로 구획하면 다음과 같이 4개기로 나뉜다.

제1기(모색기): 1946.9.~1955.9.
제2기(전환기): 1955.10.~1963.2.
제3기(대확장기): 1963.3.~1979.6.
제4기(재확장기): 1979.7.~1993.1.

이들 4개 시기는 각각의 연한에 대한 연속성을 부여하되, 안춘근의 저술 활동이나 사회적 변환 과정과 상관된 점에 유의했다.

2) 수집 시기별 특징과 의의

여기서, '수집 시기별 특징'이란 해당 구간 내에서 이루어진 수서 활동과 관련하여 특기해야 할 사항을 말한다. 따라서 '의의'라 함은 해당 시기의 수서 활동 내지는 그 내용이 지닌 특징적인 성격 일반을 가리킨다. 이에 주안하여 수집 시기별로 본 특징과 의의를 개관해 보고자 한다.

제1기(모색기): 1946.9.~1955.9.

1946년 9월은 안춘근이 사회인으로서 첫발을 내디딘 시점이다. 그가 서울우신학교 교사로 부임한 때를 말한다. 그런데 교사 생활은 오래 가지 않았다. 그곳에서 1년 6개월 남짓 학생들을 가르치다가 이를 접고 늦깎이 대학생이 되어 향학의 길을 선택하게 된 것이다(1948년 9월 성균관대 정치학과에 입학). 그러한 과정에서 6·25 전쟁이 일어나 학업을 중단하고 군에 입대(1951.11.)하여 통역장교로 임관(1951.12.)하게 된다. 이후 육군대위로 전역한 때가 1955년 10월 10일이었다.

특별히 이 시기, 즉 제1기를 모색기라고 본 이유는 책에 대한 개안을 통해 '책을 좋아한 청년 시절'이었다는 점에서 그 동기를 부여할 수 있다. 그는 자신의 인생에 큰 영향을 끼친—중학생 때 읽은 몽테뉴『수상록』이 준 감동을 잊지 못했고, 대학생 시절에 만난 한스 켈젠(Hans Kelsen)의 『정치학, *General Theory on Politics*』, 『법과 평화, *Law and Peace*』를 읽으면서 독서의 참맛을 알게 되었다. 그의 첫 번째 꿈이 정치가였다는 점에서도 청년 시절의 독서 편력이 주는 시사점을 엿볼 수 있다(이종국, 2015, p.314).

남애의 수서 활동 중 제1기는 말 그대로 '모색기'라 개념화된다. 어떤 목표를 특정한 상태에서 모색이 추진된 것이라기보다는 자신이 많은 책들과 만나면서 그것을 모아들이는 기쁨을 체득하고 있었던 것이다.

남애는 서울 신길동에 소재한 우신학교에서 교사 생활을 시작하면서 틈만 나면 종로로 나가 책방들을 순례했다(이종국, 2015, p.312). 이는 매우 중요한 동기를 얻게 한 기회였다.

이 같은 모색이 진일보한 것은 1951년 12월(~1954.10.) 속초에 주둔한 제1군단 제101부대 사령부 정보처에서 통역장교(육군중위)로 복무할 때였다. 당시 미 제10군단에 출입하면서 미군 장교(주로 미 제10군단 소속)들과 접촉할 기회가 빈번했다. 그 무렵, 미국에서 출판된 여러 다양한 진중 도서를 접함으로써 새로운 자극을 받게 된다. 특히, 미 제10군단 소속 군목으로 101부대 내 진중교회를 위하여 많은 지원을 아끼지 않은 마샬(Marshall, J.) 대위는 안춘근 중위에게 늘 좋은 정보를 전해 준 미군 장교였다. 그는 군목 보직의 지식인이었다.

당시 안춘근 중위는《성조지, *The Stars and the Stripes*》를 통하여 미국의 선진 문화에 큰 자극을 받게 된다(이종국, 2015, p.452). 전시하였지만 통역장교로서 이 신문을 살피며 해외 정보를 놓치지 않았던 것이다.

이 기간 중에 다시금 책과 불가분의 관계를 맺은 것은 1954년 10월 광주에 있는 육군교육총본부로 전속되어 『육군교육연감』을 편찬할 때였다. 그는 이 임무를 수행하면서 한·미 양국의 군사 관련 자료는 물론, 한국 전쟁에 참전한 여러 나라의 도서들을 열람하고 구득할 수 있는 절호의 기회를 얻을 수 있었다. 이러한 계기는 이 시기에 수행한 수서 경험과 관련된 중요한 특징이라 할 수 있다. 따라서 이 모두는 안춘근의 수서 활동에 초석을 다진 탐색이었으며, 매우 중요한 모색기적 기회로 뒷받침되었다.

제2기(전환기) : 1955.10.~1963.2.

여기서, 제2기 즉 전환기란 기존의 모색을 좀 더 본격화한 시기를 말한다. 그 첫 해가 1955년인데, 안춘근이 30세를 맞이한 때이며 그가 군에서 전역한 시점(1955.10.)이기도 하다. 이로부터 『출판개론』이 선뵌 1963년 2월까지를 제2기(전환기)로 설정했다.

안춘근은 육군대위로 전역(1955.10.10.)한 2주 뒤 을유문화사에 입사한다. 이때부터 그의 책 모으기는 직무상 필요로 하는 수서 활동으로 발전하면서 점차 범위와 종류를 확장하게 된다. 그는 빠른 속도로 책 더미 안에서 '영어(囹圄)'되고 있었다.

이 무렵, 남애는 세 가지 큰 경험을 하게 된다. 첫째는 전란 직후로 군 입대 때문에 중단했던 학업을 1956년 10월에 이르러 마침내 마친(성균관대 정치학과 졸업) 일이다. 둘째로 서울신문학원(원장: 곽복산)에서 수학하는 기회(1957.3.~1958.3.)를 가졌다는 점이다. 셋째는 남애가 이 학원 졸업 직후로 '출판학'과 '도서학'을 가르치는 교수자로서 강단(1958.4.~1960.3.)에 선 일을 꼽게 된다. 이 두 교과를 맡은 것은, 그가 서울신문학원에 등록했을 때부터 커리큘럼이 저널리즘 분야만으로 거의 전면화 되어 있음을 알게 된 것으로부터 동인한다. 특수 분야라 하여 선택 교과목으로 출판 강좌가 편제되어 있었으나 사실상 배제된 상태였던 것이다.

이에 안춘근이 곽복산 원장에게 출판학 부문의 강좌를 현실화시켜야 한다는 의견을 말했다. 곽 원장은 남애의 의견을 받아들여 출판학과 도서학을 신규 강좌로 개설하고, 그에게 이들 두 교과목의 강의도 맡겼다.

안춘근은, 을유문화사에 재직하면서 야간에는 서울신문학원 강의를 맡았고 책을 쓰는 작업도 아울렀다. 첫 저술인 『양서의 세계』(아카데미사, 1959.3.)를 낸 데 이어 『저술의 상식』(태서문화사, 1959.9.), 『독서의 지식』(신양사, 1959.10.) 등도 불과 7개월 만에 내놓았다.

남애가 을유문화사 근무 초입에 경험한 이 같은 변인들은 수서 활동에도 상승 작용을 일으켰다. 거기에다 틈만 나면 통문관을 방문한다든지 청계천과 장안평 고서점들을 찾았다.

남애는 1975년 9월에 쓴 「나의 서재 나의 장서」란 글을 통해 1950년대의 수서 활동을 말하여 "20년 전에 한국에서 아무도 손대지 않은 출판에 관한 이론 공부를 시작함으로써 필요한 책을 수집하기 시작했다."(안춘근, 1977, p.277)고 밝혔다.

여기에서 말하는 '20년 전'이라면 그가 군에서 전역한 1955년 10월 무렵을 가리킨다. 요컨대, 남애는 이미 그 시점부터 출판학을 연구했다는 사실을 의미하며, 관련 문헌 수집 활동도 착수한 것으로 풀이된다.

그 무렵, 남애가 수집한 도서의 범위나 종수는 알려진 바 없다. 그런데 1950년대 중반에서 1960년대 초반의 경우는 특히 출판과 서지 부문 쪽에 좀 더 적극적인 관심을 둔 것으로 보인다. 왜냐하면, 그가 『출판개론』(1963.2.) 저술을 기획하는 과정에서 관련 분야의 문헌 수집을 중시했기 때문이다.

당시만 해도 전쟁의 후유증이 심각한 국내 형편으로서는 이렇다 할 만한 자료를 찾아보기 어려운 처지였다. 그런 결과, 전후(戰後)에 나온 외국 자료들을 구득할 수밖에 없었다.

부문 구분	출판학 부문	서지학 부문	비 고
한국서	한국 고활자개요(김원룡). 저술의 상식(안춘근). 양서의 세계(안춘근). 저작권법 개요(김두홍). 저작권법 개론(장인숙). 외	큰 사전(한글학회). 호암전집(문일평). 고사통(최남선). 동국사략 합집(현채). 4천년문헌통고(이정구). 외	괄호 내는 저·편자, 이하 같음.
일본서	도서학 개론(田中敬). 출판물법론(宇野愼三). 책의 역사(일린). 사상·양심·언론자유(淸水英夫). 언론·출판의자유(河原畯一郞). 출판흥망 50년(小川菊松). 책의 적(庄司淺水). 저자와 출판사(山崎安雄). 책의 미술(恩地孝四郞). 베스트셀러 작법(山崎安雄). 신교과서론(德武敏夫). PR지와 퍼블리시티(水田文雄). 집필·편집·교정·조본(美作太郞). 출판의 연구(關根康熹). 세계출판미술사(小林鶯里). 독서 4천년(菊池貞). 복제예술론(多田道太朗). 출판신체제론(田代金宣). 대륙잡지(大陸雜誌).* 외	서양서지학요론(橘井淸郞). 도서의 목록(學藝圖書). 도서관학개요(椎名六郞). 서지학서설(長澤規矩也). 도서의 선택(竹林熊彦). 일본고문서학(伊本壽一). 참고 도서의 해제(彌吉光長). 기본·진본·서충(庄司淺水). 프랑스백과전서의 연구(桑原武夫). 명치연간 조선연구 문헌지(櫻井義之). 서지학(幸田成友). 고문서학(伊本壽一). 고문서학(吉村茂樹). 서물지도(書物之道, 壽岳文章). 서물의 책(伊本壽一). 도서관연구(書麓硏幾). 돈황학50년(神田喜一郞). 도서관학과 역사(京都圖書館協會). 건륭황제(杉村勇造). 외	* 표는 정기간행물(월간지). 총 4 종임. 『출판개론』, p.261 참조.
영미서	*The Truth about Publishing*(Stanley Unwin). *The Book, The Story of Printing and Bookmaking*(Douglas C. McMurtrie). *The Book in the Making* (Stanley Unwin). *The Law of Copyright* (R. Wincor). *The Writers Resource Book* (J. Gerber). *Transparent Proofs From Type Forms* (Government Printing Office Process). *The Future of the Book* (Lester Asheim). *Book for Our Time* (Oxford University). *Basic Facts and Figures* (UNESCO). *Color Guide for Making* (L.Cheskin). *A History of Printing* (T. C. Oswald). *Introduction To Mass Communication* (Merry, Ault, Hackett). *Book Production* (Monthly)* 외	*Book Collecting* (R. L. Collison). *From Cave Painting to comic Strip, Illustrated Encyclopedia of the Modern World Book 1~20* (L. Cheskin)	* 표는 정기간행물(월간지 2, 주간지 1종) 등 총 3종임. 『출판개론』, p.257 참조.

이 분야의 자료 대부분이 1950년대 말까지 발행된 신간들로 주축을 이룬다. 모두 181종 이 제시되어 있는데, 이 중 한국 자료 10종, 영미 자료 27종, 나머지 145종은 일본 자료로 되어 있다. 『출판개론』에 제시된 주요 자료를 발췌하면 〈표 11〉과 같다.

여기에 제시되어 있는 문헌들은 출판학과 서지학을 개척한 안춘근의 향후 연구 활동에 의미 있는 자료로 받아들였을 것이다. 따라서 그가 추진한 수서 활동에도 하나의 전환적인 기반을 형성케 한 중요 동인을 제공했다고 사료된다.

제3기(대확장기): 1962.3.~1979.6.

여기서, 제3기 즉 대확장기란 남애의 수서 활동이 폭과 깊이 그리고 양적인 면에서 가장 방대한 규모로 확장된 시기를 말한다. 그 첫 시점이 『출판개론』을 낸 직후인 1962년 3월이며, 이후 1979년 6월에 이르기까지 16년 남짓한 기간으로 설정된다.

제3기는 안춘근이 36세(1962)에서 지천명 초입인 53세(1979)까지이다. 물론, 그의 생애에서 가장 왕성한 활동을 보인 때가 이 시기였다는 점에 유의했다. 이렇게 제3기가 비교적 긴 이유는 수서 활동의 시한 면에서 특정한 하한을 매듭하지 않아도 되는 것과 상관된다.

제3기 내 남애의 수서 활동에 관해서는 1965년 말에 나온 그의 애서 수필집격인 『생각하는 인형』 중 「수서식록(蒐書識錄)」이란 글에서 처음 나타난다. 이에 의하면, "도서 출판, 서지 등은 전공이라 해서 반드시 구입하고……책을 저술하거나 잡문을 쓰거나, 방송에서 활용할 수 있는 자료를 그 다음으로 잘 산다."고 했다(안춘근, 1965, p.120).

1965년은 또한 남애의 장서가 우리나라에서 처음으로 실현된 『한국고서종합목록』(국회도서관사서국 편, 1968년 간행) 편찬에 기여한 바 크다. 당시 이 목록 편찬을 주무한 윤병태(尹炳泰)에 의하면, 1965년 말까지 남애가 공개·공표한 장서들을 조사하여 수록했으며, 그 결과 어느 개인 소장서들보다 가장 많은 분량이었다고 밝혔다(윤병태, 1986.10., pp.77~78).

남애는 또한 1964년 12월 6일부터 1968년 10월 6일까지 '남애안춘근 장서수상기(隨想記)'라 하여 세필(細筆)로 작성한 『남애수록(南涯隨錄)』* 2책을 남겼다(* 이에 관해서는; 이종국, 2015, pp.441~450 및 이 책 pp.423~432 참조).

이 무렵은 남애의 수서 활동 중에서 다른 어느 때보다도 귀중본을 다수 입수하던 시기였다. 안춘근은 『남애수록』을 통해 특정 도서의 수서 과정과 그 서목 등을 자세히 밝힘으

로써 뒷날의 비망에 이바지하고자 했다.[5]

그 후 1970년 6월, 안춘근은 한 일간지 인터뷰에서 "열람거(洌南居, 남애의 상도동 서재. 필자 주)에 1만 5천여 권이 장서되어 있다."고 밝혔다[안춘근, 《매일경제신문》, 1970.6.11.(6)]. 이때 남애는 "1년에 1천 권 목표로 20여 년을 모았다."고 말했다. 이와 관련하여 「남애영도기(南涯聆睹記)」에서도 같은 내용이 보인다(안춘근, 1973.6., p.105). 여기서, '20여 년'이란 1950년대 초부터 1970년까지를 통산한 기간이다. 위 기사에서 열람거의 '비중 있는 장서 실태'를 소개하여 주목된다. 그 내용을 보면,

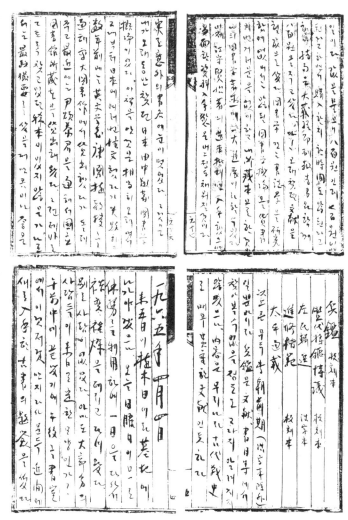

『남애수록(南涯隨錄)』 중에서

동서 출판 문화사료 500여 종/서지학 자료 500여 종/조선 태종 이후 고활자본 200여 종/고려-조선 말 고활자본 1천여 종/신라-조선조 필사본 1천여 종/구한말 교과서 200종/방각본 250종/구한말 잡지-신소설류 150종/명가 소장본 100종/국학 자료 300종/

---

5) 『남애수록』은 고서 수집 경과를 밝힌 귀중한 증언인 동시에 남애의 유려한 필력을 내보인 자료이다. 이에는 44개 건에 이르는 수서 기록을 날짜순으로 배열하고, 그 안에서 많은 고전과의 교감 과정 및 수서 경위에 대하여 자세히 서술했다. 모두 희귀본을 입수한 내용이며, 빠르면 매일 1회의 기록을 남겼고 최대 1개월 정도를 건너 뛴 사례도 보인다. 주요 도서 발굴을 기준삼은 것으로 판단되는 부분이다. 이 기록 중 1968년도 분은 1월 1일, 3월 10일(같은 날짜 기록이면서 다른 내용 2건), 10월 6일의 것만이 현존한다.

사전류 100종/중국 고판본 200종

등 모두 4,500여 종에 이른다. 이 범위 안에는 고서의 특성상 권, 책이 복합된 거질도 대량 포함되었을 것으로 보며, 동일한 저·편자의 복수본 또한 상당량임을 감안하게 된다.

남애의 수서 활동에서 가장 왕성한 실적을 보인 1970년대 초반의 경우, 연중 1천 권 수집이 목표였다(안춘근, 1973.6., p.105). 이로 보아 하루에 2~3권꼴이었던 셈이다. 그런 과정에서, 수많은 희귀본을 발굴하는 성과도 거두었다. 예컨대, 1971년에 건진 희귀 도서('우수품'으로 표시) 사례 중 일부를 보면,

崔光玉 『大韓文典』(초판본)/1845년 필사 『成均館眞錄』/宋泰會撰 『東人年鑑』(3책)/1883년 『內外官案』 명판(明板) 『呻吟語』(6책)/고려판 『華嚴經』(2책)/1604년 간(刊) 『牧牛子集和記』/愼獨齊本 『訓蒙字會』/『李賢輔·張顯光 등 「古簡札」/朝鮮佛教總報』 1호/고려판 『昆尼母經』/1760년 간 『普賢行源品』/1911년 간 『紳士名鑑』

등 40여 종이다(안춘근, 1973.6., pp.105~106).

특히, 1970년대 중반에 이르러서는 수서 실적이 대확장을 보였는데, 이러한 성과는 꾸준히 추구해 온 출판·서지학 연구와 직무 편의를 위한 오랜 노력으로 가능했다. 이에 관해서 남애는 그의 애서 수필집인 『책갈피 속의 연서』에서 다음과 같이 밝혔다.

20년 전에 한국에서 아무도 손대지 않은 출판에 관한 이론을 공부하기 시작함으로써 필요한 책을 수집했다. 그럭저럭 20여 년 동안 성의를 다해 수집하면서 공부한 결과로 그 방면에서는 단연 두드러진 연구가로 인정되었는데, 이는 전적으로 그 방면의 책을 많이 수집한 때문이다. 그러나 좀 더 깊이 있는 공부를 하는 데는 서지학적인 지식이 아울러 필요할 뿐 아니라 출판할 만한 가치 있는 책을 고르는 직책상, 출판학과 서지학을 함께 연구할 수 있는 문헌과 자료를 수집하다가 나도 모르는 사이에 장서가 1만 권을 넘기게 되었다.

〈안춘근(1977). 『책갈피 속의 연서』, pp.277~278〉

이와 같이, 남애는 "어느덧 서고를 따로 두어야 할 정도로 세상의 주목거리가 되었다."

(안춘근, 1977, p.278)고 하면서, 저간의 수서 정황을 밝혔다. 아울러, 2만여 권(1975년 9월 현재)에 가까운 자신의 장서 중에서 "책을 수집하는 사람이라면 누구나 탐내는 세상에 오직 하나밖에 없다는 유일본 사례를 생각나는 대로" 들어도,

① 양금신보(梁琴新譜, 1610) ② 상약제학음집(愓若齊學吟集, 1386) ③ 김시습친필 이태백집(金時習親筆 李太白集) ④ 관광약기(觀光略記, 1900) ⑤ 이본(異本) 춘향전(春香傳) ⑥ 정조시대의 국사괘도(國史掛圖) ⑦ 고종시대의 어계(漁契) ⑧ 이본 속천자문(續千字文) ⑨ 한석봉친필 동방삭전(韓石峯親筆 東方朔傳) ⑩ 1895년 간행 찬미가

〈안춘근(1977). 위의 책, pp.278~279〉

등이 있다고 공개했다. 그런가 하면, 고서로뿐만 아니라 문화재로서도 가치가 있는 명저의 원본 가운데 특히 중요한 책이라 하여

① 정다산전서(丁茶山全書) 27책 ② 동몽선습(童蒙先習) ③ 동국붕당원류(東國朋黨原流) ④ 아라비안나이트 번역본 ⑤ 사씨남정기(謝氏南征記) 한문본 ⑥ 언음첩고(諺音捷考) ⑦ 연려기요(燃藜記要) 10책(燃藜室記述과는 다른 것) ⑧ 추사(秋史) 저 인지보(仁智譜) ⑨ 고문진보언해본(古文眞寶諺解本) ⑩ 1610년 향약(鄕約)

등 희귀한 문헌들을 구해 놓았다고 공개했다. 이렇게 귀중본을 '생각나는 대로' 밝혔을 정도였음에도, 남애의 서재 열남거에는 상당량의 최고급 문화재가 장서되어 있었다는 사실을 알게 한다.

1970년대 후반으로 들어서면서 특별하고도 중대한 계기를 만나게 된다. 이는 장서의 정리나 기증 등 획기적인 변환이 있었다는 사실을 의미한다. 1979년 6월 30일 남애가 한국정신문화연구원(오늘의 한국학중앙연구원)에 총 7,317책의 고서와 신서 3,000여 책의 장서를 위양한 일이 대표적인 사례였다.

당시 위 연구원에 이양한 장서 내역인 「남애문고 장서목록」에서 각각의 유형별로 분류하면 다음과 같다(안춘근, 1986.10., pp.16~76).

필사본 991책/고본판본 691책/고활자본 558책/고중국·일본본 538책/방각본, 서간

첩, 수진본, 한말 교과서, 한말 양장본 1,067책/세책대본, 판금본, 검열본, 잡지, 712
책/양장 단행본 2,760책

〈안춘근(1986.10.). 「남애문고 장서목록」, p.16〉

이렇게 고서는 7개 분야에 걸쳐 총 7,317책에 이른다. 이 중 605책의 귀중본이 포함되
어 있다. 그 내역을 보면 〈표 12〉와 같다.

〈표 12〉　　　　　　　　남애 문고 귀중본(1978.6.30. 현재)* (단위: 책)

구 분	사 본	목 판	활 자	합 계
임진란 전(前)	11	102	52	165
원고본	270			270
송원명본		170		170
계	281	272	52	605

※ 한국학 자료, 삽화 고판화본, 한글 가사집, 서지학 자료, 특수 장정본, 명가(名家) 친필본, 세계 열국(列
國) 진본, 고활자 체계 수집, 미간행 원고본
* 자료: 안춘근(1986.10.). 「남애문고 장서목록」. 《고서연구 '86》. 서울: 한국출판판매주식회사, p.16.

우리나라에서의 귀중본은 임란 이전, 즉 서기 1592년 이전에 이룩된 도서로 보는 것이
보통이다. 남애는 귀중본으로서의 요건을 좀 더 구체적으로 ① 연대, ② 내용, ③ 형태, ④
발행 부수, ⑤ 필사자, ⑥ 수장자, ⑦ 희소 가치, 가격 등을 들었다(안춘근, 1979, p.145).
〈표 12〉와 같이, 임란 전의 귀중본(165책)이 총 605책 중 27.3%를 점유한다. 중국본인
송원명본을 제외하고 순수한 우리 책만의 점유율만 해도 총 책수 대비 71.9%에 이를 정
도다. 이로 보아, 남애의 수서 범위는 단지 제3기라는 하나의 특정 시기에 모아들인 실적
뿐만 아니라, 그의 생애 중에서 가장 비중이 큰 업적을 내보이고 있음이 분명하다.

제4기(재확장기): 1979.7.~1993.1.

남애의 수서 활동 중 최종기인 제4기는 그의 장서를 한국정신문화연구원에 이양한 직후
인 1979년 7월부터 그가 타계한 1993년 1월까지로 획정된다. 이 기간을 '재확장기'로 보
고자 한다. 여기서, '재확장'이란 1990년 6월에 간행된 《비블리오필리》(제1호)에서 다시 "1

만여 권을 소장하고 있다."고 밝혀, 그간의 수서 회복력이 빠르게 진행되어 왔음을 말해 준다(《비블리오필리》, 1989.6., p.45). 그러한 기저에는 1979년의 장서 이양 후로도 무려 5천여 권에 이르는 잔여량이 유지되고 있었다는 사실을 유의하게 된다(《기독교신문》, 1989.4.9.).

'남애 소장 귀중본'도 더욱 범위와 심도를 더해 갔다. 그는 이미 1979년 6월에 장서 대이양을 실천한 4년 2개월을 넘어선 1983년 8월 2일자로 귀중본 10종을 '일반 동산 문화재'로 등록(등록번호 나1제21684~21693)한 바 있다. 이 문헌들은 귀중본으로서의 역사적 위상이나 그것이 지닌 가치 면에서 상징성이 매우 크다. 그 내역을 보면 〈표 13〉에 제시된 바와 같다.

〈표 13〉에 제시된 귀중본들은 모두 유일본이며, 그 중 7책이 임란 이전에 이룩된 전적들로 되어 있다. 이 같은 사례에서 볼 수 있듯이, 남애가 찾아낸 옛 책들은 백중지간(伯仲之間, 우열의 구분이 없음.)일 정도로 귀중본들이 적지 않았다는 사실을 말해 준다.

사례가 다르긴 하나, 선인의 장서인이 찍힌 책 수집도 주의를 끈다. 이에 관해서는 1965년 9월 30일자로 발표한 「도서의 주소」란 논문에서 보면 순암(順菴) 안정복(安鼎福), 완당

〈표 13〉　　　　　　　남애 안춘근 수집 귀중본 사례(문화재 등록본, 1983.8.2.)

번호	책 이 름	저 자	형 식	규격(cm)	연 대	등록번호	비 고
1	童蒙先習	閔齊仁	목판본	15.5×23	1543	나 1-21684	저자 박세무(朴世茂)설 수정
2	禪家龜鑑	西山大師	목판본	15×23	1564	나 1-21685	선교(禪敎) 교재, 초판
3	十玄談要解	金時習	목판본	14×22.5	1475	나 1-21686	
4	迂齋先生標註崇古文訣		활자본(己卯)	19×29	1535	나 1-21687	
5	資治通鑑綱目		병진자활자본	22×36	1573	나 1-21688	
6	李商隱詩集		을해자활자본	19×27	1455	나 1-21689	
7	世醫得效方		갑진자활자본	19×30	1484	나 1-21690	
8	栗谷震疑	李珥	필사본	16×28	선조연간	나 1-21691	친필본
9	疑草	丁若鏞	필사본	15×24	정조연간	나 1-21692	친필본
10	擬萬言疏	李孟休	필사본	17.5×24	정조연간	나 1-21693	친필본

* 위의 도서들은 1983년 8월 2일 서울시에 문화재로 등록한 첫 전적들임.

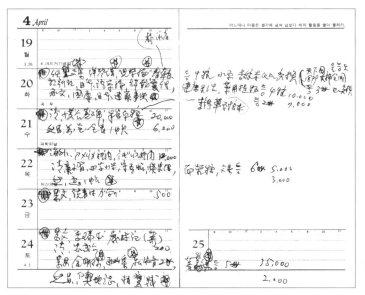

안춘근의 '수서 일지' 중 한 예
(1982.4.20.~24.)

(阮堂) 김정희(金正喜), 이휘지(李徽之), 우암(尤庵) 송시열(宋時烈), 윤용구(尹用求), 추금(秋琴) 강위(姜瑋) 등의 장서인과 수적(手蹟)이 있는 책을 갖추고 있다고 했다(안춘근, 1979, p.283).

특히, 제4기에는 책과 관련된 여러 사회 활동에 참여한 일도 주목된다. 1982년 5월 21일 한국고서동우회(1990년 6월 '한국고서연구회'로 개칭) 창립 회장(~1988.6.)을 역임했고, 한국애서가산악회 창립 회장(1985.9.22.~1993.1.)으로 기여한 일 등이 그와 같은 사례였다. 또, 한국출판학회 창립 회장으로서 이 학회에서의 기여와 활약은 매우 중요한 업적으로 기록된다. 그는 이 학회의 회장(1969.6.~1989.7.), 명예회장(1989.7.~1993.1.)으로서 최선을 다했고, 1984년 10월 13일에는 국제출판학술회의를 창립했다.

남애에게 있어 1980년대는 그의 생애 중 다른 어느 때보다도 책과 관련된 여러 일들이 더욱 가중되던 시기였다. 대학에서의 강의 활동과 저술, 기고, 탐서, 고문헌 감정 등 수많은 '책의 일'들이 그를 기다리고 있었던 것이다.

그러한 과정에서 그가 회장으로 재임 중인 한국고서동우회에서는 《한성순보》 이후 '신식 출판 100주년'을 기념할 목적으로 '신식 출판 100년 100선 도서 전시회'(1983.2.7.~3.10.)를 한국출판판매주식회사에서 개최했다.

당시 출품자와 출품 종수를 보면 안춘근 29종, 하동호 19종, 여승구 17종, 신영길 14종, 박영돈 12종, 박성봉 6종, 유재호 3종이었다. 발행 기간은 개화기 22종, 일제시대 40종, 해방 이후 38종, 이렇게 100종으로 되어 있다(한국고서동우회, 1986.10., p.234).

이와 같이, 여러 일에 열성적으로 참여했던 것은 보다 한 차원 더 높은 수서의 보람을 실현하기 위한 노력으로 가능했다. 그의 서고에 새로 입실하는 책들이 날이 갈수록 거대한 진용을 갖추게 되던 시기도 그 무렵이었다.

그런 남애는 다시금 1만여 책을 상회하는 수서 업적을 쌓은 후 세상을 떠났다. 그의 타계 후 유족이 정리한 장서 목록에 의하면,

고서 6,000여 책/현대 서적 2,000여 책/일본 및 영미 서적 2,000여 책/국내외 사서

〈표 14〉　　　　　　　　　『남애장서목록』(1994.3.) 수록 귀중본 사례(일부)*

번호	책 이름	저 자	연 대	비 고
1	童蒙先習	閔齊仁	1543	저자 박세무(朴世戊)설 수정. 최초의 서당 교과서(문화재, 귀중본)
2	禪家龜鑑	西山大師	1564	선교(禪敎) 교재, 초판
3	栗谷震疑	李珥	정조연간	친필 원고(문화재, 귀중본)
4	疑草	丁若鏞	정조연간	친필 원고(문화재, 귀중본)
5	擬萬言疏	李孟休	정조연간	친필원고(문화재, 귀중본)
6	壺山外史	趙熙龍	1844	원고정사 저자 친필본(原稿淨寫著者親筆本), (課外 문화재, 귀중본)
7	洛書 李書九 字洛書	李書九	조선후기	친필 원고본(귀중본)
8	潘川事實圖說	洪鳳漢	1760	목판본(귀중본)
9	古文(苑)眞寶		1800.8.12.	다산 정약용 친필 초본(귀중본)
10	萬物總錄原本	方便子 柳僖	1801	친필 사본(귀중본)
11	茶山 丁若鏞筆 屈原漁父辭		1810	(귀중본)
12	馬史註解	註解 申景濬	(1712~1781)	친필 사본(귀중본)
13	新羅金生筆			金泥寫經殘葉(귀중본)
14	禮記集說		1564.6.8.	沙溪金長生 친필 사본(귀중본)
15	金泥般若心經			고려판 후쇄(後刷), (귀중본)
16	金泥木板壽福七曲帖			금니 목판 인쇄(귀중본)
17	宸時寶帖		1725	금니 석판 인쇄(귀중본)
18	般若心經			秋史筆本彫刻(귀중본)
19	自怡悅集	柳得恭	1749	(귀중본)
20	讀書錄		1607	寒剛 鄭逑先生親筆(귀중본)

* 자료 : 「문화재 등록, 귀중본」; 머리 부분 중 일부. 『남애 장서목록』(1994.3.).

류 100여 책 등

하여 모두 10,367책을 모은 서목이 등재되어 있다. 이 안에는 문화재급 유일본 등 극소 귀중본만도 100여 종이나 포함되어 있다. 더욱 놀라운 일은 1979년 6월 한국정신문화연구원에 이양한 귀중본과 동일한 중복본도 들어 있다는 사실이다. 복본을 애써 구해 두었기 때문이다. 〈표 14〉는 제4기에 수집한 문화재 등록, 귀중본 등 일부를 소개한 내역이다.

남애의 고서 수집은 '수서 일지'라 하여 수집 일자와 서목, 가격, 구입처 등 관련 정보를 수첩에 기록하고 이를 매월 누적 집계했다. 그런 후 1년 총계를 내고 다시 새해 계획을 세웠다(안춘근, 1973.6., pp.104~105).

남애의 탐서 활동을 보면 이른바 '수집벽' 차원을 뛰어 넘는 놀라운 돌파력을 보여 준다. 앞에서 말한 바와 같이, 그가 재차 모아들인 1만여 권의 장서[6] 중에는 100여 종의 문화재급 희귀본이 포함되어 있었다. 이 전적들 중에는 『신라김생필(新羅金生筆)』이라 하여 김생의 글씨로 알려진 '금니사경(金泥寫經)'[7] 등 금사경류도 여러 종이나 포함되어 있었다.

거기에다 국내본만으로 한정된 것만도 아니었다. 놀랍게도 1550년 이태리판본인 계관시인 페트라르카(Francesco Petrarca, 1304~1374)의 『페트라르카 서정시 전집』과 1572년에 출판된 『플루타르코스 영웅전』 등도 갖추고 있을 정도였다.

또, 1907년 부다페스트에서 출판된 뼈와 금으로 표지를 장정한 『헝가리성경』은 남애가 수장하고 있었던 귀중한 장서 중 하나로 꼽힌다.

『헝가리 성경』 뼈와 황금으로 장정했다고 한다.

그런가 하면, 14세기에 이룩된 중국본 산술서인 『양휘산

---

6) 이 장서는 1979년 6월 한국정신문화연구원에 기증한 7,317책 이외의 10,367책(南涯家 작성: 『남애 안춘근 장서목록』, 1994.3.)을 말함.

7) 금분(金粉)을 여러 재료와 함께 아교에 갠 액체를 필사 재료로 삼아 써내는 글씨. 남애가 수집한 『신라김생필(新羅金生筆)』은 남종헌(南鍾憲)이 고증(1856)한 김생사경, 안평대군사경, 한석봉의 시, 추사의 시가 함께 실린 귀중 자료 중 하나이다.

법(揚輝算法)』(1378) 전사본을 저 본으로 한 우리 초판본도 확보한 상태였다. 이 책은 1433년(세종 15) 이전에 중국의 목판본을 원본으로 한 번각판(飜刻板)인 것으로 추정된다.『양휘산법』은 중국 내에서도 소장자가 없으며, 일본에 전사본 1부가 존재한다고 알려져 있다.

이로 볼 때, 남애는 한국정신문화연구원에 장서를 이양(1979.6.)한 직후 타계할 때까지 (1979.7.~1993.1.) 당초의 수서 실적을 능가하는 성과를 이뤄 냈다는 사실을 알 수 있다.[8] 이 같은 대기록은 일찍이 볼 수 없었으며, 이후로도 존재하지 않았다.

3. 애서 실천

'애서'란, 책을 아끼고 사랑한다는 뜻이다. 책은 단지 물리적인 보호 대상이 아니라, 양식의 끼침을 주는 기록의 그릇이기에 오히려 책이 인간을 보호, 안내하는 길잡이로 존재한다. 인간이 보다 나은 삶을 위해 세상의 스승을 따로 옹립해 놓은 것이다.

역사적으로 책은 여러 면에서 긍·부정 간에 다양한 평판의 대상이기도 했지만, 책처럼 막중한 영향력을 끼친 문화 매체도 없었다.

남애는 그의 특별한 저서『애서시가』중「서사(序詞)」첫 머리에서 "책! 모든 아름다운 말을 모조리 간추린다 해도 채워질 수 없다."고 노래한다. 책에 관한 끝없는 탐미주의를 그 한 구절에서 엿본다.

남애의 애서 운동은 '책 읽는 사회'를 힘써 추구하는 데 중심을 두었다.《한국경제신문》인터뷰(1987.11.15.)

---

8) 남애는 1982년 3월 한국출판판매주식회사〔대표: 여승구(呂丞九)〕 고문으로서 여 대표의 고서 수집 활동에 자문해 주었다. 범우사 대표인 윤형두(尹炯斗)는 1988년 3월부터 1993년 1월 남애가 작고할 때까지 범우사의 편집고문으로 초빙했으며, 사후 그의 장서를 유상 인수했다.

이렇듯, 남애가 추구한 책과 출판에 관한 끊임없는 관심은 '애서'로부터 출발한다. 애서란, 책을 아끼고 사랑하는 태도나 생각을 가리키지만, 그것이 추구하는 도달점은 복합적이며 추상적이다. 다시 말해서, 애서의 지향점이 지식 연마를 위한 정신적인 행위이며 물리적인 구득 행위라는 점에서 여타의 문화적 선택과는 차별적이라는 의미이다. 결국, 책에 대한 조건 없는 애정이 밑자락된 동반적 관계라 할 것이다.

여기서, 애서가를 말하여 책을 아끼고 사랑하는 사람이라 한다면, 장서가 또한 그런 점에서 공통점이 있다. 그러나 엄밀한 의미에서 전자가 책과 벗 삼기를 좋아하고 늘 가까이하며 읽고 즐기는 사람이라 할 때, 후자의 경우는 책을 직접 모아 보전하며 지적 활동에 활용하는 일을 즐기는 수집가라는 점에서 차이가 있다.

이 제재에서는 먼저 남애의 애서에 관한 인식을 알아보고, 또 그가 생각하는 애서가와 장서가란 무엇인가, 그리고 애서하는 삶의 모습 등에 대하여 살펴보고자 한다.

1) 남애의 애서관

남애 안춘근은 책과 관련된 여러 기록적인 일을 실천했는데, 그의 저술 활동 과정에 내보인 사례들도 그런 경우가 적지 않았다. 이에 관해서는 본문과 책 끝의 '추록 1'에서 서술한 바와 같다.

'남애의 애서관'은 일찍이 시도된 바 없는 그의 독특한 저술인『도서장전(圖書章典)』에도 나타난다. 이 책은 그가 불혹을 갓 넘겼을 무렵(42세)인 1968년 9월 15일 통문관에서 출간한 78쪽(B6판, 반양장) 분량으로 된 초판 1백 부 한정판이다.

남애는 이 책의 서두에서 '도서장전'의 의의를 '책에 관한 규례'라고 했다. 강제성은 없으되, 책을 애호하는 사람들이 동의해 주면 장전의 존재 의의는 있다고 설파한다. 요컨대, '양심법'에 따라 애서를 실천하라는 취지인 것이다. 그러면서 국가와 국제 간에 각종 법률과 국제법이 시행되고 있듯이, 책을 대하는 경우도 관념적으로나마 규범을 준수케 해야 할 필요가 있다고 주장한다(위의 책, pp.3~4). 따라서 "문명 국가는 책으로 통치되는 것이 정당한 표현"이라 변론하고 있다(위의 같은 책, p.4).

저자는 '도서장전'을 9개 항으로 규정해 놓았다. 이로써 남애의 애서관이 명료하게 제시되고 있다. 이에 대하여 몇 가지 항목을 뽑아 보이면 다음과 같다.

도서장전

1. 책은 누구에게나 유익하고 보배로운 말없는 스승으로, 인류의 지혜를 계발하는 최량의 무기이다.
3. 책은 정신문화의 화신인 동시에 물질문명의 이기로서, 정당하게 소유하는 소장자의 권리는 신성하다.
5. 책은 만인의 공유물이다. 그러나 특수한 책일 경우 애서가, 연구가, 그 밖의 필요로 한 수장자의 하자 없는 선취득권을 존중해야 한다.
7. 책은 천재지변이나 그 밖의 불가항력적인 침해에 대하여 그 저항력의 도(度)로 보아 우선 보호를 받아야 한다.
9. 책은 말없는 인격자이므로, 자신의 인격권과 재산권을 지키기 위해 서지학자를 대리인으로 선정한다.

〈안춘근(1968). 『도서장전』, pp.6~8〉

이와 같이, '도서장전'은 책이 지닌 우월성을 말하면서 그것을 왜 아끼고 사랑해야 하는가를 규범해 놓았음을 본다. 아울러, '부(附, 일종의 부칙과 같은 개념. 필자 주)'라 하여 "책의 수집과 보존, 그리고 활용에 대한 세칙으로 귀중도서, 도서취급의 별칙과 예설 60개 조를 열거했다. 그 관련된 내용을 보면 다음과 같다. 우선, 귀중도서(귀중본)를 정의하여 (위의 같은 책, p.8),

귀중본이란 국경을 초월해서 인류 문화 계발에 이바지할 수 있는 내용의 저술이나 특수한 형태의 책으로서 수적으로 희소한 것과, 국내적으로 학술 특히 국학 자료가 되는 내용의 책 또는 시대적으로 유구한 것, 그리고 서지학적 연구 대상이 되는 희귀한 책을 말한다.

라고 했다.

남애에 의하면 귀중본은 지역에 따라서도 그 의의가 다를 수 있다고 보았다. 서양의 경우, 여명기본이라 하여 1450~1500년 사이에 출판된 책이 귀중본이라는 것이다. 우리나라에서 연대를 기준으로 하여 고서를 구분할 때에는 임진왜란(1592) 이전에 이룩된 전적을 든다. 그런데 무엇보다도 귀중본은 내용이 가장 중요한 조건이어야 한다. 그런데 아무리 시대적으로 오래되었다 할지라도 내용이 보잘 것 없다면 보물이 될 수 없다. 요컨대, 저술 내용이 국가와 민족을 위해 없어서는 안 될 중요한 것이라면 그 나라의 보물이 될 수 있을 것이다(안춘근, 1986.3·4., p.5). 그러면서 귀중본의 시대적 한계 등에 관해서도 제시했다. 이를 정리하면 〈표 15〉와 같다.

〈표 15〉 　　　　　　　　　　귀중본의 시대적 한계 및 간별·성격*

구 분	시대적인 한계	간별(刊別)	성 격	비 고
귀중본	가. 출판된 지 100년 이상		유일본	50부 이내 한정 출판
	나. 필사된 지 100년 이상	원고본 명가 친필본, 명저 초간본		명가·명저: 학식과 덕망, 가치 있는 저술, 선구적인 저작자, 현행 장관급 이상 관직 역임자, 교과서에 소개된 추앙 대상자
	다. 발행된 지 300년 이상			서지학적으로 귀중한 내용과 형태를 갖춘 책
	라. 발행된 지 400년 이상	활자본		고서점에 없는 책
	마. 발행된 지 400년 이상	판본(板本)		
	바. 발행된 지 500년 이상		(모든 책)	
	사. 명가의 수장본(收藏本)			확인 가능한 장서인·수결, 특별한 친필 기록이 있는 책

*『도서장전』 중 「귀중도서」(pp.8~10)의 내용을 필자가 재구성함.

저자는 '도서관리' 규정에서도 진정한 애서에 관하여 규율하고 있다. 고서와 신서로 나누어 각각의 관리 태도를 말한 것이 그것이다. 먼저 고서와 관련하여(같은 책, p.13),

고서 관리
1. 고서는 파손되어 있기 쉬우므로 수장자 또는 빌려보는 독자는, 파손된 책은 가능한 대로 완전한 수리를 한 다음 편람해야 한다. 이는 환자를 부득이 환자를 고용할 필요가 있을 때 우선 치료를 한 다음에 일을 부탁해야 하는 이치와도 같다.
2. 한장서(漢裝書)일 경우 책을 꺾어 두어서는 안 된다.

라고 제시했다. 이어서 신서를 다루는 태도에 관해서도 내보였는데(같은 책, pp.13~14),

신서 관리
1. 책의 등[背]을 책상 위에 세우고, 본문 한가운데까지 가지런히 펴서 열어 본다. 한 장씩 차례로 열어서 잘 펴지도록* 한 번 길들인 다음에 읽어 나가야 한다(* 종이의 결이 특히 가로결일 경우 조심해서 다루라는 취지. 필자 주).
2. 책이 상하기 쉬우므로 될 수 있는 대로 겉표지를 한 번 더 씌우는 것이 좋다. 특히, 표지가 두꺼운 책이 아닐 경우에는 더욱 그러하다.

라고 권고했다. 그런가 하면, '신고 공통'이라 하여 신서와 고서를 다 같이 애서하는 방법을 총 18개 조항으로 명시했다(같은 책, pp.14~17). 그 몇 가지를 보면 다음과 같다.

신고(新古) 공통
1. 책은 공기가 잘 소통하고 습기가 차지 않으며, 충해를 방지할 수 있는 곳에 두어야 한다.
7. 책을 열람할 때, 책장을 지나치게 빨리 열거나, 세차게 열어서도 안 되고, 읽다가 책장을 접어 두어서는 안 된다.
9. 책의 먼지를 털기 위해 책과 책이 맞부딪치게 두드려서는 안 된다.
14. 책갈피에 부피가 있는 물체, 예컨대 연필 기타를 표시물로 삽입해서는 안 된다.
16. 서고와 서재는 항상 인체에 해롭지 않을 정도의 온도를 유지하도록 할 것이며, 1년에 2회 이상 적절한 소독을 해야 한다.
18. 재제본할 때, 본문의 보호와 내용 보충을 예비하도록 책의 앞과 뒤에 2, 3매의 백지를 삽입해야 한다.

이와 같이, 남애는 특별한 애서가로 살았다. 이 때문에 그의 책 사랑은 '애서'라는 말 이상이었음을 알게 한다. 책이야말로 그의 전부라고 말해도 지나침이 없을 것이다.

남애의 애서관은 그가 지은 또 다른 독특한 책 『애서시가』*를 통해서도 엿볼 수 있다(* 이 책, p.380, pp.405~406 참조).

예로부터 문한(文翰, 글 짓는 일. 글·문장에 능한 사람)이나 선비가 지은 애서시는 두루 존재

『애서시가』 중에서

했다. 그렇지만, 20세기 사람이 애서시를 한 권의 책으로 펴낸 경우는 남애가 처음이다.

남애가 남긴 『애서시가』로 말하면, 우리나라에서 최초로 선뵌 육필 장편도서(掌篇圖書)로도 유명하다. 당시 한 언론은 「손바닥만한 애서가」라는 주제로 안춘근이 손수 짓고 필사한 '현대판 수사본(手寫本)'이라고 이 책을 소개했다〔*《경향신문》1965.7.31.(4)〕. 『애서시가』에 나타난 애서시 중에서 「애서가」 일부를 보면 다음과 같다.

애서가는 가난한 부자/육체는 여위고 정신은 살쪄/순결한 백혈(白血)을 짜서 책을 아름답게 한다./허리띠를 졸라매고 서사(書肆)를 헤맨다./……영원한 스승을 찾아간다./우연히 미래의 벗을 만난다./……경건히 책을 펼쳤다./스승의, 벗의 얼굴이 보인다.

〈안춘근, 『애서시가』, pp.16~18〉

책을 사랑함이여/남이 모르는 희열이 있다 하되/그만한 보상이 견디기 어려운/희생이 뒤따른다/그래도 오늘도 변함없이 어두운 고서사(古書肆)를 찾아 헤맨다./……영원히 빛날 보람/문화의 발굴자요 파수병/오늘도 거침없이 그 일을 위해/진정한 애서가는 다만 그럴 뿐/상처 있는 책을 보고 눈물짓는다./전장(戰場)에 다녀왔는가?/무지한 사람 너울을 쓴 불량배를 만났는가?/……책은 스승이요 어린이로다./지적으로 스승이고/건사함에 어린이/스승같이 우러러보고/어린이같이 달래는 것/애서가의 의무로세.

〈안춘근, 위의 책, pp.22~25〉

이로 보아, 남애의 애서 지향은 책과 체화(體化)된 삶이었다고 해도 지나친 말이 아니다. 요컨대, '물아일체(物我一體)', '전아공존(典我共存)'이 그의 삶을 지배하고 있었기 때문이다.

그런 남애는, "사람이 사람답게 살 수 있는 가르침을 계속하고 있는 것이 다름 아닌 책이다."(안춘근, 1991a, p.6)라고 말하여, 일관된 애서관을 내보였다.

그런데 그와 같은 모습이 오늘날과 같은 첨단 문명을 누리는 시대에도 여전히 유효한 것인가? 전통적인 형질의 책은 지구상에서 곧 사라질지도 모르는데, 생명력을 계속 유지하게 된다면 과연 그것이 어떤 의미로 존재하게 될 것인가? 남애 안춘근의 책 사랑이야말로 결국 책박물관의 사서나 큐레이터들이 참고해야 할 권고들로 넘겨질 것인가? 미래에도 전통적인 책이 발휘하는 지식과 학문적 영향력은 여전할 것인가? 우리는 이 문제를 생각해 보게 된다.

『책의 사례, *The Case for Books: Past, Present, and Future*』(2009)를 지은 로버트 단턴 (Robert Danton, 1939~)은 말하기를, "책을 통하여 전달해 온 지식 내용이야말로 명확한 학문적 정체성을 보여 주었고 앞으로도 마찬가지일 것이다."(Robert Danton, 2009, p.176)라고 강조한다. 그러면서 "책은 모든 문제들과 관련되어 있다. 그러다가 공통적인 문제들에 관한 여러 가지 대안들이 책 안에서 창출되었다. 이로써 책이 지닌 과거와 현재, 미래의 모습을 간파할 수 있다."(Robert Danton, 위의 책, 같은 쪽)고 했다. 이를테면 진리의 문제, 그리고 보편적인 지식 내용이라든지 물리학 공식과 같은 공통적인 문제들의 구안이 책을 통해 이루어졌다는 의미이다. 결국, 책이 보여 준 오래된 역할에 관한 믿음이 그렇게 표출되고 있다.

지식의 변천 과정을 보면 여러 다양한 분야들이 두루 그러하지만, "역사학자들, 문학자들, 사회학자들, 사서들은 책이 곧 역사의 힘이라는 사실을 믿었다. 책의 역사는 자신의 기록 그 자체를 의미하며 이로써 연구 센터, 컨퍼런스, 강의 회로 등을 개설하는 등 모든 방면에 걸쳐 특별한 힘을 제공했다."(Robert Danton, 위의 책, pp.176~177). 이는 책에 대한 늘 새로운 신뢰이기도 하다.

특별히 '애서한다는 것'도 그와 같은 책의 이바지함을 고맙게 생각하는 일로부터 비롯된다. 이 때문에 그간의 장구한 역사 속에서 책의 역할이 여러 영향을 끼쳐 왔지만, 하나의 뚜렷한 징험―그것이 곧 존경의 대상으로 자리매김되어 온 것으로 볼 수 있다. 남애 안춘근은 책에 관한 한 그와 같은 인식으로 일관한 책의 학자였다.

'한국출판문화 1300년전' 전시장에서(1987.10.26.)
왼쪽부터 한승헌, 안춘근, 시미즈 히데오, 누노카와 카쿠자에몽, 이종국, 윤병태, 미노와 시게오, 민병덕 교수. 당시 남애는 자신이 소장한 여러 점의 국보급 귀중본을 전시장(교보문고 종로점)에 내놓았다.

2) 애서가와 장서가

남애가 추구한 책과 출판에 관한 끊임없는 관심은 '애서'로부터 출발된다. 그는 애서 사상을 전파하기 위해 강단과 서점에서, 심지어는 등산길에서마저 책의 중요성을 역설했다.

윤병태는 장서 활용에 대하여, "전적의 가치는 비장에 있는 것이 아니며, 어디까지나 활용을 통해서만 빛날 수 있다."고 했다. 그래서 "전적은 독점에 의의가 있는 것이 아니고, 공개되어 공유화(公有化)되었을 때 진정한 값을 발휘하게 된다."고 말한다. 남애로 말하면 "비장은 하면서도 널리 활용케 하였고, 독점보다는 공개를 택하였다."(윤병태, 1986.10., p.78)고 회고한 바 있다.

남애는 「애서가와 장서가」라는 글에서 책을 사랑하는 사람의 유형을 분류했다. 여기에서 책을 사랑하는 정도가 지나친 사람을 흔히 애서광이라 하고, 이보다 한등이 더 높은 애서가를 가리켜 애서광이라 했다(안춘근, 1990.6., p.9). 이러한 대명사는 결국 책을 아끼고 사랑하는 생각이 매우 특별한 사람을 일컬음이다.

남애에게 있어 애서가란 과연 어떤 의미인가? 그에 의하면, 애서가는 "단순히 책을 사랑한다는 차원을 넘어 책을 제 몸과 같이 아끼는 것은 말할 것도 없거니와, 책을 아름답게 꾸미고 가꾸는 일을 게을리 하지 않는 사람"이라고 규정한다. 따라서 "책을 사랑하면 책의 수집으로 자연스럽게 이어진다."고 하면서, 애서와 수서의 상관관계가 동일한 지향성이 있다는 점을 상기시켰다(안춘근, 위의 글, 같은 쪽).

이와 함께 "세상에서 혼자 할 수 있는 가장 보람 있는 일이 책을 사랑하고, 책을 수집하고, 그리고 그 결과로 저술하는 일"이라고 했다(안춘근, 같은 논문, p.10). 요컨대, 책 사랑과 책 수집 그리고 수집한 책을 정보재로 삼아 저술까지 하게 되는데, 이러한 회로를 가리켜 책의 수집을 통해 순환되는 3대 연동 체계라고 보았다.

애서가와 등거리에 있는 쪽이 장서가이다. 이 때문에 애서가와 장서가를 얼핏 혼동할 수도 있다. 애서하는 생각이 전제된 까닭에 장서로 이어지기 때문이다.

남애에게 있어, 장서가에 대한 관점은 수서의 체계와 그 책종(冊種)이 지닌 특수성을 중시한다. 그래서 "장서가란 책이 많은 사람이 아니며, 어떤 방면의 책을 어떻게 체계 세워 나갈 것인가 결정하는 일이 중요하다."고 전제한다(안춘근, 1972.12., p.82. 안춘근, 1990.6., p.9). 이는 남애가 밝힌 장서가의 요건을 말함인데, 우선 책을 수집하는 자가 기본적인 책과 전문서를 고루 갖추는 일이 중요하다는 것이다.

이와 같은 상태에서 어떤 방면의 책을 어떤 체계로 정돈해 나갈 것인가를 결정해야 한다고 보았다. 그러면서 수서의 분량이 많다고 해서 과연 '가치 있는 장서'라고 말할 수 있는가를 의구한다. 요컨대, "책이 많다면 서점을 차릴 준비는 되었을지 몰라도 장서는 아니다."는 것이다(안춘근, 1990.6., p.9). 그런 점에서, 책의 간수는 다음과 같은 생각이 갖추어 있어야 한다고 말한다.

책은 간수를 잘해야 한다. 누구나 책을 구할 때 그 책에서 다소를 막론하고 정신적으로 무엇을 얻으려고 하는 욕망이 있을 것이다. 그런데 육신을 위해서 음식을 먹을 때면 손을 씻고 단정하게 앉아서 깨끗이 먹으면서도, 정신적인 양식을 구하려고 책을 읽을 때는 그렇지 않다. ……책을 읽을 때 정성이 없다면 무엇 때문에 읽는가? 책을 아끼고 사랑하지 않으면서 책을 소유하려 드는가? 책은 소중하다. 그러므로 책을 대할 때는 적어도 배고플 때 음식을 먹는 것과 같은 감사를 잊어서는 안 된다.

〈안춘근(1968). 『장서원론』, p.62〉

이와 같이, 남애는 애서와 장서의 경계를 통합한다. 진정한 애서인이 훌륭한 장서가도 될 수 있다고 본 것이다. 그 점이 곧 남애가 추구한 애서 이념의 요체라고 할 수 있다.

3) 애서하는 삶

남애는, 애서하는 사람을 열거하여 7개 유형으로 규정했다. 즉 애서가, 애서광, 수집가, 수집광, 장서가, 독서가 그리고 저술가로 부름이 그것이다(안춘근, 1990.6., p.9). 이 중에서도 애서 행위를 보다 적극적으로 실천하는 이는 어떤 유형의 사람인가?

치우침의 지양─'활자'의 해석과 《한성순보》 사례

남애가 추구한 애서 실천의 중심에는 당연히 객관적인 인식을 전제로 한다. 예컨대, 1970년대 초 학계에 큰 충격을 주었던 『불조직지심체요절』(1377.7.)의 간기에 '鑄'자가 들어 있다고 해서 금속 활자본으로 단정할 수 있는가에 관한 일련의 논의가 그러한 사례들이었다(안춘근, 1972.9., pp.94~95. 안춘근, 1973.3., pp.3~5, pp.45~46. 안춘근, 1990.12., p.15. 안춘근, 1994.4., pp.312~325 외). 또, '직지'가 나온 지 10개월 후에 같은 책이 목판본으로 나왔음을 중시하고, 이미 금속 활자본 인쇄 때 관여한 묘덕(妙德)이 구태여 목활자로 재판 발행할 이유가 있겠는가 하는 문제도 제기했다(안춘근, 1990.12.a, p.15).

그런데 문제는 금속활자를 충분이 조달하기 어려운 상태에서 목활자를 주로 사용할 수밖에 없었다든지, 또 '금속'이라 할지라도 기술적인 한계 때문에 동일한 자형을 얻기 어려운 문제도 감안했어야 했던 게 아니었을지? 따라서 목판본을 따로 낸 사정도 책의 배본량을 급히 충족시켜야 할 필요성이 대두되어 그랬던 것인지 짚어 볼 필요가 있다.

남애는 말하기를, "진리는 하나다. 누구나 인정할 수 있는 확고한 논증을 할 수 없는 것은 그럴 가능성이 있을 뿐이지, 좋게 말해 하나의 학설로 인정할 수는 있으나 진리는 아니다."고 지적한다(안춘근, 위의 논문, 같은 쪽). 이러한 인식이 '치우침을 지양'하고자 한 남애의 학문적 접근 태도라 하겠다.

학문적 견해와 관련하여 어떤 대상에 대한 해석의 차이는 서로 다른 인식을 낳는 경우가 적지 않다. 예컨대, 《한성순보》를 둘러싼 논쟁도 그러한 사례 중의 하나였다. 《한성순보》가 우리나라 최초의 신문이 아닌 잡지라는 남애의 주장이 그것이다(안춘근, 1984, pp.13~31).

이에 대하여 정진석은 《동아일보》에서 《한성순보》는 최초의 근대 신문(1983.2.9.)이라는 견해를 발표하여 당시 언론학계에 큰 파장을 일으켰다(정진석, 2014.6., p.84). 이 일의 발단은 남애가 1983년 1월호로 발행된 《문학사상》에서 「힘든 시절에 태어난 목소리」라

는 글을 통하여 《한성순보》는 '신문이 아닌 잡지'라고 주장한 데서 비롯되었다.

1983년은 《한성순보》 창간 100주년이 되는 해였다. 당시 남애가 학계에서 이 순보를 신문으로 인정하고 있는 것이 잘못이라는 '새로운 견해'를 제시했다(정진석, 2000, p.633).

남애는 또한 《책방소식》(한국출판판매주식회사 발행) 2월호를 통해서도 같은 주장을 폈다. 그해 2월 7일부터 남애가 회장인 한국고서동우회에서 '신식 출판 100년 100선 도서전'을 열었는데, 이 전시회에서도 《한성순보》 출판 시점을 신식 출판 100주년으로 자리매김해야 한다고 밝혔다. 요컨대, 1983년을 '근대 신문 100주년'이 아닌 '신식 출판 100주년'으로 보아야 마땅하다는 주장이었던 것이다.

남애는 예의 《문학사상》 기고에서 《한성순보》를 신문이라고 보는 데는 그럴 만한 근거가 있다고 하면서, 통리아문장정(統理衙門章程)에 규정된 동문학(同文學) 조항을 들었다. 동 조항 중에 신문사를 설치하도록 규정하고 있다는 사실을 말한 것이다. 그래서 "1883년 1월 통리아문이 공포한 한성부신문장정(漢城府新聞章程)에 따라 《한성순보》가 발행되었기 때문에 최초의 신문이라 할 수는 있을 것이다."라고 말했다(안춘근, 1983.1., p.233).

그러면서 남애는 동문학 조항이 "어디까지나 장정의 문구요 관념적으로 보아 신문이라고 할 수 있을 뿐, 10일마다 발간된 순간 잡지(旬刊雜誌)임에 틀림없다."고 주장했다. 따라서 간행 형태가 책자라는 점에서도 그렇게 볼 수 있다고 덧붙였다(안춘근, 위의 같은 쪽).

이 같은 일련의 주장에 대하여 정진석은 1983년 2월 9일자 《동아일보》에 여러 근거를 들어 「한성순보는 최초의 근대 신문」이라는 견해를 발표했다. 이리하여 그해 5월 28일 중앙대학교 신문방송대학원 주최로 「한성순보 신문인가, 잡지인가」라는 주제를 내걸어 학술 세미나를 여는 등 그에 따른 논쟁이 가열된 바 있다.

1984년 6월, 한국고서동우회 회장인 안춘근은 일본에서 복사해 온 《조선신보(朝鮮新報)》를 영인*하면서, 만일 《한성순보》가 신문이라면 그보다 1년 10개월 먼저 일본국 상업 단체인 재부산항상법회의소(在釜山港商法會議所)에서 발행(1881.12.10.)한 《조선신보》*를 최초의 신문으로 보아야 할 것이라는 논리를 폈다(안춘근, 1984a, p.8, p.12. 이강수, *Ibid*, p.19). * 당시 동경대학 소장본인 《조선신보》의 영인 출판은 한국고서동우회 여승구 부회장〔한국출판판매(주) 대표〕이 맡음.

《한성순보》가 신문인가 잡지인가에 대한 논전은 정진석의 『고쳐 쓴 언론유사』(커뮤니케이션북스, 2004, pp.280~285)에도 자세히 서술되어 있다. 이에 대하여 그는 뒷날 남애의 언론을 통한 문제 제기 방법과 끝까지 주장을 관철하려는 집요한 자세를 엿볼 수 있는 사례였다고 회고했다(정진석, 2014.6., p.85).

이렇듯, 남애는 객관적인 증거 실증주의에 철저했다. 명증적인 역사적 기록 내지는 실물의 됨됨이를 파악하기 전에는 속단해서는 안 된다는 것이다. 이를테면, 인쇄의 시초에 대한 일방적인 통설을 경계한 것도 그러한 사례였다.

우리나라에서 실현된 목판 인쇄의 시원이 언제인가에 관한 문제를 놓고 확고한 해답을 제시한 일은 좋은 본보기였다. 즉, 남애에 의하면 "서기 751년에 다라니경을 찍었다고 하나 확증할 만한 근거가 없다."고 했고, "확실한 기록이 있는 목판 인쇄물은 중국에서 868년에 찍은 금강경과, 우리나라에서 1007년에 찍은 다라니경이 있을 뿐"이라고 말한다. 그러면서 "이 두 가지는 증거물이 남아 있어 아무도 의심을 품을 수 없는 것"이라고 단언했던 것이다(안춘근, 1986.11., p.16).

이 사례에서 볼 수 있듯이, 남애는 어떤 통설화된 견해나 고정적인 인식조차도 냉정한 시각을 견지했다. 이 때문에 그는 한편으로 고립적인 면도 있었지만 개의하지 않았다.

애서 실천 사례

남애의 애서 실천은 개인으로서만이 아니라 한국출판학회 등 학술 기관이나 전문 단체를 통한 사회화 운동에 앞장서는 것으로 나타났다. 예컨대, 한국고서동우회의 창립(1982.5.21., 1990년 6월부터 '한국고서연구회'로 개칭) 회장으로서 우리의 전적 문화에 대한 현양 운동을 편 것 등도 그와 같은 사례였다(한국고서동우회 편, 1986.10., pp.234~238

참조). 창립 당시 부회장은 여승구(한국출판판매주식회사 대표), 하동호(공주사대 교수)가 맡았고, 이사로 신영길(경제평론가), 박영돈(부산은행), 그리고 감사에 윤형두(범우사 대표)를 선임했다.

《한국고서동우회보》

당시 한국출판학회 회장인 남애는 여승구 대표에게 고서를, 출판학회 부회장인 범우사 대표 윤형두에게 출판 분야를 발전시켜 주기를 기대했다. 남애는 1982년 3월 한국출판판매주식회사의 고문으로서 여 대표의 고서 수집 자문을 해 주었고, 범우는 남애를 범우사 편집고문으로 초빙(1988.3.~1993.1.)하여 출판과 수서에 관한 자문을 받았다. 범우는 또한 남애의 타계 후 그가 남긴 장서를 유상 인수했다(박경하, 2016.12., p.237).

한국고서동우회는 "고서의 수집과 연구를 통하여 학문 발전에 기여하고 애서 정신을 앙양하며 회원 상호간의 친목을 도모한다."(회칙 제2조 목적)는 목적으로 설립 기조를 삼았다. 이 목적을 달성하기 위하여 '애서 정신의 앙양', '미발굴 서적 발굴', '고서 교환과 전시회 개최', '강연 및 연구 발표회', 그리고 '회지 발간' 등을 사업 내용으로 설정했다. 이에 따라 고서전시회도 활발히 열어 나갔다. 초창기인 1982년 6월부터 1986년 6월까지 5년간에 걸친 고서전시회 개최 실적만 해도 12회에 이를 정도였다. 또, 이 단체의 회지로《한국고서동우회보》를 창간(1984.5.26.)하여 관련 분야 개척에 많은 노력을 기울였다. 이 회

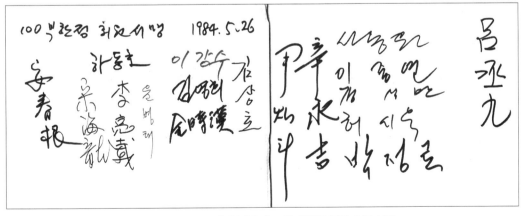

《한국고서동우회보》창간호에 보인 회원의 창간 축하 서명

《애서가산악회보》창간호(좌: 1984.8.23.)와 회보 영인본(2017.12.31.)

보는 1986년 10월에 발행된 제3호부터 《고서연구》로 개칭했으며, 2018년 12월 말 현재 통권 36호에 이른다. 그런 한편으로 《한국고서연구회》라는 제호를 내건 월보도 간행하고 있는데, 1984년 8월 23일 창간호 발간 이후 2018년 12월 말 현재 제248호를 발행했다.

남애는, 또한 여승구의 제안으로 '한국애서가클럽'이 발족되었을 때(1990.2.24.) 고문으로 위촉받아 애서 실천을 도왔다. 이 클럽은, "애서 정신 함양과 독서 운동을 통해서 학문과 문화 발전에 기여함"(회칙 제3조 목적)을 목적으로 출범을 보았다. 창립 당시 임기 2년의 임원*을 선출했다(* 회장: 여승구, 부회장: 김덕형, 윤병태, 정성구, 허창성, 이사: 남권희, 박성봉, 박영돈, 박정상, 방용남, 엄상수, 감사: 구현서, 박대헌).

한국애서가클럽이 마련한 시상 제도로 '애서가상'이 제정되었다. 이는 애서 활동에 특별한 공을 쌓은 개인이나 단체를 기리는 제도로 존재했다. 안춘근은 나운영(羅運榮, 1922~1993)과 함께 이 상의 제1회 수상자(1991.1.26.)이기도 하다.

남애는 이러한 애서 단체에 적극 참여하면서 학계와 교육계 및 출판계 인사 중에서 애서가들로 구성된 한국애서가산악회를 창립하기로 했다. 이에 범우 윤형두도 적극 동참하고 나섰다. 그러한 과정에서 하나의 중요한 계기를 맞이하게 된다.

1985년 8월 20일 일본출판학회 주최로 제2회 국제출판학술대회가 동경에서 열렸다. 당시 이 학술대회에 참가한 한국출판학회 회원들이 귀국길의 현해탄 선상(船上)에서 '애서가산악회'를 조직하기로 뜻을 모았다*(* 박경하 교수의 증언, 2018.5.24.). 이에 따라 1985

년 9월 22일 관악산 삼막사(三幕寺) 정상에서 21명의 회원이 참가한 가운데 창립총회를 여는 것으로 현실화되었다.

창립총회에서 안춘근이 회장으로 선출되었고, 임기 2년의 임원(부회장: 윤형두, 여승구, 감사: 신윤식)도 뽑았다. 또, 애서가산악회의 제반 실무를 꾸려 나갈 기획위원회 설치 건도 결의하고, 5명으로 구성된 위원*을 임명했다〔* 김희락(간사), 박세록, 고영수, 박원동, 박경하〕.

이렇게 발족을 본 한국애서가산악회는 '책사랑 산사랑 나라사랑'이란 슬로건을 기본 이념으로 내걸었다(한국애서가산악회, 1985.10.1., p.1).

안춘근은 회장 인사말에서

인간에게 많은 것을 주고 바라는 것이 없어 인류의 영원한 스승이라고 할 책과 같이, 산도 우리에게 많은 자원을 보배로 주면서도 바라는 것이 없습니다. 그래서 우리는 산이 인류에게 베푸는 거룩함을 본받아 독서 운동을 펼쳐 인간의 심성을 밝고 맑게 하는 데 힘써야 합니다. 이것이 우리와 나라를 위하는 길이자, 나아가 인류의 미래를 보다 건전하게 하는 길입니다.

〈한국애서가산악회(1985.10.1.).《애서가산악회보》, p.1〉

라고 밝혔다.

한국애서가산악회는 초대회장인 남애 안춘근이 타계하고, 1994년 4월에 윤형두(한국출판학회 회장)가 회장을 맡았다. 윤 회장은 이 산악회가 걸어온 그간의 업적을 승계하면서 중흥을 이루게 된다. 남애가 이 모임의 창립 주역으로서 반석을 다졌다면, 범우 윤형두는 창립 후 오늘에 이르기까지 이 산악회의 회장으로 또 후견인으로서 진력 봉사해 왔다.

2017년 12월, 한국애서가산악회는 그간의 발자취와 역대 회보(67호분)를 모아 『한국애서가산악회보』(한국애서가산악회 편집실, 2017)를 냈다. 이에서 윤형두는 "1985년 9월 22일 책을 사랑하는 사람들 20여 명이 관악산 애서바위에 모여 '산사랑, 책사랑, 나라사랑'이라는 캐치프레이즈를 내세우며 한국애서가산악회가 창립되었다."

애서가산악회 산상 토론회의 한 모습(관악산, 1988.12.)

고 회고했다(윤형두, 2017, p.6). 그러면서 "안춘근, 김병철, 이상보, 송종극, 정봉구, 송관식, 최두환, 곽하신 등 우리나라 학문과 문화계의 각 분야를 대표할 만한 인사들이 이 모임에 함께 했다."고 밝혔다(윤형두, 같은 책, 같은 쪽 참조).

그런 이 산악회의 특기점은 무엇보다도 책에 관한 토론을 산상에서 벌리면서 책이 지닌 가치와 의의를 기리는 지식 나눔 행사로 그렇게 오랜 세월 동안 이어왔다는 사실이다.

일반적으로, 산악회란 특정한 기관이나 직업·직장·지역 또는 학연 단위로 결성된 동호회식 사례가 흔하다. 예를 들면, 출판인산악회나 고려금속산악회, 재경강릉인산악회 등과 같은 형식이 존재하지만, 유독 '책을 사랑하는 사람들'만으로 꾸린 등반회야말로 그 유례를 찾아보기 어렵다. 물론, 읽고 토론하는 '독서회' 형식과도 다른—책을 모으고 읽으며 논평하는, 그러면서 책에 관한 다양한 정보를 교환하는 동호인 모임으로서의 고유성을 지켜가는 등반회가 한국애서가산악회이다.

한편으로 '책의 날' 제정과 관련하여 남애가 추구했던 일 또한 중요한 비망 사항 중 하나로 기록된다. '책의 날'은 1987년 2월 9일 대한출판문화협회가 '책의날제정자문위원회'*를 열고, 심의·결정했는데(대한출판문화협회, 1987.3., pp.24~25), 그것이 오늘에 지키는 '10월 11일'이다(* 당시 남애는 한국출판학회 회장 자격으로 위의 자문위원회에 참석).

이와 관련하여 남애는 『고려대장경』이 완성된 날[1251년(고려 고종 38년) 9월 25일]을 '책의 날'로 기념해야 마땅하다고 주장했다. 그는 육당 최남선의 『역사일감(歷史日鑑)』에 보인 날짜를 양력으로 환산하여 이후 이 날을 '책의 날'로 기념하도록 이끌었다.

애서가산악회, 경의선 책거리에서 범우사 부스를 방문하고.
앞줄 왼쪽부터 김광진 전 의원, 임형택 선생, 윤형두 회장, 한승헌 변호사, 강영매 박사, 뒷줄에 윤길한(범우재단 상무이사), 조일래(동 재단 감사), 윤용철 서울교과서 사장 등이 보인다.(2017.8.1.)

그런데 남애는 그로부터 17년 전인 1970년에 '출판의 날'을 제정해야 한다고 주장하고, "역사적으로 보아 『고려대장경』이 완성된 날이 가장 유력하다."는 견해도 밝힌 일이 있다 (안춘근, 1970.11., pp.5~6). 책과 출판은 손등과 손바닥처럼 밀접한 관계이므로, 만일 이 것이 선정되었더라면, 세계에서 유일한 '출판의 날'로 기록되었을지도 모른다.

남애의 이러한 노력들은 끊임없는 노정이었으며 방대한 범위에 이른다. 남애야말로 책을 통해 과거와 현재를 밝혀 보고, 나아가 미래를 조망하려 애쓴 '책의 전령사'였음을 재확인할 수 있다.

• 나오는 글

남애는 책에 묻혀 살았다. 그는 넝마더미에서도 진본을 찾아내는 '책의 발굴자'였다. 그래서 고당 김병철은 남애를 가리켜 '독수리와 같은 능력'을 가진 탐서가였다고 했다(김병철, 1986.10., p.27). 이제 남애의 수서 활동을 살핀 제7장을 마감하면서 다음과 같이 마무리하고자 한다.

첫째는 남애 안춘근이 지향한 책에 대한 생각이란 무엇인가에 관한 문제이다. 단축해 말해서, 남애야말로 책과 체화된 인생을 살아간 사람이었다는 재확인이다. 요컨대, 남애는 책의 존재와 그 생산에 관한 전통적인 인식을 중시하면서 여러 독특한 유형에 이르기까지 광범한 접근력을 보였다. 그러한 추구는 출판학과 서지학의 이론적 자원을 조달하는 수원지로 뒷받침되었고, 수서자로서 끊임없는 탐서 열정을 멈추지 않도록 이끌게 했다.

둘째는 남애의 수서 활동이 지닌 의의에 관한 문제이다. 이는 고서에 대한 인식에서 출발점을 둔다. 그가 밝힌 바, "옛 책은 새로운 책이다.", "고서는 신간서의 뿌리이다."라는 명제에서 명료한 해답을 찾게 된다. 고서가 바로 '옛 책'이기에 옛 물건을 다시 보는 것이 되고, 옛 일(내용)을 되돌아보게 하므로 고서가 곧 새로운 책이라는 것이다.

셋째는 남애의 수서 활동에 대한 시기 구분 문제이다. 우선, 남애의 수서 활동으로 말하면 나라가 해야 할 일을 '안춘근'이라는 한 애서가에 의해 감행된 집념의 과정임을 검증할 수 있었다.

남애의 수서 활동은 50여 년에 걸쳐 있다. 광복 이듬해인 1946년 9월에 우신학교 교사로 부임하면서 1993년 초 생애를 마감할 때까지 끊임없는 탐서로 이행된 대장정 과정을 말한다. 이 같은 노정은 제1기(모색기: 1946.9.~1955.9.), 제2기(전환기: 1955.10.~1963.2.), 제3기(대확장기: 1963.3.~1979.6.), 제4기(재확장기: 1979.7.~1993.1.) 등 4개기로 나뉜다.

여기서, 제1기(모색기)는 남애가 사회에 첫발을 내디딘 1946년 9월부터 1955년 10월 육군대위로 전역할 때까지 해당된다. 이 무렵, 해방정국의 과도기에서 6·25 전쟁으로 이어진 혼란한 상황 속에서도 책을 읽고 모으는 등 수서와 관련된 모색이 이행되었음을 중시했다.

제2기(전환기)의 경우는 남애가 『출판개론』을 저술하는 과정에서 해외의 전문 서적을 최선을 다해 구득·섭렵했고, 이를 계기로 하여 타의 추종을 불허하는 수서자의 길로 들어서게 된다. 이러한 모습은 그의 수서 활동에서 실현된 전환적인 과정임을 말해 준다.

제3기(대확장기)에 이르러 저술 활동을 왕성하게 진행하는 가운데 서울신문학원과 여러 대학들에서 출판학 및 서지학을 가르치게 된다. 이는 그의 수서 활동을 상승케 한 중대한 계기로 작용했다. 남애의 수서 활동이 당시기에 1만여 권을 훨씬 상회하는 대확장 실적을 보인 것도 그러한 환경과 밀접한 관련성이 있다. 이 중 1만여 권을 한국정신문화연구원에 이양함으로써 역사적으로 매우 중요한 의의를 기록케 했다.

제4기(재확장기)는 남애의 수서 활동이 재확장을 실현한 시기였다. 그의 장서 중 거대 분량을 외부 기관으로 이양했음에도 다시금 1만 권이 넘는 수서 실적을 이루어 열남거(洌南居)를 가득 채웠다는 사실이다. 그는 그렇게 만당(滿堂)한 책의 곳집을 이뤄 놓고 세상을 떠났다. 이렇듯, 남애 안춘근은 통산 2만 권이 넘는 대장서를 실현한 탐서자였다. 재력을 뒷받침할 만한 조건도 갖추지 못한 상태에서 땀의 수서를 감당한 것이다.

이상과 같이, 남애 안춘근의 수서 과정에 대하여 살폈다. 이는 단지 하나의 측면적인 고찰에 지나지 않을 따름이다. 바람직하다면 그가 남긴 수서와 관련된 좀 더 구체적인 내역을 고찰하고 예증에 이바지함이 마땅하다고 본다.

끝으로 남애 안춘근은 그저 '탐서(貪書)'가 아니라, 무에서 유를 찾아 길을 나섰던 '탐서가(探書家)'였으며, 당대 최고의 수서가(搜書家)였다. 바로 그런 점이 남애를 말해 주는 의의요 그의 생애 중 한 측면에 대한 평가라 할 것이다.

그런 남애가 오늘의 우리에게 어떤 시사점을 주는가? 이에 대한 해답은 다시금 그이와 필적할 만한 수서가를 만나는 길인데, 두루 명쾌한 해답을 구하기가 쉽지 않을 듯하다.

닫는 글

『남애 안춘근의 생애와 학문』을 마치며

고독한 등짐의 탐구자

지금까지 남애 안춘근의 생애와, 그가 추구한 연구 활동, 그리고 수서 활동과 애서 운동 등에 대하여 살폈다. 모두 7부 및 그에 뒤이은 2편의 추록을 더한 긴 서술이지만, 두루 소홀한 부분이 없었는지 미흡하고 두려운 마음이다.

안춘근은 삶과 배움의 허기를 치열하게 느끼며 유소년기를 보냈고, 이후 선린상업학교와 경기공립사범학교를 거쳐 경성우신국민학교 교사로 20대 초의 청춘 시절을 보냈다. 그런 과정에서 8·15 광복과 6·25 전쟁을 겪는 등 사회적 급변에 따라 그의 인생도 전폭적인 영향을 받았다. 그러면서도, 뒤늦게나마 대학 진학을 결행할 만큼 자기 극복에 과감했다.

안춘근은 군에서 통역장교로 복무하던 끝에 전역한 직후 을유문화사에서 출판·편집자의 길을 선택했다. 그러면서 당시 국내 유일의 언론학 전문 교육 기관인 서울신문학원에도 등록하여 주경야독을 실천했다. 또한, 이 학원을 졸업함과 동시에 우리나라에서 처음으로 출판학을 강의한 기록도 남겼다.

남애의 노력은 을유문화사 시절에 더욱 빛을 발하게 된다. 그의 지적 욕구에 더하여 직무상 읽고 또 읽으면서 얻어 낸 지식으로 출판 기획에 최선을 다할 수 있었기 때문이다. 그가 출판학자로서 새로운 길을 모색한 것도 그러한 기회를 적극 활용한 데서 동인한다.

남애 안춘근은 30대 초반에 이미 상당한 장서를 모은 상태였다. 그러한 연속선이었던 서울신문학원 시절, 다시 말해서 이 교육 기관에 출강하던 무렵에 이미 탄탄한 수서 성과를 얻어 낼 정도였다. 이러한 노력이 출판학 연구로 이어질 수 있었다. 그는 1959년에 『양서의 세계』 등 세 권의 저서를 잇따라 출간했고, 1963년에는 『출판개론』을 내놓으면서 영역의 분야에 대한 탄탄한 연구 기반을 다졌다. 이후로 수서 활동 또한 거듭 확장해 나갔다.

본문에서 밝혔듯이, 남애는 외면당하고 있던 책과 출판에 관련된 연구와 수집, 애서 실천 등을 스스로 창안·실행했거나 주도해 온 고독한 등짐의 탐구자였다(이종국, 2003.12., p.66). 바로 그런 점에서 그의 '외로운 도전'이 어떻게 그처럼 많은 일을 해 낼 수 있었는지 여전히 풀리지 않는 궁금증으로 남아 있다.

남애는 또한 연구 활동에 정진하는 후학을 격려할 때 '저작등신(著作等身)'이란 말을 즐겨 썼는데, 당신 자신이 61책에 이르는 저서를 낸 대저술가이기도 하다. 이 중, 타계 후에 나온 유고만 해도 8책이나 된다.

이러한 성과는 참으로 고집스런 실현이었다. 결국, 그와 같은 모습은 그의 비타협적인 태도를 더욱 견고하게 한 학문적 배경으로 작용한 요인이기도 하다.

남애의 정진은 출판·서지학 연구와 책 모으기, 읽고 저술하는 일로 고정되면서 가족과 주변에 소원(疏遠)한 점이 적지 않았다. 이러한 정황은 마음의 번민으로 이어져, 늘 그를 압박했던 것 같다. 그러한 아쉬움을 떨어내지 못한 채 67세로 유명을 달리하고 말았다.

과거와 현재의 넘나듦

지금까지 살핀바, 남애 안춘근은 책과 출판 또 그와 관련된 학문적 입장을 이해하되 고전적 출판 연구자였다고 말할 수 있다(이종국, 2003.1., p.63). 그러면서 남애가 추구한 출판 연구로 말하면 폭넓음, 종합의 학문, 신념의 학문, 실증성, 선진성을 아우른 개념 형성의 개척으로 나타나고 있다는 데서 특기점이 있다(箕輪成男, 2003.1., pp.50~51).

남애는 책과 출판을 문화 발전의 견인차라고 강조한다. 이는 그의 학문적 기반을 형성하는 가치 신념이기도 하다. 일찍이 시타인버그는 자신의 역저인 『출판 5백년사』 첫줄에 "출판의 역사는 일반적인 문명사에서 없어서는 안 될 부분이다."라는 인상적인 말을 전제했다. 그러면서 "사상 전달의 주요 매체인 출판은 인간 행위의 거의 모든 영역에 걸쳐 관여했고 깊숙이 스며들었다."(Steinberg, S. H., 1996, p.1)고 강조했다.

남애는 그의 역저인 『출판의 진실』 첫 줄에서 '올바른 출판 행위'에 관한 지향점을 밝히고, "출판은 인간의 사상, 감정을 시대나 지역을 초월해서 전승하는 인류가 발명한 가장 훌륭한 방법"(안춘근, 1992, p.3)이라고 말했다. 이러한 생각이 남애가 관심을 둔 책과 출판에 관한 일관된 전제이며, 그 과정이기도 하다.

　그와 같은 출판의 모습은 거듭 진화되고 있음을 본다. 그러한 과정에서 20세기 문명이 왕성하게 뻗어나가던 1960년대에 왕왕 '문학의 죽음(The Death of Literature)'을 말해 왔다(Sven Birkerts, 1994, p.183)는 사실을 상기하게 된다.

　이후로 디지털이 아날로그 영역으로 건너와 큰 세력을 내보이면서 책도 죽었고 문자 또한 사라진다는 발언들이 넘쳤다. 그런데 이처럼 냉소적이거나 자조적인 진술들이 거듭되고 있었음에도 책이 사라짐으로써 작품 또한 소멸된다는 뜻은 아니다. 컴퓨터나 영상 등 여러 매체들로 '대체'되는 문화적 변이 현상에 대한 시대적 양태를 그런 식으로 짚은 것이다(구광본, 2003, pp.24~31). 여기서, 분명한 것은 '판독술'이 건재할 뿐만 아니라, 여전히 동일한 원리성을 가진다는 사실이다..

　출판사학자인 로버트 단턴(Robert Darnton)에 의하면, 오늘날의 디지털 환경과 책의 위상을 다음과 같이 말한다. 특히, 젊은 세대에게 있어 디지털이 초래한 환경과 관련하여

　사람들은 기술 혁신이 가져온 새로운 시대 속으로 끌려들어가면서 큰 변화가 일어나고 있음을 체감한다. 디지털 세대는 늘 전원이 켜 있는 것처럼 지낸다. 때 없이 휴대폰으로 통화하고 즉석에서 문자를 보내고 현실과 가상의 상황에서 인적 네트워크를 형성한다. 그들은 어느 특정한 공간에 있으면서도 동시에 없는 듯도 하다.

〈Robert Darnton(2009). *Case for Books*, p.Xⅲ〉

라고 말하고, 신세대와 구세대 그리고 전체의 몫인 책의 위상을

　젊은 사람들은 엄지를 사용해 휴대 전화를 작동하지만, 구세대는 검지를 사용하여 펜을 움직인다. 이는 오늘의 기술이 젊은 세대의 몸과 마음에 얼마나 깊숙이 침투해 있는지를 감지케 하는 장면이다.

　손끝 감각에 변화가 생겼다고 해서 독자가 책갈피를 쓱쓱 넘겨가며 읽는 일을 그만 두게 될 것인가? 이것은 이를테면 정보를 둘러싼 환경에서 기계가 승리한 것처럼 보이기도 한다. 그러나 독서를 주도하고 있는 수단은 여전히 가장 오래된 기계인 책이다.

〈Robert Darnton(2009). 위의 책, pp.xⅳ〉

라고 말했다. 이에 대하여 케이츠 하우스턴(Keith Houston)도, "기록된 책은 세계에서 가장 중요한 지식 전달 방법이었다. 그러나 이것이 오랜 세월을 거치면서 알려지지 않은 미래에 직면해 있다."면서, "오늘의 컴퓨터와 전자 서적이 기존의 책을 위협하기에 이르렀다."고 말한다. 그런 전자 서적이 발휘하는 가공할 위력에 대하여 "전 세계의 데이터 센터에 있는 수많은 서버에 걸쳐 당신의 정보를 영구히 안전하게 온라인 상태로 저장할 수 있다."고 경탄한다. 그러면서도 그것이 "대단한 문명 이기이지만 원리는 같다."고 하면서, 결국 "책으로부터 진화된 변형이기 때문이다."라고 말한다(Keith Houston, 2016, pp.ⅹⅴ~ⅹⅵ).

내다보건대, 책은 소멸되지 않을 것이다. 이 때문에 '책(book)'이라는 오래된 보통명사도 사전 속에서만 존재하는 어휘가 아니라는 확신이다. 새삼스러운 지적이지만, 사실은 문명 생활에서 이 단어처럼 오랫동안, 그리고 익숙하게 사용해 온 사례도 흔하지 않다.

남애의 행적을 살피다보면 과거와 오늘이 줄곧 하나의 역사적 공간에서 넘나들고 있음을 감지하게 된다. "옛 책은 새로운 책이다."라는 그의 어록에서 더욱 그러한 정신적·물리적 의의를 엿볼 수 있다. 그는 지난 세기의 사람이었지만, 누구보다도 앞선 생각을 가진 학자였고, 그러면서 책의 영속적인 실존을 신뢰한 인물이었다.

끝으로, 남애가 추구한 목표와 그로써 얻어 낸 성과란 진정 무엇인가? 이 목표 안에는 당연히 그의 생애에 추구해 온 인생의 목표, 학문적 목표, 나아가 개인적·사회적인 모든 지향 과제들을 통해 이루려 했던 제반 목표들이 포함될 수 있을 것이다.

남애가 추구한 생애사적 목표를 파악함에 있어 '책'의 사랑, 책에 관한 연구, 책을 담론한 수많은 평설들과 수사(修辭)들, 그리고 책의 편집·기획 및 그 현물화 과정인 출판 활동과 보급을 위한 노력들, 책의 세계와 그 역할을 전수한 후학·후진의 양성 등—이렇게 책과 출판에 관한 진술들과 이 분야의 발전을 위해 힘써 정진한 활동들이 그 전반을 이루는 본줄기로 채워 있다는 사실이다.

완료되지 않은 남애의 길

지금껏 누누이 설명했듯이, 남애가 추구한 제반 목표는 오로지 책과 출판 사랑 속에 녹아 있음을 알 수 있었다. 이로써 얻어 낸 성과들이 그의 생애사를 따라 여전히 튼실한 푯말들로 자리해 있음을 본다. 그러나 그것은 아직 끝 간 데를 알기 어려운 이정표일 따름이다. 그 푯말들이 어디쯤에서 말미를 보여 줄지 또 다른 탐험이 기다리고 있다는 뜻이다.

이제 남애 안춘근이 생애를 통해 내보인 발자취를 다음과 같이 요약, 되살핌으로써 이 책의 서술을 마무리하는 취지에 보태고자 한다.

첫째, 남애 안춘근은 우리나라에서 처음으로 '출판학'이라는 영역의 명칭을 사용했다.

둘째, 출판학 연구의 필요성을 처음으로 주장하여 이 분야를 학문적으로 배양케 하는 기틀을 제공했다.

셋째, 출판학 교육의 필요성 또한 처음으로 주장하여, 이를 고등교육 기관에서 실현해야 마땅하다는 일관된 주장을 폈다.

넷째, 출판학 교육을 뒷받침하는 필수 교과목을 처음으로 구안(究案)하여 학계와 교육계에 제시했다.

다섯째, 출판학 강좌를 우리의 대학 사회에서 처음으로 개설하여 그 자신이 첫 교수자로 나서는 등 많은 후진을 양성, 배출했다.

여섯째, 한국출판학회의 창립을 주도하여 초대 회장을 역임하는 등 학회 발전을 위해 크게 공헌했다.

일곱째, 출판 연구지인 《출판학》을 세계 최초로 창간하여 출판학 연구의 중심적 매체로 발전하는 데 기여했다.

여덟째, 국제출판학술회의 창설을 제안, 주최하는 등 출판학의 국제적 교류를 열어 나가도록 이끌었다.

아홉째, 출판학 분야의 이론서를 처음으로 저술, 발표했을 뿐만 아니라, 그 관련 노작이 61책에 이르는 등 우리 학계와 출판·독서계에 광범한 영향을 끼쳤다.

열째, 한국 출판학과 서지학의 창도자로서 두 분야 연구에 독보적인 경지를 개척했다. 그러한 과정에서 양대 분야의 학문적 성격이 상호 밀접하게 호응하는 학제적 구조임을 밝혀냈다.

열한째, 책에 관한 책의 저자로서, 출판·편집자로서 이론과 실제를 아우른 출판 기획자요 그 분야의 전문가로서 초유의 경지를 개척한 선두 업적을 남겼다.

열두째, 남애 안춘근은 다년간(22년 8개월: 1955.10.~1978.6.) 을유문화사에서 편집·출판 기획 책임자로 직무하는 가운데 43종의 전집과 914종에 이르는 단행본을 개발함으로써 광범한 보급 성과를 거두는 등 전례 없는 대기록을 세웠다. 전집들을 구성하는 종속 도서들만 해도 무려 1,300여 종에 이른다.

열셋째, 평생에 걸친 수서(蒐書) 활동을 통하여 최고의 귀중본들과 최대의 장서 업적을 이루었음은 물론, 그 소장서들을 연구 기관에 이양함으로써 학문 발전을 위해 이바지했다.

열넷째, 남애 안춘근은 20대부터 책을 모으고, 읽고, 또 읽은 지식을 저술로써 재창조하는 과업을 반복하면서 열정적인 연구 의욕을 불태웠다.

이와 같은 정진으로 하여 그가 남긴 글이 과연 얼마만큼이며 또 구체적으로 어떤 것들이 있는지 그 범위를 파악하기 어려운 실정이다. 그런데 남애의 학문적 방법에서 큰 특징을 든다면 발굴과 확인을 전제로 하지 않은 것이 없다는 점이다.

남애 안춘근은 어떤 특정한 접근을 실천함에 있어 최초의 선험자였으며, 그러한 과정에서 다른 누구보다도 학문적 증거 실증주의에 엄격했다. 예컨대, 금속활자의 대명사 격인 '鑄' 자의 해석을 둘러싼 여러 전적들을 대상으로 한 논의들이 그러한데, '鑄'를 풀어 말하되 이것이 나무(木活字)나 그 밖의 다른 재질의 것보다 문명적인 대상이라 하여 편의적인 애국주의나 국수주의에 치우치는 태도를 경계해야 된다는 것이 그의 일관된 생각이었다. 또, 문헌 해석을 둘러싼 아전인수적인 단정 행위는 역사에 대한 씻을 수 없는 죄악이라면서, 이러한 '치기(稚氣)' 따위를 지양해야 한다고 기회 있을 때마다 주장한 이도 남애였다. 강조해 말할 나위도 없지만, 이와 같은 남애의 냉정한 가치 지향이 여전한 경종으로 남아 있는 것도 그와 같은 객관적인 신념으로부터 출발하고 있음을 본다.

이상과 같은 남애에 관한 이해는 또 다른 전기적 연구와 함께, 그가 이룩한 성과들을 대상으로 하여 다시금 새롭게 탐구해야 할 필요성을 발견하게 된다. 물론, 앞으로의 연구를 기대하는 것도 그러한 요긴성과 직결된다는 의미이다.

필자는 제안하는바, 남애가 남긴 전적들의 서지, 역사적 의의 등을 탐구, 종합하는 노력이 거듭되어야 마땅하다는 주장이다. 특히, 그가 애써 구득해 놓은 여러 귀중한 고전의 해독, 해설, 해제 등의 현안이야말로 시급한 과업이라고 보기 때문이다. 또 하나는 곳곳에 산일되어 있는 그의 유고들을 찾아내어 목록화하고 분석하는 일이 현실화되어야 한다. 이는 앞으로의 연구를 위해 반드시 실현되어야 할 과제라고 사료된다.

추록追錄

남애, 다시 책의 길로 떠나다

남애가 세상을 떠난 지도 4반세기를 넘겼다. 그는 21세기가 열리고 있는 세상을 넌지시 바라보며 서둘러 이승을 버렸다. 좀 더 넉넉한 책탐을 즐기련만, 책의 곳집이 도무지 비좁기만 했다는 말인가.

여기, 또 하나의 서술을 '추록(追錄)'이라 가름했다. 이는 그의 생애 살핌에서 미뤄 둔 몇 가지 사적을 보완하고자 한 것이다.

1. 옛 책 발굴 사례와 기서(奇書) 예화

여기서, '발굴 사례'란 남애가 고서를 찾아낸 여러 업적을 말한다. 앞에서 누누이 말한 바와 같이, 그는 출판학과 서지학의 기반을 다져 나가면서 많은 고전을 부활케 했다.

그러한 과정에서 남애는 희귀한 옛 책 발굴 일화들을 남겼다. 그가 천착한 책 담론의 한 축을 말하되 '발굴 서지학'이라 회자하는 것도 그런 점과 무관하지 않다고 본다.

남애는 또한 희귀본을 찾는 일뿐만 아니라, 기왕에 볼 수 없었던 것을 스스로 창안해 내는 능동적인 개발자이기도 했다. 그 하나의 사례가 '기서(奇書) 간행'을 들 수 있다. 기서란, '내용이 기이한 책'을 말하나, 형태 서지학의 면에서 본다면 생긴 모양 또한 보편성을 벗어난 도서도 그와 같은 유형에 해당된다.

이와 관련하여, 여기에서는 고서 발굴 및 기서와 관련된 9건의 사례만 소개하고자 한다. 그러나 이것은 여러 수많은 사례 중에서 단지 부분적인 예화임을 밝혀 둔다. 아울러, 이 제재의 말미에 남애가 남긴 서평 사례 3건도 덧붙였다.

『동몽선습(童蒙先習)』 초판본 발견

　『동몽선습』은 영어의 알파벳 격인 1천 자의 기본 한자로 배열된 『천자문』을 배운 뒤에 학습하는 초학 교과서 중 하나이다. 이 책은, 서당에 들어간 초학동이 『천자문』을 익히고 나서 『명심보감(明心寶鑑)』, 『통감(通鑑)』, 『사서삼경(四書三經)』 등을 배우게 되는데, 모두 중국 것이라는 공통점이 있다.

　이러한 현상을 안타깝게 여긴 한 선각자가 우리 교과서를 독자적으로 저술했다. 그 책이 바로 『동몽선습』이다.

　원래 『동몽선습』의 저자는 박세무(朴世茂, 1487~1554) 혹은 김안국(金安國, 1478~1543)이라고 알려져 왔다. 그러나 이 책의 초판본은 유감스럽게도 국내에 전하지 않았다. 다만, 1587년 12월에 경상도 밀양에서 출판된 『동몽선습』 한 권이 임진왜란을 겪으면서 일본으로 건너가 그곳에 존재한다는 사실만 알려져 있을 따름이었다. 우리 저자가 독자적으로 저술한 교과서 최고본(最古本)이 우리나라가 아닌 해외에 존재한다는 사실은 부끄러운 일이었다(안춘근, 2010, p.29).

『동몽선습』 관련 기사 중 한 예(조선일보, 1983.5.24.)

　그런데 1981년 6월 21일, 일본에 있는 것보다도 44년이나 앞선 진본 『동몽선습』(1543년 간행, 목판본)이 발견되었다는 소식이 도하 일간지들에서 대서특필되었다. 원본에 밝혀 있는 저자도 박 씨나 김 씨가 아닌 민제인(閔齊仁, 1493~1549)이라는 기록이 뚜렷했다. 이 책에서 저자는 자신이 평안감사로 있을 때 "어린 사람의 도덕과 문장을 가르칠 만한 책이 없어 동지와 함께 한 권의 책을 엮었다."라는 내용이 밝혀 있었다(고광직, 1981.6.21.).

　안춘근은 이 책을 어지럽게 흩어져 있는 휴지더미 속에서 찾아냈다. 역사적 증거인 최초의 우리 교과서는 그렇게 세상 밖으로 부활하게 된 것이다.

• 출전: 이종국(2015). 『편집 출판학 연구 총설』(패러다임북)

김생의 『사경(寫經)』

남애 안춘근은 1964년 봄 연민(淵民) 이가원(李家源)의 소개로 우리 역사에서 서성(書聖)이라 일컬어지는 김생(金生, 711~791?)의 글씨를 입수한다. 이 일은 당대 최고의 수서가인 남애로서도 상상할 수 없었던 대사건이었다. 김생의 친필은 "溪山淸逸 水月鏡花"*라는 사언시이다(* 맑고 청량한 깊은 계곡, 호수에 뜬 달이 거울 속 꽃이 되었네.).

놀랍게도 이 사경에는 한말 선비인 남종헌(南鍾憲)이 1856년에 쓴 "틀림없는 진품"이란 사실을 고증해 보인 글도 한눈에 들어왔다. 따라서 김생의 사경이 담긴 큰 족자를 살피니 안평대군(安平大君)의 사경 또한 함께 붙어 있다는 사실도 확인하게 되었다.

그런가 하면, 한석봉(韓石峯)과 김추사(金秋史)의 친필 시도 아우르고 있어, 모두 네 분의 필적을 한 족자에 수록한 체제였다(《현대경제일보》, 1970.5.22.).

그런데 남종헌이 고증한 글을 보면 "조상들로부터 대대로 물려받은 가보를 영구히 보존하기 위해 주석을 달아둔다."는 내용으로 되어 있었다. 이 족자에 들어 있는 네 사람은 우리나라의 4대 명필로 꼽히는데, 남애는 이들 모두의 작품을 한꺼번에 얻을 수 있었다.

• 출전: 이종국(2015). 『편집 출판학 연구 총설』(패러다임북)

개화기 첫 국한문 혼용본 『농정촬요(農政撮要)』 발견

『농정촬요』는 1886년(고종 23)에 관료 지식인 정병하(鄭秉夏, ?~1896)가 지은 농서이다. 저자는 개화기 최초의 국립 출판기관인 박문국에서 주사로 직무했으며, 위 책을 저술한 뒤에 농상대신(農商大臣)을 지낸 사람이기도 하다.

안춘근은 우리나라에서 최초의 국한문으로 된 근대 출판물이 무엇인가에 대하여 큰 궁금증을 가져왔다. 과거 오랫동안 1895년에 일본 교순사(交詢社)에서 출판된 유길준의 『서유견문』이 최초라고 알려져 있었다. 그러나 사실은 이보다 10년이나 앞선 국한문 혼용문체로 된 도서가 존재했다. 이 책이 바로 정병하의 『농정촬요』였다.

---

* '• 출전'이란 『편집 출판학 연구 총설』(패러다임북, 2015)에서 해당 제재의 내용을 참고, 인용하고 일부 보완한 것임.

남애는 이 책을 구하기 위해 최선을 다했다. 그러나 원고를 써야 할 시일*이 다가와도 도무지 구경조차 할 수 없었다[* 당시 남애는 《독서신문》에 「나의 고서편답비화」라는 주제로 탐서 비화를 연재(1974.2.3.~1974.3.10.) 중이었음. 필자 주]. 나중에 통문관 주인(이겸로)에게 부탁하여 겨우 빌려 일단 참고할 수 있었다.

이후로 남애는 통문관 주인과 화산서림 주인(이성의)에게 책값은 얼마든지 줄 터이니 책을 구해 달라고 양면 작전을 폈다. 그러나 남애의 요청은 수용되지 않았다. 그 책이 워낙 고가일 뿐만 아니라 희귀본 중에서도 희귀본이었기 때문이다.

얼마 있다가 계림서원(鷄林書院)에 들렀을 때, 그동안 애타게 찾던 책이 있다는 사실을 알아냈다. 남애는 설레는 마음을 억제하며 그 책을 넘겨 달라고 요청했다. 그러나 계림서원의 주인은 이미 다른 곳에 납품할 약속이 되어 있으므로 팔지 않겠다는 거였다. 남애로서는 뒷날 "이때의 심정을 말로 다 표현할 수 없었다."고 술회했다(안춘근, 2010, p.292). 『농정촬요』는 날이 갈수록 값을 더해 가기만 했다. 더구나, 남애 스스로 이 책을 이미 감정해 놓은 터였다. 그는 을유문화사에서 발행하는 《도서》지에 『농정촬요』를 최초의 국한문 도서라고 밝혔을 뿐만 아니라, 고려대의 조지훈(趙芝薰) 교수도 그의 논문에 재인용하는 등 줄곧 성가를 높여 갔다.

남애로서는 『농정촬요』가 평가되면 될수록 그 책을 소유하고 싶은 욕망이 더했다. 결국, 예의 책을 입수하게 되는데, 당시의 사정을 그는 다음과 같이 전했다.

나는 안국서점(安國書店)에 들렀다. 일과 후여서 그랬던지 서점 안이 어두컴컴한 때인데 책상 위에 『농정촬요』라고 붓으로 쓴 한서가 있었다. 나는 또 다른 서점에서처럼 판매를 거절당하지나 않을까 하고 마음 설레는 가운데 그 책을 손에 들었다.*(* 1964년 3월경. 필자 주). 아마도 내 손은 가늘게 떨고 있었는지도 모른다. 책을 펴보니 분명히 4호 활자로 한지(韓紙)에다 도안문으로 표기한 『농정촬요』였다.

나는 만감이 교차함을 느꼈으나, 그러나 침착하게 "이 책값이 얼마인가요?" 하고 나직이 물었다. 그리고 나서 또 점주를 쳐다보았다.

점주는 "이거 좀 더 많이 받아야 할 책인데, 안 선생이니 싸게 드리죠. 그저 120원*만 내고 가져가시오." 한다(* 거래 가격은 현재의 기준과 다르다는 점을 유의하기 바람. 필자 주). 그때 나의 기쁨은 표현하기 어려웠다.

〈안춘근(2010). 『고서의 향기 1』(청림출판), pp.290~294에서 일부 인용〉

『애서시가(愛書詩歌)』 발간

『애서시가』는 안춘근이 저작·발간한 소형 '책 시집'이다. 1965년 6월 24일에 탈고하여 7월 24일자로 펴냈다. 이 시가집은 일찍이 없었던 기서로 기록된다. 남애는 이 책을 발간하게 된 전말을 자신의 수서 비망록인 『남애수록(南涯隨錄)』에 자세히 남겼다.

『애서시가』는 세로 11.3cm, 가로 8.3cm에 1백 10면의 각배(角背) 양장본이며, 30부 한정판(비매품)으로 냈다. 책의 분량이나 형태로 보아 현대판 수진본인 셈이다. 남애의 책에 관한 끊임없는 애정이 전대미문의 육필 시가집을 탄생시킨 것이다.

저자는 서문에서 "애서에 관한 이렇듯 긴 시가집을 보지도 못했거니와, 있다는 기록조차 듣지 못했다."고 말했다. 그러면서 "어떤 모델이 있었던 것도 아니고 누구의 계몽에 힘입은 것도 아니다."라고 밝히기도 했다. 이와 아울러, "애서하는 일념에서 엉뚱한, 실로 대단한 모험을 했을 뿐이다."라고 진술한다.

『애서시가』의 꾸밈을 보면 책머리에 서문, 목차, 서사(序詞)를 싣고 「애서가」, 「서재」라는 주제의 장시 두 편이 이어졌다. 그런 다음 「중국의 고서」, 「한국의 판본」이란 시가도 소개했다. 언뜻 보아, 특정한 논문 주제인 듯한 이들 두 편은 중국과 한국의 고전 15종(중국 5, 한국 10)을 들어 이 책들이 지닌 역사적인 모습을 시로 표현했다.

본문은 원고용지에 세로쓰기 체제이며, 2도(붉은 칸을 그은 200자 원고지에 군청색 잉크

『애서시가』 본문 사례

로 쓴 만년필 글씨) 평판 인쇄로 되어 있다. 다음은 이 책에 실린 「애서가」 중에서 일부를 소개한 내용이다.

책을 찾아간다./산인들 못 넘고 강인들 못 건너랴./…(중략)…/컴컴한 골방에서 먼지 구덩이를 파헤친다./뜻밖에 진서(珍書)를 발굴한다./이처럼 진귀한 책 바로 여기 있었구나./들고 보고 놓고 보고 앞을 보고 뒤를 본다./낯 설은 스승이다./존함만을 듣고 알던 권위자다./숨어서 지켜 온 고결한 지조/이런 스승 맞이함이 그 아니 행운인가!/…(하략)

이렇듯, 『애서시가』는 책에 대한 찬사를 시적으로 배열한 작품집이기도 하다. 비록 작은 책이지만, 우리 출판 역사에 또 하나의 중요한 '비망'을 남긴 물증이라 하겠다.

• 출전: 이종국(2015). 『편집 출판학 연구 총설』(패러다임북)

『동양수진본』 발간에 관한 《동아일보》 기사 (1965.4.8.)를 옮긴 글(1965.7.30.)

작은 책『동양수진본(東洋袖珍本)』 발간

남애 안춘근은 우리나라에서 '가장 작은 책'과 그와 상대적으로 '가장 큰 책'을 스스로 제작한 출판학자요 출판·편집자이기도 하다. '가장 작은 책'은 수진본(袖珍本)류를 말하며, '가장 큰 책'의 경우는 말 그대로 초대형본류를 가리킨다.

수진본이란, 소매에 넣고 다니는 작은 책이다. 경전이나 시문류를 수시로 참고하는 데 편리하도록 휴대하는 소형 책자를 말한다. 남애는 이미 우리나라에서 가장 작은 책을 수집한 상태였다. 이 책은 가로 9cm에 세로 5cm인 절첩장본(折帖裝本)이다. 이것을 다시 네 겹 접으면 가로가 2.7cm 규격이 된다. 이 수진본은 『반야심경』이 실린 고려 시대의 진본이다.

당시까지만 해도 세계에서 가장 작은 책[1]은 기네

---

1) 책의 극소화는 인쇄술 발달과 디지털이 협력하면서 가속화되었다. 지금까지 알려진 극소형 책자로는 1996년 러시아의 안톤 체호프(Anton Pavlovich Chekhov, 1860~1904)의 『카멜레온, Chameleon』이며,

스북에 올라 있는 1.4mm 크기의 영어로 된 『주기도문』이라고 알려져 있었다. 그런 점에서도 『반야심경』은 종교적으로 대칭을 이룬 책이었던 셈이다. 남애는 500여 년 전에 생성된 우리의 수진본이 다른 어떤 책들보다 앞섰다는 사실을 중시했다.

일본에서는 이를 '마메혼(豆本)' 또는 우리 식의 '수진본'이라 부르고, 중국에서는 '건상본(巾箱本)'이라 부르기도 한다*(* 『한국민족백과사전』, '수진본' 항목 참조).

먼저 남애가 만든 수진본 사례를 보자. 아래의 글은 「우리나라에서 가장 작은 冊 東洋袖珍本 발간」이란 제하의 《동아일보》 기사이다. 이 글은 여럿의 축하 휘필이 담긴 기념 책자* 끝 면에 남애가 직접 옮겨 적은 내용이다[* 이 책자의 제첨(題簽)에 보면 검여(劍如) 유희강(柳熙綱)이 쓴 『南涯先生著 東洋袖珍本原稿出版紀念會簽名帖』이라 되어 있다.].

韓國의 가장 작은 冊 『東洋袖珍本』 발간

우리나라에서 가장 작은 책 『東洋袖珍本』(安春根 著)이 발간되었다. 이 책의 크기는 세로 6.2 가로 4.8센티로 책 길이가 성냥개비보다 조금 크다. 모두 64페이지, 20부 한정판으로 낸 이 책 내용은 세계의 수진본에 대한 해설과 고증을 담은 것이다.

1965년 4월 8일자 동아일보 기사

1965년 7월 30일 南涯 記

1965년 4월 13일, 『동양수진본』 출간기념회가 열렸다. 명동의 한 일식집에서였다. 이날, 소향 이상로 등 9명이 모였다*(* 이 책, pp.408~409 참조).

이 자리에서도 놀라운 일이 일어났다. 남애는 20장의 두꺼운 미색 양지로 제책된 공책 절첩장본(가로 13cm, 세로 19.5cm)을 내놓았던 것이다. 모두들 남애의 취지를 알고 그 자리에서 또 한 권의 귀한 책을 얻게 된다. 아래에서 이 절첩장본을 채운 몇 사례를 보자. 우선, 검여 유희강은 유려한 한문 초서로(아래에 편의상 번역하여 소개하기로 한다.)

남애 학형의 애서지벽(愛書之癖)은 40년이 한결같다. 삼불(三佛)* 선생은 남애를 일컬어 한국 서치(書癡) 중의 서치라 했네[* 서울대의 김원룡(金元龍) 교수를 말함. 필자 주]. (중략) 동양수진본 원고본은 남애가 사비로 20부 한판(限版)만 상재하였다. (중략) 이는 우리 초

가로 0.9cm, 세로 0.9cm의 30쪽 짜리로 100부 한정판이었다고 한다.* * 출처: http://www.stork.blog.me/6000625250452

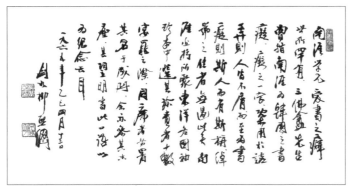

검여 유희강의 『동양수진본』 간행
축하 글

유의 극소 수진본이다. 이 책 축하회를 여는 자리에서 함께 한 벗들이 성책의 기쁨을 나
누며 열람함을 기념하노니.

라고 축하했다.[2] 즉석에서 쓴 글이지만 운필이 유려하고 거침없다. 화산[華山, 화산문고 주
인 이성의(李聖儀). 필자 주]은 "以和爲貴"(이화위귀, 조화로써 귀함을 삼다.)라 썼고, 석산(石山) 진
기홍(陳麒洪)은 "珍中眞 祝東洋袖珍本出版"(진중진 축동양수진본출판, 보배 중의 보배 동양수진
본 출판 축하)라고 휘필했다. 소향 이상로는 "文華留慧業"[문화유혜업, 문사(文事)의 찬란함이 혜
업으로 배어 있네.]라고 덕담했다. 삼불 김원룡은 남애를 '책 바보'라 했는데,

　　한국 서치(書癡)의 서치

라고 썼다. 백순재(白淳在)의 경우는

　　삶보다도 그 사랑보다도 책, 책을 사랑한 그

라고 적었다. 남애에게 딱히 어울리는 글매들이다.
　이렇듯, 『동양수진본』은 아주 작은 책이지만 큰 의미를 담고 있다. 책을 좋아하는 애서
가들에게는 책의 규격이나 부피가 문제될 게 없다. 진정 아름다운 내용이나 형태를 갖추

---

2) 검여는 또한 축하 책자에 거듭 다음과 같은 글을 남겼다. "我東極小袖珍本, 實濫觴于斯矣. 奉祝南涯詞伯,
東洋袖珍本 原稿刊行. 乙巳 四月 十三日 柳熙綱"(우리 동양에서 아주 작은 수진본, 실로 이것이 남상입니
다. 동양수진본 원고를 간행한 남애 사백께 축하드립니다. 을사 4월 13일 유희강)

고 있는 책이라면 그것으로 충분하다 할 것이다.

• 출전: 이종국(2015). 『편집 출판학 연구 총설』(패러다임북)

초대형 책 『남애한필(南涯閒筆)』 발간

앞에서 말한 바와 같이, 남애 안춘근은 스스로 수진본을 편찬했는가 하면, 이와 상대적인 초대형 책도 간행했다. 문제의 책이 『남애한필』이며, 원서명은 『천하기서남애한필(天下奇書南涯閒筆)』이다. 책 이름 밑에 철농(鐵農) 이기우(李基雨, 1921~1993)가 쓴 '鐵農簽洌南居藏'*이라 한 첨필(添筆)이 보인다〔* 철농이 열남거(남애의 서재)에서 소장하는 이 책 이름을 쓰다.〕. 이 책의 부제는 『안춘근필사본착색삽화첨부수필집(安春根筆寫本着色插畵添附隨筆集)』이라 표시되어 있다.

이 수필집은 1966년 11월 2일부터 이듬해 1월 초까지 50여 일 동안 저자가 손수 쓴 필사본이다〔안춘근, 1967.1.(1), p.79〕. 완료되기까지 붓이 5자루나 소모되었다고 한다. 그의 나이 불혹 되던 해에 대기념물을 만든 것이다.

남애가 부인 박영희 여사와 함께 『남애한필』을 감상하고 있다(1967.1.).

『천하기서남애한필』(이하 『남애한필』)의 규격은 가로 90cm에 세로 112cm이다. 장지(壯紙, 두꺼운 창호지의 일종: 필자 주) 2장을 겹쳐 붙인 용지로 60쪽 분량을 갖추었다. 모두 14편의 작품 및 발문을 저자인 남애가 붓으로 썼다.

저자는 이 책의 「서문」에서 "한필(閒筆)의 뜻은 수필이라는 전고(典故)가 있다."고 밝혔다. '수필'을 상고한 이칭(異稱)인 셈이다. 『남애한필』에 실린 주제들을 보면 다음과 같다.

닭/개/신선/꽃과 나비/서제(書題)와 편액/인품과 국란(菊蘭)/가족과 동물/요산요수(樂山樂水)/게(蟹)/죽사(竹史)의 서책/말(馬)/도연명(陶淵明) 선생/장기와 바둑/발문/이주홍(李周洪)의 작희(作戲)

육필 초대형 책은 『남애한필』이 유일할 뿐만 아니라 우리 출판사(出版史)에서도 전례가 없다. 나아가 남애는 이 책으로써 세계 기록을 달성하고자 했던 것이다.

남애에 의하면 당시(1960년대 중반)까지만 해도 세계에서 가장 큰 책[3]은 스코틀랜드본(가로 2m, 세로 3m)이라고 했다. 그러나 도서의 국제 규격인 49쪽(1964년 유네스코 제정) 미만이므로 그 조건에 충족하지 못하여 실격이라는 것이다.

『남애한필』은 또한 최고급 대형 삽화본이기도 하다. 남애가 여러 해에 걸쳐 모은 춘곡(春谷) 고희동(高羲東), 이당(以堂) 김은호(金殷鎬), 관재(貫齋) 이도영(李道榮), 운보(雲甫) 김기창(金基昶) 등의 그림들을 본문 속에 첨부했기 때문이다. 그런가 하면, 중국과 일본 화가의 작품 등 동양화단에서 명망 높은 거물들의 진품들도 내용에 어울리도록 붙여 놓았다.

여기에 남애의 부인 옥로헌(玉露軒) 박영희 여사가 그린 동양화와 영식인 유섭*의 솜씨도 들어 있다(* 당시 서울강남초등학교 4학년). 유섭의 작품은 「가족과 동물」이란 수필에 넣었는데 범(아버지), 양(어머니), 잔나비(유섭), 돼지(유찬, 이하 동생), 소(유경), 토끼(유향), 이렇게 부모와 4남매의 '띠 동물'을 각각 그려 넣었다. 11세의 어린 눈으로 본 가족의 어울림이 흥미롭게 나타나 있다. 이로 보아 가족과 대가들이 우른 특이한 초대형 수필집이 『남애한필』이기도 하다.

• 출전: 이종국(2015). 『편집 출판학 연구 총설』(패러다임북)

죽간(竹簡)의 실험

남애가 추구한 책에 대한 관심은 특수한 분야들에 이르기까지 두루 망라되어 있다. 육필로 쓴 작은 시집인 『애서시가』라든지, 역시 작은 수서본(手書本)으로 선빈『동양수진

---

3) 세계에서 가장 큰 책은 미국 MIT의 마이클 홀리(Michael Hawley) 교수 팀이 공동 저작한 『부탄, *Bhutan*』이라 알려져 있다. 2004년 기네스북에 등재되었다. 규격은 가로 1.5m, 세로 2.1m이며, 60kg의 중량이다. 내용은 세계에서 가장 작은 나라인 부탄의 모습을 담고 있다. 출전: http://www.stork.blog.me/60006250452

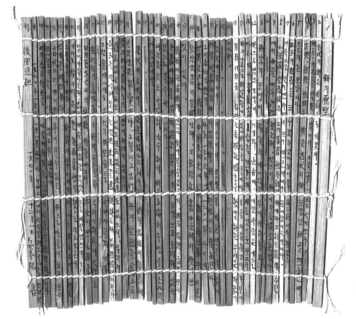

'남애 죽간' 「책의 원류고」

본』, 자작나무껍질로 만든 『백화목피지본 남애어록(白樺木皮紙本南涯語錄)』, 거대 규격의 수필집인 『남애한필』 등 여러 이색적인 사례가 그러하다. 남애는 이러한 도서를 손수 저작하고 제작한 진기록을 남겼다. 놀랍게도 '죽간'을 현실화한 실험도 그 중의 한 사례이다.

'남애 죽간'은 1970년 말에 순전한 수작업으로 선보였다. 47편(片)의 대쪽으로 만든 이 죽간은 「책(冊)의 원류고(原流考)」*라 이름 붙였는데, 200자 원고용지 총 10매 분량으로 된 칼럼을 죽편(댓가지)에 써넣었다〔* 매 1편(片)의 규격: 가로 0.5cm×세로 20.0cm〕.

「책의 원류고」는 47개의 '댓가지'에 글을 쓰고 발(簾)을 매듯 가지런히 엮었다. 기승전결 (본문 중 문단 구분 표시 '──○──' 참조)을 명료화한 이 글은 매 1개의 죽편마다 일련번호를 붙였다. 이는 내용이 이어지는 책갈피(페이지)와 동일한 기능을 부여하여 연속성을 감안한 방식이다. 「책의 원류고」 내용을 옮기면 다음과 같다.

1. 책의 원형
2. 고대의 책은 죽간으로 되었다.
3. 대(竹)의 가지[1]를 발로 엮어서 가죽(革)으로 얽어맸다.
4. 고전, 경전, 법전 등 典은 고대의 책 모양인 간(簡)을 상[2]에
5. 올려놓은 모양이다.
6. 공자가 주역을 삼천 번 읽었다(三千讀) 하여 위편삼절(韋編三絶)이라 한 것은

7. 가죽으로 얽어맨 죽책(竹冊)의 끈이 세(3) 번이나 끊어졌다는 말이다.

8. 소설가 이태준(李泰俊)은 그의 저서 무서록(無序錄)에 冊이라고 하는 제하의 수필

9. 에서 책을 매우 예찬했는데, 반드시 冊이라는 한자를 썼다.

10. ——○————○————○————○————○————

11. 冊자의 모양이 확실히 댓가지 두 개 세워 놓고

12. 끈으로 엮은 모양이거니와, 근자에 어떤 사람은 이를

13. 아라비아 산수자의 I자를 네(4) 개 세운 것으로 보고서

14. 책의 날을 제정함에 있어 冊자를 풀어서 II를 두 겹 한 것이라 보아

15. 11월 11일로 하자는 기발한 제안을 했다고 하는 우스운 삽화가

16. 있다.

17. ——○————○————○————○————○————

18. 고대 중국에서 비단이나 종이로 책을 만들기 전에

19. 가장 대표적인 冊이었던 죽책(竹冊)이 현재에도 전승된다.

20. 그 대표적인 것이 바로 1906년에서 1908년 사이에

21. 세계 문화사 특히 중국 문화사에 있어 획기적인 사건이 된

22. 돈황 문서(敦煌文書)의 발굴인데, 그 돈황 문서 가운데서 찾아낸

23. 것이 있다.

24. 한국에는 고대의 것은 찾아볼 수 없으되, 간혹 논어·맹자 또는

25. 복서(卜書) 따위를 엮지 않은 초목 같은 모양으로 흩어져 있는

26. 것을 볼 수는 있다.

27. 이러한 것도 알뜰히 간수해서 책으로 ○3)해 두면 좋은 문화재

28. 가 될 것이다.

29. ——○————○————○————○————○————

30. 현대의 문명이 발달되었다고 해서 책의 출판이 용이해

31. 진 것만은 사실이나, 그렇다고 고대의 책의 형태를 전적으로

32. 원시적인 유물로만 생각해서는 안 된다.

33. 과거 없는 현재도 없고, 현재 없는 미래도 없듯이,

34. 우리의 과거를 잘 살펴본다는 것은 미래를 투시하는 데 전제 조건이 된다.

35. 그런 의미에서도 고대의 책 모습을 알아야 할 것이다.

36. ───○───○───○───○───○───

37. 현대적인 의미로서는 책의 분량 및 부피에 대하여 대체로

38. UNESCO의 권고한 바를 따라서 본문이 49면을

39. 넘어야 한다는데, 고대에는 면수를 무엇으로 매긴 것인가?

40. 아마도 죽(竹) 가지 한 개를 일면으로 생각했는지도 모른다.

41. 그렇다면 이 冊도 죽 가지가 47개라서[4] 이를 보충하여 후면

42. 3개를 더 첩책(帖冊)한다.

43. 고대의 죽책의 표본이 될 수 있는 冊을 만들어보고 싶은

44. 욕망이 늘 가시지 않고 있던 참에

45. 이와 같은 죽책을 만들 게 한 동기는 의외의 선물을 활용한 것이다.

46. 1970년(경술) 11월 30일 YWCA에서 결혼 답례품 속에 들어 있었던 것[5]

47. 후면 추기   1970년 12월 1일 안춘근 저

추기 1. 재료가 죽재(竹材)이긴 해도 끈이 가죽 아닌 실(絲)이고 문자의 표기

2. 또한 조각도 아니고 필기도 붓이 아닌 볼펜이다.

3. 볼펜은 기름을 섞은 잉크이기에 한결 오래갈 것이다.

표제 **죽책 원류고**(竹冊原流考)[6]   안춘근 저

─────────────────────

1) 대나무를 적당한 크기로 쪼개 잘라낸 댓조각
2) 상(床) 또는 렴(簾, 방 한켠)
3) 판독 되지 않음.
4) 위에 인용한 「죽책 원류고」를 말함.
5) 결혼식 하객들에게 답례품으로 제공한 음식이나 기타 선물을 포장한 재료인 듯함.
6) 표제가 뒤에(후면에) 있는 것은 1쪽을 시축(始軸)으로 하여 두루마리(권자본) 했을 때 마지막에 표제가 보이도록 반대로 설정한 것임. 〈주 1)~6)〉은 필자가 붙임.

20세기 사람인 남애가 직접 죽간을 만들었다는 사실은 흥미 있는 일이다. 그의 실험 정신이 실제의 죽간을 만듦으로써 옛 증거를 피부로 느껴보려 했던 것이다. 그는 유네스코 권고안인 책의 분량이 49면 이상이라는 점을 감안하여 47개뿐인 댓가지에 3쪽을 더 보탠 50쪽 분량으로 채웠다.

남애가 생각하는 '책의 원류'는 "현대의 문명이 발달되었다고 해서 책의 출판이 용이해진 것만은 사실이나, 그렇다고 고대의 책 형태를 전적으로 원시적인 유물로만 생각해서는 안 된다."(위의 죽간 31~32)고 지적한다. 그러면서 "과거 없는 현재도 없고, 현재 없는 미래도 없듯이, 우리의 과거를 잘 살펴본다는 것은 미래를 투시하는 데 전제 조건이 된다."(위의 죽간 33~34)고 강조한다.

'남애의 죽간'은 단순히 옛 책의 형태나 고증적인 되살핌만을 위한 것이 아니다. 특별히 오늘의 우리가 생각해야 할 미래안이 무엇이어야 하는지를 일깨워 준다.

『백화목피지본(白樺木皮紙本)』 남애어록

남애의 실험 정신은 진본(珍本)이나 기서(奇書)를 직접 제작하는 것으로 구현한 경우가

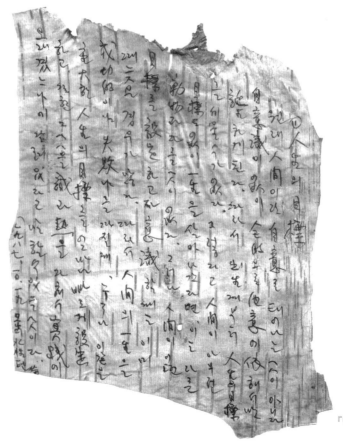

『백화목피지본』 본문 예('① 인생의 목표')

적지 않다. 이는 보통의 상식을 벗어난다(이 책, pp.348~350, p.401 참조). 여기에 소개한 『백화목피지본(白樺木皮紙本)』도 그와 같은 특이 사례 중 하나인 기서이다. 이 책은 수사본(手寫本)이며, 자작나무껍질에 내보인 '남애어록'이다. 그래서 남애는 이 책을 『백화목피지본 남애어록』이라 명명했다. 이하 편의상 '목피본'으로 표기한다.

이 목피본의 첫 쪽에서 보면 '나무껍질(木皮)에 쓴 唯一本 奇書 南涯語錄'이라 밝히고, 1987년 10월 19일이라 기록해 놓았다. 곧 목피본의 '발행 시점'을 말한 것이다.

목피는 원목(白樺木)에서 벗겨 낸 껍질의 내피(內皮) 중 너른 부분을 앨범 속지에 덧붙인 백상지 표면에서 판판히 고정시켜 건조한 다음, 본문을 모나미 수성펜으로 썼다. 그러나 목피의 규격*이 균일하지 않으며, 최대한 필사가 가능한 내피를 펴서 서사 바탕으로 삼았다(* 가로: 최소 6cm~최대 13cm, 세로: 최소 11cm~최대 21cm). 필사재로 채취한 내피의 모양(박피상, 剝皮狀)이 껍질을 이탈시킬 때와 동일하므로(마무리를 하지 않아서) 그 외곽 단부들이 고르지 않다. 그러나 그런 모양 자체가 자연스러워 절묘한 아름다움을 준다.

『백화목피지본』은 200자 원고용지로 33매 분량이며, 이에 21개 주제로 된 '남애어록'을 배열했다. 이 목피본의 「전언(前言)」에 보면 목피를 이용한 서사 가능성과 '어록' 작성 취지를 다음과 같이 밝혔다.

우리나라 국보 제207호 '천마도장니(天馬圖障泥)'*는 자작나무(白樺木) 종이에 광물성 물감으로 그린 것이다(* 말안장에 달아 늘어뜨리는 마구. 1986년 11월 16일 국보로 지정. 필자 주).

서기 5-6세기에 경주 천마총고분에서 백화목피에다 그림을 그렸다면, 그때를 전후해 백화목을 종이로 삼아 책을 쓴 일은 없었을까를 추측해 본다. 그러나 아직 이렇다 할 실물의 흔적이나 기록을 찾아볼 수가 없다.

자작나무 즉 백화목은 나무껍질이 백색인데 종이 지상(紙狀)과 같은 것이 여러 겹으로 쌓여 있다. 따라서 이것을 여러 겹 베껴내면 마치 두꺼운 종이와 같은 것이 된다. 여기에 얼마든지 기록이 가능하다. 그러나 백화목은 흔히 볼 수 있는 나무는 아니다.

따라서 서사 자료로 사용한 사례가 보이지 않는지도 모른다. 그런데 우연한 기회에 백화목이 많은 심산을 찾아갈 기회가 있어 약간의 백화목피를 입수했기에 여기 어록을 적어 하나의 필사본으로 남기게 되었다.

〈이 내용은 1992년 5월 22일 남애가 『백화목피지본 남애어록』 원본을 전사(轉寫)하여
《고서연구》 제9호(1992.12.)에 기고한 것임.〉

남애어록 서문에는 백화목피를 채취한 날짜, 장소, 채취 동기 등을 다음과 같이 밝혔다.

1987년 10월 18일(일) 남애 안춘근이 회장인 한국고서동우회원과 한국출판학회원을 근간으로 한 한국애서가산악회에서 연례 산행으로 오대산(五臺山) 월정사(月精寺)로 갔다. 인근 광장에서 토론회를 마치고 주식(晝食)을 차리는 동안 백화목피를 채집했다. 이를 제책해서 남애어록을 기록해 나간다. (10월 19일)

〈안춘근(1987.10.19.).『백화목피지본 남애어록』, p.1〉

이 목피본은 목피의 수서 여백이 넉넉지 못하여 채록된 글 분량이 적다. 총 21편 중 가장 긴 글이 200자 원고용지 1.8매 분량이고, 작은 것은 단지 한 줄*인 것도 있다(* 목피의 작은 자투리를 활용한 것으로 보임.). 그 주제를 보면,

(1) 인생의 목표/(2) 가치관의 인식/(3) 문화의 뿌리/(4) 고서의 인식/(5) 책의 날/(6) 기록의 영원성/(7) 인물의 평가/(8) 체면치레/(9) 반대의 생리/ (10) 평범 속의 창조/(11) 편견과 불만/(12) 소망과 원망/(13) 이기주의/(14) 타인의 오류/(15) 고향의 체취/(16) 등산의 묘미/(17) 진실의 조작/(18) 문화 수준/(19) 자작나무껍질/(20)도서/(21) 역사

등이다. 위의 주제들과 같이, 책에 관한 내용을 다룬 글도 6편이 보인다. 나머지는 칼럼으로 되어 있다. 이 중 세 편을 옮긴다.

(4) 고서의 인식

고서는 문자 그대로 헌 책, 낡은 책이 아니다. 그 반대로 가장 새로운 책, 가장 현실적인 책이다. 한 나라의 중요한 특색 있는 학문적인 개발이란 결국은 고서에서 새로운 사실을 찾아내는 것 이외에 다른 방법이 없다. 국문학이 그렇고 국사학이 그렇다. 한국적인 새로운 학문의 진전이 있으려면 아직 아무도 모르던 고서에서 새로운 사실을 밝혀내는 일이 될 것이다. 그렇다면 고서란 단순한 고물이거나 헌 책이 아니라는 것을 알게된다. 고서에서 새로운 연구 자료를 발굴해서 새로운 학설을 발표하는 것이기 때문에, 고서는 참으로 중요한 신서의 뿌리라 할 수 있다. 우리는 고서에 대한 새로운 인식을 해야 한다. 고서는 새로운 책이요 뿌리라는 사실 말이다.

(5) 책의 날

1987년 10월 11일을 한국에서 제1회 책의 날로 제정 공포했다. 출판협회에서 몇몇 학자들의 의견을 종합했으나, 사실은 남애의 제안이 채택된 것이다. 다른 의견들이 있기는 했다. 육당 최남선의 역사일감(歷史日鑑) 9월 25일 항에 있는 팔만대장경 완간일을 내가 양력으로 환산해서 밝혀낸 것이다.

〈위의 어록, pp.6~7〉

이 책은 우리나라에서 자작나무껍질을 서사 재료로 활용한 유일본이다. 그는 세월이 흐르면서 목피의 색변(色變)이나 지파(紙破) 현상을 우려했음인지 안전한 비닐 덮개를 갖춘 두꺼운 앨범책자에 본문지(내용을 필사한 목피지)를 부착, 보호하는 치밀한 설계를 실천했다.

우리의 전통 종이 『한지10선(韓紙十選)』

남애는 1982년 12월 13일부터 2주 동안 국립현대미술관에서 열린 '현대·종이의 조형: 한국과 일본전'을 참관한다. 국립현대미술관과 일본의 국제예술문화진흥회가 공동으로 주최한 전시회였다. 당시 한지 전문 기업인 무영물산(茂永物産株)* 측에서 전통지 제조 시범을 보여 큰 관심을 끌었다(* 원주시 단구동 190번지 소재).

남애는 이 전시회에서 수습한 10종의 전통지[모두 닥지(楮紙)임.]를 추려 각각 변형 국배판 규격(가로 23cm, 세로 33cm)으로 접어 대형 5침선장본(五針線裝本) 책자 형식으로 만들었다. 물론, 각각의 전지 전면(全面)을 펼쳐 볼 수 있도록 조본(造本)했다. 남애는 이 조본의 표지 우측 상부에 '一九八二年製造'라 표시하고, 『韓紙十選』이라 표제한 다음, 좌측 하부에는 '南涯蒐集竝造本'*이라 첨기했다(* 남애가 수집하고 아울러 조본함.).

더러 '종이 견본'이라 하여 소형 공책 형식으로 영업용 선전물을 만드는 사례는 있어도, 이와 같은 남애식 책자형 조본은 존재하지 않았다. 이처럼 특이한 '종이책'은 남애 스스로 수습한 전통지를 오래 보전하면서 연구하기 위해 책자형으로 만들었다. 남애가 표제지 뒷면에 10종의 한지에

『韓紙十選』

대하여 다음과 같은 간단한 참고 사항도 붙였다.

① 피지(皮紙): 나무껍질의 찌꺼기로 뜬 하급 품질지
② 구름지: 문횡(紋橫)이 구름 같음.
③ 순저지(純楮紙): 전통적인 닥지
④ 순저지: 전통적인 닥지
⑤ 색지: 색종이
⑥ 장지(壯紙): 영창(映窓), 창호지용도
⑦ 미술지: 서화용지
⑧ 백피지(白皮紙): 색소가 흰 피지
⑨ 대장지(大壯紙): 창호지용도
⑩ 서한지: 편지용지

이렇듯, 『한지10선』 사례에서 볼 수 있듯이, 남애의 정진은 쉼이 없었다. 책·출판과 관련된 대상이라면 힘써 수집하고 분석하면서 끊임없는 연구를 멈추지 않았던 것이다.

삿포로(札幌)의 키노쿠니야 서점(紀伊國屋書店)에서 발견(1989년 10월 하순)한 삿포로 침엽수로 만든 우편엽서. 30년이 지났는데도 당시의 모습이 조금도 변하지 않았다.

1989년 10월 하순, 도쿄에서 일본출판학회 주최로 열린 제4회 국제출판학술회의를 마치고 나서, 홋카이도의 삿포로(札幌) 여행 기회가 주어졌다. 그곳에서도 우리 일행은 예외 없이 서점에 들렀다. 거기에서 남애는 작은 책판 모양의 무엇인가를 집어 들었다.

"이거 이곳 침엽수로 깎아 만든 우편엽서로군."

호기심에 살펴보니 편지를 쓰는 앞면 머리에 'POST CARD'라 인쇄되어 있고, 우편번호를 적는 공간 표시와 우표 붙이는 자리도 반듯한 네모 표시로 제시된 엽서였다. 뒷면에는 삿포로의 아름다운 풍광과 함께 멋진 안내문도 보였다.

편지를 쓰는 공간은 삿포로가 자랑하는 세계적인 브랜드—'SAPPORO BEER'라는 선전 문구를 넣은 글줄 좌우로 기준선을 그어 안내했다. 작은 우편엽서에 불과했지만, '지극히 일본적인' 일종의 특수한 기록물이었던 것이다. 첨예한 기술이 농축된 소통 수단 중의 한 특이 사례를 삿포로에서 만났다. 당시 남애가 왜 그것을 구입하는지 알만 했다. 남애의 순간적인 변별 안목이 그와 같았다. 이 엽서는 30년이 지났는데도 착색이나 평활도 면에서 조금도 변하지 않았다.

서평 사례

남애는 생전에 많은 서평을 기고했다. 아래에 소개한 세 편의 서평은 남애가 지상에 발표한 논평 사례이다. 이 같은 유형의 글은 남애가 여러 지면(신문·잡지 등)들에 발표해 왔다는 사실을 유의하게 된다. 그런데 이를 소급(6·25 직후~1960년대 초)해서 알아보기 위해서는 1940년대 후반 이후 그가 기고 활동을 한 발표 매체들에 대한 전수 조사가 불가피하다. 그러나 현재로서는 기술적으로 어려운 일이다. 분량이 방대할 뿐만 아니라, 인멸된 매체들까지도 검색·조사해야 하는 등 여러 난해한 문제들을 감안해야 하기 때문이다. 이 문제는 향후 『남애 안춘근 총서』(가칭)가 간행될 그날을 기약해 본다.

아래에 소개한 3건의 서평은 지금껏 알려지지 않은 사례들이다. 이를 다시 읽어 보도록 한다.

이희승 수필집 『벙어리냉가슴』

우리 문단의 중진이신 어떤 분이 우리나라에서는 김진섭(金晉燮) 씨를 잃은 후부터 진정한 수필을 볼 수 없다고 말한 적이 있다.

확실히 수필이란 영어의 '에세이'라는 말과 견주어 생각한다면 쉽게 써지는 것이 아니다. 그것은 수필이란 문자 그대로 붓 가는 대로 쓰되, 거기에는 일반적으로 철학적인 명상을 엮어 나가면서, 그 표현에 있어서는 '유모아'와 '윗트'를 아로새겨야 한다는, 형식을 요하지 않는다는 것이라면서도, 가장 표현하기 어려운 것을 요구하는 것 또한 수필이기 때문이다.

이렇게 보면 우리나라에서 많이 볼 수 있는 수필이라는 글은 모두 수필이 아니라고 극언을 할 수도 있을 것이다. 그러나 수필이란 반드시 철학 수필만이 아니고 문예 수필도 있고 또한 과학 수필도 있다.

다만, 수필의 시조라고 하는 '몽테뉴'를 비롯하여 많은 수필가들이 철학자였다는 것으로 미루어서, 철학자들의 여기(餘技)로서의 글이 수필인 줄로 생각하는 것이라 믿는다. 그런데 현하 우리나라의 수필들은 거의 문예적인 것이다. 그 중 대표적인 것으로 『벙어리 냉가슴』을 들 수 있다.

저자는 발문에서 겸허하게도 이 수필집이 공간(公刊)할 것이 못되는데 후안무치하게도 책으로 엮었노라고 했거니와, 그것은 어디까지나 저자의 인격을 풍기는 겸손에 지나지 않는다. 이 책이야말로 현하 우리나라의 고적한 수필 문학계를 위해서 꼭 출간되어야 할 책이다. 그것은 이 책 속에 수록된 수필 하나하나가 문예 수필의 모델이 될 뿐 아니라, 좀처럼 남의 글이나 책에 대하여 평론하지 않는 변영로(卞榮魯) 씨도 이 책만은 절찬을 아끼지 않은 것으로도 알 수 있다.

이 책은 저자가 "학문의 여기로 오랫동안 신문 혹은 잡지 편집자들의 성화에 이기지 못해서 썼던 글"들을 7편으로 분류해 놓았다고 했다.

제1편 「딸깍발이」에는 문화와 정치, 취미, 청춘 및 독서와 인기 등 12편, 제2편 「동구재」에는 무명의 비애, 꾀꼬리, 설야, 부부 생활 50년기, 5척 단구 등 14편, 제3편 「묘한 존재」에는 연애, 결혼, 신혼, 책을 아끼자, 낭패, 두 가지 화장도(化粧道) 등 9편, 제4편 「산 넘고 물 건너」에는 행주 나들이, 눈을 의심한다, 미국 인상의 일단 등 8편, 제5편 「언어와 문화」에는 언어와 민족, 한자 문제는 어디로?, 언어와 문학가, 시와 언어 등 9편, 그리고 제6편 서문 일속(一束)과 제7편 주(註) 수편이 들어 있다.

수필이란, 다시 말할 것 없이 신문이나 잡지에서는 한결같이 독자들의 눈을 끄는 타이틀이어야 하고 또 읽기에 재미가 있어야 할 것이다. 앞에 들은 타이틀들이 우선 우리의 구미를 돋울 것이 뻔한데, 그래서 그것을 읽기 시작하면 재미가 없어서 집어던질 사람은 없을 것이라 믿는다. 이제 '취미'라는 글의 한 절을 소개한다.

맹물에 조약돌을 삶아 먹어도 제멋에 산다는 말이 있다. 대체 이 멋이란 것이 문제가 된다. 제멋대로 산다, 제 취미 내키는 대로 산다. 그럴 것이다. 취미까지 남의 간섭을 받으면서야……

누가 이 글을 여기까지 읽고 다음을 읽지 않고 배길 것이냐. 이렇게 저자의 수필은 문장이 문필가 이상으로 훌륭하고, 테마로 말하면 그 하나하나가 우리를 매혹케 하지 않는 것이 없으며 또 그 표현이 인격적인 감화까지 받게 한다.

420

끝으로, 이 책은 편집 기교가 남다른 것이 있게 하느라고 여백을 지나칠 정도로 많이 두었다. 편편마다 색도 그림을 삽입한 것이라든지, 주제를 저자 자필로 한 것은 좋은 구상이라 하겠다. 그러나 본문 중 6편의 서문 일속과 7편의 주해 수편을 5편까지의 수필과 같이 취급하였다는 것은 의외라 아니할 수 없다.

〈안춘근. 양서 안내: 문예적인 수필의 대표작.《연합신문》(1958. 6. 19.)〉

H. 리이드 저·안동민 역『평화를 위한 교육』

이 책은 현존한 영국의 석학 리이드가 지은『에듀케이슌·후오·피이스』의 전역(全譯)이다. 책명을 그대로 옮겨 '평화를 위한 교육'이라 했지만, 만약 톨스토이의『전쟁과 평화』와 혼동되지 않는다면, 이 책도『전쟁과 평화』라고 했으면 더 좋았을 것이라 생각한다.

주지하는 바와 같이, 저자는 대학 재학 중에 출전하여 몸소 전쟁을 경험하는 한편, 시를 통해 반전(反戰) 사상을 발표한 평화주의자로 지목받아왔다. 그 후, 대학의 강단에서 혹은 문장을 통해서 평화주의 교육의 이론적 지도를 해 왔다. 따라서 저자야말로 전쟁과 평화에 대한 이론과 실제의 양면을 누구보다도 잘 알 수 있는, 다시 말하면 이런 책을 쓰기에 가장 적합한 사람이다. 저자는 이 책을 처음부터 하나의 체계를 세운 저작으로 쓰지는 않고, 그 방면에 관한 여러 곳에서의 강연 원고를 모은 것이 이 책이라는 것으로도 항상 전쟁과 평화에 대해 깊은 관심을 기울였다는 것을 알 수 있다.

전체 7장으로 되어 있는 이 책의 제1장에서 저자는 우리가 멸망에서 벗어나려면 평화스러운 세계에서의 교육이 가능해야 한다고 했으며, 제2장에서 '루쏘오'의 원전을 들어 전쟁이라고 하는 것은 인간이 가진 바 도덕상의 결함에 의해 생기는 많은 사건의 총 결산에 지나지 않는다고 말하고, 교육을 통해서 인간의 덕성을 높이는 것만이 전쟁을 없애는 가장 빠른 길이라고 하였다. 제3장, 제4장, 제5장, 제6장, 제7장에서는 구체적인 교육 방법론까지를 자세히 설명하고 있다.

다시 말할 것도 없이 저자는 세계적으로 유명한 평화주의자이다. 그리고 이 책에서 저자는 한 마디로 말하면 우리의 신변에서 떠날 날이 없는 전쟁의 공포를 교육을 통해서만이 제거할 수 있다고 주장한다. 그러므로 이 책은 실로 인류 최대의 희망인 평화를 위하여 널리 세계에 보내는 평화의 '멧세지'라 할 수 있다.

〈안춘근. 서평: 평화를 위한 교육.《조선일보》(1959. 3. 11.)〉

이원수 홍웅선 어효선 저 『비·커피·운치』

나는 수필을 좋아한다. 그래서 수필이 실린 잡지 따위를 손에 들면 무엇보다 수필을 먼저 읽어 본다. 그 수필의 내용이 누구의 신변잡기라도 좋고 '시니칼'한 사회 비평이라도 좋다. 수필은 우선 짤막한 글이기에 단숨에 그리고 별다른 사색을 필요도 하지 않으면서 읽을 수 있기 때문인지도 모른다.

그뿐 아니라 내게도 몇 해 전부터 소위 수필이랍시고 수십 편 활자화된 글이 있고, 또한 앞으로는 진정 수필다운 수필을 써 보아야겠다는 욕망을 버리지 못하고 있어 남의 수필을 눈여겨 보아온 때문이기도 하다.

이렇게 지(紙), 지(誌)를 통해서 남의 수필을 비교적 많이 읽어 오던 터에 이번 이원수(李元壽), 홍웅선(洪雄善), 어효선(魚孝善) 세 분의 수필을 한 데 묶은 『비·커피·운치』는 내가 볼 기회를 얻지 못한 것이 많다는 데 놀랐다.

우리가 흔히 보는 수필집이란 대개가 지(紙), 지(誌)에 발표한 것을 추려서 책으로 엮는 것이 보통인데, 이 책은 그 대부분이 방송된 것이거나, 그렇지 않으면 '오리지날'한 것이요, 이미 활자화된 것이라 하더라도 흔히 시정에 굴러다니는 신문이나 잡지에 실린 것이 드물기 때문에 그 내용을 보아서 한결 책으로서의 가치를 높여 주고 있다.

나는 이 수필집을 손에 들고 목차를 훑어보면서 흥미 있는 것부터 골라 읽었다. 역시 세 사람이 저마다 버젓한 글만을 간추려 엮은 탓인지 그 어느 것 하나를 읽어도 마음에 따사로운 정회(情懷)가 감돌고, 그러면서 일관해 흐르는 줄거리는 그 무엇에서나 우리들 생의 의미를 탐색케 하는 많은 문제를 제시해 주고 있다.

특히, 이원수 씨의 「비」에서 수필의 본령이라고도 할 달관의 표시, 홍웅선 씨의 「축사대서(祝辭代書)」에서 수필에의 입맛(구미)를 돋우는 '유모아', 그리고 어효선 씨의 「의관」에서 수필의 여운이라고도 할 '윗트'를 뚜렷이 볼 수 있었던 것은 이 책을 읽은 큰 보람이 아닐 수 없다.

변변치 않은 수필조각이나마 몇 절(節) 정도 써 본 나이기에 수필 쓰기가 어렵다는 것을 잘 알고 있다. 그런 까닭에 이 책에 수록된 44편의 수필들이야말로 필자 세 분의 심혈이 아로새겨진 귀한 창작이라고 믿어 경의를 표하며, 기회 있는 대로 거듭거듭 읽어 보려 한다.

〈안춘근. 북크 레뷰: 『비·커피·운치』.《연합신문》(1960.7.2.)〉

2. 비망(備忘)

이 제재에서, '비망'이란 남애의 수서(蒐書) 기록인『남애수록(南涯隨錄)』일부와 그가 군복무 중에 약혼녀 박영희 양에게 보낸 편지 몇 건을 소개한 것이다. 이들 원래의 자료들은 방대한 분량으로 되어 있다. 여기에 소개한 '편지'의 경우는 판독 상태가 비교적 가능한 일부분만을 발췌한 것임을 밝힌다.

참고로 안춘근이 남긴 일기의 경우, 1941~1950년대 초*의 것은 6·25 전쟁 통에 상당부분이 소멸되었거나, 잔존되어 있다 할지라도 보전 상태가 여의치 못한 실정이다〔* 1941년 3월 서울에 올라와 선린학교를 거쳐 경기사범 및 우신학교 때, 그리고 군 입대 시점까지(~1951.12.)〕. 이후 작성된 기록들마저 여러 사정으로 인하여 인멸된 것이 적지 않다.

안춘근은 어릴 적부터 줄곧 일기를 써 왔노라고 여러 차례 밝힌 바 있다. 향후로 그러한 기록들이 발굴되기를 기다려 본다.

『남애수록(南涯隨錄)』에서

아래의 내용은 안춘근의 수서 기록인『남애수록』[4]에서 발췌한 것이다. 이 수록은 1960년대에 작성된 수서 내역을 밝힌 기록이며, 남애의 사적(事跡) 중 다른 어디에도 공표되지 않은 육필 자료이다.

원본은 시종 1호 활자 정도 크기로 된 필사본이며, 남애 특유의 유려한 세필로 작성되어 있다. 전체적으로 보아 가필이나 수정한 흔적이 눈에 띄지 않으며, 글의 질서가 미려하고 완벽하다.

『남애수록』에는 본문 중에 한자말로 된 고유명사와 서지학 용어 등이 다수 혼용되어 있다. 이 용어들을 편의상 한글로 전환하고, 원문은 괄호 안에 넣었음을 밝힌다. 이 수록 내용 중 일부를 옮기면 다음과 같다.

---

4) 이 수록의 '차례' 앞면에 보면 '南涯安春根藏書隨想記'라는 부제가 설정되어 있다. 오침선장본(가로 30.5cm, 세로 31.5cm), 사주쌍변(四周双邊), 상세화문어미(上細畫紋魚尾), 200면 체제이다. 10줄의 빈 칸으로 된 한지책 공면(空面)에 세필로 수서(蒐書)와 저술, 책에 관한 해석 등 48편을 배열, 2책으로 분책하여 서술했다.

• 1965년 4월 4일, 『예부운략(禮部韻略)』

오후 서실에서 이것저것 만지다가 문득 근간에 새로 입수한 고서의 제첨(題簽)을 썼다.

『병감(兵鑑)』 판각본
『역대장감박의(歷代將鑑博議)』 판각본
『좌씨집선(左氏輯選)』 활자본
『진수해범(進修楷範)』 판각본
『태평통재(太平通載)』

이상은 모두 조선 전기(활자본 제외)일 뿐만 아니라 『병감』의 경우는 문헌 서목 등에서 찾아볼 수 없을 정도로 그다지 알려지지 않았다. 내용은 우리나라 고대 전사(戰史)로 매우 귀중한 문헌인 듯하다. 『태평통재』는 성임(成任) 찬(撰)으로 국문학 관계 도서전시목록에서나 볼 수 있고, 『진수해범』도 범연치 않은 고서다. 『역대장감박의』는 이홍직(李弘稙) 『고문화논고』에서 일본에 있는 우리 고본으로 영락(永樂) 연간의 권근(權近) 발(跋)이 있는 활자본이라 했으나, 본서는 판각본이 확연한 고판본으로 조선 초 아니면 그이상으로 올라갈지 미상이다. 그리고 『병감』은 각법(刻法)이 고려판 그대로인데 연대 고증이 필요하다. (중략)

이제 다시 안국(安國)*에서 구한 『예부운략(禮部韻略)』이 고려판일지도 모르는데, 그것이 사실이라면 그야말로 국보의 가치가 있다(* 안국서점을 말함. 필자 주). 이 책은 원래 송판(宋版)인데, 이기문(李基文) 교수의 전화 확인으로 고려 시대에 우리나라 책이 출판되었다는 기록을 보았다고 하는가 하면, 『고선책보(古選冊譜)』에 있는 기록은 판형이 훨씬 큰 것으로 보아 고려본일 가능성이 더욱 짙다. 좀 더 상고(詳考)할 것이다. (하략)

• 출전: 이종국(2015). 『편집 출판학 연구 총설』(패러다임북)

• 1965년 4월 18일, 수진본

세상에는 최대와 견주어 최소가 있고 진귀(珍貴)에 천물(賤物)이 있다. 서적에서 최대가 무엇인지는 별로 관심한 바 없으나, 최소에는 매우 흥미를 느꼈다. 최대는 그것의 제책보다도 보관에 관심거리다. 10척 크기의 책이 있다고 할 때 그것을 어디에 간수할 것인가를 생각하게 된다. 그러나 최소는 그와 반대로 어디에나 둘 수 있다기보다 수장(袖藏, 옷소매 속에 넣음. 필자 주) 그대로, 포켓은 오히려 과(過)한 저장소가 될 수 있다.

세계에서 제일 작은 책은, 전에는 콩알만 하다가 근래에 이르러서는 쌀알만 한 것이 있다고 하거니와, 그러나 그런 것은 체제로만 그러할 뿐 내용이 없다. 알려진 최소의 수진본 내용이 '사랑'을 여러 나라 말로 되풀이하기를 13회라 하는가 하면, 중국에서의 쌀알만 하다는 것은 한시(漢詩)라고 한다.

나는 그런 내용보다 더 중요한 수진본을 제작하기로 결의했다. 그것은 동양 3개국, 즉 한·중·일의 '수진'을 내가 소장한 것을 중심으로 논고한 『동양수진본』을 한국에서 제일 작은 책으로 출판함으로써 명실공히 '수진본' 되게 하려는 것이다.

붓을 들어 원고지 50여 매를 써서 광명인쇄 공장장 박기연(朴基衍) 씨에게 부탁했던바 쾌조로 진척되었다. 종 4.7cm, 횡 3.7cm로* 본문을 조판하라고 지정했더니, 4·6배판 크기에 10면씩인가 짜주었다(* 외형 윤곽은 종 6.2cm, 횡 4.8cm임. 필자 주).

본문이 64면으로 떨어져 20부 한정판에 저자 육필 서명을 넣어 출판했다. 인쇄 여분까지 합해서 26부가 나와 견본 호와 번호 외 1에서 5까지는 교정자, 인쇄자, 서울대 윤병태(尹炳泰) 군 등에게 주고, 번호 기입 11은 서울대도서관, 12는 국립도서관, 13은 성대, 14는 미국회도서관, 15는 불란서로 안응렬(安應烈) 씨를 통해 보냈고, 16 이하 20까지 계속 도서관에 보낼 것이다. 1번에서 10번까지는 다음과 같은데, 지난 13일 경향(京鄕)이라는 왜식집에서 최영해 씨를 제외한 9명이 모여 출판기념회를 베풀었다.

1. 안춘근(安春根), 2. 정진숙(鄭鎭肅), 3. 이상로(李相魯), 4. 이성의(李聖儀), 5. 최영해(崔暎海), 6. 백순재(白淳在), 7. 김원룡(金元龍), 8. 이겸로(李謙魯), 9. 유희강(柳熙綱), 10. 진기홍(陳麒洪)

이상의 제씨는 나의 수서(蒐書)에 도움을 준 분들이다. 서열이 따로 있을 리 없으나, 통문관주의 것이 애초에는 5번이던 것을 최영해 씨가 번호 빠른 것을 탐내어 교환해 주기를 간청해서 바꿔 줬는가 하면, (중략) 이상로 형의 것은 이승윤(李昇潤) 형이 하루만 보게 해 달라고 졸라서 빌려가더니 주일이 되어도 가져오지 않고 반환을 주저하다가 언설이 거칠어질 번했다. 이승윤 형이 몹시 탐내던 모습이 아련하다. 그 후에 정음 최영해 씨 단독으로 축하하는 뜻에서 명동 일대를 휩쓰는 향연과 기념 넥타이 1매도 받았다.

• 출전: 이종국(2015). 『편집 출판학 연구 총설』(패러다임북)

• 1965년 8월 7일, 애서시가

『동양수진본』에 이어 애서시(愛書詩)를 창작하여 원고지에 수고(手稿). 이를 2분의 1로 축소하여 영인 출판(30부 한정)하였다.

원고지 1백 10매 분량에 서문, 목차, 서사, 애서가, 서재, 중국의 고서, 한국의 판본 등으로 대별하였다. 6월 24일에 탈고하여 1개월 후인 7월 24일 광명인쇄공사 공장장 박기연 아형(雅兄)의 후의로 인쇄되었고, 삼협제책사(三協製冊社)에서 제본되었다.

7월 29일자《조선일보》5면 소묘란에서 '수첩 크기의 책, 『愛書詩歌』'라는 제하에

출판평론가, 도서수집가로 알려진 안춘근 씨가 『愛書詩歌』라는 기묘한 작은 책을 저작 출간했다. 세로 11.3센티, 가로 8.3센티, 1백 10면의 소형책으로 30부 한정판 비매품이다. 작자의 수고(手稿)를 영인한 평판 인쇄.

(중략) 시인이 아닌 그가 애서시가를 썼다. 내용은 ① 서사 ② 애서가 ③ 서재 ④ 중국의 고서 ⑤ 한국의 판본 등에 대한 것으로, "책! 모든 아름다운 말을 모조리 간추린다 해도 채워질 수 없나니……" 같은 투의 시다.

다시 7월 31일자《경향신문》낙서첩(落書帖)에서는 사진까지 들어 소개되었다. 그리고 이번 『애서시가』의 배포는 다음과 같다.

1. 정진숙, 2. 백순재, 3. 이상로, 4. 이겸로, 5. 최영해, 6. 유희강, 7. 박기연, 8. 박종화, 9. 국립도서관, 10. 서수옥, 11. 최철해, 12. 권태웅, 13. 이흥우, 14. 이구열, 15. 전광용, 16. 최인욱, 17. 서울대도서관, 18. 김원룡, 19. 이성의, 20. 안춘근, 21. 진기홍, 22. 삼협제책, 23. 박화목, 24. 김병철, 25. 박시인, 26. 27. 28. 29. 30. 안춘근, 3의 1 안춘근, 3의 2 성춘복, 3의 3 윤병태(* 26~29까지 성명 미기재. 필자 주)

• 출전: 이종국(2015). 『편집 출판학 연구 총설』(패러다임북)

• 1965년 9월 26일, 도서전시회

《주간한국》에 장서가로 백순재 씨(잡지), 하동호(초간 본), 김근수(金根洙, 시집)와 함께 나도 필사본 소장으로 분류되어 소개되었다. 그러나 기실 나는 필사본보다는 서 지 관계 자료와 고문헌이 더 많다. (중략)

해마다 독서 주간이면 도협(圖協)과 출협이 공동 전시회 를 마련한다. 금년에는 내게 고서 출품 의뢰가 왔기에 우 선 수진본 10종과 메이지연간 출판의 조선 연구서 10종, 도합 20종을 냈더니 이를 주관하는 백순재 씨와 하동호 씨는 좀 더 내달라는 청이다.

1965년 10월 도서전시회 출품 '조선 연구서' 대여 협조(『남애수록』 1965년 9월 26일자 기록 중에서)

사실 신소설 100종을 을유에서 기획한 전집 출판* 이 전에는 전시를 못하게 한 반면에, 그 자리를 채울 무엇인 가 내야겠다는 도의적인 책임감에서도 모른 체 할 수가 없어서 어제 저녁 서고에 들어가 오랜 시간 찾아 10종을 더 추렸다(* 1968년 3월, 을유문화사에서 간행한 『한국신소설전집』. 필자 주).

『조선학사요록(朝鮮學事要錄)』/『조선문화사론(朝鮮文化史論)』/『일한통화(日韓通話)』/ 『조선경찰일반(朝鮮警察一斑)』/『일한고사단(日韓古史斷)』/『동문신자전(同文新字典)』/ 『조선물어집(朝鮮物語集)』/『조선개화사(朝鮮開化史)』/『경성발달사(京城發達史)』/『대한 법률사전(大韓法律辭典)』

이것을 찾아놓고 출협에 기별했더니, 사무국장(李璟薰)이 인편을 보내겠다고 하기에 그 사이 여섯째 책까지 약해(略解)를 쓰는데, 하동호 군이 낯모를 사람과 함께 집까지 찾아 왔다. 먼 길을 무릅쓰고 애서가 하 군이 왔기에 차를 나누면서 책 이야기로 꽃을 피웠다.

전에 한 번 찾아왔을 때를 회상하면서, 하 군은 그날 잠을 달게 잤다고 했다. 무슨 뜻 이냐고 물었더니, 좋은 책을 보면 잠이 잘 온다는 것이다. 역시 책을 사랑하는 사람다 운 말이었다. 주섬주섬 책을 꾸려 들고 나가는 그들을 마당 건너 대문 밖까지 전송했다.

• 1965년 12월 5일, 애써 찾던 책을 만난 기쁨

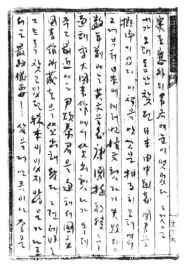

애써 찾던 책을 마침내 만나다(『남애수록』 1965년 12월 5일자 기록 중에서).

어제 오후에 백순재 씨가 찾아왔다. 모처럼 둘이 안국동에 갔다. 통문관에 들렀으나 객(客)이 많아서 한담을 나눌 겨를도 없었다. 그냥 싱겁게 돌아설 수 없는 두 사람은 하다못해 잡서(雜書)라도 한 권 손에 들고 돌아서야 직성이 풀릴 것만 같았다.

약속이나 한 듯이 제일서점에 들어섰다. 제일에서 백 씨는 《삼천리》 잡지를 손에 들고 흥정을 하는데, 나는 대정(大正) 연도에 해인사(海印寺) 대장경을 인쇄한 총독부의 보고서를 사려고 흥정을 했다. 이 책은 불교 판본 서지 자료이기 때문에 출판문화사 자료로 필요했기 때문이다.

이야기가 무르익을 무렵 서가를 다시 되돌아보다가 실로 의외의 서명에 눈이 멎었다. 그것은 내가 오랫동안 찾던 일본의 다나카 다카시(田中敬) 저 『도서학개론』이었다.[5] 이

책을 안 것은 상당히 오래여서 그때부터 일본에 여러 번 주문했다가 실패하고, 수년 전에는 영문학자 강봉식(康鳳植) 교수를 통해 고대 도서관에서 대출했다가 돌려주고, 최근에는 윤병태(尹炳泰) 군을 통해서 국립도서관 소장본은 대출해 왔다. 그런데 바로 그토록 찾고 있던 희본(稀本)이 있지 않은가. 나로서는 『농정촬요(農政撮要)』를 샀을 때만큼이나 좋은 일이다.

값을 물으니 800원인데 700원이면 된다고 하면서 구입한 지 한 시간도 안 된다고 했다. 결국은 대장경 인쇄 보고서와 함께 800원을 주고 샀다. 아! 오래 찾던 문헌을 헐값으로 샀다. 도서학 또는 서지학을 연구함에 없어서는 안 될 『도서학개론』을 내 소장본으로 한 것은 나의 도서학 저술에 일대 진전이라 할 수 있다. 이제 모리 켄지(江守賢治)가 지은 『조본비판(造本批判)』만 입수하면 당면한 자료 입수욕은 어느 정도 채워질 것이다.

---

5) 남애는 1962년 9월 21일자 《경향신문》의 '교환하고 싶은 책'(동지 3면) 코너에 다음과 같은 기사 광고를 낸다. "田中敬 저 『도서학개론』과 江守賢治 저 『조본비판』을 구하고 싶습니다. 갖고 계신 분에게는 국내에서 구할 수 있는 책이면 무엇이든지 드리겠습니다. (서울 종로 2가 을유문화사 기획조사부장 안춘근)" 이로부터 3년이 훨씬 넘어서고 있을 때 뜻하지 않게 제일서점에서 『도서학개론』을 구득한 것이다.

• 1966년 7월 31일, 송강시고(松江詩稿)를 서재에 걸다

7월 7일 성대 손우성(孫宇聲) 박사를 방문하는 도상에서 인근 이가원(李家源) 집에 들렀다. 거월 모일(去月某日) 을유 사무실에서 율곡(栗谷) 간찰이 있음을 밝혔을 때 한국사* 전질과 교환하자고 제의했다(* 을유문화사에서 간행한 진단학회『한국사』를 말함. 필자 주). 율곡의 친필은 귀하므로 신간 할인가 5천 원 정도로 구득할 수만 있다면 다행한 일이라 생각한 끝에 기회를 노리다가 찾아갔다.

상면하고 이런저런 잡담 끝에 문제의 율곡 간찰을 제시하라고 하니 2층 서실로 안내한다. 서랍에서 고인들의 필적을 두루 찾는 동안 희귀한 것을 많이 볼 수 있었다. 그 중에는 같은 사람 것이 2개가 있었는데, 예컨대 서포(西浦) 김만중(金萬重)과 성호(星湖) 이익(李瀷) 그리고 송강(松江) 정철(鄭澈) 등의 것이 있었다. 연민 이가원 형은 방문을 사(謝)해서 성호 간찰과 율곡 것을 줄 것인데, 덤으로 송강 시고도 주겠노라고 했다. 물론, 한국사 1질과 교환 조다. 나는 서포의 서명이 없는 것이나마 여분이 있으니 달라 해서 그렇게 하고서 율곡 간찰에 김성일(金誠一)의 시고와 이덕형(李德馨)의 서간이 붙어 있어 학봉(鶴峯) 김성일의 시고만을 떼고 율곡, 송강, 덕형, 성호, 서포 등 5인의 친필을 가지고 왔다.

율곡은 벼슬을 버리려는 심정을 쓴 것이고, 서포는 관기(官紀) 문란을 탓하는 상소초요 성호, 덕형은 미확인인 채 두었으나, 송강의 시고만은 그 크기로 보나 필력으로 보나 내용으로 보아 액(額)에 넣고 싶었다. 연민 이전에 수장자가 송강 필(筆)임을 고증했으나 송강전집에 영인된 필치로 보아 틀림없고, 문집에도 내용이 수록되어 있다고 연민은 말한다. (중략) 나는 집에 가지고 와서 내용을 그대로 부첨지(附添紙, 별도의 종이에 붙여 원본을 보호함. 필자 주)하여 (중략) 통문관에 있던 빈 액(額)을 구해다 표구점에 주고 그것을 넣어달라고 했다. 1966년 7월 말일 송강의 기개 있는 시고를 서재에 걸었다.

• 1966년 11월 2일, 최대형본

금년 독서주간에 《소년동아일보》에서 「이런 책을 아시나요?」 특집을 수일 동안 연재했다. 기자가 취재하긴 했어도 그 요강은 내가 제시한 것이다. 예컨대 한국에서 제일 작은 책, 제일 큰 책, 최초의 책 등 모두 그 소재와 내력을 알려 주었다. 그 중에서 제일 작은 책은 나의『동양수진본』이었고, 최초의 교과서로는 역시 내 소장본인 학부(學部) 간행의 『신정심상소학(新訂尋常小學)』을 소개했다.

그런데 가장 큰 책이 문제였다. 지금까지 알기로 서울대도서관에 있는 지리지 필사본이기에 그것으로 했는데, 크기나 내용으로 보아 자랑할 특색이 있다고 하기 어렵다.

나는 문득 그보다 더 크면서 내용이 재미있는 필사본을 쓸 것을 착상하고 궁리하던 끝에 나의 수필집을 붓으로 쓰되 적절한 그림을 첨부(貼付)하기로 했다. 책의 크기는 장지(壯紙) 2매를 붙인 것이고, 그림은 최대를 책 크기 그대로 하기로 했다.

주로 동양화가 삽화로 된 것이다. 우선, 오늘 동양화의 중진인 운보(雲甫) 김기창(金基昶) 화백이 그려 준 「닭」을 장지 2분의 1로 한, 그러니까 전면의 4분의 1 정도가 된다. 이를 삽화로 해서 2면에 걸치는 수필을 썼다.[6] (하략)

• 출전: 이종국(2015). 『편집 출판학 연구 총설』(패러다임북)

• 1967년 4월 30일, 『양금신보』

금일에 의외의 고서가 많이 출현해서 어리둥절해진다. 수일 전에는 동문당(同文堂) 표구사에서 계미자(癸未字) 복각본으로는 초간인 경태(景泰) 연간, 즉 1454년 간(刊)의 『춘추좌전』 1질 26권 전 70권 중 한 권 낙질이요 3권이 필사본인 것을 일금 1천 7백 원에 매득해서 흐뭇했더니, 엊그제는 골동상 홍두산방(紅荳山房)인가에서 『양금신보(梁琴新譜)』와 『화포식언해(火砲式諺解)』본을 일금 1만 원에 샀는데 모두가 귀중본이다.

'양금'은 이미 널리 알려져 있을 뿐만 아니라 통문관에서 완전한 책을 10년 전에 당시의 돈으로 4만 원인가 주고 사서 곧 영인 출판한 것이 있을 정도다.

현재 알려지기로는 일찍이 도남(陶南)이 가지고 있다가 6·25 때 분실하고는 가람이 낙장이 많은 것을 서울대에 넣고 통문관 것과 내 것뿐이다. 제1장(張)이 없을 뿐 나머지는 완전하다. 귀중본임에 틀림없는 '양금'을 구한 것은 다행한 일이다.

• 출전: 이종국(2015). 『편집 출판학 연구 총설』(패러다임북)

---

6) 1967년 1월 1일자 『남애수록』에 의하면 『남애한필』에 대하여 다음과 같이 보유(補遺)하고 있다.
  "붓을 든 지 50일 만에 완성해서 제책했다. 총 60면이며 동양화 25매가 첨부되었다. 한국화 15, 중국화 7, 그리고 일화(日畵)가 3매이다. 내용은 기명절지(器皿切枝, 진귀한 갖가지 옛날 그릇과 화초 가지를 섞어 그린 그림), 신선도, 화조(花鳥), 산수화, 풍속화 등 각 분야에 걸쳐 있고, 화가는 한국화 중 조선 초기 작자 미상의 것에서부터 현재 생존자, 중국 명대의 승려와 청대의 저명한 화가 그리고 일본의 대가 이케다(池田雅堂) 등이 있어 금상첨화를 이루다."

• 1967년 5월 14일, 『국문정리』

근래에 몇 가지 희본(稀本)을 구했다. 예상외의 값으로 계미자 복각본을, 그것도 이개(李塏)의 발문이 있는 것이다. 그밖에도 약간 있다.

그런데 어제 안국동에 들렀더니 젊은 남자 주인이 권덕규(權悳奎) 구장(舊藏)의 『국문정리(國文正理)』를 내보이면서 값이 1백 50원이라고 한다. 오랫동안 찾던 참이다. 소창진평(小倉進平, 오쿠라신페이)의 『조선어학사(朝鮮語學史)』 개정판에 취급되어 있을 뿐만 아니라, 『한글갈』에는 특별히 취급되었다.

이 책은 우리나라에서 근대적인 의미로 보아 최초라 할 수 있는 1897년간이다. 그리 흔하지 않은 까닭에 『국사대사전』에서 책을 넣지 못하고 썼기 때문에 책명이 본시 『國文正理』인데 '國文整理'로 잘못 썼다.

내가 이 책을 특히 찾은 것은 판권 소유를 주장하는 글이 권말에 수록되어서 출판사(出版史) 내지는 서지학적 자료로서 소용되기 때문이다. 국문학자는 물론 모든 장서가들이 한결같이 탐내는 『국문정리』를 참으로 헐값으로 구해서 흐뭇하다.

• 출전: 이종국(2015). 『편집 출판학 연구 총설』(패러다임북)

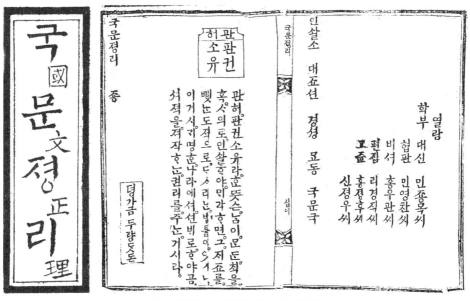

『국문정리(國文正理)』 제자 및 판권면

• 1967년 10월 6일, 『도서장전』

반년이 넘도록 쓰지 않았지만* 그 대신 서지 관계의 논문 수편을 발표하였다〔* 집필 진행 중인 『도서장전』(통문관, 1968.9.)을 말함. 필자 주〕.

특히, 『도서장전』은 80면에 이르는 단행본으로서 아직 외국에서도 그 유례를 볼 수 없는 특이한 책의 헌법이다. 삼화인쇄의 유(柳) 사장에게 부탁, 지류(紙類) 일체는 물론 제본까지 완전하게 230부를 만들어 그 중 200부만 정가 300원에 통문관에서 판매하도록 했다.

근간에 와서 책을 수집하는 한편으로 1년에 한 권씩이라도 출판에도 힘을 쓰려는 까닭에, 금년에는 별다른 저작 출판이 없는 대로 우선 이것으로나마 출판을 대(代)하려는 것이다.

수십 명의 기증 대상자 가운데 조풍연(趙豊衍) 씨의 눈을 끌었음인지 그가 주재하는 《소년한국일보》에서 독서 주간을 맞이하여 4면 반 페이지를 나의 글과 장서 사진으로 메웠다.

해마다 독서 주간이면 떠들썩했으나 금년만은 출협에서의 전국도서전시회를 11월 2일부터로 미루어서인지 쓸쓸하기만 하다.

고서는 날이 갈수록 귀해지는데, 그 때문인지 규문각(奎文閣)이 월말로 폐점한다는 서글픈 소식이다. 그러나 아직은 어딘가에 그 진가를 바로 알지 못하는 귀중본이 있다.

수일 전에 조윤제(趙潤濟) 박사가 대구의 고서점에서 돈황(燉煌) 출토 사경(寫經) 2권을 구했다. 책 복이 있는 사람에게는 귀중본이 쌓이게 마련인가. 노년에 복이 많은 분이라 슬며시 부러워졌다. 추석이라 집에서 책을 뒤적이다 문득 생각했다.

• 출전: 이종국(2015). 『편집 출판학 연구 총설』(패러다임북)

'옥로헌'에게 보낸 편지

남애는 1951년 12월 육군중위로 임관하면서 동부전선 끝자락인 속초에 주둔한 육군 제1군단 예하의 제101부대 사령부 정보처에서 통역장교로 복무하게 된다.

안춘근 중위는 휴전이 성립된 직후 때마침 서울에 출장했을 때(1953년 8월 중순) 고향 친구의 소개로 인천에 사는 박영희 양(뒷날 남애의 부인)을 만났다.

일선에서 온 한 젊은 장교와, 부모님 슬하에서 규수 수업만 받고 있던 박영희 양은 전흔으로 얼룩진 서울 거리를 함께 걸었다. 처음 만난 사이였지만 왜인지 낯설지 않았다.

이들은 첫 상면 후 6개월 뒤인 1954년 4월 24일 인천 도원동교회에서 혼례식을 올리게 된다. 당시는 전쟁 시국이었을 뿐만 아니라 남애의 나이도 혼기가 넘어서고 있었고, 더구나 2대 독자인 아들의 혼사를 미루어서는 안 된다는 것이 모친의 간곡한 뜻이기도 했다.

안춘근은 첫눈에 반한 박영희 양을 뒤로 하고 귀대하는데, 이후 그녀에게 많은 편지[7]를 보낸다. 아래의 내용은 1953년 10월 초 남애가 박 양에게 띄운 편지 중 일부이다.

• 내 마음속의 희에게

참으로 반가웠습니다. 밤늦게 일기를 쓰고(나는 매일 일기를 씁니다.) 잠자리에 들었을 때 병영 내의 군사우체국에서 전화가 왔습니다.

"안 중위님, 인천에서 편지가 왔습니다." 이처럼 고마운 우편국이 어디 있겠습니까. 그래서 "아 그래요? 내 이제 가겠습니다."고 하니, "제가 내일 편지를 전달해 드리겠습니다."고 하면서 전화를 끄는 거였습니다. 나는 숨 가쁘게 "여보시오."를 너 댓 번 불렀습니다.

나는 옷을 주어 입고 어둠속으로 10분 걸리는 거리를 달려 희(朴永姬 양의 '姬'를 말함. 필자 주)의 편지를 우체국장으로부터 받을 수 있었습니다. 그런데 수신인의 이름이 '安忠根'이었기에, 나는 내 것이 아닌데 하다가 뒷면을 보니 분명히 희의 이름이기에 다시 받은 감회가 컸습니다. 그것은 忠자가 아니라 春의 오식이었음을 알았기에 말입니다.

편지를 열어보니 아름다운 희의 사진이 보이더군요. 나는 희의 사진을 기다렸지요. 정말 보고 싶었어요. 편지를 읽기 시작했는데 어쩌면 문장이 그렇게도 아름다운지, 나는 쉬지 않고 두 번이나 읽었지요. 그리곤 또 교회(101부대의 '진중교회'를 말함. 필자 주)로 왔는데 잠이 오지 않아요. 왜 그런지는 나도 모르겠군요. 아마 의사도 모를 거야. (중략)

아침부터 일선에서 찾아온 종군목사가 서울 가는 비행기(군용기를 말함. 필자 주)를 제발 태워 달라고 부탁하기에 그 일을 위해서 시간을 잃고, 낮부터는 번역이 밀려서 사전과 씨름했으며, 저녁에는 어떤 친구가 찾아와 중요한 글을 기고해 달라*고 졸라서 이래

---

7) 남애가 옥로헌에게 보낸 편지는 젊은 시절의 생각과 생활상 등을 엿볼 수 있는 자료로서 중요하다. 이 편지들은 옥로헌 박영희 여사가 지금껏 정성을 다하여 보관해 왔다고 한다. 이것을 공개하도록 양해한 옥로헌 여사에게 감사한다.

저래 시간을 보내다가 이제서야 붓을 들었소(*《동해일보》의 나병하 기자로 추정됨. 필자 주).

희에게서 온 편지에 나를 '선생님'이라고 썼는데, '내가 사범학교 출신이라서 그랬는 가?' 하는 의문이 있었습니다. 친구 두 사람이 자기들의 연애편지를 보여 주며 나에게 졸라대기에 나도 슬쩍 희의 편지를 보였더니 나중에도 보게 해달라고 조르더군요. 물론 나는 NO 했소. 그럼 오늘은 '만화'와 내가 만든 '혜성(彗星)'[8]을 두어 부 보내며 이만 씁 니다. 다음 편지를 황새목 해서 기다립니다. 안녕. 〈1953년 10월 3일〉

• 출전: 이종국(2015).『편집 출판학 연구 총설』(패러다임북)

안 중위가 약혼녀 박영희 양에게 보낸 편지 중에서
(1953.9.22.)

위의 편지를 보면, 두 사람 간에 오간 애 틋한 로맨스 외에 남애의 병영 생활 모습 도 오롯이 나타난다. 즉, 일상적인 업무뿐 만 아니라 통·번역, 진중 집필, 편집 업무 등이 그러하다. 이로 보아 장차 남애의 길 이 이미 그 무렵부터 다져지고 있었다는 사실을 시사 한다.

다음은 두 사람이 약혼(1953.10.)한 후 이듬해 2월에 남애가 박영희 양에게 보낸 편지 내용을 소개한 것이다. 이들이 결혼 (1954.4.24.)을 앞둔 2개월 전에 보낸 편 지이기도 하다.

• 그리운 희에게

오늘은 봄 날씨와 같이 따뜻하기에 겨 울이 추운 것인지를 알 수가 없었습니다.

---

8) '만화'란, 《성조지, *The Stars and the Stripes*》에 연재되고 있었던 칙영(Chick Young)의 「블론디 (Blondie)」를 말한다. 안춘근 중위는 이후로 「블론디」를 번역하여 박영희 양에게 보내곤 했다. '혜성'은 101부대 내 진중교회에서 발행하던 주보 《주간혜성》(편집인 안춘근 중위)을 말한다. 이에 관해서는; 이 책, pp.86~90 참조.

(중략) 봄을 기다리는 것은 내가 그리워하는 희가 있기 때문이오. 희는 내게 잊을 수 없는 존재가 되었기에 한결 그리워지는 것입니다.

그리움! 그리운 것은 다시 말하면 소망이라고도 할 것입니다. 내가 무엇을 그리워한다는 것은 곧 나의 소원이 아닐 수 없습니다. 그 소원을 성취하기 위해 살아야 하는 것이 또한 인간이기도 합니다. 사람치고 소원 없는 사람이 어디 있겠습니까만, 우리의 소원이 그리 수월하게 이루어지는 것만은 결코 아닐 것입니다. (중략)

우리들은 일생을 통해서 소원을 따라다니다가 지치기도 하고, 때로는 쓰러지기도 합니다. 그렇지만 소원하는 일이 잊을 수 없는 것이라면 그것을 향해 앞으로 나가야만 하고 뒤로 물러설 수는 없을 것입니다.

우리는 그래서 서로 그리워하게 되었고 또 앞으로도 영원히 그리워할 것입니다. 그리하여 우리가 때로는 어려움에 부딪힐지라도 그리운 상대를 위해서 참고 견디는 것이 오히려 행복한 것이 됩니다. (중략) 어렵고 괴로움에 부딪힐 때는 그것을 보다 더 훌륭하게, 그리고 남의 모범이 되기에 힘써야 할 것이란 말입니다. (중략)

오늘 한 달 만에 편지들이 많이 왔지만, 내게는 단지 어머니에게서 지난달에 부친 돈을 받으셨다는 것*과, 내가 가르친 배재고등학교 졸업반 학생들**에게서 「영원히 잊을 수 없는 선생님께!」하는 편지뿐이었고, 희의 것이 없어 퍽이나 서운했지요.[9]

요즘 나는 새로운 행선지로 신문사*에 자주 다닙니다(* 속초에서 발행되던 일간지 《동해일보》를 말함. 이 책, p.100 참조. 필자 주). 그것은 다름 아니라 신문사에서 자꾸 글을 써 달라기에 짤막하게나마 이것저것 써 주었더니 이젠 아주 잡고 놓아주지를 않는군요. (중략)

그럼 오늘은 이만 쓰겠는데, 끝으로 동봉한 사진은 내 힘이 많이 든 신축교회[10]이오.

〈1954년 2월 23일〉

• 출전: 이종국(2015). 『편집 출판학 연구 총설』(패러다임북)

---

9) * 안춘근 중위는 모친과 부인 앞으로 보내는 급료나 편지 송수신 등에 관한 일지를 수첩에 영어로 일일이 메모해 두곤 했다. 한 예로 "어머니께 송금(3,500환) 그리고 아내에게 편지를 보내다. 1954.9.29."[Send money(3,500₩) to mother & letter to wife. 1954.9.29.] "아내로부터 편지를 받다. 1954.10.13." (Received letter from wife. 1954.10.13.)와 같은 메모들이다. ** 1948년 9월 성균관대에 입학하여 학생 신분으로 가족의 생계를 꾸릴 때 배재고 학생들을 가르침.

10) '신축교회'란 101부대 내에 새로 건립된 '진중교회'를 말한다. 당시 안춘근 중위는 통역장교로서 미군 측과 접촉이 빈번한 상태였다. 이를 계기로 미군 부대에서 물자와 장비를 지원받아 우리 군 부대 내의 교회를 신축하는 데 크게 기여했다.

3. 낙수(落穗)

'낙수'란 어떤 일과 관련된 뒷이야기라고 하나, 남애의 그것은 늘 새로운 비망거리들이 많다. 남애 안춘근은 세기를 가로질러 미래를 내다본 사람이었다. 그가 진력했던 고서 수집만 해도 그러했다.

남애에게는 출판학자와 서지학자로서, 또 고서 수집가로 인생을 살면서 '차가운 사람', '책만 아는 서치' 등 그의 특징을 말해 주는 별칭들이 적지 않았다. 그렇지만 그는 누구보다도 정한(情恨)이 많은 사람이었다. 아래에서 몇 가지 사례를 보도록 한다.

서재 상실기 그리고 서재 일화

남애의 집은 그저 '책집(冊舍)'일 따름이어서 다른 어떤 평범한 주택 풍습과는 전혀 다른 모습이었다. 사정이 그러하므로 자녀를 넷 둔 가장으로서 분방(分房)하는 데 어려움을 겪었던 모양이다. 여북해야 '서재를 잃은 딱한 사정'을 다음처럼 털어놓은 일도 있다.

오랫동안 정들었던 서재를 잃었다. ……상도동 집으로 이사*하기 전의 노량진동 집에서는 방 하나는 내실, 또 한 방은 아이들이 쓰고 나머지 한 방을 서재로 썼다(* 1965년 8월 21일. 필자 주). 그러나 장서 수가 점차 늘어남에 따라 서재에는 책만으로 가득 찬 서재 아닌 서고로 변하고 말았다. 1년에 천 권씩 목표를 정하고 고서를 수집하다 보니, 책이 날마다 3권 이상씩 쌓이게 되어 결국은 서재를 집어 삼키고 말았던 것이다. 따라서 그때의 당면한 문제로는 방 하나가 더 있는 집, 다시 말해서 방이 네 개가 되는 집을 구하는 일이었다. 이 소원을 이루게 한 주택이 바로 지금의 상도동 집이다.

방 하나를 내실, 다른 하나를 남자 아이 둘이 쓰고, 나머지 둘 중에서 하나는 서재요, 하나는 서고로 배정해서 오늘에 이르렀다. 그런데 이제까지 내실을 함께 쓰던 딸애 둘이 독방을 달라는 것이다. (중략) 이렇게 해서 나의 서재는 빼앗기고 말았다. 딸애들에게 넘겨주기에 앞서 말끔히 수리를 하고 장판을 새로 한 아담한 방을 이런 생각 저런 생각을 하면서 물끄러미 들여다보는 순간, 낙원에서 추방된 사람의 신세가 된 듯 야릇한 감회에 젖었다. (하략)

〈안춘근(1972.9.). 「남애영도기·권 1」, pp.84~86〉

서재를 '딸들에게 빼앗긴' 남애는 내실로 대용할 수밖에 없었다. 그래서 그의 집 내실은 식당, 침실, 응접실, 독서실, 그리고 서재를 겸한 다용도 공간이 되고 말았다. 남애로서는 오죽했으면 「서재상실탄가(書齋喪失歎歌)」를 지었겠는가.

남애는 서재와 관련된 여러 에피소드를 남겼다. 그를 따르는 몇몇 학자들의 전공을 바꾸게 한 것도 이 서재의 위력이었다.

영문학자 김병철(金秉喆) 교수가 20년 동안 집필한『서양문학이입사연구』, 그리고『한국 근대번역문학사연구』등은 남애의 서재인 열남거(洌南居)[11]가 이 불후의 저술들을 가능케 해 준 자료의 수원지였다. 이를테면,『아라비안나이트, _Arabian Night_』의 최초 번역본이『텬로력뎡』이 아니라『유옥역전』임을 밝혀낸 것도 열남거로부터 비롯되었다. 남애는 김병철 교수에게 그와 같은 학문적 정보를 제공하는 등 귀한 자료를 무제한 공급해 주었던 것이다(김병철, 1986.10., p.25).

남애의 서재는 1947년 봄부터 1965년까지 무려 18년 남짓한 동안 노량진(영등포구 노량진동 산30)에서 꾸렸다가 상도동으로 옮겼고(1965.8.21.), 1979년 10월 그 터(동작구 상도1동 118-4)에 2층 양옥으로 개축*하면서 확충된 장서 공간을 마련하는 3단계 과정을 거쳤다(* 1979년 6월 30일, 한국정신문화연구원에 장서를 이양하면서 그 사례금으로 지음.).

구옥에 살 때의 일이다. 당시 남애에게 가장 신경 쓰이는 절기는 장마철이었다. 1972년 8월 18~19일, 당시 중앙관상대에 의하면 47년 만에 최대의 폭우가 쏟아졌다고 발표했다. 매스컴도 야단들이었다.

그럴 때 남애 부부와 아이들까지 뜬눈으로 밤을 밝혀야만 했다. 책을 폭우로부터 보호하기 위해서였다. 그래도 사정없이 퍼붓는 빗줄기를 막아낼 도리가 없었다. 지붕이 새는 바람에 끝내 책이 젖은 딱한 일을 당하게 된 것이다.

남애의 장서 중 극히 일부만 수난을 당한 상태여서 그나마 다행이었지만, 당시 그로서는 가옥의 구차한 상황과 서고의 비좁음을 탄식할 따름이었다.

장마가 끝나면 포쇄(曝曬, 책을 말리거나 바람을 쐬어 습기를 제거함.) 작업을 후속하지 않으면 안 되었다. 남애의 부인 옥로헌 박영희 여사로 말하면 포쇄 전문가라 일컬을 만하다.

옥로헌은 남애를 내조하면서 장서와 관련된 여러 어려운 일을 말없이 도왔다. 보호 대상

---

11) '洌南居'란 연민(淵民) 이가원(李家源)이 다산(茶山) 정약용(丁若鏞)의『경세유표(經世遺表)』에서 참고하여 지은 남애의 서재 이름이다. 여기서, 洌南은 한강(漢水)을 지칭하므로, 洌南居라 하면 '한강 남쪽에 거함'이라는 뜻을 지닌다*(*『經世遺表』第九卷 地官修制 田制別考 二).

이 책, 그것도 수백 년 된 귀중본들이 허다했으므로 볕 안 드는 집안의 곳곳에 배열하여 포쇄하는 작업이야말로 여간 조심스럽지 않았다. 포쇄를 마친 다음에는 원래의 서가에 장서되어 있던 상태로 복원 진열해야만 했다. 그럴 때마다 옥로헌은 '사서'역을 충실히 해 냈다.

남애는 연중 1천 권의 고서 수집이 목표였으므로 두툼한 책 꾸러미를 들고 귀가하는 일이 대부분이었다. 남애의 아들 유섭은,

선친께서는 저녁에 귀가하실 때 무엇인가를 무겁게 들고 오시는 경우가 많으셨는데, 저희 어린 형제들의 기대와는 달리 과일이나 과자가 아닌 책 꾸러미였습니다. 어릴 때는 그러신 어른이 원망스럽기도 했지만, 저희가 자라나면서 책 사랑이 얼마나 소중한 일인지를 알게 해 주셨습니다.

〈'남애 안춘근 선생 10주기 추모학술제', 안유섭의 인사말 중에서, 2003.1.22.〉

라고 말한 일이 있다. 그런 남애는 한꺼번에 여러 권의 고서를 들여오는 경우도 빈번했다. 사정이 그렇다보니 날이 갈수록 장서량이 크게 불어날 수밖에 없었다.

그럴 때 옥로헌은 표지와 내지 또는 본문의 첫줄(책 이름이 제시되어 있지 않은 경우) 등에서 그 책을 구분할 만한 요건을 찾아 띠지에 옮겨 적은 다음, 그것을 책의 단부(端部) 밖으로 노출케 하여 능률적으로 식별할 수 있도록 고안했다.

남애는 옥로헌이 책 분류를 상관하는 일에 별반 관심을 두지 않았다. 그러나 이처럼 슬기로운 아이디어를 확인하고는 부인의 안목을 크게 평가했다고 한다. 이는 결국 남애가 신규 도서들에 대한 내용 검토를 거듭한 다음, 각각의 해당 서가로 쉽게 장서하는 능률적인 효험으로 나타났다.

특히, 고서는 오늘날의 책들처럼 세워서 배열하기 곤란한 선장본(線裝本)이 대부분이므로[더구나 배면(背面, 책등)에 책이름, 발행처 등이 표시되어 있지 않은], 그것을 뉜 상태에서 중첩해 놓으면 그 하나하나의 이름(冊名)이 무엇인지 알기 어려울 수밖에 없다.

그런 문제점을 간파한 옥로헌은 남애가 무시로 가져오는 책의 누적을 보면서 우선 장서 분류를 돕기 위해 노력했던 것이다. 단순한 일 같지만 쉽지 않은 작업이었다.

이렇듯, 남애재 열남거에 얽힌 일화는 다양하다. 그것은 단지 '에피소드'로 그치는 것이 아니라, 우리의 고전을 극진히 보전해 온 뜨거운 노정임을 말해 준다.

1970년대 중반에 있었던 또 다른 일화는 사뭇 희화적이기조차 하다. 남애가 이슥하도

록 책을 읽고 있을 때, 옥로헌은 아이들 4남매를 데리고 서재 문을 나직이 두드렸다.

자정을 훨씬 넘긴 한밤중에 웬일인가 싶었다. 우선, 아이들을 바라보니 모두 겁에 질려 있지 않은가. 아무래도 심상찮은 일이 일어난 모양임을 직감했다.

그럴 때 옥로헌이 작은 목소리로 "집에 도둑이 들었어요." 하는 게 아닌가. 도둑이 부엌 옆의 서고를 거쳐 광 속에 들어가 있다는 거였다. 아이들이 모두 겁이 나 있었지만, 장남인 유섭은 의젓해 보였다. 남애가 빙그레 웃으며 옥로헌에게 말했다.

"우리 집에 책 밖에 없으니 가져 갈 게 무에 있겠소. 저 친구가 혹 책 도둑이면 몰라도 말이오." 〈안유섭의 증언, 2014.12.19.〉

• 출전: 이종국(2015). 『편집 출판학 연구 총설』(패러다임북)

50자 가훈과 격려의 글

필자는 '남애 스크랩'을 살피다가 육필로 쓴 두 건의 작은 필사 원고를 발견하게 되었다. 그 중 하나는 놀랍게도 3개 항목으로 된 남애가의 「가훈」을 적은 것(1972년 11월 15일)이고, 다른 하나는 「희망과 추억」이라 하여 한 제자(宋南 군)에게 주는 격려의 글(1975년 11월 18일)이었다. 두 가지 모두 200자 원고용지에 만년필로 쓴 남애의 친필임을 확인했다.

> 우리의 가훈
>
> 1. 사람을 존대하고 물건을 아껴 쓰자.
> 2. 보람 있는 일을 꾸준하게 계속하자.
> 3. 잘 살기보다도 떳떳한 생활을 하자.

남애가의 가훈

남애는 가훈 중 1항 앞부분에서 인본주의와 인간의 존엄성을, 뒷부분에서는 절약 정신을 강조했다. 2항 앞부분에서 가치 창조를, 뒷부분에서는 지구력을 당부했다. 3항 앞부분에 삶의 진정한 모습이란 무엇이냐를, 뒷부분에서는 정당한 생활 철학을 강조하고 있다.

당시는 복사가 쉽지 않았던 때였으므로 원본을 동일하게 필사해 복본으로 보관해 둔 것으로 보인다. 가훈의 경우는 「남애영도기 권·3」(안춘근, 1973.3., pp.83~84)에도 전문이 소개되어 있다.*(* 50자: 표제 5자 및 1, 2, 3의 항목 번호 매김까지 각각 15자). 물론, 이 자료와 일치된 것으로 나타났다.

가훈으로 말하면 당연히 자녀들과 후대를 위한 가르침일 터이다. 남애는 50자 가훈을 손수 필사하여 자녀들에게 나눠 주면서 인생의 지침으로 삼도록 가르쳤다.

제자에게 준 격려의 글은 여섯 줄로 된 짧은 내용이다. 소시 때 최선을 다하여 노년에

希望과 追憶

少年은 希望에
老年은 追憶에 산다.
소년의 희망을 줄기차게 추구하며
노년의 추억을 아름답게
소년의 희망을 보람 있게 가꾸어
노년의 추억을 값있게 하렴.

乙卯年 陽 11月 18日
南涯

爲宋南

제자 송남(宋南)에게 준 격려의 글(1975.11.18.)

서의 되살핌에 후회 없도록 하라는 권고를 담고 있다. "소년의 희망을 보람 있게 가꾸어 노년의 추억을 값있게 하렴."이라 일러 준 가르침이 제자를 사랑하는 마음으로 따뜻하다.

• 출전: 이종국(2015). 『편집 출판학 연구 총설』(패러다임북)

망향

남애 안춘근은 실향민이다. 그는 15세에 고향을 떠난 후 우신초등학교 교사 부임을 앞둔 1949년 9월 말에 고향을 잠시 찾은 때가 마지막이었다. 그는 자기 통제에 냉엄했지만, 고향 이야기만 나오면 망연한 심정을 가누지 못했다.

남애는 모두 5권의 수필집을 남겼다. 그 대부분이 책, 출판에 관한 글로 되어 있지만, 망향의 정한을 빼놓지 않았다. 그의 육필로 남아 있는 한 망향의 감상(感傷)에서 보면 이런

구절도 보인다. "언제나 한 번 가보려는지 기약조차 할 수 없는 향수에 젖어 있는 자신을 되돌아보아 측은한 생각이 든다."고 고백한다(『남애수록』, 1967.1.1.). 그는 또한 「내 고향 금강산」이란 글에서 고향에 대한 그리움을 다음처럼 술회하기도 했다.

> ……누가 나에게 고향이 어디냐고 물으면 나는 서슴지 않고 금강산이라고 대답한다. 자랑스럽게 말이다. 그러나 곧 후회하게 된다. 그것은 가볼 수도 없는 그림의 떡 같은 이야기가 되고 말기 때문이다. 정확하게 내 고향은 뒷산이 바로 금강산이요 앞바다가 동해인 외금강면 남애리이다. ……나는 어머니라는 말과 아울러 고향이라거나 금강산이라는 말만 들어도 눈물이 날 때가 있다.
>
> 〈안춘근(1993). 『언제 고향에 갈 수 있을까』(유고), p.202〉

이처럼 남애는 '언제 고향에 돌아갈 수 있을까'를 늘 꿈꾸고 있었다. 그가 수만 권의 고서와 만나는 과정에서 『철도시간표』(조선총독부교통국, 1944)를 간수해 놓고 있었던 것도 예삿일이 아니다. 남애가 고향을 떠난 해가 15세 때(1941)였으므로 그 3년 후, 그러니까 선린상업학교 3학년(1944) 무렵에 챙겨 둔 철도시간표임을 알 수 있다. 서울에서 원산, 그리고 다시 원산과 남애리를 오가는 동해북부선 기차 소리를 듣고 있었던 그이였다. 아마도 꿈속에서나마 고향집으로 달려가곤 했을 것이다.

위의 『철도시간표』에 나타난 기차 시간표(1944년 현재)를 보면 남애리역에서 원산역까지 하루에 3회만 운행했던 모양으로

남애리: 09시 39분→원산: 13시 15분
남애리: 15시 34분→원산: 20시 40분
남애리: 18시 12분→원산: 22시 03분

이라 표시되어 있다. 당시 경성(서울)에 가려면 일단 원산으로 가서 경원선을 이용해야 했으며, 서울에서 남애리역으로 오는 길도 그 역순이었다. 서울-원산 간 요금은 7원이며, 이는 부산에서 현해탄을 건너 시모노세키(下關) 사이를 오가는 '관부연락선' 편도의 배삯과 동일했다.

안춘근 학생이 구해 두었던 식민지 시대의 『철도시간표』는 망향의 노스텔지어가 배어

든 채 말없는 손짓만 보내고 있다. 그가 평생 동안 간직했던 동해북부선 이정이 담긴 빛바랜 철길 시간표인 것이다.

뒷날, 그는 이 책의 표제지에 '南涯里—東海北部線 8面 所載'라고 비망한 다음, 그 해당 페이지 중 '남애리'란에 덧줄을 그어 표시해 두었다. 망향의 한이 거기에 멈춰 있음을 본다.

• 출전: 이종국(2015). 『편집 출판학 연구 총설』(패러다임북)

유섭의 길

남애는 슬하에 2남 2녀[12]를 두었다. 저마다 자신의 직분에 최선을 다하는 미더운 일꾼들로 성장했다. 큰 딸 유경만 미국에서 살고 있다.

갑년을 넘긴 장남 유섭(裕燮)은 현재 목회자와 신학자로 활동하고 있으며, 성경과 성경원어를 연구하고 가르치는 아르케아카데미를 운영하고 있다. 유섭(이하 '안 원장')이 성경학자의 길을 가게 된 것은 선친으로부터 많은 영향을 받아서일 거라고 말한다.

남애는 자신의 학문과 출판 일에 몰두하느라 자녀들에게 자상한 아버지는 아니었지만, 독서 교육을 위해 과자보다는 책을 사다주었다고 한다. 또한 집에 많은 장서를 갖추고 있었다는 사실은 자녀들에게도 자연히 책과 친해지는 환경으로 뒷받침될 수 있었다. 이로하여 안 원장은 어려서부터 줄곧 책을 읽으면서 자랐고, 초등학교 입학도 하기 전에 선친 슬하에서 천자문과 한문을 배웠다고 한다.

안 원장은 그런 선친의 모습을 떠올리며, 그래도 자신은 아버지로부터 사랑을 많이 받고 자란 편이라고 말한다. 더러 유원지에도 데려 가셨고 한일관에서 맛있는 요리도 사주셨다는 것이다. 변변한 가족사진 하나 남기지 않은 아버지이셨기에, 안 원장은 자신이 장남이라서 그렇게라도 해주지 않으셨나 하면서, 동생들에게는 미안한 마음이 들더라고 했다.

안 원장은 만일 아버지의 학문을 이어받았더라면 출판학이나 서지학을 전공했을지도

---

12) 장남 유섭(裕燮, 1956~)은 중앙대 경영학과를 나와(1979) 공군대위로 전역(1985)했고, 한국전력주식회사 감사실 기획과장으로 퇴직(1993)했다. 개혁신학대학대원대학교 졸업(1998), 미국 Henderson Univ.에서 신학박사 학위를 취득(2002) 후 목회자의 길을 걷고 있다. 아르케아카데미(원어성경연구소) 원장이기도 하다. 저서로 『헬라어 문법』, 『라틴어 문법』, 『성경원어 강해서』 등 여럿이 있다. 차남 유찬(裕燦, 1959~)은 연세대 경영학과 졸업, 현재 외국어학원을 운영한다. 장녀 유경(裕瓊, 1961~)은 숙명여대 국어국문학과 졸업, 현재 미국에서 거주하고 있다. 한국에 있을 때 방송작가로 활동(대표작: 「호돌이의 세계여행」)했다. 차녀 유향(裕響, 1963~)은 숙명여대 공예학과를 졸업하고, 가정주부이다.

모른다고 말한다. 그 중에서 출판역사나 책의 변천사를 탐구하지 않았을까 하는 생각이 깊인다는 것이다. 그 이유는 휘문고에 다닐 때 역사 점수가 으레 만점일 정도였던 것으로 보아 아버지의 전공을 닮은 쪽으로도 접근력이 있지 않았나 하는 후일담이었다.

그런데 안 원장은 경영학〔학부(중앙대)와 대학원(연세대)에서 동일한 전공을 수학〕을 공부하게 된다. 이는 부친께서 "내가 고학해서 집안을 세웠으니 너는 장남으로서 경영학을 공부하는 것이 좋겠다."고 하신 말씀을 어길 수 없었다고 했다. 안 원장은 회고하기를, 어느 날 김병철 교수님과 함께 집에 오신 아버지께서 "여기 김 교수님이 계신 중앙대학교 경영학과 지원서를 가져왔으니, 잘 작성해서 제출해라."라고 말씀하셨다는 것이다.

그러한 방침은 둘째인 유찬(裕燦)에게도 마찬가지였다. 남애는 유찬마저도 당신 스스로 정한 학과(연세대 경영학과)에 들어가도록 했던 것이다. 그런 일이 몹시 마음에 걸렸던 모양으로 한 수필에서, "남과 같이 훌륭한 뒷바라지를 못해 준 것 같아 가슴 아프다."고 말한 바 있다(안춘근, 1993(유고), p.163).

아버지로서의 고단한 인생이 아들에게는 되풀이되지 말아야 한다는 한 학자의 정한을 엿보게 한다. 안 원장은 부친의 뜻에 따라 경영학을 전공했기 때문에 공군장교로 복무하던 시절 율곡사업 계획서를 만들기도 했고, 전역 후 한전에서 근무할 때는 기획처, 비서실, 외자처, 감사실을 두루 거칠 수 있었다는 것이다. 이러한 경험이 가능했던 것은 선친의 선견지명이 아니었겠냐고 말한다. 무연히 창밖을 바라보는 그의 표정이 편안했다.

안 원장은 한전을 퇴직하고 크리스천스쿨이라는 기독교 관련 서적을 내는 출판사를 경영하기도 했다. 그 후 신학을 공부하여 목회자가 되었다. 그는 성경해석학을 전공하면서 헬라어, 히브리어, 라틴어 등의 성경 원어를 연구했고, 현재는 아르케아카데미와 신학교에서 학생들을 가르친다. 그런 과정에서 원어문법서와 여러 성경 강해서를 출간했고, 성경주석을 집필하는 등 언어학자이며 신학자로 활동하고 있다.

좌우명: 「검소한 생활과 화려한 창조」

남애 안춘근은 여러 형식의 기록을 통해 자신의 좌우명과 생활신조를 밝혀 왔다. 아래의 글은 한국고서동우회에서 편찬한 『좌우명』에 실린 내용이다.

　나는 인생이란, 우주라는 광활한 무대 위에 하늘이 정해 준 대로 한 번 출현하는 극중의 인물이라고 생각한다. 따라서 ① 주어진 역할을 어떻게 잘 소화할까, ② 관객들에게 얼마나 깊은 감명을 줄 수 있을까, ③ 언제까지 좋은 기록을 남길까를 생각한다.

이와 같은 인생의 발자취는 사람마다 다르다. 얼마나 노력하는가에 따라서 발자국의 폭이 클 수도 있고 길게 이어질 수도 있는 것이다. 이는 또 길게 보면 사람마다 모양이 다르게 나타난다. 나의 행동은 나 혼자서 할 수 있는 일에는 누구 못지않게 적극적으로 힘쓰지만, 그러나 다른 사람들과 함께 하는 일에서는 되도록 무리하지 않고 가능한 범위 안에서 순리대로 일을 풀어나간다. 나는 생존을 위해서 물질적으로는 최소의 소비생활을 하는 한편, 정신적으로는 최고의 문화생활을 하도록 힘쓴다.

이를 다시 요약하면, ① 물질보다 정신을, ② 현재보다 미래를, ③ 모방보다 창조를 존중하는 생활을 한다. 세속적으로 잘 살기보다는 떳떳한 생활을, 그러면서 보람 있는 일을 꾸준하게 계속하고자 한다. 그 밖의 일에는 될 수 있는 대로 초연한 대로 살아가려고 노력한다.

〈안춘근(1990). 한국고서동우회 편. 「검소한 생활과 화려한 창조」. 『좌우명』(범우사)〉

이처럼 간단한 글이지만 남애가 경륜한 좌우명을 엿볼 수 있다. 고서를 수집·연구하는 동호인들이 수진본으로 출판하면서, 이 동호회의 초대 회장이며 고문인 남애에게 그의 좌우명을 청한 것이다. 위 글 끝 부분에 '떳떳한 삶', '보람 있는 삶', 그리고 '초연한 삶'을 위해 노력한다는 생각이 조용한 울림으로 와 닿는다.

『좌우명』은 책을 좋아하고 벗을 아끼는 회원들이 사랑으로 엮어 400부만 펴냈다. 희귀본이라야 귀중본이 될 수 있고, 귀중본이라야 영원한 애장본이 될 것이라 믿는 마음에서였다(이상보, 위의 책, p.8).

이제 남애가 세상을 떠난 지 4반세기를 넘겼다. 그는 질박한 인생을 살았으되 오로지 책의 학자로 자신에게 주어진 과업을 감당했다. 늘 읽고 쓰고, 궁구하며, 그러다가 책을 구하는 일에 삶의 전부를 걸었다. 필시 그는 천상에서도 탐서 여행을 멈추지 않을 것이다.

남애 안춘근은 자신의 좌우명을 「검소한 생활과 화려한 창조」라 내걸고 "인생이란 우주라는 광활한 무대 위에 하늘이 정해 준 대로 한 번 출현하는 극중의 인물"이라고 풀이했다. 이렇게 극적인 누림을 지향했던 그가 왜 책, 책을 다루고 연구하는 고단하기 이를 데 없는 작업에 인생을 걸었을까?

• 출전: 이종국(2015). 『편집 출판학 연구 총설』(패러다임북)

좋은 곳이 멀지 않다, 이제 홀가분하다

1992년 1월 10일, 남애는 부인 박영희 여사와 싱가포르로 향하는 대한항공기에 탑승해 있었다. 때마침 부인의 환갑을 맞이하여 싱가포르, 인도네시아, 말레이시아, 태국 등 4개국을 6박 7일 일정으로 여행하기 위해 자식들이 마련한 축하 나들이였다. 당시 남애가 66세였고 박영희 여사는 회갑이지만, 마음만은 그저 청춘처럼 설렜다.

일편, 남애로서는 수서와 집필 때문에 마음이 홀가분하지만은 않았다. 그런 '남애식 일상'이 일시적으로 정지된 셈이었지만, 며칠만 비우면 되니 어쩌랴 싶기도 했다.

싱가포르에서 새들이 펼치는 재주를 보고 식물원과 음악 분수도 보았다. 말레이시아의 메르데카 광장(Merdeka Square)과 쿠알라룸푸르의 번화가를 살피며, 짐짓 동남아의 발전 속도가 심상치 않다는 사실도 와 닿는 듯했다. 그렇지만 어렴풋한 스침일 따름이었다. 남애에게 오직 놀랄 만한 일이 있다면, 진본을 찾아냈을 때 말고는 딱히 무에 있겠는가. 요즈음 들어 도무지 소화도 잘 안 되는 듯해서 그저 편히 쉬거나 하면 좋을 성 싶었다.

인도네시아에 들렀을 때는 도심 속의 코코아나무들에 매달린 풍성한 열매를 보았고, 소년들이 그것을 따주어 맛보기도 했다. 하지만, 그저 그러려니 할 뿐, 어서 한국으로 돌아가고 싶다는 생각뿐이었다.

남애는 문득 '세상을 즐길 줄 모르는 체질'이 바로 자신이구나 하는 망연한 심정으로 자괴감에 빠져들었다. 그것은 평생 고생만 해 온 아내에 대한 연민이기도 했다. 그런 한편으로, 얼마 전부터 하복부에서 간헐적으로 감지되곤 한 이상 징후가 그저 일시적이거나 대수롭지 않은 현상이거니 하고 지금껏 보내 왔다. 건강 생활에 누구보다도 만전했던 자신이 아니었던가.

짐짓 세월의 켜가 망고희(望古稀)에 이르렀음을 짚어 보며 왜 그리도 분망한 인생이었나를 뒤돌아보는 남애였다. 나관중(羅貫中)이 서사(序詞)에서

장강은 도도히 동으로 흐르는데(滾滾長江東逝水)
꿈처럼 사라져간 숱한 영웅들이여(浪花淘盡英雄)
돌아보면 시비와 성패가 허망하다는 것을!(是非成敗轉頭空)

이라 영탄하지 않았던가. 허망한 세상살이이련만 평생 책만을 좇아 고집스레 살아온 인

생, 그야말로 기량을 다해 정진한다며 세월만 다투어 보내온 것이나 아닌지.

낯선 나라의 차창 밖으로 고향 남애리의 푸른 바다가 다가오는 듯했다. 거기 아름다운 외금강 자락 밑으로 동해북부선 열차가 휘돌아가는 모습도 떠오른다. '언제 고향에 갈 수 있을까.'

남애는 그렇게 이런저런 생각을 하면서 일주간의 여행을 마감하고 있었다. 여행 중에 늘 좋은 음식이 푸짐했지만, 남애의 호응이 이전 같지 않았다. 평소에 누구보다 섭취를 도락 삼아 즐겼던 남애였으나 이변이었다. 옥로헌 여사는 그런 남애의 기미를 모를 리 없었지만, 애써 내색하려 하지 않았다. 서울에 도착하는 대로 진료부터 받게 해드려야겠다는 생각으로 그저 조급해지는 심정이었다.

1992년 1월 16일 늦은 오후, 남애 부부는 김포국제공항 입국장으로 들어서고 있었다. 내 나라가 편하다……. 그런 기분이면서도 남애는 모처럼의 여행 중에 아내를 불편하게 해 주지나 않았나 싶어 미안한 마음이었다. 그러나 옥로헌 여사 또한 마찬가지였다.

귀국 이틀 뒤인 1월 18일, 우선 인근 '변내과'에 들렀다. 거기서 처방을 받아 가료했다. 그러나 이전과 같은 증세만 계속되는 상태여서 노량진 '이내과'도 찾았다. 놀랍게도 이내과 측에서는 서울대병원에 가보라면서 진료 의뢰서를 발급해 주는 게 아닌가. 암이 의심된다는 거였다. 장남 유섭과 옥로헌 여사는 엄청난 충격을 받았지만, 어른께 서둘러 전할 일도 아니었다.

유섭은 즉시 서울대병원에 연락을 취하여 암수술 권위자인 김진복(金鎭福, 1933~2005) 교수의 특진 예약을 받아냈다. 때마침 그가 미국의학협회에 10일간 일정으로 급거 출장하는 처지였지만, 유섭의 섭외를 수용해 주었다. 하지만, 가족들로서는 김 교수의 귀국에 대려면 그만큼 치료가 지연될 수밖에 없다고 보아, 녹번동의 명의라는 분으로부터 탕약을 지어 우선 복용케 하는 방법을 써 보기로 했다.

이후로 부인 박영희 여사의 정성어린 수발을 받으며 투병 생활이 계속되었다. 그 와중에도 남애는 통신개발연구원에서 의뢰받은 『전기통신 및 체신관계 고문헌자료 조사연구』를 완성하기 위하여 휴식을 취하지 못한 채 밤낮없이 연구에 몰두했다. 이 때문에 병세가 더욱 깊어질 수밖에 없었던 것 같다.

결국, 더 이상 지체할 수 없어 서울대병원을 다시 찾아 정밀 진단을 받아보기로 했다. 혹 수술을 받게 된다고 하더라도 엄청난 비용이 문제일 터이지만, 달포 전에 예의 통신개발연구원에서 받은 연구비(1천만 원)로 해결할 요량이었다.

여기까지가 남애의 1차 가료를 진행한 과정이다. 아래의 내용은 서울대병원에서 수술을 받은 후 타계할 때까지의 과정을 간추린 것이다.

1992년 7월 20일, 남애는 서울대병원에서 김진복 교수의 집도로 대수술을 받는다. 그렇지만 이미 암세포가 크게 전이된 상태여서 다른 어떤 의학적 처치도 어렵다는 소견을 듣게 된다. 사정이 그렇게 된 이상, 가족들로서는 이제 마지막 대안을 선택할 수밖에 없다고 보았다.

그리하여 남애 부부와 아들 유섭이 '태백기도원'*에 도착한 것은 1992년 8월 초순이었다. 남애가 기도원에서 요양하기를 희망했던 것이다(* 강원도 영월군 영월읍 연하리). 물론, 부인 박영희 여사가 남애 옆에서 정성을 다해 수발했다. 이후 남애는 이 기도원에서 알게 된 '이 권사'(부군 '유 장로') 내외 댁에 머물며 요양을 이어 가게 된다.

남애는 거기에서 뜬금없이 "좋은 곳이 멀지 않다, 이제 홀가분하다."고 말하면서, 요양 생활을 견뎌 나갔다. 그렇게 6개월여를 보냈다.

해를 넘긴 1993년 1월 17일, 유섭은 영월에 계신 어머니로부터 급한 전화를 받게 된다. "아버지께서 건강이 극도로 좋지 않으시다. 어서 여기에 와야 되겠다." 하는 다급한 말씀이셨다.

유섭은 줄곧 "아버지를 살려 주소서. 그러면 제가 남은 생을 주님을 위해 바치겠습니다."*라고 간구하면서 아내와 함께 부친의 곁으로 급히 차를 몰아 달려갔다(* 유섭은 이 서원을 지켜 뒷날 목회자 안수를 받는다.).

이미 환자는 인근 도립병원으로 옮겨져 응급 치료를 받았다고 한다. 그러나 워낙 위중한 상태였기 때문에 우선 서울의 중앙대용산병원으로 연락하여 거기 병실 예약부터 확인했다. 중앙대병원은 현장에서 대기 중인 윤형두 한국출판학회 회장이 서둘러 김민하 총장에게 사정을 말하고 이미 입원 내약을 받아놓은 상태였다.

서울을 향해 질주하는 앰블런스가 요란한 사이렌을 울리고 있었지만, 남애는 그저 조용한 모습이었다. 불과 두 시간 만에 앰블런스가 중앙대용산병원 정문으로 들어섰다.

이후 이 병원에서 5일 동안 치료를 받았다. 이미 회복이 불가능한 상태였지만, 최선을 다하는 수밖에 다른 도리가 없었다.

1993년 1월 22일 먼동이 터 오르고 있었다. 이날 새벽 6시, 남애 안춘근은 부인 박영희 여사와 아들 유섭, 유찬과 딸 유경, 유향이 지켜보는 가운데

"사람은 살면서 말을 조심하면 편안해. 천사가 기쁜 소식을 전한다."

라고 말했다. 유언이었다. 사이를 두고 부인과 아들딸들을 바라보며 조용히 소천을 맞이했다. 향년 67세였다.

남애 안춘근은 끊임없이 책과 만난 끝에, 그러나 마침내 그 책들과 석별했다. 책은 영원한 삶을 살지만, 모든 사람이 그러하듯 그의 인생도 유한하여 결국 긴 영면에 들었다. 수많은 영속의 존재인 책들을 뒷사람들에게 남겨 놓은 채 세상을 버렸다. 벌써 4반세기나 흘렀다.

남애의 교우(交友)

다섯 가지 즐거움

"벗을 사귀되 제 몫을 던질 수 있어야 하며, 절차탁마(切磋琢磨)하고 서로 간에 바른말로 잡아 주어야(箴) 한다."[1]라 이른 오래된 가르침이 있다. 벗을 사귀는 데는 분수를 지켜 의기투합해야 하며, 학문과 덕행을 갈고닦는 과정에서 경계하고(삼가고) 간(諫, 바르게 충고함.)하는 일이 지속되어야 한다는 것이다. 이 때문에 좋은 친구와 어우른다는 것은 인생의 참된 즐거움이라고 보았다. 남애 안춘근은 인생의 희락(喜樂)을 다섯 가지로 추렸다.

제일 기쁜 일이 저서가 출판되는 일이요, 제2는 귀중본을 입수했을 때요, 제3이 독서할 때요, 제4가 저술할 때요, 제5가 친한 벗과 맛있는 음식을 먹을 때다. (중략)
저서가 출판될 때마다 자식을 낳는 기쁨을 맛보니 제일가는 기쁨이요, 나의 유일한 취미가 고서 수집이니 귀중한 것을 헐값으로 구했을 때 마치 광산에서 금덩이를 캐낸 기쁨이요, 독서는 만고의 위인과 시공을 초월해서 접할 수가 있으니 기쁜 일이요, 저술이란 나의 정신적인 분신이 탄생하는 것이니 기쁜 일이요, 친한 벗과 맛있는 음식을 먹는다는 것은 육신을 위해 필요한 음식을 친한 벗과 담론하면서 먹으니, 아울러 정신적인 양식이 곁들여 얻어짐으로써다. (하략)

〈안춘근(1973.3.).「남애영도기·권 3」, pp.43~44〉

---

[1] "교우투분 절마잠규(交友投分切磨箴規)."『천자문』91~92구.

여기서, 친한 벗과 맛있는 음식을 나누는 즐거움이란 당연히 책에 관한 소통을 함께 할 때 더욱 유쾌한 섭취를 즐길 수 있다는 것이다. 이렇듯, 남애는 즐거움의 종류를 모두 책에 관한 일—책의 출판, 수집, 읽기, 저술, 그리고 책 이야기로 상호 소통하며 음식을 나누는 것, 이렇게 5대 희락 대상을 들었다.

문화계 인사들과의 만남

남애 안춘근의 교우(交友) 관계를 보면 소싯적 친구들과의 사귐을 말한 구술 증언이나 그에 관한 기록류는 드문 편이다. 그의 고향이 38선 이북(고성군 외금강면)일 뿐만 아니라, 그가 초등학교를 마친 15세 되던 해(1941)에 출향했기 때문이다. 이후 얼마 지나지 않아 남북이 분단되어, 고향 친구들과는 몇몇 남하한 벗들 외에 사실상 소통이 단절되고 말았다. 실향민으로서의 아픔은 그렇게 속절없이 현실화되고 있었던 것이다.

그와 같은 과정에서 안춘근이 50대 막마지(1980년대 중반)에 이르러 모교인 장전남국민학교(長箭南國民學校) 친구들과 어울려 동창회 모임을 함께 할 기회가 있었다. 모두 70명(남자 40명, 여자 30명)이 장전학교 졸업 동기였으나, 정작 동창회에 나온 친구들은 고작 10여 명에 지나지 않았다. 이들은 6·25 전쟁을 당하여 겨우 남으로 넘어온 사람들이었다(안춘근, 1993, pp.196~197).

안춘근이 다닌 초등학교는 동해안의 금강산 기슭 작은 항구인 장전읍에 있었다. 그의 고향집은 장전읍으로부터 20리, 정확하게는 7km 더 북쪽으로 올라간 남애리라는 조그만 동네에 터해 있었다.

15세에 출향한 남애는 늘 고향 친구, 학교 친구들을 그리워했으며, 그리고 군 시절에 생사고락을 같이한 전우들을 잊지 못했다(안춘근, 1998, p.11).

남애와 교류했던 지인들을 보면 문화계와 학계 인사들이 대부분이다. 평소 '차가운 사람'이라 일러 왔는데도, 그에게는 정작 교류를 청해 오는 사람들이 적지 않았다. 위로는 수주(樹州) 변영로(卞榮魯, 1897~1961) 선생, 월탄(月灘) 박종화(朴鍾和, 1901~1981) 선생, 그리고 하성(霞城) 이선근(李瑄根, 1905~1983) 선생으로부터 두루 끼침을 받아온 그였다. 또, 고서와 관련해서는 화산(華山) 이성의(李聖儀, 1896~1965) 선생, 산기(山氣) 이겸로(李謙魯, 1909~2006) 선생, 신암(薪菴) 김약슬(金約瑟, 1913~1971) 선생 등과도 빈번하게 접촉하며 그분들의 경륜을 체득하는 가운데 '애서 교류'를 이어 나갔다.

남애는 대체로 연배가 위인 인사들과 망년지교(忘年之交)를 나눈 것으로 유명하다. 소설가 향파(向破) 이주홍(李周洪, 1906~1987), 서예가 검여(劍如) 유희강(柳熙綱, 1911~1976)과 동양화가 운보(雲甫) 김기창(金基昶, 1913~2001), 시인·수필가이자 언론인이던 소향(素鄕) 이상로(李相魯, 1916~1973), 아동문학가 동원(冬原) 이원수(李元壽, 1911~1981), 한문학자 연민(淵民) 이가원(李家源, 1917~2000), 전각가이며 서예가인 철농(鐵農) 이기우(李基雨, 1921~1993) 제씨 등과도 두루 막역한 사이였다. 연민의 경우는 남애의 상도동 서재에 '洌南居'(열남거)라 편액해 주기도 했다. 이들과는 늘 허심탄회한 정의(情誼)를 나누었다

소향 이상로(1916~1973)

동원, 소향과 벗을 트고(말을 트고) 지낸 일화는 오래된 화젯거리로 전해 온다. 아래에서 남애의 유고 수필집인『책과 그리운 사람들』에 소개된 소향과의 일화를 소개한다.

소향은 나보다 열 살이나 연상이면서도 나와는 농을 스스럼없이 하던 사이였다. 언젠가 나는 소향에게 "나는 소향을 동배로서 사귀는 것은 좋겠지만 깍듯이 윗사람으로 대접할 수는 없을 것 같으니 잘 생각해 보고, 나에게 꼭 존댓말을 받아야겠다고 생각되거든 절교하자."고 버릇없는 말을 했다. 그런데 그는 태연하게 "그래 나도 그것이 마음 편하겠다." 하고는 곧 "이놈아 맘대로 해라!" 하는 것이었다. 이로부터 나는 머리가 흰 그를 보고 "너는 남을 너무 헐뜯어서 틀렸어. 이놈아!" 하고 응수했다. 그리고 10년 이상을 우리는 조석으로 만나면서 형제같이 지냈다.
〈안춘근(1998).「소향 이상로 시인」.『책과 그리운 사람들』(유고), p.13〉

위의 일화는 희화적인 한 장면 같다. 사뭇 아슬아슬한 터여서 긴장마저 느끼게 한다. 격의를 벗겨 내고 벗 삼자는 요청과 그에 따른 대범한 호응이 순식간에 이루어졌기 때문이다.

그런 남애의 소통 사례는 주로 책과 관련된 실화가 대부분이다. 소향에 관한 이야기는 다음 글에서도 나타난다.

수서(蒐書)를 하다 보면, ……사는 사람 쪽에서 재력이 빈약한 탓이지, 가치 있는 책이

라면 상인이 부르는 값 이상으로 지불하고 싶은 충동을 일으킬 때도 있다. 필자가 소장하고 있는 '훈련도감자(訓練都監字)' 이하 여러 종의 활자본은 화산서림 주인 이성의 씨의 후의로 시가와는 비교할 수 없는 염가로 구한 실례도 있고, 학부(구한국 시대의 문교부) 목활자본인 『조선역사』 3권은 이겸로 씨가 안국동 모 골동상으로 필자를 불러내서 사주기도 했다. 그리고 나의 수서 행각에 소향 이상로 형이 자주 동반해서 담소하는 즐거운 시간을 만들어 준 것도 잊을 수 없는 일의 하나다.

⟨안춘근(1965). 「수서 식록(識錄)—도서학을 위하여」, 『생각하는 인형』, p.122⟩

그렇게 각별한 사이였던 소향이 1973년 8월 2일 향년 57세로 세상을 버렸다. 너무 서둘러 이승을 떠난 것이다. 인생은 뜬구름이런가.

1976년 9월, 남애가 소향 추모 비문을 찬(撰)하고 박두진(朴斗鎭)이 서(書)하여 그의 업적을 기렸다(안춘근, 1998, p.14). 소향 비문 중 한 부분을 보면 다음과 같다.

(전략) 일찍이 수주 변영로 시인의 문하에서 수학한 다음 주로 민족적 향토성과 윤리적 시의식을 바탕으로 한 서정시의 창작에 생애를 바쳤다. 한편 동아일보 등 언론계에 투신하여 매사에 지사적인 정론과 타협을 모르는 척사(斥邪)로 일관했다. 그의 등신(等身)의 저작 중 특히 시집 「이상로전시집」과 수상집 「옥석의 혼효(混淆)」는 가장 훌륭한 업적으로 평가된다. (하략)

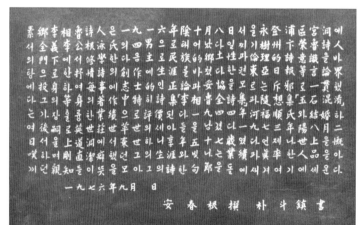

소향 이상로 비문

아동문학가인 동원 이원수와 터놓고 어우른 일화 또한 빼놓을 수 없다. 동원은 남애보다 무려 15년이나 위였는데도 남애의 대담한 접근을 받아들였으며 서로 간에 평어로 통했다. 강조해 말할 나위도 없지만, 둘 사이는 상대를 알아본 진정한 친구였다. 남애는 그와 관련된 비화를 다음과 같이 말했다.

동원 이원수(1911~1981)

　내가 버릇없이 대하는 사람으로 이원수 선생이 있다. 나는
　"아동문학을 하려면 나이가 아무리 많아도 어린이 행세를 해야 하기 때문에, 나는 장년이 되었지만 이 선생은 아직 어린이요. 그러니 뭐 내가 구태여 존댓말을 할 필요가 있겠소? 다른 사람이 없을 때는 친하게 지냅시다."
　하고 말하면, 처음 얼마 동안은 어색했는지 부산 이주홍 선생에게 불만을 털어놓았다고 하는 말을 들은 일이 있지만 지금은 그렇지 않다. 그의 처녀작이자 대표작인 「고향의 봄」을 18세 때 지었다고 하는 것부터 수상하다고 했다. 또,

　"그 노래가 오늘날과 같이 유명하게 된 것은 시(詩)가 좋아서가 아니라 작곡이 잘 된 때문이야, 그 증거가 이일래(李一來) 작곡이 먼저 되었지만, 그때야 어디 불렀는가 말이야."
　이 말에 이원수 선생은
　"너 그것을 우찌 아노?"
　하는 것이다. 나는
　"왜 몰라, 일제시대에 출판된 이일래동요곡집을 내가 소장하고 있는데."
　하니까, 이 선생이
　"너 참 기막힌 놈이로구나."
　한다. 그러나 내가 이 선생을 대하는 것은 그래도 약과다. 소향에게 걸리면 더 심한 '놀림감'이 된다. 그래도 그 쭈그러진 얼굴에 웃음을 듬뿍 품어 "허허" 하고 너털웃음을 웃기가 일쑤다.

〈안춘근(1998). 「시단(詩壇) 이면사―《지성》을 낼 무렵」.
『책과 그리운 사람들』(유고), pp.89~90〉

남애의 망년지교는 너른 범위에 걸쳐 있다. 행촌(杏村) 최영해(崔暎海, 1912~1981), 하남

(河南) 최인욱(崔仁旭, 1920~1972), 고당(孤塘) 김병철(金秉喆, 1921~2007), 삼불(三佛) 김원룡(金元龍, 1922~1993) 등도 남애보다 많게는 10여 년이나 앞섰고, 그렇지 않으면 4, 5세 정도 위였다. 우정(郵政) 사학자로 유명한 석산(石山) 진기홍(陳鎭洪, 1914~2010)의 경우는 띠동갑일 정도로 나이 차이가 났다. 하지만, 남애는 그들과 격의 없이 교류함으로써 세월의 터울을 넘나들었다.

남애와 어울린 동년배라든지 한두 해 버금이거나 한 경우는 상대적으로 흔하지 않았던 것도 특기점이다. 백순재(白淳在, 1927~1979), 죽헌(竹軒) 이상보(李相寶, 1927~) 등이 대표적인 경우라 할 수 있다. 남애는 일찍이 백순재가 온갖 고난(고서, 특히 잡지 모으는 일로 여러 어려움을 겪음.) 끝에 53세로 세상을 버렸다는(1979.7.9.) 비보를 접하고, 크게 탄식한 나머지 "어이구, 백 선생 불쌍해서 어떻게 하나!"를 연발하며 비탄해 했다(안춘근, 1998, p.25). 6년 전(1973.8.2.)에 소향 이상로가 세상을 하직한 후 백순재마저 남애의 곁을 떠난 것이다.

백순재(1927~1979)

백순재와는 때 없이 책방 순례를 함께 하며 서로 시샘이라도 하듯 고서를 다투어 찾곤 하던 사이였다. 백순재는 조선조 시대의 필사본과 신소설, 잡지 모으기에 최선을 다하고 있었지만, 그 중에서도 애착이 가는 수집품은 역시 잡지였다. 그가 수집한 잡지는 우리 근대사와 문학 문화사 연구의 기초를 다지는 작업에 크게 이바지했다.

당시 《개벽》 완질을 소장한 사람은 백순재가 유일했다(정진석, 2015, pp.40~42). 여름 장마가 시작되던 무렵, 백순재는 거대한 수집 업적을 뒤로 한 채 세상과 석별하고 말았다.

남애도 67세 초입에 타계했다. 서둘러 단축한 이승살이였다. 죽헌은 남애가 회갑을 맞이하자, 《고서연구》 특집호를 내면서 '침서고와(枕書高臥)'*라는 넉 자 성어로 휘필하여 그간의 노고를 위로한 바 있었다(* 한국고서연구회 회장 이상보 축필, 1986.10.). 남애의 지칠 줄 모르는 탐서 활동을 보면서 "이제는 책을 베고 편히 쉬시오."라고 덕담한 것이다. 이로부터 6년 3개월여 뒤인 1993년 1월 22일, 남애의 부음을 접한 죽헌은 망연자실하여 "이제 형을 우리 곁에서 천당으로 보내는 마당에 다시금 비는 말씀도 '책을 베고 편안히 주무시라.'고 되풀이할 수밖에 없구나!"라고 탄식했다(이상보, 1993.2., p.22). 그러면서, 「책 속에 영원히 살고 있네」(이상보, 1993.12., p.319)라는 석별의 말로 영생의 삶을 축원했다.

위에 든 이름들에서 볼 수 있듯이, 남애와 교류한 인사들은 각 분야의 학자들이거나,

고서점과 수서(蒐書)를 겸한다든지, 시인묵객들과 전각가·서화가 등의 경우처럼 예술 활동에 종사하는 문화계 인사들이 많았다. 그들이 추구한 공통점은 두루 서책과 관련되어 있다는 점이다. 거개가 학자요 저술가였으며 수서자, 고서상, 출판인, 그리고 각 분야의 지면 공표물을 수집하거나 만들어 내는 장인이 그들이었다.

죽헌(竹軒) 이상보(李相寶) 휘호

그런 남애의 교우 관계는 출판 칼럼집인 『남애영도기(南涯聆睹記)』와 수필집 『책과 그리운 사람들』(유고)[2]에서 여러 사례를 엿볼 수 있다. 『남애영도기』는 그가 46세 되던 해(1972) 6월부터 이듬해 7월까지 《출판학》(제13~18집)에 소개한 것인데, 일상의 스침이라든지 책을 구해서 읽고 취재한 비망들과 저술, 수집, 해설, 비평, 친교 등에 관한 내용이 주를 이룬다. 매 편마다 13매 내외의 글을 평균 10개 주제로 나누어 배열했으며, 일종의 수상록이라 할 수 있다. 뒷날 200부 한정판으로 출판*한 바 있다(* 성진문화사, 1974.6.).

참고로 『남애영도기』 권 1(pp.9~61)에 나타난 인사들 중 일부를 보면 다음과 같다.

이주홍, 정진숙, 황병국, 이성의, 김두종, 강주진, 양재연, 임근수, 김근수, 김완섭, 스즈키 토시오(鈴木敏夫), 백린, 윤병태, 현승종, 성택경, 이겸로, 김약슬, 김세익, 이창배, 피천득, 김종운, 양병탁, 유승국, 한태석, 김병철, 하동호, 이중한, 김영호, 이기우, 나병하, 김시철, 이범선, 하동호, 하정옥, 남용우, 박술음, 박종화, 백철, 이가원, 조홍식, 이방석, 김완섭(이상 수록 순서임.)

이와 같이, 남애의 저서에 나타난 단편적인 사례를 보아도 그가 종유한 범위는 광범하

---

2) 유고 수필집 『책과 그리운 사람들』은 남애가 득병하여 가료 중일 때 범우 윤형두에게 출판을 부탁한 것으로 그의 5주기(1998.1.)에 즈음하여 상재되었다. 전체를 2부로 나누었으며, 제1부는 「그리운 사람들」이다. 내용을 보면 세모에 생각나는 친구들, 소향 이상로 시인, 월탄 박종화 선생, 잡지 수집가 백순재 선생, 소설가 최인욱, 장서가 김약슬의 생애와 업적, 인간 최영해 사장, 이주홍론, 나와 김병철 선생, 나와 죽헌 선생, 시단 이면사 등이다. 제2부는 「책이 있는 풍경」이라 하여 남애가 생전에 써 놓은 책과 출판 관련 칼럼 또는 같은 분야의 수필들이 수록되어 있다.

산기 이겸로(1909~2006)

다. 그럼에도 그는 딱히 특정한 무리를 이룬 어울림에 탐닉하지 않았고, 스스로 상대방에게 다가서는 경우 또한 흔하지 않았다. 이른바 사교적인 면에서 패러워(차갑고 까다로워) 접근하기가 쉽지 않았을 뿐만 아니라, 독특한 에고이스트 또한 그이였기 때문이다(김병철, 1986.10., p.21, p.24). 그럼에도 남애에게는 사람들이 따랐다.

남애의 사회적인 종유 정황을 보면 그가 군에서 전역하고 을유문화사에 들어온 1955년 10월부터 본격화되었다고 볼 수 있다. 여러 분야에 걸친 다양한 필자를 발굴하면서 자연스러운 소통이 이루어지곤 했던 것이다. 그러한 과정에서 연구와 탐서 활동 또한 진력하는 가운데 학계와 언론계, 출판·문화계, 그리고 고서 관련 인사들과도 교류의 지평을 넓혀 나갔다.

5·6 향도회의 경우

일찍이 고산(孤山) 윤선도(尹善道, 1587~1671)는 「오우가(五友歌)」에서 물과 돌과 소나무, 대나무, 그리고 달을 다섯 벗으로 삼았다. 고산은 이 다섯의 자연 현상을 영원한 심미적 대상이면서, 동시에 인간의 덕성이 배어나는 이상적인 매개물로 예찬한다.

그가 50대 중반(55세, 1642)에 노래한 '오우'는 늘 우리와 함께 하는 존재들이다. 공활한 허공에 떠 있는 달마저도 아주 가까이 다가오는 내 친구인 것이다.

'오우'라 하면 남애가 밝힌 다섯 친구에 관한 이야기가 떠오른다. 남애는 책의 학자이므로 두루 책이나 출판에 관련된 친구들과 교류했을 것이라고 생각하기 쉽다. 전공한 바와 취향이 서로 다를지라도 결국 그들 각자가 한 분야만을 천착하는 학자요 저술가이거나, 아니면 수서가이고 시·서화묵객일 터이니 말이다.

그런데 정작 남애의 '오우'란 누구인가? 남애는 모종의 사회적 형식에 좇아 틀화하는 따위를 마뜩찮게 생각했으나, 그와 자주 어울린 다섯 벗의 모임인 '오인회(五人會)'의 경우는 특별한 데가 있었다.

필자는 2016년 7월 28일 박경하(朴京夏, 중앙대 역사학과) 교수로부터 「오륙향도회의 변(五六香徒會之辯)」이라 제한 4절 폭 규격의 '묵서지(墨書紙)' 1매와 그에 따른 해의(解義) 1

쪽을 받은 일이 있다. 묵서지에는 우인(又仁) 김용덕(金龍德, 1922~1991) 교수가 짓고 쓴 '오류향도회'의 설립 취지문이 담겨 있었다.

그 무렵, 필자는 남애 관련 자료를 취재하는 과정에서 놀랍게도 「동호동락(同好同樂)」이란 주제의 칼럼 한 편도 발견하게 되었다. 바로 남애가 기고한 '5인회'에 관한 내용이었다.

우리 회의 회원은 5명으로 한정되어 있다. 나이순으로 진암(晉岩) 문병렬(文炳烈) 중앙대 명예교수(화학), 고당(孤塘) 김병철(金秉喆) 중앙대 명예교수(영문학), 우인(又仁) 김용덕(金龍德) 중앙대 명예교수(역사학), 원당(圓堂) 심우준(沈喁俊) 중앙대 교수(서지학), 필자 등이다. 처음에는 5명이 모여 그저 '5인회'라고 했다. 우리 회가 시작된 것은 5년

남애 화갑출판기념회(1986.10.8.)에 함께 한 '5인회'(좌로부터 우인 김용덕, 진암 문병렬, 남애 안춘근, 고당 김병철, 원당 심우준)

전 정초였다. 사전에 아무런 기별도 없이 고당과 우인 두 분이 필자의 집을 찾아왔다. (중략) 모임이 계속되던 어느 날 우인이 순 한문으로 글을 짓고 손수 써서 영인한 오류향도회(五六香徒會)의 취지문을 나누어 주었다.

五 六은 50대와 60대의 사람들이란 뜻이고, 향도는 다른 뜻도 있겠으나 화랑도라 생각하고 있다. 다시 말해서 우리들은 늙은 화랑이라는 뜻으로 모임의 이름을 붙였다. 한 달에 한 번씩 모여 그때그때 관심거리가 되는 곳을 찾아다니거나 아니면 서로 경사스러운 일이 있을 때 맛있는 음식을 먹으면서 축하한다. 번갈아가며 당번을 한다. (중략)

우리 회원들 사이에는 몇 가지 공통점이 있는데, 첫째는 모두가 중앙대에 봉직하고 있는 일이요, 둘째는 모두가 술과 담배를 멀리하는 사람들인데, 셋째는 성격이 모두가 한결같이 별로 사교적이지 못하다는 것이다. 우리 회원 중 고당이 학장에다 대학원장까지 화려한 감투를 써 보았지만, 나머지 회원들을 보면 학회장은 모두 한두 번 차례가 있었으나 감투나 벼슬과는 인연이 먼 사람들이다. 특히, 진암 우인 원당 같은 사람은 조선조 시대 선비 그대로의 풍모를 보이는, 이 시대의 교수라는 직업이 없었다면 무엇을 하고 살았을까 걱정되는 학자들이다. (중략)

우리는 공자님 말씀에 사람이 셋 만나면 스승이 있다는 것과, 사람을 선(善)하게 사귀고 오래도록 공경하라는 가르침을 되새기면서 정신적으로 의의 있는 모임이 되어 서로 도움을 주도록 발전하기를 기원하고 있다. (하략)

〈안춘근. 「동호동락」.《한국경제신문》, 1989.1.11.(20)〉

이와 같이, 5인회는 을축(1985) 입춘에 결성하여 그 취지를 「오륙향도회의 변」으로 정리해 다섯 벗이 나누어 가졌다. 박경하 교수에 의하면, 그가 대학원생 때 보고 들은 내용이라면서 다음과 같이 회고했다.

김용덕 선생과 김병철 선생은 을유문화사에서 저서를 출판하게 되면서 안춘근 선생과 안면을 갖게 되고, 심 선생은 서지학을 하는 인연으로, 그리고 문 선생이 참여하여 50대부터 관악산을 등산했다고 한다. 그러다가 '80년대 초반에 김용덕 교수께서 뇌졸증으로 참여가 어렵고 심 교수께서도 건강이 좋지 않아 등산을 안 하게 되었으나, 식사 모임은 계속 가졌다. 이후 1985년 9월 22일 안 선생이 윤형두 사장과 함께 애서가산악회를 만들면서 김병철, 문병렬 교수는 가끔씩 산악회 모임에 참여하셨다.

「五六香徒會之辯」은 김용덕 교수님이 대학원 박사 과정인 나에게 원본을 주시면서 복사해 오라고 하셨는데, 사이즈가 커서 당시 복사기로는 복사가 안 되어 을지로에서 인쇄하였다. 그때 20장 정도를 인쇄해서 10여 장을 소장하게 되었다.

〈박경하 교수의 서한, 2016.7.28.〉

아래에 「오륙향도회의 변」 원문과 해의를 옮긴다.

解義: 오륙향도회의 변
5 6은 다섯 사람의 육십대 객[1]이란 뜻이다.
향도는 신라 이래 향화[2]의 인연으로 모이는 것을 일컬었다.
고려에서는 단체를 의미하였고, 같은 계의 모임이었다.
서로 돌아가며 음식을 차려 놓고, 세상사를 논하고 인화와 친목의 도를 함께 하니
실로 삼대[3] 향음주례[4]의 순후한 풍속이다.
이러한 연유에 따라 모임의 명칭을 옛 고사에서 본받아 준행하고자 하니

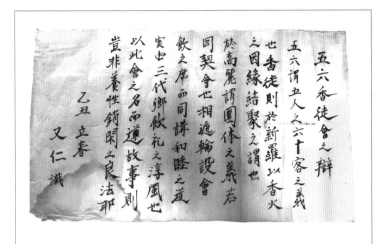

五六香徒會之辯

五六謂五人之六十客之義
也香徒則於新羅以香火
之因緣結聚之謂也
於高麗謂團體之義若
同契會也相遞輪設會
飲之席而同講和睦之道
實由三代鄉飲禮之淳風也
以此會之名而遵故事則
豈非良性銷閑之良之良法耶

乙丑 立春
又 仁 識

오륙향도회의 변(1985년 입춘
우인 김용덕)
아래의 것은 위의 원문을 전사
입력한 것임.

어찌 성품을 기르고, 한가로움을 메우는 좋은 방도가 아니겠는가.

1985년 입춘

우인 지음

---

1) 중앙대 사학과 김용덕, 영문학과 김병철, 문헌정보학과 심우준, 화학과 문병렬, 을유문화
   사 안춘근
2) 부처님에게 향을 올리는 기불(祈佛) 행위
3) 중국 고대의 하(夏), 은(殷), 주(周)나라
4) 중국 주관지(周款志)에 실린 "향촌 사회에서 유지들이 모여 활을 쏘고 나서 서로 예의를 갖
   추고 술을 마시던 의례"

슬거운 학습—남애를 만난 범우와 화봉

앞에서 말한 바와 같이, 남애는 사람들과 교류하되 망년지교로 격의를 트고 지내는 일이 흔했다. 어떤 이는 남애보다 10여 년이나 위였고, 그렇지 않으면 4, 5세 정도 앞서 있을 정도였다. 우정(郵政) 사학자인 석산(石山) 진기홍(陳鎭洪, 1914~2010)의 경우는 남애와 띠 동갑일 만큼 나이 차이가 컸다. 하지만, 남애는 그들과 연륜의 벽을 허물고 격의 없는 교류를 나누었다. 이와 관련된 여러 에피소드들이 꽤나 생산되어 여전히 유쾌한 추억거리로 회자되고 있음을 본다(이 책, pp.452~453 참조).

범우와 화봉의 경우는 위에 말한 사례와는 다르다. 출판학과 수서 그리고 옛 책의 가치를 분간(감정)하는 일 등에 이르기까지 남애로부터 가르침을 구하는 처지였기 때문이다. 당연한 일이지만, 이 때문에 그들은 '선생님'인 남애를 각별히 예우했다. 이러한 사례는 딱히 두 사람만으로 국한되는 것은 아닐 터이다. 강단에서 배출한 제자들은 말할 것도 없으려니와, 도처에서 남애를 찾아오는 사람들이 끊이지 않았던 것이다.

출판인, 문화계와 학계 인사들이 남애를 줄곧 찾았고, 거기에다 전국 각지에서 때 없이 찾아오는 책쾌(冊儈, 옛 책 상인) 들과 자료 고증을 필요로 하는 경향간의 연구자들도 그를 만나 자문을 구하려 방문하는 사례가 잦았다.

남애는 정작 '차가운 사람'인 데도 그와 끈을 대려 애쓰는 일이 흔했다. 저명한 출판 기업의 주간이라는 권력도 그러려니와, 그는 벌써 전부터 '출판계의 대부'로 통하는 존재였다(정진석, 2014, p.70).

범우와 화봉의 경우 또한 남애를 중심으로 하여 유독 고서와 관련된 사연이 적지 않았다. 물론, 그들과의 인간적인 소통 내력도 깊고 오래다. 두 사람은 서로 다른 길을 선택한 처지이나, '책의 일'에 평생을 건 사람들이라는 점에서 지향하는 바가 크게 같은 점이 있다. 그들은 남애 안춘근을 다투어 섬기며 고서에 대한 지식과 시야를 넓히려 노력한 사람들이다. 아래에 보인 두 편의 글은 그와 관련된 내력을 소개한 내용이다.

남애와 범우 윤형두

출판인 범우(汎友) 윤형두(尹炯斗, 1935~)는 남애와 소통하면서도, 일반의 시속과는 다른 점이 있었다. 남애의 문하에서 학습한 '노학생'이 범우였기 때문이다(김병철, 1995, p.218).

남애는 범우와 만나게 된 동기를 그가 "신문 잡지에 수필을 발표하는 것을 보고서였다." 고 말한다. 그런데 더욱 가까워진 것은 아무래도 "윤 사장이 출판학을 본격적으로 연구하기 시작하면서부터였다."고 했다(안춘근, 2001, p.17). 이는 남애가 1981년부터 중앙대학교 신문방송대학원에서 출판학을 가르쳤는데, 그 1회 졸업생이 범우였음을 말한 것이다.

당시 남애는 범우의 정진을 보면서 좋은 인상을 받았다. 그러한 연장선상에서 범우의 기여를 확인하게 된다. 한국출판학회가 어려운 국면에 처해 있을 때, 구원투수로 나선 사람이 범우 윤형두였기 때문이다.

당시 한국출판학회는 학회지 《출판학》이 1974년 12월에 통권 제22집을 끝으로 이후 6년간이나 휴간 상태에 머문 처지였다. 그럴 때, 남애가 을유문화사를 퇴직(1978.6.10.)한 후 손수 꾸린 광문서관에서 《출판학논총》(통권 제23집, 1981.6.)이란 제호로 학회지의 속간을 단행하게 된다. 그러나 이마저도 연속 간행을 보장하기 어려운 실정이었다. 당시 학회로서는 창립 이래 최대의 시련을 겪고 있었던 것이다(이 책, p.316 참조). 그러한 과정에서 통권 제24집으로 뒤이은 《출판학연구》가 1982년 12월에 범우사에서 부활을 보게 된다.

그 후 범우는 한국출판학회를 위한 여러 지원 사업에 앞장섰고, 뒷날 남애의 뒤를 이어 이 학회 회장, 명예회장과 고문을 차례로 역임하면서 많은 노력을 기울였다. 생전의 남애는 범우 윤형두에 대하여 다음과 같이 말한 바 있다.

어떤 분야에서 남달리 성공한다는 것은 쉬운 일이 아니다. 그러자면 어디엔가 다른 점이 있기 마련이다. 윤 사장도 출판 분야에서 남다른 성공을 거둔 사람이기에 보통 사람들과는 다른 데가 많아서 한 마디로 평하기는 어려우나, 낙천적인 인생관, 다정다감한 인간성, 성실 근면한 성품에다 누구에게나 호감을 사는 사교성을 지닌 사람이라 할 수 있는데, 요즘은 또 출판을 과학화하기 위한 이론적 연구에 힘쓰고 있다.

〈안춘근(2001). 「양서의 산실」. 『범우사를 말한다』. 범우사, p.17〉

범우의 모습을 짚어 낸 평설이다. 출판인 윤형두가 최선을 다하는 노력이 두루 소상하게 묘사되어 인상적이다.

범우는 그렇게 한국출판학회라는 공론(公論)의 장을 모기지로 하여 남애와 교류의 지평을 넓혔을 뿐만 아니라, 수서와 출판학에 대한 수련 및 학습의 기회로 활용함으로써 새로운 모색을 실현하는 원동력으로 삼을 수 있었다. 그런 범우에게 있어 남애의 끼침은 훈목(薫沐, 先行者의 언행이나 지식을 정제된 마음으로 응대함.)으로 받아들인 귀하고 값진 자산이었음은 강조할 나위도 없을 것이다.

시간이 흐르면서 범우 윤형두는 남애와 접촉하는 빈도가 잦아졌다. 이를테면 같은 대학에서의 강의[3]와 학회 활동, 그리고 탐서 활동 등이 그러했다. 1988년 3월부터는 범우사의 편집고문으로 남애 선생을 초빙하여 연구와 집필에 전념하도록 주선해 드렸을 뿐만 아니라, 시간이 날 때마다 고서점가에 배행하는 일도 흔했다.

그런 한편으로 출판사에서는 편집 자문을 구하고, 옛 책을 구득할 경우 남애의 고견에 의지할 때가 빈번했다. 그런 면에서 남애는 범우의 독선생님이나 다름없었다.

윤형두는 중앙대 신문방송대학원에서 강의를 마치고 남애와 함께 귀가할 때의 추억을 다음과 같이 회고한 일이 있다.

> 상도동 터널을 지나 오른 켠에 있는 '상도갈비집'은 선생님과 같이 10여 년 동안 매주 하루도 거르지 않고 강의를 마치고 나오면서 저녁을 먹던 집이다. 어느 때는 고 팽원순, 이강수, 신인섭 교수와도 어울렸지만, 거의 단 둘이서 선생님의 고견준론(高見峻論)을 들었다. (중략) 병환이 깊기 전, 한 반년간은 선생님과 같이 단 둘이서 수요일 산행을 하였다. 그럴 때면 나는 배낭에다 몇 권의 한적(韓籍) 고서를 담고 가선 관악산 삼막사 조금 못 미쳐 일명 선죽교 바위(붉은 빛을 띤다 하여 남애 선생님이 붙인 이름)에 앉아 남애 선생님을 독선생으로 모시고 서지학 강의를 들었다.
>
> 〈윤형두(2000). 「남애 안춘근 선생님을 그리며」. 『한국출판학의 사적 연구—
> 한국출판학회 30년사』. 사단법인 한국출판학회, pp.626~628〉

이와 같이, 윤형두는 남애의 특별한 '수강생(受講生)'이었다. 1993년 1월 22일, 남애가 서세하자, 범우는 고인의 영정 앞에서 몇 가지 다짐을 하는데, 영면하기 전에 당부하셨던 세 권의 책 출판을 앞당기는 일이 그것이었다. 이 중에서 『언제 고향에 갈 수 있을까』는 1993년 2월 20일에, 『한국 서지의 전개 과정』은 이듬해 4월 30일에, 그리고 『책과 그리운 사람들』 경우는 남애 서세 후 5주기인 1998년 1월 22일에 출간을 보았다.

---

3) 남애는 1958년 4월(~1960년 3월)에 서울신문학원에서 출판학을 강의한 이래 여러 대학에서 가르쳤다. 1981년 3월부터는 중앙대 신문방송대학원에서 강의했고, 1988년 3월에 동 대학원 객원교수로 취임했다. 범우도 1984년 9월부터 같은 대학원에서 강의했으며, 1991년 9월에는 객원교수로 초빙 받았다.

남애가 천상으로 떠난 그날(1993.1.22.), 범우는 고인이 창립한 한국출판학회와 한국고서연구회 그리고 한국애서가산악회 등의 연구 공동체가 발전하는 데 더욱 최선을 다해야겠다는 결의를 다졌다. 이와 아울러, '남애출판저술상'의 기금 확충 등 여러 현안을 차질 없이 추진한다는 의지도 굳건히 했다. 그러나 범우로서는, 선생님의 빈자리가 너무도 컸다.

고당 김병철은 남애와 범우의 관계에 대하여, "남애 형이 윤 형의 은사라지만 그렇게까지는 되지 않을 터인데."라고 의구했다고 말한 일이 있다. 그래서

> 윤 형에게 그 까닭을 물었더니, 옹고집으로 하루를 배워도 은사는 은사가 아니냐 한다. 남애 형에 대한 그의 존경은 이에 그치지 않는다. 최근 듣자니 '남애출판저술상'을 만들어 그 기금을 조달 중이라는 말을 들었다. 정말 인간으로도 희한한 사람이다.
> 〈김병철(1995). 「애서가산악회시대」. 『한 출판인의 초상』. 범우사, p.218〉

라고 했다. 범우의 반응이 당연한 데도 워낙 그가 남애를 곡진하게 예우하는 모습을 보고 슬쩍 의중을 떠봤다는 것이다.

오늘에 대하는 이와 같은 정경이 더욱 소중하게 느껴지는 것은 왜일까? 단축해 말해서 참 스승을, 그리고 진심을 다하여 섬기는 문하(門下)의 미덕을 엿보기 어려운 세상이 되어 버렸기 때문이다.

범우는 남애가 남긴 61책의 저서 중에서 14책을 자사에서 냈고, 거기에서 다시 4책의 경우는 유고로써 부활케 했다. 그런가 하면 '남애출판저술상'(2000년 9월 30일 '남애안춘근출판저술상'으로 개칭)은 내외적으로 권위 있는 시상 제도로 자리매김되었음을 본다.

화봉의 책사랑

화봉(華峯) 여승구(呂丞九, 1936~)는 1988년 3월에 『책사랑 33년 1955-1988』이란 회고록을 낸 바 있다. 이후 그의 책사랑 연륜도 곱절이나 더 보탠 셈이다.

화봉은 호남 명문인 광주서중(1952)과 광주고교(1955)를 졸업하고, 중앙대학교 정외과(1959, 2년 중퇴) 2학년생일 때 광명서림(光明書林)에 입사한다. 그는 1955년 봄, 이 책방에 들어온 이래 2년여의 군 생활을 빼놓고는 오직 '책 영업'에만 매달린 외길 인생을 걸었다(여승구, 1988, pp.9~10). 광명서림에서 8년(1955~1963)을 근무하면서 한적과 일서, 서양

서 등의 수입·판매, 그리고 매장 관리 등에 이르기까지 제반 업무를 익혔다.

화봉 여승구가 남애를 처음 만난 곳도 책방이었다. 그에 의하면, "1950년대 말 종로 1가 광명서림에서는 일본의 신간들과 양서를 수입하여 판매했고, 그럴 무렵에 책방의 고객인 남애 선생님과 인연이 시작되었다."는 것이다(여승구, 2003년·가을 제11호, pp.98~99).

이후 화봉은 1976년 《월간독서》[4]를 창간하면서 남애와 더욱 긴밀한 접촉이 있었노라고 회고했다. 특히, 이 잡지의 편집 방향, 책 문화 세미나 창설 등에 걸쳐 남애의 자문 없이는 이루어진 일이 없을 정도였다는 것이다(여승구, 위의 같은 글, p.99).

화봉은 또한 윤석창(尹錫昌)의 문학 서적과 오한근(吳漢根) 장서 인수 활동 등을 회고하면서, 이 모두가 남애의 자문과 소개로 이루어졌음을 밝혔다. 이러한 과정들이 화봉문고의 오늘을 있게 한 기반으로 뒷받침되었다는 것이다(여승구, 2016.4., p.3).

화봉은 1982년 3월 남애를 한국출판판매주식회사의 고문으로 초빙하고, 수서와 고서에 관한 전문적인 식견을 습득하는 기회로 삼는다. 그즈음, 남애가 중심이 되어 고서동우회(한국고서연구회의 전신)도 발족을 보았다.

당시 화봉은 남애의 행보에 좇아 인사동에서 청계천, 장안평의 고서점가를 순회하는 일이 빈번했다. 그럴 때 화봉으로서는 남애가 『천인집천자문(千人集千字文)』과 저 유명한 『님의 침묵』 초판본 등을 입수하는 놀라운 탐서 과정을 목격하면서 귀가 후 잠을 설칠 만큼 충격을 가누지 못했노라고 고백하기도 했다(여승구, 2003년·가을 제11호, pp.99~100).

고서동우회는 1982년 5월 22일 고서 수집가와 대학교수 등을 주축으로 창립되었다. 당시 남애는 이 모임의 회장으로 추대되었으며, 한국출판판매주식회사의 여승구 대표와 공주사대의 하동호 교수가 부회장, 범우사 윤형두 대표는 이사로 참여했다.

한국출판학회 회장인 남애는 화봉이 고서동우회 부회장이므로 주로 고서를, 출판학회 부회장인 범우에게는 출판 부문을 발전시켜 주기를 기대했다. 실상 화봉과 범우는 남애의 좌청룡 우백호 격으로 안 회장으로부터 고서와 출판에 대한 자문을 받았다(박경하, 2016.12., pp.236~237). 이를테면, 좌보우필(左補右弼)의 유익함을 얻고 있었던 것이다.

화봉은 출판 사업도 겸하고 있으나, 그보다도 옛 책을 발굴, 유통하는 일이 주업이다. 그가 추진하고 있는 고서경매전('화봉현장경매'를 말함.)은 2018년 7월 현재 50회에 이를 정도로 실적을 쌓아가고 있다. 2008년 7월 1일에는 신문로에서 인사동으로 사옥을 이전

---

4) 《월간독서》는 1976년 5월 《내외출판계》로 등록(문화공보부 정기간행물 라-2068호)하고 11월에 창간호를 발행했다. 1977년 12월에 《월간독서》로 제호를 변경하고 1978년 1월호부터 발행(~1980년 8월)했다.

했고, 이듬해(2009.2.10.)에 화봉갤러리도 개설했다.

광복 이후 고서경매전은 6·25 직전인 1950년 6월 11일에 한국고미술협회 주최로 열렸던 희구본즉매회(稀覯本卽賣會)로부터 비롯된다. 당시 『제왕운기』, 『삼국유사』 등 수백 점 넘는 고서들이 출품되었지만, 전쟁 때문에 경매가 제대로 성사되지 못했다. 그 후 30년이 지난 1982년 6월 7~19일에 제1회 현장 경매를 열었다(화봉문고, 1918.5., p.5).

1982년 3월 20일 화봉 여승구는 서린동 사옥에서 '제1회 서울북페어'를 개막했다. 이 일을 계기로 하여 문학박물관 건설을 지향하는 또 다른 목표를 세우게 된다. 당시 윤석창문고를 진열한 것이 도화선이었다. 화봉장서는 그렇게 안춘근이라는 대서지학자, 출판학자, 저술가, 고서수집가와의 만남에서 시작되었다(여승구, 2017.1., p.8). 화봉은 남애의 수서와 관련하여,

안 선생은 고서 수집으로 집안 생활이 곤궁하셨을 것이다. 하지만, 꼭 마음에 드는 책이 있으면 어떻게든지 손 안에 넣어야 직성이 풀리는 수집가이시기도 했다. 한 번은 인사동에서 점심을 하고 인사동, 청계천, 장안평을 순회하였는데, "저 책은 내가 필살의 빛을 쏘아 놨으니까 어디 가지 못할 거야." 하시는 말씀을 듣고 감격한 일이 있다.

〈여승구(2017.3.). 「화봉장서 35년의 회고(2)」, p.9〉

라고 말했다. 아래의 사례는 남애가 한국정신문화연구원에 1만여 권의 장서를 이양할 때 있었던 에피소드이다.

당시 이선근 원장이 남애 장서의 질을 이해하시고 꼭 연구원에 기증해 달라고 당부하시던 중이었다. 그럴 때 정신문화연구원의 경리와 용도 계통 부서에 대통령의 당번이나 운전기사 등이 포진하고 있어 청와대에 모략을 하고 있었다. 그러나 이 원장이 박정희 대통령을 설득하여 잡음을 일소하고 자료 인수에 성공했다. 장서를 인수하기 위해 혁명으로 정권을 잡은 무서운 대통령을 독대 설득하였다니, 이는 역사에 흔치 않은 일이다. (중략) 안춘근 선생이 1980년대 중후반 우리 회사의 월례조회에서 특강을 하실 때, '고서 수렁'에 빠져 있는 사장을 걱정하는 직원들을 향해 "고서는 이 다음에 큰 자산이 될 수 있다."(회사 발전의 원동력이 된다.)고 설득하시던 광경이 눈에 선하다.

〈여승구(2017.3.). 「화봉장서 35년의 회고(7)」, p.9〉

이후 화봉은 남애의 장서 중 2차분을 범우가 유상 인수했음을 상기하면서, 남애의 탁월한 발굴 성과들을 자신이 수용하지 못한 아쉬움을 털어놓았다. 예컨대, "국내 유일본인 우리 교과서『동몽선습』초판본도 범우 장서에 들어 있다."고 하면서, "수차례에 걸쳐 범우를 만나 그 책을 나에게 양도하라고 말했으나 그저 웃고만 말았다."고 회고했다. 그리고는, "범우는 큰 장서가이면서 애서가인데, 더 이상 무리한 부탁을 하지 말아야 한다고 생각한다."고 말한다. 그러면서, "다만 왜 안춘근 선생이 살아계실 때 매달려 사정을 하지 않았을까 후회하고 또 후회하고 있는 중이다."라고 속내를 내비치기도 했다(여승구, 위의 글, 같은 쪽).

남애는 한국출판판매주식회사의 고문이었을 뿐만 아니라,『서점경영독본』등 3권의 저서를 거기에서 낸 저자였고, 특별한 기고를 제공기도 했다. 특히,《책방소식》을 통해서는 '책의 역사'라 하여 장편(掌篇) 칼럼(200자 용지 7매)을 여러 해 동안 연재한 것도 특기해 둘 일이다. 예컨대「귀중본에 대하여」(제37호),「인쇄의 시초」(제40호),「함무라비 법전」(제44호),「리그베다(Rig Veda)」(제46호) 등과 같은 사례가 그와 같은 글들이다. 천 마디 말을 단지 한 쪽의 글로 내보인 해박한 사관(史觀)을 거기에서 엿본다.

해외 학자들과의 친교

남애 안춘근과 교류한 해외 학자들에 관해서는 그 관련 인사들의 범위나 소통 과정에 대하여 구체적으로 예거하기란 간단하지 않다.

여기서는 일본의 시미즈 히데오(淸水英夫: 1922~2013, 靑山學院大學 교수, 일본출판학회 회장 등 역임), 미노와 시게오(箕輪成男: 1926~2013, 神奈川大學 교수, 일본출판학회 회장 등 역임), 그리고 중국의 다이원바오(戴文葆: 1922~2008, 南開大學 교수, 인민출판사 편심 등 역임) 등으로 요약한다.

시미즈 히데오와 남애―국제출판학술회의 창립 공동 발의

우선, 남애와 시미즈 히데오 교수가 상호간에 인지한 시점이 언제부터인지 알아볼 필요가 있다. 1963년 2월에 나온 남애의『출판개론』중 참고 문헌에서 보면 시미즈의 첫 저서인『사상·양심 및 언론의 자유』(一粒社, 1961)라는 책이 소개되어 있다. 남애의 출판학 관련 첫 저서는 1959년 3월에 낸『양서의 세계』(아카데미사, 1959)였다. 엄밀한 의미에서 두 사람 간 저술 활동의 출발이 남애 쪽에서 2년여를 앞섰던 셈이다.

그 후 남애가 시미즈를 인지한 시점은 1972년 말 『현대출판학』(竹內書店, 1972)이 나왔을 무렵으로 추정된다. 이 책은 시미즈의 대표적인 저술이기도 하다. 시미즈는 법률학자로서 주로 언론·출판의 윤리와 출판의 자유에 관한 많은 연구 업적을 남긴 학자로 유명하다.

남애는 평소 일본에서 진행되어 온 출판학 연구에 대하여 깊은 관심을 보였고, 시미즈 또한 상대적인 면에서 마찬가지였다. 당시만 해도 한국 측에서는 주로 연구자나 출판계에서 여러 통로로 수집한 서목을 통하여 일본에서의 연구 경향과 출판 동태 등을 파악하던 때였다.

그런 시절, 남애의 '일본 인식'은 선진적인 데가 있었다. 이에 관해서는 앞에서 말한 『출판개론』에서도 일본 학자들에 의해 저술된 최신 자료들이 풍부하게 제시되어 있어 그에 따른 시사점을 엿볼 수 있다.

1960년대부터 연구 활동을 계속해 온 시미즈는 학계 원로인 주가쿠 분쇼(壽岳文章), 누노카와 가쿠자에몽(布川角左衛門) 등 초기 학자들과도 오래 교류해 온 일본 출판학계의 중진이기도 하다.

시미즈는 1961년에 『사상·양심 및 언론의 자유』를 낸 이래 언론·출판 관련 저서를 지속적으로 발표했다. 그런 과정에서 『현대출판학』(竹內書店, 1972), 『출판학과 출판의 자유』(일본에디터스쿨 출판부, 1995) 등 다수의 비중 있는 저술 업적을 남겼다. 그는 특히 법학자(동경대 법학박사)로서 출판이 지향하는 '공포와 이용의 자유' 문제에 깊은 관심을 두고 있었다.

시미즈가 남애와 알게 된 계기를 한국출판학회에서 낸 《출판학》 창간호(1969.8.)를 만난 때부터였다고 밝힌 바 있다(淸水英夫, 1997.12., p.390). 이를 통해 "한국출판학회의 창립 회장이 안춘근 선생임을 알았다."는 것이다. 그러나 이때의 '안춘근에 관한 인식'은 학회지를 매개로 한[5] 관련 정보(창간사, 남애의 논문, 휘보 등)를 통해 간접적인 접근이 이루어졌을 것으로 보인다.

당시 시미즈는 특히 한·일 양국에서 동일 시점대에 출판학회가 창립되었다는 사실을 중시했다. 이와 관련하여 다음과 같이 말한 바 있다.

---

5) 한·일 양국 출판학회가 상호 관심을 보이게 된 것은 1969년 말 무렵부터였다. 왜냐하면, 두 학회가 동일 시점대에 창립[1969년 3월 17일 한국출판학회(발족 당시: '한국출판연구회'), 같은 해 3월 14일 일본출판학회 창립]되어, 이후 소통이 열려나가기 시작했기 때문이다.

1969년 한국과 일본에서 동시에 출판학회가 탄생하였다. 그것은 한·일 양국의 연구자가 서로 의논해서 이루어진 것이 아니고 각자 독자적인 경위로 이루어진 결과였다. 그러나 나에게는 그것이 전혀 우연이라고 단정할 수가 없고 운명의 인도와도 같다는 느낌이 들어 어쩔 수가 없다. 그리고 그 인도자가 안춘근 선생이 아닐까 하고 생각했던 것이다.
〈淸水英夫(1997.12.). 「안춘근 선생을 기리며」, 《'97출판학연구》, p.390〉

이후(1981), 안춘근이 일본출판학회 학회지인 《출판연구》 12호(1981.12.)에 「한국 출판학의 현황」이란 논문을 기고하자, 그쪽 출판학 연구자들로서는 "한국 출판학에 관한 연구 정보가 부족한 상태에서 귀중한 자료를 만난 계기"가 되었다(淸水英夫, 위의 같은 글, p.390).

두 사람 간 대면 소통이 이루어진 것은 시미즈 교수가 1984년 10월 13일 한국출판학회 주최로 제1회 국제출판학술발표회에 참가하기 위해 서울을 방문하면서부터였다. 당시 일본출판학회 회장인 그는 15명의 대표단장으로(부단장은 미노와 시게오) 이 행사에 참가했다.

「활자 문화에 미래는 있는가」라는 대주제로 열린 제1회 대회에서, 안춘근은 「뉴미디어의 발달에 대처해야 할 출판 산업」이라는 주제 논문을 발표했고, 시미즈가 「활자 문화에 미래는 있는가」라는 주제로 발제했다. 서로의 논제는 다른 것이었지만, "구텐베르크 이래의 정보 혁명에 즈음하여 출판은 어떠해야 하는가?"라는 문제의식은 공통점이 있었다.

당시 남애는 "장래 지식이나 정보의 분야에서 컴퓨터를 사용하는 미디어가 우후죽순

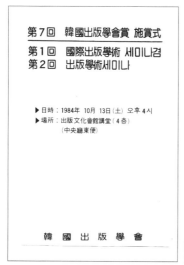

제1회 국제출판학술발표회 안내장(좌) 및 참가자 방명록(아래)

처럼 출현할지도 모른다. 그러나 재래의 출판이 종말을 맞이하는 일은 없을 것이다. ……
물론 뉴미디어를 무시할 수는 없다. 또 무시할 필요도 없다. 그보다도 이것을 선용함으로
써 출판 활동의 활성화를 도모하는 것이 시대의 요청"이라고 주장했다(일본출판학회, 《일
본출판학회보》 54호, 위의 같은 글, p.578).

아래 내용은 시미즈 교수의 「활자 문화에 미래는 있는가」라는 발제문 중 Ⅳ, Ⅴ장을 발
췌 소개한 것이다.

「활자 문화에 미래는 있는가?」

Ⅳ. 커뮤니케이션 수단으로서의 책

인간에게 가장 중요한 것이 무엇이냐를 말한다면, 그것은 마음의 자유임에 틀림없다.
마음의 자유가 풍부한 사상을 낳고, 자유롭고 풍부한 문화와 사회를 만든다고 확신하
기 때문이다.

많은 미디어 중에서 마음의 자유에 가장 어울리는 것이 바로 책이라고 생각한다. 책
은 저자와 독자의 커뮤니케이션이다.

텔레비전 등 시청각 미디어도 송신자와 수신자 간의 커뮤니케이션이지만, 그 메시지
는 일방적으로 보내지는 것들이고, 또 받는 사람의 수용 능력을 고려하여 저항감이나
위화감이 일어나지 않도록 배려한 것이다. 텔레비전의 송신자와 수신자 사이의 커뮤니
케이션은 수신자의 조건에 따라 거의 변하지 않겠는가?

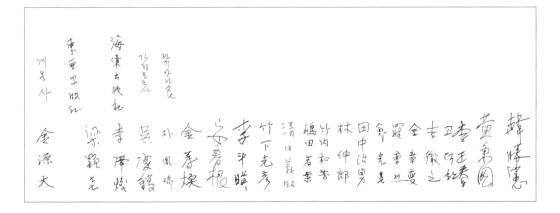

책의 경우에는 다르다. 누구에게나 맞는 책은 내버려 두더라도, 책은 독자의 적극적인 자세가 필요하며, 그 능력이나 자세에 따라 저자와 독자의 사이에 성립하는 커뮤니케이션이 크게 변화한다. 옛날에 볼테르가 "아무리 유익한 책이라 할지라도 그 가치 중 절반은 독자가 만드는 것이다."라고 말한 것은 그러한 의미라고 생각한다. (중략)

또, 책은 제멋대로 메시지를 보내지 않는다. 독자가 1페이지씩 넘겨가면서 그 메시지를 읽으면서 비로소 저자와의 커뮤니케이션이 성립된다. 이 능력이 낮으면 그 커뮤니케이션은 빈약해지고 능력이 높으면 풍성해진다.

어떤 경우에는 저자의 의도조차 뛰어넘는 커뮤니케이션이 탄생할 가능성도 있다. 고전이 언제까지라도 고전일 수 있는 것은 아마도 그러한 이유 때문이 아닌지 모르겠다. 그리고 그와 같은 독자를 가지는 것이야말로 저자의 최대 소원이 아닐까?

V. 앞으로 책은 어떻게 될 것인가?

최근 일본의 작가가 쓴 글 속에 "한국인은 인텔리일수록 시각 중심의 잡지를 경시한다."고 지적한 것을 읽었다. 그런 분들에게 "앞으로 책은 어떻게 될 것인가?" 하는 문제는 난센스일지도 모른다. 그러나 최근 일본의, 특히 젊은이들의 활자 이탈을 목격하고 있는 우리들에게는 여전히 절실한 문제다. 결론부터 말하면, 책의 미래는 밝다. (중략)

어릴 때의 독서 강제는 심리학자나 교육학자 중 일부에서 비판이 있다는 것을 안다. 그러나 데이비드 리스만은 "문화의 계승을 위해서는 다소 고통스럽더라도 우리 아이들이 또 책을 읽고 음악과 친숙해지도록 부담을 지우는 것이 의무"라는 설에 공감을 표한다.

470

또, 초·중학생에게는 교과서나 과제의 형태가 아니라 정말 읽는 즐거움, 훌륭함을 가르쳐야 한다고 생각한다. 이 시기는 흡수력이 가장 왕성하며, 가르치는 방법만 틀리지 않는다면 좋은 독서 습관을 심어줄 수 있다. 고등학생 이후라면 이미 때가 늦었다고 생각한다.

하지만 여기에서 유의해야만 하는 것은, 현재는 멀티미디어 시대이고 좋든 싫든 시청각 미디어의 환경에 있다는 사실이다. 따라서 책을 만드는 데에도 기획부터 인쇄, 제본에 이르기까지 새로운 감각을 필요로 한다. 이 때문에 서적 편집자는 훌륭한 의미에서의 저널리스트여야 한다. 주어진 조건하에서 어떤 책을 제공할 필요가 있는지, 환영받을 수 있는지에 대한 판단은 저널리스틱한 것이다. 그와 같은 분위기가 넘쳐흐르는 출판계여야 책의 미래에 희망을 잇는 일이 허락될 것이다.

〈清水英夫(1984.11.).《出版ニュース》(1984년 11월 상순호), pp.8~9〉

이와 같이, 시미즈는 인간에게 있어 가장 중요한 것은 마음의 자유인데, 많은 미디어 중에서도 그에 걸맞은 것은 책밖에 없다고 말한다. 따라서 현대는 멀티미디어 시대이므로 어쩔 수 없이 시청각 미디어의 환경 속에 있다는 사실도 짚었다. 이 때문에 책을 만드는 데 있어 기획부터 인쇄, 제본에 이르기까지 새로운 감각을 필요로 한다고 보고했다.

이 대회가 끝날 즈음, 중대한 발표가 있었다. 즉, 안춘근 한국출판학회장의 제안에 따라 양국 출판학회가 공동으로 국제출판학술회의(The International Forum on Publishing Studies, IFPS)를 창립한다는 결의를 채택한 것이다. 시미즈는, 당시를 회고하면서 "출판학을 세계적으로 인지시키는 일, 그것은 바로 안춘근 선생의 꿈이었다."고 술회했다(清水英夫, 1997.12., p.391).

시미즈 회장은 귀국 후 1984년 11월 24일 안춘근 회장에게 서한을 보내 제1회 대회가 성공적으로 치러진 데 대한 감사와 향후 계획을 알려 왔다. 그 내용을 보면 다음과 같다.

(전략) 제1회 세미나의 성공은 오로지 선생님이 고심하신 결과라고 생각합니다.

일본출판학회는 내년의 제2회 세미나 및 국제출판학회의 설립을 위해 미노와(箕輪) 씨를 위원장으로 하는 국제교류특별위원회의 설치를 결정했습니다. 아무쪼록 힘을 보태 주시기를 부탁드립니다. (하략)

1984년 11월 24일 清水英夫

그러면서, 서울 회의에서 느낀 소감 등을 밝힌 자국 내에서의 신문 기고도 함께 보내왔다. 시미즈의 기고 내용을 보면 다음과 같다.

한·일 출판학회 세미나에 출석하여 국제적 조직화 확인

한국출판학회의 안춘근 회장이 일본출판학회에 서울에서의 공동 세미나 개최 제안을 한 것은 금년 초여름이었다. 일본출판학회가 이를 수락하고 나를 단장으로 하는 15명의 회원은 10월 12일 서울로 들어갔다.

우연의 일치였지만, 한·일 양국의 출판학회가 발족된 것은 같은 해인 1969년의 일이다. 또, 오늘날까지 이 두 학회 외에 동종의 학술단체는 세계적으로도 존재하지 않는 듯하다. 그런 의미에서도 한·일 양국의 두 학회가 친근감을 가지고 있다고 하는 것은 자연스러운 일이라고 할 수 있다.

한국은 세계에서 최초로 활판 인쇄를 발명한 나라로, 구텐베르크의 발명보다도 반세기 이상 오래 되었다고 한다. 출판의 근대화는 그보다 늦어서, 본격화한 것은 최근 십수 년의 일이다. 그러나 최근의 발전 실적은 현저하여 눈 깜짝할 사이에 세계 일류 출판국들과 보조를 맞출 수 있게 되었다.

그러한 상황을 시찰하는 것도 이번 방한 목적의 하나였는데, 양 학회 모두 발족한 지 15년이 경과되었지만 이번과 같은 형태의 교류는 지금까지 경험하지 못했다. 그런 면에서 이번에 뜻을 같이하는 연구자들이 함께 모이는 것은 매우 큰 의미를 가진다고 생각한다.

그런데 공동 세미나의 테마가 사전 협의를 통해 '미래의 출판'으로 결정되고, 양 학회의 회장이 각각 보고를 담당하게 되었다. 나는 여러 가지를 생각한 끝에 「활자 문화에 미래는 있는가」라는 타이틀로 보고하기로 하였다. (중략)

13일 약간 늦은 오후, 종로구 사간동에 있는 출판문회화관 강당에서 세미나가 개최되었다. 한국 측에서는 대학 연구자와 출판 관계자 등 100여 명이 참가하는 등 꽤 성황리에 진행되었다. (중략)

안 회장이 특히 지적한 것은 TV 등 전파 매체와 출판과의 관계이다. 한국의 TV는 공공방송인 KBS와 상업 방송인 MBC가 있는데, 오락성은 일본과 비교가 되지 않는다. 그러나 일종의 활자 이탈 현상이 발생하고 있는 것도 사실이어서, 안 회장은 활자 매체를 영양제로, 전파 매체를 소화제로 예를 들며 본말을 전도해서는 안 된다고 경고하였다.

나의 보고는 통역(박승훈 건국대 교수)을 포함하여 약 80분이 소요되었는데, 우선 일본에서의 활자 이탈 현상의 실태를 소개하고, 이어서 최근 일본의 출판 상황을 보고하였다. 그리고 다음으로는 정보화 사회와 뉴스 미디어를 설명한 후 커뮤니케이션 수단으로서의 책의 역할에 대해서 이야기하였다.

　결론은 '앞으로 책은 어떻게 될 것인가'에 대해서 상당히 낙관적인 미래관을 진술하였다. 나로서는 활발한 논의를 기대했었는데, 한국에서는 아직 뉴미디어가 절실한 문제로 대두되지 않아서인지는 몰라도 일본의 출판 상황을 둘러싼 질문이 많았다.

　여기에서 주목해야 할 것은, 세미나에 앞서 양 학회의 발의로 국제출판학회 설립 제안이 가결되었다는 사실이다. 앞에도 논했던 것처럼 한·일 두 나라 이외에 출판학회는 존재하지 않는 듯하지만 출판 연구자는 각 나라에 있으며, 그 조직화는 커뮤니케이션 연구를 하는 데 있어서 중요한 의의가 있다고 할 수 있다.

　최초의 시험이기도 하고 학술적인 메리트가 컸다고 할 수는 없지만, 이것을 계기로 세계적 수준의 출판 연구가 시작될 수 있다면 훌륭한 일이라고 생각한다. 제2회 공동 세미나는 내년 여름, 도쿄에서 개최될 예정이다.

〈清水英夫.「國際的な組織化確認―日韓出版學會の共同セミナーにして出席」.
《信濃每日新聞》, 1984.11.6.〉

　제2회 국제출판학술회의는 1985년 8월 20일 일본출판학회 주최로 일본서적출판회관에서 열렸다. 주제는 「출판의 현상」(오전 공동 주제), 「출판에 있어서의 미디어 믹스」(오후

제2회 국제출판학술회의에서 시미즈 회장과 안춘근 회장이 기념품을 교환하고 있다(도쿄, 1985.8.20.).

공동 주제)였다. 불과 1년 전에 출범한 국제회의인데도 그 규모나 조직 면에서 대단한 성황을 보인 행사로 치러졌다. 주최국 일본을 비롯하여 한국, 브라질, 중국, 프랑스, 미국, 영국, 인도, 스리랑카 등 9개국에서 100여 명이 참가한 대규모 국제회의로 발돋움한 모습이었던 것이다(제2회 대회에 관해서는 이 책; pp.323~324 참조). 회의의 명칭도 당연히 서울 대회를 이은 'The Second International Forum on Publishing Studies'라 명명되어 있었다.

당시 남애는 「한국 출판의 당면 문제와 출판학 연구」라는 주제 논문을 발표했고, 다음과 같은 기대도 내보였다(淸水英夫, 1997.12., pp.391~392).

1. 국제출판학회 설립을 위한 논의가 이루어져 하루라도 빨리 구체화를 볼 것.
2. 우리와 함께 세계 각국의 연구자가 협력하여 출판학을 국제적인 학문으로 발전시키기 위한 계기가 될 것.
3. 한·일 양국의 연구 성과를 세계에 과시하는 기회가 될 것.
4. 포럼의 참가자 한 사람 한 사람이 구체적인 연구 테마를 설정할 수 있을 것.
5. 연구자뿐만 아니라 출판의 현장에 종사하는 업계 사람들도 출판 연구를 시작하는 계 계기가 될 것.

서울에서 시작된 국제출판학술회의는 1985년 이후 2년 간격으로 서울, 도쿄, 베이징, 마닐라, 쿠알라룸푸르, 난징, 청두 등지에서 개최되었다(2018년 현재 제19회에 이름.).

그런 가운데 두 사람 간 우정의 켜도 더욱 두터워져 갔다. 시미즈는 또한 '안춘근이 말한 출판학의 필요성'과 관련하여 자신의 저서인 『출판학과 출판의 자유』에서 남애의 견해를 인용, 다음과 같이 설명하고 있다.

전전(戰前) 일본의 철학자 미키 기요시(三木淸)는 "철학이란 무엇인가가 철학의 근본 명제이다."라고 말했다. 그것은 출판학에도 해당될 듯한 느낌이 드는데, 그러나 출판학은 철학처럼 사변적인 것이 아니라 오히려 실무에 더 많이 관련되어 있다. 그러나 출판학에 있어서 성가신 것은 철학과 마찬가지로 출판의 개념이 대단히 다의적이고도 유동적인 데 있는 것같이 생각된다.

그래서 안춘근 선생은 앞에 든 논문 「한국 출판학의 현황」을 "출판이 학문으로서 연구 대상이 되는가, 된다고 하더라도 그 필요성이 있는가"라는 서두로 시작하셨다. 그것은 바로 나의 문제의식과 거의 똑같은 것이었다. 그리고 안 선생은, 출판은 학리적인 연구보다도 경험을 주로 하는 실기 쪽이 중요하다고 하는 출판 실무가를 비판하여 다음과 같이 지적하셨다.

"만일, 이와 같은 논의가 정당하다고 한다면 상학이나 경제학이나 법학도 필요 없게 될 것이다. 장사를 하기 위해서는 학술적인 이론이 선행되지 않더라도 실기로 가능하기 때문이다. ……이것은 마치 인간에게 의학적 지식이나 생태학적 지식이 없어도 인간 생활에는 별로 지장이 없는 것과 마찬가지이다. 그러나 알지 못하고 살고 있는 것과 알고서 적극적으로 예상되는 모든 문제에 대처하는 것과는 커다란 상위(相違)가 있다."

〈清水英夫(1995). 『出版學と出版の自由』, pp.44~46〉.

이와 같은 남애의 생각에 대하여 인식을 함께 한 학자가 시미즈 히데오였다. 기실, 이 같은 생각은 남애가 진작부터 주장해 온 '출판학의 필요성'에 대한 합리적인 견해이기도 했다(안춘근, 1969, p.13. 안춘근, 1982.12., pp.55~56). 이후로 두 사람 간에는 기회 있을 때마다 서울과 도쿄를 내왕하며 친교를 이어 갔다. 서로간의 소통이 허심탄회했으나, 품위와 절제를 유지함에 일정한 선을 벗어나는 일이 없었다. 남애는 평소 시미즈를 가리켜 '꼿꼿한 선비형 학자'라고 말하곤 했다.

시미즈가 남애와 함께 학술회의에 참가한 것은 1991년 10월 18일 서울에서 제5회 국제출판학술회의가 열렸을 때가 마지막이었다. 이로부터 이태 뒤인 1993년 1월 22일 남애가 타계할 무렵까지 몇 번의 서신만 주고받았을 따름이다.

2001년 10월 27일, 사단법인 한국출판학회(회장 윤형두, 남애안춘근출판저술상심사위원회 위원장)에서는 시미즈 히데오 교수를 '제1회 남애안춘근출판저술상' 수상자로 선정하여 그의 업적을 기렸다.

그에 대한 시상 이유로 "수상자는 1961년 『사상·양심 및 언론의 자유』를 첫 저술로 낸 이래 출판과 출판학의 발전을 위하여 『현대출판학』, 『출판학과 출판의 자유』 등 많은 논저*를 이룩함으로써 출판 연구의 저변을 심화하는 데 공헌한 그간의 노력이 지대하다는 점을 평가했다(* 시미즈 교수는 2001년 10월 현재로 51책의 저서를 냈다.). 특히, 수상자의 학문적 관심은 출판 연구가 지향해야 할 영역학으로서의 본질을 구명(究明)하는 일에 터하여, 건전한 공표 윤리와 그에 기반한 자유로운 표현 행위에 실천적 이념을 둠으로써 출판 개발과 출판학 연구에서 이바지한 바 크다고 밝혔다. 따라서 교육자로서도 오랜 기간 동안 후학 양성에 헌신했을 뿐만 아니라, 출판 언론 현장에 이르러서는 편집 책임자로, 여러 관련 기관·단체를 이끈 지도자로서 진력 후견하고 봉사하는 등 귀감을 보여 주었다고 지적했다.

이 시상에 앞서 2001년 9월 23일자 《아사이신문(朝日新聞)》은 시미즈의 수상 소식을 예고 보도하면서, "교과서 문제로 양국 간 위중한 때에 한국출판학회가 이처럼 큰 상을 일본인에게 시상하기로 결정했다(상금 500만 원, 약 45만 엔)."고 알렸다. 따라서 시상 이유는 "수상자가 국제 출판 연구와 일·한 간 출판학 교류를 위해 노력한 바를 평가한 데 있다."고 밝혔다.

이제 시미즈는 과거의 인물로 우리의 기억 속에 남아 있다. 그는 학문 정진을 위해 최선을 다한 끝에 향년 91세로 타계(2013.6.19.)했다. 남애가 출판학을 일으킨 선구자였다면, 시미즈 역시 미명의 분야에서 새로운 경지를 개척해 나간 학자였다.

그들에 의해 이룩된 학문적 업적과 미래를 위한 협력 정신이 밑거름 되어 오늘의 국제 출판학술회의도 거듭 발전하고 있음을 본다.

미노와 시게오와 남애—도반(道伴)의 우정

불가에 도반이란 말이 있다. 길동무라는 뜻이다. 같은 길을 가면서 서로 이끌어 주고 격려하면서 마음을 나누는 벗이 도반이다. 도반은 불가에서만 쓰는 말이 아니다. 지향하는 바가 같고, 생각을 함께한다면 도반이라 할 수 있다.

남애에게 있어 미노와 교수로 말하면 그런 도반과 같은 존재였다. 출판학자로서 책 문화를 중시하고 경외하는 평소의 생각이 그러했고, 책을 통한 문화적 인식이 상호 공감 속에서 유지·소통되고 있었기 때문에 그러했다. 그들은 각자의 조국에 오랜 친구들을 두고 있으련만, 국경을 뛰어 넘어 누구보다도 더 곡진한 마음의 동반자로 깊은 신뢰를 함께 나누었다. 두 사람은 또한 동배(1926년생) 사이이기도 하다.

남애와 미노와가 처음으로 만난 것은 1974년 9월 23일(~25일) 아시아태평양지역 대학출판부회의가 열리고 있던 서울의 프레지던트호텔에서였다. 이 회의는 정부와 아스팍(Asian and Pacific Council, ASPAC)이 공동 주최하여 「대학 출판과 국제 협력」이란 주제를 내걸고 지역 내 국가의 대학 출판부가 수행해야 할 역할과 기능, 대학 출판의 발전 과정 및 전망, 그리고 각국 간의 협력에 대하여 협의할 목적으로 열렸다.

8개국(한국, 일본, 대만, 홍콩, 필리핀, 베트남, 태국, 인도네시아) 대표들이 참가했으며, 향후의 발전 방향과 공동 관심사를 교환했다. 특히, 국경을 초월한 도서 교류의 필요성을 강조한 것도 이 회의에서 제기된 특기점이었다.

당시 미노와는 일본의 대학 출판부(동경대학출판회 전무이사)를 대표하여 아시아태평양지역 대학출판부회의에 참가했다. 아래의 글은 미노와가 남애를 처음 만났을 때의 소회를 밝힌 내용이다.

남애 안춘근 선생[6]

안춘근 선생, 아호는 남애(南涯)라고 한다. 한국 출판사 을유문화사의 주간(편집장)이기도 하다. 9월*에 그 자신의 18권째 저서를 출판했으며, 제목은 『남애영도기(南涯聆睹記)』, 자필 원고를 표지로 장정한 200부 한정판이다(* 1974년 9월을 말함. 필자 주).

안춘근의 이름은 한국에 있어 출판 및 출판사(出版史)의 연구자라고 들어 왔다. 그런 그를 이번 서울에서 제2회 아시아태평양지역 대학출판부회의가 개최되는 것을 기회로 만날 수 있었던 것은 삼화인쇄 전무 박문규(朴文圭) 씨의 친절한 배려 덕분이었다. (중략)

그 박 전무로부터 다름 아닌 안춘근 씨가 주관하는 한국출판학회를 돕고, 학회지 《출판학》의 발행을 돕고 있다는 말을 듣고, 나는 서울 체재 기간 중에 그를 꼭 만나고 싶다고 간청했다.

회의 첫날, 어제 박 전무에게 부탁하여 증정한 나의 번역본에 대한 답례로 『남애영도기』를 들고 나타난 안 씨와 처음으로 대면했다. 짧은 커피 타임 시간이라 선 채로 만났지만, 금방 흉금을 서로 털어놓을 정도로 백년지기가 된 느낌이었다.

둘째 날에 다시 나타난 안 씨로부터 그의 『출판개론』을 받았다. 용무가 끝나자 그는 어느새 모습을 감췄다. 바쁜 일정에 쫓기는 나를 방해하지 않으려는 그의 마음 씀씀이를 알만했다.

사흘째, 마지막 여분이라고 하면서 세 번째로 그의 저서 『장서원론(藏書原論)』을 기증받았다. 표지로는 300년 전 목활자본 원본을 썼으며, 300부 한정판이었다.

---

6) 주제의 글은 1974년 12월 일본의 에디터스쿨에서 발행한 EDITOR지에 발표되었는데, 1986년 10월 한국고서동우회에서 '남애 안춘근 선생 화갑기념 논문집'으로 낸 《古書研究 '86》에 일본어로 소개된 바 있다. 이것이 다시; 이종국(2011). 『교과서·출판의 진실』. 서울: 일진사, pp.461~462에 번역 소개되었다.

꽉 찬 스케줄 때문에 여유 있게 대화를 나눌 시간을 못 가진 것이 못내 아쉬웠지만, 짧은 접촉이었으나 안 씨의 매력적인 인품은 충분히 엿볼 수 있었다.

독서 인구가 적어 고작해야 200부, 300부라는 한정판으로밖에 출판할 수 없는 출판 연구 관계 저서를 18권이나 저술했고, 있는 돈은 모두 희귀본 수집에 투자하고 있는 안 씨는 언제나 빛나는 눈으로 조용하게 말하며, 조용하게 사라진다. 화려한 곳이 싫다고 하는, 몇 대학에서 강의를 맡고 있는 안 씨이지만, 한편으로는 별난 사람이라는 말을 듣고 있는 성 싶다. 그의 순박한 성격으로 미루어보면 대충 상상이 가는 부분이기도 하다.

안 씨와의 우연한 만남, 그것은 이번 회의의 성공과 더불어 나에게는 커다란 수확이었다. 덧붙여 '聆'은 듣고, '睹'는 본다는 뜻이며, '본대로 들은 대로의 기록'이라는 뜻이다.

〈1974년 12월호 EDITOR지 게재. 1982년 10월 단행본 『책과 사람(本と人と)』에도 수록됨.〉

위의 글에서 알 수 있듯이, 미노와에게 있어 남애와의 첫 만남은 깊은 인상을 받았던 기회였다. 미노와는 도쿄로 돌아간 후 1주일도 채 안 된 1974년 10월 3일 남애에게 다음과 같은 내용의 서한을 보낸다.

안춘근 선생님께*
지난번에는 대단히 고마웠습니다. 대학출판부 대회의 성공과 더불어 선생님을 알게

미노와의 서한(1974.10.3.)

478

된 것은 이번 여행에서 그 무엇과도 견줄 수 없는 큰 수확이어서 정말 기뻤습니다.

선생님께 받은 책은 제 서가의 한쪽 모서리를 차지하고 있습니다. 그리고 동활자본 단편(斷片, 몇 쪽의 인쇄물을 말함. 필자 주)은 저의 보물입니다.

다만, 유감스러웠던 것은 일정에 쫓겨 느긋하게 둘이서 이야기 나눌 시간을 가지지 못했다는 것입니다. (중략) 이럴 줄 알았다면 체재 기간을 하루나 이틀 더 연장했으면 좋았을 텐데 하고 후회하고 있습니다.

어쨌든 선생님을 만나 뵙고 한국의 인쇄 출판 역사에 대하여 상당히 흥미를 가지게 되었습니다. 선생님이 주신 책을 한글 사전을 찾으면서 읽어보겠습니다.

제가 흥미와 관심을 둔 것은 말씀드린 바와 같이 출판의 사회 기록사입니다. 지금까지 주로 유럽 관계의 책을 수집해 읽었습니다만, 아시아에 대해서는 이제부터 읽어보려 합니다. 정말 앞으로 일일이 여쭤어 볼 수 있는 분을 발견해서 다행입니다.

다시 만날 기회가 빨리 오기를 기원하면서 아무쪼록 건강하시길 빕니다.

　　　* 이 서한의 일본어 원문은: 《출판학》(제21집), 1974.10., pp.94~95에 수록되었다. 필자 주.

이렇게 미노와로서는 남애와의 첫 만남이 인상적이었던 것 같다. 당시 미노와는 남애와 초면이면서도 "금방 흉금을 서로 털어놓을 정도"라고 말할 정도였다.

뒷날 남애 역시 "우리는 만나자마자 십년지기처럼 다정한 사이가 될 수 있었다."고 회고했다. 그들의 우정은 첫 만남 때부터 그렇게 특별한 데가 있었다.

이후 두 사람은 꾸준한 만남을 이어 갔다. 미노와의 「안춘근 선생 회고」(箕輪成男, 1997. 12., pp.383~385)에 의하면,

• 1979년 여름: 남애가 미국 문화 시설 시찰을 마친 귀로에 도쿄에 들렀을 때
• 1983년 10월: 남애의 주선으로 부산 동아대와 서울의 중앙대에서 강연할 때
• 1984년 10월: 서울에서 열린 제1회 국제출판학술회의
• 1985년 8월: 도쿄에서 열린 제2회 국제출판학술회의
• 1986년 1월: 바레인 출장 귀로에 서울 방문 때
• 1987년 5월: 뱅쿠버에서 열린 생물편집자협회의 참가 후 귀로에 서울 방문 때
• 1987년 10월: 서울에서 열린 제3회 국제출판학술회의
• 1988년 7월: 미노와 초청으로 도쿄 방문

- 1989년 10월: 도쿄에서 열린 제4회 국제출판학술회의
- 1991년 10월: 서울에서 열린 제3회 국제출판학술회의

미노와 초청으로 도쿄 방문. 미노와 자택에서(1988.7.)

등 여러 차례에 걸쳐 둘 간의 교류가 이어졌다. 이렇게 두 사람이 만나면 거의 매일이다시피 대화와 토론을 함께 하곤 했다.

그러므로 이들은 각자 어느 외국인보다도 가장 잦은 회동을 가졌다는 점에서도 특별한 비망을 남겼다.

미노와는 또한 안춘근을 통해 한국의 출판학 연구와 출판 현상에 관해서도 알고 싶어 했다. 그러한 일환으로 미노와는 1981년 5월 25일 남애에게 논문을 청탁할 목적으로 다음과 같은 서한을 보낸다.

안춘근 선생님께

(전략) 지금 저는 《출판연구》*의 편집위원장을 맡고 있습니다만, 금년 12호에 안 선생님이 '한국 출판학의 현황'에 대해서 써 주셨으면 합니다(* 일본출판학회의 학회지를 말함. 필자 주). 출판 연구에 뜻을 둔 학회로서 여러 외국에서의 연구 상황을 참고하는 것은 제일 먼저 해야 할 일입니다만, 한국에서의 출판 연구의 진척 상황에 대해서는 우리가 전혀 알지 못합니다. 만일 기고해 주신다면 대단히 고맙겠습니다.

원고 매수는 특별히 지정하지는 않았습니다만, 30매(400자 원고용지) 이내면 좋겠습니다. (중략)

부디 건강하시기 바랍니다. 그리고 부탁드린 원고 마감은 8월 말이라는 것을 말씀드리지 못했군요. 맡아주실지 여부를 먼저 알려 주시면 고맙겠습니다.

箕輪成男, 1981.5.25.

남애는 미노와의 원고 청탁을 수락하고 일본출판학회에 「한국 출판학의 현상」이라는

주제로 기고했다〔《出版研究》(제12호), 1981.12.〕. 같은 주제의 한국어 논문은 이듬해 말 (1982.12.) 한국출판학회의 학회지《출판학연구》에도 발표되었다.

남애의 논문이 발표되자 현지에서는 큰 반향을 일으켰다. 출판학회의 창립이 동일시점 대에서 실현되었다는 점에서도 관심을 끌었지만, 한국에 관한 이렇다 할 만한 연구 정보 를 알 수 없던 차에 남애의 논문을 접했던 것이다. 나아가 이 논문은 뒷날 중국의 '편집학 계'에서도 한국의 출판학 연구에 대하여 깊은 관심을 보이는 동인이 되었다.

1970~1980년대만 해도 중국에서는 자본주의 세계로 접근하는 통로로서 일본을 중시 하고 있던 터였다. 이와는 상대적으로 한국으로서는 중국에서 이행되고 있는 출판 연구 와 출판 산업에 대한 정보가 전면적으로 막혀 있던 상태여서 그 어떤 모색도 사실상 불가 능했다. 그러던 무렵, 중국 관련 정보를 알게 된 것도 미노와에 의해서였다.

미노와의 중국 방문은 1986년 8월 6일~16일이었다. 베이징에서 열린 '중·일 출판학 교 류회'에 참가했으며, 그 결과를 「변화하는 중국 출판계」란 주제로《마이니치신문(每日新 聞)》에 기고했다〔1986.9.8.(석간, 4면)〕. 또,《출판뉴스》(1986년 10월 중순호)에서도 보도한 바 있다.

미노와는 남애에게 위의 기고문을 신속히 전달했다. 이 글은 1980년대의 중국 출판계 와 출판학 연구 정황을 알 수 있는 좋은 자료이다. 그 내용을 보면 다음과 같다.

변화하는 중국 출판계

8월 6일부터 16일까지 일·중 출판학 교류를 위해 일본출판학회(회장 : 시미즈 히데오, 아 오야마가쿠인대학 교수) 대표 4명의 일원으로서 중국을 방문했다. 필자에게는 작년(1985) 가을에 이은 세 번째 방중인데, 갈 때마다 관찰되는 엄청난 변화에는 깜짝 놀라게 하 는 무엇이 있었다. (중략)

출판계도 같은 모양새였다. 출판사나 서점도 경쟁 원리의 도입으로 완전히 기업적 색 채를 강화하고 있다. 지금은 자금만 있으면 개인이나 그룹에서 서점이나 출판사를 개업 하는 것도 자유로워진 것이다. 예컨대, 그런 상점의 하나로 라오서(老舍, 1899~1966 ; 중국 의 소설가. 필자 주)의 작품만 파는 유주서옥(幽州書屋)이 있다. 8월 11일자《중국일보》영 문판(차이나 데일리)의 문화란은 이 서점을 크게 다루었다.

라오서는 베이징에서 태어나 베이징을 사랑하고 이곳을 무대로 소설을 썼다. 「낙타샹즈(駱駝祥子)」와 「사세동당(四世同堂)」으로도 유명하다. 신중국의 문화 리더이던 그가 10년에 걸친 문화혁명 광풍 속에서 가랑비가 촉촉이 내리는 북경 교외의 태평호에 투신자살한 것은 1966년 8월 24일, 정확히 20년 전이었다. 그는 문화인 희생자 중 제1호였다.

작년 8월, 라오서의 19주기에 개점한 유주서옥에는 아침 일찍부터 수백 명의 독자가 몰려들었다고 한다. (중략) 유주서옥은 12~13평 정도 되는 작은 서점이었지만, 매상은 괜찮은 편이어서 베이징시 부시장이나 문화인들의 내방이 끊이지 않았다고 한다.

왕 점장은 곧 라오서의 작품과 라오서 연구에 관한 출판을 시작하려고 생각했지만, 아랫사람들의 불만은 차치하고라도 책 구입이 원활하지 못했다. 국영이면서 독점적 조직인 신화서점(新華書店)에만 책이 납품되고, 그의 서점에는 납품되지 않았던 것이다. (중략)

상하이 신화서점 난징 동로점(東路店) 진(秦) 점장의 이야기로는, 약 6백 평의 상하이 제일의 이 서점에는 하루에 2~3만 명이나 되는 독자들이 방문하여 3만 권의 책이 팔렸다고 한다. 동 서점의 한 구역에 시미즈시(清水市)의 토다서점(戶田書店)과의 합작으로 일본 서적 코너를 설치하는 계획이 추진되고 있다고 한다. 11월 3일 문화의 날에 문을 열기 위한 준비가 진행되고 있다. 반대로 토다서점에는 중국 서적 코너를 설치한다고 하니, 이것도 일·중 출판 교류로서 하나의 진전이다.

금번 방중의 주된 목적인 일·중 출판학 교류에서 작년 상하이에 만들어진 상해편집학회(회장 宋原放)와 일본출판학회가 국제 포럼을 가졌다. 중국에서는 사회 개발, 경제 개발을 위한 출판의 중요성이 강하게 인식되고 있었기 때문에 출판학 연구에 대한 의욕이 급속하게 상승되었고, 학회와 동시에 베이징(清華大學), 상하이(復旦大學), 우한(武漢大學)에 출판학과, 편집학과가 개설되었으며, 항저우(杭州大學)에서도 설치 계획이 추진되고 있다. 30 수 명의 회원이 참가한 포럼에서 필자는 '출판과 개발'에 대하여 보고하고, 생산보다도 유통의 중요성을 설명한 것이 큰 공감을 얻었다.

중국에서의 도서 개발을 위해 지금 가장 필요한 것은 책의 유통 기술, 유통 혁명일 것이다. 여하튼 1983년의 계획에 따르면, 간행 서적 35,700점(신간은 25,826점), 총 부수 58억 책, 잡지 3,415점, 17억 6천만 책이라는 방대한 출판물이 11억 중국인을 위해 간행되고 있다.

더욱이 네 가지 근대화에 당면한 중국의 에너지는 멈출 줄을 모른다. 8월 10일《인민일보》해외판은 제1면에 상하이의 출판업계가 과학 기술 서적을 중심으로 일본, 유고, 영국, 미국, 독일, 홍콩 등 여러 나라와 함께 공동 출판을 적극 추진하고 있다는 것을 보도했다. 그리고 9월에는 베이징에서 첫 국제 북페어가 개최될 예정이다. 굉장한 열기 속에서 지금 이 나라의 출판계에 급속한 변화가 일어나기 시작했다는 것을 느꼈다.

〈箕輪成男.「變わる中國出版界—書店などの個人營業も自由に」.《每日新聞》, 1986.9.8., 석간(4).〉

미노와가 기고한 위 글은 한국의 출판학계와 업계에서 처음 접해 본 중국 소식이었다. 그 무렵까지만 해도, 이른바 '죽의 장막'인 중국 출판계에 관한 정보야말로 도무지 접근할 만한 그 어떤 기회나 여백조차도 얻을 수 없었던 실정이었다. 남애는 미노와가 전해 온 소식을 한국출판학회의 제42차 월례연구발표회(1986.12.6.)에서 공지했다.

남애와 미노와는 서로 독특한 지향성을 보였다. 남애의 경우, 주로 출판 역사와 출판 현상 그리고 서지학으로 학문적 융합을 지향하고 있음이 그러하다. 예컨대, 남애의 저서 중『한국출판문화사대요』,『한국불교서지고』,『한국고서평석』,『출판의 진실』 등이 그와 같은 사례였다.

이에 비하여 미노와의 경우는 출판을 문화 침투의 중심 요건으로 보고자 했다. 그의 역저인『역사로서의 출판』,『파피루스가 전한 문명』,『종이와 양피지·사본(寫本)의 사회사』,『중세 유럽의 서물(書物)』 등을 통하여 책에 관한 역사적 변용과 그 전파 과정을 분석적으로 논의한 것 등이 그와 같았다. 그가 주로 서양에서의 출판 변천상에 깊은 관심을 보인 것도 유럽 문명의 뿌리 깊은 '문화 침투' 사관과 연결되어 있다.

그러면서 특별히 서구의 출판 변동 과정에 대한 관심은 파피루스나 양피지로부터 출판 수단이 변화·발전한 끝에(문화적 침투 수단으로 삼아) 오늘의 전자 혁명을 초래하게 되었다고 지적한다. 이러한 혁신적인 발전 현상도 결국 출판이 문명 침투를 기도하는 유력한 수단으로 뒷받침되었던바, 이것이 일으키는 이른바 '지구촌 현상'을 어떻게 대응할 것인가를 고민했다. 따라서 그는 역설적으로 이 시

제3회 국제출판학술회의에서 남애와 미노와가 담소를 나누고 있다.

대 사람들이 출판이라는 고도의 수단들이 쇄도해 오는 정황을 즐기고 그것을 적극 수용한 결과, 오히려 '출판문화의 근저를 무너뜨릴 수 있는 위험'에 처해 있다고 경고한다(미노와 시게오, 2002, p.31). 이는 역설적으로 '출판 이륙'을 이해케 하는 관점이기도 하다. 다시 말해서, 출판이 발전한다는 것은 그 나라의 산업과 경제력이 발전해야만 가능하다는 논리이다. 예컨대, 유럽의 작은 나라인 네덜란드가 17세기에 최대 강국 중 하나로 부상했던 것도 15세기의 '구텐베르크 계절(Gutenberg's season)'과 일치됨을 거쳐, 이후 인문주의와 종교 개혁을 최대의 찬스로 활용함으로써 우뚝한 국력을 키울 수 있었다고 보았다(미노와 시게오, 1999, pp.151~153).

미노와는 말년에 이르러서도 여러 권의 역저를 냈다. 1997년 10월에는 출판학 이론서인 『출판학서설』(일본에디터스쿨출판부)를 내면서 출판학 연구 테마의 독특한 설계를 제시했다(미노와 시게오, 1997, pp.1~13.). 그는 이 책머리에서 '안춘근 선생께'라는 헌사를 밝혔다. 이로부터 3년 뒤(2000.1.)에는 같은 책을 영문판(*Introduction to Publishing Studies*, Japan Scientific Societies Press)으로 내기도 했다. 그는 이들 두 책의 「머리말」에서 "국경을 초월한 출판학의 동지이며 아시아에서 출판학의 파이어니어인 안춘근 선생 묘 앞에 바친다."라는 헌정의 뜻을 표했다. 미노와는 남애가 타계했다는 부음을 듣고,

서울에서 처음으로 선생을 만나 뵌 후 오늘에 이르기까지 20여 년간, 출판 연구에 관해 선생의 친절한 지도를 받을 수 있었던 것은 저희 모두에게 참으로 커다란 행운이 아닐 수 없습니다. 특히나 선생의 제창에 의해 창시된 국제출판연구포럼이 벌써 5회나 실시되었고, 계속해서 그 교류의 폭을 넓혀가고 있는 이 마당에, 선생이 남기신 국제적 공헌이 위대하다는 것을 새삼 절감합니다. 선생을 잃은 손실이 너무 크다는 사실에 가슴 한 구석이 텅 빈 것 같은 무력감에 사로잡힙니다.

라는 조전을 보냈다. 그러면서 "너무나도 갑작스러운 일을 당하여 방한 수속을 기일 내에 마칠 수 없는 것이 한스럽습니다."*라고 비탄했다(* 日本出版學會長 箕輪成男, 1993.1.25.).

이렇듯, 미노와는 누구보다도 남애와 학문적 동지애를 나누었고, 인간적인 동우지정이 끈끈했던 특별한 외국인이었다(箕輪成男, 1997, p.ⅳ 참조).

2003년 1월 22일, 한국출판학회는 남애의 10주기를 맞이하여 미노와 시게오 교수에게 제2회 남애안춘근출판저술상을 수여했다. 시상 이유는 동경대학출판회 등 권위 있는 출

판 기관에서 학술 도서 출판과 국제적 출판 교류에 기여했고, 대학에서 후진을 양성하는 가운데 『정보로서의 출판』, 『소비로서의 출판』, 『역사로서의 출판』 등 탁월한 연구·저술 업적[7]을 이룩한 데 대하여 높이 평가한 결과였다. 아울러, 출판 경제학의 관점에서 출판문화와 출판 산업 연구에 정진함으로써, 전세계의 연구자들에게 큰 끼침을 주었다고 밝혔다.

이후로도 미노와는 왕성한 연구 활동을 펼쳤으며, 2011년 7월 『근대 출판자(者)의 탄생―서구 문명의 지적 장치』(출판뉴스사)를 마지막 저술로 남긴 채 타계(2013.8.30.)하고 말았다. 향년 87세였다.

다이원바오와 남애

다이원바오(戴文葆, 1922~2008)는 중국의 저명한 인문학자이며 출판학자이고 명편집가, 명문장가로 널리 유명한 인물이다. 푸단대학(復旦大學) 정치학과를 나온 그는 일찍부터 출판·저널리즘에 눈떴으며, 대학 재학 중 《중국학생도보(中國學生導報)》 주간을 지냈고, 졸업 후에 《세계신보(世界晨報)》 편집주임, 항일 저항지인 《대공보(大公報)》의 국제부 편집주임·논설위원 등을 거쳤다. 신중국 건국(1949.10.) 후 인민출판사, 세계지식사, 삼연서점, 중화서국, 문물출판사 등에서 편심(편집주간)을 지냈다.

문혁(1965~1975) 때는 먼 오지의 한 제조 공장으로 퇴출당하는 수모를 겪었고, 지하에서 은둔하는 등 고난에 찬 핍박을 감당한 지식인이 그이였다. 문혁 종료(1975) 후로 중국 출판과학연구소 학술위원, 『중국대백과전서』(신문·출판편) 편집 및 집필위원으로 일했고, 난카이대(南開大)·베이징대(北京大)에서 후진을 가르쳤다. 1980년대 초 난카이대학에서 최초의 편집학전업(編輯學專業, 편집학 전공) 설치를 앞두고 이론적 기반을 제공한 바 있다.

그는 또한 『편집공작기초교정(編輯工作基礎敎程)』을 저술하여 편집·출판학 이론서로 이바지했고 『장성(長城)』, 『심멱(尋覓, 찾기)과 심시(審視, 살피기)』, 『사수기문(射水紀聞)』 등 저서와 『도답문집(稻荅文集)』, 『인도(印度)의 발현』, 『노신선집(魯迅選集)』, 『조선실록에 나타난 중국사료』, 『송경령선집(宋慶齡選集)』 등 다수의 문집·총서들에 대한 책임 편집 업적을 남겼다. 남애는 그런 다이원바오에 대하여 이 시대의 탁월한 지식인이라면서 존경과 신뢰

---

7) 『정보로서의 출판』, 『소비로서의 출판』, 『역사로서의 출판』은 미노와의 저술 중 3부작으로 유명하다. 그는 이들 세 책 중에서 외국 독자를 위해 출판 현상의 역사적 경험과 일본의 출판 산업 부분을 추려 『국제출판개발론』으로 정리했으며, 남애가 이 책을 번역, 한국어판(범우사, 1989)으로 내도록 주선했다.

1999년 9월 초 이화원(頤和園)을 찾은 고죽(竹) 다이원바오

를 표하곤 했다.

남애가 타계 후 10주기(2003)가 되던 해 다이원바오는 중국의 저명한 전문 저널인 《출판과학(出版科學)》지에 「한국의 안춘근 교수를 추념함(追念韓國安春根教授)」이라는 제하의 기고에서, "우리는 저작등신(著作等身)을 넘어선 위대한 친구 한 분을 잃었다. 그는 과학적인 출판 연구를 주창한 선구자였고, 출판학 교육의 첫 실천자였다."고 회고했다. 덧붙여 "안춘근 선생이 이룩한 연구 업적은 그의 조국뿐만 아니라 널리 세상 속으로 번져 있다."고 추념했다(戴文葆, 2003.7., pp.38~39).

다이원바오의 남애 추모는 계속되었다. 《출판과학(出版科學)》(2003년 제3기, 총 제45기, 무한: 출판과학편집실, 2003.7.), 《박람군서(博覽群書)》(2003년 제3기, 북경: 박람군서사, 2003.7.), 《신화문적(新華文摘)》(총 제295기, 북경: 인민출판사, 2003.7.) 등을 통한 기고들이 그것이다.

다음의 글은 위의 지상(誌上) 기고들 중 《신화문적》에 발표된 「안춘근 선생 10년제(安春根先生十年祭)」란 주제의 내용에서 일부를 옮긴 것이다.

안춘근 선생은 출판학 연구의 선구자였다. 한국출판학회를 창립한 그는 국제출판논단(International Forum, 국제출판학술회의를 말함. 역자 주)을 창립하는 위업을 세웠다. 안 선생은 이러한 활동을 통해 동방 국가들과 나아가 세계 여러 나라들 간에 학문적 교류를 추진하려 애썼다. 그러면서 세계의 새로운 연구자들과 만나는 가운데 흩어져 있는 한국의 전적 문화에 대하여 깊은 관심을 표했던 학자였다.

〈戴文葆(2003.7.).「安春根先生十年祭」.《新華文摘》(총 제295기), p.122〉

고 술회했다. 그러면서 "이제 그곳 안식처에 계신 당신께서 새로운 세기(新世紀, 21세기를 말함. 역자 주)에 들어선 이 즈음, 여전한 육성으로 우리의 민첩하지 못한 발걸음을 독려해 주시길 바란다."고 축원했다.

486

다이원바오에 의한 남애와 관련된 여러 편의 기고 중에서 초기의 글인 1994년 4월에 발표한 「출판문화 교류의 가교」를 소개한다. 이 글은 남애의 『잡지출판론』(범우사, 1988)이 1994년 4월 북경 동방출판사에서 나올 때, 다이원바오가 우정의 서문*을 기고한 내용이다(* 「中譯本序」. 『雜誌出版論』, pp.1~4).

安春根先生十年祭　　戴文葆

流光似水去，安春根先生（1927 年 7 月 ~ 1993 年 1 月）仙逝转眼已经十年了。他的渊博的讲论，儒雅的谈吐，音容笑貌，时常清晰地出现在我的眼前，涌起了我的追思忆念中。故人明我常相忆，他的精灵是不会离我们远去的。

值此安先生逝世十年祭，萦怀自愧的是，我不能亲自到他的墓园鞠躬拜奠，献上馨香一炷，却只能不得已躺在北京协和医院病房里，神驰万里到汉城，默默地回忆我们十五六年前难忘的接触和交往；在东京大学校的会议厅中，在北京京广中心的客厅里，在汉城风景如

画的基督教胜地的盛会上，在收藏丰富的历史博物馆印视文物珍品前，这一处处相会，像精美的纪录片一帧帧重映在眼前。更使我难忘的一幕，是他与尹恫斗先生等一行，在晨曦满厅的宾馆里，行将离开北京飞往长春之前，拉着我的手，殷切嘱咐我一定要去汉城出席国际出版论坛大会，当时中韩两国即将正式建交了。最使我心痛难信的，刚接到他应我的要求而为中国读者写的《杂志出版论》中译本的序，又令人悲恸地接到他辞世的讣耗！往事如梦，云烟过眼；宇宙无穷，人世匆促。新序多么谦逊，多么深情，无隈着学者的心

고죽의 《신화문적》 기고(부분). 고죽 다이원바오는 남애의 10주기 추모학술제에 참석하지 못한 아쉬움을 자국 내 여러 저명한 전문 저널에 기고하여 남애가 남긴 생전 업적을 기렸다.

남애(南涯, 1926.7.~1993.1.)와 고죽(古竹 : 다이원바오의 아호, 1922.1.~2008.9.)은 4년여를 앞뒤로 세상에 태어났고, 15년을 선후하여 이승을 떠났다. 여기 다이원바오의 글을 통하여 그가 만난 남애에 관한 소회와 그들 간에 교류한 모습을 되돌아보도록 한다.

출판문화 교류의 가교[8]

장주(莊周, 莊子를 일컬음. 이하 괄호 내의 풀이말은 역자)는 『제물론(齊物論)[9]에서 허구적인 장오자(長梧子, 옛적의 현인)에 의지하여 고론(高論, 공자가 살던 옛집에서 발견된 『論語』)에 관한 말을 했는데, "내 어찌 삶을 즐기는 것이 하나의 미혹(迷惑)됨이 아닌 줄 알겠는가? 죽음을 싫어하는 것이란 소싯적에 고향을 떠나 돌아갈 길을 어찌 모르는 게 아닌 줄 알겠는가!" 또 말하기를, "무릇 죽은 이가 자신이 죽기 전에 살기를 바랐던 것을 죽어서 후회하지 않을지를 내가 어떻게 알 수 있단 말인가?"라고 하였다.

독일의 실존주의 철학자인 하이데거(Heidegger, M.)는 『존재와 시간』에서 "죽음은 번

---

8) 이종국(2011). 『교과서·출판의 진실』. 서울: 일진사, pp.473~481.

9) 모든 시비(是非)를 가리는 일을 상대적인 것으로 보고, 여러 다양한 잡론(雜論)들을 하나로 귀속시키는 것을 말한다. 이러한 관점이 장자 사상의 중심을 이룬다. 즉, 장자에 따르면 현상(現象)은 모두 연관성을 지닌 하나의 전체이며, 인간의 희로애락도 진군(眞君 : 천지의 주재자)의 작용(齊物)에 의한 것이라 하였다. 이 때문에 만물은 일체적 존재이며, 삶과 죽음도 하나인 동시에 꿈과 현실의 구별도 없다. 이와 같은 망아(忘我)의 경지를 수양의 극치라 했다. (역자 주)

뇌하는 인생으로 하여금 하나의 길을 확실히 벗어나게 하는 것이다. 왜냐하면, 그것은 사람에게 기대할 수 있는 어떤 무엇을 주는 것이 아니라, 사람들에게 보통의 삶으로부터 해방을 가져다주는 것이기 때문이다."라고 말했다.

나는 한낱 평범한 사람이며 속세의 인연이 미진한 속인이어서,제물아(齊物我, 자신을 수양케 함.), 무시비(无是非, 시비를 가리지 않음.)의 경지에 이를 수 없는 일개 보통 사람일 뿐이다. 그러한 나 또한 어떤 '영웅적인 비관주의'를 믿지 않지만, 생명은 오직 한 번뿐이므로 생사의 문제란 역시 크나큰 것이 아니랴!

금년(1993) 2월 하순, 나는 본서*의 저자이신 안춘근 선생이 갑작스럽게 별세하셨다는 소식을 간접적으로 듣고 그것이 바다를 건너온 오보(誤報)이며, 그이는 아직도 살아 있을 것이라고 얼마나 바랐던가(*『잡지출판론』을 말함. 역자 주). 동시에 나는 진작부터 그가 지병이 있다는 사실을 알았던 터여서 늘 울적한 마음을 금할 수 없었다. 그런데 얼마 되지 않아 그 흉보는 끝내 실증되고 말았다.[10] 안춘근 선생이 정말 돌아가셨다는 것을! 게다가 뒤늦게 (안 선생의 서세 소식을 들은) 2월 21일은 공교롭게도 그에게 중국 독자의 서한*을 발송한 뒤 하루가 지난 때였다(*『잡지출판론』 시쇄본을 읽은 동방출판사측 편집진의 독후 소견을 말함. 역자 주). 정말 천지가 모질고 무정하며, 나로 하여금 유달리 슬프게 하다니!

내가 안 선생을 알게 된 것은 불과 최근 5, 6년 전의 일이다. 만일, 중국에서 개혁 개방[11]이 실현되지 않았더라면, 나는 한국과 일본의 동학들을 사귈 수 있는 인연을 얻지

---

10) 1993년 3월 중순, 이종국은 다이원바오 선생으로부터 "남애 선생의 서세 소식을 도쿄 쪽에서 들었다." 고 밝힌 다음과 같은 서한을 받는다. 그 무렵만 해도 한·중 양국 간의 소통이 원활하지 못하여 뒤늦은 확인이 이루어진 정황을 알 수 있다.

이종국 교수 귀하: 나는 도쿄 쪽에서 안춘근 선생에 관한 참으로 놀랍고도 걱정스러운 소식을 들었습니다. 1주일 전, 안 선생으로부터 보내온 글을 받았는데, 그것은 나의 요청에 의한 것이었지만, 그의 대저(大著)*를 중국어 번역본으로 준비한 원고였으며, 봉투의 우체국 소인이 1993년 1월 21일이었습니다 (*『잡지출판론』을 말함.). 설마 하루가 지나 불행한 부보(訃報)가 발생했다는 말입니까? 그러나 확실치 않은 소식이길 바랍니다.

바라건대, 바쁘신 중이겠지만 이 교수께서 정황을 알려 주시면 감사하겠습니다. 만약 확실한 이야기라면 나를 위하여 그의 가족에게 간절한 조의를 전해 주기를 바랄 뿐입니다. 戴文葆 1993년 2월 10일

11) 1978년 12월 당 11기 3중전회에서는 사회주의 현대화, 중국적 특색을 지닌 사회주의의 기본 방침을 채택한 국가 발전 전략을 말한다. 그 중심에서 이른바 '덩샤오핑(鄧小平) 노선'이 대륙을 선도하고 있었다. 1991년 8월에는 국민 경제 및 사회 발전 10개년 계획(1991~2000)을 발표함으로써 개혁 개방 정책이 급물살을 타게 된다. 이에 더하여 덩샤오핑은 1992년 1월 18일~2월 22일까지 '남순강화(南巡講話)'를 실시했는데, 이는 더욱 큰 영향을 끼쳐 중국의 현대화 촉진 사업이 가속화되는 계기로 뒷받침되었다.

못했을 것이다. 우리는 서로 집착하는 바가 같으므로 피차간에 처음 만났음에도 마치 오래 사귄 친구처럼 친해질 수 있었다.

우리가 처음으로 인연을 맺은 것은 도쿄에서 시작되었다. 그것은 1987년 가을 호시절에 "부상(扶桑)은 마치 가을 달빛처럼 밝다."*라는 루쉰(魯迅)의 시구처럼, 나는 일본 외무성으로부터 초청을 받아 유명한 대학 및 연구소, 국립도서관과 박물관, 오래 전부터 이름을 날린 몇 출판사와 진보조(神保町)의 서점들을 방문하고 아울러 학술 문화계 인사들을 두루 만났다(* 루쉰의 시 구절. 여기서 '扶桑'이란 중국의 고대 신화에서 동해에 있다고 하는 神木을 가리킴. 이곳에서 해가 뜬다고 함. 또, 日本의 다른 이름을 일컫기도 함.).

어느 날 오후, 가스미세키(霞關) 외무성 3층에서 일본의 이와나미서점(岩波書店), 산세이도서점(三省堂書店), 고단샤(講談社) 대표자들과 동행 좌담한 후에 오히라 유리코(大原由利子) 여사와 고단샤의 가토(加藤) 선생 안내로 일본출판학회를 방문, 시미즈 히데오(淸水英夫) 선생과 미노와 시게오(箕輪成男), 하야시 노부오(林伸郞), 가네히라 긴노스케(金平經之助) 선생 등 여러분과 회동했다. 그러한 과정에서 서울의 한국출판학회에서 우리와의 만남을 기다리고 있다는 사실을 알게 되었다.

1989년 10월, 제4회 국제출판학술회의가 동경에서 개최되었는데*, 당시 시미즈(淸水) 선생이 중국 출판계 인사들을 이 회의에 참석하도록 초청하여, 나는 상하이의 송위안팡(宋原放) 선생과 자오빈(趙斌) 선생, 홍콩의 첸완슝(陳万雄) 선생 및 베이징의 샤오이원(邵益文) 선생과 함께 참가하여 그곳에 온 안춘근 선생과 한국의 출판계 및 대학의 출판학과와 신문학과 선생들과 사귀게 되었다. 이것이 바로 우리의 우호 관계를 맺게 된 직접적인 계기였다. 이 기간에 안 선생은 『잡지출판론』 출판을 기념하기 위해 이 책 한 권을 나에게 기증했다.

1991년 늦은 봄, 한국출판학회의 회장직에서 물러난 안춘근 명예회장, 새로 출판학회 회장을 맡은 윤형두(尹炯斗) 선생 등이 중국을 방문했다.[12] 그들은 여러 차례에 걸쳐 나를 찾는 전화를 주었는데, 그들이 베이징을 떠나 장춘(長春)으로 출발하기 전에 누차

---

12) 1991년 7월 6일~18일 중국 방문. 이 여행은 한국출판학회 회원 12명으로 참가단(안춘근 명예단장, 윤형두 단장)이 구성되었다. 제5회 국제출판학술회의를 그해 10월에 한국출판학회가 주최하기로 결의(제4회 동경대회에서)한 바에 따라 미수교 상태인 중국에 건너가 그쪽 출판학자들을 초청하기 위한 '학술 외교' 겸 현지 출판계를 돌아볼 목적으로 이행되었다[보다 자세한 내용은; 이종국(1992.1.). 「중국출판계 견문기」. 사단법인 한국출판학회 편. 《'91출판학연구》, pp.123~149] 참조 (역자 주)

나와 만나기를 희망했던 것이다. 당시 나는 『송칭링선집(宋慶齡選集)』 편집에 몰두하고 있던 차, 여러 잡다한 것들로부터 피하기 위해 홀로 궈이호텔(國頤賓館) 남관(南館)에 유인당한(출판사 측으로부터) 처지였다.

그러던 어느 날 새벽, 내가 징광호텔(京廣大廈)에 이르렀을 때, 안 선생은 나에게 윤형두(尹炯斗) 선생과 이종국(李鍾國) 선생을 소개해 주었다. 그들은 내가 그해 가을 서울에서 열리는 제5회 국제출판학술회의(1991.10.18.~19)에 참가해 줄 것을 간곡히 희망했다. 안 선생은 이미 서한을 통하여 너무 바쁜 나의 일정을 염려하면서도 반드시 참가해 주도록 몇 차례 당부하신 바 있었다.

안 선생은 감개무량한 어조로 우리 두 나라가 이렇게 가까운 거리에 있음에도 불구하고, 아직 외교 관계가 맺어지지 않은 터여서, 이번의 중국 방문을 실현하기까지 무려 4개월여나 걸렸노라고 털어놓았다. 그는 (내가 한국 방문을 수락한 데 대하여) 대단히 기뻐했고, 마침내 여러 해 동안의 희망이 이루어졌다고 말했다. 함께 기념사진을 촬영한 뒤에 그들 일행은 나에게 인상적인 느낌을 남기고 총총히 공항으로 향했다. 그들은 우리와의 관계를 증진할 것을 희망했고, 아울러 도서도 교류하는 등 교분을 다진 후 베이징을 떠났다.

1991년 10월 중순, 나와 중국출판과학연구소의 샤오이원 부소장은 홍콩, 타이베이를 경유, 서울에 도착하여 함께 움직이게 되었다. 당시 안 선생과 윤 선생 등이 공항에 마중 나왔으며, 곧바로 그들의 안내에 따라 이름난 음식점인 무명촌(無名村)에서 저녁 식사를 함께 하고 경치가 아름다운 아카데미하우스 영빈관에 투숙했다.

중국출판공작자협회의 부주석 송위안팡[13] 선생이 매우 안타깝게도, 왜냐하면 당국에서 송 선생이 신청한 비자를 미처 처리하지 못하는 바람에 동행할 수 없었다. 나는 그와 함께 한국 방문을 간절히 희망했는데 그것이 끝내 이루어지지 않아 못내 아쉬웠다.

---

13) 송위안팡(宋原放, 1923~2005): 장쑤성(江蘇省) 양주(揚州) 출신이며, 저명한 출판 행정가, 출판 이론가. 사회주의 출판학을 처음으로 주창한 사람으로 유명하다. 문혁(文革) 때 극심한 박해를 당한 지식인 중 한 사람이다. 이른바, '사인방(四人幇)'*의 실각 후에 명예를 회복했으며, 이후로 상해인민출판사 사장 겸 총편집, 상해시출판국장, 상해편집학회 회장 등을 역임했다. 저서로 『출판종횡(出版縱橫)』, 『중국출판사(中國出版史)』 등을 남겼다. * '4인방'이란, 중국공산당 중앙위원회 부주석 왕홍원(王洪文), 정치국 상임위원 겸 국무원 부총리 장춘차오(張春橋), 정치국 위원인 장칭(江靑)·야오원위안(姚文元) 등 4인의 이른바 '반당집단(反黨集團)'을 말한다. 1976년 9월 마오쩌둥이 죽은 후 중국공산당 내부 지도층 간에 권력투쟁이 벌어지자, 마오의 아내 장칭을 중심으로 한 문혁파들이 권력을 장악하려고 했으나 실각했다. (역자 주)

제5회 국제출판학술회의가 열리는 동안에 안 선생과 한국의 많은 선생들은 제6차 정기 회의를 세계 문화의 고도인 베이징에서 거행하기를 희망했다. 회의가 진행되는 과정에서, 안 선생은 또한 출판인이 마땅히 준수해야 할 5개 원칙[14]을 작성하여 우리와 토의하고, 아울러 앞으로 열릴 베이징 회의에서도 알릴 수 있도록 희망했다.

안 선생은 위의 5개항을 한 장의 메모지에 썼는데, 모두 출판 편집자가 응당 지켜야 할 법칙에 관한 것이고, 학문의 존중과 실사구시(實事求是)를 요구한 것으로 되어 있었다(이 책, pp.336~337 참조). 그는 우리가 흔쾌히 동의하는 것을 보고 대단히 기뻐했다. 유감스러운 것은 바쁘게 협의하는 사이에 원문을 기록하지 못했다는 점이다. 나는 원래 베이징 회의에서 (안 선생의 제안에 대하여) 토론할 수 있을 것이라 믿고 있었다.

1991년 10월 19일 저녁, 서울 회의의 송별 연회가 시작되기 전 안춘근, 윤형두, 이종국 선생이 나에게 연설해 주기를 요청했다. 일본 측에서는 시미즈 히데오 선생이 연설했다. 나는 바빠서 문자 원고를 준비할 겨를이 없었으므로 우선 즉석 발언 형식을 빌려 연설할 수밖에 없었다. 나는 말하기를,

제5회 대회를 마치고 삼성출판사 방문(1991.10.20.)
당시 한국출판학회 명예회장인 남애는 윤형두 회장과 함께 다이원바오 선생 일행을 안내했다. 위는 삼성출판박물관 옥상 연회장에서: 좌로부터 다이원바오, 안춘근, 김종규 삼성출판사 대표, 윤형두 회장. 아래는 동사 정문 앞에서: 일본과 중국 대표 그리고 한국출판학회의 회직자들이 함께 하고 있다.

14) 안춘근 명예회장은 제5회 국제출판학술회의에서 '출판인 5개항 선언(서울선언)'을 초안, 참가국 대표단들로부터 전폭적인 찬동을 얻어 냈다. (이 책, pp.336~337 참조. 역자 주)

우리는 산수가 서로 잇닿아 있는 가까운 이웃이라고 생각합니다. 멀리는 은상(殷商)에서 당송(唐宋)에 이르기까지 쌍방 관계가 끊이지 않았습니다. 더욱이, 중국의 명조(明朝)와 조선은 일본 침략에 대응하여 공동으로 반격했었습니다. 근대에 이르러서는 제국주의 열강에 의한 동북아 침략으로 쌍방이 같은 운명에 처해 있을 때 적지 않은 지사들이 자유와 독립 투쟁을 위해 어깨를 나란히 하였습니다. 약 40여 년 동안 가로 막혔던 장벽은 역사의 긴 강줄기 속에서 그저 한 구비에 지나지 않았을 따름입니다.

라고 개인적인 소회를 진솔하게 밝혔다. 나는 우리나라 당조(唐朝)의 시인 왕발(王勃)이 남긴 유명한 두 구절의 싯구, 즉 "천하에 친구가 있으면 하늘 끝이 이웃과 같다(海內存知己, 天涯若比鄰)."는 말을 인용하면서, "이웃이야말로 하늘 끝의 비정상적인 상황을 바꿀 수 있는 것입니다(比鄰若天涯的不正常情況會改變的)."라고 말했다. 그러자 대연회장 안에서는 간절한 바람과 동의를 표시하는 박수가 폭발했다. 나는 1993년 베이징에서 우리가 서로 회동할 것을 희망했고, 아울러 미력하나마 그 실현을 위해서 힘쓰겠다는 뜻도 정중히 밝혔다.

나중에 마침내 양국 간의 수교(1992.8.24.)가 이루어져, 그에 따라 1993년 8월 베이징에서 제6회 국제출판학술회의를 거행하기로 결정되었다. 이로써 초청장을 이미 서울과 기타 각국 수도에 발송했다. 안 선생은 그해 2월 21일자로 도착한 서한*에서 "금년 8월에 열리는 국제출판학술대회 초청장을 아직 받지 못했습니다."라고 전해 왔다(* 남애가 가료 중에 보낸 서한인 듯). 그런데 그 후 윤형두 선생이 서신을 통하여 "안 선생님은 이미 회의에 참가할 수 없게 되셨습니다."라는 말을 전해 주었다. 여기 이 글은 나의 요청으로 중국 독자들을 위해 쓴 서언인데, 결국 그를 위한 마지막 서술이 되고 말았다.

유고집을 펼쳐 읽으며

1990년경, 나는 안 선생이 저술한 『잡지출판론』을 중국출판공작자협회 부비서장인 우다오홍(吳道弘) 선생에게 소개했다. 우 선생은 또한 동 협회의 학술위원회 주임을 겸임하고 있었으며, 본직이 인민출판사 부총편집(副總編輯)이었다. 그는 다년간 출판학 연구와 가르치는 일에 힘써온 사람이며, 그 역시 『잡지출판론』을 매우 중시하고 한국어 번역가인 장명혜(張明惠) 여사와 대역 작업을 특약했다. 그녀는 이 책의 전문을 통독한

492

후에 평가를 했고, 내가 중국 독자들을 위해 도움이 될 수 있도록 서언을 쓰게 된 것에 대하여 감사를 표했다. 나는 여기에서 단지 이 책을 얻게 된 경위를 설명할 뿐이지 내용과 특징에 대하여 부질없이 재론하지 않기로 한다.

유고집을 펼쳐 읽으면서 나를 슬프게 하는 것은, 다시는 저자와 함께 토론하고 연구할 수 없게 되었다는 사실이다. 며칠 동안 옛일을 회상하니 아직도 마음속에 그리움이 머물러 있다. 만물은 변화하고 시들어 간다는 말이 있는데 정녕 슬프구나! 지금 안 선생의 대작인 중역본(中譯本)이 출판되어 우리 중국 출판인들에게 말하고 있음을 본다.

이 책이 우리의 우의를 다지는 기념품일 뿐만 아니라, 더욱 중요한 것은 한·중 양국 간 출판문화 교류의 신기원을 이룩하기 위해 새로운 공헌을 상징한다는 것을. 이러한 사실을 알고 있을 안춘근 선생의 영혼이 하늘 끝에서 웃고 계실 것이다.

우리는 영원히 서로 간에 옛날처럼 그렇게 교제할 수 없게 되었다. 그러나 꿈속에서는 이승을 떠남이 없으므로 저자의 음성과 웃는 모습을 다시 볼 수 있을 것이다.

戴文葆, 1993년 4월 7일 밤

후기—다이원바오, 남애를 다시 만나다

이제 다이원바오 선생도 세상을 떠난 지 벌써 10주기를 넘겼다. 그는 2008년 9월 7일 향년 86세로 서세했다. 파란한 생애를 살다 간 그는 중국은 물론 세계의 인문학계와 출판학 연구에 굵고 큰 업적을 남겼다. 그러한 업적의 뒤안에는 시대적 혼란 속에서 고난을 견뎌낸 지난 일을 상기하게 된다.

1966년 6월, 중국 대륙 전역에 문화혁명 돌풍이 휘몰아치고 있을 때, 다이원바오는 문혁패의 준동이 심상치 않다는 사실을 직감하고, 그동안 오랜 세월에 걸쳐 자신이 정리해 온 많은 집필 자료를 챙겼다[叶芳(2008.10.24.),「다이원바오 선생과 그 세대 출판사」. https://www.douban. com/group/topic/]. 그리고 원고의 목록을 깊숙이 간수해 두는 것을 잊지 않았다. 뒷날에 이바지하기 위함이었다.

이른바, '문화대혁명'이 야기된 와중 속에서 그의 운명도 한 치 앞을 내다볼 수 없을 정도로 어둠의 장막에 갇혀 있었다. '문화대혁명'이란, 마오쩌둥(毛澤東)의 주도로 1965년 가을부터 1970년대 중반까지 중국을 뒤흔든 20세기 최대의 사회주의 파동을 말한다.

중국에서 '무산계급 문화대혁명'이라 부르기도 하는 이 변란은 대륙 사회를 격심하게 뒤흔들었다. 이로 하여 문혁의 전위 세력인 홍위병들이 대륙의 구석구석을 휩쓸었는데, 이는 일찍이 볼 수 없었던 엄청난 동란으로 번졌다. 그것은 대책 없이 끓어오르는 용광로와 같았다. 이 때문에 그들(홍위병 집단)로부터 미움을 받고 있었던 정치 지도자와 지식인들은 '인민의 적'으로 내몰려 극심한 고통과 탄압을 받게 된다.

그러던 시절, 다이원바오는 머나먼 오지의 한 제조공장으로 끌려가 모진 고생을 감당한다(이종국, 2007, pp.323~328). 홍위병 패거리가 그를 뒤좇고 있었던 것이다. 온 천하가 그들의 세상인 듯 했다. 우리는 수난 시절의 지식인이었던 다이원바오를 떠올리게 된다.

상하이의 푸단대학(復旦大學) 동문이며 저명한 역사학자인 왕춘유(王春瑜) 교수는 평론가 판용(範用)이 쓴 「다이원바오 학장을 기억함(怀念戴文葆學長)」*이란 글을 인용하면서, "그의 정직함과 선량함, 열정이 나에게 크나큰 감동으로 남아 있다."고 회고했다[* 왕 교수는 다이원바오 선생을 '학문의 어른(學長)'으로 예우]. 그러면서 "선생은 타인의 바른 견해를 아낌없이 칭찬한 분이며, 학식이 풍부하고 언제나 열심히 연구하시던 학자였다."고 추모했다[王春瑜(2012.12. 18.). 「怀念戴文葆學長」. http://news.hexun.com/2012-12-14/14 9030639.html].

2008년 10월 15일, 제10회 한·중 출판학술회의가 서울에서 열렸다. 당시 이 학술회의의 첫 순서인 개회식이 진행될 때, 사회자는 불과 1개월여 전에 작고(2008.9.7.)한 다이원바오 선생께 추모를 표하자고 회중을 향하여 제의했다. 이에 따라 양국 대표단과 참가자 전원이 기립하여 선생의 영면을 기원했다.

당시 중국 대표단 일원인 장원용(張文勇, 인민동방서업유한공사 총재) 박사는 "대 선생님은 중국뿐만 아니라 국제적으로도 저명한 인문학자이시며, 걸출한 출판학자이셨습니다. 선생님께서 타계하신 직후에 중견 전문가와 명사들이 모여 선생의 생애와 업적을 추모하는 회합을 잇따라 개최한 바 있습니다."고 밝혔다. 그러면서 "저는 오늘 한국 친구들이 대 선생님을 추모하신 모습을 잊을 수 없습니다. 본국에 돌아가 이 소식을 전하겠습니다."고 말했다[이종국 비망록, 「지식의 흐름-06」(2008.10.15.)].

이렇게, 남애와 고죽의 우정은 아름다운 이야기를 남겼다. 그들이 앞뒤로 격차하면서 세상을 떠나는 바람에 교류의 여백 또한 더 이상 지속되지 않았지만, 여전히 천상에서도 우정을 나누고 있을 것이다. 그들은 다시금 영원한 세계에서 책 이야기를 꽃피우고 있으리라 믿는다.

1926.7.27.	강원도 고성군 외금강면 남애리 96번지에서 부친 안태현(安泰賢) 선생과 모친 박계춘(朴桂春) 여사 사이에서 출생
1936.3.	장전심상소학교(뒤에 장전남공립국민학교) 입학
1941.3.30.	장전남공립국민학교 졸업 상경, 기독교 선교 단체에서 미국인 선교사를 만남. 선교사로부터 영어 수업을 받는 등 도움을 받음.
1941.4.	선린상업학교 입학
1945.8.15.	선린상업학교 전수과 4학년 재학 중 광복을 맞이함. 학교 학사 운영 중단
1946.5.1.~9.26.	경기공립사범학교 속성과 수료
1946.9.30.	경성우신국민학교(현 서울우신초등학교) 교원 취임 이 무렵, 노량진동 산30번지에서 생활
1947.3.	부모님과 여동생 월남, 노량진동에서 함께 생활
1948.9.1.	성균관대학교 정치학과 입학
1950.4.	대학 3학년 재학 중 서울시 세무관리 자격시험에 응시, 합격
1950.6.25.	성균관대 3학년 재학 중 6·25 전쟁 발발로 학업 중단
1950.10.	경찰간부후보 시험 응시, 합격(서울성동서 근무, 경위)
1951.1.	미 제1기갑사단 배속
1951.11.	제8기 육군영어통역장교 후보 시험 응시, 합격. 297부대에서 장교 임관생을 위한 전선 투입 훈련(4주)을 받음.
1951.12.	육군중위 임관(통역장교), 육군 제1군단 제101부대 배속
1951.12.~1954.10.	속초에서 군 생활. 육군 제1군단 제101부대 정보처(통역장교)
1953.6.25.	은성화랑무공훈장(제65380호) 수훈
1954.4.24.	박영희 양과 결혼(인천 도원동교회, 주례: 심응섭 목사) 이후 가족들은 노량진동에서 계속 거주
1954.10.27.	육군 제1군단장 공로표창(제235호) 받음.

1954.10.	육군대위로 진급, 광주 육군교육총본부로 전출, 『육군교육연감』 편찬 참여
1955.7.5.	『육군교육연감』 편찬 완료
1955.10.10.	육군대위로 전역
1955.10.24.	을유문화사 입사(1978년 6월까지 기획부장, 주간·이사 역임)
1956.10.10.	성균관대학교 청치학과 졸업
1956.11.	장남 유섭 출생
1957.4.1.	서울신문학원 입학
1957.11.	을유문화사 편집과장
1958.3.29.	서울신문학원 졸업(11기)
1958.4.~1960.3.	서울신문학원 강사(출판학, 도서학)
1959.3.1.	출판학 부문 첫 저서 『양서의 세계』(아카데미사) 간행. 이후 총 18책 저술(유고 2책 포함). 생애 동안 총 61책(출판학·서지학 부문 저서 36책, 나머지는 교양·수필집)의 저서를 남김.
1959.9.30.	교양 부문 첫 저서 『저술의 상식』(태서문화사) 간행. 이후 동서 포함 교양 부문 총 14종 15책 저술 간행(유고 1권 2책 포함)
1959.9.	차남 유찬 출생
1960.6.	을유문화사 기획조사부장
1961.12.	장녀 유경 출생
1963.1.1.	국제펜클럽한국본부 회원, 이사(1976.4.1.)
1963.1.15.	수필 부문 첫 저서 『살구나무의 사연』(동민문화사) 간행. 이후 동서 포함 수필 부문 총 9종 10책 저술 간행(유고 2책 포함)
1963.3.1.	이화여자대학교 도서관학과 강사(출판학)
1963.10.	차녀 유향 출생
1964.3.9.	서울YMCA사랑방클럽 간사(김우현, 석주선, 이상로 등과 공동)
1965.4.13.	서지학 부문 첫 저서 『동양수진본』(사가판) 간행. 이후 총 18책 저술 간행(유고 2책 포함)
1965.8.21.	동작구 상도1동 118-4번지로 이주

1966.9.1.	이화여자대학교 대학원 강사(출판학)
1967.3.1.	중앙대학교 도서관학과 강사(출판학)
1968.5.31.	한국서지연구회 창립 회원, 간사
1968.9.1.	한양대학교 신문학과 강사(출판학)
1969.3.17.	한국출판연구회(뒤에 한국출판학회로 개칭) 결성 참여
1969.6.22.	한국출판학회 창립 주도, 회장 취임
1970.3.1.	명지대학교 국문학과 강사(서지학)
1970.9.	한국서지학회 간사
1973.3.1.	고려대학교 신문학과 강사(출판학)
1974.1.	을유문화사 이사 겸 출판주간
1975.3.1.	경희대학교 신문학과 강사(출판학)
1976.3.1.	서울대학교 신문학과 강사(출판학)
1978.6.10.	을유문화사 이사 겸 출판주간 사임
1978.7.14.	도서출판 광문서관 창립, 대표 취임
1978.10.	제1회 독서상 수상(월간 독서상)
1979.6.8.~24.	한미협회 주관 미국 문화계 시찰
1979.6.30.	한국정신문화연구원에 장서 1만 권(고서 7,317권, 신서 3천 권) 이양
1979.10.	동작구 상도1동 118-4번지 서재 개축
1981.3.1.	중앙대학교 신문방송대학원 강사(~1988.2.28., 출판학)
1981.6.	문광부 조처로 한국출한학회 학회지 《출판학》이 제22집(1974.12.~) 까지 내고 휴간 중일 때 《한국출판학논총》으로 개제, 광문서관에 서 속간(제23집)
1982.3.	한국출판판매주식회사 고문 취임(~1983.3.)
1982.5.21.	한국고서동우회 회장 취임(~1988.6.)
1982.12.	한국출판학회 학회지 《출판학연구》 통권 제24호로 재간행 시작
1983.3.	대한출판문화협회 감사패
1983.3.	한국출판판매주식회사 감사패

1983.8.2.	『동몽선습』(민제인 저) 등 개인 소장 고서 10책(제1차) 서울시에 문화재 등록
1983.10.	문화방송 감사패
1984.4.1.	국립중앙도서관 고서위원(~1993.1.)
1984.10.13.	제1회 국제출판학술회의 개최 주도. 국제출판학술회의 결성 일본출판학회(회장: 시미즈 히데오) 측에 제의
1985.9.22.	한국애서가산악회 창립, 회장 취임(~1993.1.)
1988.3.1.	중앙대학교 신문방송대학원 객원교수 취임(~1993.1. 출판학)
1988.3.15.	미국 린다비스타 바이블대학으로부터 명예인문학박사 학위
1988.3.	범우사 편집고문(~1993.1.)
1988.5.	한국고서동우회(뒤에 한국고서연구회로 개칭) 고문
1989.7.	사단법인 한국출판학회 명예회장 추대(~1993.1.)
1989.10.23	일본출판학회로부터 공로 표창
1990.2.24.	한국애서가클럽 고문
1990.6.10.	한국서지학회 편집위원(~1993.1.)
1991.1.26.	제1회 애서가상 수상
1991.6.29.	제14회 한국출판학회상 수상(저술·연구 부문)
1991.9.	범우출판장학회 이사장(~1993.1.)
1992.10.9.	제4회 중앙언론문화상 수상(출판 부문)
1992.11.6.	제3회 간행물윤리상 수상(저작 부문)
1993.1.22.	서울 용산 중앙대학교 부속병원에서 영면, 향년 67세
1993.6.20.	'남애출판문화상(가칭) 제정위원회' 결성(위원장: 윤형두 사단법인 한국출판학회장)
2000.9.30.	'남애출판문화상(가칭)'을 '남애안춘근출판저술상'으로 개칭. "이 상은 사단법인 한국출판학회에서 운영위원회를 조직·주관하며, 이 학회의 회장이 관장한다."
2001.10.27.	제1회 '남애안춘근출판저술상' 시상〔수상자: 시미즈 히데오(淸水英夫), 전 일본출판학회장〕

2003.1.22.	10주기 추모학술제 개최(묘소 참배 및 심포지엄) 제2회 '남애안춘근 출판저술상' 시상〔수상자: 미노와 시게오(箕輪成男), 전 일본출판학회 장〕 10주기 기념 자료집 《남애와 출판학》 제1집 간행
2003.11.8.~16.	남애 안춘근 선생 10주기 추념 한국출판사료전 개최(책을 좋아하는 사람들)
2008.5.13.	'남애안춘근출판저술상', 제3회부터 '남애출판문화상'으로 개칭, 시 상〔수상자: 리우가오(劉杲), 전 중국편집학회장〕 15주기 기념 자료집 《남애와 출판학》 제2집 간행
2009.1.	남애출판문화상운영위원회 고영수 위원장 선출
2010.11.17.~30.	추모 전시회 '남애 안춘근 선생의 삶과 고서의 향기'를 개최(화봉갤 러리)
2010.11.26.	제4회 '남애출판문화상' 시상〔수상자: 한승헌(韓勝憲), 변호사〕 기념 자료집 《남애와 출판학》 제3집 간행 남애 타계 후 국내외에서 출 판된 유고는 6종 8책에 이름.
2015.5.1.	대한민국 정부는 안춘근의 유해를 김포시 대곶면 송마리 유택(상도 제일동산)으로부터 동작동 국립현충원으로 옮겨 그곳에서 영면케 하다.
2015.10.9.	'남애안춘근선생기념사업회', 한국출판학회에서 주관·운영하기로 하다. 동 기념사업회 인계·인수(인계자: 동 사업회. 인수자: 사단법인 한국출판학회)

강명관(1996.6.).「조선 후기 서적의 수입 유통과 장서가의 출현」.《민족문학사연구》(제9호). 서울: 민족문학사연구소.

고영수(2000).「남애 안춘근 선생님을 추모하며」. 한국출판학회 30년사 편찬위원회 편.『한국출판학의 사적 연구—한국출판학회 30년사』. 서울: 사단법인 한국출판학회.

고정일(2002.2.).「한국의 출판인 을유문화사 정진숙」.《책과 인생》(통권 제98호). 서울: 범우사.

구광본(2003).『소설의 미래』. 서울: 행복한책읽기.

국회도서관사서국 편(1968).『한국고서종합목록』. 서울: 국회도서관사서국

김경일·노병성·김두식(2000).「출판학에 있어서의 새 영역 연구—전자 출판 매체 연구」. 한국출판학회 30년사 편찬위원회 편.『한국출판학의 사적 연구—한국출판학회 30년사』. 서울: 한국출판학회.

김귀옥(2001.12.).「속초와 군정(1951.8.~1954.11.)의 인연과 현대적 의의」.《속초문화》(제17호). 속초: 속초문화원.

김기태(1999.12.).「인쇄 매체의 전자화 양상에 따른 커뮤니케이션 패러다임 비교」. (사)한국출판학회 편,《'99출판학연구》. 서울: 범우사.

김기태(2000).「출판학에 있어서의 선택 부문 연구」. 한국출판학회 30년사 편찬위원회 편.『한국출판학의 사적 연구—한국출판학회 30년사』. 서울: 사단법인 한국출판학회.

김기태(2000).「학회 활동의 전개: 제13기—학회 활동의 중흥(1980~1989). 한국출판학회 30년사 편찬위원회 편.『한국 출판학의 사적 연구—한국출판학회 30년사』. 서울: 사단법인 한국출판학회.

김기태(2010.6.).「새로운 패러다임 구축을 위한 '출판'의 재개념화 연구」.《한국출판학연구》(통권 제58호). 서울: 사단법인 한국출판학회.

김두식(1990.3.).「한국 출판 실무 교육의 현황과 교육과정 개발」. 한국출판학회 편.《출판연구》(창간호). 서울: 한국출판연구소.

김두식(2000).「출판학에 있어서의 새 영역 연구—전자 출판의 학문적 위상 연구」. 한국출

판학회 30년사 편찬위원회 편. 『한국출판학의 사적 연구―한국출판학회 30년사』. 서울: 한국출판학회.

김병준(2000). 「책에 눈을 뜨게 해 준 스승」. 한국출판학회 30년사 편찬위원회 편. 『한국출판학의 사적 연구―한국출판학회 30년사』. 서울: 사단법인 한국출판학회.

김병철(1983). 「남애 안춘근 형」. 『수상록 세월 속에 씨를 뿌리며』. 서울: 한신문화사.

김병철(1986.10.). 「남애 안춘근 형」. 한국출판학회 편. 《'86출판학연구》(남애 안춘근 선생 화갑기념호). 서울: 범우사.

김병철(1995). 「애서가 산악회 시대」. 윤형두선생 화갑기념문집간행위원회 편. 『한 출판인의 초상』. 서울: 범우사.

김삼웅(2013). 『투사와 신사 안창호 평전』. 서울: (주)현암사.

김선남·윤세민(2000). 「출판학에 있어서의 출판 매체 연구―단행본·교과서·잡지·문고·전집 연구」. 한국출판학회 30년사 편찬위원회 편. 『한국출판학의 사적 연구―한국출판학회 30년사』. 서울: 사단법인 한국출판학회.

김선남(2007.6.). 「한국의 출판학 교육에 관한 연구」. 《한국출판학연구》(통권 제52호). 서울: 사단법인 한국출판학회.

김선남(2013.6.). 「출판학 분야의 연구 경향과 특성」. 《한국출판학연구》(통권 제64호). 서울: 사단법인 한국출판학회.

김양수(2000). 「안춘근 교수님과 나」. 한국출판학회 30년사 편찬위원회 편. 『한국출판학의 사적 연구―한국출판학회 30년사』. 서울: 사단법인 한국출판학회.

김윤식(1975.5.8.). 「해외 문학 이입의 실증적 연구―김병철 저 『한국근대번역문학사연구』. 서울: 서울신문사.

김재윤(1999.12.). 「한국 출판 연구 단체의 현황과 과제」. 사단법인 한국출판학회 편. 《'99 출판학연구》(통권 제41호). 서울: 한국출판연구소.

김정숙(2000.12.). 「21세기 출판학 연구의 전망과 출판 교육의 방향」. 사단법인 한국출판학회 편. 《한국출판학연구》(제42호). 서울: 범우사.

김정숙(2000). 「출판학 연구의 전향적 설계」. 한국출판학회 30년사 편찬위원회 편. 『한국 출판학의 사적 연구―한국출판학회 30년사』. 서울: 사단법인 한국출판학회.

김정숙(2000). 「학운장구 선학능통(學運長久 善學能通)」. 한국출판학회 30년사 편찬위원회 편. 『한국 출판학의 사적 연구―한국출판학회 30년사』. 서울: 사단법인 한국출판학회.

김정숙·배현미(2009.12.). 「한국 출판학 연구의 동향과 진전에 대한 매트릭스 분석―『한국

출판학회 30년사 이후 10년(2000~2009)의 학술 논문을 중심으로」. 사단법인 한국출판학회 편. 《한국출판학연구》(제42호). 서울: 범우사.

김진두(2014.9.). 「한중출판학술회의의 연구 경향에 관한 연구」. 《한국출판학연구》(제67호). 서울: 사단법인 한국출판학회.

김진두(2015.12.). 「출판학과 위기에 대한 연구」. 『출판 공교육의 위기와 해법』(한국출판학회 제30회 정기학술대회 발제). 서울: 사단법인 한국출판학회.

김충호(2014). 『사람이 곧 희망이다』. 서울: 마음살림.

김효정·한복희·윤치경·송영숙(1992) 『독서의 힘—미래의 세계를 활짝 연다』. 서울: 구미무역 (주) 출판부.

김희락(1984.12.). 「한국 출판학 교육에 관한 연구」. 중앙대학교 신문방송대학원 석사학위 논문.

김희락(1986.10.). 「한국 출판학의 연구 개황과 문헌 목록—단행본과 학위 논문을 중심으로」. 한국출판학회 편. 《'86출판학연구》. 서울: 범우사.

김희락(1987). 『한국 출판 관계 목록』. 서울: 한국출판연구소.

김희락(1989). 『한국 출판론고』. 서울: 교연사.

김희락(1990.3.). 「한국 출판학 교육 현황과 교육과정 개발」. 《출판연구》(창간호). 서울: 출판연구소.

남석순(1993.12.). 「안춘근 선생님의 명복을 기원하자는 제의문」. 사단법인 한국출판학회 편. 《한국출판학연구》. 서울: 범우사.

남석순(2000). 「한국 출판학 교육의 모색과 진전에 관한 연구」. 한국출판학회 30년사 편찬위원회 편. 『한국 출판학의 사적 연구—한국출판학회 30년사』. 서울: 사단법인 한국출판학회.

남석순(2001.11.). 「출판학 교육의 현황과 과제—출판학 교육의 체계화를 중심으로」. 사단법인 한국출판학회 편. 《한국출판학연구》(통권 제43호). 서울: 범우사.

남석순(2003.1.). 「남애 안춘근 선생의 출판 생애, 그의 학문 세계」. 사단법인 한국출판학회 편. 《남애와 출판학》(안춘근 선생 10주기 추모학술제). 서울: 사단법인 한국출판학회.

남석순(2004.12.). 「출판 연구의 국제 동향과 방향 분석—국제출판학술회의의 연구 성과와 방향을 중심으로」. 《한국출판학연구》(통권 제43호). 서울: 사단법인 한국출판학회.

남석순(2014.10.24.~25.). 「출판학의 국제 교류와 발전 방향」. 사단법인 한국출판학회 편. 『제16회 국제출판학술회의 논문집』. 서울: 사단법인 한국출판학회.

남애 안춘근 선생 10주기 추모학술제집행위원회 편. 《남애와 출판학》(제1집: 남애 안춘근 선생 10주기 추모학술제). 서울: 사단법인 한국출판학회, 2003.1.

남애안춘근선생기념사업회 편. 《남애와 출판학》(제2집: 남애 안춘근 선생 15주기 추념문집). 서울: 남애안춘근선생기념사업회, 2008.5.

남애안춘근선생기념사업회 편. 《남애와 출판학》(제3집: 남애 안춘근 선생 추념문집). 서울: 남애안춘근선생기념사업회, 2010.11.

노병성(1992.7.). 「출판학 정립을 위한 패러다임 고찰」. 《출판잡지연구》(창간호). 서울: 출판문화학회.

노병성(2000). 「출판학에 있어서의 새 영역 연구—전자 출판 산업 연구」. 한국출판학회 30년사 편찬위원회 편. 『한국출판학의 사적 연구—한국출판학회 30년사』. 서울: 사단법인 한국출판학회.

노병성(2010.12.). 「출판의 개념 변화에 관한 고찰」. 《한국출판학연구》(통권 제59호). 서울: 사단법인 한국출판학회.

노병성·권오박(2015). 「도서 출판 산업과 국가 발전—한국의 발전 양상을 중심으로」. 《제16회 국제출판학술회의》. 서울: 사단법인 한국출판학회.

다이원바오(2003.1.). 「남애 선생의 국제출판학술 활동」. 사단법인 한국출판학회 편. 《남애와 출판학》(제1집: 안춘근 선생 10주기 추모학술제). 서울: 사단법인 한국출판학회

대한출판문화협회(1968). 『도서와 국가 발전』. 서울: 대한출판문화협회.

대한출판문화협회(1972). 『대한출판문화협회 25년사』. 서울: 대한출판문화협회.

대한출판문화협회(1987.3.). 「책의 날 제정」. 《출판문화》(통권 257호). 서울: 대한출판문화협회.

대한출판문화협회 편(1987). 『대한출판문화협회 40년사』. 서울: 대한출판문화협회.

대한출판문화협회 편(1998). 『대한출판문화협회 50년사』. 서울: 대한출판문화협회.

리봉운(1897). 『국문졍리』. 경성: 국문국.

모티머 J. 애들러·찰스 반 도렌 지음·독고 앤 옮김(2000). 『생각을 넓혀 주는 독서법』. 서울: 도서출판 멘토.

문정창(1965). 『군국 일본 조선 점령 36년사·상』. 서울: 백문당.

미노와 시게오(2008.5.). 「국제출판학술회의와 남애」. 남애안춘근기념사업회 편. 《남애와 출판학》(제2집). 서울: 남애안춘근기념사업회.

미노와 시게오(2010). 「남애 안춘근 선생의 출판학」. 남애안춘근기념사업회 엮음. 『고서의

향기·2』. 서울: 청림출판.

민병덕(1969.6.19.). 「대학에 출판학과 신설을—학문적 체계화를」. 《새한신문》(제293호). 새한신문사.

민병덕(1969.8.). 「출판학 서설」. 한국출판학회 편. 《출판학》(제1집). 서울: 현암사.

민병덕(1983.11.). 「출판학의 연구 방법과 과제」. 한국출판학회 편. 《'83출판학연구》. 서울: 범우사.

민병덕(1984.10.). 「출판의 미래와 출판학의 학문적 성격」. 한국출판학회 편. 《'84출판학연구》. 서울: 범우사.

민병덕(1986.10.). 「출판학 연구 방법론에 대한 고찰」. 한국출판학회 편. 《'86출판학연구》. 서울: 범우사.

민병덕(1988.11.). 「출판학과 교육과정에 관한 고찰」. 한국출판학회 편. 《'88출판학연구》. 서울: 범우사.

민병덕(1991.10.). 「한국에서의 청소년도서 출판의 현황과 발전의 방향」. 사단법인 한국출판학회 편. 『제5회 국제출판학술발표회 발표논문집』. 서울: 사단법인 한국출판학회.

민병덕(1993). 『출판학 연구방법론』. 서울: 팔복원.

민병덕(1997.12.). 「한국출판학의 전통과 발전」. 사단법인 한국출판학회 편. 《'97출판학연구》. 서울: 범우사.

민병덕(1998.12.). 「한국출판학회 창립 전후—창립 30주년을 앞두고」. 사단법인 한국출판학회 편. 《'98출판학연구》. 서울: 범우사.

민병덕(2000.12.). 「출판학 연구의 새로운 출발」. 한국출판학회 30년사 편찬위원회 편. 『한국출판학의 사적 연구—한국출판학회 30년사』. 서울: 사단법인 한국출판학회.

민병덕(2000.). 「출판학 연구의 새로운 출발」. 한국출판학회 30년사 편찬위원회 편. 『한국출판학의 사적 연구—한국출판학회 30년사』. 서울: 사단법인 한국출판학회.

민병덕(2008.5.). 「출판학과 남애 선생—한국출판학회 창립 무렵의 출판학 연구 동향」. 남애 안춘근기념사업회 편. 《남애와 출판학》(제2집). 서울: 남애 안춘근기념사업회.

민병덕(2012). 『편집론』. 고양시: 정산미디어

민병도(1997). 「위기에서 크게 일어선 을유」. 『을유문화사 50년사』. 서울: (주)을유문화사.

박경하(2016.12.). 「고서 수집·장서가로서의 범우 윤형두」. 한국고서연구회 편. 《고서연구》(제34호). 서울: 도서출판 신성.

박영돈(2002.10.). 「나와 남애 안춘근 선생과 양화소록의 인연」. 《비블리오필리》(제11호). 서

울: 책을 좋아하는 사람들.

박원동(2000). 「동서고금의 출판을 두루 내왕하신 분」. 한국출판학회 30년사 편찬위원회 편. 『한국출판학의 사적 연구―한국출판학회 30년사』. 서울: 사단법인 한국출판학회.

박유봉·채백(1989). 『현대출판학원론』. 서울: 보성사.

배술룡(1945). 『이 혼돈을 어떻게 수습할까』. 서울: 정치운동자후원회.

변선웅(1970.6.). 「출판인―사회·교육·문화적 측면에서의 고찰」. 한국출판학회 편. 《출판학》 (제4집). 서울: 현암사.

부길만(2000). 「출판학 연구 성과에 대한 이해」. 한국출판학회 30년사 편찬위원회 편. 『한국 출 판학의 사적 연구―한국출판학회 30년사』. 서울: 사단법인 한국출판학회.

부길만(2009.6.). 「한국 출판 문화사의 시대 구분에 관한 연구」. 《한국출판학연구》(통권 제 56호). 서울: 사단법인 한국출판학회.

부길만(2014). 『한국 출판의 흐름과 과제 1, 2』. 서울: 시간의물레.

부길만(2015.5.). 『출판학 연구의 과거, 현재, 미래』(한국출판학회 제29회 정기학술대회 발제 집). 서울: 사단법인 한국출판학회.

사간회 기획 편찬(2012). 『원로 출판인 모임 사간회30년사』. 서울: 대한출판문화협회.

사단법인 한국출판학회 편(1996). 『인쇄출판문화의 기원과 발달에 관한 연구 논문집』. 청 주: 청주고인쇄박물관

선린100년사 편찬위원회 편(2000). 『선린백년사』. 서울: 선린중·고등학교 총동문회 선린백 년사 편찬위원회.

서지학개론 편찬위원회 편(2004). 『서지학개론』. 서울: 한울엠플러스(주).

소재영·민병삼·김호근 엮음(1996). 『한국의 딱지본』. 서울: 범우사.

속초시지편찬위원회 편(1991). 『속초시지』. 속초: 속초시.

손인수(1980). 『한국개화교육사연구』. 서울: 일지사.

송재오(1960.2.). 「한국서지학회 재발족 경위」. 《서지》(제1권 제1호). 서울: 한국서지학회.

스탠턴 위트니(1968.4.). 「학교 교육과 교과서 정책」. 『도서와 국가 발전』. 서울: 대한출판문 화협회.

안문구·우세영(1955). 국립중앙도서관서지학부 편. 『조선서지학개론』. 평양: 국립출판사./영 인(1999.5.). 서울: 한국문화사.

안인세(1954.5.31.). 「인(仁)과 용(勇)의 균형」, 《동해일보》. 속초: 동해일보사.

안춘근(1953.6.28.). 「법이 지향하는 평화」. 《주간혜성》(제45호). 속초: 제101부대 진중교회.

안춘근(1953.11.29.). 「성서(聖書)와 상엽(桑葉)」.《주간혜성》(제60호). 속초 : 제101부대 진
　중교회.

안춘근(1954.7.7.). 「한글 간화(簡化)에 불만(상)」,《동해일보》(제711호). 속초 : 동해일보사.

안춘근(1954.7.8.). 「한글 간화(簡化)에 불만(하)」,《동해일보》(제712호). 속초 : 동해일보사.

안춘근(1954.10.3.). 「'계속'은 힘이다」.《주간혜성》(제61호). 속초 : 제101부대 진중교회.

안춘근(1959 a). 『양서의 세계』. 서울: 아카데미사.

안춘근(1959 b). 『저술의 상식』. 서울: 태서문화사.

안춘근(1959). 『독서의 지식』. 서울: 신양사.

안춘근(1960.12.). 「세계문학전집 편집고」.《 도서》(통권 제2호). 서울: 을유문화사.

안춘근(1961.4.). 「책 수집의 변」.《도서》(제3호). 서울: 을유문화사.

안춘근(1963.10.). 「지식인의 기본도서」.《을유저어널》(제15호). 서울: 을유문화사.

안춘근(1963 a). 『살구나무의 사연』. 서울: 동민문화사.

안춘근(1963 b). 『출판개론』. 서울: 을유문화사.

안춘근(1963). 『출판개론』. 서울: 을유문화사.

안춘근(1964.2.~1970.6.). 「현대 한국출판문화사략」.《도서》(통권 제6호~12호). 서울: 을
　유문화사.

안춘근(1964.2.). 「초창기의 출판과 최초의 국한문 저서」.《도서》(제6호). 서울: 을유문화사.

안춘근(1964.12.~1968.10.). 『남애수록(南涯隨錄)』(1권 2책, 사가판).

안춘근(1965). 『동양수진본』(사가판).

안춘근(1965). 『애서시가』(사가판).

안춘근(1965 a). 『생각하는 인형』. 서울: 정음사.

안춘근(1965). 「수서 식록(識錄)—도서학을 위하여」.『생각하는 인형』. 서울: 정음사.

안춘근(1966.12.). 「출판학원론」.《성균》(17호). 서울: 성균관대학교.

안춘근(1967). 『남애수록·1』(사가판).

안춘근(1967). 『남애수록·2』(사가판).

안춘근(1967). 『한국서지학』. 서울: 통문관.

안춘근(1968.9.). 「경과보고」. 한국서지연구회 편.《서지학》(창간호). 서울: 통문관.

안춘근(1969.8.). 「출판학을 위하여」. 한국출판학회 편.《출판학》(제1집). 서울: 현암사.

안춘근(1969 a). 『출판사회학』. 서울: 통문관.

안춘근(1969). 『한국서지학』. 서울: 통문관.

안춘근(1970.2.).「한국출판세시론」(권 1). 한국출판학회 편.《출판학》(제3집). 서울: 현암사.

안춘근(1970.11.).「한국출판세시론」(권 4). 한국출판학회 편.《출판학》(제6집). 서울: 현암사.

안춘근(1971.6.).「대학 출판 교육론」. 한국출판학회 편.《출판학》(제8집). 서울: 현암사.

안춘근(1971.9.).「고려속장경 출판 경위고」. 한국출판학회 편.《출판학》(제9집). 서울: 현암사.

안춘근(1971.11.).「출판지사도」. 한국출판학회 편.《출판학》(제10집). 서울: 현암사.

안춘근(1972.2.).「출판의 기능과 사업」. 한국출판학회 편.《출판학》(제11집). 서울: 현암사.

안춘근(1972.6.).「한국불교서지고」. 한국출판학회 편.《출판학》(제12집). 서울: 현암사.

안춘근(1972.9.).「남애영도기」(권 1). 한국출판학회 편.《출판학》(제13집). 서울: 현암사.

안춘근(1972.9.).「미국의 양서 50선 전시회」. 한국출판학회 편.《출판학》(제13집). 서울: 현암사.

안춘근(1972.9.).『한국학대백과사전』.《출판학》(제13집). 서울: 현암사.

안춘근(1972.12.).「남애영도기」(권 2). 한국출판학회 편.《출판학》(제14집). 서울: 현암사.

안춘근(1973.3.).「직지심경 활자의 자료 고증—금속활자와 목활자의 시비」. 한국출판학회 편.《출판학》(제15집). 서울: 현암사.

안춘근(1973.3.).「남애영도기」(권 3). 한국출판학회 편.《출판학》(제15집). 서울: 현암사.

안춘근(1973.3.).「저술과 보수」. 한국출판학회 편.《출판학》(제15집). 서울: 현암사.

안춘근(1973.6.).「남애영도기」(권 4). 한국출판학회 편.《출판학》(제16집). 서울: 현암사.

안춘근(1973.12.).「남애영도기」(권 6). 한국출판학회 편.《출판학》(제18집). 서울: 현암사.

안춘근(1973.12.).「세계 진본·기본고」.《출판학》(제18집). 서울: 현암사.

안춘근(1974.12.).「한국 세책업 변천고」.《서지학》(제6집, 통문관40주년기념특집호). 서울: 통문관.

안춘근(1974).『세계 명작의 뒤안길』(을유문고 145). 서울: 을유문화사.

안춘근·한태석·민병덕(1976). 한국출판학회 편.『출판실무편람』. 서울: 경인문화사.

안춘근(1977).『책갈피 속의 연서』. 서울: 세운문화사.

안춘근(1977).「나의 서재 나의 장서」.『책갈피 속의 연서』. 서울: 세운문화사.

안춘근(1978).『한국의 자랑 과연 그럴만한가?』. 서울: 광문서관.

안춘근(1979 a).「천자문류선」.『한국서지학논고』. 서울: 광문서관.

안춘근(1979).『한국서지학논고』. 서울: 광문서관.

안춘근(1981.6.).「저작권 침해 논란 사례」. 한국출판학회 편.《출판학논총》. 서울: 광문서관.

안춘근(1981).『한국출판문화론』. 서울: 범우사.

안춘근(1981).「논저를 통해 본 출판 연구」.『한국출판문화론』. 서울: 범우사.

안춘근(1981).「출판은 문화의 꽃」.『한국출판문화론』. 서울: 범우사.

안춘근(1982.12.).「한국출판학의 현황」. 한국출판학회 편.《출판학연구》. 서울: 범우사.

안춘근(1982).『한지10선』(사가판).

안춘근(1983.1.).「힘든 시절에 태어난 목소리」.《문학사상》. 서울: 문학사상사.

안춘근(1983.11.).「출판 기업과 자전차 비교론」. 사단법인 한국출판학회 편.《'83출판학연구》. 서울: 범우사.

안춘근(1984.5.).「잡지매체로서의 한성순보」.《언론연구논집》(제Ⅱ집). 서울: 중앙대학교 신문방송대학원.

안춘근(1984a).「조선신보의 서지학적 고찰」. 한국고서동우회 편.《조선신보》. 서울: 한국출판판매(주).

안춘근(1985.10.).「국제출판학술회의에서 보고 느낀 점―활자 매체가 영원히 살아 남아야 할 까닭」.《마당》(통권 50호). 서울: 주식회사 계몽사.

안춘근(1986.3·4.).「귀중본에 대하여」.《책방소식》(통권 제37호). 서울: 한국출판판매주식회사.

안춘근(1986.10.).「남애문고 장서목록」(1978.6.30. 현재). 한국고서동우회 편.《고서연구 '86》(제3호). 서울: 한국출판판매주식회사.

안춘근(1986.11.).「인쇄의 시초」.《책방소식》(통권 제40호). 서울: 한국출판판매주식회사.

안춘근(1986).『한국고서평석』. 서울: 동화출판공사.

안춘근(1987.11.).「세계에 자랑할 수 있는 금강산의 기슭」.《한국인》. 서울: 사회발전연구소.

안춘근(1987.12.).「갑인자 주자사실 보의」.《서지학연구》(제2집). 서울: 한국서지학회.

안춘근(1987).『백화목피지본-남애어록』(사가판).

안춘근(1987).『한국출판문화사대요』. 서울: 청림출판.

안춘근(1988.12.).「조선 시대의 교정 인쇄고」.《고서연구》(제5호). 서울: 한국고서동우회.

안춘근(1989.3.).「세계의 자랑 금강산」.《월간 산》(통권 233). 서울: 조선일보사.

안춘근(1989.12.).「출판 연구의 회고와 전망」.《제3회 출판학술세미나 자료집》. 서울: 한국출판학회.

안춘근(1989.12.).「한국출판학회 20년사」. 한국출판학회 편.《'89출판학연구》. 서울: 범우사.

안춘근(1990.6.). 「애서가와 장서가」. 《비블리오필리》(제1호). 서울: 한국애서가클럽.

안춘근(1990.10.). 「왕인이 일본에 가져간 천자문」. 《역사산책》(통권 제2호). 서울: 범우사.

안춘근(1990.12.a). 「주자판석 이설—고려 시대의 금속 활자 시비」. 한국출판학회 편. 《'90 출판학연구》. 서울: 울우사.

안춘근(1990.12.). 「포활자(匏活字) 존부에 대하여」. 《계간서지학보》(제3호). 서울: 한국서지학회.

안춘근(1990). 『한국서지학원론』. 서울: 범우사.

안춘근(1991.12.). 「직지심경의 활자 자료」. 《고서연구》(제8호). 서울: 청림출판.

안춘근(1991 a). 『옛 책』. 서울: 주식회사 대원사.

안춘근(1991). 『전기통신 및 체신관계 고문헌자료 조사연구(91-51)』. 서울: 통신개발연구원.

안춘근(1992.8.). 「서지학과 학문의 진실성」. 《비블리오필리》(제3호). 서울: 한국애서가클럽.

안춘근(1992.12.). 「백화목피지본-남애어록」. 《고서연구》(제9호). 서울: 청림출판.

안춘근(1992). 『전기통신 및 체신관계 고문헌자료 조사연구(92-35)』. 서울: 통신개발연구원.

안춘근(1992). 『출판의 진실』. 서울: 청림출판.

안춘근(1992). 「왕인박사 일본 전수 천자문 고구」. 사단법인 한국출판학회 편. 《'91출판학연구》. 서울: 범우사.

안춘근(1993). 『언제 고향에 갈 수 있을까』. 서울: 범우사.

안춘근(1994.4.). 『한국 서지의 전개 과정』. 서울: 범우사.

안춘근(1994 a). 『한국서지의 전개과정』. 서울: 범우사.

안춘근(1994). 『한국고서평석』. 서울: 동화출판공사.

안춘근(1998). 『책과 그리운 사람들』. 서울: 범우사.

안춘근(1998). 「나와 김병철 선생」. 『책과 그리운 사람들』. 서울: 범우사.

안춘근(1998). 「나와 죽헌 선생」. 『책과 그리운 사람들』. 서울: 범우사.

안춘근(1998). 「독서는 사람답게 사는 방법」. 『책과 그리운 사람들』. 서울: 범우사.

안춘근(1998). 「세모에 생각나는 친구들」. 『책과 그리운 사람들』. 서울: 범우사.

안춘근(1998). 「소설가 최인욱」. 『책과 그리운 사람들』. 서울: 범우사.

안춘근(1998). 「소향 이상로 시인」. 『책과 그리운 사람들』. 서울: 범우사.

안춘근(1998). 「시단 이면사—《지성》을 낼 무렵」. 『책과 그리운 사람들』(유고). 서울: 범우사.

안춘근(1998). 「월탄 박종화 선생」. 『책과 그리운 사람들』. 서울: 범우사.

안춘근(1998). 「이주홍론」. 『책과 그리운 사람들』. 서울: 범우사.

안춘근(1998). 「인간 최영해 사장」. 『책과 그리운 사람들』. 서울: 범우사.

안춘근(1998). 「일년의 수서」. 『책과 그리운 사람들』. 서울: 범우사.

안춘근(1998). 「잡지 수집가 백순재 선생」. 『책과 그리운 사람들』. 서울: 범우사.

안춘근(1998). 「장서가 김약슬의 생애와 업적」. 『책과 그리운 사람들』. 서울: 범우사.

안춘근(1998). 「책을 읽고 책을 간수하는 일」. 『책과 그리운 사람들』. 서울: 범우사.

안춘근(1998). 「현대인의 독서론」. 『책과 그리운 사람들』. 서울: 범우사.

안춘근(2001). 「양서의 산실」. 범우사 기획·편집실 편. 『범우사를 말한다』. 서울: 범우사.

안춘근(2010). 남애안춘근기념사업회 편. 『고서의 향기·1, 2』. 서울: 청림출판.

안춘근(2017.11.). 「님의 길」(자료 발굴: 6·25 관련 시). 《책과 인생》(통권 287호). 서울: 범우사.

양양문화원부설향토사연구소(2015). 『한국전쟁시기 양양군의 군정 통치에 관한 고찰』. 양양: 양양문화원부설향토사연구소.

엄경선(2016.11.28.). 「설악권 최초의 지역 신문《동해일보》를 찾아서(1)—동해일보 62년 만에 속초로 돌아오다」. 《설악신문》(1279호). 속초: 설악신문사.

엄경선(2016.12.12.). 「설악권 최초의 지역 신문《동해일보》를 찾아서(2)—동해일보에 실린 수복지구 이야기 1」. 《설악신문》(1281호). 속초: 설악신문사.

엄경선(2016.12.26.). 「설악권 최초의 지역 신문《동해일보》를 찾아서(3)—동해일보에 실린 수복지구 이야기 2」. 《설악신문》(1283호). 속초: 설악신문사.

엄경선(2017.1.16.). 「설악권 최초의 지역 신문《동해일보》를 찾아서(마지막회)—동해일보를 만든 사람들」. 《설악신문》(1286호). 속초: 설악신문사.

여승구(1986.10.). 「고서 탐구와 국학 발전」. 한국고서동우회 편. 《고서연구 '86》. 서울: 한국출판판매주식회사.

여승구(1988). 『책사랑 33년』. 서울: 한국출판판매주식회사.

여승구(2003.10.). 「남애 선생은 가시고 인생은 무상한데 누가 한 그루의 사과나무를 심고 있습니까」. 《비블리오필리》(2003년 가을·제11호). 서울: 책을 좋아하는 사람들.

여승구(2016.4.). 「남애 안춘근과 고서동우회」. 한국고서연구회 편. 《한국고서연구회》(제221호). 서울: 한국고서연구회.

여승구(2017.1.). 「화봉장서 35년의 회고」(1). (주)화봉문고 편. 《제41회 현장경매》. 서울: (주)화봉문고.

여승구(2017.3.). 「화봉장서 35년의 회고」(2). (주)화봉문고 편. 《제42회 현장경매》. 서울: (주)화봉문고.

여승구(2018.1.). 「화봉장서 35년의 회고」(7). (주)화봉문고 편. 《제47회 현장경매》. 서울: (주)화봉문고.

영신아카데미 한국학연구소(1975.3.). 「국문정리」. 《한국학》(제5집). 서울: 영신아카데미 한국학연구소.

오경호(1990.3.). 「한국 출판학 연구의 성과와 전망」. 《출판연구》(창간호). 서울: 한국출판연구소.

오경호(1994.12.). 「한국 출판 교육의 과정과 발전 방향」. 사단법인 한국출판학회 편. 《'94 출판학연구》. 서울: 범우사.

오영식(2009). 『해방기(1945~1950) 간행 도서 총목록』(근대서지총서 01). 서울: 소명출판.

오진환(1983.6.). 「출판학 교육의 필요성」. 《출판문화》(통권 213호). 서울: 대한출판문화협회.

우양이종국교수정년기념문집편찬위원회 편(2010). 『책의 길 슬거운 동행』. 서울: 일진사.

유은영(1988.6.). 「국내외 대학 및 기관의 출판 교육 현황」. 《출판문화》(제272호). 서울: 대한출판문화협회.

유족 작성. 『남애장서목록』. 1993.8.

육군교육총본부(1955). 교육총본부관리부 편. 『육군교육연감』. 광주: 육군교육총본부.

윤병태 편(1971.3.17.). 『한국학정리연표』.

윤병태(1972). 『한국서지연표』. 서울: 사단법인 한국도서관협회.

윤병태(1986.10.). 「남애문고 장서목록 별견기」. 《고서연구 '86》. 서울: 한국출판판매주식회사.

윤병태(1992). 『조선후기의 활자와 책』. 서울: 범우사.

윤병태(1994.4.). 「남애선생 추모기」. 《고서연구》(제10호). 서울: 한국고서연구회.

윤병태(1994), 「발문」. 『한국서지의 전개과정』. 서울: 범우사.

윤세민(2000). 「출판학에 있어서의 출판 매체 연구—베스트셀러 연구」. 한국출판학회 30년사 편찬위원회 편, 『한국출판학의 사적 연구—한국출판학회 30년사』. 서울: 사단법인 한국출판학회.

윤세민(2010.6.). 「2000년대 출판학 연구의 동향과 전망—한국출판학회지 《한국출판학연구》를 중심으로」. 《한국출판학연구》(통권 제58호). 서울: 사단법인 한국출판학회.

윤재준(2000). 「출판학에 있어서의 제작 부문 연구—출판 편집 디자인 연구」. 한국출판학회 30년사 편찬위원회 편. 『한국출판학의 사적 연구—한국출판학회 30년사』. 서울: 사단법인 한국출판학회.

윤형두(1986.10.). 「남애선생 화갑기념호에 부쳐」. 한국출판학회 편. 《'86출판학연구》. 서울: 범우사.

윤형두선생 화갑기념문집간행위원회 편(1995). 『한 출판인의 초상』. 서울: 범우사.

윤형두(1999.12.). 「전진 속에서 또 하나의 새로운 역사를—한국출판학회 30주년을 보내며」. 사단법인 한국출판학회 편. 《'99출판학연구》(통권 제41호). 서울: 한국출판연구소.

윤형두(2000). 「남애 안춘근 선생님을 그리며」. 한국출판학회 30년사 편찬위원회 편. 『한국출판학의 사적 연구—한국출판학회 30년사』. 사단법인 한국출판학회.

윤형두(2000). 「한국출판학회 30년사는 미래를 위한 터 닦기다」. 한국출판학회 30년사 편찬위원회 편. 『한국출판학의 사적 연구—한국출판학회 30년사』. 서울: 사단법인 한국출판학회.

윤형두(2003.1.). 「남애 선생 10주기에 부쳐」. 《남애와 출판학》(안춘근 선생 10주기 추모학술제). 서울: 사단법인 한국출판학회.

윤형두(2017.5.). 「한 출판인의 사초(私草)」. 《책과 인생》(통권 281호). 서울: 범우사.

윤형두(2017). 「발간사」. 한국애서가산악회보 편집실 편. 『한국애서가산악회보, 1985~2017』. 서울: 범우사.

은석 정진숙 고문 고희기념출판위원회 편(1983). 『출판인 정진숙』. 서울: 대한출판문화협회.

을유문화사(1997). 『을유문화사 50년사』. 서울: 을유문화사.

이강수(1984 a). 「조선신보의 신문사적 고찰」. 한국고서동우회 편. 《조선신보》. 서울: 한국출판판 매(주).

이강수(1991.7.). 「출판학의 학문적 성격과 연구 방법론」. 《출판연구》(제3호/1991년 제2권 제1호). 서울: 한국출판연구소.

이강수(2000). 「출판학의 선구자, 안춘근 선생님」. 한국출판학회 30년사 편찬위원회 편. 『한국출판학의 사적 연구—한국출판학회 30년사』. 서울: 사단법인 한국출판학회.

이겸로(2000). 「번지도 우편도 모르는 피안(彼岸)으로 남애에게 띄우는 안신(雁信)」. 한국출판학회 30년사 편찬위원회 편. 『한국출판학의 사적 연구—한국출판학회 30년사』. 서울: 사단법인 한국출판학회.

이경자(1994). 「언론학의 기초」. 『언론학 원론』. 서울: 범우사.

이근우(2004 겨울). 「왕인의 천자문·논어 일본 전수설 재검토」. 《역사비평》(통권 69호). 서울: 역사비평사.

이기백(1997). 『한국사신론』(신수판). 서울: 일조각.

이기성·윤재준(2000). 「출판학에 있어서의 제작 부문 연구—활자·인쇄·제책 연구」. 한국출판학회 30년사 편찬위원회 편. 『한국출판학의 사적 연구—한국출판학회 30년사』. 서울: 사단법인 한국출판학회.

이기성(2006.12.). 「출판학 연구 동향 및 특성에 관한 연구」. 사단법인 한국출판학회 편. 《한국출판학연구》(통권 제51호). 서울 사단법인 한국출판학회.

이두영(1991). 「산업으로서의 출판」. 『세계의 출판』(언론연구원총서 11). 서울: 한국언론연구원.

이두영(2000). 「출판학에 있어서의 분배 부문 연구」. 한국출판학회 30년사 편찬위원회 편, 『한국출판학의 사적 연구—한국출판학회 30년사』. 서울: 사단법인 한국출판학회.

이두영(2000). 「학회 활동의 전개: 제2기—학회 활동의 진전(1980~1989). 한국출판학회 30년사 편찬위원회 편. 『한국출판학의 사적 연구—한국출판학회 30년사』. 서울: 사단법인 한국출판학회.

이두영(2000). 「남애 서체와 나」. 한국출판학회 30년사 편찬위원회 편. 『한국출판학의 사적 연구—한국출판학회 30년사』. 서울: 사단법인 한국출판학회.

이두영(2015). 『현대한국출판사』. 서울: 문예출판사.

이문학(2013.12.). 「출판사와 도서관의 상생을 위한 협력 방안 연구」. 《한국출판학연구》(통권 제65호). 서울: 사단법인 한국출판학회.

이민희(2007). 『16~19세기 서적 중개상과 소설·서적 유통 관계 연구』. 서울: 도서출판 역락.

이병기(1957). 「한국 서지의 연구」. 《동방학지》(3). 서울: 연세대학교 동방학연구소.

이병도(1976). 「백제 학술 및 기술의 일본 전파」. 『한국 고대사 연구』. 서울: 박영사.

이상보(1990). 「머리말」. 『좌우명』. 서울: 범우사.

이상보(1993.2.). 「책을 베개로 삼아 편안히 주무시라—한국출판학 선구자 고 안춘근 선생을 기리며」. 《출판저널》(통권 제122호). 서울: 한국출판금고.

이상보(1993.12.). 「책 속에 영원히 살고 있네」. 사단법인 한국출판학회 편. 《'93출판학연구》. 서울: 한국출판학회.

이상보(2008.5.). 「남애 선생과 고서 연구」. 남애 안춘근기념사업회 편. 《남애와 출판학》(제2집). 서울: 남애 안춘근기념사업회.

이상보(2010). 「남애 안춘근 선생과 고서 연구」. 남애안춘근기념사업회 엮음. 『고서의 향기·2』. 서울: 청림출판.

이양재(1995.12.). 「단원 김홍도—그는 애서가인가?」. 《비블리오필리》(제6호). 서울: 한국애서가클럽.

이정춘(1991.10.). 「다매체 시대에 있어서의 청소년 독서 교육」. 사단법인 한국출판학회 편. 『제5회 국제출판학술발표회 발표논문집』. 서울: 사단법인 한국출판학회.

이정춘(1993.8.). 「매체 경쟁 시대에 있어서의 청소년 매체 환경과 독서 문화」. 『제6회 국제출판학술회의 발표 논문집』. 북경: 중국편집학회.

이정춘(2014). 『생각이 사라지는 사회』. 서울: 청림출판.

이종국(1979.6., 9., 12.). 「출판학 관계 문헌」. 《대교》(59~63). 서울: 대한교과서주식회사.

이종국(1992.1.). 「중국 출판계 견문기」. 사단법인 한국출판학회 편. 《한국출판학연구》. 서울: 사단법인 한국출판학회.

이종국(1993). 「출판학·출판교육 관계 주요 논저」. 사단법인 한국출판학회 편. 『21세기 출판 발전을 위한 전문인 육성책』. 서울: 책의 해 조직위원회.

이종국(1993.12.). 「남애 안춘근 선생의 생애와 학문」. 경희대학교 신문방송대학원 말과 빛 편집위원회 편. 《말과 빛》(제2호). 서울: 경희대학교 신문방송대학원 말과 빛 편집위원회.

이종국(1995). 『지식의 흐름(우양 이종국 비망록)』(미간행 자료).

이종국(1995). 「출판 본질론」. 범우사 기획실 편. 『출판학원론』. 서울: 범우사.

이종국(1997.12.). 「남애 안춘근 선생의 생애와 학문—출판관과 출판 연구를 중심으로」. 사단법인 한국출판학회 편. 《'97출판학연구: 남애 안춘근 선생 추모논문집》. 서울: 범우사.

이종국(1999). 「민병덕 교수의 학문관에 대한 이해—출판 연구의 주조를 중심으로」. 정산민병덕교수정년기념논총간행위원회 편, 『출판문화산업의 이해』. 서울: 일진사.

이종국(1999.12.). 「출판학에 있어 편집의 위상에 대한 연구」, 정산민병덕교수정년기념논총간 행위원회 편. 『출판문화산업의 이해』. 서울: 일진사.

이종국(2000.12.). 「출판 연구에 있어 편집의 위상에 관한 연구—출판학 연구 대상으로 본 편집과 그 성격을 중심으로」. 《논문집》(인문사회과학편 제26집). 대전: 혜천대학출판부.

이종국(2000 a). 「책향 속에서 영생하시는 삶」. 한국출판학회 30년사 편찬위원회 편. 『한국 출판학의 사적 연구—한국출판학회30년사』. 서울: 사단법인 한국출판학회. 서울: 범우사.

이종국(2000). 「초창기의 학회 활동—제1기: 1969~1979」. 한국출판학회 30년사 편찬위원회 편. 『출판학의 사적 연구—한국출판학회 30년사』. 서울: 사단법인 한국출한학회.

이종국(2000). 「한국에서의 출판학 연구—관심과 방법, 성과의 이해를 중심으로」. 한국출판학회 30년사 편찬위원회 편. 『한국출판학의 사적 연구—한국출판학회 30년사』. 서울: 사단법인 한국출판학회.

이종국(2001.11.). 「출판학 연구의 진전과 그 과정적 이해—한국의 출판학 연구 과정에 나타난 연구 경향을 중심으로」. (사)한국출판학회 편. 《한국출판학연구》(통권 제43호). 범우사.

이종국(2002.10.). 「남애 안춘근 연구」. 《비블리오필리》(2003년 가을·제11호). 서울: 책을 좋아하는 사람들.

이종국(2003.1.). 「남애 안춘근의 출판학—출판 연구에서의 지향이란 무엇인가」. 《남애와 출판 학》(안춘근 선생 10주기 추모학술제). 서울: 사단법인 한국출판학회.

이종국(2004.6.). 「출판학과 편집 연구의 상관성—중국에서의 출판학과 편집학 연구 경향을 중심으로」. 《한국출판학연구》(통권 제46호). 서울: 사단법인 한국출판학회.

이종국(2004.12.). 「출판학술 교류의 발전적 지향을 위한 연구—한·중·일 세 나라의 출판학에 대한 이해와 출판학술 교류를 중심으로」. 《한국출판학연구》(통권 제47호). 서울: 사단법인 한국출판학회.

이종국(2006a). 「안춘근 선생과 옛 책」. 『출판 컨텍스트』. 서울: 일진사.

이종국(2006). 『출판·연구와 출판평설』. 서울: 일진사.

이종국(2007). 『출판 컨텍스트』. 서울: 일진사.

이종국(2008). 『한국의 교과서 변천사』. 서울: 대한교과서주식회사.

이종국(2011). 「남애 안춘근의 출판사랑」. 『교과서·출판의 진실』. 서울: 일진사.

이종국(2011). 『교과서·출판의 진실』. 서울: 일진사.

이종국(2013). 「민족 교육의 장전 우리 교과서」. 『한국 교과서의 역사(I)』. 서울: 화봉문고.

이종국(2015.8.). 「한·중 출판학술 교류의 의의와 전망」. 『제16회 한중출판학술회의논문집』. 서울: 사단법인 한국출판학회.

이종국(2015). 「출판학자 남애 안춘근 연구」. 『편집 출판학 연구 총설』. 서울: 패러다임북.

이종국(2015). 『편집 출판학 연구 총설』. 서울: 패러다임북.

이종국(2017.12.). 「남애 안춘근의 수서 활동에 대한 연구」. 《고서연구》(제35호). 서울: 한국고서연구회.

이종국(2017). 「출판 역사 연구와 미래 지향」. 『출판학의 미래』. 서울: 일진사.

이중근 편저(2014). 『6·25 전쟁 1129일』. 서울: 우정문고.

이창경(2000). 「출판학에 있어서의 독자와 독자 연구」. 한국출판학회 30년사 편찬위원회 편.

『출판학의 사적 연구—한국출판학회 30년사』. 서울: 사단법인 한국출판학회.

이철수(2014). 「6·25 한국 전쟁 시기 군정이 양양 지역에 미친 영향」. 《양양문화》(제26호). 양양: 양양문화원.

이철우(2006). 「일제하 한국의 근대성, 법치, 권력」. 『한국의 식민지 근대성』. 서울: (주)도서 출판 삼인.

이초(1946). 『애국 삐라 전집』. 서울: 조국문화사.

이희재(2003). 『서지학신론』(개정판). 서울: 한국도서관협회.

임희완(1997). 『역사학의 이해』. 서울: 건국대학교출판부.

정봉구(2000.). 「안춘근 선생과 을유문화사와 나」. 한국출판학회 편. 『한국출판학의 사적 연구—한국출판학회 30년사』. 서울: 사단법인 한국출판학회.

정진석(1984.5.). 「최초의 근대 신문 한성순보」. 《언론연구논집》(제Ⅱ집). 서울: 중앙대학교 신문방송대학원.

정진석(1995). 『조선신문학원의 기자 양성과 언론학 연구』. 서울: 서강대 언론문화연구소.

정진석(2000). 「한성순보의 잡지 논쟁」. 한국출판학회 편. 『한국출판학의 사적 연구—한국 출판학회 30년사』. 서울: 사단법인 한국출판학회.

정진석(2001). 『언론과 한국 현대사』. 서울: 커뮤니케이션북스.

정진석(2004). 『고쳐 쓴 언론유사』. 서울: 커뮤니케이션북스.

정진석(2014.6.). 「출판학의 선구자, 서지학자, 도서 수집가 안춘근」. 《근대서지》(제9호). 서 울: 소명출판.

정진석(2015). 『책 잡지 신문 자료의 수호자—지식의 보물 창고를 지키고 탐험로를 개척한 사 람들』. 서울: 소명출판, 2015.

정진숙 편(1972). 『대한출판문화협회 25년사』. 서울: 사단법인 대한출판문화협회.

정진숙(1983). 은석 정진숙 고문 고희기념출판위원회 편. 『출판인 정진숙』. 서울: 대한출판 문화협회.

정진숙(1997.12.). 사단법인 한국출판학회 편. 「남애의 유지를 기리며」. 《'97출판학연구》(통 권 제39호). 서울: 대한출판문화협회.

정진숙(2000). 「남애의 유지를 기리며」. 한국출판학회 편. 『한국출판학의 사적 연구—한국 출판학회 30년사』. 서울: 사단법인 한국출판학회.

정진숙(2007). 『출판인 정진숙: 을유문화사 창립자 정진숙의 출판 인생』. 서울: 을유문화사.

제홍규(1982). 『한국서지학사전』. 서울: 경인문화사.

조동일(1999). 『우리 학문의 길』(제2판). 서울: (주)지식산업사.

조항래(1993). 『1900년대의 애국 계몽 운동 연구』. 서울: 아세아문화사.

조선총독부교통국(1944). 『철도시간표』. 서울: 조선총독부교통국.

진재교(2003.12.). 「경화세족의 독서성향과 문화비평: 19세기 홍석주가(洪奭周家)의 경우」. 《독서연구》(제10호). 서울: 한국독서학회.

차배근(1976). 『커뮤니케이션학개론(상·하)』. 서울: 세영사.

차배근·리대룡·정진석·박정규(1977). 『한국신문사』. 서울: 정음사.

차배근(1992). 『커뮤니케이션학 개론(상): 전정판』. 서울: 세영사.

차배근(2000). 『개화기 일본 유학생들의 언론 출판 활동에 관한 연구』. 서울: 서울대학교 출판부.

책의해조직위원회(1993.11.). 『전자출판물의 개발 현황과 발전 방안』(제2회 워크숍 발표문집). 서울: 책의해조직위원회.

천이난(2008). 『문화대혁명, 또 다른 기억: 어느 조반파 노동자의 문혁 10년』. 서울: 도서출판 그린비.

천혜봉(2014). 『한국서지학』. 서울: (주)민음사.

최영해(1949). 『출판대감』(보성사 영인, 1985). 서울: 보성사.

최준(1963.12.). 「대한제국 시대의 출판 연구―출판문화와 한국의 근대화에 관하여」. 《법정논총》(제17집). 서울: 중앙대학교 법정대학학생회.

토머스 휴즈 지음·김정미 옮김(2008). 『테크놀로지―창조와 욕망의 역사』. 서울: 도서출판 플래닛미디어.

하동호(1979). 『서지학』. 서울: 탑출판사.

하동호(1981.1.). 「서평: 김병철 저 한국근대서양문학사연구」. 《아세아연구》(65). 서울: 고려대학교 아세아문제연구소.

학원사 편집국 편(1959). 『현대신문전서』(생활총서 8). 서울: 주식회사 학원사.

한국검인정교과서협회(1963.5.). 《교과서회지》(제1집). 서울: 사단법인 한국교과서발행인협회.

한국교원단체총연합회(1995). 『교육부 직제 연혁』. 서울: 한국교원단체총연합회 교육정책연구소.

한국고서동우회(1986.9.). 「한국고서동우회연혁」. 한국고서동우회 편. 《고서연구 '86》. 서울: 한국 출판판매(주).

한국고서동우회(1990). 『좌우명』. 서울: 범우사.

한국서지학회(1990.6.). 「휘보」. 《계간 서지학보》(창간호). 서울: 한국서지학회.

한국애서가산악회(1985.10.). 《애서가산악회보》(창간호). 서울: 한국애서가산악회

한국애서가산악회 편집실(2017). 『한국애서가산악회보』. 서울: 범우사.

한국애서가클럽(1990.6.). 한국애서가클럽 편. 《비블리오필리》(제1호). 서울: 한국애서가클럽.

한국전자출판협회(1993.6.). 『전자출판의 현황과 전자출판물의 법제화 방안』(제2회 세미나 발표문집). 서울: 한국전자출판협회.

한국출판판매주식회사(1985.10.). 「특집: 제2회 국제출판학술발표회」. 《책방소식》(통권 제34호). 서울: 한국출판판매주식회사.

한국출판학회 30년사 편찬위원회 편(2000). 『한국 출판학의 사적 연구—한국출판학회 30년사』. 서울: 사단법인 한국출판학회.

한승헌(1992). 『정보화 시대의 저작권』. 서울: 나남.

한승헌(2000). 「그 분이 주신 '고서' 한 권」. 한국출판학회 30년사 편찬위원회 편. 『한국 출판학의 사적 연구—한국출판학회 30년사』. 서울: 사단법인 한국출판학회.

한태석(1970.2.). 「대학의 출판학과 설치 문제」. 한국출판학회 편. 《출판학》(제3집). 서울: 현암사.

항심 윤병태 박사 정년기념논문집간행위원회 편(1999). 『한국서지학논집』. 대전: 충남대학교 사회과학대학 문헌정보학.

허창성(1993.6.). 「전자출판의 현황과 발전 방안」. 『전자 출판의 현황과 전자 출판물의 법제화 방안』(제2회 세미나 발표문집). 서울: 한국전자출판협회.

황병국(1986.10.). 「남애 선생의 화갑에 즈음하여—선생의 업적을 기리며」. 한국출판학회 편. 《'86출판학연구》. 서울: 범우사.

고광직. 「동몽선습 초간본 발견」. 《한국경제신문》. 1981.6.21.

《국제신보》. 「신간도서실: 안춘근 수필집 살구나무의 사연」. 1963.4.15.(5).

기자. 「동문초대석」(8). 《성대신문》. 1973.12.15.

기자. 「책 모으기」. 《조선일보》. 1971.1.24.(5)

기자. 「크리스천의 취미 생활: 안춘근 교수의 고서 수집」. 《기독교신문》. 1989.4.9.

《동아일보》. 「건실한 쩌—내리스트 양성, 조선신문학원 발족, 4월 1일 개원」. 1947.2.28.

김용선. 「명사의 독서 편력: 안춘근」.《중앙경제신문》. 1990.11.19.

박종화. 「서평: 청향(淸香) 감도는 수필집」.《동아일보》. 1963.2.13.(5).

백선엽. 「백선엽회고록: 군과 나」.《경향신문》. 1988.12.19.(11)

안춘근. 「민주주의의 원리롸 공식―소중한 것이야말로 도덕」.《평화신문》. 1954.10.10.(4).

안춘근. 「잡문가 지원서」.《평화신문》. 1956.5.11.(4)

안춘근(1958.6.19.). 「양서 안내: 문예적인 수필의 대표작」.《연합신문》.

안춘근. 「기타학의 전공」.《조선일보》. 1959.2.28.(5)

안춘근(1959.3.11.). 「서평: 평화를 위한 교육.《조선일보》.

안춘근. 「나의 서재」.《매일경제신문》. 1970.6.11.(6)

안춘근(1974.2.3.~1974.3.10.). 「나의 고서 편답비화」.《독서신문》.

안춘근(1960.7.2.). 「북크 레뷰: 비·커피·운치」.《연합신문》.

안춘근. 「팡세의 개가」.《독서신문》. 1976.1.25.(15)

안춘근. 「동호동락」.《서울경제신문》. 1989.1.11.(20).

이흥우. 「서평: 안춘근 수필집 살구나무의 사연」.《경향신문》. 1963.1.31.(5)

추식. 「안춘근 저 저술의 상식」.《연합신문》. 1959.10.24.

淸水英夫(1984.11.6.). 「國際的な組織化確認―日韓出版學會の共同セミナーにして出席」.《信濃
　毎日新聞》.

箕輪成男(1986.9.8.,석간(4). 「變わゐ中國出版界―書店などの個人營業も自由に」.《每日新聞》.

安春根(1981). 「韓國出版學の現況」.《出版研究》(12). 東京: 日本出版學會.

安春根 著·文嬿珠 譯(2006). 『圖說 韓國の古書―本の歷史』. 東京: 日本エディタースクール出版
　部.

尹炯斗(2006.11.). 「日本語版への序」. 『圖說韓國の古書―本の歷史』. 東京: 日本エディタースク
　ール出版部.

李鍾國(1998.3.). 「關于韓國出版學研究―以韓國出版學會爲中心」.《出版科學, PUBLISHING
　JOURNAL》(총 제24기), 武漢: 湖北省編輯學會.

李鍾國(2003.7.). 「安春根先生的平生與學術活動」.《出版科學, PUBLISHING JOURNAL》(총
　제45기), 武漢: 湖北省編輯學會.

李鍾國(2006). 「解題 安春根先生と'古書'」. 安春根 著·文嬿珠 譯, 『韓國の古書―本の歷史』. 東
　京: 日本エディタースクール出版部.

箕輪成男(1986.10.).「南涯 安春根先生」. 韓國古書同友會 編.《古書研究 '86》. 서울: 韓國出版 販賣(株)

箕輪成男(1989.11.).「第四回國際出版フオーテムの成果―國際コミユニチーション時代の開幕き」. 《出版ニュース》(11月下旬號).東京: (株)出版ニュース社.

箕輪成男(1997.12.).「안춘근 선생 회고」. 사단법인 한국출판학회 편.《'97출판학연구》(남애 안춘근 선생 추모논문집). 서울: 사단법인 한국출판학회.

箕輪成男(2000).「남애 안춘근 선생 회고」. 한국출판학회 30년사 편찬위원회 편.『한국 출판 학의 사적 연구―한국출판학회 30년사』. 서울: 사단법인 한국출판학회.

箕輪成男(1997).『出版學序說』. 東京: 日本エディタースクール出版部.

箕輪成男(2003.1.).「남애 안춘근 선생의 출판학」.《남애와 출판학》(제1집: 안춘근 선생 10 주기 추모학술제). 서울: 사단법인 한국출판학회.

吉田公彦(1999).「出版學とは何か―日本の場合」. 靜山閔丙德教授定年紀念論叢刊行委員會 編. 『출판문화산업의 이해』. 서울: 일진사.

壽岳文章(1970.7.).「出版學の骨格」. 日本出版學會 編.《出版研究》(1號). 東京: 講談社.

清水英夫(1972).『現代出版學』. 東京: 竹內書店.

清水英夫(1984.11.).「活字文化に未來はめゐか」.《出版ニュース》(1984.11. 上). 東京: (株)出版 ニュース社.

清水英夫(1991.10.)「청소년의 건전한 육성과 출판의 책임」. 사단법인 한국출판학회 편.『제 5회 국제출판학술발표회 발표논문집』. 서울: 사단법인 한국출판학회.

清水英夫(1995).『出版學と出版の自由』. 東京: 日本エディタースクール出版部.

清水英夫(1997.12.).「안춘근 선생을 기리며」. 사단법인 한국출판학회 편.《'97출판학연구》. 서울: 범우사.

清水英夫(2000).「안춘근 선생을 기리며」. 한국출판학회 30년사 편찬위원회 편.『한국출판 학의 사적 연구―한국출판학회 30년사』. 서울: 사단법인 한국출판학회.

出版ニュース社(1971).『出版事典』. 東京: (株)出版ニュース社.

出版ニュース社(1996).『出版データブク: 1945~1996』. 東京: (株)出版ニュース社.

管錫華(1998).『校勘學』. 安徽: 安徽教育出版社.

戴文葆(1990).「編輯」. 中國大百科全書編輯委員會 新聞出版編輯委員會編輯部 編.『中國大百科 全書: 新聞 出版』. 北京: 中國大百科全書出版社.

戴文葆(1990).「編輯學」. 中國大百科全書編輯委員會 新聞出版編輯委員會編輯部 編.『中國大百

科全書: 新聞 出版』. 北京: 中國大百科全書出版社.

戴文葆(1993).「中譯本序」.『雜誌出版論』. 북경: 동방출판사.

戴文葆(2000).「안춘근 선생을 그리며」. 한국출판학회 30년사 편찬위원회 편.『한국출판학의 사적 연구—한국출판학회 30년사』. 서울: 사단법인 한국출판학회.

戴文葆(2003.3.).「追念韓國安春根敎授」. 湖北省編輯學會 主辦.《出版科學》. 武漢: 出版科學編輯部.

戴文葆(2003.7.).「安春根先生10年祭」.『華南文摘』(총 제29기). 北京: 人民出版社.

範用(2012.12.14.).「대문보 선생을 기억함」, http://www.news.hexun.com/2012-12-14/149030639.html

邵益文(1991.10.).「청소년도서 및 정기간행물 출판」. 사단법인 한국출판학회 편.『제5회 국제출판학술발표회 발표논문집』. 서울: 사단법인 한국출판학회.

邵益文(1997.7).「編輯學硏究的回顧與前望」. 中國編輯硏究編輯委員會 編.《中國編輯硏究1996》. 北京: 人民敎育出版社.

邵益文(2000).「안춘근 선생을 추념하며」. 한국출판학회 30년사 편찬위원회 편.『한국출판학의 사적 연구—한국출판학회 30년사』. 서울: 사단법인 한국출판학회.

宋原放(1991.10.).「중국의 미래를 위한 출판」. 사단법인 한국출판학회 편.『제5회 국제출판학술발표회 발표논문집』. 서울: 사단법인 한국출판학회.

叶芳(2008.10.24.).「다이원바오 선생과 그 세대 출판사」. https://www.douban.com/group/topic/

劉光裕·王華良(1999).『編輯學理論硏究』. 濟南: 山東敎育出版社.

陸本瑞(1991.8.).「我國出版敎育的回顧與展望」.『出版敎育硏究論集』. 北京: 中國書籍出版社.

張水民(1989).『中國印刷史』. 上海: 上海人民出版社.

張志强(2003.3.).「出版學槪念的歷史考察」. 中國編輯硏究編輯委員會,《中國編輯硏究, 2002》. 北京: 人民出版社

中國出版發行科學硏究所科硏處(1987).『編輯學論集』. 北京: 中國書籍出版社

中國出版發行硏究所科硏辦公室(1989).『論編輯學和編輯學』. 北京: 書籍出版社

中國編輯硏究編輯委員會 編(1997.7.).《中國編輯硏究 1996》. 北京: 人民敎育出版社.

何滿子(1991).「編輯—大文化體系組織者和更新者」. 中國出版科學硏究所科硏辦公室 編.『論編輯和編輯學』. 北京: 中國書籍出版社

Ahn Chun Keun(1982). *Merit and Demerit of Translated Literature in Korea.*

Seoul: KOREAN SOCIETY TRANSLATORS.

Cater, Thomas F.(1955). *The Invention of Printing in China and its Spread Westward*. rev. by L. Carrington(2nd. ed.). New York: Ronald Press.

Dai Wenbao(1991.10.): *The Future Prospect* The Fifth International Forum on Publishing Studies: The Korean Publishing Science Society.

Dai Wenbao(1989.10.23.). Significance of Editing. *Book Development and Cultural Exchange in the East Asian Cultural Tradition*(Proceedings of the Fourth International Forum on Publishing Studies). Session 2, Tokyo: Japan Society of Publishing Studies.

Elizabeth L. Eisenstein(1986). *The Printing Revolution in Early Modern Europe*. London: Cambridge University Press.

Escarpit, R.(1966). *The Book Revolution*. London: Harrap.

Geoffrey Nunberg, Umberto Eco(ed., 1996). *The Future of the Book*. University of California Press.

Jay David Bolter(2011). *Writing Space*—Computers, Hypertext, and the Remediation of Print(2nd. ed.). New York: Routledge.

Jay David Bolter, Richard Grusin(2000). *Remediation—Understanding New media*. MIT Press Paperback edition.

J. Osborne(1951). *Field Report on Yangyang Gun, North Korea*, Liaison Officer, USIS.

Keith Houston(2016). *The Book*. New York: W.W.Norton & Company, Inc.

Lee, Chong-Kook(2005.11.). *A Study of Publishing Science in Korea. 《Publishing Research》*(Proceedings of the 2005 International Conference on Publishing & Printing Technology and Education). Shanghai: Shanghai Publishing and Printing College University of Shanghai for Science & Technology, 2005.11.

Michael Gurevitch, Tony Bennett, James Curran, Janet Woollacott(ed., 1992). *Culture, Society and the Media*. London·New York: Routledge

Mortimer J. Adler(1940). *How to Read a Book*. New York: Simon and Schuster.

Mortimer J. Adler(1966, Special Edition). *How to Read a Book*. New York: Simon and Schuster.

Paul A. Winckler(1980). *Reader in the History of Books and Printing*. Englewood: Information Handing Services.

Robert Darnton(2009). *The Case for Books: Past, Present, and Future*. New York: Publicaffairs.

Robert Escarpit 저·김광현 역(1995). 『정보와 커뮤니케이션』. 서울: 민음사.

Shao Yiwen(1989.10.23.). *The Development of Publishing Studies in China, Book Development and Cultural Exchange in the East Asian Cultural Tradition*(Proceedings of the Fourth International Forum on Publishing Studies 5. Tokyo: Japan Society of Publishing Studies.

Shigeo Minowa(2000). *Introduction to Publishing Studies*. Tokyo: Japan Scientific Societies Press.

Shigeo Minowa(2000). In Memory of An Chungun, *Introduction to Publishing Studies*. Tokyo: Japan Scientific Societies Press.

Sven Birkerts(1994). *The Gutenberg Elegies*. Boston: Faber and Faber.

Shao Yiwen: The Young and the Publishing of Book and Periodicals

S.H.Steinberg(1996); revised by John Trevitt(4th ed.). *Five Hundred Years of Printing*. London: The British Library & Oak Knoll press.

Simon Fraser University at Harbour Centre(2001), *The Writing and Publishing Program*, Vancouver: Simon Fraser University at Harbour Centre.

Song Yuanfang: Publishing for the Future of China

Stanley Unwin(1960). *The Truth About Publishing*. London: George Allen & Unwin LTD.

Stephen F. Mason(1970, *Sixth Printing). A History of the Sciences*. New York: Collier Books.

Zheng Wanxing: On Promoting Minorities' Publication in China

Encyclopaedia Britannica Inc.(*ed.*,1986). *The New Encyclopaedia Britannica* Vol.2. Chicago: Encyclopaedia Britannica Inc.

http://www.aks.ac.kr/home/sitemap.do?menu_no=209

http://www.cips.chinapublish.com.cn/

http://www.bookgram.pe.kr/120072828138

https://www.douban.com/group/topic/

http://www.google.co.kr/search?q=%EC%9A%A9%EC%82%B0%EC%97%AD

http://www.lib.skku.edu/index.ax

http://www.news.hexun.com/2012-12-14/149030639.html

http://www.search.naver.com/search.naver?where=nexearch&query

http://www.snue.ac.kr/index.do

http://www.sokcho-culture.com/newebook/16_mh17/EBook.htm

http://www.stork.blog.me/60006250452

http://www.snue.ac.kr/index.do

http://www.terms.naver.com/entry.nhn?docId=2573975&cid

http://www.terms.naver.com/entry.nhn?docId=1163872&cid=40942&category
  Id=33385

찾아보기

인명

ㄱ

사항

ㄱ

ㄹ